漢字的記詞方式與結構功能

增訂本

龔嘉镇 著

巴蜀書社

图书在版编目（CIP）数据

汉字的记词方式与结构功能/龚嘉镇著. ——增订本.
—成都：巴蜀书社，2021.3

ISBN 978-7-5531-1454-5

Ⅰ.①汉… Ⅱ.①龚… Ⅲ.①汉字—研究
Ⅳ.①H12

中国版本图书馆 CIP 数据核字（2021）第 043497 号

汉字的记词方式与结构功能（增订本）
HANZI DE JICI FANGSHI YU JIEGOU GONGNENG

龚嘉镇 著

策划组稿 责任编辑	何 锐
封面设计	冀帅吉
内文设计	古 蓉
出　　版	巴蜀书社 成都市槐树街 2 号 邮编 610031 总编室电话：(028)86259397
网　　址	www.bsbook.com
发　　行	巴蜀书社 发行科电话：(028)86259422 86259423
经　　销	新华书店
照　　排	四川胜翔数码印务设计有限公司
印　　刷	成都蜀通印务有限责任公司
版　　次	2021 年 4 月第 1 版
印　　次	2021 年 4 月第 1 次印刷
成品尺寸	170mm×240mm
印　　张	35.5
字　　数	700 千
书　　号	ISBN 978-7-5531-1454-5
定　　价	115.00 元

龚嘉镇，四川宣汉人，1945年生，四川达州职业技术学院教授。曾担任四川省人大代表、南开大学中国文字学研究中心兼职研究员、西南科技大学兼职教授。出版了《现行汉字形音关系研究》（国家社会科学基金项目成果）、《汉字的记词方式与结构功能(增订本)》、《龚嘉镇文字文化论文选》等五部论著，在内地、港台及新加坡发表80多篇论文。获四川省先进工作者、全国优秀教师等称号，获曾宪梓教育基金高等师范专科院校教师奖二等奖及数项省级社科成果奖。

把共時描寫與歷史比較結合起來，把定性分析與計量分析結合起來，把字語研究與文化研究結合起來，以力求理論上的深化認知與實踐中的有效應用。

嘉鎮自勵

目　录

下编　协同完善的结构功能

外　编

全书内容提要

汉字是华夏先民集体智慧的结晶，是我们民族为记录汉语而量身创制的自源文字，它是一个在特定文化语境中独立发展逐步完善的自组织系统。汉字历时数千年从未间断从未突变，一直沿着顺应汉语需要、促进汉语发展的方向优化着，一直以系统的形式、渐变的方式发展着，至今为十几亿人所使用。它不仅是记录中华文化的书面载体和全体中华民族的交际工具，而且本身就是中华文化中最具人文性的重要内容。

学术的继承总是具有时代精神而与时俱进的，一时代学术发展之新潮流，总在于用新方法、新材料去研究新问题。汉字学是一门古老而充满活力的学科，汉字学的发展不能缺乏时代意义。中华民族的和平崛起文明复兴，全球化信息化时代的迅速到来，向汉字学提出了许多重大的新问题。大量古文字材料的出土与古文字学研究的丰硕成果，利用计算机技术对大样本自然语料进行计量语言学研究的丰硕成果，为汉字学的学科建设拓展了别开生面的新领域，提供了许多极其宝贵的新材料。普通语言学与汉字传统研究的结合，正在形成一套既有现代意义又有民族特色的研究方法：把共时描写与历史比较结合起来，把定性分析与计量分析结合起来，把字语研究与文化研究结合起来，以力求理论上的深化认知与实践中的有效应用。《汉字的记词方式与结构功能研究》就是努力以此为导向，对汉字学中两大基本问题所进行的探索性研究。

一、 基本思路

汉字是记录汉语的符号系统。汉字是如何记录汉语的，是汉字学研究的主题。汉字的记词方式与结构功能，是汉字学中事关趋势与系统的两大基本问题。本书围绕这两个基本问题进行了系列专题式的深入研究。全书分上下两编，上编纵向地研究汉字记词方式辩证演进的过程及其历史必然性，下编横向地讨论汉字结构功能协同完善的机制与语言的经济原则。研究坚持以问题为导向而致力于史论结合纵深开掘，上下编各有若干专题，每题一章独立成篇而逐步推进。研究坚持三注重：一是注重继承朴学传统，每个专题都精心梳理出学术源流与前沿问题，着意在温故知新有所发展上下功夫。二是注重从汉字如何记录汉语这个大语境中去认识汉字，着力进行实是求是的共时描写与不同阶段的历史比较，努力探究汉字的内在规律。三是注重现代语言学与汉字传统研究的结合，坚持立足形义联系以开展结构－功能分析，努力运用成套数据来计量描写对象的宏观格局与历时演变。

二、 基本观点

第一，汉字记词方式在特定文化语境中的辩证演进具有历史的必然性。

文字的历史发展在本质上体现为记词方式的演进完善，汉字历史发展的规律主要体现为历史的必然性与发展的系统性。华夏民族记录汉语的开放性需求是汉字生成发展的基本动因，汉字系统的本质性演进主要体现为不同字式的消长与主体字式的转换。汉字脱胎于记事图画的符号化，单音节词根语是汉字产生的语言基础，文化悠久而古今音变、国家统一而方言音歧的国情，要求汉字加强形义联系以超时空地记录汉语。汉字以单音词为单位据义构形的记词方式，就是在这种特定的文化语境中自源发生而独立发展起来的。它创始于“依类象形”而发展于“比类合谊”的合成化，拓展于“依声托事”而完备于“以类附声”的形声化，经过“表形→表音→兼表义音”的辩证演进而逐步自我完善，历史地形成了以象形字为基础以形声字为主体的表意文字体制。汉字主要用义音兼表的形声字去记录义音结合的单音节语素，有效地区分了同音语素并兼容了词的语音变体，其通方言通古今的功能推动汉语书面语发展成为全民族通用的书面共同语。汉字能动地顺应和满足了华夏社会记录汉语的开放性需求，连绵使用数千年逐步优化而历久弥新。汉字坚持表意化单音化的方向并辩证发展为记词方式形声化，具有历史的必然性。

第二，汉字结构一功能的协同完善顺应并促进了汉语书面语的统一和发展。

汉字记词方式的辩证演进与语言文字的经济原则，有力地推动了汉字汉语在结构－功能上的协同完善与优化性演变。一是构字构词的合成化发展了汉字的层级结构，调整了字语对应的单位；二是记词方式的形声化加强了系统的形义联系，发展了汉字的表意功能。汉字是一个以少驭多的符号系统，七八万汉字是由四五百个基础字符层级合成出来的。合成化使字语的对应单位由以“词一字”为主发展为以“语素一字”为主，进而主要用由字符组成的合体字去记录合成词的语素。记录基本语素的两三千常用字高度集中而使用高频，其对共时自然语料的累积覆盖率竟然高达98%以上。“以类附声”的形声化，将义符的形义联系扩展为对字族的类联系。汉字字符的构字能力是很不均衡而高度集中的。71个表示类意义的核心义符具有极强的构字表意功能，它们的参构字在《说文解字》所收 9433 个小篆字中占到 77%，在《汉语大字典》所收 54678 个楷体字头中占到 81%，在《通用规范汉字表》所收 8105 字中竟然高达 90%。这些字作为古今汉字的主体，随之成为汉字系统保持表意性质的压舱石。虽然有部分汉字在历史演变中失去了理据，但现行汉字在整体上仍然保持着相当系统的形义联系：义属某类之字多从某符，形从某符之字多有某义（类意义）。

汉字是人类四大自源文字中唯一传承至今而历久弥新的古老文字。作为原始材料最为丰富、发展过程最为完整的自源文字，汉字是研究人类文字的发生和发展的一座宝库，是研究中华文明发展史的宝库。据义构形单音成字的汉字具有鲜明的民族特色和强大的生命力，它能动地顺应并促进了汉语书面语的统一和发展。历史证明：汉字就是最适合记录汉语的文字，全世界的华人都对汉字有着强烈的文化认同。

汉字是记录汉语和中华文化的重要载体，也是中华文化的重要内容。中国学者研究汉字，是有文化使命感的。

上编 辩证演进的记词方式

第一章　汉字记词方式概说

一、汉字记录汉语的方式

二、古代学者的探索进程

　①许慎创立的“六书说”

　②“四体二用说”的源流

　③基本类型与“兼书说”

三、现代学者的深入研究

　①汉字发展三阶段说

　②商周文字的计量研究

四、记词方式的辩证演进

　①初创阶段主要使用表形字

　②甲金文中大量使用假借字

　③秦代以来的主体是形声字

　④关于字式演进的几点认识

本章提要：文字是记录语言的符号系统，文字记录表达语言的方式是文字据词构形的基本原则，文字的演变发展在本质上体现为记词方式的逐步演进完善。汉字以单音词为单位据义构形单音成字，是一个在特定语境中自源发生而独立发展的自组织系统，其记录汉语的方式经过“表形→表音→兼表义音”的辩证演进而逐步自我完善，终于形成以象形字为基础以形声字为主体的表意文字格局。前贤对于汉字记词方式的认识经历了漫长的探索进程。东汉的许慎共时地归纳了小篆的构形模式与表意方式而创立了“六书说”；其后的探索是在对据义构形造字记词与“依声托事”借字记词的辨析中发展起来的；现代学者则从记词方式的历时演进中，去研究汉字的发展阶段与发展规律。汉字系统的本质性演进主要体现为不同字式的消长与主体字式的转换。汉字多次调整形音义的关系以改进记录汉语的方式，终于字语协同地发展为主要用义音合成的形声字以记录义音结合的单音节语素。汉字坚持表意化单音化的方向并辩证发展为记词方式形声化，具有历史的必然性。

中国是一个有着五千年悠久历史而文化完整的文明古国，中华文化发展的连续性尤为突出地体现在汉字上。苏美尔的楔形文字、古埃及的圣书字、中国的古汉字与中美洲的玛雅文字，是人类文明中最为古老而独立发展起来的四大自源文字。但是，圣书字、楔形文字和玛雅文字因文明中断，很早就先后消失了，只有汉字从未间断历久弥新而至今生机勃勃。十几亿人正在使用的现代汉字，浩如烟海的历代传世文献，不断出土的各种有字文物，三千多年前的十多万片契文甲骨，极其丰富而生动地展现了汉字在各个发展阶段各个历史时期的真实生态。作为原始材料最为丰富、发展过程最为完整的自源文字，汉字是研究人类文字的发生和发展的一座宝库。

汉字是华夏先民集体智慧的结晶，它是我们民族为记录汉语而量身创制的自源文字。灿烂的华夏文明是汉字得以产生与发展的沃土，汉字是在特定的历史环境中自源创造独立发展起来的。汉字脱胎于记事的图画，产生在以单音词为主的上古汉语时代，这种特定的发生学环境，决定了汉字以单音词为单位而据义构形的历史取向。汉字是在据义构形单音成字的发展趋势中形成体系的，并在2200多年前的秦王朝就初步进行规范实现了全国用字的“书同文”；而悠久完整的汉语汉文化传统，则为汉字体制的得以坚持传承和自我完善，提供了稳定的社会大环境。汉字有着自己独特的演进历史、发展规律与鲜明的民族特色。它不仅是记录中华文化的书面载体和全体中华民族的交际工具，而且本身就是中华文化中极富人文性的重要内容，全世界的华人都对汉字有着与生俱来的强烈文化认同。

汉字从初创到形成文字体系，从3300多年前的殷商甲骨文到秦始皇“书同文”的小篆字，再到今天使用的现代汉语通用字，经历了自我完善的历史演变。东汉的许慎最早讨论汉字的发展史，他着眼古人造字的源流，提出了汉字始于“依类象形”而备于“形声相益”的发展史观，并就后来的“文字异形”讨论了秦书“八体”和古文“六书”等形体演变。[①] 汉字的“六书”与形体演变，从此便成为传统文字学研究的两大重点。

王力先生（1900—1986）把汉字的发展演变分为字体、字式两个方面。他认为：

字形的变迁，……应该分为两方面来看：第一是字体的变迁，第二是字式

① 东汉·许慎《说文解字·叙》，《说文解字》，第314—316页，中华书局影印本，1989年。

的变迁。字体是文字的笔画姿态，字式是文字的结构方式，二者是不能混为一谈的。①

王先生认为字体的变迁有甲、金、篆、隶、楷等，字式的变迁可分为“单体的”象形、指事与“合体的”会意、形声等。这样的分析思路具有重要的认知价值。

林序达先生（1925—1993）指出：字体结构“是字的外部结构”，字式结构“是字的内部结构”，二者的区别主要在于是否与所记录的“语言单位直接联系”。他立足字式的形成与发展，来讨论汉字的历史发展。

字的结构有两种。一种是字体结构，指字的笔画形状、走势所造成的字的形体，是字的外部结构。另一种是字式结构，指字符的组合方式，它跟语言单位直接联系，是字的内部结构。……战国以后，形声字迅速增加，成书于纪元100年的《说文解字》的九千余字中，80%是形声字，奠定了汉文字以形声字为主体的局面。②

刘又辛先生（1913—2010）进一步强调，“各种文字有各自发展的内部规律”，汉字如何与表音文字分道扬镳，沿着记词方式的形声化而形成独特的文字体制，这种变化才是“汉字的本质变化”，才能反映“汉字的历史发展规律”。他认为：

“字体的不同也是汉字历史发展的一个方面，但是字体的变化并不是文字本质的变化，不能说明汉字的历史发展规律。只有文字构造方法的变化，文字构造类别的数量变化，才能说明汉字的本质变化。”“‘六书’和‘三书’的问题，实际上是汉字造字的方法问题。所谓汉字本质的演变，也就是造字方法的演变。”③

王凤阳先生（1929—）最先明确提出，要从“文字怎样去记录表达语言”，文字如何“改进记录语言的方法”的高度，去“研究汉字适应汉语的过程”，去认识汉字的历史发展及其规律。他深刻地指出：

“有史以来的文字体系赖以建立的基本原则是文字怎样去记录表达语言”，而“文字史就是改进记录语言的方法的历程。”“各种文字都有它们的共性和个性。文字的共性是由记录语言这一共有特征所决定的，文字的个性则由所记录的语言的特殊性所制约。汉字学的研究在于在文字演进的普遍规律指导下研究

---

① 王力《汉语史稿》，第48页，中华书局，2004年。

② 林序达《论汉字结构的形成与发展》，《西南师范大学学报·古籍整理与研究》，1989年。

③ 刘又辛、方有国《汉字发展史纲要》，第322页，第71页，中国大百科全书出版社，2000年。

汉字发展的特性，研究汉字适应汉语的过程，研究汉字的改进、改革过程。”①

汉字是一个在特定文化语境中独立发展的自组织系统，它的历史演变一直是以系统的形式以渐变的方式进行的，单字的历时态演进无不受制于系统的趋势性发展。汉字系统的趋势性发展主要发生在两个层面上：一是外部的字体演变，一是内在的字式演变。所谓字式，就是汉字记录汉语的方式，即汉字据词构形的方式。文字所记之词有音有义。汉字的字式，既包括据义构形的象形、指事、会意等表意字，包括义音合成的形声字，还包括据音借形的假借字。它们都是汉字记录汉语的方式，即汉字的记词方式。在讨论汉字发展史时，着眼于汉字在字体上的演变，人们把成熟汉字划分为甲、金、篆、隶、楷等阶段而着力进行分期描写，这无疑是必要的。但是，汉字是记录汉语的符号系统，汉字记词方式的演进无疑比字体的演变更为重要，因为记词方式的历时演进不仅顺应了汉语的发展，而且适应了超时空记录汉语的社会需要。主体字式的演进转换是汉字发展史上事关趋势事关体制的本质性演变。汉字字体的优化性演变，不仅使书写更为便易，而且推动了汉字的符号化、简明化、规范化，从而有力地配合和促进了记词方式的辩证演进。我们应该摆正字式演变与字体演变的主从关系。

英国的马林诺夫斯基（1884—1942）是现代社会人类学的奠基人之一。他在对南太平洋岛屿土著居民的人类学考察中，认识到社会文化环境对于语言的重要性，认识到“语言是文化整体中的一部分”，进而在1923年最先正式提出了“语境”的概念，并把语境分为情景语境和文化语境。他深刻地指出：“一种语言基本上植根于说该语言的民族的文化、社会生活和习俗之中，不参照这些广泛的语境便难以正确理解语言。”② 马氏所谓的文化语境，其实就是一种语言赖以生存发展的特定历史条件和社会环境。这种认识和思路对于探讨汉字独特发展的历史必然性，无疑有着重要的意义。

连绵使用数千年的汉字是人类文明史上的一大奇迹，关于汉字是如何记录汉语的则是一个迷人的基本问题。第一，汉字的据词构形选用了什么样的文字体制？第二，汉字记录汉语的方式经历了怎样的演进阶段？第三，汉字的记词方式为什么选择了这样的发展道路？汉字发展史的主体内容应该是汉字记词方式的发展进程及其演进规律，汉字历史发展的规律主要体现为历史的必然性与发展的系统性。让我们首先通过回顾前贤的探索历程及其学术认识，着重从汉

① 王凤阳《汉字学》，第262页，第981页，吉林文史出版社，1989年。

② 转引自胡壮麟、朱永生、张德禄、李战子《系统功能语言学概论》，第18页，北京大学出版社，2005年。

字独特的文化语境与发展的阶段性特征入手，来讨论汉字记词方式的辩证演进及其历史必然性。这样的研究是具有认知意义和应用价值的。

一、汉字记录汉语的方式

文字是人类为记录语言传承文化而创制的社会工具，任何一种文字都是在特定的文化语境中产生与发展起来的，都必然要适应所记语言的特点并满足其发展的需要，要适应使用该语言的社会环境并满足人们的交际需要。撇开文字所记录的语言，撇开使用该文字的社会，是既难以解释文字何以如此创制，也难以说明文字何以如此发展。上古汉语是以单音节词为主的，自源的汉字脱胎于记事的象形性图画，这种特定的历史条件和生成环境，决定了汉字只能以单音节词为单位造字，只能从词的语义入手构形。汉字据义构形单音成字的表意文字体制，是与生俱来历史形成的。

华夏民族早在先秦时期就形成了被称为“雅言”（《论语·述而》）的民族共同语，并在“雅言”的基础上形成了被称为“文言”的书面共同语。文言文是以先秦口语为基础形成的汉语书面共同语，它形成于先秦而沿用至“五四”，因执意仿古而具有脱离口语的特点，是我国古代文献长期沿用的一种基本的书面共同语。但是，中国因地域辽阔而方言音歧、因历史悠久而古今音变的现象，则一直较为严重。如闽、粤方言与普通话语音的差异，是方言音歧；现代语音与上古音、中古音的差异，则是古今音变。秦始皇（公元前259—前210）统一中国之后，在民族共同语“雅言”“文言”的通用基础上，成功地推行了全国用字的“书同文”。汉承秦制而长期统一，继续坚持和推行了“书同文”。国家统一而方言音歧，文化悠久而古今音变，是华夏社会使用汉字记录汉语上的特定文化语境。这一特定语境要求“书同文”的汉字既要标音更要别义，因为只有依靠形义联系才能超方言超古今地记录汉语，才能满足各方言区人们由形及义地认识汉字以理解书面共同语的要求，才能让后人能够读懂古代典籍而传承民族文化。2200多年前的那场“书同文”的文字规范，顺应了历史的发展，有力地维护了民族共同语的发展和民族文化的传承。

据传世文献可知，古代学者早在春秋战国时期就开始了对汉字的研究。秦代在全国范围内进行了“书同文”的汉字规范，隶书在汉代的全面兴起则彻底改变了古文字的象形性面貌。在汉字由表形文字向表意文字发展的历史转型期，东汉的许慎“博采通人”，集大成地总结了先秦两汉有关汉字的研究成果，呕心沥血地撰写了彪炳千秋的《说文解字》，创造性地建立了汉语文字学。《说文解字》问世一千八百多年来，历代学者对汉字及其历史发展进行了多方面的深入研究，以汉字为研究对象的汉字学，早已成为中华传统文化中民族特色尤为鲜明的重要部分。其中最有认知价值的讨论有二：一是汉字是如何据义构形的，讨论汉字构形系统的逐步完善；二是汉字是如何记录汉语的，讨论汉字记词方式的历史演进。构形系统的讨论主要立足于形义关系，记词方式的讨论则主要立足于字词关系。其中记词方式的演进是最为基本的，因为构形系统是从属于记词方式的，形义关系之于汉字虽特别重要，但毕竟只是字词关系的一个方面。

语言是人类为了进行思维和交流思想而创建的，它是一种义音结合的听觉符号系统。语言中的词所表示的是概括了的语义，是可以读出来的有音之义。文字是记录语言的视觉符号系统，它所记录的应该是也只能是义音结合的词。所有的文字都是据词构形而有音有义的，其音是载义的语音，其义是有音的语义，认为汉字可以直接表示概念的认识是违背语言学常识的。由于词是义音结合的符号，所以据词造字只有义、音两条途径。在顶层设计上，文字的体制可根据记词方式的不同而大分为二：一种是通过形音联系从标示语音入手，以音节或音素为单位而按语音构形，其字符只用标音的专职音符，这就是所谓的表音文字。表音文字一般是他源文字。一种是通过形义联系从提示词义入手，以词或语素为单位而据语义构形，其字符既用义符也用音符，这就是所谓的表意文字。“凡是独立形成的文字体系，都是像古汉字、圣书字、楔形文字那样兼用意符和音符的文字。”①

“有史以来的文字体系赖以建立的基本原则是文字怎样去记录表达语言。”文字记录语言的方式即记词方式，主要体现在递相制约的三个部分：据词构形的原则、文以记言的单位与基本字符的性质，其中据词构形的原则是起决定作用的要素。

以表意文字言之，要从提示词义入手造字记词，那就只能选择以词或语素为单位构形，因为词或语素才是具有语义的较小单位；表意文字因据义构形而具有以形示义的特色，但单纯用据义构形法造字不能完整地记录语言，于是就借用现成的同音字来兼职充当音符以“依声托事”。王伯熙先生（1938—1993）指出：汉字中的音符所记录的仅仅是“具体的音节，而不是从汉语中抽象出来的音节。”② 为了强调汉字的音符与拼音文字专职音符的区别，裘锡圭先生（1935—）把汉字的音符称为“借音符”。③ 汉字的音符，实质上就是采用直音

① 裘锡圭《文字学概论》，第8页，商务印书馆，1988年。
② 王伯熙《文字的分类和汉字的性质》，《中国语文》1984年第2期。
③ 裘锡圭《文字学概论》，第13页，商务印书馆，1988年。

式以记录具体音节的“借音符”。字符的性质是由字符在构意构形中所发挥的功能来决定的。提示其字所记之词的语义者是义符，标示其字所记之词的语音者是音符，既不表义也不标音而仅具构形功能者为记号；其中以形表义的义符是表意文字的基本字符，基本字符的性质反映了文字体制的性质。

表意文字与表音文字在记录语言之方式上的主要区别

文字类型	表意文字	表音文字
说　明	文字所记录的词是义音结合不可分割的，其义是有音的语义，其音是载义的语音。	
据词构形的原则	通过形义联系从提示词义入手而以形表意	通过形音联系从记录语音入手而以形表音
文以记言的单位	以词或语素为单位而据语义构形	以音节或音素为单位而按语音拟形
基本字符的性质	以义符为基本字符，还用借音符和记号	只用一音一符的专职音符

王伯熙先生在讨论汉字性质时具体探讨了“文字记录语言的方式”，认为汉字记录语言的方式主要是“记音标义”，还有“记义传音”和“记音传义”。① 林沄先生（1939—）指出：“文字符号和所记录语词的关系可分为三大类，即（一）以形表义，（二）以形记音，（三）兼及音义。汉字在形成文字体系时，是同时使用这三种方法来记录语词的。”② 两位先生的论述是互补的，他们都把汉字记录汉语的方式归纳为三种。一是“以形表义”而“记义传音”，文字符号是根据词的语义构形的，词的语音则粘附在语义上一起进入文字符号，象形、指事、会意就是这样的表形字（后语义化为表意字）。二是“以形记音”而“记音传义”，借用现成的同音字去兼职记录异义的同音词，假借字就是凭借语音而“依声托事”由音得义的。三是“兼及音义”而“记音标义”，其字形同时标示了所记之词的语音与语义，其合体结构中既有声符又有义符，这就是义音合成的形声字。

综上所述，语词是义音结合的听觉符号，以单音节语素为单位构形的汉字，其字形自然载音又载义。除了连绵字、译音字等记音字之外，汉字一般都是形音义的结合体。但是，汉字的形义联系与形音联系并不都在一个层面上。由义符构成的表意字据义构形，其表义信息居于表层而表音信息隐在深层；由借音符兼职充当的假借字借符记音，其表音信息居于表层而表义信息隐在深层；而义音合成的形声字则是义音信息并列表层，因为其合体构形中既有标音

---

① 王伯熙《文字的分类和汉字的性质》，《中国语文》1984 年第 2 期。

② 林沄《古文字研究简论》，第 14 页，吉林大学出版社，1986 年。

的声符又有示义的义符。

二、古代学者的探索进程

汉字是华夏民族创造的用以记录汉语的自源文字，先民在创造汉字的长期实践中形成了种种构形记词的思维模式，这些思维模式在汉字产生和发展过程中的具体应用，逐步成为造字记词的法则并发展成为历时演进的规律。前贤关于汉字记词方式的探索经历了一个漫长的渐进过程。古代学者的探索是围绕着“六书说”展开的，是在对据义构形与“依声托事”的辨析中发展起来的。下面试作一简要梳理。

（一）许慎创立“六书说”

经本植先生（1939—2010）认为：“六书是战国末至汉代人们分析汉字的构造和使用而归纳出来的六种条例。”① 其“构造”部分立足于形义联系而析形求义，历史地总结了汉字据义构形的生成模式与以形示义的表意方式。

在传世文献中，“六书”之称始见于《周礼》；关于“六书”的论述始见于班固（32—92）的《汉书·艺文志》，《艺文志》实本于西汉刘歆的《七略》所作，认为六书都是“造字之本”；东汉的许慎最早为“六书”逐一定义并运用它来分析汉字的构形表意，由此创立了“六书说”。

《周礼·地官·保氏》：“保氏掌谏王恶而养国子以道，乃教之六艺：一曰五礼，二曰六乐，三曰五射，四曰五驭，五曰六书，六曰九数。”郑玄引郑众注：“六书，象形、会意、转注、处事、假借、谐声也。”②

《汉书·艺文志》：古者八岁入小学，故周官保氏掌养国子，教之六书。谓象形、象事、象意、象声、转注、假借，造字之本也。③

《说文解字·叙》：仓颉之初作书，盖依类象形，故谓之文。其后形声相益，故谓之字。文者，物象之本。字者，言孳乳而浸多也。……周礼八岁入小学，保氏教国子先以六书。一曰指事，指事者，视而可识，察而可见，上下是也；二曰象形，象形者，画成其物，随体诘诎，日月是也；三曰形声，形声者，以事为名，取譬相成，江河是也；四曰会意，会意者，比类合谊，以见指撝，武信是也；五曰转注，转注者，建类一首，同意相受，考老是也；六曰假

① 经本植《古汉语文字学知识》，第 54 页，四川教育出版社，1984 年。
② 清·阮元校刻《十三经注疏》，第 731 页，中华书局影印本，1980 年。
③ 汉·班固《汉书》，第 287 页，中州古籍出版社影印本，1991 年。

借，假借者，本无其字，依声托事，令长是也。（其中“文者，物象之本”6字，是段玉裁据《左传·宣公十五年》的“故文反正为乏”后正义所补。）①

东汉许慎的生卒史无记载，后人考索歧说不一，多认为许氏享年八九十岁。董希谦先生（1932—）考索认为，许慎约生于光武帝建武三十年，卒于安帝延光四年，即许冲献书之后的三四年，享年约72岁（约54—约125）。② 许慎的《说文解字》完成于公元121年（汉安帝建光元年），即病中让其子许冲献书于安帝之时。许慎集大成地总结了先秦两汉有关汉字的研究成果，其呕心沥血所著的《说文解字》是我国第一部系统分析字形、考释本义、规范用字的汉字字典，其中的《叙》则是我国第一篇奠基性质的汉字学专论。

许慎的贡献主要有三：第一，许慎奠定了始于“依类象形”而备于“形声相益”的汉字发展史观，揭示了汉字以有限之“文”“孳乳”出无数之“字”的生成机制，创建了由字而符地分析构形（结构）以探求字本义（功能）的析字方法。第二，许慎通过分析近万小篆字的形义关系，共时地归纳出小篆以文组字的构形模式与以形表意的基本方式，使周代仅具名称的“六书”具有了特定的文字学内涵，由此建立了“六书说”。第三，许慎的《说文解字》是世界上的第一部字典，他首创部首编排法，据形系联地揭示了小篆的构形系统，以义类聚地创建了汉字的字义说解体系，为后人架设了研究甲金文的桥梁。这些开创性的贡献具有深厚的学术内涵和强大的生命力，产生了极其深远的学术影响。许慎对汉字学对中国文化的卓越贡献，可谓彪炳千秋！

（二）“四体二用说”的源流

许慎创立的“六书说”有两个特点：一是他的学说主要是共时平面上的归纳，正如陈梦家先生（1911—1966）所评，其“分别部居、剖析形声，乃铺陈文字于平列的不动的静态中加以分析。”③ 二是他在具体分析近万小篆字时，只用据义构形的形事意声四书说解形义而极少提及假借、转注。正如段玉裁（1735—1815）所云：“《说文解字》者，象形、指事、会意、形声之书也。”④

南唐的徐锴（920—974）较早注意到许氏留下的这个奥妙，他提出了“六书三耦说”，由此开始了对六书的分类研究。他把假借、转注另归一类，最先

① 东汉·许慎《说文解字·叙》，《说文解字》，第316页，中华书局影印本，1989年。

② 向光忠《许慎生平考述》，向光忠主编《说文学研究》第五辑，第3—5页，线装书局，2010年。

③ 陈梦家《殷虚卜辞综述》，第56页，中华书局，1988年。

④ 清·段玉裁《六书音均表·三》，段玉裁《说文解字注》，第833页，上海古籍出版社影印本，1988年。

指出“依声托事”的假借具有“一字数用”的功能。

大凡六书之中，象形、指事相类，象形实而指事虚。形声、会意相类，形声实而会意虚。转注则形、事之别，然立字之始类于形声，而训释之义与假借为对。假借则一字数用，如行茎、行杏、行杭、行沆。转注则一义数文，借如老者直训老耳，分注则为耆、为耋、为耄、为寿焉。凡六书为三耦也。①

南宋的郑樵（1103—1162）发展了许慎关于“文”“字”“孳乳”的认识而提出了“母子相生说”，他把“文”“字”当作有功能的符号，由此开启了汉字合成构形的研究。他明确指出六书以“象形为本”，强调六书并不在同一个共时层面上，而是历时地产生逐步地演进。他最先指出“有无义之假借”，看到了假借“虚言难象故因音而借”的特点，开始把假借视为六书中的另类，据此将六书分为独体的“文”、合体的“字”与“假借”三类，明确指出“文、字俱”可用作假借。他指出“六书之难明者，为假借之难明也”，强调把握六书的关键在于正确认识假借，由此开始了辨析假借、引伸的深入研究。

小学之义，第一当识子母之相生，第二当识文字之有间。象形、指事，文也；会意、谐声、转注，字也；假借，文、字俱也。……六书也者，象形为本。形不可象则属诸事，事不可指则属诸意，意不可会则属诸声，声则无不谐矣，五不足而后假借生焉。②

宋末元初的戴侗（1200—1284）不仅在汉字孳乳上把郑樵的“母子相生”说发展为母子孙系统孳乳，而且在郑樵的“无义之假借”的认识上，把词义的引伸与文字的假借明确地区别开来。他肯定了许慎“本无其字，依声托事”的合理内核，强调“义无所因，特借其声”的假借与字形的构意无关。正是在对六书的分类研究中，戴侗最早明确提出了与“析形求义”相对的“因声以求义”的研究方法；较之清代学者的“因声求义”，整整早了五百多年。

古人谓“令”“长”为假借，……二者皆由本义而生，所谓引而申之，触类而长之，非外假也。所谓假借者，义无所因，特借其声，然后谓之假借。

夫文字之用，莫博于谐声，莫变于假借，因文以求义而不知因声以求义，吾未见其能尽文字之情也。③

明代的一些学者更进一步地看到了据义构形与“依声托事”的区别，他们

---

① 南唐·徐锴《说文解字通释·卷一·上字》，徐锴《说文解字系传》，第 2 页，中华书局影印本，1987 年。

② 宋·郑樵《通志略》，第 112 页，第 159 页，第 164 页，上海古籍出版社影印本，1990 年。

③ 宋·戴侗《六书通释》，戴侗《六书故》，第 15—16 页，第 12 页，上海社会科学院出版社影印本，2006 年。

把据义构形的形事意声四书归为一类，合称“文字”；把与构形无关的假借、转注另归一类，称为是补“四书不足”的“文字之变”“文字之用”。赵撝谦（1351—1395）认为象形是文字之本，会意、形声是合体之字，强调假借、转注“侂夫四者之中”而非另外构形（“假借、转注不生”）。杨慎（1488—1559）在前人认识的基础上，提出了“四经二纬说”。至万历年间的吴元满，终于明确地将这一认识表述为了“四体二用说”：

赵撝谦：六书初一曰象形，文字之本也；次二曰指事，加于象形者也；次三曰会意，次四曰谐声，合乎象形、指事者也；次五曰假借，次六曰转注，侂夫四者之中者也。独体为文，合体为字。……肇于象形，滋于指事，广于会意，备于谐声，至于声则无不谐矣。四书不足，然后假借以通其声；声有未合，而又转注以演其声。……明乎此，则六书之能事毕也。[①]

杨慎：（象形、象事、象意、象声）四象以为经，假借、转注以为纬。四象之书有限，假借、转注无穷也。……固意谓六书四者有象可见，故以象名。假借、转注则隐于四象之中，而非别有字也。[②]

吴元满：文字之有六书，犹法令之有条例，否则散漫无所纪纲矣。故六书一曰象形，象其物而画其形，见而可知者。二曰指事，加物于物体之上，指而可别者。三曰会意，会合二文以成字，悟而可通者。四曰谐声，以声附意调和成字，闻而可辨者。五曰假借，假四体借为他义之用。六曰转注，转四体之声注释他字之用。六者则文字之体用备矣。

六书形事意声，四者为体；假借转注，二者为用。[③]

清初的戴震（1724—1777）继承发扬了明代学者提出的“四体二用说”。他指出：

大致造字之始，无所冯依，宇宙间事与形两大端而已：指其事之实曰指事，一、二、上、下是也；象其形之大体曰象形，日、月、水、火是也。文字既立，则声寄于字，而字有可调之声；意寄于字，而字有可通之意。是又文字之两大端也：因而博衍之，取乎声谐曰谐声，声不谐而会合其意曰会意。四者，书之体止此矣。由是之于用，数字共一用者，如初、哉、首、基者皆为始，卬、吾、台、予之皆为我，其义转相为注曰转注；一字具数用者，依于义

---

① 明·赵撝谦《六书本义·六书总论》，《文渊阁四库全书》第228册，第289—290页，北京出版社影印本，2012年。

② 明·杨慎《古音后语》，杨慎《转注古音略》，第183—185页，中华书局影印本，1985年。

③ 明·吴元满《六书总要·六书总论》，吴元满《谐声指南·引》，《四库全书存目丛书·经部》第194册，第473页，第667页，齐鲁书社影印本，1997年。

以引申，依于声而旁寄，假此以施于被曰假借。所以用文字者，斯其两大端也。①

戴震认为，象形、指事产生于“造字之始”，然后“博衍”出会意、形声。“四者，书之体止此矣。由是之于用”，则有转注、假借。段玉裁、王筠、朱骏声等乾嘉学者都以之为是而深受影响。在杨慎以是否“有象可见”为区分标准的基础上，段玉裁（1735—1815）进一步用“形”与“驭形”来说明“四体”与“二用”的互补关系。段氏的“驭”当是借用的意思：所谓“驭形”，就是借用已有的现成字形来兼职记录别的语词。

《周官》六书，指事、象形、形声、会意四者，形也；转注、假借二者，驭形者也。②

清末的孙诒让（1848—1908）后出转精站得更高，认为“六书虽分‘体’‘用’”，但都是“造字之本”。这既是对“四体二用说”的总结，更是对刘歆“造字之本说”的升华。显然，孙氏所谓的“造字”已不是仅指汉字构形的模式，而更多地指向汉字记录语词的方式了。（“四体二用说”有了这种意识，但还不可能有今人这样的表述。）他深刻地分析了假借产生的原因与历史作用，精辟地论述了借字记音的运作机制：

六书虽分“体”“用”，而为造字之本则一。盖天下之事无穷，造字之初苟无假借一例，则将逐事而为之字；而字有不可胜造之数，此必穷之势也，故依声而托以事焉。视之不必是其本字也，而言之则其声也；闻之足以相喻，用之可以不尽。是假借者，所以救造字之穷而通其变，即以为造字之本亦奚不可乎！③

至于转注，“转注者，建类一首，同意相受，考老是也。”许慎的这个定义颇为模糊，全书仅有的两个例字“考”“老”，在逐字说解中又分别当形声、会意分析；后人对转注的理解因此众说纷纭，可谓各说各话而莫衷一是。唐兰先生（1901—1979）评论说：转注的“界说不清楚，例子也不好，所以愈讨论愈糊涂。”④ 裘锡圭先生梳理辨析了九种关于转注的代表性观点，认为“在今天研究汉字，根本不用去管转注这个术语。不讲转注，完全能够把汉字的构造讲

---

① 清·戴震《答江慎修先生论小学书》，《戴震集》，第75页，上海古籍出版社，2009年。

② 清·段玉裁《〈广雅疏证〉序》，王念孙《广雅疏证》，第2页，江苏古籍出版社影印本，1984年。

③ 清·孙诒让《与王子庄论假借书》，丁福保编纂《说文解字诂林》第一册，第233页，中华书局，1988年。

④ 唐兰《中国文字学》，第72页，上海古籍出版社，1979年。

清楚。……我们完全没有必要卷入到无休无止的关于转注定义的争论中去。”[①] 裘先生的这个意见值得重视。

“六书说”原本主要是共时平面上的归纳，随着历史发展观的逐步增强，后来的学者发现六书是逐步演进的而并不都在同一个层面上，由此开始了对六书的分类研究，并在明清时期形成了“四体二用说”。“四体二用说”的形成经历了一个逐步发展的过程。汉代的班固本刘歆之说，认为六书都是“造字之本”。许慎为六书一一立说，但在对小篆析形求义时一般只用四书说解。南唐的徐锴提出“六书三耦说”，由此开始了对六书的分类研究。南宋的郑樵最先把“不可为象故无其书”的假借另立一类，指出“文、字俱”可用作假借；其后的戴侗强调“依声托事”的假借与据义构形无关，由此把词义的引伸与文字的假借明确地区别开来。明代的一些学者认识到汉字的据义构形尽在形事意声四书，杨慎、吴元满遂据是否“有象可见”而将六书分类为“四经二纬”与“四体二用”。清代的戴震、段玉裁指出假借是“由是（四体）之于用”的“驭形者”；孙诒让更进一步，认为据义构形与依声借形虽分“体”、“用”，但都是记录语词的“造字”方式。这就是“四体二用说”的源流。

现将这一学说对“六书说”的发展制表列示如下：

“四体二用说”对“六书说”的发展

	研究的方法	立足的层面	认识的对象
六书说	共时归纳	形义关系	构形模式
四体二用说	历史分析	字词关系	记词方式

明清学者的“四体二用说”是在许慎“六书说”的基础上发展起来的，它源起于对六书的分类，形成于对汉字记录汉语之方式的深入认识。其较之于“六书说”的进步，在于其研究方法已由共时归纳逐步提升为历史分析，其立足的层面已由形义关系逐步提升为字词关系，探究的重点已从汉字据义构形的模式逐步提高到汉字记录汉语的方式了。讨论一直是围绕着表意字与假借字的区别、关系展开的，认为据义构形的“四体”与“依声托事”的假借是不同性质的字式，但它们在记录汉语的方式上是互补的体用关系。正是据义造字记词与依声借字记词的体用互补，才使汉字得以完整地记录汉语。这就是“四体二用说”的学术价值。

---

① 裘锡圭《文字学概要》，第100—102页，商务印书馆，1988年。

（三）汉字的基本类型与“兼书说”

讨论“六书说”，不能不提“兼书说”。许慎对六书一一定义举例，并据此为小篆字逐一分析字形说解本义，但“许慎自己在《说文解字》所收的一万多字里，就没有彻底去分过类，一直到宋代，郑樵才替他做了这工作。”[①] 郑樵的《六书略》“实本《说文》而作”，他第一次以六书为纲来统系编排全部汉字。

郑樵在运用“六书”理论为所收的24235个楷书字进行具体分类时，把不少字处理为兼书。例如他所认为的107个指事字中，就有“事兼声”者6字，“事兼形”者11字，“事兼意”者12字，计有兼书字29个，占指事字总数的27%。[②] 其后致力于兼书的学者在宋元明清时期一直续有人在，至清代王筠而走到极端。王筠把所认为的123个指事字分为正例、变例二类。八种变例中的前四种就是兼书：“以会意定指事”者40字，“以会意定指事而小别”者2字，“指事而兼形意与声”者1字，“借形以指事而兼会意”者1字，这四种兼书计44字，占指事字总数的36%。[③] 徐锴、郑樵、王筠等人所认为的指事字中，有不少字并没有得到今人的认同；而郑、王等人所提出的“兼书”说，亦受到不少学者的置疑与批评。

郑樵、王筠是在汉字学发展史上作出贡献、颇有影响的学者。但是，以二人为代表的“兼书说”扩大了兼书的范围，是把问题复杂化了。郑樵、王筠都特别强调区分象形与指事、独体与合体的重要性，并提出了基本为人认可的区分标准与方法，但二人在具体分析汉字时，并没有始终贯彻自已的观点与区分标准，反而用心良苦地把不少字处理为兼书字。这看似自相矛盾，实则无可奈何。这种非不为乃不能为的困窘，反映了郑、王等人对“六书说”的迷信，表现了郑、王等人在认知上的时代局限。

下边从汉字产生的实际、逻辑归纳的特点、事物分类的意义三个方面，对兼书说略作评说。

第一，汉字是华夏先民集体智慧的结晶，它并不是在“六书说”指导下产生和形成体系的。造字早期并无成法，既非先定规则再如法炮制，更非一时一地一人所造。明代的赵宧光早就指出：“六书之实出自造书者，六书之名未必

① 唐兰《中国文字学》，第72—73页，上海古籍出版社，1979年。

② 宋·郑樵《六书略·指事》，郑樵《通志略》，第124—126页，上海古籍出版社影印本，1990年。

③ 清·王筠《说文释例》，第16—47页，武汉市古籍书店影印本，1983年。

出之造书者也。”[①] 后来的王筠说得更明白：“六书之名后贤所定，非皇颉先定此例而后造字也。”[②] “六书说”是立足于析形求义对小篆构形模式的理论归纳，具有相当强的科学性与系统性，并对后来的析字、考字、造字产生了积极的指导作用。但是，汉代学者并没有看到甲金文字，其研究毕竟还处在汉字学发展史上的早期阶段。正如唐兰先生所说：“许氏六书说，在义例上已有很多的漏洞，在实用时，界限更难清晰。”[③] 以后绳前而对号入座，自然有不少的例外，一些字的归类莫衷一是本属当然。纠缠于这些字究竟属于六书中的哪一类，是钻了牛角尖，意义不大且很难取得共识。“六书之中，再分细类，……意期明晰，适滋溷殽。刻意分析六书以求其别，不知融会六书以观其通，遂致六书相因而生之理不能尽明，造字进化之程因而全昧。”[④] 沈兼士先生对郑樵的这个批评十分中肯，其关于六书研究要注重认识其中的“相因而生之理”，要注重认识汉字的“造字进化之程”，尤应值得学人深思。

第二，汉字是一个发展、开放的复杂符号系统，对数以万计的汉字进行竭泽而渔的归纳分类是不可能的。列宁（1870—1923）说得好：“任何一般只是大致地包括一切个别事物。任何个别都不可能完全地包括在一般之中。”[⑤] 事实上，从小篆平面上共时归纳出的“六书说”并不能涵盖全部小篆字，更不用说此前的甲金文与其后的隶楷书了。随着汉字的历史发展，早期的独体字后来多不象形、不指事了，它们因造字理据的语义化已演变成为意象性的表意符号；还有一些字符则简化为了只有构形功能的记号。郑樵以《说文》为纲而“驱天下文字尽归六书”（《通志·总序》），两难之处自然不少，“兼书”之说遂由此生。

第三，对事物进行分类的意义，在于深化对事物的认识。汉字记录汉语的方式主要是据义构形，它起始于“依类象形”而成熟于“以类附声”，其间还经历过一个“依声托事”的过渡阶段，并至今保留着一些借音记词的假借字。对汉字进行分类的主要目的，应该是归纳出汉字据词造字构形表意的基本模式。王筠的兼书研究比郑樵以来的宋元明学者走得更远，在用六书为汉字分类时，他又另分出十几类兼书来。例如为一个“高”字另立一类“借形以指事而兼会意”，为一个“牽”字另立一类“指事而兼形意与声”，一字竟然而兼三、

① 明·赵宧光《说文长笺·长笺解题·六书互生》，赵宧光《说文长笺》，齐鲁书社影印本，1997年。

② 清·王筠《六书总说》，王筠《说文释例》，第3页，武汉市古籍书店影印本，1983年。

③ 唐兰《中国文字学》，第72页，上海古籍出版社，1979年。

④ 沈兼士《文字形义说》，《沈兼士学术论文集》，第562页，中华书局，1986年。

⑤ 苏·列宁《哲学笔记》，第307页，人民出版社，1993年。

四书。这就混淆了形事意声的界限，不仅看不出如此分类的标准与目的是什么，而且也看不出如此分类的价值与意义在哪里。

真正的兼书是合体字中的“声兼意”，它是“右文说”讨论的内容，而“右文说”的主要价值并不在这共时的声兼意现象，而在形成声兼意现象的历史原因。这种兼有表意功能的声符，一般出现在因词义引伸同源分化而产生的加旁孳乳字之中，这些声符原本就是孳乳字的古字。而孳乳字所表示的则是古字的同源分化义，或如加“竹”的“箕”字，表示的是古字“其”的本义；或如加“女”的“娶”字，表示的是古字“取”的引伸义。这种因词义引伸同源分化而“以类附声”的相承孳乳，是形声字产生的一大主要途径，这才是“声兼意”、“右文说”为人重视的价值所在。

华夏先民创造的汉字是据义构形的表意文字，对汉字的归纳分类首创于汉代学者的“六书说”，但汉字并不是在“六书说”指导下产生和形成体系的。兼书研究的实践暴露了“六书说”的缺陷，更展示了汉字层级构形的复杂性，说明对汉字据词造字构形表意方式的分类，应该是也只能是基本类型的归纳。我们应该明白：汉字并不是批量生产的机制零件，而是历时异地生成的人文符号。许慎的六书理论虽有缺陷但很有价值、很有影响，也很难被别的理论所替代。我们应该坚持历史发展的观点，继续发掘“六书说”的合理内核，把精力集中到字形结构－表词功能的本体上来开展深入研究。

三、现代学者的深入研究

汉字学在二十世纪有两项重大发展，一是大批古文字的出土与古文字学的建立，二是计量语言学的迅猛发展与大批成套数据的产生。新方法的运用与新材料的利用，使汉字学出现了长足的发展。

传统文字学是围绕着《说文解字》研究展开的，清代以《说文》四大家为代表的一批学者，把传统文字学发展到了顶峰。随着金石文字资料的不断发现，尤其是大批甲骨文材料的出土，金石学中考释文字的研究在清末有了长足的发展。他们既运用《说文解字》以考释古文字，又利用古文字来验证《说文解字》。有的学者以小学大师而兼治甲金文，开始注重古文字的构形结构及其演变规律，开始总结古文字的考释方法，终于在 20 世纪初期建立起了以出土古汉字为研究对象的古文字学。古文字学的建立及其大量的新成果，使人们的耳目为之一新，加之现代科学思维方式与研究方法的应用，极大地开阔了人们的学术视野，拓展了人们的研究思路，推动了对汉字结构规律与演变规律的深入探索。

近百年来的古文字研究，取得了长足的发展和丰硕的成果。但古文字的宏观研究，过去还只是举例论证式的定性研究。1990年代后期开始了对古文字的计量研究，并从单字的静态统计，逐步发展为字频的动态描写。华东师范大学中国文字研究与应用中心经过二十余年的潜心开发和逐步完善，建设起了较为完备的“中国文字数字化资源库”研究平台，其平台包括古文字数字化处理、近文字系列资源库、少数民族文字资源库、海外汉字研究资源库、各类字符集五大种类，计40多个项目数据库及数种应用软件，形成了中国文字数字化的发展特色。其中“古文字数字化处理”部分坚持了对出土新材料和考释新成果的即时吸纳，实现了对海量古文字材料的动态字频统计，在资料系统数字化与研究手段数字化上的出色工作令人瞩目。

（一）汉字发展三阶段说

20世纪20年代以来，学者们进一步深入研究汉字记录汉语的方式。其突出的特点是对传统文字学的批判性继承，进而从汉字发展史的角度，去研究汉字记词方式的历时演进，去研究汉字的发展阶段与发展规律。沈兼士先生（1887—1947）第一个冲破“六书说”的框架，最先明确提出汉字起源于记事图画的观点，认为汉字在“六书”之前还有一个“文字画”阶段。后来的唐兰先生、陈梦家先生先后提出了自己的“三书说”。

沈兼士（1927）：盖于六书文字时期以前，应尚有一阶级，为六书文字之导源，今姑定名为“文字画时期”。……余以为文字之起原，实由于纪事之绘画。①

唐兰（1935）：由原始文字演化成近代文字的过程里，细密地分析起来，有三个时期。由绘画到象形文字的完成是原始期。由象意文字的兴起到完成，是上古期。由形声文字的兴起到完成，是近古期。②

陈梦家（1943）：“象形字→声假字→形声字是……代表文字演进的三个阶段，同时也是整个中国文字三个基本类型。”（1956）：“汉字从象形开始，在发展与应用的过程中变作了音符，是为假借；再向前发展而有象形与假借之增加形符与音符的过程，是为形声字。形声是汉字发展的自然的结果。”③

陈先生最先明确指出假借是汉字发展史上的一个阶段，由此提出“文字演

---

① 沈兼士《从古器款识上推寻六书以前之文字画》，《沈兼士学术论文集》，第68—69页，中华书局，1986年。

② 唐兰《古文字学导论》，第83页，齐鲁书社，1981年。

③ 陈梦家《中国文字学》，第256—257页，中华书局，2006年；陈梦家《殷虚卜辞综述》，第79页，科学出版社，1956年。

进三书说”。刘又辛先生运用比较文字学的方法，“汲取了沈兼士、唐兰、陈梦家诸先生的合理部分”，在 1957 年提出了“汉字发展三阶段说”，他把汉字发展史划分为表形（包括象形、指事、会意）时期、假借时期、形声时期三个阶段。刘先生特别重视假借在汉字发展史上的重要地位，在此后的 40 多年里，他一直致力于对这个假说的论证。他认为：

从世界各国文字的发展历史来看，以假借字为主的表音文字阶段，是所有古老文字都经过的阶段，埃及古文字、苏美尔文字，都同甲骨文属于同一发展阶段。不过其他古文字都在表音文字的道路上继续发展，后来变成了音节文字或字母文字，只有汉字没有向这条道路发展，而是向兼表形音的方向发展，因而形成了独特的汉字体系。①

裘锡圭先生认为：

（完全使用音符的）假借字不但在构造上有自己的特性，而且数量很大，作用很重要。……我们认为陈氏的三书说基本上是合理的，只是象形应该改为表意（指用意符造字）。这样才能使汉字里所有的表意字在三书说里都有它们的位置。②

刘先生、裘先生都认同陈先生的“三书说”，都认为把第一阶段称作“象形字”，是忽视了指事、会意的位置。共时地归纳汉字的基本类型，称作“表意字”当更为概括；历史地划分汉字的演进阶段，称作“表形字”则更为客观。因为表形字是一切原始文字的基本造字方法，脱胎于记事图画的早期汉字还只是用形符的物象表形，后来随着形符的语义化才发展为表意字的。由于刘先生对这个假说用力最多致力最久，因而人们一般把这个假说称作“汉字发展三阶段说”。

回顾汉字发展史研究的历史可以发现，从东汉许慎的“六书说”，明清学者的“四体二用说”，到陈梦家先生的“文字演进三书说”，其实质都是在逐步深入地去探索汉字如何记录汉语这一根本问题。但最先明确提出“汉字记录汉语的方式”并进行专节讨论的学者，则是王伯熙先生（1984）。③ 林沄（1986）、王凤阳（1989）等先生随后进行了更进一步的论述。此后，一些学者自觉地围绕汉字如何记录汉语这一主题来研究汉字，围绕汉字记词方式的演进来研究汉字发展史。

---

① 刘又辛《从汉字演变的历史看文字改革》，《中国语文》1957 年第 5 期；刘又辛、方有国《汉字发展史纲要》，第 323 页，大百科全书出版社，2000 年。

② 裘锡圭《文字学概要》，第 106 页，商务印书馆，1988 年。

③ 王伯熙《文字的分类和汉字的性质》，《中国语文》1984 年第 2 期。

各种语言文字都有自己发展的内部规律，王力先生指出："语言的历史分期是应该由语言发展的内部规律来决定的。"[1] 汉字是华夏民族记录汉语的交际工具，华夏民族记录汉语的开放性需求是汉字发展的基本动因。这种关系决定了汉字学的主题，是研究汉字在特定的人文语境中如何完整而准确地记录汉语；决定了汉字发展史的主题，是研究汉字如何改进记录汉语之方式的独立发展过程。

"汉字发展三阶段说"的学术价值，就在于立足于文以记言的基本面，来深入研究汉字的独体发展历史。其要有三：一是它围绕汉字如何记录汉语这个主题，坚持从汉字在特定的语境中如何形成独特文字体制这一本质性演变，去深入认识汉字的辩证发展；二是它立足汉字历史发展的基本事实，尤其是甲金文中大量使用假借字这一客观事实，坚持以主体字式的转换为主要依据，去划分汉字的发展阶段；三是它充分吸取了许慎的汉字发展史观和"四体二用说"的合理内核，认为汉字记录汉语的方式，不仅包括据义构形的造字，而且包括"依声托事"的用字。"汉字发展三阶段说"从提出到现在，几十年间有了很大的完善：一是把第一阶段的"象形字"改为"表形字"，使之更加符合原始汉字的实际；二是对甲金文中的假借字进行了深入的定性定量研究，更为深刻地认识到假借字在汉字发展史上的历史地位；三是认为表形、假借、形声在本质上都是记录汉语的方式，进而从记词方式辩证演进的基本面上去讨论汉字的发展史。"汉字发展三阶段说"当然还需要更多的验证与更进一步的发展，但它确实为汉字发展史建立起了一个基本的理论框架。

沈兼士先生以来的现代学者，不仅继承了"六书说"与"四体二用说"中的合理成分，而且冲破了"六书说"的理论框架与共时归纳的局限。他们开始从汉字发展史的大背景中去研究汉字记录汉语的方式，其较之于"四体二用说"的进步，在于其探究的视角已从共时地分类型、分层次提高到历时地划分演进阶段，依据主体记词方式的历时演进去划分汉字的发展阶段，去认识汉字的历史发展规律。

（二）商周文字的计量研究

金石学家王懿荣先生（1845—1900）在1899年秋，从中药材"龙骨"中首先发现了甲骨文，并研判这是殷商时期的卜辞。王懿荣先生是中国的第一位甲骨学家，1899年是中国甲骨文研究的起始之年。此后一百多年来，先后出土了大批甲骨文、金文、简帛文字等先秦古文字材料，发表了大量关于古文字

① 王力《汉语史稿》，第41页，中华书局，2004年。

的研究成果。这些古文字资料及其研究成果，为揭示古汉字的历史面貌，为研究汉字发展史及其发展规律，提供了宝贵的原始资料，奠定了坚实的学术基础。现将近年的有关计量分析结果，制成如下四个统计表。表一、表二是关于古文字中“四书”的分布及其历史发展的两套统计数据，表三、表四是关于甲骨卜辞中假借字的比重与分布的两套测查数据。

黄德宽先生（1954—）主持的《汉字理论与汉字发展史研究》，对商—秦阶段已有的古文字材料及其研究成果进行了一次摸底式的调查研究，在此基础上编纂了《商代文字字形表》《西周文字字形表》《春秋文字字形表》《战国文字字形表》和《秦代文字字形表》，这五种“字形表全面呈现出古汉字阶段各个时期字形的典型样本”。进而“以形体为基本依据，综合考虑汉字结构的发展，尤其是汉字功能的实际变化”，分期讨论了古汉字的历史发展。其有关计量分析结果详见下表：①

表一：商—秦古文字中已识字的“四书”分布及其历史发展

（立足已有研究成果的摸底统计）

时期	单字总数	已识字数	象形		指事		会意		形声	
			数	%	数	%	数	%	数	%
殷商	3904	1310	339	25.9	65	5.0	356	27.2	550	41.9
西周	3500	1523	275	18.0	68	4.5	321	21.1	859	56.4
春秋	1672	1701	159	9.3	42	2.5	324	19.0	1176	69.2
战国	6619	4018	298	7.4	48	1.2	402	10.0	3270	81.4
秦代	3292	3092	183	5.9	34	1.1	322	10.4	2553	82.6
说文	9353	9353	347	3.7	117	1.2	819	8.8	8070	86.3

刘志基先生（1955—）主持的“出土古文献语料库建设研究”，立足于“古文字数字化处理”平台，从样本所用的单字（静态）与单字使用的频次（动态）两个方面，对商周古文字自然语料中的“四书”分布状况进行了计量分析与历时比较。其数字化平台整合了迄今的古文字原始数据和考释成果，其计量分析坚持“在确定的可作结构分析字为范围进行统计”。特别注重“动态的文字单位的文献使用”，“努力以严格意义的定量研究来实现先秦文字系统发

① 黄德宽等《古汉字发展论》，第2页、第11页，中华书局，2014年。表中各时期所用的单字数分别引自第90页、第224页、第279页、第360页、第440页，《说文》的数据引自第439页，其他数据引自第505—506页。

展演变研究的突破”。其有关计量分析结果详见下表：[①]

表二：商周古文字中已识字的“四书”分布及其历史发展

（立足自然语料样本的计量描写）

时期		动态的字频（次）					静态的单字（个）				
		字量	象形	指事	会意	形声	单字	象形	指事	会意	形声
殷商甲骨文	数	43897	31527	5385	4516	2469	873	380	54	319	120
	％		71.8	12.3	10.3	5.6		43.5	6.2	36.5	13.8
西周金文	数	55800	29074	1530	11178	14018	3527	334	42	1037	1981
	％		52.1	2.7	20.0	25.1		9.9	1.0	30.6	58.5
战国秦简文	数	33713	10386	3814	9247	10266	1455	171	40	357	887
	％		30.8	11.3	27.4	30.5		11.8	2.8	24.5	61.0
战国楚简帛文	数	62560	15735	8231	13861	24733	4411	203	51	549	3608
	％		25.2	13.2	22.2	39.5		4.6	1.2	12.5	81.8

郭沫若先生（1892—1978）的《殷契粹编》，选录考释了1595片殷契甲骨文。李玉洁先生对该书所收卜辞中假借字的动态字频进行了分类统计，“《殷契粹编》中的卜辞一共用字20856个次，其中各类假借字加在一起，共12701个次，占全书总字数的61％。”[②] 这种对假借字在古文字自然语料中的使用频次进行动态描写，是极有价值的研究。

表三：《殷契粹编》卜辞中假借字的动态字频分布

全书卜辞总字量	各类假借字的分布及其使用频次					
	借记实词	借记虚词	干支字	人名	地名	合计
20856	3637	2081	3881	1759	527	12701
100％	17％	14％	19％	8％	3％	61％

邢华在《新编甲骨文字形总表》《殷墟甲骨刻辞类纂》字形总表的基础上，

① 表中的数据引自刘志基《中国文字发展史·商周文字卷》，第300—312页，华东师范大学出版社，2015年。其中商代甲骨文的数据统计自《殷墟花园庄东地甲骨》（中国社会科学院考古研究所编，云南人民出版社，2003年）、《小屯南地甲骨》（中国社会科学院考古研究所编，中华书局，1980年）。其他三组数据分别统计自刘先生等主持开发的《商周金文数字化处理系统》（升级版）中的西周器铭文用字、《战国楚文字数字化处理系统》（升级版）、“睡虎地秦简文字数字化处理系统”。

② 李玉洁《假借字是汉字发展阶段的产物》，《吉林大学社会科学学报》1995年第6期。

利用汉达文库中的甲骨文资料库，[①] 进行逐字的考察和鉴别，计得“已识”和“可识”的单字 1129 个。其中没有假借义的单字 376 个，占 34%；有假借义的单字 753 个，占 66%。进而从两个视角对甲骨文中的假借字进行了具体的描写与分类。既从“借出去”的视角去考察用假借字记录了什么词，更从“借进来”的视角去考察记录“一般词汇”（应该就是“语文词”）用的是什么字。在 753 个假借字中，有人名假借 362 个，地名假借 52 个，方国名假借 120 个，祭名假借 41 个，合计 578 字占 77%，说明大多数假借字是借去记录专指名词了。而卜辞中记录语文词的用字，多达 90%的字仍是据义构形的表形字（其实还有少数形声字）。现将邢文关于卜辞中语文词的用字统计数据制表列示如下：

表四：甲骨卜辞中语文词的用字统计

语文词	名物类	动作类	性状类	数词类	代	副	介	连	合计
小计	301	263	30	16	8	18	3	3	642 个
假借字	11	15	2	5	8	18	3	3	65　10%
表形字	290	248	28	11					577　90%
表形字举例	人日木家族林	走行取祝舞牧	大高安多利比	一三十廿百千					

邢华据此认为：“从字频的角度来看，甲骨时代的假借比例很高，但是从语言中核心词汇的角度来说，假借的比例很小，象形字、会意字仍是甲骨文中的主流。”[②] 这个认识值得重视。

在汉字记录汉语的方式上，表形字、假借字、形声字在古文字中的单字数、字频次及其历时变化，是极具认知价值的数据。黄德宽先生立足于已有的古文字材料及其研究成果，对商—秦古汉字进行了摸底式的分期调查，第一次从静态上，宏观地计量描述了古汉字中的“四书”分布状况及其历史发展。刘志基先生立足于先秦古文字的自然语料，对其中的“四书”分布进行了历时比较，第一次从动态和静态两个方面，宏观地计量描述了古汉字在千年先秦时期的发展历程。李玉洁、邢华二位分别从动态字频、静态单字两方面，计量描写了假借字在甲骨卜辞中的比重与分布，展示了假借现象在甲骨文中的基本状

① 姚孝遂、肖丁主编《殷墟甲骨刻辞类纂》，中华书局，1989 年。沈建华、曹锦炎编著《新编甲骨文字形总表》，香港中文大学出版社，2001 年。汉达文库甲骨文资料库，香港中文大学，2001 年。

② 邢华《甲骨文假借字分类研究》，西南大学硕士论文，2008 年。

况。关于古文字中“四书”与假借的这四套互补的测查数据，很有价值，它有助于人们更进一步去探讨以下的重要问题：商周古文字记录汉语的主要方式及其变化，商周古文字在汉字发展史上所处的阶段，商周古文字的千年走向所呈现出的汉字发展趋势。

第一，表一的这套基本数据很重要，它计量分析了商—秦文字的结构及其消长的基本状况。计量语言学告诉我们：自然语料的动态字频统计比库存资料的静态单字统计更为客观。也就是说，“四书”与假借在原始自然语料中的语用分布及其历时消长，更客观地反映了汉字记录汉语的实际状况。从表二可见，在甲骨文的自然语料中，据义构形的表形字（象形、指事、会意）的单字数、字频次分别占样本总数的 86%、94%，其中 380 个象形字居然覆盖了 4 万多字语料的 72%。汉语基本词汇的核心是表示基本语义概念的根词，它们一般就是通用高频稳定的语文词。表三、表四的数据表明，甲骨文中 90%的语文词是以象形字、会意字为主的表形字记录的。只有 10%的语文词在用假借字记录；假借字所记实词的使用次数只占《殷契粹编》卜辞总字量的 17%。这些事实和数据说明：最早产生的象形字确实是“六书之本”，是汉字系统得以形成和发展的基础，汉字初创时期确实是主要创制和使用表形字的阶段。

第二，甲金文时期尤其是甲骨文时期，是大量使用假借字来记录汉语的时期。从表三、表四可见，《殷契粹编》中假借字的使用频次占全书卜辞总字量的 61%，甲骨文中有假借义的单字占可识单字总数的 66%，假借字主要用于记录专指名词和虚词。在《殷契粹编》卜辞中，记录专称名词和虚词的假借字多达 9064 次，占全书假借字总次数的 71%。陈梦家先生指出，甲骨文中的假借字是主要“用象形字作音符的。”[1] 表二的数据表示，象形字在殷商甲骨文、西周金文语料中的使用频率分别高达 72%、52%。这组数据说明：甲金文中大量的“依声托事”确实是主要依托象形字来实现的。

第三，表一、表二的数据显示，汉字的合成化是一个逐步发展的过程，越早期的汉字合成化程度越低，独体字尤其是象形字所占的比重越大。合成化的发展既反映在合体字数量的增加上，更体现为合体字字频比重的逐步提高。合体字（会意、形声）的单字数、字频次在甲骨文语料中分别占 50%、16%，到了战国的楚简帛文语料中就增加到 94%、62%了。这组数据具体展示了汉字在先秦时期以文组字的合成化进程。

第四，汉字合成化的主要内容是形声化，形声字与象形字的消长尤为值得关注。象形字单字、字频的比重，由甲骨文语料中的 44%、72%逐步下降到

---

① 陈梦家《殷虚卜辞综述》，第 80 页，科学出版社，1956 年。

楚简帛文语料中的5%、25%；形声字从甲骨文语料中的120个大步增加到楚简帛文语料中的3608个，形声字单字、字频的比重由甲骨文语料中的14%、6%大步增加到楚简帛文语料中的82%、40%。自然语料中所使用的象形字与形声字的此消彼长，实质上反映了假借字与形声字的此消彼长，因为“依声托事”是主要依托象形字来实现的。

结合相关研究分析上述数据，可以认识到：在记录汉语的方式上，殷商甲骨文的最大特点，是以表形字为基础而大量使用假借字来记录汉语；西周—春秋文字的显著变化，是假借字的逐步减少与形声字的加速发展；战国时期是形声字大量涌现大量使用即将成为汉字主体的时期。商周古文字的千年走向，反映了汉字历史发展的表意化趋势，反映了汉字记词方式形声化的趋势；说明汉字在发展史上确实经历了一个大量使用假借字的历史阶段。陈梦家、刘又辛等先生关于汉字发展三阶段的假说也因此得到了进一步的论证。

四、记词方式的辩证演进

许慎首先提出了始于“依类象形”而备于“形声相益”的汉字发展史观。明清学者进而提出“四体二用说”，认为据义构形的四体与“依声托事”的假借都是记录汉语的方式，汉字正是依靠体用互补才得以完整地记录汉语。陈梦家先生发展了许慎的思想，在1943年提出：“象形字→声假字→形声字是……代表文字演进的三个阶段。”70多年来，陈先生的这个假说得到了刘又辛、裘锡圭等先生的支持和完善，在学术界产生了越来越大的影响。陈振寰先生（1934—）认为：汉字“由表意而假借而形声的‘三部曲’，其性质恰好符合辩证法中‘正—反—合’的命题模式。”①

文字是记录语言传承文化的书写符号系统。历史形成的这种特定关系，决定了文字与所记语言、与特定社会之间，一定是既相协同又有矛盾的。文字记词方式的局限与所记语言的特点之间的矛盾，文字记词方式的局限与社会发展的需要之间的矛盾，就是文字演进中的两大基本矛盾。这两大矛盾在汉字如何记录汉语上，具体反映为据义构形造字难与四方古今音有异两大难题。第一，面对据义构形与有词无字的矛盾，汉字如何才能完整而准确地记录汉语，以确保政令的传达与社会的交流？第二，面对国家统一与方言音歧古今音变的矛盾，汉字如何才能超方言超古今地记录汉语，以维护国家的统一与文化的传承？正是这两大矛盾的逐步解决，有力地推动了汉字记词方式的历史演进。

① 陈振寰《文字结构、文字体系和汉字的性质》，《社会科学战线》1987年第1期。

据义构形、借符记音、义音合成这三种基本的记词方式，虽然都产生在汉字体系形成之前，但表形字→假借字→形声字相继成为汉字主体的历史却是时有先后分阶段的。在顺应汉语与社会发展需求的历史进程中，汉字多次调整形音义的关系以改进记录汉语的方式，通过主体字式的转换而演进到新的发展阶段。汉字记录汉语的方式，初创阶段主要使用表形字，甲金文中大量使用假借字，秦代以来的主体是形声字，经历了“表形→表音→兼表义音”的发展三阶段。这是一个“正→反→合”的辩证发展过程，它历史地反映了汉字记词方式形声化的基本发展规律。

（一）初创阶段主要使用表形字

许慎关于汉字初始于“依类象形”的观点，是古代学者的共识。沈兼士先生关于汉字起源于“纪事之绘画”的观点，是现代学者的共识。汉字主要起源于单个记事图画的符号化，龙山文化时期的丁公陶符已出现了多符连用以记录语句大意的现象。纳西族的“东巴教门用象形文字写经书，而不把口诵的全文写下来，每段只寥寥几字，要读几句。”① 这种用多个表形字记写语句大意而不能完整记录语言的状况，应该就是甲骨文之前的古汉字记录汉语的状况。这些历史事实及其研究成果说明：汉字在甲骨文之前，处于主要使用表形字的初创阶段。

汉字在表形字阶段的基本发展需求，是为表示主题性概念的名词创制一批基本字，以记录语段大意；是为记录汉语创制一批基础字符，以生成出更多的合体字。其主体记词方式是利用形义联系而据义构形，其下又可分为独体的象形、指事与合体的会意三种。表形字是一切自源文字最原始、最基本的造字方法。表形字所表之“形”，就是所记语词指代的事物之形，它是用物象的可识性图画来体现构意的。上古汉语以单音词为主的特点，脱胎于记事图画的特定起源，使汉字历史地选择了以单音词为单位据义构形单音成字的记词方式。最早产生的原始汉字当是记录名词的象形字与记录数词的指事字。象形字据名词而依类取象，“以名物之音为字音”，② 在构形上具有按物绘象单符成文的整体性，在表意上具有形义统一视而可识的象物性。作为汉字的孳乳之本，几百个象形字既是以文组字的字原，也是推类表意的基因，是汉字构形系统也是汉字的表意性得以形成与发展的基础。指事字所记录的是象形字难以构形的词，其

① 方国瑜《纳西象形文字谱·弁言》，方国瑜编《纳西象形文字谱》，第 2 页，云南人民出版社，2005 年。

② 刘师培《字义起于字音说》，《刘师培学术文化随笔》，中国青年出版社，1999 年。

语义多是无形可象的抽象义，也有难以独立为象的名物义。指事是汉字在独体构形阶段对象形造字法的补充。

早在7300年前的双礅陶符中，就出现了大量拼图似的合体符号。这种"用部件组合以表特指意义的记事方式，应该就是后来汉字'比类合谊'以文组字造字方式的萌芽。"[①] 会意是在独体构形难以满足记词需要的背景下出现的，是在独体之"文"为汉字的孳乳提供了基础字符的基础上产生的。它利用已有的现成字作表意字符而二度造字，构形上具有以文组字的拼合性，表意上具有合形象意（后发展为"比类合义"）的意合性。会意字的构形合成化与表意语义化，有力地推动了汉字由独体构形向合体构形、由表形文字向表意文字的历史演变。总之，初创阶段的表形字不仅为汉字的构形表意系统提供了基础字符，为记词方式形声化提供了合成思路，而且为汉字系统奠定了以单音节语素为单位据义构形单音成字的表意文字体制。

表形字经过由单符为文而以文组字的构形合成化，经过由合形象意而合义会意的表意语义化，单纯的据义构形方式就发展到头了。"依类象形"是表形字中最为基础的造字方式，指事则对"依类象形"式略有补益，但它们逐个孤立构形的造字能力实在太弱，所以甲金文之后就基本不再造独体字了。会意字虽已合文成字，但仍然仅仅限于形义联系上相关意符的直接合成，小篆之后亦很少再造会意字了。汉字中的这三种表形字（后语义化为表意字）计约一千四五百个，它们主要产生在古文字时期。换言之，大部分汉字不是用单纯的据义构形法造出来的，小篆之后一般不再造表意字了，即使造出来的也很难成为通用字。由于字词之间的形音联系尚未得到重视，义虚无形可象与词多无力可造的矛盾逐渐尖锐，致使表形字阶段的汉字面临着有词无字造字难的困窘。仅靠单纯的据义构形法造字，显然不能形成文字体系而完整地记录汉语。

（二）甲金文中大量使用假借字

陈梦家先生最先提出汉字发展史上有一个大量使用假借字的阶段。这个观点先后得到了管燮初（1953）、刘又辛（1957）、姚孝遂（1980）等先生的支持与验证。

汉字脱胎于记事图画的符号化，初创阶段的古文字都是因画成文的表形字；汉字后来以形声字为主体，更是秦汉以降的基本事实。但表形字并不是直接发展为形声字的，其间还经历了一个大量使用假借字的过渡阶段。汉语是单音节语，音节有限而同音词很多，但有限的现成表形字已为"依声托事"提供

① 龚嘉镇《试论汉字起源的探索》，华东师范大学《中国文字研究》总第十五辑，2011年。

了一批可资利用的“借音符”，因此，采取大量使用假借字的方式来记录汉语，实在是汉字发展到一定阶段的历史选择。

汉字在假借字阶段的基本发展需求，是要能够较为完整地记录汉语，其主体记词方式是利用形音联系而借符记音“依声托事”。这种以表形字为基础以假借字为主体的用字局面，是随着有词无字矛盾的日益尖锐而逐步形成的。假借的性质是借用现成的同音字来兼职记录“本无其字”且“义无所因”的同音词，它是在已有表形字的基础上，是在据义构形造字难的背景下产生的。已有的表形字被一体多用：既充当单字以表义记词，亦借作音符而依声记词。假借的大量使用，使原本以形表意的汉字一度出现了借符表音的趋势。这不仅缓解了有词无字的矛盾，而且突破了单纯据义构形的局限，由此打开了形音联系的通道而开创了以形表音的记词方式。

就静态的单字统计来看，甲骨文中有假借义的单字占可识单字总数的66%；在动态的字频统计中，《殷契粹编》中假借字的使用频次占全书卜辞总字量的61%。这样高的比重，也与甲骨文记录的内容、文体有一定关系。甲骨文的内容绝大部分是卜辞，程式化的卜辞包括前辞、命辞、占辞和验辞四部分。前辞交代占卜的时间、地点和人物，命辞是占卜的内容，占辞是卜兆的吉凶，验辞记录卜后的检验。虽然并不是所有的卜辞都四者俱全，但就如记叙文的四要素一样，前辞一般是要有的。前辞中表示时间（干支）、地点、人物的词不仅都是专称名词，而且它们一般是用假借字来记录的。这种程式化卜辞的大量反复使用，无疑也是假借字的单字、字频占比增高的一个重要原因。例如22个干支字在《殷契粹编》的卜辞中就出现了3881次，占全书假借字使用频次的30%，占全书卜辞总字量的19%。

关于表形字与假借字的关系，论体用，是表形字被兼职用作假借字；看先后，是假借跟随表形字而旋生旋借。要言之，借符记音的记词方式是跟随着据义构形的方式发展起来的。人们一般把商周甲金文称为表形文字或象形文字，那是站在形义关系层面就静态单字的表意方式而言的。但站在字词关系层面来考察甲金文记录汉语的用字状况，就会发现不仅很多表形字尤其是象形字被作为音符假借过，而且这样的假借字还以压倒多数的频次成为当时社会用字的主体。我们应该从汉字发展史的角度来认识大量使用假借的必然性及其历史作用。“依声托事”的假借，前济据义构形之困，使汉字得以完整地记录汉语；后架“形声相益”之桥，促汉字走上记词方式形声化的道路。汉字在数千年的发展进程中，确实经历了一个具有较强表音倾向的假借字阶段，借符记音的假借在历史上发挥了极其重要的桥梁作用。

假借虽具“依声托事”一字数用的兼职之功，亦有数词一字异义同形的易混之弊。上古汉语以单音节词为主，同音词原本就多。假借的泛滥可谓推波助澜，随之涌现出了大量的同音同形词。这种一字多用的手段虽然经济，但兼职过多就丧失了文字符号的差示原则，借用普遍又难以在广大方言区流通。这就在缓解造字难的同时，削弱了文字传达信息的交际功能。在辽阔而悠久的中华大地上，一直程度不同地存在着“言语异声”的现象。一个古今音变，使后世多少学者为破解古籍中的通假字而殚精竭虑；而今天在全国范围内大力推广普通话，就是因为方言音歧还在影响着人际交流。或曰：借符记音的假借再跨一步而实现一个音节只用一个音符，汉字就“发展”成为表音文字了。其实这只不过是一种脱离文化语境的技术性设想。须知在一个长期统一、文化悠久而方言复杂的大国推行表音文字，“言同音”是不可逾越的必要前提。汉语同音词很多的特点制约了同音假借的泛滥，汉语方言纷歧的语言环境阻止了记音字的通行。实际情况是，在大量使用假借字的商周甲金文中，不仅借符记音没有向一音一符发展，反而出现了假借字逐步减少而形声字加速增加的发展趋势。这种发展趋势的形成不是偶然的，它是汉字系统自组织进化的历史必然。

（三）秦代以来的主体是形声字

汉字在形声字阶段的基本发展需求，是完善表意方式以完整而准确地记录汉语，其主体记词方式是综合利用形义、形音联系而义音合成兼表义音。这种以表意字为基础、以形声字为主体的格局，是汉字历史发展至今的最高阶段。形声字是主要通过“以类附声”的机制生成“形声相益”结构的合体字，它是在表形字难以完整记录汉语的历史背景下开始产生的，是在假借字难以准确表达汉语的历史背景下加速发展的。一方面，它通过增加义符重建形义联系而坚持了表形字的表意方向，并进一步实现了从单字用物象表形向字族用类符的语义表意的发展；另一方面，它通过“以类附声”分化兼职而扭转了假借字的表音倾向，并吸取假借字借符记音的积极因素而实现了义音合成兼表义音的自我完善。汉字经过“表形→表音→兼表义音”的辩证演进，历史地实现了汉字记词方式的形声化。

汉字是记录汉语的符号，字的增加是以词的增加为动力的。“古字多假借，后人始增偏旁。……谐声以类附声，而更成字。”[1] 清初的戴震深刻地论述了形声字产生的历史原因与生成机制，其“以类附声”四字可谓经典之论。戴氏的“假借”包括音的假借与义的引伸。词义的引伸使旧词成系列地裂变出新的

① 清·戴震《答江慎修先生论小学书》，《戴震集》，第73—74页，上海古籍出版社，2009年。

同源词，假借的泛滥使大量同音词在书面语中成为同形词。面对书面语中大批共享源字的同源词和兼用借字的同形词，汉字体系迫切需要重建形义之间的联系，来分化字的兼职以区别同音词。字少则假借，为音同而益类；义多要裂变，因义混以加旁。面对词汇发展与假借泛滥的尖锐矛盾，在词汇系统与汉字体系的协同作用下，“以类附声”的形声字就应运而出大量产生了。

西周金文中已识单字中的形声字虽多达50%以上，但其使用频次则仅占20%。形声字在自然语料中的使用频次，在秦简文中占27%，在楚简帛文中占到了40%：形声字的大量使用是出现在战国时期的。相承而生的形声字不仅能动地顺应和满足了汉语词汇系统成系列衍生新词的发展需要，而且更好地保持和发展了汉字体系以形表义的历史传承性。它以文组字合成有理能产力大，义音互补结构简明区别度高，推类系联形义对应系统性强，既分化了古字的兼职，又类化了汉字的字族，逻辑合成而高度类化，具有最优的整体功能，形声字因而很快在秦汉时期就发展成为汉字的主体。正是记词方式形声化与汉语构词合成化的协同作用，使汉字自我完善地发展为主要用义音合成的形声字来记录义音结合的单音节语素，从而较好地解决了表意文字造字难的问题，汉字因此得以完整而准确地记录表达汉语了。①

表意性是汉字的命脉，也是汉字的特色。表意性作为汉字的命脉是与生俱来的，这不仅在于汉字因源于记事的图画而传承和发展了据义构形的造字方式，而且在于汉字为适应汉语语素的单音节化而选择和坚持了单音成字，其文以记言的单位是有义有音的单音节语素。表意性作为汉字的特色是自我完善的，这不仅在于汉字在记录汉语的方式上，实现了“表形→表音→兼表义音”的辩证发展，而且在于汉字在据义构形的方式上，实现了“依类象形→比类合义→以类附声”的逐步演进。汉字记词方式的形声化，有力地推动了汉字系统的构形合成化与表意实现类联系。形声字是主要依靠“以类附声”的机制生成的，新增的表意字符重建了字的形义联系，这就既区分了同音语素，又兼容了其字所记之词的方言音与古今音。同一个字，尽管古今各地的人们读得南腔北调，但人们因由形及义地认识汉字而对所记词义的理解则是相同的。汉字正是依靠形义联系才相对超脱地兼容了所记之词的语音变体，这就较好地解决了四方古今音有异的问题，汉字因此得以通四方、通古今地维护了民族共同语的统一。

中国的汉字从未间断过也未突变过，连续使用数千年至今仍然生机勃勃。究其所以然，根本的原因在于汉字的表意文字体制适应了华夏民族记录汉语的

① 龚嘉镇《古今字说》，新加坡国立大学中文系学报《学丛》第五期，2000年。

社会需要。第一，在文以记言的单位上，汉字以单音节语素为单位据义构形单音成字，通过系统的形义对应以区分同音语素，从而顺应了汉语语素单音节化且同音词很多的特点。第二，在记录语言的方式上，汉字主要用兼表义音的形声字来记录义音结合的单音节语素，较好地实现了与书面共同语的对应统一，进而依靠形义联系较好地满足了超方言、超古今记录汉语的社会需要，这就顺应了华夏社会国家统一、文化悠久而方言复杂的语境。第三，在文字与文化的关系上，自源的汉字连续使用数千年至今仍然充满活力，它是传承中华文化的载体，也是中华文化的重要内容，全体中华民族都对汉字有着强烈的文化认同。社会语言学告诉我们：语言文字不只是交际工具，还蕴涵着民族的文化认同。汉字的表意文字体制，是在华夏民族记录汉语的特定文化语境中历史形成逐步完善的。

（四）关于汉字字式演进的几点认识

汉字是一个在特定语境中自源发生而独立发展的自组织系统。它创始于“依类象形”而发展于“比类合谊”的合成化，拓展于“依声托事”而完善于“以类附声”的形声化，其记录汉语的方式经过“表形→表音→兼表义音”的辩证演进而逐步自我完善，终于形成以象形字为基础以形声字为主体的表意文字格局。

西汉的司马迁（公元前 145—前 90）是中国历史学上承前启后的一代大家，他呕心沥血地创作了中国的第一部纪传体通史《史记》，为中国的史学研究留下了“究天人之际，通古今之变”的好传统。[①] 这是一种求实的治学态度，也是一种辩证的思维方式。其要有二：一是注重实事求是地考察和记叙古今之变的基本过程，二是注重历史辩证地探究和解释如此之变的因果关系。社会史研究与学术史研究，也应该继承这个好传统。

汉字是记录汉语的符号系统，汉字发展史的“古今之变”，在本质上体现为记词方式逐步完善的基本进程及其发展趋势；而华夏社会在特定语境中记录汉语的交际需要，则是汉字记词方式辩证演进的根本动力。讨论汉字记录汉语的方式，以下的思路和认识应该重视。

第一，汉字沿着据义构形单音成字的表意化方向发展具有历史的必然性。

汉字是华夏民族为记录汉语而量身定制而独立发展起来的自源文字。汉字的历史发展，不仅是在顺应华夏民族记录汉语的社会需要中进行的，而且是通

① 汉·司马迁《报任安书》，汉·班固《汉书·司马迁传》，《汉书》，第 1030 页，中州古籍出版社影印本，1991 年。

过与汉语与华夏社会的协同作用而实现的。汉字的历史发展过程，就是通过调整形音义的关系，以改进与汉语结合的方式的过程，以改进记录表达汉语的过程。以字形提示词义的表意性是汉字的命脉。汉字的表意性是与生俱来的，也是历时发展的。上古汉语以单音词为主的特点与脱胎于记事性图画的生成环境，使汉字历史地选择了以单音词为单位据义构形单音成字的民族形式；甲金文时期据义构形造字难与有词无字矛盾的日渐尖锐，使汉字历史地选择了利用有限的现成表形字去“依声托事”地记录汉语；国家统一而方言音歧、文化悠久而古今音变的国情，要求汉字依靠形义联系而超时空地记录汉语。汉字对汉语对华夏社会的最大适应，集中体现为主要用义音合成的形声字以记录义音结合的单音节语素。汉语所处的文化语境制约着汉字历史发展的方向，汉字是在特定历史条件下走向记词方式形声化的，记词方式的形声化是汉字超时空记录汉语的历史选择。

第二，汉字系统的历史演进主要体现为不同字式的消长与主体字式的转换。

汉字拥有长期稳定的汉语汉文化的人文大环境，连续使用几千年从未中断也未突变过，其发展始终是以系统的形式、以渐进的方式进行的。汉字的符号系统是逐步完善的，汉字的记词方式是辩证演进的，这种演进主要体现为不同字式的消长与主体字式的转换。因画成文的独体为合成造字提供了基础构件，以“文”组“字”的层级合成则是对独体构形局限的突破与发展。会意字为形声字提供了合成构形的思路，形声字则因突破会意字的构字局限而得以大步发展。新的记词方式是在对旧字式的扬弃之中产生的，它在突破旧字式的局限中演进，它因吸取旧字式的积极因素而发展，以其历史的进步性而具有超越的优势。汉字的记词方式虽是渐进式演变，但演进的历程还是分阶段的。汉字的阶段发展体现为主体字式的转换，各阶段汉字的基本性质是由该阶段居主体地位的记词方式所决定的，这种阶段性的转换反映了汉字系统历史发展的过程与趋势。

第三，汉字经过“表形→表音→兼表义音”的辩证演进而实现了记词方式的逐步完善。

文字记录表达语言的方式是文字据词构形的基本原则，文字的发展在本质上体现为记词方式的演进，汉字的历史发展就主要体现在汉字据义构形方式的自我完善上。据义构形、借符记音、义音合成这三种记词方式，早在汉字体系形成之前就都产生了，但表形字→假借字→形声字相继成为汉字主体的历史却是时有先后分阶段的，并由此形成了记词方式形声化的历史发展趋势。形声字共时而论是兼表义音的，但就汉字辩证发展的进程来看则反映了表意化的历史走向。形声字主要生成于“以类附声”，新增的义符不仅通过重建形义联系扭转了假借字的表音倾向，而且倒逼兼职的同音字（假借字/同源字）转化为表音的借声符，进而通过字符的音义分工而创造了义音合成兼表义音的构形方式。“以类附声”而“形声相益”的形声字，是对“依声托事”的扬弃而不是全面否定，是对据义构形的发展而不是简单回归，它在更高的阶段上把单纯的据义构形与单纯的借符记音统一为互补的义音合成，兼表义音因此成为汉字表意方式的完善形式，成为汉字记录汉语的主体字式。记词方式由“表形→表音→兼表义音”的辩证演进，据义构形方式由“依类象形→比类合义→以类附声”的自我完善，使汉字具有了顽强的生命力。汉字之所以连续使用数千年至今仍然生机勃勃，就是因为它不仅能动地适应了华夏民族记录汉语的社会需要，而且有力地促进了汉语书面语的统一与发展。

第四，汉字记录汉语的三种基本字式是表意字、假借字、形声字。

共时地归纳汉字的基本类型，要充分考虑汉字发展的历史阶段。因为事物在历史演变中的各个发展阶段往往沉积为共时平面上的不同基本类型，共时平面上的各种基本类型又总是反映了历史进程中的不同发展阶段。在汉字发展史上相继成为汉字主体字式的表形字→假借字→形声字，代表了汉字演变历程中的三个发展阶段；而表意字（语义化的表形字）、假借字、形声字则是汉字记录汉语的三种基本字式。这三种基本字式互补为用，其中利用形义联系而据义构形的表意字是汉字的基础字式，综合利用形义、形音联系而义音合成的形声字是汉字的最优字式、主体字式；汉字在由单纯的以形表意向综合的兼表义音发展的历史进程中，借符记音的假借发挥了重要的桥梁作用，由此打开了汉字通过音义联系记录语词的道路。

第二章　汉字起源的探索

一、汉字源于何物的探索
二、汉字源于何人的探索
三、汉字源于何时的探索
四、汉字源于何地的探索
五、汉字起源进程的探索

本章提要：汉字起源研究，是一种对中华史前历史的重建，对人类远古文明的探索，也是对人类文字发生史的深入研究与重新认识。汉字主要起源于单个记事图画的符号化，象形性图画与记事的契刻是汉字的两大源头，并由记事、记数缓慢地向记录语词的方向演变。汉字的起源经过了一个从多头尝试到约定俗成的漫长发展历程，它是在民间群众初创的基础上，由仓颉之类的官方专家整理规范而形成体系的，汉字是中华先民集体智慧的结晶。汉字的起源过程早在8000年前的贾湖刻符时期就已经开始了，起源过程（新石器时代）中的刻符，一般而言还只是具有部分文字性质的记事符号。中国文字的起源是多头发生而不平衡演变的，中华大地上多种原始的记事符号，通过漫长的多元发展与交互影响，终于在中华文明首先发达的黄河中下游地区，逐步汇成主流而形成汉字。汉字的起源过程可大分为两个阶段：初始阶段是用单个图形去记录某个主题概念，然后进入多符连用记录语段大意的阶段。汉字体系大概初步形成于已经进入青铜器时代、已经建立国家制度的夏王朝（公元前21—前17世纪），进而发展成为成熟的甲骨文系统。

汉字是中华先民用集体智慧创造的自源文字，它连绵使用数千年从未间断而始终生机勃勃，是研究人类文字的发生和发展的一座宝库。在汉字起源问题上，前贤时修进行了广泛的探索，开展了深入的研究，积累了许多可贵的认识。在已有成果的基础上，温故知新地继续这项研究，应着重在汉字源于何物、源于何人、源于何时、源于何地、起源进程等问题上多下工夫。

东汉的许慎（约54—约125）说得明白："盖文字者，经艺之本，王道之始，前人所以垂后，后人所以识古。"① 清代的陈澧（1810—1882）讲得深刻："声不能传于异地，留于异时，于是乎书之为文字。文字者，所以为意与声之迹也。"② 二人从不同的视角，精辟地论述了文字记录语言传承文化的本质与功能。语言和文字是人类创造的两大最重要的交际符号系统。作为进行思维、交流思想的基本工具，语言是伴随着人猿揖别社会形成而出现的，它是进入人类社会的一个重要标志。但是，语言之声不能传于异地留于异时，其交际作用受到了时空的严格限制。随着社会的发展，在政令的传达、信息的传递、文化的传承等方面，都有了愈加紧迫的需求，能够记录语言、传承文化的文字终于应运而生。文字是人类社会发展到一定阶段的历史产物，它是随着国家制度的出现、金属工具的使用而产生的。人类社会正是"由于文字的发明及其应用于文献记录而过渡到文明时代"的。③

一、汉字源于何物的探索

人类自进入社会以后，一直探求在交流信息、传承经验上如何突破时空的限制。最初的基本需求还不是记录语言，而是用力寻找记事的方法，或结绳记事，或绘画表意，或刻划计数，或勒物标记，后来都朝着用符号记事的方向发展。正是原始记事方法的不断进化，特别是记事方法的符号化，孕育了记录语词的文字，这就产生了汉字源于何物的问题。用于记事的刻划与图画是否都是汉字的源头，是汉字源于何物讨论中的热点议题。

前人对汉字的起源时有论及，关于源于何物的认识经历了一个发展过程。

许慎：及神农氏结绳为治而统其事，庶业其繁，饰伪萌生。黄帝之史仓颉，见鸟兽蹄远之迹，知分理之可相别异也，初造书契。……仓颉之初作书，盖依类象形故谓之文，其后形声相益即谓之字。④

郑樵：书与画同出。画取形，书取象；画取多，书取少。凡象形者，皆可画也，不可画则无其书矣。然书穷能变，故画虽取多而得算常少，书虽取少而

① 东汉·许慎《说文解字·叙》，《说文解字》，第316页，中华书局影印本，1989年。

② 清·陈澧《东塾读书记·小学》，《东塾读书记》，第213页，上海古籍出版社，2012年。

③ 德·恩格斯《家庭、私有制和国家的起源》，《马克思恩格斯选集》第四卷，第21页，人民出版社，1995年。

④ 汉·许慎《说文解字·叙》，《说文解字》，第314页，中华书局影印本，1989年。

得算常多。六书也者，皆象形之变也。[①]

孙诒让：盖书契权舆，本于图象。其初制，必如今所传巴比伦、埃及古石刻文，画成其物，全如作缋，此原始象形字也。[②]

沈兼士：盖于六书文字时期以前，应尚有一阶级，为六书文字之导源，今姑定名为"文字画时期"。……余以为文字之起原，实由于纪事之绘画。……文字画固可认为《说文》中象形指事字之祖先，而不得即目之为有音之文字。[③]

东汉许慎（约 54—约 125）的这段话，高度概括地总结了汉字产生与发展的基本历程与孳乳规律。他指出汉字是在"结绳为治"难以满足社会发展需要的历史背景下产生的，最初的造字方法是"依类象形"，最早产生的汉字是按物绘形记录名物的象形字（文），这些"近取诸身，远取诸物"的独体字是后来汉字得以"形声相益"的字根。南宋的郑樵（1104—1162）指出书画同源而异流，他辨析了文字与图画的关系及异同，认为六书是在象形基础上的发展。

原始文字主要是记写名物的象形字，就如一器一符那样，它们所记写的还只能是语意的主题性概念。即使进化到纳西象形文字，也仍以记写语段大意为主。其东巴经书还不能字词对应地"把口诵的全文写下来，每段只寥寥几字，要读几句，文字符号只是帮助记忆，省略甚多。"[④] 至于逐词逐句地记录语言，那当在文字形成体系之后。

清末的孙诒让（1848—1908）以小学大师而兼治甲金文，为古文字学从金石学中分立出来多有贡献。他最先把古汉字与巴比伦的楔形文字、古埃及的圣书字三大古老文字联系起来并列而论，认为初始的文字"本于图象"，最原始的文字都是按物绘形全如作画的象形字。沈兼士先生（1887—1947）在 1927 年明确提出了汉字起源于"纪事之绘画"这一观点，认为在古汉字之前有一个"文字画"的起源阶段。

文字画是向文字进化的记事性图画，正在由画而字地演变，具有亦画亦字的特点。记事的文字画并不是以语言为基础而据词构形的文字，但已初步具有了文字记录信息的可识性功能。其中作为氏族图腾的象形性图画，因最容易与

---

① 宋·郑樵《六书略·象形第一》，郑樵《通志略》，第 112 页，上海古籍出版社影印本，1990 年。

② 清·孙诒让《名原·象形原始弟三》，孙诒让《名原》，齐鲁书社影印本，1986 年。

③ 沈兼士《从古器款识上推寻六书以前之文字画》，《沈兼士学术论文集》，第 68—69 页，中华书局，1986 年。

④ 方国瑜编撰、和志武参订《纳西象形文字谱》，第 2 页，第 523—527 页，云南人民出版社，2005 年。

代表族名的词结合起来而最为流行，最有可能发展成为可识且可读的原始文字。关于记事图画与记词文字的联系与区别，沈先生讲得尤为精辟："文字画为摹写事物之图象，而非代表言语之符号。虽为象形字之母型，而不得径目为六书象形指事之文"，① "不得即目之为有音之文字。"

在承认汉字主要起源于记事图画的基础上，有学者提出，标记性刻划是古文字的另一个源头。

戴侗：书始于契，契以纪数。……上古结绳而治，未有文字，先契以纪数。一二三亖，各如其数；自五以往不可胜画，故变而为×（五）以为小成之识，变而为十以为大成之识。②

黄侃：文字之初，惟有象形、指事二者。象形、指事则出于符号与图画。③

唐兰：最初的文字是书契，书是由图画来的，契是由记号来的。……指事文字原来是记号，是抽象的，不是实物的图画。④

郭沫若：中国文字的起源应当归纳为指事与象形两个系统，指事系统应当发生于象形系统之前。⑤

于省吾：原始指事字一与二三亖积划之出现，自当先于象形字，……以代结绳而备记忆。……我国古文字当自纪数字开始，纪数字乃古文字中之原始字。……由一至四，均为积划，此一系也；由五至九，变积划为错划，此又一系也。⑥

裘锡圭：汉字大概是以我国原始社会晚期出现的象形符号为基础，并吸收改造了原始社会晚期流行的一些记号而发展起来的。⑦

农耕、渔猎与交易中物品的数目，是先民最需要记以备忘的基本内容。记数字直接来源于原始记数方法，由实物记数、结绳记数逐步进化为用刻划记数，一些备忘的记数刻划在长期的约定俗成中逐步与数词结合，进而升华为记数字。"契，刻也，刻识其数也。"（刘熙《释名·释书契》）就是用在竹木上刻痕的方法来记数。宋末元初的戴侗（1200—1284）提出"书始于契，契以记数"而"各如其数"，认为"刻识其数"的契刻是原始文字的一个源头。于省

① 沈兼士《初期意符字之特性》，《沈兼士学术论文集》，第207页，中华书局，1986年。

② 宋·戴侗《六书故》，第27—28页，上海社会科学院出版社影印本，2006年。

③ 黄延祖重辑《黄侃国学讲义录》，第62页，中华书局，2006年。

④ 唐兰《中国文字学》，第63，70页，上海古籍出版社，1979年。

⑤ 郭沫若《古代文字之辩证的发展》，《考古学报》1972年第1期。

⑥ 于省吾《释一至十之纪数字》，于省吾《甲骨文字释林》，第95—101页，中华书局，1979年。

⑦ 裘锡圭《汉字形成问题的初步探索》，《中国语文》1978年第3期。

吾先生（1896—1984）发展了戴侗的认识，从造字方法上将基本记数字归纳为积划与错划两类，指出“我国古文字当自纪数字开始。”

黄侃先生（1886—1935）、唐兰先生（1901—1979）较早指出，汉字的源头为符号与图画，由此产生了最初的指事字与象形字。郭沫若先生（1892—1978）立足于半坡陶符与商代甲金文的比较考察，认为早期的文字在结构上可以分为“刻划（指事）”和“图形（象形）”两个系统，“刻划系统是结绳、契木的演进，为数不多。这一系统应该在图形系统之前”。裘锡圭先生所说的流行“记号”，主要就指用作表数、标记的几何形刻划。

汉字主要起源于记事的象形性图画，象形字是汉字体系得以形成和发展的基础，就连加体指事字也是在象形字的基础上产生的。但是，刻划的记事方法符号化，是对汉字起源产生了影响的；其积画记数与刻划指事的构形方式，亦为后来的古汉字所吸取。用作表数、标记的刻划确实是中国文字的一个源头，新石器时代的记事陶符就多是这样的刻划类符号。

汪宁生先生（1930—2014）用大量民族学、考古学、文献学的材料，论述了从原始记事到文字发明的演变。他认为：“从原始记事到文字发明，曾经历了漫长的时期。正是人们在长期使用原始记事方法中积累起来的经验和智慧，才引导出文字的发明。”① 文字的发明是以记事为目的而开其端的，先民在初创文字时经历了“多头尝试”的漫长探索。其中记名、记数的记事符号最先产生，经过图形的简化规范与语义的抽象概括，逐步与语言结合起来，终于在约定俗成的符号化中发展成为原始文字。象物图画与记数刻划的符号化，最能反映汉字的起源进程。

原始记事方法的符号化孕育了记录语词的文字。新石器时代的记事符号，从构形方式上可以归纳为象形性图画与几何形刻划两类。最早产生的原始汉字，当是记名的象形字和记数的指事字，它们分别脱胎于记事的图画与刻划，经历了一个亦画亦字逐步进化的漫长起源过程。原始文字一器一符，其所表示的还只能是某种特定的主题性概念。要字词对应地记录语言，当在汉字发展成完整体系之后。②

二、汉字源于何人的探索

是谁创造了汉字？这是人们长久关注的问题。民间群众与官方专家在造字

① 汪宁生《从原始记事到文字发明》，《考古学报》1981年第1期。

② 龚嘉镇《试论汉字起源的探索》，华东师范大学《中国文字研究》第十五辑，2011年。

上的不同作用以及二者之间的关系，是汉字源于何人讨论中的热点议题。

有关的传世文献中最有影响的当数“仓颉造字”说，但也续有异议与发展。

荀子：好书者众矣，而仓颉独传者，壹也。好稼者众矣，而后稷独传者，壹也。好乐者众矣，而夔独传者，壹也。①

戴侗：六书不必圣人作也。五方之民言语不同，名称不一，文字不通。圣人者作，命神瞽焉协其名声，命史氏焉同其文字，厘其烦慝，总其要归而已矣。②

章太炎：仓颉以前，已先有造书者，亦犹后稷以前，神农已务稼穑；后夔以前，伶伦已作律吕也。……一二三诸文，横之纵之，本无定也。马牛鱼鸟诸形，势则卧起飞伏，皆可则象也；体则鳞羽毛鬣，皆可增减也。字各异形，则不足以合契。仓颉者，盖始整齐画一，下笔不容增损。由是率尔著形之符号，始为约定俗成之书契。③

鲁迅：中国文字的基础是“象形”。……在社会里，仓颉也不只一个，有的在刀柄上刻一点图，有的在门户上画一些画，心心相印，口口相传，文字就多起来，史官一采集，便可以敷衍记事了。……文字在人民间萌芽，后来却一定为特权者所收揽。④

郭沫若：文字是语言的表象。任何民族的文字，都和语言一样，是劳动人民在劳动生活中，从无到有，从少到多，从多头尝试到约定俗成，所逐步孕育、选练、发展出来的。它决不是一人一时的产物。它随着社会的发展而发展，有着长远的历程。⑤

裘锡圭：原始汉字在原始社会晚期开始出现的时候，是劳动人民的创造。但是，“文字在人民间萌芽，后来却一定为特权者所收揽”。进入阶级社会之后，在汉字由原始文字发展成完整的文字体系的过程里，起主要作用的大概就是为统治者服务的巫、史一类人了。⑥

“仓颉造字”说已流传于战国时期，其在先秦的《荀子》《韩非子》《吕氏春秋》中就有记述。秦代统一文字时，李斯等人编了一本课本性质的《苍颉

① 东周·荀况《荀子·解蔽篇》，《荀子》，第252页，上海古籍出版社，2010年。

② 宋·戴侗《六书通释》，戴侗《六书故》，第11页，上海社会科学院出版社影印本，2006年。

③ 章太炎《造字缘起说》，《章太炎学术论著》，第35—36页，浙江人民出版社，1998年。

④ 鲁迅《门外文谈》，鲁迅《且介亭杂文》，人民文学出版社，2006年。

⑤ 郭沫若《古代文字之辩证的发展》，《考古学报》1972年第1期。

⑥ 裘锡圭《文字学概要》，第27—28页，商务印书馆，1988年。

篇》，后已失传。20世纪多处出土了汉简《苍颉篇》，开篇就是“苍颉作书，以教后嗣”。这些周秦学者对仓颉在造字上的重大贡献给予了很高的评价。东汉的许慎总结整理了前人的传说，把“黄帝之史仓颉”“依类象形”而“初造书契”，明确写进了早期的汉字史。

“仓颉造字”说在传世文献中最早见于《荀子》，荀子是先秦的唯物论思想家。他言及此事的态度是：“好书者众矣，而仓颉独传者，壹也。……”认为文字、农业、音乐等文化是民“众”参与创造的，但仓颉、后稷、夔一类官方专家分别在其形成的过程中作出了独特的贡献。荀子在两千多年前就有这种认识，实在令人敬佩。宋末元初的戴侗进而指出“六书不必圣人作也”，认为“圣人”的贡献在于对“五方之民”创造的初文“总其要归”，客观地肯定了官方专家在汉字形成过程中的重要作用。专家工作的重点在于对各地已有初文的整理、升华与规范，其“协其名声”而约定字音，“同其文字”而范定字形，有力地促进了文字体系的形成。

章太炎先生（1869—1936）对荀子上述观点的评说十分精辟。他明确指出，“仓颉以前已先有造书者”但“字各异形”，在强调文字是群众创造的同时，肯定了仓颉之类专家整理文字以促进“约定俗成”的历史贡献。鲁迅先生（1881—1936）强调了“文字在人民间萌芽”，最早的“写字就是画画”，并勾勒了民间如何创造初文，以及史官采集整理用以记事的大致过程。郭沫若先生从社会发展史的角度指出，文字“决不是一人一时的产物”，而是“劳动人民在劳动生活中”创造的，经过了一个“从多头尝试到约定俗成”的发展历程。此文发表在“文革”期间，郭老回避了专家在创造文字中的作用。关于劳动人民与官方巫史在造字上的不同作用，章太炎、裘锡圭等先生的论述是历史而辩证的，溯其源，似可看成是对荀子观点的现代阐释。

在汉字漫长而复杂的起源、形成以及发展的过程中，是既有民间群众的自发造字，更有官方专家的能动造字。这种社会现象一直延续到现代，只不过它已经表现为民间自发的“变异”与政府能动的“规范”了。原始汉字产生于群众的集体劳动之中。原始社会生产力极为低下，人们只能集体劳动，共同生活。从半坡遗址陶窑密集的制陶区可以看出，当时的制陶是一种氏族集体活动，半坡陶符就是在氏族的集体劳动中完成的。自发而多元的群众造字是原始性质的积累，民间众多初文的构形与创意为专家造字提供了厚实的物质基础。

官方专家造字并不是白手起家，而是在民间初文积累到一定数量、发展到一定程度的阶段开始的。他们从当时社会上已有的现成符号中得到启示，借鉴吸收其中可取的个体或部件，尤其是从群众的创意中初步摸索出了一些造字的规律，进而加以理性改造与统一规整，并范定其音义再予以推行。向光忠先生

（1933—2012）指出：文字的产生，“不仅要基于‘社会约定俗成’，而且有赖于‘官方范定推行’，甚且‘官方范定推行’的权威性才促进了‘社会约定俗成’的普同性。”① 在去粗取精由画而字的升华上，在积少成多初建系统的规范上，实现从原始文字到文字体系的发展而强化其社会性的工作，最终只能由官方专家来统一完成。这种在群众造字基础上的归纳整理与范定推行，是上层建筑出于对文字的迫切需求而发挥的主观能动作用。

“仓颉造字”说的可贵之处，既在于提供了关于文字产生年代的一种说法，总结了“依类象形”的造字方法，更在于对史官造字的历史记载或者说肯定性认识。传说仓颉是黄帝的史官，黄帝时期大致就是大汶口陶符产生的时期。仓颉所从事的文字工作，使他具备了收集和规整民间初文的条件；他所担任的官职，使他拥有了依靠行政和神权再造汉字并予以推行的权力。正如荀子所论，仓颉之于文字，就如后稷之于农业、夔之于音乐一样，是作出了大贡献的人物。进入文明时代，阶级产生，国家形成，社会分工因生产力的发展而逐步加强，随之出现了脱离体力劳动的专门知识人才。掌管卜筮祭祀兼任记史作册的“巫史”逐步职业化、世袭化，从而成为华夏文明史上最早的专家。在汉字漫长的形成过程中，仓颉式的人物当然不会只有一个，但这一个“仓颉”传说是对汉字形成作出了独特贡献的官方专家。

原始汉字初创于民间群众的集体劳动之中，民间多头尝试所产生的初文与创意，为汉字体系的初步形成积累了较为厚实的物质基础。在顺应民众俗成建设文字体系的过程中，上层建筑发挥了重要的行政能动作用。在群众造字的基础上，仓颉之类的官方专家进行了理性改造、统一规整与范定推行，使汉字初步形成了完整体系。汉字是民间群众与官方专家共同创造的，汉字是中华先民集体智慧的结晶。

三、汉字源于何时的探索

关于汉字起源于何时，传统的观点是汉字初创于黄帝时代。自 1928 年山东历城县的龙山镇城子崖遗址发掘以来，相继出土了一系列比殷墟甲骨文更早而与汉字起源有关的刻划符号，主要是原始社会晚期即新石器时代所制陶器上的符号，还有少数符号刻写在甲骨、玉器或石器上。从距今一万年左右的郑州李家沟文化，到公元前 21 世纪建立夏王朝的这五六千年，是考古学上所谓的

① 向光忠《文字起源考索》，南开大学中国文字学研究中心编《文字学论丛》第 5 辑，第 72 页，线装书局，2010 年。

新石器时代。以新石器时代刻符为主要材料来探索文字的起源，随之成为学者们致力研究的重大课题。如何认识史前刻符的性质与功能，即记事的刻符是否已经具有文字的部分性质，是汉字源于何时讨论中的热点议题。通过对记事刻符与记词文字之间的联系与区别的讨论，学者们逐步把汉字的起源过程与汉字体系的形成过程分别开来进行研究。

仰韶文化主要分布在黄河上中游，出土有陶符的遗址多集中在渭河流域的陕西关中地区。其中西安半坡、临潼姜寨因发掘较早、材料较多而颇受关注。半坡遗址出土的陶符计 113 件，27 种。姜寨遗址出土的陶符计 129 件，38 种。①

半坡遗址出土的刻划类陶符

关于半坡陶符的性质与功用，《西安半坡》发掘报告首先发表了意见：

这些符号可能是代表器物所有者或器物制造者的专门记号；这个所有者，可能是氏族、家族或个人。这一假设的证据是：我们发现多种类同的符号，出在同一窖穴或同一地区。……（半坡陶符）与我们文字有密切的关系，也很可能是我国古代文字原始形态之一。②

李孝定先生（1918—1997）根据对几种早期陶文资料的研究，在 1969 年对中国文字的起源作出如下的推测；“已知的中国文字，应推半坡陶文为最早”；“中国文字的起源，在系统上是单元的”；半坡以来的陶文“和甲骨义是完全同一系统的文字。”③

郭沫若先生在 1972 年发表了《古代文字之辩证的发展》一文。他认为：

汉字究竟起源于何时呢？我认为，这可以以西安半坡村遗址距今的年代为指标。……半坡遗址的年代，距今有六千年左右。我认为，这也就是汉字发展的历史。……半坡彩陶上每每有一些类似文字的简单刻划，……刻划的意义至

---

① 王志俊《关中地区仰韶文化刻划符号综述》，《考古与文物》1980 年第 3 期。

② 中国社会科学院考古研究所、西安半坡博物馆《西安半坡》，第 198 页，文物出版社，1963 年。

③ 李孝定《从几种史前及有史早期陶文的观察蠡测中国文字起源》，李孝定《汉字的起源与演变论丛》，第 43—74 页，台湾联经出版事业公司，1986 年。

今虽尚未阐明，但无疑是具有文字性质的符号，如花押或者族徽之类。我国后来的器物上，无论是陶器、铜器或者其他成品，有“物勒工名”的传统。……彩陶上的那些刻划记号，可以肯定地说就是中国文字的起源，或者中国原始文字的孑遗。①

郭老显然吸收和发展了《西安半坡》的意见，他的基本观点是：六千年前的半坡陶符是“如花押或者族徽之类”，“类似文字”而“具有文字性质的符号”，它“是中国文字的起源”。需要指出的是，郭老所说“类似文字”而“具有文字性质的符号”，是讲半坡刻符还不是文字，但已部分具有了文字记录信息的性质。原始的“物勒工名”，显然还是“物勒标记”，即制器者在器物上刻上自己或氏族的标记。半坡彩陶上“如花押或者族徽之类”的刻划就是这样的标记性符号。六千年前的半坡陶符“是中国文字的起源”，郭沫若先生用命题形式提出的这个问题，从学术认识上把汉字起源讨论向前推进了一大步。

大汶口文化分布在黄河下游，其晚期距今 4500—4000 年，晚期已出土的象形性陶符计 17 件，8 种。② 其中山东莒县陵阳河遗址出土的 4 种尤为受到普遍重视。

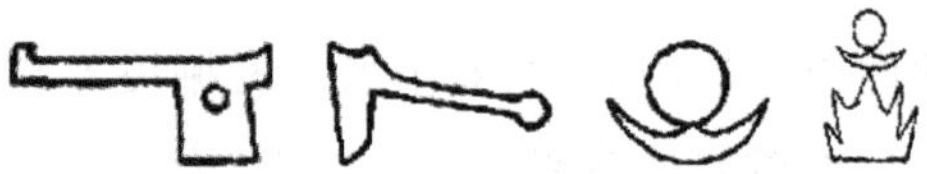

陵阳河遗址出土的象形类陶符

一些学者对陶符进行了释读，于省吾先生最先将上图最后一符释作“旦”。③ 唐兰先生将上图四符分别释作“戉”、“斤”、“炅（简体）”、“炅”，认为大汶口陶文已可用殷商甲金文“一一对照”而有传承，“大汶口文化陶器文字是我国现行文字的远祖”。④

裘锡圭先生强调汉字体系是独立创造的，其形成经历了一个很长的过程。他着重讨论了汉字体系的形成问题，认为“仰韶、马家窑等原始文化的几何形符号，跟作为古汉字基础的象具体事物之形的符号，显然属于不同系统；大汶口文化象形符号的作风则跟古汉字很相似”，可能“已经用作原始文字”，“或者曾对原始汉字的产生起过一定的作用”。裘先生提出了“汉字形成完整文字

① 郭沫若《古代文字之辩证的发展》，《考古学报》1972 年第 1 期。

② 王树明《谈陵阳河与大朱村出土的陶尊“文字”》，《齐鲁考古丛刊》编辑部编《山东史前文化论文集》，齐鲁书社，1986 年。

③ 于省吾《关于古文字研究的若干问题》，《文物》1973 年第 2 期。

④ 唐兰《关于江西吴城文化遗址与文字的初步探索》，《文物》1975 年第 7 期；唐兰《从大汶口文化的陶器文字看我国最早文化的年代》，《光明日报》1977 年 7 月 14 日。

体系”过程的上下限，认为大概开始于大汶口文化晚期而形成于夏商之际，即从“公元前第三千年中期”至“前十七世纪前后”。①

陈连开先生（1933—2010）指出：“中华文明首先在黄河中下游发达，出现了中华最早的国家制度、青铜文化和文字制度，主要是黄河中下游两大系统新石器（文化），同时也是诸多新石器文化内向汇聚熔铸的结晶。”② 张光直先生（1931—2001）认为：“夏、商、周的关系，不仅是前仆后继的朝代关系，而且一直是同时的列国之间的关系。”③ 夏商周皆位于黄河中下游地区，就政治上的王天下而言，是历时的三代关系；就文化上的相互影响而论，则是共时的列国关系，它们共同发展了炎黄开创的华夏文明。夏王朝大致就在河南龙山文化晚期到二里头文化时期。④ 人称夏文化的二里头文化遗址出土了大批青铜器，夏王朝已经进入了青铜器时代。

传世文献说明夏代已有文字，现举数证如下：

《尚书·多士》：（周公曰）：“……惟殷先人有册有典：殷革夏命。”

《吕氏春秋·先识览》：夏太史令终古出其《图》《法》，执而泣之。夏桀迷惑，暴乱愈甚，太史令终古乃出奔如商。汤喜。

《左传·昭公六年》：夏有乱政而作《禹刑》，商有乱政而作《汤刑》，周有乱政而作《九刑》：三辟之兴，皆叔世也。

《史记·三代世表》：五帝三代之记，尚矣。……于是以《五帝系諜》《尚书》集世纪黄帝以来迄共和为《世表》。⑤

周公所言说明夏为商灭之时已有记事的典册，此其一也。夏史在暴桀将亡之时投奔商汤，所执《图》《法》当是史官掌管的典册之类的王朝档案，此其二也。夏代所“作《禹刑》”，当是夏太史令终古所执之《法》、周公所言之“典”一类，此其三也。《史记》不仅在《夏本纪》中完整地记录了夏代由禹至桀计17代的世系，而且还在《三代世表》中记录了五帝等各代帝王的世系。治学严谨的司马迁所本的《五帝系牒》与《尚书》，其中肯定就有夏代遗留下来的文字资料，此其四也。这些记载表示：至迟在夏王朝后期，已经有应用于文献记录的文字了。

① 裘锡圭《文字学概要》，第22—28页，商务印书馆，1988年。

② 陈连开《中华新石器文化的多元区域性发展及其汇聚与辐射》，《北方民族》1988年第1期。

③ 张光直《从夏商周三代考古论三代关系与中国古代国家的形成》，张光直《中国青铜时代》，第66—97页，北京三联书店，1999年。

④ 孙庆伟《夏文化探索：态度、方法与证据》，《光明日报》2019年3月4日。

⑤ 汉·司马迁《史记》，第98页，中州古籍出版社影印本，1991年。

《遂公盨铭》：天命禹尃（敷）土，随山浚川，乃差地设征。

《尚书·禹贡》：禹敷土，随山刊木，奠高山大川。

《尚书·序》：禹别九州，随山浚川，任土作贡。

《诗经·商颂·长发》：洪水芒芒，禹敷下土方。

《史记·夏本纪》：（禹）命诸候百姓兴人徒以傅土，行山表木，定高山大川。

西周中期所作的遂公盨距今约2900年，2002年在海外文物市场上被发现而收购回国。器内底98字的铭文明确地记述了大禹治水为政以德的历史，被学者誉为“两周金文之最”。《遂公盨铭》将大禹治水的可靠文字记录提早了六七百年，表明大禹治水和禹为夏王的事，早在西周中期就是为人熟知的历史。上述前四段文字分别引自西周金文与传世的《书》《诗》，相与比较二重互证，所记内容与用字竟然如此契合。其关于夏王大禹的事迹，无疑是根据更早的文字资料写出来的。由此可见，司马迁撰写《三代世表》、《夏本纪》所本的《五帝系牒》《尚书》等文献，也是根据更早的文字资料写出来的。

总之，从文字产生的社会发展条件来看，夏代已经实行国家制度，使用青铜器具；查传世文献可见，夏代有文字是有文献证据的；分析记事刻符的符号化走势发现，大汶口陶文后的陶符加快了象形化且出现了多符连用；再从已知最早文字系统的发展水平倒推，甲骨文已是单字四千、六书皆备、字词对应地记录语言了，如此成熟的文字系统不可能在一夜之间从天而降，必然有一个发展过程，而早期甲骨文距夏末不过三四百年。人们寄希望于考古，期待着地下物证的出现。综合考量可以认为：汉字大概是在夏王朝初步形成文字体系的。

大汶口文化陶符属象形性图画类符号，而且已相当抽象化，其象形性的构形风格与甲金文接近，一些学者认为其中数种已是文字。但对于几何形刻划类的半坡陶符，讨论中则有几种不同的意见：或认为半坡陶符“是文字起源阶段所产生的一些简单文字”；[①] 或认为半坡陶符“无语言的基础，也不代表语言，……可能是所有权的标记”；[②] 或认为半坡陶符是“类似文字”而“具有文字性质的符号”。不少学者倾向于郭沫若先生的意见，认为仰韶文化陶器上的标记性刻划还不是文字，但已初步“具有文字性质”，应视为“中国文字的起源”之一。后来对8000年前的贾湖刻符的性质，也进行了这样的讨论。王蕴智先生（1955—）认为，贾湖刻符“材料太少”，“它至商代文字之间的演化

① 于省吾《关于古文字研究的若干问题》，《文物》1973年第2期。

② 高明《论陶符兼谈汉字的起源》，《北京大学学报》1984年第6期。

过程……似乎还接续不上”，因此“还不宜”视为文字。[1] 但是，认为贾湖刻符“是汉字的滥觞”，则是多数学者的认识。这些讨论的积极意义在于，人们对记事的刻符与记词的文字之间的联系与区别，已经有了较为深入的认识。

王宁先生（1936—）把汉字的起源过程与汉字体系的形成过程区别开来，认为在文字体系初步形成之前，有一个更长的文字起源过程，即由传递信息的图画到“记词字符”的过程。此文发表在双墩陶符、贾湖刻符材料公布之前，王先生把汉字起源过程的上限“暂时”设在6000年前“仰韶文化的彩陶纹”时期，下限设在4100年前左右的夏代之初。此后才是“汉字由零散的、个别的字符逐渐积累，达到一定的数量后，再通过人为规范，成为一种文字体系。”[2]

3300多年前的殷商甲骨文是能够完整记录汉语的成熟文字体系，此前已经经历了一段很长时期的发展，汉字体系大概初步形成于已经进入青铜器时代、已经建立国家制度的夏王朝（公元前21—前17世纪）。汉字的起源过程早在8000年前的贾湖刻符时期就已经开始了，起源过程（新石器时代）中的刻符，一般而言还不是记录语词的文字，而是具有部分文字性质的记事符号。这就如青蛙演变自蝌蚪，但蝌蚪并不就是青蛙。

四、汉字源于何地的探索

中华大地广袤富饶，地灵人杰，是中华文明和中华民族生于斯长于斯的发祥地。遍布全国各地的新石器文化遗址现已发现一万余处，其年代大约距今一万年到四千年之间，即在夏代之前。考古发掘说明，中华文明是满天星斗地多元发生，“既是多元区域性不平衡发展，又呈现向中原汇聚及中原文化向四周辐射的特点。”[3] 汉字起源是中华文明起源的重要内容之一，在各地的新石器文化遗址中，接连发现了各具特点的记事陶符。汉字是一元发生而单线发展还是多头起源而交汇合流，因而成为汉字源于何地讨论中的热点议题。学者们对出土刻符的关注，逐渐集中到各地出土的记事符号对汉字起源究竟产生过什么历史影响。

在汉字起源讨论中，关于各地陶符的性质及其释读一直是人们关注的热

① 王蕴智《从远古刻画符号谈文字起源》，王蕴智《字学论集》，第34—36页，河南美术出版社，2004年。

② 王宁《汉字的起源》，何九盈等主编《中国汉字文化大观》，第3—8页，北京大学出版社，1995年。

③ 陈连开《中华新石器文化的多元区域性发展及其汇聚与辐射》，《北方民族》1988年第1期。

点。指事字在汉字系统中所占比例很小，已知的甲金文是以象形符号为构形基础的。人们立足于甲金文的基础风格，力图向上梳理出一个能与之对接的演变轨迹来，因而在论及陶符时，总是特别看重它与甲金文之间是否具有“一脉相承”的“因袭关系”。但实际情况并不理想，因为出土的陶符多是用作标记的几何形刻划，与商代甲金文的基础构形风格并不相同。

唐兰先生最先从这一事实中认识到，远古中国域内很可能有多种尚未发现的原始文字，指出“我国由于历史悠久，在汉族居住的广大地区内，语言文字逐渐趋于统一，但是决不能认为我国从古至今，只有这一种语言和文字。”①

张居中（1953—）、王昌燧（1947—）先生认为：

汉字的起源与发展并非一元的、单线的，应是多元的、复线的、错位的发展。各个人类群体都可能有自己的文字系统，最后汇入了汉字这一滔滔大河之中。但在发展过程中，由于种种原因，有的文字可能失传了，有的文字载体受埋藏条件的限制，未能保存下来，但这些都应是汉字起源的重要组成部分，值得我们认真的去探索、去研究。②

李学勤先生（1933—2019）指出：“文字是人类在历史上最重要的发明之一。……文字的起源，是科学研究的重大课题。……人类怎样开始使用符号，符号又是如何演变成为文字，极有研究价值。”他着眼于考古事实而多次强调，中国境内的古文字“绝对不能认为只有一个系统”，不能认为“只有像商周文字那样的汉字的前身”。“利用对商周文字解读的知识技巧，去考释更早的符号或文字，只能是探索性的试验。”③ 几位先生的意见，从研究思路上拓展了汉字起源讨论的探索视野。

随着考古工作的展开，不仅在黄河流域的仰韶、马家窑、大汶口、龙山、二里头等文化遗址，在长江流域的大溪、崧泽、良渚等文化遗址出土了远古的记事陶符，而且在辽河流域的小河沿、珠江流域的西樵山等文化遗址也出土了远古的记事刻符。在西起甘青而东达海滨，北自辽东而南到珠江的广袤大地上，相继出土了一批又一批新石器时代的记事符号。其中淮河流域尤为令人关注，迄今所知年代最早的出于此地，河南舞阳的贾湖文化刻符距今约 8000 年；材料最为丰富的亦在此地，安徽蚌埠的双墩文化遗址出土了 633 件记事陶符。

双墩文化遗址在 1985 年被发现，至 1992 年先后三次发掘，出土的大批陶符震惊了海内外学术界。双墩陶符在中国刻划符号体系里具有非常重要的地位，它

① 唐兰《关于江西吴城文化遗址与文字的初步探索》，《文物》1975 年第 7 期。
② 张居中、王昌燧《试论刻画符号与文字起源》，《中国书画》2001 年第 2 期。
③ 李学勤《中国古代文明十讲》，第 94—99 页，复旦大学出版社，2003 年。

具有如下一些特点：一是年代很早。C—14 测定距今 7300—7100 年左右，国内仅晚于贾湖文化刻符，海外则比古埃及、苏美尔的记事陶符的年代早得多。二是数量最多。出土陶符 633 件，为历次发掘之最，都刻在陶器的外底部，其中有大量象形性图画。三是内容丰富。陶符的图形从多方面反映了双墩先民的生产、生活与原始崇拜，真实地记录了七千年前华夏先民的社会文化。四是价值珍贵。双墩陶符具有明显的记事性质与传承功能，其构形表意的方式，与后来的甲骨文系统有着明显的相关性，是中国文字的一个重要源头。双墩文化时在新石器时代中期而地处淮河中游，在文化的交流传承中起过重要的桥梁作用，对后来的侯家寨文化、大汶口文化、龙虬庄文化、马家浜文化等，都产生过重要的影响。[①]

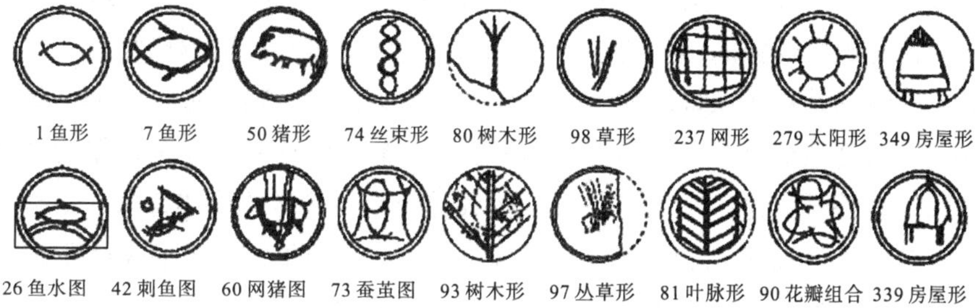

双墩遗址出土的象形类陶符[②]

“双墩文化是淮河流域贾湖→小山口→双墩→侯家寨→龙虬庄文化系统中一支重要的考古学文化。”[③] 这些地区出土的记事刻符，历时地构成了新石器时代淮河流域记事刻符的发展序列及其体系。深入发掘和研究新石器时代淮河流域记事刻符发展体系对甲骨文形成的历史影响，应该成为汉字起源研究中的一个重要思路。

汉字起源于记事的图画和刻划。汉字起源的进化趋势，不仅表现为记事符号在性质上向记词字符的逐步进化，而且表现为原始字符在数量上由少到多地不断积累。我们不妨暂且搁置传承上的缺环而放眼文字起源的发展大势，尽量利用已有陶符所提供的信息，去认识记事陶符与文字之间的内在联系，去考察汉字体系从远古陶符中所汲取的积极因素，去揭示远古记事符号对汉字起源所产生的历史影响。立足于成熟汉字的基本要素来考察出土的记事陶符，发现这

① 安徽省文物考古研究所、蚌埠市博物馆《蚌埠双墩——新石器时代遗址发掘报告》，第 468—478 页，科学出版社，2008 年。

② 图形下的数字和文字分别是《蚌埠双墩——新石器时代遗址发掘报告》为双墩陶符所编的序号及其说明。

③ 安徽省文物考古研究所、蚌埠市博物馆《蚌埠双墩——新石器时代遗址发掘报告》，第 473 页，科学出版社，2008 年。

些基本要素多已在陶符中生发出了萌芽的态势。

第一，象形符号（“字根字”）的产生。出土的记事陶符大多是几何形的标记类刻划，而双墩遗址竟然出土了一百多件象形类符号。[①] 象形类符号多是按物绘形以记名物的象形画，具有较强的可识性。上列双墩陶符的第一排中，其鱼形、丝束形、树木形、草形、网形的图形，就分别与甲骨文、、、、的字形相当近似，这是因为它们都是按物绘形而象物之形。二者的区别与联系在于：象形画是用物象直接表示事物，象形字则用物象记录代表事物的词；象形画是象形字的源头，象形字是象形画符号化发展的结果。但是，先民的记事尤其在按物绘形或积划记数时，也是据意构形“视而可识”的，这图形所表特定意义无疑就是其图所绘之物，所绘之物的称呼也有可能随之成为这图形的读音。这种可识性较强的据物构形，应该就是“近取诸身，远取诸物”而“依类象形”的滥觞。双墩遗址陶器上的鱼形、猪形、网形、房屋形、太阳形等陶符基本定形而高频重复，“这些符号往往是一个单体符号下有一系列派生出来的重体和组合符号，这一个单体符号是构成这个系列符号的母体符号，这也就是说一个单体符号反复结合、使用频率高，具有汉字的字根作用或性质。”[②] 记事的象形画经过简化、抽象而约定俗成为有音的符号，就升华成了记词的象形字。“文字本于图画，最初的文字是可以读出来的图画。”[③] 汉字后来孳乳造字的字根主要是名物字，它们就是脱胎于这种象人身、象山水、象草木、象牛羊之形的象形画。

第二，部件组合（“合体字”）的萌芽。出土的记事陶符大多是不能分析的整体符号，但也出现了少许部件组成的合体符号，如姜寨陶符中的，大汶口陶符中的、，王城岗陶符中的。比它们早得多的双墩陶符尤为难得：其在构形方式上，不仅有单体符号，还有大量的重体符号、合体符号；在表意方式上，不仅有象形类图画、刻划类标记，还出现了不少拼图类组合。双墩陶符之于汉字起源的最大价值，在于这些陶符在刻符记事上所用的构形表意方式，正是后来的表形字（象形、指事、会形）在造字记词上构形表意的基本方式。其中用部件组合以表特指意义的记事方式，应该就是后来汉字“比类合谊”以文组字造字方式的萌芽。这种记事方式具有较强的文字性质，它对后来的孳乳造字无疑产生了重大影响。但是，在双墩文化、大汶口文化之外的其他

① 《蚌埠双墩——新石器时代遗址发掘报告》归纳的象形类陶符只有动物形、植物形两种计124件，还有不少的网形、房屋形、太阳形等象形性陶符是归在几何形类的。

② 安徽省文物考古研究所、蚌埠市博物馆《蚌埠双墩——新石器时代遗址发掘报告》，第469页，科学出版社，2008年。

③ 唐兰《中国文字学》，第62页，上海古籍出版社，1979年。

史前遗址中，还较少看到象形类和部件组合类的记事符号。

第三，符号流通（社会性）的增强。判断记事陶符是否部分具有文字性质的标准，一般认为应是能否记写语词而可识可读。以可读性为标准在理论上看似正确，但用之于远古陶符则并无实际意义。因为今人既不可能得知也不可能检验先民是否为之约定了读音，约定了什么读音。即使在考释有语境的甲骨文时，人们也主要致力于破解其形义上的联系，更何况新石器时代的记事陶符一般还不是文字而只是具有了文字的部分性质。我们应该用发展与联系的眼光来认识进化中的文字画。因为从文字起源角度来讨论史前记事陶符，其主要意义应在于探索它们是怎样在符号化中向记词方向进化的。原始文字记录语词的社会性，大概是在"形意约定记事→符号流行可识→与词结合能读"的漫长进程中逐步产生与加强的。可识，还偏重于记事上的形意联系；只有到了能读出来，才实现了记词上的形音联系。

研判史前的记事陶符是否具有一定的文字性质，还是只能以符号记事的社会性程度为主，即以符号在共时上的重复频率与历时中的传承程度为主。双墩陶符中，不仅鱼形、猪形、网形、房屋形、太阳形等符号在同一遗址中重复使用高频出现，而且"双墩符号在同类文化遗址使用和跨区域传播，如在侯家寨一期发现 80 多个相同的陶器刻划符号，……在南京丹阳丁沙地遗址中也发现 14 个与双墩相同的碗底刻划符号。"① 这种在同址中的重复率与在异地间的流通性，说明双墩陶符在一定地域内已经具有了相当程度的社会性，是初具部分文字性质的记事符号。

中国文字的起源是多头发生而不平衡演变的，经历了一个既多元发展又交互影响的漫长过程之后，终于在中华文明首先发达的黄河中下游地区，逐步汇成主流而形成汉字，进而发展成为成熟的甲骨文系统。中华大地上多种原始的记事符号，对汉字的起源产生过程度不同的历史影响。其影响主要体现在四个方面：一是符号记事的传承方法，二是构形表意的思维方式，三是单个符号的图象创意，四是多符连用的记录形式。

五、汉字起源进程的探索

充分利用有关出土材料，科学综合已有研究成果，在此基础上，为汉字起源梳理出较为切实的基本发展进程，划分出各具特点的发展阶段，是汉字起源

① 安徽省文物考古研究所、蚌埠市博物馆《蚌埠双墩》，第 467—468 页，科学出版社，2008 年。

研究中难度最大、价值最大的重要课题。但涉及这方面的研究至今尚不多见。

河南舞阳县的贾湖遗址，是中国新石器时代前期的重要遗址，是20世纪的一项重大考古发现。1987年在贾湖遗址出土了16种计20个文化刻符，“分别刻于14件甲、骨、石、陶器上，共同特点均是刻划而成。”

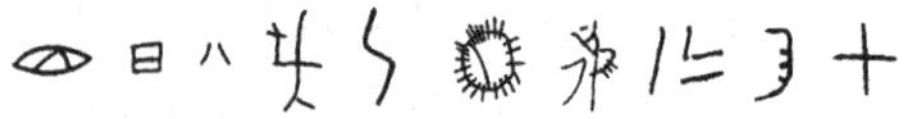

贾湖遗址出土的刻符

贾湖刻符中有的与殷商甲骨文在构形上有相似之处，如形似眼睛的、光芒四射的等，就是象形性的图画。考古报告按其功能，把这些刻符分为表意、戳记和计数三类。认为这些刻符“具有原始文字的性质，与商代甲骨文可能具有某种联系，而且很可能是汉字的滥觞。”刻符分别出现在遗址的二三期，C－14测定距今约在8600—7800年之间，这是迄今所知年代最早的刻符。[①] 贾湖刻符的出土引起了学术界的极大关注。

张居中、王昌燧先生基于史前刻符的考古成果，把汉字的起源与发展的历史进程划分为四个阶段：记事符号→图形记事→语段文字→语词文字。二位所说的第一阶段主要是实物记事，实物记事与文字起源的直接关系并不大；第四阶段已经发展为成熟文字了。二位关于第二、三阶段的主要论述如下：

第二个阶段：即图形记事阶段。……它是以图画的方式记录一个事件，可见到的形式有大量岩画及发现的大地湾地画等。

第三个阶段可称为语段文字阶段，即用一个表意符号或一组抽象的图画来记录一句话或一件事情。……这种语段文字虽具有一定的文字功能，因而具备了一些文字的特征，如记事、交流和记录语言等，但还不是成熟的文字。[②]

图形记事阶段当然应该包括记事的大幅岩画、地画，但与文字起源关系最大的还是单个的象形性图画。因为上古汉语是以单音词为主的词根语，只有创造单个的记事图形，才能朝着记录汉语的方向迈开汉字起源的第一步。一器一符的表意图形，其所表示的一般只能是某个特定的主题性概念，其中最典型的就是族徽。二位在文中提出了关于“语段文字”的观点，即“用一个表意符号或一组抽象的图画来记录一句话或一件事情”。其实，只有一组符号的连用才有可能记录语段大意。所谓用“一组抽象的图画来记录一句话”，应该就是用多符连用的方式去记录语句大意。

出土的史前刻符一般是零星分散的一器一符，是没有语言环境的孤立符

① 河南省文物考古研究所《舞阳贾湖下册》，第984—991员，科学出版社，1999年。

② 张居中、王昌燧《试论刻画符号与文字起源》，《中国书画》2001年第2期。

号。龙山文化晚期开始出现了一器多符而初具“语境”的成行符号，如山东邹平的丁公村陶符（12 符）、江苏高邮的龙虬庄陶符（8 符）、浙江余杭的良渚陶符（8 符）、江苏吴县的良渚陶符（4 符）等。

王蕴智先生（1955—）把丁公村陶符和龙虬庄陶符称作“陶书”。他认为：

“（丁公村陶符和龙虬庄陶符）的年代大致相同，即都相当于文献和古史传说中的虞夏之际。……同时使用多个符号来表达某一特定的语义或语句，因此也就具有‘陶书’的性质。”“将多个符号集于一器连刻，应是华夏文明早期发明文字的一个重要迹象，它表明至少从那个时代起，先民们就已经开始利用一些约定俗成的符号，在自觉地进行记录语句的尝试。”①

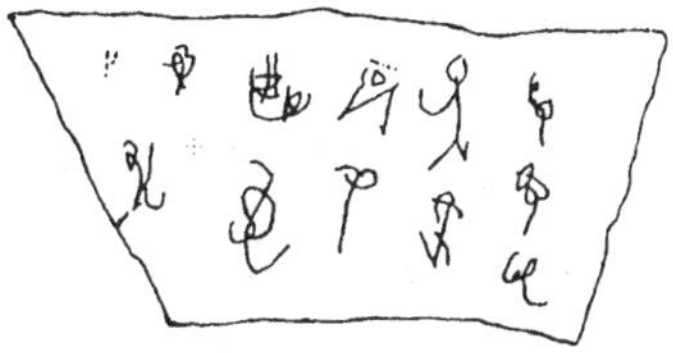

丁公村遗址出土的成行陶符②

丁公陶符是刻于一陶盆底部的残片，距今 4200—4100 年之间，大致就紧靠在夏代之前。陶片计刻 12 个符号（左上角那个符号刻得较小较浅），纵向排为 6 行，符号书写熟练线条洒脱，排列较为整齐，大概是用多符连用的形式来记录某一特定的语句大意。社会发展到一定程度时，已不满足于用一个一个的孤立符号来标记主题性概念了，人们迫切需要能够如纳西东巴经书那样记写较为完整的语句大意，从而实现异地交际与文化传承，多符连用应该就是在这样的背景下产生的。

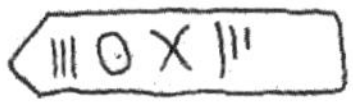

傈僳族的传信木刻

傈僳族是主要生活在滇西怒江地区的少数民族。1950 年代初期，中央慰问团在云南福贡县收到一件傈僳族的传信木刻。长约 6.6 厘米的木片上连刻 4 个符号：“|||”表示三个人，“O”表示月亮，“X”表示相会，“|'|'”表示大中小三位领导。木刻的意思是说：“你们派来的三个人，已经在月圆时和我们

① 王蕴智《远古陶器符号摹记》，连载于 1994 年的《书法报》，王蕴智《字学论集》，第 37 页，第 23 页，河南美术出版社，2004 年。

② 山东大学历史系考古专业《山东邹平丁公遗址第四、五次发掘简报》，《考古》1993 年第 4 期。

相会了。送上三包土产，分送大中小三位领导。”[1] 显然，这样的符号所表示的是具体的事而不是概括的词，这样的传信是需要提示与补充才能解读的。多符连用虽然记录的还不是语言而是语句大意，但较之提示主题性概念的单符表意已是大进一步了。

云南丽江的“纳西族渊源于自河湟地带南迁的古羌人。”《人类迁徙记》是纳西族东巴教中传用较广的一部经书。其中有这么一段文字：[2]

纳西象形文字记写的东巴经

横格中这段文字计 7 个字，它们都是有约定的音义而可以读出来的文字。是会意字，从人持斧，意为砍伐：是会意字，以山上伐倒之木的构形，意指森林；是指事字，积划记数指九；是会意字，用山上树木燃烧的构形，表刀耕火种的烧山之意；是象形字，意为种子；是假借字，此字原本是像雄阴之形的象形字，这里同音假借表播种义；是会意字，从人持筐拾粮，意为收获。全段意为：在以往的日子里，我砍伐了九片森林，砍后又烧山，烧后又播种，后来才收获。

和志武先生（1930—1994）指出：

从东巴教经书的具体情况来看，……这种象形文字的应用，尚处于较为低级的阶段，虽所有的字各具其形、音、义来表达，而各字组合的相互关系，保留较浓厚的图画文字意味。所以经书的形式，横行分格，每格内众字的布局相关，构成一幅图画，虽没有把文字写全，但口诵经文，就是解说这幅图画。[3]

纳西象形文字显然就是从多符连用以记录语段大意发展而来的。虽然还处于不能逐词记录语言的“低级”阶段，但毕竟已是可识又可读的象形文字了。至于上述傈僳族的传信木刻，其符号虽能约定记事而在一定人群内可以理解，但还没有与词结合，还是不能读出音来的记事符号。

在约定俗成的记事符号积累到一定数量的基础上，采用多符连用的形式以进行记录语句大意的尝试，是中华先民在创制文字过程中的一个重大进步。汉

① 汪宁生《从原始记事到文字发明》，《考古学报》1981 年第 1 期。

② 方国瑜编撰、和志武参订《纳西象形文字谱》，第 7 页，第 523—527 页，云南人民出版社，2005 年。

③ 方国瑜编撰、和志武参订《纳西象形文字谱》，第 486—487 页，云南人民出版社，2005 年。

字符号后来成熟到逐词逐句地完整记录汉语，无疑就起步于这记录语句大意的多符连用。纳西族的“东巴教门用象形文字写经书，而不把口诵的全文写下来，每段只寥寥几字，要读几句。”① 这应该就是多符连用以记录语段大意所能达到的高级状况。

汉字的起源进程，是由记事记数向记录语言的方向发展的。象形图画与记事契刻是汉字的两大源头，汉字主要起源于单个记事图画的符号化。汉字的起源进程漫长而缓慢，可大分为两个阶段。初始是用单个图形记录主题概念的阶段，8000 年前的贾湖刻符，以及其后的双墩、半坡的陶符应该都属于这个阶段。第二阶段是多符连用记录语段大意的阶段，距今 4100 年左右约在虞夏之际的丁公陶符，以及稍后的龙虬庄陶符当属这个阶段。用历史比较法的眼光来看，丁公陶符（距今久远，所记之事不可解）、傈僳族的传信木刻（距今不久，所述之事有记载）、纳西族的东巴象形文字，就大致反映了多符连用如何记写语段大意的发展进程。此后再向前就逐步形成文字体系并发展为成熟文字，殷商甲骨文就是能够逐词记录汉语的成熟文字体系。

由于时处史前，年代久远，所以古埃及象形文字、苏美尔楔形文字的起源过程，都有很多说不清楚之处。同样，虽然成熟汉字的基本要素在远古刻符中多已萌芽，虽然由记事符号向记词文字的趋进是中华刻符进化的大势，但是，由刻符到汉字的基本演变轨迹中尚缺不少重要环节，尤其是殷商甲骨文之前所缺的那一大段。甲骨文已是相当成熟的文字系统，无疑还有一个尚未得知的逐步发展环节，这个环节很可能就是多符连用以记录语段大意。人们重视汉古文字与纳西象形文字的历史比较研究，就是试图从中去认识甲骨文是如何发展成熟的那段历史过程。在承认对文字起源还知之甚少的情况下，人们期待着更多新材料的出土，期盼在黄河中下游地区，在淮河流域发现商代前期和夏代的文字，希望如双墩陶符那样的惊喜不期而至。

汉字起源研究，是一种对中华史前历史的重建，对人类远古文明的探索，也是对人类文字发生史的深入研究与重新认识。我们应该理性认识这项研究的重要性、长期性与困难程度。坚持立足于考古学、民族学、汉字学以深入开展研究，不断加深对汉字源于何物、源于何人、源于何时、源于何地的认识，并在此基础上科学再现汉字起源的基本历史进程，这是中国文字学家的一项任重道远的科研课题。

① 方国瑜《纳西象形文字谱·弁言》，方国瑜编《纳西象形文字谱》，第 2 页，云南人民出版社，2005 年。

第三章 “依类象形”的象形字

本章提要：记录名词的象形字是最早产生的基础汉字，它脱胎于记事图画的符号化，是在与名词的结合之中产生的。早期象形字取物象为形，以物名为音，是利用构形的可识性图象来体现构意表示词义的。这种初级的表意功能一般称之为“表形”。象形字的表形功能有三个特点：在构形上具有按物绘象单符成字的整体性，在表词上具有各具特征为人可识的象物性，在构意上内涵着先民认识的人文性。汉字是从“依类象形”发展为“形声相益”的符号系统，先按物绘形地创造了四五百个独体的“文”以表示基本概念，然后按有理的模式逐步合成了数万合体的“字”以记录汉语。象形是六书之本，六书乃象形之变。象形字在汉字发展史上的根基作用主要有三：汉字的基础字符集是以象形字为主体的，甲金文中大量的“依声托事”是主要依托象形字来实现的，汉字的核心义符是主要来自象形字的。象形字是汉字的孳乳之本，它是以文组字的字根，也是推类表意的基因，象形字是汉字构形系统也是汉字表意功能得以形成与发展的基础。

原始记事方法的符号化孕育了文字，脱胎于记事性图画的象形字是最早产生的基础汉字。独立的象形字后来语义化、偏旁化为字符，充当了汉字系统的基础构件与表意基因。讨论象形字的构形表意，应该围绕着“类”的概念展开，需要分为前后两段论说：首先是认识象形字本身，即象形字如何在“依类象形”中逐个产生；进而是认识象形字与汉字系统的关系，即象形字怎样在“以类附声”中系列孳乳。前者说的是类的抽象与形的约定，讨论象形字的造字方式；后者说的是类的系联与形的合成，讨论象形字在汉字系统中的基础地位。

一、依类取象的认知基础

讨论象形字，有两段论述不能不认真研读。

许慎：“苍颉之初作书，盖依类象形，故谓之文，其后形声相益即谓之字。文者，物象之本；字者，言孳乳而浸多也。”“近取诸身，远取诸物”；“象形者，画成其物，随体诘诎，日月是也。”（《说文解字·叙》）

唐兰：凡是象形文字：一、一定是独体字，二、一定是名字，三、一定在本名之外，不含别的意义，……名和实一定符合。[①]

两段文字关于象形字产生的认知基础、造字方法、本质特征的论述是深刻的。许慎（约 54—约 125）的“依类象形”之论，使人由此认识到象形字的产生，首先是因为“依类”取象的思维认知，然后才是按物绘象的造字方法。这些以物象为本的象形字（文），是后来汉字赖以孳乳的基础字符。虽然也有个别如（交）、（高）这样的象形字是为动词、形容词所造，但一般而言，象形字就是为名词所造的独体字。唐兰先生（1901—1979）所谓的名实符合，当是说形义符合。早期象形字的字形就是所记名物的可识性画像，象形字在记录名词上具有形义统一而以象表形的特点。据词造字依类取象与按物绘象以象表形，应当成为我们研究象形字的两个基本认识。

现实世界丰富多彩，万事万物各以个体存在而千差万别，比如人就是芸芸众生的一个个独特个人，鸟也是千姿百态的一只只各别个体。但是，作为人类的交际工具和信息符号，语言文字则必须强调对事物共性的概括，否则就难以交流了。虽然一千个人眼中就有一千只各别的鸟，但这些鸟总是有着共同的本质属性（会飞的脊椎动物），有着共同的形象特征（有喙有头有翅有足）。“方以类聚，物以群分。”（《易传·系辞上》）四方万物莫不各从其类，类的概念首先就产生于对事物共性的认识。“智者察同，愚者察异”（《黄帝内经·素问》），进而从思维方式上强调了认识物类共性的重要性。正如刘梦溪先生（1941—）所说：“为学之道，尚同比求异更重要而且深刻得多。”[②] 类的概括反映了事物

① 唐兰《中国文字学》，第 76—77 页，上海古籍出版社，1979 年。
② 刘梦溪《〈中国文化〉创刊词》，《中国文化》创刊号，1989 年。

在本质上的内在规定性，类本质决定和区分了事物的异同。正是在对无数个体鸟的类聚性抽象中，人们逐步认识到了鸟类的本质共性而形成了“鸟”的概念，当这个认知概念与特定的语音结合并成为人们的约定，就产生了“鸟”这个词。

人类是主要运用抽象思维来认识世界的，而抽象思维是以语言符号作为载体的。语词产生于类聚中的抽象，是在对具体事物的反复认识中概括出来的。因此，“任何词（言语）都已经是在概括”，[①] 任何词都已经是在约定，词义概括地反映了人们对事物本质属性的能动认识。数字与语词都是约定俗成的符号，正如数学把世界高度抽象为成系列的数字一样，语言是把世界巧妙概括为成系统的语词了。语言是文字得以产生的基础，只有与语词结合的构形才能成为记录语词的文字符号。上古汉语以单音节词为主，汉字脱胎于记事性图画，二者的交互作用决定了最早的造字方式只能是按物绘形单音成文。汉字不需要也不可能为每个具体的鸟（现实中的物）逐一画像，但必须为这个类聚了的“鸟”（语言中的词）“画”一个视而可识的字，这就是许慎所说的“依类象形”，即依类取象按物绘形而如图画然。

人们认知事物总是以自我为中心，把自身作为认知的基本参照点，进而由人而物、由近而远地去认识周围的事物。大千世界不外人、物两大类。许慎最先从取象构形的角度，将象形字分为“近取诸身，远取诸物”两大类。取象于人者，或从不同的角度整取全身之形，如（人）、（女）、（身）、（子）等字；或着眼其功能而特写某一部位之形，如（心）、（目）、（口）、（手）等字。取象于物者，或取人类生存环境中的自然物之形，如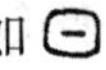（日）、（雨）、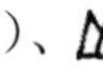（山）、（木）等字；或取人类社会生活中的人造物之形，如（衣）、（门）、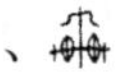（车）、（刀）等字。这种依类取象按物绘形的过程，其实质就是利用人们从物类中抽象出来的认知成果，为记录类属性名词而据词造字的过程。

南宋的郑樵（1104—1162）进而从取象的物类上，将象形字分为十种“正生”（具体实物）和六种“侧生”（抽象事物）。他的十种“正生”象形是：天地、山川、井邑、草木、人物、鸟兽、虫鱼、鬼物、器用、服饰。[②] 郑氏的研究给元明清学者以很大影响，对象形字以及主要由象形字充当的部首、义符的分类研究代有继续。宋元之际的戴侗（1200—1284）首创按事物类属编排部

① 苏·列宁《哲学笔记》，第 233 页，人民出版社，1993 年。

② 宋·郑樵《六书略·六书图》，郑樵《通志略》，第 109 页，上海古籍出版社影印本，1990 年。

首，他在《六书故》中将479目（部）分为九大类：数、天文、地理、人、动物、植物、工事、杂、疑。其后的学者继续从取象的物类上，为象形字分类，并逐步设立了这样的大类：人、人体、肢体；衣服、饮食、宫室、器用；天文、地理、动物、植物等。其下的分类尽管有的零碎混乱，有的界限混淆，但他们的探索性研究确实加深了对象形字的认识，不仅从物类的角度开始了描写汉字义符系统的工作，而且从表意字符入手开始了汉字孳乳的谱系研究。

唐兰先生从宏观上“把象形字分做三类。一是属于人身的形，可以叫做‘象身’。二是自然界一切生物和非生物的形，可以叫做‘象物’。三是人类智慧的产物，可以叫做‘象工’。”① 李国英先生在对小篆形声字的研究中，把378个小篆形符（主要由象形字充当）作为小篆的义符系统，并按其意义关系归纳为人类、物类和其他三个子系统，其下再作了多层划分，最后形成《义符的意义关系总表》，以此展示汉字义符系统的意义关系。②

概括性、社会性是语词的本质属性，后来亦成为汉字据词构形的思维基础。如果说从类聚中取象记词，主要缘于对词的概括性的认识，那么在抽象中约定字形，则主要出于对字的社会性的重视了。早期象形字直接脱胎于记事的图画，是从画物记事中逐步进化为据词造字的，故而整体象物的可识性特征相当鲜明。甲骨文中一个“鸟”字就有几十种写法，其构形有繁简，线条有多少，置向有变异，视而可识却各具姿态，一字异写的现象十分突出。在编纂甲金文的字编、字典时，一项重要的基础工作就是对古文字形的认同去重，要从大量杂乱的原始字样中归纳类聚出单字，并优选出每个单字的主形来。古文字主形选取的标准：一要较为典型，具有类聚的代表性；二要较近源头，最能体现造字的理据；三要较具传承性，更能反映字形的演变源流。甲金文还处在表形文字阶段，其象形字的象物性强、异写体多两大特点，就是记事性图画在早期汉字身上留下来的两大胎记。由记事的图画到记词的文字，这个符号化进程是漫长而缓慢的。

语言是人类进行思维的符号系统，它外化地反映了人类认知的综合信息。这不仅使语言当然地成为人类交际的基本工具，而且为文字的产生提供了厚实的认知基础。按物绘形的象形字起源于记事的图画，但最终产生在与语词的结合之中，产生在据词造字依类取象的认知基础之上。人们从取象的事物类属上为象形字进行分类，由此开始了对汉字义符系统的深入研究。

---

① 唐兰《古文字学导论（增订本）》，第94—95页，齐鲁书社，1981年。

② 李国英《小篆形声字研究》，第47—59页，第91—94页，北京师范大学出版社，1996年。

二、按物绘形的本质特征

据义构形的汉字是以构形来表示词义的，这就是所谓的以形表意。“依类象形”是最为基础的造字方式，记录名词的象形字是最早产生的基础汉字。早期的象形字取物象为形，用物名为音，是利用物象整体图形的可识性来体现构意表示词义的，这种初级的表意功能一般称之为“表形”。象形字的构形表意具有三个特点：完整性、象物性、人文性。

（一）按物绘象单符成字的整体性

按物绘形的象形字是记录名词的独体字，物象完整独立而不能拆分，是象形字区别于合体字的内在规定性。所谓合体当是由几个独立字符合成的字，而象形字则是拆开即无构意的一个整体。正如唐兰先生所说：“象形文字是由图画演化而来的，每一个图画文字的单位，原本是一个整体，并不是由一点一画凑起来的。”① 如（衣）、（食）二字都由相离的两部分组成。衣字上部像衣领，下部像衣襟。食字上部像食器之盖，下部像食器之身。只有上下相合才能成为一个体现构意的完整物象，而一旦拆分就什么都不是了。

象形字直接用描绘事物形象的方式来构形，其按物绘形的造字手法可以归纳为主辅二例：单取物象的“证件照”为主，配境取象的“生活照”为辅。多数象形字是单取物象来构形的“证件照”，只是视物形是否有定而分别采用“写实”或“写意”的手法。多数实物的形状是一定的，物形有定即取形以“写实”，大多数象形字如（鸟）、（山）、（目）等就是取其物象而“写实”构形的。有的实物没有一定之形，物形无定则取态以“写意”，如（雨）、（水）、（火）以及后来的凹、凸等字，就是取其态势而“写意”构形的。

还有一些实物很难孤立取象，很难独立地区别于其他名物，于是就采用了配境取象以拍“生活照”的构形手法。这种置象于境就是连带画出其所依附的主体以为衬托，或为物象配设相关的环境使有特征，从而在特定的关系中因境显象而整体象物。比如树上的“果”就很难孤立取象，虽可按物画成圆形，但圆形物实在太多了，至少与常用的“日”字就难以区分，于是就把果实所附的树身一起画了出来。（果）字是利用主体（树身）的衬托来显示部分，而

① 唐兰《中国文字学》，第80页，上海古籍出版社，1979年。

（桑）字则是通过强调部分的特征（枝叶的繁茂）以表示主体。（齿）字的构形是因置于口中才显示其为牙齿的，（眉）字的构形是有赖眼睛的衬托才显示其为眉毛的，（页）字以人身为依托而得以突出头部，（须）字因头部的衬托而显示其为胡须（此字后来在小篆中演变为合体字）。小圆圈虽然可以方便地用来表示多种物象，但是没有区别性，于是就为它配设特定的环境，从而造出了多个各具特征的字，如置之藤下而造（瓜）字，置之河中而造（州）字。石、土二字极难孤立取象，便置之崖下而造（石）字，置之地上而造（土）字了。配置的环境旨在衬托其物而非指示他意，是这类象形字与加体指事字的区别。

许慎没有看到甲金文，他根据小篆字形把一些形变了的象形字分析成由字符组成的合体字。如“身”，甲骨文为，象突出肚子的人身之形，本指孕妇，后引伸而为身体；许慎据其小篆字形而把它分析成“从人，申省声”的形声字。再如把象形字“桑（）”分析成“从叒木”的会意字，这是许慎的局限。清代的段玉裁（1735—1815）从字形结构上把象形字分为独体、合体两类。“有独体之象形，有合体之象形。独体如日、月、水、火是也；合体者，从某而又象其形”，如眉、箕、衰、疇是也。（《说文解字注·叙》）在同一篇《叙注》中，段氏在这一问题上反复强调的基本观点是：“独体曰文，合体曰字。”“指事、象形独体”，形声、会意是合体。但是，他在解读《说文》关于象形的析形条例时，又提出了“有合体之象形”。段氏所举合体象形的4个例字，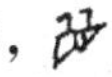（眉）、（衰→蓑）是拆分即无构意的象形字，而箕、疇是加旁分化兼职的后出形声字。既主张象形是独体字，又从中划分出合体象形来，逻辑上可谓自相矛盾；其例证将“以类附声”的后出字与“依类象形”的古字混为一谈，是因为局限在小篆的共时层面上，没有看到这些字的古文字的构形及其分化演变。

分析象形字一定要立足于古文字，否则便难以看到“依类象形”的构意。对失去物象性的后出字进行象形字分析是没有意义的；把象形字再分为独体、合体的主张，是忽视了象形字整体象物单符成文的特点。姚孝遂先生（1926—1996）说得好：“所有的象形字都应该是一个完整的形体，不能加以分割。过去许多学者认为象形字有独体与合体之分，这种说法是难以成立的。”①

（二）各具特征为人可识的象物性

汉字是记录汉语的视觉符号系统，在汉字系统中，每一个汉字都具有在构

① 姚孝遂《许慎与〈说文解字〉》，第25页，中华书局，1983年。

形上不同于其他汉字的区别性特征。记录名词的早期象形字是人们创造的象形性符号，它们是按物绘形各有所指的物象。先民在为那些物象近似者构形时，尤其注重突出名物的个性化特征（种差）以区别其间的同中之异。

：（木：禾）二字所表之物大异但物象近似，都是有根有干有枝叶的植物，但成熟的禾株上还有下垂的禾穗，遂在顶上添加禾穗而为之区别。：（日：月）在人们的心目中本来都是光照大地的星球，但每天升起的太阳总是圆的，而夜晚所见的月亮则多为弯月，构形则以日圆月缺以相区别。：（犬：马）二字所表之物大异，但都是四脚奔跑的动物，遂抓住犬尾上翘而马有鬃毛的不同特征进行构形。这几组字的构形不仅鲜明地突出了同中有异的个性，而且还巧妙地表现了其大类相同物象相似的一些共性。这种突出区别性特征的手法用于特写，其个性化形象就更为具体鲜明了。：（艸：竹）二字同取叶片构形，由于构形上突出了小草向上而竹叶下垂的不同特征，因而各具个性而区别显著。：（牛：羊）这两种家畜都头上长角，但牛角向上翘而羊角向下弯。构形上抓住这一区别性特征，便采用了正面取象放大头部突出弯角的特写手法，其用简洁的线条所勾勒出的物象，各具个性而十分传神。

思维符号化是人类思维的重要特征。着眼于符号与所指内容的关系，可以把符号分为抽象符号与意象符号两类。“抽象符号的指示义往往是明确的，单一的，而它们的内涵义却很贫乏。……意象符号的指示义远不如抽象符号明确，但它的内涵义则远比抽象符号丰富。”① 与西方传统思维方式相比较，我们的民族更加注重意象思维，更加看重意象符号，擅长用形象的方式来反映客观事物。同样是据词造字记录语言，表音文字选用的是标音明确的抽象音符，汉字选用的是表意概括的意象形符。脱胎于记事性图画的早期象形字具有很强的象形性，它是用按物绘形的物象来记录所指之词的。就如表形文字是表意文字的初级阶段一样，象形性的物象亦是意象的早期形式。在去象形性的简明化演变中，物象性的古文字逐步语义化而成为寓义于形的意象符号，从而保存和传承了古物象的造字理据。意象化的象形字因形义结合而成为汉字孳乳中的表意字符，汉字系统随之实现了从用物象表形到以语义表意的升华。象形字的语义化、意象化有力地促进了汉字表意性质的传承与发展。

（三）构意内涵先民认识的人文性

汉字是先民创造的人文符号，其构形表意历史地反映了当时的社会生活与

① 王葆玹《意象思维》，蒙培元主编《中国传统哲学思维方式》，第251页，浙江人民出版社，1993年。

时代认识。今人对古文字构形构意的析释，其实就是对先民的人文认识的一种探寻、解读或者说历史构拟。试以最关乎人本的“人”“女”“男”三字以为阐说。

“人”字在甲骨文中写作。人类是从古猿进化而来的，人猿分界的标志过去是以会否制造工具为断。自 1970 年代发现黑猩猩也会制造工具以后，现代人类学家遂以能否直立行走作为人猿分界的主要标志。需要指出的是，中华先民很早就认识到了这一区别。

《列子·黄帝》：有七尺之骸，手足之异，戴发含齿，倚而趣者，谓之人。

战国时期的《列子》明确指出：人类区别于其他动物的最大特点，莫过于这“手足之异”与“倚而趣（趋）”。先民认识并抓住手脚分工而直立行走这一特点，用简洁的线条鲜明的形象完美地创造了甲骨文中的字，“人”字在所有汉字中无疑最富人文内涵。张舜徽先生（1911—1992）认为：“人之所以异于其他动物者，以其能直立耳。……字实象直立之形，……动物之能直立者谓之人。”①

： 前字象形，像人交手而跽之形；后字会意，会“用力于田”之意。它们在甲金文中分别用指女、男。至于“女”字构形何以是交手而跽，或曰像远古抢婚而束手，或曰像屈膝敛手以侍人，并以从女字中有不少贬义字为证。其实，在二字产生的时代还没有后世那样的男尊女卑观念，其低下的生产生活水平也不容许有那么多跪地侍人的讲究，而且甲金文中从女的字大多是褒义或中性的，其尊贵的“姓”、满意的“好”，就是从女的字。李孝定先生（1918—1997）从社会分工的视角来析说二字的构意，认为“女盖象跽坐而两手有所操作之形，女红之事多在室内。男则以力田会意，男耕女织有所专司，故制字于见意。”② 徐中舒先生（1898—1991）主编的《甲骨文字典》亦持此说。早在母系氏族社会晚期，随着耜耕农业的发展，男子逐步成为社会生产的主力；其后家庭的出现，则使妇女因生育等原因而更多地在家劳作。结合文化史来比对考察“男”“女”二字的古文字构形，可见其构意是用男耕女织的社会分工以区别男女性别的：主外而田间劳作者为男，主内而居家操持者为女。汉字的构形蕴涵着可贵的历史信息，其以形所表之意是具有人文指向性的。我们应该注重从中华文化史的角度来历史地探究古文字的构形表意。

按物绘象以象表形是早期象形字构形表意的基本特质。象形字是记录名词的独体字，它以名词为基础而依类取象，用物象来记词而整体象物，在构形上

---

① 张舜徽《说文解字约注》第三册，1903—1904 页，华中师范大学出版社，2009 年。

② 转引自于省吾主编《甲骨文字诂林》，第 444 页，中华书局，1996 年。

具有按物绘象单符成字的整体性，在表意上具有形义统一视而可识的象物性。在去象形性的简明化演变中，物象性的象形字逐步语义化、偏旁化而成为寓义于形的意象性字符，汉字系统因而实现了从用物象表形到以语义表意的历史发展。

三、象形为本的历史地位

关于象形字的历史地位，南宋的郑樵继承发展了许慎关于“依类象形”之“文”“孳乳”出“形声相益”之“字”的认识，进而深刻地指出：

小学之义，第一当识子母之相生，第二当识文字之有间。……六书也者，象形为本。……六书也者，皆象形之变也。[①]

郑樵是把看似散沙的数万汉字视为一个系统的。他不仅从汉字的结构上，强调了“文（独体）”与“字（合体）”的区别及其以文组字的关系，指出象形是六书之本；而且从字符的功能上，强调了“母（义符）”与“子（声符）”的区别及其有理合成的模式，指出会意、形声皆为“象形之变”。郑樵的这一认识是深刻而重要的。

象形是六书之本，六书乃象形之变。我们应该从汉字发展史的历史背景中，从汉字系统的宏观背景中去认识象形字的根基地位。象形字在汉字中的根基作用主要有三：汉字的基础字符集是以象形字为主体的，甲金文中大量的“依声托事”是主要依托象形字来实现的，汉字的核心义符是主要来自象形字的。象形字对于汉字构形系统与表意功能的形成与发展，发挥了根基性的历史作用。

一、商周甲金文中的大量假借字，是主要由按物绘形的象形字充当借音符的。

汉字起源于记事图画的符号化，是从形义联系入手据义构形以记录语词的，初创期的汉字还只能主要采用“依类象形”的方式据词构形。具体的名词义可以按物绘形，但抽象的动词义、形容词义就很难取象甚至根本无象可取，所以象形字一般记录的只能是名词，记录名词的象形字与脱胎于刻符的记数字是最早产生的基础汉字。汉字中的象形字有三四百个，指事字则只有几十个。随着汉字构形的合成化，甲金文之后就基本不造独体字了。至于后来在佛经的翻译与传抄中新造的凹、凸、伞等象形字，后来新造的閂、灭等指事字，不过

① 宋·郑樵《六书略·六书序》，郑樵《通志略》，第112页，上海古籍出版社影印本，1990年。

是极为个别的现象。

逐个独体构形具有按物绘形造字难的缺陷，四百多个独体字再加上早期的会意字，虽然难以形成文字体系以完整地记录汉语，但它们为汉字创造了一批有音的基础字符，这就为“依声托事”提供了可资利用的“借音符”。借用据义构形的表形字去记录无形可取的同音词，实在是汉字发展到一定阶段的历史选择，甲金文时期就是采取大量使用假借字的方式去记录汉语的。象形字虽然字数不多，但它在甲金文中的使用频率是占压倒优势的。刘志基先生（1955—）的一项字频研究表示，在43897字的殷商甲骨文样本中，380个象形字的使用字次多达31527次，覆盖了语料的72%；在55800字的西周金文样本中，334个象形字的使用字次多达29074次，覆盖了语料的52%。[①] 最先创制的这三百多个象形字，在商周甲金文中虽然也用表字本义及其引伸义，但更多地是用作假借字。商周甲金文中大量的“依声托事”就是主要依托象形字来实现的。

二、四五百个基础字符合成了数以万计的汉字，汉字的基础字符集是以象形字为主体的。

在汉字合成化形声化的发展过程中，象形字亦字亦符而一体两用，一方面独立为字，且多是常用字、高频字，另一方面又通过偏旁化、语义化而兼职充当了汉字的基础字符。这些为数有限的基础构件按照会意、形声的模式层级合成，以文组字地生成了数以万计的汉字。正如张世禄先生（1902—1991）所论：

偏旁者，吾国文字之基本成分也。自此基本成分臻于固定……而后依类象形之法亡矣；自以古之物象为造字之本，而后字体孳乳，惟取于形声相益之途矣。[②]

王宁先生（1936—）主持开展的汉字构形史研究，对汉字的构形系统进行了宏观而深入的断代研究。他们选取不同发展阶段的原始写本为样本，先从中归纳出断代所用的单字，再从全部单字中分析类聚出断代构字所用的基础字符。发现殷商甲骨文有412个基础字符，春秋金文有324个，《说文》小篆字有422个，东汉碑隶字有517个，宋代雕楷字有491个，现代常用字有514个

① 刘志基《中国文字发展史·商周文字卷》，第300 312页，华东师范大学出版社，2015年。

② 张世禄《字形孳乳说》，《张世禄语言学论文集》第262页，学林出版社，1984年。

基础字符。[①] 从甲金文到现代汉字，汉字的基础字符一直保持在四五百个左右。这些基础字符大多来自象形字。

这四五百个基础字符所组成的基础字符集，就是汉字系统得以形成和发展的基础构件系统，数以万计的汉字就是由四五百个基础字符以少驭多层级合成的。汉字的基础构件系统早在甲金文时期就已基本形成，后增减有限而相对稳定。汉字字多文（基础字符）少、以文组字而生字熟旁，这种以少驭多累加合成的机制发展了汉字的层级结构。这个层级结构在微观上表现为单个汉字的合成，宏观上则反映为汉字系统的构成。汉字系统因而既具按需合成的再生能力，又有编码简明的经济价值，从而用有限的符号实现了无限的表达，较好地顺应和满足了华夏民族记录汉语的社会需要。

三、汉字主要依靠义符建立起系统的形义联系，汉字的核心义符主要来自象形字。

华夏先民在为记录汉语而创制汉字的漫长过程中，是先按物绘形地创造了四五百个独体的“文”以表示基本概念，然后按有理的模式逐步合成了数万合体的“字”以记录汉语。最先为记录名词而逐个创造的象形字，为汉字的合成化提供了表示主题性类属性概念的基础义符。动词义表示的是特定名物的动作行为，形容词义表示的是特定名物的性质状态，这些动词义、形容词义与名词义之间有着内在的语义联系。清代的王筠（1784—1854）把这种联系称作“物能生事”，认为“状物之字”可以表现“无形之事”。[②] 用今天的话说，就是从象形字的名物义中可以引伸出动作义、性状义来。稍后的陈澧（1810—1882）说得好：“水字木字象形甚易，而江河皆水，松柏皆木，造字若何分别？但可造为形声字，此形声字所以最多也。”[③] 义符在汉字系统的历史发展中发挥着主导作用，汉字以形表意的功能是主要通过义符的类联系来实现的。人们把按物绘形的象形字用作基础义符，利用其“物能生事”的语义联系，不仅合成出了大量记录动词、形容词的形声字，而且把义符的形义统一扩展为字族的形义

① 甲骨文数据引自郑振峰《甲骨文字构形系统研究》，上海教育出版社，2006年；春秋金文数据引自罗卫东《春秋金文构形系统研究》，上海教育出版社，2005年；小篆字数据引自齐元涛《〈说文〉小篆构形系统相关数据的测查》，北京师范大学中文系编《京师论衡》，北京师范大学出版社，2002年；东汉碑隶字数据引自陈淑梅《东汉碑隶构形系统研究》，上海教育出版社，2005年；宋代雕楷字数据引自王立军《宋代雕版楷书构形系统研究》，上海教育出版社，2003年；现代常用字数据引自教育部、国家语委发布《现代常用字部件及部件名称规范》，《语言文字规范手册》，商务印书馆，2014年。

② 清·王筠《说文释例·指事》，《说文释例》，第16—17页，武汉市古籍书店影印本，1983年。

③ 清·陈澧《东塾读书记·小学》，《东塾读书记》，第212页，上海古籍出版社，2012年。

对应，从而建立起了“凡某之属（类）皆从某”的系统形义联系。

汉字是从“依类象形”发展为“形声相益”的，四五百个基础字符按有理的层级合成字式，推类孳乳出了数以万计的汉字。其中表示类概念的象形字后语义化、偏旁化为表意的义符，义符的“以类附声”推动了汉字的形声化，形声化则将义符的形义联系扩展为对字族的类联系，汉字的构形系统因此而与表意系统形成了对应的形义关系。象形字是汉字的孳乳之本，它是以文组字的字根，也是推类表意的基因，象形字是汉字构形系统也是汉字表意性质得以形成和发展的基础。

第四章 “指而可识”的指事字

一、表示抽象物事的独体字
二、来源不同的两种指事字
①源于刻符的纯指事字
②立足象形的加体指事

本章提要：指事字是汉字在独体构形阶段对象形造字法的补充，它所表示的是难以“依类象形”的抽象物事，在本质上具有表意的抽象性与构形的独体性两个特点。指事字可分为两类：一类是来源于记事刻符的纯指事字，如三五上下之类，纯粹是用抽象的线条性刻划，来表示基本的数字与方位。一类是增符象形以指抽象之事的加体指事字，如本旦曰太之类。加体指事字是指事字的主体部分，它利用和发掘了象形字的直观形象与能指潜能，所表示的就是这象形字所记名词的引伸义。加体指事字虽是“文之加”，但所加的指事性符号是并不成文的点划圈之类的抽象标志，指事性符号是加体指事字得以“视而可识”的点睛之笔。

汉字是以“象形为本”而孳乳发展起来的表意文字，指事造字是在独体构形阶段对象形造字法的补充。历代学者关于指事的研究，主要是围绕着两个问题展开的：一是明确指事字的性质，讨论指事与象形、会意的区别；二是圈定指事字的外延，讨论哪些字是指事字并再作分类。

一、表示抽象物事的独体

《说文解字·叙》：“指事者，视而可识，察而可见，上下是也。”许慎（约54—约125）对指事的命名虽比班固的“象事”、郑众的“处事”要好，但他的定义是不明确的。象形的“画成其物，随体诘诎”；会意的“比类合谊，以见指撝"；形声的"以事为名，取譬相成"，[1] 都是着眼构形表意而作的界说。但"视而可识，察而可见"，则是从认知角度来定义指事的，这样的界说缺乏区别性特征。另外，《说文解字》全书只有"上""下"两个例字注明是指事字，既欠典型而难以类推，也没有专用于分析指事字的术语。正如王筠（1784—1854）所说："六书之中，指事最少，而又最难辨。……所谓'视而可识'，则近于象形；'察而见意'，则近于会意。"[2] 后世学者对指事字的内在规定性进行了逐步深入的研究。

徐锴：物之实形有可象者，则为象形，山川之类皆是物也。指事者，谓物事之虚无不可图画，谓之指事。形则有形可象，事则有事可指。故上、下之义无形可象，故以丄、丅指事之，有事可指也。故曰象形指事大同而小异。……大凡六书之中，象形、指事相类，象形实而指事虚。[3]

郑樵：指事类乎象形，指事，事也；象形，形也。指事类乎会意，指事，文也；会意，字也。独体为文，合体为字。形可象者曰象形，非形不可象者指其事曰指事，此指事之义也。[4][5]

王筠：指事二字须分别说之。其字之义为事而言，则先不能混于象形矣；而其字形非合他字而成，或合他字而其中仍有不成字者，则又不混于会意、形声矣。[6]

南唐的徐锴（920—974）提出"六书三耦说"，最早对相类的象形与指事进行了辨析。认为象形所记是实形可象的具体之物，指事所记是虚不可画的抽象之事，二者的区别在于"象形实而指事虚"。南宋的郑樵（1104—1162）继承了徐锴关于象形、指事的认识，并把许慎关于"文"、"字"的概念发展为"独体为文，合体为字"，进而对指事与会意进行了辨析，认为二者的区别在于"指事，文也；会意，字也"。徐锴、郑樵二位都采取了同中辨异的方法，正是在对指事与象形、指事与会意的区别性辨析中，认识到了指事的性质在于：指

---

① 汉·许慎《说文解字》，第 314 页，中华书局影印本，1989 年。

② 清·王筠《说文释例·六书总说》，《说文释例》，第 5 页，武汉市古籍书店影印本，1983 年。

③ 南唐·徐锴《说文解字通释·卷一·上字》，徐锴《说文解字系传》，第 2 页，中华书局影印本，1987 年。

④ 宋·郑樵《六书略·指事》，郑樵《通志略》，第 124 页，上海古籍出版社影印本，1990 年。

⑤ 宋·郑樵《六书略·指事》，郑樵《通志略》，第 124 页，上海古籍出版社影印本，1990 年。

⑥ 清·王筠《说文释例·六书总说》，《说文释例》，第 13 页，武汉市古籍书店影印本，1983 年。

事在构形上类乎象形，象形实是有形之物，指事虚是无形之事；指事在表意上类乎会意，指事是独体的文，会意是合体的字。二位研究指事的方法与基本观点对后世影响很大，包括段玉裁、王筠在内的元明清乃至现代的学者，对指事性质的认识都是沿着这样的思路而深入发展的。

黄侃先生（1886—1935）指出："造字之始，必先具诸文，然后诸字得因之以立。"① 在汉字初创的独体构形阶段，象形字只能记录有形可象的名物词，如何记录那些无形可象而又常用的基本词，则为汉字提出了同样紧迫的社会需求，这就是郑樵所说的："六书也者，象形为本，形不可象则属诸事。"② 源于记事刻符的早期指事字正是在这样的历史背景下产生的，指事与象形是最早产生且形义统一的基础汉字。唐兰先生（1901—1979）指出："指事文字原来是记号，是抽象的，不是实物的图画。这些记号可能在文字未兴以前，早就有了，在文字发生时，同时作为文字的一部分。"③

王筠精辟地分析了指事字的生成机理，认为"天地间物与事而已，有形者谓之物，……无形者谓之事。"然"状物之字……或流于指事，物能生事也。"指事就是利用抽象符号的指示作用，将"无形之事竟成为有形之字"，但此形已是"人意中之形，非象人目中之形也"。④ 表方位的"上""下"是常用的基本词，但意义抽象实在无形可象，遂以一长横为基线，其上置一短横而造字以表上方义，其下置一短横而造字以表下方义。用短横之于基线的相对位置标示了无形可象的方位义，从而使"无形之事竟成为有形之字"，这就让人"视而可识，察而见意"了。两字的形变源流如下：

（甲）→（金）→（篆）→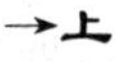（隶）

（甲）→（金）→（篆）→（隶）

王筠的"物能生事"与"意中之形"之论颇为高明。记录名词的象形字以表示名物义为常，但"物能生事"也可引伸出动作义、性状义来。加体指事字是以相关的象形字为基础的，所加的指事性符号则使物生事地"激活"了象形字所潜在的引伸义，从而为难以为象之物与无形可象之事造出了有形之字。汉字在独体构形阶段，其造字是以象形为主指事为辅的。象形字所表示的是目中所见的具体之物，指事字则表示的是意中所有的抽象之事。虽然都是有形之

① 黄延祖重辑《黄侃国学讲义录》，第 3 页，中华书局，2006 年。

② 宋·郑樵《六书略·六书序》，郑樵《通志略》，第 112 页，上海古籍出版社影印本，1990 年。

③ 唐兰《中国文字学》，第 70 页，上海古籍出版社，1979 年。

④ 清·王筠《说文释例·指事》，《说文释例》，第 16—18 页，武汉市古籍书店影印本，1983 年。

字，但一为“目中之形”，一为“意中之形”。形义统一的象形字、指事字，后来都在语义化、简明化中成为了寓意于形的意象性符号，其中表示类概念的部分则通过偏旁化而兼职充当了汉字的基础字符。随着基础字符系统的形成与合成构字方式的成熟，人们再也没有逐个新造独体字了。

指事是在独体构形阶段对象形造字法的补充，它所表示的是象形字难以构形的抽象物事。较之同为独体的象形、同需察意的会意，指事在本质上具有两个区别性特征：一是表意的抽象性。象形是物实有象而按物绘形；指事是事虚难象故指事察意，表示的是无形可象的抽象义与难以为象的名物义。二是构形的独体性。会意是数文组成的合体字；指事是单符成文的独体字，其中的加体指事字虽是“文之加”，但所加的指事性符号是并不成文的点划圈之类的抽象标志。

二、来源不同的两种指事

在许慎的定义与所举“上”“下”例字的基础上，进一步明确指事字的外延并进行分类的研究，经历了一个逐步发展的过程。南唐的徐锴在《说文解字系传》的“通释”中最早明确注出了他认为的指事字，其中的“本”“末”之类的字就是后世所谓的加体指事字。北宋的张有（1054—?）较早开始了对加体指事字的讨论。宋末的戴侗（1200—1284）着眼于汉字起源，最先把记数字归为“上下之类”的指事字。他们的研究，进一步明确了指事字的范围。明代的赵宧光（1559—1625）对前人的探讨进行了这样的归纳：“指事有二：一独体指事，谓一二三十之类；一附体指事，谓上下本末之类。”① 这个意见颇为切实而有影响，只是他把“上”“下”二字归错了类。现代学者多基本认同赵氏的归纳分类。梁东汉先生（1920—2006）认为：“指事字可以分成两类：一类和象形无关，纯粹是一个‘指事’符号，例如‘一’‘二’‘三’‘亖’‘上’‘下’之类；一类是在象形字的基础上增加一个‘指事’符号而成的指事字，例如‘刃’‘左’‘右’，等等。”②

（一）源于刻符的纯指事字

数的概念产生于原始计数活动，是人类最早具有的一种基本的抽象概念。人们通过计数来认识事物与进行交流，自然需要记住一些重要的数目。记数备

① 明·赵宧光《说文长笺·卷首一·事第一》，齐鲁书社影印本，1997年。

② 梁东汉《汉字的结构及其流变》，第99页，上海教育出版社，1959年。

忘在生产、交易和社会管理中的需求，随着社会的发展而逐步增强，由实物记数、结绳记数逐步进化为用刻划记数，记数字就来源于原始记数方法的符号化。

“谶”是所谓神灵关于天命、吉凶的征兆或预言，“纬”是运用谶来解释经义的著作。谶纬之学源于上古的《河图》《洛书》。《周易·系辞上》：“天垂象见吉凶，……河出《图》，洛出《书》。”① 光武帝刘秀借图谶举事而兴起，即位后尤为崇信并“宣布图谶于天下”，遂总集而成纬书《河图》九篇、《洛书》六篇。（《后汉书·光武帝纪下》）在谶纬之学盛行的东汉，经学谶纬化成为一种学术倾向，时人多好用阴阳五行之说来解释五经。

作为当时的著名经师，许慎也用谶讳说来说解记数字等尚难分析的文字。如：“一，惟初太始，道立于一，造分天地，化成万物。”“二，地之数也。”“三，天地人之道也。”“五，五行也。从二，阴阳在天地间交午也。”“十，数之具也。一为东西丨为南北，则四方中央备矣。”有学者认为对记数字、干支字的说解，反映了许慎的哲学思想。但事实是，记数字、干支字在殷商甲骨文中就已经出现了，这些字的构形构意与后来的谶讳说是并不相干的。这样用后来的神秘之说去解释先民的造字构意，已经不是立足构形探求本义了。这是许慎的时代局限，不应苛求，亦勿须迷信。

宋末元初的戴侗（1200—1284）最先对此提出了异议，明确指出许氏之说“非制文之本指也”。他历史地认为：

书始于契，契以纪数。……上古结绳而治，未有文字，先契以纪数。一二三亖各如其数，自五以往不可胜画，故变而为×（五）以为小成之识，变而为十以为大成之识。……许氏之说大矣，非制文之本指也。……确一二三四五十，本为纪数立文，非为天地阴阳五行立名也。②

清代朱骏声（1788—1885）亦对许慎关于记数字的说解提出批评。《说文解字》：“七，阳之正也。从一，微阴从中邪出也。”朱骏声认为：“此说纡远难通。造字之始，尽以记数，本无深意，但别异其形耳。”③ 针对字形的演变与《说文解字》的局限，戴侗提出了析形求义要立足于“取象制文之本初”的观点。④ 他在《六书故》中引用的金文及石刻文字材料多达五十多处，由此开启了用古文字材料来校证《说文》的工作。

---

① 清·阮元校刻《十三经注疏》，第70页，中华书局影印本，1980年。
② 宋·戴侗《六书故》，第27—28页，上海社会科学院出版社影印本，2006年。
③ 清·朱骏声《说文通训定声》，第342页，中华书局影印本，1984年。
④ 宋·戴侗《六书故》，第9页，上海社会科学院出版社影印本，2006年。

戴侗从汉字起源的思路指出：“书始于契，契以纪数。”认为记数字脱胎于“契以纪数”的刻符，“本为纪数立文”，是为记数而造的独体字。是他最先总结出记数字的两种造字方式：“一二三亖各如其数，自五以往……变而为乂。”是他最早把这些记数字与表方位的“上”“下”字一并视为早期的指事字，明确指出：“何谓指事？指事之实以立文，一二丄丅之类是也。”[①] 他从“契以纪数”的历史视角来说解记数字的认识是难能可贵的；他着眼于“取象制文之本初”，把“上”“下”与记数字归为源于记事刻符之类指事字的认识，亦是科学合理的。

章太炎先生（1869—1936）亦认为：“至于计数之文，始一终九，自印度、罗甸（古罗马）、亚罗比耶（阿拉伯）皆为指事。”[②] 于省吾先生（1896—1984）发展了戴侗关于记数字的认识，他立足于甲骨文字形，将基本记数字的构形表意方式归纳为积划与错划两种。他认为：

我国古文字，当自纪数字开始，纪数字乃古文字中之原始字。纪数字由一至九分为二系而五居其中。由一至四，均为积划，此一系也；由五至九，变积划为错划，此又一系也。[③]

南宋的洪迈（1123—1202）写了一篇《廿卅卌字》。他说：“今人书二十字为廿，三十字为卅，四十字为卌，皆《说文》本字也。”[④] 今本《说文》有“廿 niàn”有“卅 sà”，而没有“卌 xì”字。北宋陈彭年（961—1017）等奉诏重修《广韵》，书中就有这样的引文：“卌，《说文》云数名，今直以为四十字。”[⑤] 北宋《广韵》的引文与南宋洪迈的文章互证说明，宋人所读之《说文》是有“卌”这个字的。《说文解字·十部》：“廿，二十并也，古文省。”郭沫若先生（1892—1978）说：“廿，十之倍数，古人则多合书。”[⑥] 无论是许慎的省文说，还是郭老的合书说，似乎都是以今度古了。让我们还是从源头上来考察它们的构形构意吧。

---

① 宋·戴侗《六书故》，第 8 页，上海社会科学院出版社影印本，2006 年。

② 章太炎《小学略说》，章太炎《国故论衡》，第 5 页，商务印书馆，2010 年。

③ 于省吾《释一至十之纪数字》，于省吾《甲骨文字释林》第 100 页，中华书局，1979 年。

④ 宋·洪迈《容斋随笔》，第 37 页，上海古籍出版社，2015 年。

⑤ 宋·陈彭年等编《宋本广韵》，第 513 页，北京市中国书店影印本，1982 年。

⑥ 转引自《汉语大字典》第一卷，第 59 页，四川辞书出版社、湖北辞书出版社，1986 年。

这几个字的甲骨文构形以及其后的形变过程相当规律。先看甲骨文构形：“十”字为一竖，“廿”字为底部相连的两竖，“卅”字为底部相连的三竖，“卌”字为底部相连的四竖。再看形变过程，四字的金文皆在竖中加肥甚至成点。小篆“十”“廿”中的点变成一横，构形已近隶楷。小篆“卅”三点变三短横而成三个十字，合而为“卅”，后渐变为“卅”。“卌”字缺小篆，秦简为“卌”，再变为“卌”。

戴侗云：“契以记数，一二三亖各如其数。”于省吾先生说：“由一至四，均为积划。”结合十廿卅卌来看，古人造记数字，是分别用积横与积竖来区别个位数与十位数的。个位数上的一二三四是积横以计数：一横为一，二横为二，三横为三，四横为亖。十位数上的一二三四则积竖以计数：一竖为丨，二竖为廿，三竖为卅，四竖为卌。从十位数上的这几个字的甲骨文来看，第一，它们并不是有省或合书的两个字；第二，它们更不是能够分析的合体字；第三，它们也不是来源于记事图画的象形字。考察一个字的构形构意，一定要立足于“取象制文之本初”。十廿卅卌这四个字，与一二三四五六七八九一样，都是来源于记数刻符的纯指事字。现将基本记数字的“本初”，作为一个小系统归纳为下表（表中的古文字都是甲骨文）：

记数字在甲骨文中的构意构形一览表

构　意			构　形
刻划记数	积划	个位积横	一/一、二/二、三/三、亖/四
		十位积竖	丨/十、廿/廿、卅/卅、卌/卌
	错划		ㄨ/五、∧/六、十/七、)(/八、九/九

古文字中的基本记数字与表方位的“上”“下”字，是来源于刻符的纯指事字。

（二）立足象形的加体指事

徐锴最早对相类的象形、指事进行了辨析，不仅指出二者的区别在于“象形实而指事虚”，而且在《说文解字系传》中明确标明了他所认为的指事字有65个，这就进一步明确了指事字的概念。① 其中如本末寸厷叉甘等这部分，就是后世所谓的加体指事字。北宋的张有（1054—?）较早开始了对加体指事字的讨论，明代的赵撝谦（1351—1395）进一步强调了指事字是独体的“文”。

① 数据引自杨清澄《徐锴〈说文系传〉的六书见解》，湖南《怀化师专学报》1993年第4期。

张有：象形，文之纯；……指事，文之加。……事犹物也。指事者，加物于象形之文，直著其事，指而可识者也。如本、末、叉之类。[1]

赵撝谦：象形，文也；指事，亦文也。象形，文之纯；指事，文之加也。……盖造指事之本，附于象形，如本、末……之类是也。夫木，象形，文也，加一于下则指为本，加一于上则指为末……其字既不可谓之象形，又不可谓之会意，故谓之指事。[2]

张有的“事犹物也”，精辟地指出抽象的“事”可以用具象的“物”来表示，这就是清代王筠所谓的“物能生事”。其方法是“加物于象形之文，直著其事”以使之“指而可识”，让记录名词的象形字“物能生事”地表示由名词义引伸出的抽象义。“事犹物也”而“物能生事”，一语破的地道出了加体指事字的生成机制。赵撝谦沿此思路，进一步强调了“文之加”的加体指事字仍然是独体的“文”。作为独体字，指事字也是一个不可分割的整体，一旦分割就失去了特定的构意。纯指事字自不必说，加体指事字拆开后亦不知所指。

指事字是表示抽象概念而不可分割的独体字，其加体指事字的特点在于象形加符以指抽象之事，即利用已有的相关象形字为基础，在象形字的某个部位加上指事性符号，以此指示造字之意。所加的符号虽是不成文的点、划、圈之类的抽象标志，但它是让指事字得以“指而可识”的点睛之笔：其所“指”之“事”，就是此字的构字之意。正是特定的指事性符号“激活”了象形字“依类象形”的能指潜力，加体指事字才因而具有了自己的所指功能。

加体指事字是指事字的主体，它不仅可以表示难以独立为象的名物义，可以表示无形可象的动作、性状等抽象义，而且还可以表示象形字的分化义。

一、表难以独立为象的名物义

有些名词所表示的是特定物体中不可分割的部分，很难为它们独立画象，也难以依靠主体的衬托以显示其区别性特征，于是就以表示所在主体的象形字为基础，再加上指事性符号来标志出所取的部位。例如：

刃：刀锋义的“刃”无法独立成象，遂利用现成的象形字“刀”为基础，在其刀口部位加一点以指示所在之处就是“刃”，这就造出了字。

本、末：树根义的“本”、树梢义的“末”，都难以独立画象，就以象形字“木”为基础，在其上、下端分别加上一横以为标志，从而造出了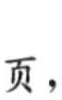、二字。

① 宋·张有《增修复古编》，《北京图书馆古籍珍本丛刊 5》，第 401 页，书目文献出版社影印本，1988 年。

② 明·赵撝谦《六书本义·指事论》，《文渊阁四库全书》第 228 册，第 291 页，北京出版社影印本，2012 年。

亦：《说文解字·大部》："亦，人之臂亦也。""亦"是"腋"的初文，腋窝难以为象，遂在象形字（大，像正面站立之人）的两腋处加点标示以造字。"亦"借去用作副词后，这才再造了一个形声字"腋"。

寸："周制寸、尺、咫、寻、常、仞诸度量，皆以人之体为法。"（《说文解字·尺部·尺字》）詹鄞鑫先生（1947—）从"近取诸身，远取诸物"的角度历史地探讨了一组长度单位字的构意。周代的尺寸标准比现在要短，流行的是"布指知寸，布手知尺，舒肘知寻"的量度法。[①] 即以中等身材的人为准，拇指和食指张开的长度为一尺，双臂伸开的长度为一寻。

所谓"布指知寸"，即以拇指之宽为寸。中医诊病的切脉术产生后，因切脉处正位于距手腕一指宽的部位，故称之为"寸口"。《说文解字·寸部》："寸，十分也。人手却一寸动脉谓之寸口。"詹先生认为"切脉之'寸口'当是从'布指知寸'的量度法发展而来的。"[②] 寸字始见于小篆，其形为，它以象形字"手"为基础，在其下部加一横以指寸口之所在，用寸口至手腕的距离巧妙地表示了"寸"的长度单位义。后来的"閂"字，也是在象形字"門"中加上一横，以指示门后横插的"閂"。

二、表无形可象的抽象义

加体指事字之所以能够表示无形可象的动作、性状等抽象义，一是因为它是以相关象形字为基础的。象形字记录的是名词，名词在一定的语用环境中是可以活用为动词、形容词的。记录名词的象形字在充当字符时，也可以表示名物义的引伸义。二是因为它用指事性符号"激活"了象形字的引伸义。指事性符号如点睛之笔，指向性地彰显了象形字"物能生事"的潜在引伸义，从而为抽象之义造出了有形之字。例如：

立：站立义的"立"字，甲文为，是在象形字"大"（人）的下边加符而成的。

之：《尔雅·释诂》："之，往也。"甲文为，是在象形字"止"（趾）的下边加符而成的。

至：到达义的"至"字，甲文为，是在象形字"矢"的下边加符而成的。

生：生长义的"生"字，甲文为，是在象形字"屮"的下边加符而成的。

旦：早晨义的"旦"字，其甲金文由象形字"日"与其下的小圈组成，后

---

① 汉·戴德辑《大戴礼记》，第21页，山东友谊书社影印本，1991年。

② 詹鄞鑫《近取诸身，远取诸物——长度单位探源》，《华东师范大学学报》1994年第6期。

小圈变为一横，小篆为。

这几个象形字下边的“一”，在“立”字中被视为人所站立的地面，在“之”字中被视为迈步他往的出发地，在“至”字中被视为箭所射的目的，在“生”字中被视为小草生长的土地，在“旦”字中被视为太阳升起的地平线，在“灭”字中被视作熄火的覆盖物。其实，这个“一”如“”“”字中的指向性线条一样，就是一个抽象的指事性符号。正是这种加符于象形而使物生事的创意，使人在联想中察知了象形字所记名物的动作义。

甘：甲文为。《说文解字·甘部》：“甘，美也。从口，含一。”

曰：甲文为。《说文解字·曰部》：“曰，词也。从口……亦象口气出也。”

牟：甲文为。《说文解字·牛部》：“牟，牛鸣也。从牛，象其声气从口出。”

芈：甲文为。《说文解字·羊部》：“芈，羊鸣也。从羊，象声气上出，与牟同意。”

以上四字或表味美的感觉，或表说话的行为，或表牛羊的鸣叫，都是无形可象的抽象义。许慎以“从甲，象乙”析说之，但它们所象的并不是“目中之形”而是“意中之形”。甘美是口中感受到的味觉，说话是口中发出的语音，口感味觉与开口说话原本就是口腔有关器官的功能。利用已有象形字“口”为基础，在其中加一横以表口中食物的味美，在其上加一横以表口中说出的话语，从而造出了“甘”“曰”二字。记录牛羊鸣叫的象声词“牟”“芈”等字也是如法炮制的。加体指事字之所以借用相关象形字作为构形的基础，就是为了利用已有象形字的形象与信息，其所加的指事性符号，则指向性地让人由此联想到象形字所记名词的引伸义，而这引伸义正是指事字的所表之义。

三、表相关象形字的分化义

加体指事字不仅可以表示象形字的引伸义，而且还能成为相关象形字的分化字。例如：

女/母：“女”字甲文为，像直身跽坐双手劳作之人，是以男耕女织居家操持的构意用指女人的。后在“女”字上添加两点而为，异体分化另指生育乳子之“母”。“母”是“女”的分化字。

大/太：“大”字甲文为，像正面站立之人，与像幼儿的（子）字相对而指“大人”，后引伸而泛表大义。至战国文字，“大”字的右臂或加一撇而为，后撇变为点移至下边，这就从“大”字中逐步分化出了“太”字，“后世凡言大而以为形容未尽，则作太。”（段玉裁《说文解字注·水部·泰字》）

“太”是“大”的分化字。

小/少：“小”字甲文为，也有写作四点的，像细碎之物，表微小之义，或以为是“沙”字的本字。至春秋金文，四点的“小”字中的下边一点或延长为线而变作，这就从“小”字中逐步分化出了不多义的“少”字。“少”是“小”的分化字。

月/夕：“月”字甲文为，因月缺为常而取象半月以别于日。月亮是夜晚的象征，故卜辞又以月为夕，后在“月”字中加点而为，这就从“月”字中逐步分化出了“夕”字。“夕”是“月”的分化字。

手/右：甲文本是像右手之形的象形字，在卜辞中或引伸为表方位义的“右”；但它作为甲骨文的构字部件，在父、尹、为、及等字中都是以“手”这一本义参与构字的，后来在金文中独立作字而形变为。“右”字后来在金文中增符而为，这就从“（手）”字中逐步分化出了“右”字。“右”是“手”的分化字。

大/天/夫：先民造字并非一人所为，各有所取而一字多形。“甲骨文大、天、夫一字，”① 都是取象于正面站立之人的象形字，分别为、、。随着取象于侧立之人的字逐步成为记录名词“人”的专用字，“大”“天”“夫”则在异体异用中成为了职有分工的分化字。至于把“天”字视为在“大”字之顶加符以指头顶之天，把“夫”字视为在“大”字上端加符以指成年之夫，那是把共时的异体字视为历时的加体指事字了。

指事字可以分为两类：一类是来源于记事刻符的纯指事字，如三五上下之类，纯粹是用抽象的刻划性符号，来表示基本的数字与方位。一类是增符于象形的加体指事字，如本旦曰太之类。加体指事字以现成的象形字为基础，它利用和承袭了象形字的直观形象与相关信息，所表示的就是这象形字所记名词的引伸义，其引伸义是因所加符号的指点才“激活”的。指事性符号是指事字得以记录抽象之义的点睛之笔。

① 徐中舒主编《甲骨文字典》，第 1179 页，四川辞书出版社，1989 年。

第五章 “比类合谊”的会意字

一、合文生义的基本特质

①构形：以文组字的拼合性

②表意：比类合义的意合性

二、构形表意的历史进步

①构形合成化：独体→合体

②表意语义化：象意→会意

三、从外到内的逐层分类

①构件：同文会意与异文会意

②构意：合形象意与合义会意

本章提要：会意造字法是汉字发展到一定阶段的历史产物，它是在“依类象形”之“文”为汉字的孳乳提供了基础字符的基础上，通过“比类合谊”而产生的合体之“字”。会意字是由相关意符在共时层面上一次性直接合成的，构形上具有以文组字的拼合性，表意上具有比类合义的意合性。用相关的象物性形符构成特定的象意性关系以合象表意，是早期会意字的生成机制；以象物性成字形符的语义参与合成新义，则是早期义符的基本特征；形符随语义化与去象形化而发展为义符之后，会意字才得以完全以参构义符的语义来“比类合谊”。着眼外部构件的异同，会意字可共时地两分为同文会意与异文会意；立足内在构意的方式，会意字可历时地两分为合形象意与合义会意。合义会意中的连文会意字最为成熟，宛若语素的义符之间不仅语义相关，而且有着一定的语法关系，这种会意字已经相当于一个连语为义的合成词了。会意字的生成方式开启了汉字利用现成字符二度造字有理合成的新阶段，它的发展有力地推动了汉字由独体构形向合体构形、由表形阶段向表意阶段的历史演变。

会意造字法是汉字发展到一定阶段的历史产物。汉字从独体构形向合体构形的发展，从表形阶段向表意阶段的进化，是一个重大而深刻的历史进步。这种历史进步首先发生在会意字上，会意字不仅启动了汉字的构形合成化，而且加快了汉字的表意语义化。

历代学者关于会意字的研究，是主要围绕着三个问题展开的：一是明确会意字的特质，讨论会意与指事、形声的区别，由此去认识汉字如何利用已有的独体字作字符去合成新字。二是划分会意字的类型，从外部的构件与内在的构意两个层面上，去认识会意字的构形特点与构意方式。三是关注会意字字符的语义化，考察会意字由合形象意向合义会意的进化，由此进一步认识汉字从表形文字向表意文字的历史演变。前两个问题是古代学者很早就在探究的老问题，后一个问题则由清儒提出而在当代展开。

一、合文生义的基本特质

会意字的构形表意，是通过现成字符的拼符合意来实现的。“会意”及“比类合谊”中的“会”“比”“合”，是互文为训的同义词，其基本义就是合成、会合的“合”。其“比类”的“比”，表示的是一种“拼合”的构形方式；而“合谊”的“合”，表示的是一种“意合”的构意方式。明代的吴元满说得好：会意就是“会合二文以成字，悟而可通者。”[①] 合文成字而意合生义，是会意字的基本特质。

汉字在独体构形阶段遇到的两大难题，一是难以用具体物象去表示抽象的词义，二是难以靠单符为文去记录众多的语词。正如南宋的郑樵（1104—1162）所说：“六书也者，象形为本。形不可象则属诸事，事不可指则属诸意。”[②] 会意造字法不仅是在“形不可象”与“事不可指”的背景下出现的，而且是伴随着汉字字符系统的形成而产生的。从汉字发展史的视角来看，独体构形的象形、指事虽不能满足记录汉语的社会需要，但已为汉字的孳乳提供了数百个以资合成的基础字符；这些有着约定形义联系的基础字符为汉字构形系统的形成与发展提供了物质条件，而会意字的构形方式则开启了汉字利用现成字符二度造字系统合成的新阶段。

许慎：会意者，比类合谊，以见指撝，武信是也。（《说文解字·叙》）

---

① 明·吴元满《六书总要·六书总论》，《四库全书存目丛书·经部》第194册，第473页，齐鲁书社影印本，1997年。

② 宋·郑樵《六书略·六书序》，郑樵《通志略》，第112页，上海古籍出版社影印本，1990年。

郑樵：象形、指事，文也；会意，字也，文合而成字。文有子母，母主义，子主声。一子一母为谐声；谐声者，一体主义，一体主声。二母合为会意；会意者，二体俱主义，合而成字也。其别有二：有同母之合，有异母之合，其主意则一也。[①]

段玉裁：会意合体主义。……会者，合也，合二体之意也。一体不足以见其义，故必合二体之意以成字。……今人用“义”，古书用“谊”。……会意者，合谊之谓也。[②]

东汉许慎（约54—约125）的定义是立足于小篆会意字的实际作出来的，其“比类合谊”可谓确中肯綮。正如段玉裁（1735—1815）对许说的阐释，“会意合体主义”，会意字的“会”所表示的是一种会合义，这种会合包括构形上的“合体”与构意上的“合谊”。郑樵运用逐层辨析、同中别异的方法，分析了会意字的区别性特征。第一，郑氏着眼于整字的结构，指出象形、指事是独体的“文”，而会意、形声是“文合而成”的合体字。第二，郑氏着眼于字符的功能，指出合体字中的“文”有母（义符）、子（声符）之分，“二母合为会意”，“一子一母为谐声”。第三，郑氏根据意符的异同，把会意分为“同母之合”与“异母之合”两种类型，后世所谓的“同文会意”、“异文会意”之分即源于此。郑樵的基本观点是“二体俱主义”，“文合而成字”：会意字是由两个成字义符组成的合体字。

郑樵关于会意字的这些理论认识得到了后世学者的认同，但他为汉字所作的具体分类则多有淆乱。正如胡朴安先生（1878—1947）所评：“郑氏之分类则是，而每类所收之字则非。”[③] 郑樵、王筠、朱骏声所认定的会意字分别为740字、1254字、1167字。[④] 相互比较，发现三位学者在具体认定会意字时，虽然有分歧，但更多的还是共识；其分歧多发生在所谓“兼类”标准的宽严上，发生在会意与象形、指事、形声的具体区分上。

石定果先生（1946—）运用“结构－功能”分析法来研究《说文》会意字，指出：“会意字的基本意义建立在所有参构字的义素之上，……每一参构部件的义素要通过有序的组合才能生成整字的意义”，从而“在二度造字的过

---

① 宋·郑樵《六书略·会意》，郑樵《通志略》，第126页，上海古籍出版社影印本，1990年。

② 清·段玉裁《说文解字注》，第755页，上海古籍出版社影印本，1988年。

③ 胡朴安《六书浅说》，丁福保编纂《说文解字诂林》第一册，第149页，中华书局，1988年。

④ 这组数据分别引自：宋·郑樵《六书略·会意》，郑樵《通志略》，第126—142页，上海古籍出版社影印本，1990年；清·王筠《文字蒙求》，第31—72页，黑龙江人民出版社，2009年；清·朱骏声《说文六书爻列》，朱骏声《说文通训定声》，第19—32页，中华书局影印本，1984年。

程中动态地反映出汉字形义的对应关系与结构规律。”她主张：“会意字是合体字，它必须包含两个或两个以上的成字部件，它的部件均为意符。”这个标准显然就是郑樵、段玉裁等前贤的学术主张，但石先生是第一个严格按这三条标准进行操作的学者。她把变形的独体字（倒文、反文等）、含有非字部件的字、兼声字逐一清理出去，以此圈定小篆会意字的外延：“会意字在《说文》正篆中占 6.64%，重文中占 1.03%，共计 634 字。”①

总之，作为一种合文成字而意合生义的孳乳字，会意字具有两个特点：构形上具有以文组字的拼合性，表意上具有比类合义的意合性。

（一）构形：以文组字的拼合性

正如许慎所论，会意字的构形特点在于“比类”。比，甲骨文为，是用两人比肩之形，会两相并列之意。《广韵·旨韵》：“比，并也。”如比肩、比翼、比邻中的“比”，“比”的这种相并义很自然地引伸出了相合义。所谓“比类”，就是拼合现成的相关义符以孳乳新字。“孳乳”一词本指哺乳动物的生育繁殖。东汉的许慎最早提出“文”与“字”的概念，并用“孳乳”来指称汉字中的以文组字合成繁衍。他强调先有“象形”的文而后有“相益”的字，合体字是由文的孳乳而逐渐增多的。是会意字利用已有的独体字作字符而相益孳乳，开启了汉字的构形合成化。

会意字有着自己的构形特点。第一，会意字的构件一般是独立成字的表意字符，以独体的象形字为多，也有由合体字充当的。另外，会意字中确实还有少许不能独立成字的表形字符，甲金文自不必说，隶楷中亦有存在。现行会意字中的非字字符或是古文的遗存，其参构字如宫、足之类；或是形变而来的记号，其参构字如春、素之类。第二，会意字的结构以两个义符组成的二合结构为主，也有少数会意字由多个义符组成。第三，会意字的合成方式是一次性的直接拼合。无论由两个义符还是由多个义符组成，无论义符是独体字、合体字还是非字字符，会意字的形义关系都表现为参构义符在共时层面上的一次性直接拼合。这种直接拼合多是两个相关义符的并列或重叠，少数则是内外结构、偏正结构或多合结构，如析、如突，如囚、如族，如森、如宿。

（二）表意：比类合义的意合性

会意字的构意特点在于“合谊”，但二文合义的方式不是形合而是意合。

① 石定果《说文会意字研究》，第 26 页、第 206 页、第 60 页、第 196 页，北京语言学院出版社，1996 年。

语言是人类进行思维、从事交际的重要工具，中西方文化在思维方式上是有差异的，其语言的表达方式也因此而存在着相应的差异。从语言学的角度来看，汉语与英语之间最重要的区别莫过于意合与形合之分了。“意合 - 形合说”是王力先生（1900—1986）1938 年在西南联大的一部讲义中提出来的，认为意合与形合是组织语言要素的两个基本手段。① 西方文化注重形式逻辑的思维方式，要求用显性的语法形式来表示语言的结构关系，英语因而以形制意重形合，强调用形态标志来连接各语言单位。汉民族注重超越形式的直观体悟，这种直觉思维具有思维的简洁性与认知的模糊性。汉语因而以意驭形重意合，各语言单位的结合多依靠语义的贯通而较少使用形式的标记，人们对语义的理解往往更多地依靠语境语感而直觉体悟。汉语从合成词、短语到单句、复句，无不结构简约而内涵丰富，表现出隐性的“意合”特征。任何语言都是依靠有序性联系组织起来的，英语的有序性更多地表现在语法形式层面，而汉语的有序性则主要表现在语义内容层面。

汉民族的直觉思维方式与汉语内部结构的意合性，深刻地影响了汉字的以文组字合成构意，其意合的特点在会意字上表现得尤为突出。一个会意字的所有参构义符必然是相关的，其间有着特定的内在联系。会意字意合的基本手段，是把相关的义符按其内在联系构成一个特定的关系义。在早期的合形会意字中，利用相关形符所示物象的位置关系而形象地表现构意；在成熟的连文会意字中，利用相关义符所记语素的语法关系而逻辑地合成新义，就是典型的意合生义。总之，会意字是现成义符直接合成的孳乳字，其字义是相关义符在整字层面上意合生成“悟而可通”的关系义。

形声字与会意字都是合体字，都有表意字符，其义符一般都以字本义参与构意以维系汉字的形义对应关系与表意功能，但它们的义符在参与整字构意时所发挥的作用是不一样的。形声字的义符提示了整字的类意义，形声字的字义一般就是义符义的引伸义。会意字则好似夫妇结合所生之子，其字义并不是某个义符义的单方面引伸，而是所有参构义符逻辑合成的一个关系义。李圃先生（1934—2012）说得好：“合素字中的字素虽然仍旧或多或少、或隐或现地保留着直觉形象和所表示的事物的内涵，但是，一旦合成一个新字，它们就在一个新的结构层次上表示着一种全新的关系意义。”②

会意造字法是汉字发展到一定阶段的历史产物，它是在独体构形难以适应记录语词需要的背景下出现的，是在独体之“文”为汉字的孳乳提供了基础字

① 王力《中国语法理论》，第 89—90 页、第 468 页，山东教育出版社，1984 年。
② 李圃《甲骨文文字学》，第 44 页，学林出版社，1995 年。

符的基础上产生的。会意字通过现成字符的拼符合意来实现构形表意，所谓“比类合谊，以见指撝”，就是拼合相关义符而孳乳新字，意合二符关系以生成新义。会意字是由相关义符直接合成以意合新义的合体字

二、构形表意的历史进步

对会意字构形表意的深入认识，一定要重视会意字的历史发展。成熟会意字来自于早期会意字的进化，二者都是合文生成的合体字，但分别处在以形合还是以意合的不同发展阶段。早期会意字的字符，一般还不是用语义表义的义符，而是以物象表形的形符；早期会意字的合意方式，一般还不是意符语义的合义，而是意符物象的合形。林义光先生（? —1932）较早认识到二者的区别，指出古文字中的会意字大多还具有“随体画物，其会合也不以意而以形”的特点。[1][2] 唐兰先生甚至说：“古文字只有象意，没有会意。”[3] 陈梦家先生认为：“象意应该叫做‘会合象形’。”[4] 裘锡圭先生指出：“在上古文字里，用两个以上意符构成的表意字，多数是使用形符的，字形往往有图画意味。……讲六书的人多数把这种字看作会意字，但是它们的性质跟‘歪’一类会意字显然是有区别的。”[5] 几位先生从甲金文中，已经看到了早期会意字与成熟会意字的差别。循此思路再进一步，立足于早期会意字来回顾与前瞻汉字的走向，则可从独体向合体的构形合成化中，从合形向合义的表意语义化中，认识到会意字的历史进步。

下面着重从构形合成化与表意语义化两个方面，来讨论会意字的历史进步。

（一）构形合成化：独体→合体

汉字起源于记事的图画。出土的新石器时期的记事陶符大多是不能分析的整体符号，但也出现了少许部件组成的合体符号，如姜寨陶符中的，大汶口陶符中的、，王城岗陶符中的。尤为难得的是，7000年前的双墩陶符中，不仅有单体符号，还有不少重体、合体式的拼图类组合，如鱼水图、刺鱼图、网猪图、蚕茧图等。这种用部件组合以表特指意义的记事方

① 林义光《文源》，第39页，中西书局，2012年。
② 林义光《文源》，第39页，中西书局，2012年。
③ 唐兰《中国文字学》，第71页，上海古籍出版社，1979年。
④ 陈梦家《中国文字学》，第98页，中华书局，2006年。
⑤ 裘锡圭《文字学概要》第99页，商务印书馆，1988年。

式，无疑就是后来汉字“比类合谊”以文组字造字方式的滥觞。[①]

象形字起源于记事图画的符号化，会意字则是在象形字的基础上发展出来的，相承而生的象形字、会意字在甲金文阶段可谓同中有异。二者的表意字符一般还是以物象表形的形符，从字符到整字都具有较强的图画性。但是，象形是单符为文“象形”记物的独体，会意则是合文成字“象意”记事的合体；象形是用可识别的静态单像来表示特定名物的形象，早期会意字则用可意会的动态画面来表现两物之间的关系。如（人）、（牛）、（木）等字，就是按物绘形一字一物（符）的象形字。早期会意字则主要用来记录抽象义的动词，它一字两符而合象构意，即利用相关的现成象形字作字符，按其客观事理的位置关系来合成新字。如用手、皿、水等符合成出一个（盥）字来表示洗涤义，用弓、矢、手等符合成出一个（射）字来表示发射义，从而用叙事性的动态画面表示了“盥”、“射”的动词义。

这种以文组字的孳乳方法，不仅比按物绘形具有较大的能产性，而且使已有的独体字因参与构字而兼有了字符的功能。会意字的发展有力地促进了汉字基础字符的发展，这就为形声字的产生提供了可资利用的构件与可以借鉴的合成方式。据齐元涛先生的测查，《说文解字》计有10020个小篆字（包括重文），其中有独体字319个，占3.18%。[②]《汉字信息字典》计收7785个现代汉字，其中有独体字323个，占4%。[③]“在现代汉字的范围内”，有256个“现代常用独体字”。[④] 这些数据表明，小篆及其以后的汉字绝大部分都是合体字，数以万计的汉字是由几百个基础字符逻辑合成的有理性符号系统。从按物绘形的独体到以文组字的合体，是汉字发展史上一个事关系统的重大历史进步。

汉字“不仅是记录中华文化的书面载体和全体中华民族的交际工具，而且本身就是中华文化中极富人文性的重要内容。”[⑤] 早期汉字的构形化石般地记录了先民的社会生活与思想意识，其中的会意字蕴涵着比象形、形声更为丰富的文化信息。早期会意字的合象构意是在特定的人文背景下产生的，它充分利用了象形字的可识性与人们的社会经验，有效地发挥了人们在认知思维上连类

① 龚嘉镇《试论汉字起源的探索》，华东师范大学《中国文字研究》第15辑，第159—160页，2011年。

② 齐元涛《〈说文〉小篆构形系统相关数据的测查》，北京师范大学中文系编《京师论衡》，第387—392页，北京师范大学出版社，2002年。

③ 李公宜、刘如水主编《汉字信息字典》，第1071页，科学出版社，1988年。

④ 教育部、国家语言文字工作委员会发布《现代常用独体字规范》，《语言文字规范手册》，商务印书馆，2014年。

⑤ 龚嘉镇《关于新时期汉字规范问题的思考》，《中国语文》2005年第6期。

而及的主观能动性。这些由相关象物性字符按生活实际状态所构成的叙事性画面，为我们保存了先民社会生活中许多珍贵的特写镜头。

表示祭祀的如：甲文（宗），用室中供奉示（神主）之牌位的构形，表示祭祖的宗庙。金文（祭），用以手持肉敬献神主的构形，表示祭祀义。金文（奠），用台上供酉（酒）的构形，表示祭奠义。神前洒酒以祭是为“酹”，神前供酒以祭则为“奠”。甲文（祝），用人跪神前开口求告的构形，表示祈祷义。

表示战争的如：甲文（鬥），用两人相搏之形，表示争斗义。甲文（武），戈为兵器而止（趾）示行进，是用持戈而行的构形表示军事义。甲文（伐），用戈击人头之形，表示击杀义，卜辞中引伸为征伐，亦指杀人之祭。甲文（取），用以手拿耳之形，表示获取义。上古“军战断耳”，割敌左耳以计数报功，田猎亦以兽耳计功。

表示农耕的如：甲文（焚），用以火烧林之形，表示焚烧义，其构形再现了先民刀耕火种的焚田景象，卜辞中亦用于烧林而猎。金文（埶→藝），用一个人双手植苗于土的构形，表示栽种义，农艺师的“艺”即为此义。甲文（利），用以刀割禾之形，表示收获之利，亦表锋利之利。甲文（年），用以人负禾的构形，表示谷熟丰收义，后由中原地区谷物的一年一熟而引伸为年岁义。

表示文化的如：甲文（姓），早期的姓是具有血缘关系之氏族的族称。甲骨文中这个女生为“姓”的构意化石般地说明，姓起源于奉母为尊、呵天问父的母系氏族社会。甲文（聿→筆），用以手执笔之形，表示书写义，亦用指书写的笔。甲文（典），用双手捧册之形，表示典籍义。甲文（樂），用丝（弦）挂木上的构形，用指有弦之琴，后泛指所有的乐器。甲文（舞），用一个人两手持物而舞的构形，表示跳舞义；或以为所持之物就是猎物之尾。“昔葛天氏之乐，三人操牛尾，投足以歌八阕。”（《吕氏春秋·古乐》）好不容易捕到一头野牛，就抓住牛尾欣喜若狂地载歌载舞起来，原始歌舞遂由此生。

需要指出的是，汉字是据词构形的文字符号，其所记录的是概括了的词而不是具体的物或事；汉字的构形与构意并不在同一个层面上，不要把特指的字形义简单地等同于记录词义的字本义。象形字在记录名词时，其“依类”所取之象表示的是类聚了的“物”（词），故而这类聚了的物象义一般就是字的本义。早期会意字是用物象的组合关系来表示词的抽象义，其字本义并不就是构形所体现的具体义，而是从字形义中抽象出来的概括义。正如清代陈澧（1810—1882）所说：“字义不专属一物，而字形则画一物。”[①] “焚”字是用放

① 清·陈澧《东塾读书记》，第208页，上海古籍出版社，2012年。

火烧林的构形来表示构意的，从字形义中抽象出来的字本义“焚烧”，已不仅指焚林，而是概括地泛指了所有的焚烧。“取”的字形义特指军战取耳，其字本义“获取”也是从字形义中抽象出来的概括义。

（二）表意语义化：象意→会意

甲金文是处在汉字发展早期阶段的表形文字，其中的象形字、会意字都具有较强的图画性。早期会意字的图画性集中体现在一个“象（像）”字上，不仅参构的意符具有可识别的象物性，而且结构的关系具有可意会的象意性，是用形象的动态画面来表现抽象义的。这种将相关的象物性形符按事理位置构成象意性关系的合象表意，就是早期会意字的生成机制与基本形态。象物性的古文字与所记之词的语义逐步结合起来而语义化，从而保存和传承了古文字物象的造字理据。古文字的语义化就是一种寓义于形的意象化，所记之词的语义作为字形的约定内涵而基因似地递相传承，在逐步失去象物性的新字体中找到了自己对应的符号，随之实现了从用物象表形到以语义表义的升华。汉字的语义化是伴随着字形的简明化而推进的，这一演变渐进于整个古文字阶段，并最终完成于东汉的“隶定”。正如王宁先生（1936—）所说：“隶书的义音化程度比之小篆更加大幅度增强，形体与物象的联系几乎不存在了，在任何一个层次上，构件的表形功能完全被表义、表音功能所替代。”①

郑振峰先生（1965—）指出：“甲骨文字已经脱离了单纯用据物绘形方式造字的原始汉字阶段，已经进入以合成构字为主的发展阶段。”“甲骨文的构件以表形为主，图形式的会形合成占了主导地位。”② 按物绘形的象形字因会意字的产生而开始兼作表形的形符，后逐步语义化而进化为表义的义符。所谓表形构件，就是以具体的物象参与构意的形符；所谓表义构件，就是以概括的语义参与构意的义符。二者都是汉字的表意字符，但处在不同的发展阶段。下表中三种构形模式及其所占的比例，就反映了早期会意字的实际状况：过半的甲骨文是由形符或义符组成的会意字；八成以上的早期会意字是会形合成或形义合成的，完全用语义合成的会意字在甲骨文中还处在一种起步状态。

王宁先生（1936—）主持开展的汉字构形史研究，选取从殷商到明代各阶段的十余种原始写本为材料，逐项进行汉字构形系统的断代定域研究，从断代

① 王宁《汉字构形系统的共时描写与历史比较》，周晓文《汉字构形属性历时演变的量化研究》，第 9 页，中国广播电视出版社，2008 年。

② 郑振峰《甲骨文字构形系统研究》，第 48 页、第 50 页、第 41—42 页，上海教育出版社，2006 年。

的原始材料中归纳出了汉字在不同发展阶段的基础构件与构形模式。这项研究是把会意字的构形模式分为会形合成、形义合成与会义合成三种的，现将其成果中有关会意字的数据表列如下：[①]

会意字合成方式的历史演变统计

断代汉字	样本字种	会形合成		形义合成		会义合成		会意字合计	
		字	%	字	%	字	%	字	%
商代甲骨文	1380	525	38.0%	101	7.3%	128	9.3%	754	54.6%
西周金文	1013	210	20.7%	13	1.3%	83	8.2%	306	30.2%
春秋金文	1286	54	4.2%	54	4.2%	184	14.3%	292	22.7%
战国齐燕韩赵魏文字	2538	35	1.4%	27	1.1%	281	11.1%	343	13.5%
战国楚文字	1887	56	3.0%	30	1.6%	142	7.5%	228	12.1%
《说文》小篆字	10020	39	0.4%	114	1.1%	975	9.7%	1128	11.3%
东汉碑隶字	2125	4	0.2%	51	2.4%	339	16.0%	394	18.5%
隋唐五代碑楷字	3893	0		25	0.6%	526	13.5%	551	14.1%
宋代雕楷字	4856	0		25	0.5%	415	8.5%	440	9.0%

上表中历时的断代计量数据，展示了“会形合成”与“会义合成”在商代甲文到宋代楷书中的消长状况，从会意字的角度反映了汉字系统的历史进步。甲骨文以会意字为多，是会意字利用现成的独体作为造字的字符，启动了汉字构形合成化的系统发展。早期会意字的表意字符以形符为主，其合意方式多为会形合成，是会意字表意字符与合意方式的语义化，加快了汉字表意语义化的历史发展。

汉字在初创阶段是按物绘形逐个为文的，是会意字利用已有独体字作字符而以文组字，开始了向合成构字的历史发展并逐步形成汉字的构形系统。作为在象形字基础上的二度造字，早期会意字是把相关的象物性形符按事理位置构

① 表中的甲骨文数据引自郑振峰《甲骨文字构形系统研究》，上海教育出版社，2006 年；西周金文数据引自曹永花《西周金文构形系统研究》，中国国家图书馆博士论文资源库；春秋金文数据引自罗卫东《春秋金文构形系统研究》，上海教育出版社，2005 年；战国齐燕韩赵魏文字数据引自赵学清《战国东方五国文字构形系统研究》，上海教育出版社，2005 年：战国楚文字数据引自李运富《楚国简帛文字构形系统研究》，岳麓书社，1997 年；《说文》小篆字数据引自齐元涛《〈说文〉小篆构形系统相关数据的测查》，其小篆字数据包括说解中的重文，北京师范大学中文系编《京师论衡》，北京师范大学出版社，2002 年：东汉隶书字数据引自陈淑梅《东汉碑隶构形系统研究》，上海教育出版社，2005 年；隋唐五代碑楷字数据引自齐元涛《隋唐五代碑志楷书构形系统研究》，上海教育出版社，2007 年；宋代雕楷字数据引自王立军《宋代雕版楷书构形系统研究》，上海教育出版社，2003 年。

成象意性关系以合象生成的。随着汉字的语义化与字形的意象化，会意字的合意方式亦由合形象意逐步发展为合义会意。会意字的构形合成化与表意语义化，有力地推动了汉字由独体构形向合体构形、由表形文字向表意文字的历史演变。

三、从外到内的逐层分类

为事物分类的目的在于深化对事物的认识。自南宋郑樵以来，学者们从不同的角度用不同的标准为会意字进行了多种多样的分类，其中较有认知价值的分类有三种。一是着眼构件的异同，两分为同文会意与异文会意；二是着眼字符的功能，两分为纯会意字与声兼意字；三是立足合意的方式，两分为合形象意与合义会意。

关于声符兼有表义功能的声兼意字，共时而看也是会意字，历时而论则是形声字。这种声兼意字与它的声符一般是同源分化的关系，它是分化古字（声符）兼职的加旁形声字；其兼示义源的声符与表示义类的义符之间的关系，在生成机制上是“以类附声”的历时性分化，而不是“比类合谊”的共时性合成。应该把声兼意字放到形声字、放到同源分化中去讨论。因为会意字是“比类合谊”之字，其分类原本就应该在外部构件的“比类”与内在构意的“合谊”两个层次上去划分。

（一）构件：同文会意与异文会意

根据构件的异同，可以在共时平面上把会意字分为同文会意与异文会意两类。所谓同文会意，是用并列或重叠同一名物性成字字符的方式，表示人物的集合概念（名词义），或生成相关的动词义、形容词义。这种会意字因文的叠用而得义的表彰，其所表示的行为、性状义往往具有强化的修辞色彩。表名词义的如：三人为“众”，二木为“林”，三木为“森”，三隹为“雥”，三毛为“毳”。表动词义的如：三力为“劦”，三心为“惢”，三牛为“犇”，三犬为“猋”。表形容词义的如：二火为“炎”，二赤为“赫”，三车为“轟”，三直为“矗”，三石为“磊”，三金为“鑫”。需要指出的是，竹、爻之类是不能拆分的象形字，不要把它们视作同文会意字。

会意字字符的位置关系具有区别构意的重要作用。例如同以二“人”作为字符，就可以利用字符的不同位置关系而组成不同的会意字：二人相随为“（从）”，二人相背为“（北→背）”，二人并列而立为“（比）”，二人一正一倒为“（化）”。再如并束为“棘”，重束为“棗”。在异文会意字中，相同的字符也能因位置关系的不同而表现不同的构意。如同以日、木二符构字，日在木上为“杲”，日在木下为“杳”。同以人、木二符构字，人靠木旁为“（休）”，人在木上为“（乘）”。同以一阜二止（趾）构字，趾形向上为“（陟）”，趾形向下为“（降）”。正是构件的不同位置关系，为会意字的构意提供了区别性的特定意境。

（二）构意：合形象意与合义会意

大多数会意字是异文会意字。从构意上对会意字所作的分类.是根据义符的性质及其合意方式来划分的。关于会意字的命名，班固称“象意”而许慎称“会意”，二者在着眼处及其所指上是有区别的。“象意”着眼的是早期会意字，其意符是物象性的形符，其构意是在物象的形合上展示出来的；“会意”立足的是成熟会意字，其意符是语义化的义符，其构意是在语义的义合中体现出来的。立足于合文会意的生成方式，可以从历史进化的视角把会意字分为合形象意与合义会意两类。

从语言学角度对成熟会意字合义方式的探索，始于清代学者。段玉裁认为：“会意者，合谊之谓也。”他从许慎对会意字的说解中最早认识到：“凡会意之字，曰从人言，曰从止戈，人言、止戈二字皆连属成文。”[①] 王筠（1784—1854）把这种合成方式称作“顺递为义”的“连文”，是“合两字为意而顺递言之。”[②] 林义光先生把“比类合谊”明确理解为“词义比合”，认为“人言为信，取其词义连属，非复对构其形。”[③] 裘锡圭先生进一步指出：“偏旁连读成语的会意字……由两个以上（绝大多数是两个）可以连读成语的字构成，连读而成之语能说明或暗示字义。……偏旁连读成语的会意字绝大多数是汉字变得完全不象形之后才造出来的，在古文字里很少见。”[④]

人们着眼表意字符与合意方式的历史发展，将会意字历时地分为合形与合义两类。杨五铭先生把会意字分为“比形会意”与“比意会意”两类。[⑤] 高明先生（1926—2018）把会意字分为“依靠两种图形的组合来反映语言中的词义”与“采用两种符号的意义组合构成的词义”两类。[⑥] 詹鄞鑫先生

---

① 清·段玉裁《说文解字注》，第 755 页，上海古籍出版社影印本，1988 年。

② 清·王筠《说文释例》，第 148—150 页，武汉市古籍书店影印本，1983 年。

③ 林义光《六书通义》，林义光《文源》，第 9 页，中西书局，2012 年。

④ 裘锡圭《文字学概要》，第 135—137 页，商务印书馆，1988 年。

⑤ 杨五铭《文字学》，第 70—76 页，湖南人民出版社，1986 年。

⑥ 高明《中国古文字学通论》，第 50 页，北京大学出版社，1996 年。

（1947—）把会意字分为“以形会意”与“以义会意”两类。[①] 王宁先生把会意字分为“会形合成”、“形义合成”、“会义合成”三类。[②]

古文字中的非字字符因不曾独立成字而未能与语词结合，所以只有构形功能而不能表示语义。古文字中的成字字符原本就是记录语词的独立单字，虽主要还是以物象表形，但无疑已经开始承载语义了。值得注意的是，在甲骨文中已经出现了少量的合义会意字，如（家）、（男）、（妇）、（孫）等；甚至还出现了各式连文会意字，如老至为（耋）的主谓式、攴（平）田为（畋）的述宾式、小隹为（雀）的偏正式、日月为（明）的并列式。这些会意字的意符虽仍然是具有较强象物性的形符，但基本上已在以语义而不是以物象参与构意了。

作为记录汉语的符号，汉字语义化的过程早在据词造字之初就已经开始了。汉字的语义化发生在表意字符与合意方式两个层面上，它们虽相互促进但并非完全同步，以象物性成字形符的语义参与合成新义遂成为早期义符的基本特征。发展到小篆，会意字的意符也仍然残留着一些象物性，但意合的方式一般已是以义会意了，直到隶变才完全去掉了与物象的联系。林义光先生敏锐地认识到了早期会意字大多还是“以形”合成这一特点，但他认为“二人相随为从，……乃象形非会意也”。[③] 这种视合形会意字为象形字的主张则是欠妥的。会意字的成熟是经过了一个发展过程的，我们应该历史地认识早期会意字，应该正视它在构形上从“独体为文”向“合体为字”的进步，承认它在表意方式上从合形象意向合义会意的发展。

试举涉、族二字的演变为例，以说明形符向义符的进化，合形象意向合义会意的发展。

（甲）→（金）→（篆）→涉（隶）

（甲）→（金）→（篆）→族（隶）

“涉”字的甲金文都是由三个物象性形符组成的合形象意字，是用两脚（止→趾）跨在水两边的象意性画面来表现涉水义的；到了小篆，两个形符“止”合成为一个义符“步”，用步水为“涉”连语合义的方式表示了徒步过河之义；隶书的笔画化进一步扬弃了字符与物象的残存联系，“涉”字随之成为隶定的成熟会意字。再说“族”字。具有血缘关系的氏族，在古代既是生产单位也是军旅组织，“族”字在甲金文中就多用表氏族、军旅之义。丁山先生

① 詹鄞鑫《汉字说略》，第178页，辽宁教育出版社，1991年。

② 王宁《汉字构形学讲座》，第60—61页、第66页，上海教育出版社，2002年。

③ 林义光《六书通义》，林义光《文源》，第9页，中西书局，2012年。

(1901—1952) 根据清人的八旗制度和唐代突厥称部落为“箭”的史实，认为“族”字的构形反映了古代“氏族社会军旅组织的遗迹”。“族字，从㫃，从矢；矢所以杀敌，㫃所以标众，其本谊应是军旅的组织。”[①] 无论是集众的“㫃（旗）”还是杀敌的“矢（箭）”，在“族”字的甲金文中虽然还是象物性的形符，但主要已是以语义在参与构意了，其所构成的并不是形象的动态性画面而是抽象的象征性图案，并在去象形性的进程中逐步发展成为完全符号化的合义会意字。

合义会意字是由相关义符组成的合体字，其合义会意的具体方式虽多样而复杂，但总是以参构义符的语义来合成字义的，其合义总是通过人们的体悟意会来实现的。鱼羊乃食中美味，遂合而为“鲜”；日月皆光照天下，遂合而为“明”：用同类相益以突出共性的方式表示了特定的性状义。犬叫曰吠，遂合犬口而为“吠”；犬鼻擅嗅，遂合犬自（鼻）为“臭（嗅）”：用主体与器官的互补限别表示了特定的行为义。鸟逢骤雨扑翅疾飞，其速曰“霍”；狗伏穴中急窜出扑，其猝曰“突”：则利用特定的意境巧妙地表示了难以言传的抽象义。

合义会意中发展得最为成熟者当推连文会意字，其参构的义符已宛若语素，义符之间不仅语义相关，而且有着一定的语法关系，这种会意字已相当于一个连语为义的合成词了。杨合鸣先生（1940—）较早开始了对连文会意字的研究，他把连文会意字义符之间的语法关系归纳为五种：一为主谓结构，如日永为“昶”；二为述宾结构，如支贝（鼎）为“败”；三为定中结构，如十口为“古”；四为状述结构，如水曰为“沓”；五为联合结构，如二木为“林”。[②] 后来的学者多循此思路去分析合义会意字。需要指出的是，连文会意字只是合义会意中发展得最为成熟的部分，不要把所有合义会意字都硬往这个筐里装。

根据义符所记语素之间的语法关系，可以把连文合意字分为四类，它们分别以主谓结构、述宾结构、偏正结构、并列结构的形式合成字义。

一、主谓式：一符充当主语，另符则是对主语的陈述，连文组成主谓结构。如女生为姓，老至为耋，羊大为美，舌甘为甜，宀（房）火为灾，页火（头热）为烦，水行为衍，山分为岔，睡、眨、盲、昶、晃、朏、占、囚、犟、阔、嵩、逸等亦属此类。

二、述宾式：一符表示动作，另符则是动作涉及的对象，连文组成述宾结构。又可分为两种。一种是直接有一个动词性义符，如支贝（鼎）为败，分贝

① 丁山《甲骨文所见氏族及其制度》，第 33 页，中华书局，1988 年。

② 杨合鸣《〈说文〉连文会意字略论》，杨合鸣《训诂与语法研究》，第 43—51 页，武汉大学出版社，1994 年。

为贫，入米为籴，出米为粜，再如凭、畋、牧、汆、逐等。另一种是有一个名词性义符用作了动词，如火（烤）肉为炙，斤（剖）木为析，步（登）阜为陟，戈（击）人为伐，涉、焚、相、孚、采、驭、取、秉、删等亦属此类。

三、偏正式：一符为意义的中心，另符则为之进行修饰限制，连文组成偏正结构。也可分为两种。一种是定中式，如心音为意，人言为信，田艸为苗，木帛为棉，再如仙、须、泪、雀、墨、古、驷、岩、岳、尘、帘等。一种是状中式，如更生为甦，不正为歪，甚少为尠，只要为嫑，再如甭、孬、覅、甮、勠等亦属此类。这些状中式的字虽多为方言用字，但不少已收入《现代汉语词典》，其中的“嫑”近年竟成为网络上的热门用字。[①]

四、并列式：把意义相关、功能对等的义符互补地组成并列结构，以相互说明突出共性或生成新义。如合日月为明，合鱼羊为鲜，合㫃矢为族，合宀豕为家，合文武为斌，合田土为里等。多数同文会意亦属此类，如二木为林，三隹为雥，三金为鑫，二又（手）为𠬪（友），三人为众，三力为劦等。

着眼构件的异同，会意字可共时地两分为同文会意与异文会意；立足构意的方式，会意字可历时地两分为合形象意与合义会意。表意字符与合意方式的语义化虽相互促进但并非完全同步，以象物性成字形符的语义参与合成新义是早期义符的基本特征。合义会意的具体方式虽多样而复杂，但总是以参构义符的语义来合成字义的。其中连文会意字发展得最为成熟，其参构的义符已宛若语素，义符之间不仅语义相关，而且有着一定的语法关系，这种会意字已相当于一个连语为义的合成词了。

① 国家语言资源监测与研究中心编《中国语言生活状况报告（2009）》下编，第9页，商务印书馆，2010年。

第六章 “依声托事”的假借字

一、依声因义的传统认识
二、词源不同的引伸假借
①一个字记录一个多义词
②一个字记录几个同音词
三、义无所因的音符性质
①宋代郑、戴的探索
②清代段、朱的贡献
四、兼职记词的历史作用

本章提要：汉字起始于“依类象形”而完备于“以类附声”，其间还经历了一个“依声托事”大量使用假借字的过渡阶段。讨论假借应该把持一个逻辑前提：要把汉字学发展史上的假借认识与汉字发展史上的假借事实区别开来，在此基础上再来梳理汉字学史上的认识是如何逐步接近汉字发展的历史事实的。许慎立足于汉字的形义统一，把字本义之外的引伸视为“本无其字，依声托事”的假借，由此形成了假借既须依声更重因义的传统认识。宋代以来的一些学者充分吸取了许说的合理内核，逐步把研究的立足点从形义关系提高到字词关系上来。一方面从假借义与字本义有无联系入手，从词源不同的视角把音的假借与义的引伸区别开来，开始认识到假借的性质在于借用现成同音字作音符以兼职记录“义无所因”的同形词。另一方面从假借字与“四体”字有何异同入手，来理解依声借形与据义构形在记录语词方式上的互补关系，进而从汉字发展史的视角以深入认识假借产生的原因与历史作用。“依声托事”的假借，前济“依类象形”之困，使汉字得以完整地记录汉语；后架“以类附声”之桥，促汉字走上记词方式形声化的道路。在汉字数千年的演变进程之中，依声借字兼职记词的假借确曾发挥过重要的历史作用。我们应该从汉字记录汉语的方式上来认识假借的性质，从汉字发展史的高度来认识假借的历史地位。

汉字是华夏民族创造的自源文字，有着鲜明的民族特色和绵延数千年的发展历史。关于汉字的历史发展，文献所见的最早论述是东汉许慎（约 54—约 125）的一段话：

仓颉之初作书，盖依类象形，故谓之文；其后形声相益，即谓之字。文者，物象之本；字者，言孳乳而浸多也。①

许慎的认识是深刻的。汉字确实起始于“依类象形”而完备于“以类附声”，但是，其间还经历了一个“依声托事”大量使用假借字的过渡阶段。汉字来源于记事的图画，最初的汉字都是据义构形的表形字。在能产的形声字尚不发达之前的那个相当长的时期内，一直存在着义虚难造与造之无穷等有词无字的尖锐矛盾。在商周甲金文中，不仅已有的表形字被作为音符假借过，而且这样的假借字还以压倒的使用频率成为当时社会用字的主体。

陈梦家（1911—1966）、管燮初（1914—2000）两位先生曾对假借的性质与历史地位作出如下的论述：

陈梦家：“象形字→声假字→形声字是……代表文字演进的三个阶段，同时也是整个中国文字三个基本类型。”“武丁时代形声还不大发达，用象形字作音符的假借类型还是占了优势。”②

管燮初：甲骨文的造字方法有象形、象事、会意、形声；用字方法有本义、引申、假借。假借字大概是用同音字记录没有文字的语音。刻辞中假借用字很多，这一现象反映了甲骨刻辞是以口语为基础的殷虚书面文字。③

两位先生认为，假借是在已有表形字的基础上，用现成的同音字“作音符”来“记录没有文字的语音”的“用字方法”。“刻辞中假借用字很多”到“占了优势”的程度，假借不仅是汉字记录汉语方式的一个“基本类型”，而且还是汉字发展史上的一个演进“阶段”。两位先生的这一观点，应该成为假借研究中的基本认识。

商周文字处于汉字体系系统发展的早期阶段。出土的有字甲骨至今已达十五万多片，卜辞字量多达 80 余万字，计有不重复的单字 4000 个左右；铭文的商周青铜器至今已有 16.7 万多件，铭文字量 16.8 万多字。④ 就甲骨文而言，经过学者们百年来的精心考释，认识了其中的一千多字，约占三分之一，这些

① 东汉·许慎《说文解字·叙》，《说文解字》，第 314 页，中华书局影印本，1989 年。

② 陈梦家《中国文字学》，第 256—257 页，中华书局，2006 年；陈梦家《殷虚卜辞综述》，第 80 页，科学出版社，1956 年。

③ 管燮初《殷虚甲骨刻辞的语法研究》，第 51 页，中国科学院，1953 年。

④ 甲骨文、金文的语料字数引自刘志基《中国文字发展史·商周文字卷》，第 804 页，华东师范大学出版社，2015 年。

字一般就是记录语文词的常用字；未识字中也有一些常用的字，但大多就是记录人名、地名等的专用字，是已经“死亡”了的专用字。

姚孝遂先生（1926—1996）对此有一段很好的说明：

甲骨文有四千多个单字，我们现在认识的不过一千多。其余的三千多个字如果说对它们一无所知，那也不尽然，其中绝大多数是人名或地名。我们所说的不认识，只是说还找不出与之相对应的后代的文字而已，其中有很多当属于已经“死亡”了的文字。①

甲骨文是巫史专用的占卜文献，其特定内容与程序用字不仅导致了高频字的语用过度集中，而且卜辞中大量人名、地名等专用名词使用了很多不认识的罕见字。据刘志基先生（1955—）对58544字甲骨文语料的字频统计，使用500次以上的前31个高频字，覆盖了语料的52%；使用100次以上的前100个高频字，覆盖了语料的79%；使用10次以上的前379个高频字，对近6万字甲骨文语料的累积覆盖率高达95%。② 由于甲骨文中的常用字大多已经释读，由于甲骨文用字的高度集中，因此大多数甲骨文材料是可以基本通读的。

姚孝遂先生在主编《殷墟甲骨刻辞摹释总集》等大型甲骨文工具书的长期研究中，深入认识到甲骨文大量使用假借字来记录语词的实际状况。他曾举武丁时期的一段23个字的甲骨刻辞进行分析，发现其中“假借字十七个，约占74%；形义一致的只有两个字，还不到9%；其余四个字表示的是引伸义，占18%。所有甲骨刻辞大体上都是这个比例。青铜器铭文的情况同样是如此。”后来他把这个推测修改为，甲骨文中“假借字使用频率高达百分之七十左右。”③

李玉洁先生对郭沫若《殷契粹编》卜辞中假借字的动态字频进行了分类统计，“《殷契粹编》中的卜辞一共用字20856个次，其中各类假借字加在一起，共12701个次，占全书总字数的61%。”④ 邢华对甲骨文中1129个可识单字的

① 姚孝遂《古汉字的形体结构及其发展阶段》，《姚孝遂古文字论集》，第19页，中华书局，2010年。

② 刘志基《中国文字发展史·商周文字卷》，第12—13页，华东师范大学出版社，2015年。其统计样本计三种：刘志基等主编《汉英对照甲骨文今译类检》，广西教育出版社，2006年；中国社会科学院考古研究所编《殷墟花园庄东地甲骨》，云南人民出版社，2003年；中国社会科学院考古研究所编《小屯南地甲骨》，中华书局，1980年。

③ 姚孝遂《古汉字的形体结构及其发展阶段》，《古文字研究》第四辑，中华书局，1980年；姚孝遂《再论古汉字的性质》，《姚孝遂古文字论集》，第79页，中华书局，2010年。

④ 李玉洁《假借字是汉字发展阶段的产物》，《吉林大学社会科学学报》1995年第6期。

测查发现，有假借义的单字 753 个，占可识单字总数的 66%；其中 578 字即 77%的假借字用于记录专指名词。[1] 李玉洁先生的统计还表明，在《殷契粹编》卜辞中，记录专称名词和虚词的假借字多达 9064 次，占全书假借字总次数的 71%；假借字所记实词的使用次数只占《殷契粹编》卜辞总字量的 17%。邢华的测查说明，甲骨文中 90%的语文词是以象形字、会意字为主的表形字记录的，只有 10%的语文词在用假借字记录。

对古文字中假借现象进行计量描写的文章已有多篇，所得数据有差异，但基本认识则趋同；相信以后还会有更为客观全面的描写。从李、邢二文的动态字频数据和静态单字数据中，可以认识到甲骨卜辞中假借现象的基本状况：

第一，《殷契粹编》中假借字的使用频次占全书卜辞总字量的 61%，甲骨文中有假借义的单字占可识字总数的 66%，殷商甲骨文时期确实是一个大量使用假借字的时期。380 个象形字就覆盖了 4.4 万字卜辞语料的 72%，[2] 说明甲骨文中的假借字是主要用象形字作“借音符”的。

第二，甲骨文中七成以上的假借字是用于记录干支（时间）、人名、地名、方国名、祭名等专称名词和虚词的。22 个干支字在《殷契粹编》的卜辞中就出现了 3881 次，占全书假借字使用频次的 30%，占全书卜辞总字量的 19%。

第三，甲骨文中 90%的语文词是以象形字为主的表形字记录的，汉字系统中的基本义符就大多出于其中。记录普通名词、动词、形容词的字多是象形字、会意字，也有一些形声字，它们通用高频稳定，大多传承至今。在大量使用假借字的甲骨文时代，据义构形的象形字仍然是汉字的根基。

假借是汉字学中一个重要而复杂的问题。对于假借的研究，历代学者主要是围绕着以下三个问题的讨论而逐步展开的：一是假借与引伸之辨，假借义与字本义之间是相因相通还是没有关系；二是假借与“四体”之辨，假借字是据义构形的另造字还是依声借形的现成字；三是假借与通假之辨，是有词无字的借音记词还是缺乏规范的同音代用。随着研究的立足点由汉字形义关系上的一形表多义提升到汉语字词关系上的一字记多词，随着对“六书”的认识由汉字构形造字的模式提升到汉字记录汉语的方式，人们对假借的性质与历史作用有了逐步深入的认识。

---

① 邢华《甲骨文假借字分类研究》，西南大学硕士论文，2008 年。

② 刘志基《中国文字发展史·商周文字卷》，第 305 页，华东师范大学出版社，2015 年。

一、依声因义的传统认识

讨论假借应该把持一个逻辑前提：要把汉字学发展史上的“假借”认识与汉字发展史上的“假借”事实区别开来，在此基础上再来梳理汉字学史上的认识是如何逐步接近汉字发展的历史事实的。

传统假借说发端于东汉的许慎。许慎在《说文解字》中关于假借的论述有两部分：一是《叙》中极为简约概括的界说，二是分部说解中对不多几个字的具体阐释。15 个字的界说由名称、定义、例字三项组成：“假借者，本无其字，依声托事，令、长是也。”（《说文解字·叙》）

无论从汉字记录汉语的方式，还是从汉字发展的历史事实来看，许慎对假借的定义似乎都是十分精当的。所谓“本无其字，依声托事”，前者说的是假借产生的原因，后者讲的是假借记词的方式；假借就是有词无字借音记词，即借用现成的同音字来记录尚无专字的同音词。但是，这立足于现代语言学的认识未必就是许慎当时的观点。裘锡圭先生（1935—）指出，许慎对假借的定义“似乎跟我们所说的假借（借用某个字来表示跟这个字同音或音近的词）完全相合。其实并不然。因为《说文·叙》所举的假借例字是‘令’、‘长’，它们只能用来说明词义引申的现象，而不能说明借字表音的现象。”[①]

令，甲骨文为。上边部分像木铎形，古人振铎以发号令；下边部分示人跪跽以受命。《说文解字·卪部》：“令，发号也。从亼卪。”“令”以形所示的发号义是它的字本义，后由发号引伸而为发号之人，再用为县令的令。

长，甲骨文为，像人披长发之形。《说文解字·长部》：“长，久远也。从兀从匕……亾声。”“《说文》说形不确”，释义亦非本义。[②]“长”以形所示的长发才是它的字本义，后由长发引伸而为长短、长久的长，或由长发的长者引伸而为一方之长、县长的长。

“令”“长”二字，从甲骨文的字形来看，都是据义构形以形示义的表形字；许氏在分部说解中明确认为“令”是会意字，“长”是形声字。二字后来的义项虽多，但都是由字本义引伸而来的，其字本义与引伸义共用本字记录，其实就是用一个多义字来记录一个多义词。但是，许慎把这两个字选作界说假借的例字。唐兰先生（1901—1979）认为：“许叔重所谓‘本无其字，依声托事’，解释得很好。可惜他把例举错了。他所举‘令、长’二字，只是意义的

① 裘锡圭《文字学概要》，第 102 页，商务印书馆，1988 年。

② 徐中舒主编《甲骨文字典》，第 1041 页，四川辞书出版社，1989 年。

‘引申’，决不是声音的‘假借’。像：‘隹’字为鸟形的借为发语辞，‘其’字为箕形的借为代名词，这才是真正的假借。”①

许慎在《说文解字》中析形说解本义而涉及其假借义时，总是勉力强调假借义是本义的延展。例如：

《来部》：“来，周所受瑞麦来麰，一来二缝，象芒束之形。天所来也，故为行来之来。”

《西部》：“西，鸟在巢上。象形。日在西方而鸟栖，故因以为东西之西。”

《鸟部》：“鳳，神鸟也。……从鸟，凡声。……凤飞群鸟从以万数，故以为朋党字。”

《能部》：“能，熊属，足似鹿。从肉，目声。能兽坚中故称贤能，而强壮称能杰也。”

《韦部》：“韋，相背也。从舛，口声。兽皮之韦可以束，枉戾相韦背，故借以为皮韦。”

把像麦芒之形的“来”字依声借去记录“行来之来”，解释为“天所来也”；把像鸟巢之形的“西”字依声借去记录“东西之西”，解释为“日在西方而鸟栖”。许氏一方面选用义有引伸的“令”“长”二字来作为界说假借的例字，另一方面在具体析字时则勉力寻找本义与假借义之间的意义联系，这说明许慎是把语义的引伸视为假借的。他的“本无其字”指的是义有引伸而形则共用的多义字现象，他的“依声托事”指的是用形义统一的字形来记录该字本义的引伸义。许慎呕心沥血所著的《说文解字》，是从形义统一的视角来分析字形探求本义的字书。清人朱骏声（1788—1858）就认为：“夫叔重万字，发明本训，而转注、假借则难言。”② 许慎立足于据义构形而依形说解本义，他是把用一个汉字记录一个多义词的现象看作假借的。加之时代的局限，他并没有看到甲骨文和金文，因而未能认识到借字标音的记词方式在甲金文中，在汉字发展史上的重要地位。

裘锡圭先生指出：“许慎把假借曲解为引申的做法，对后人有很大的影响。”③ 南唐的徐锴（920—974）就认为：“据义而借，令、长之类是也。”④ 传统假借说因循许说，是把依其声而因其义的引伸看作假借的。直到宋代的郑樵（1104—1162），才开始认识到有“无义之假借”，开始把假借分为“有有义之

① 唐兰《中国文字学》，第72页，上海古籍出版社，1979年。
② 清·朱骏声《说文通讯定声》，第8页，中华书局影印本，1984年。
③ 裘锡圭《文字学概要》，第198页，商务印书馆，1988年。
④ 南唐·徐锴《说文解字系传》，第331页，中华书局影印车，1987年。

假借，有无义之假借。”[①] 清代的戴震（1724—1777）亦认为假借有两类，“一字具数用者，依于义以引伸，依于声而旁寄，假此以施于彼曰假借。”[②] 与戴震同时代的江声（1721—1799）走得更远，认为本义之外的一字多义都是假借，“凡一字而兼两谊三谊者，除本谊之外，皆假借也。”[③]

章太炎先生（1869—1936）认为：“《说文》所谓假借，乃引申之义。”“孳乳日繁，即又为之节制，故有意相引申音相切合者，义虽少变，则不为更制一字，此所谓假借也。”[④] 陆宗达先生（1905—1988）继承章说而讲得更为清楚：“词义发展了，不另造新词新字，而是给旧词旧字增加上新义。这在训诂学上说，叫做‘引申义’，以造字法则言，则谓之‘假借’。这种假借是‘本无其字’的，假借字表示的意义与该字原来所表示的意义是有密切关联的。”[⑤] 萧璋先生（1909—2001）指出：“假借字所具有的借义和它的本义，可以有关系，可以没有关系，关键在于‘依声’。虽然如此，但从《说文》在其假借界说下所举的‘令’、‘长’二字的例证和在‘西’、‘韦’、‘朋’等字下不惮其烦地说明假借之故来看，意义有关系的更为重要。”[⑥] 萧璋先生所言，可谓是对传统假借说的一个总结：假借的“关键在于‘依声’”，借义与本义“有关系的更为重要”。

裘锡圭先生一语破的地指出：“词义引申是一种语言现象，借字表音则是用文字记录语言的一种方法，二者有本质的不同。……把由词义引申引起的和由借字表音引起的一字多用现象混为一谈，都称为假借，也是不妥当的。”[⑦] 许慎立足于汉字的形义统一，把字本义之外的引伸视为“本无其字，依声托事”的假借。诚如裘锡圭先生所言，许慎的这一认识“对后人有很大的影响。”从上引历代各家的观点来看，这种认为假借既须“依声”更重“因义”的观点，确实是许慎以来传统假借说的基本认识。

---

① 宋·郑樵《六书略第四·假借》，郑樵《通志略》，第 159 页，上海古籍出版社影印本，1990 年。

② 清·戴震《答江慎修先生论小学书》，《戴震集》，第 73 页，上海古籍出版社，2009 年。

③ 清·江声《六书说》，第 8 页，中华书局影印本，1985 年。

④ 章太炎《小学略说》，《国学略说》，第 14 页，上海文艺出版社，2001 年；章太炎《转注假借说》，《国故论衡》，第 55 页，商务印书馆，2010 年。

⑤ 陆宗达《说文解字通论》，第 64 页，北京出版社，1981 年。

⑥ 萧璋《谈〈说文〉说假借》，湖南师范大学《古汉语研究》1989 年第 1 期。

⑦ 裘锡圭《文字学概要》，第 102—103 页，商务印书馆，1988 年。

二、词源不同的引伸假借

文字是记录有声语言的有形符号系统，以音载义是文字的共性，以形表义是汉字的特色。汉字既能据义构形以表字本义，并间接提示由字本义延展出来的引伸义，也可如表音文字那样形仅记音而表假借义。这就是段玉裁（1735—1815）所谓的“凡字，有本义，有引申之义，有假借之义。”[①] 一个词刚产生时往往是单义的，在使用过程中通过初义的类推与联想逐渐引伸而成为多义词，多义化是词义发展的趋势。一个据词构形的汉字刚产生时也往往是形义统一的单义字，在词的多义化影响下逐渐走上了字的多义化，而且比词的多义化走得更远，内涵的义项更多。因为一个多义字不仅可以记录一个义有引伸的多义词，而且可以兼职记录几个义无关系的同音词。因此，现行通用汉字中的单义字是很少的，绝大部分是多义字。

从一字多义现象入手，来研究汉字的形义关系与汉语汉字的字词关系的对应格局，可以大分为两类：一个字记录一个多义词，一个字记录几个同音词。

（一）一个字记录一个义有引伸的多义词

上古汉语以单音词为主，汉字是以单音词为单位据义构形的自源文字。二者在上古一般就是单位对应的一字记一词。随着社会的发展，词义在运动中不断引伸出相因的新义，有的义项因常用而逐步分化为另造专字的同源词，更多的引伸义项则附从本义而沉聚为了共用本字的多义词。许慎所举的“令”“长”二字，就是后者这类的一字多义现象。例如：

网，甲骨文写作，是一个象形字。《说文解字·网部》：“网，庖牺所结绳以渔。”网本是一种用绳子纵横结成的捕鱼工具。渔网纵横相织的特点逐步为人在联想、类推中引伸而用指网状物，具体的如蜘蛛网、排球网、铁丝网，抽象的如交通网、水利网、电网乃至法网、天网、互联网等。这些“网”虽然不再是捕鱼的工具了，但它们都仍然保持着纵横相织的网络这一词源。因此，“网”虽义有引伸而所指各异，但仍然只是一个多义词，仍然只用一个“网”字来记录。

基，《说文解字·土部》：“墙始也。从土，其声。”《六书略·假借》：“基，

---

① 清·段玉裁《享飨二字释例》，段玉裁《经韵楼集》，第285页，上海古籍出版社，2008年。

筑土之本，而为凡物之本。"[①] 段玉裁《说文解字注》："墙始者，本义也。引申之为凡始之称。""基"这个从"土"的形声字本指房屋等建筑物的地基，后沿着地基义的方向引伸而泛指基础、基本义，从而成为汉语基本词汇中的一个极常用极高产的核心语素。这种基础、基本义既可用指具体，更多用于抽象。其所构成的合成词"基础"，就既可用指建筑物的地基，但更多地用指事物发展的起点或根本，如基础教育、经济基础等。这些意义虽不再指具体的地基了，但在基础义上却是与地基义相因相通的。

以上例字是用同一个字去记录一个义有引伸的多义词。多义词是具有多个义项而义项之间又有着同源联系的词。各义项或是以词的基核义为核心辐射引伸为一个语义环，或是以基核义为基点连锁引伸为一个语义链，这些在词的多义化运动中逐步生成的引伸义，都与基核义的特点相因相通。如"令""长""网""基"这样，用一个多义字来记录一个多义词的现象，在古今汉语的通用字中都大量到了近乎普遍的程度。

这里顺便说说"引伸"一词的用字。《汉语大词典》以"引伸"为主条，以"引申"为附条；《现代汉语词典》以"引申"为规范词形。"申：伸"是一对职有分工的古今字，它们在现代汉语中的分工相当清楚："申"用于说明、申述义，"伸"用于展开、延展义。"引伸"一词所指正是语义的延展，其词形似应以"引伸"为是。因此，本书是这样处理"引伸"用字的：凡出现在引文中的一律从原文，笔者行文中所使用的则一律写作"引伸"。

（二）一个字记录几个义无所因的同音词

汉字的一字多义现象，还有一类是用一个字去兼职记录几个义无关系的同音词。尤应值得重视的是，这类因同音而异词同形的一字记多词，曾一度大量使用而在甲金文阶段成为汉字记录汉语的主要方式。用一个字记录几个同音词的这类还可再分为两种：一是本义与借义并用的主客同堂，一是借义行而本义废的反客为主。

一、本义与借义并用的主客同堂

乌，《说文解字·乌部》："孝鸟也。象形。孔子曰：'乌，于呼也。'取其助气，故以为乌呼。"乌鸦"初生，母哺六十日，长则反哺六十日。"[②] 因其反哺报恩而称为孝鸟。《玉篇·乌部》："乌，孝乌也，又语辞。"[③] 段玉裁《说文

① 宋·郑樵《通志略》，第159页，上海古籍出版社影印本，1990年。

② 明·李时珍《本草纲目》，第2260页，人民卫生出版社，1977年。

③ 南朝·顾野王《宋本玉篇》，第443页，北京市中国书店影印本，1983年。

解字注》："取其字之声可以助气，故以为乌呼字，此发明假借之法。"这个象形字本是用来记录名词乌鸦的"乌"，后由乌鸦的毛色引伸出乌黑的"乌"，由乌鸦的习性引伸出乌合之众的"乌"。还借用为假借字，兼职记录同音语气词呜呼的"乌"，如《左传·襄公三十年》："乌乎！必有此夫！"用作译音字，如乌托邦、乌克兰等。

耳，《说文解字·耳部》："主听也。象形。"《六书略·假借》："耳，人耳也。……以语辞之类，虚言难象，故因音而借焉。"① 段玉裁《说文解字注》："凡语云而已者，急言之曰耳。"这个本指听觉器官耳朵的象形字，后由耳朵引伸而指耳状物，如一种状如耳朵的食用菌就叫木耳，《本草纲目·菜部》："木耳生于朽木之上。"又用作假借字兼职记录同音语气词，如《荀子·劝学》："口耳之间则四寸耳。"此句中前一个"耳"字记录的是名词，后一个"耳"字记录的就是语气词，二词迥异而共用一个同音字。

再如"角"，本指牛、羊等头上坚硬的弯角，后引伸而指角状物如皂角、菱角，有角动物多用角打斗，又引伸为角斗、角逐的"角"，还假借为角色的"角"，货币单位元角分的"角"。"果"，本指某些植物开花后所结的果实，后引伸而泛指事情的成效或结局，如成果、结果、因果的"果"，还假借为如果、果断、果然的"果"。

以上例字的本义、引伸义与假借义并行，可谓主客同堂。这种字不仅记录了一个义有引伸的多义词，而且还记录了一个或几个有词无字而义无牵涉的同音词，就是用一个现成的同音字去兼职记录几个异义的同形词。

二、借义行而本义废的反客为主

雅，《说文解字·隹部》："楚乌也……秦谓之雅。从隹，牙声。"《六书略·论迁革》："雅本乌鸦之鸦，借为雅颂之雅，复有鸦矣，故雅遂为雅颂之雅，后人不知雅本为鸦。"② 段玉裁《说文解字注》："雅之训亦云素也，正也，皆属假借。""雅"这个从"隹"的形声字本指乌鸦，后借表雅正义而久假不归，如《尚书·序》："汉室龙兴，开设学校，旁求儒雅，以阐大猷。"又特指周代通行的正乐诗歌，《诗经》把这种正乐诗歌分为"大雅"和"小雅"两种。

鷬，《说文解字·鸟部》："鸟也。从鳥，堇声。難，**鷬**或从隹。"《六书略·假借》："難，鸟也，因音借为艰难之难，因艰难之难借为险难之难（去声）。"③ 段玉裁《说文解字注》："今为难易字而本义隐矣。"段氏在《叙注》

---

① 宋·郑樵《通志略》，第 164 页，上海古籍出版社影印本，1990 年。
② 宋·郑樵《通志略》，第 170 页，上海古籍出版社影印本，1990 年。
③ 宋·郑樵《通志略》，第 163 页，上海古籍出版社影印本，1990 年。

中又云："以许书言之，本无难、易二字，而以难鸟、蜥易之字为之，此所谓无字依声者也。"这是一个本义为鸟名的形声字，被借作记录同音形容词难易的"难"而久假不归，如《诗经·小雅·白华》："天步艰难，之子不犹。"再随声分义地用作名词灾难的"难"，如《诗经·小雅·出车》："王事多难，维其棘也。"

以上例字借义行而本义废，是假借的反客为主。无论是主客同堂还是反客为主，这几组在意义上风马牛不相及的同音词，之所以能够共用同一个汉字记录，只是因为它们的语音相同而并无意义上的联系。

汉字是华夏民族用以记录汉语汉文化的书写符号系统。作为符号，汉字要能完整地记录不断发展着的汉语；作为工具，汉字需要节制通用字的数量以便于人们习用。唐兰先生说得好："形的'分化'，义的'引申'，声的'假借'，是文字演变的三条大路。"[①] 唐先生所说的"文字演变的三条大路"，当指汉字在适应汉语发展需要的过程中如何自我完善的三种途径。形的"分化"是指孳乳相承另造新字，而义的"引申"与声的"假借"则是在扩大现成字功用上的互补分工，其结果是在孳乳新字的同时，通过增加现成字的义项而使多义字逐步成为通用汉字的主体。

王力先生（1900—1986）把新字义的产生分为两类：一类新义是原义的"孳生"，是"象母子关系"的引伸；一类新义是他义的"寄生"，是"寄人篱下"甚至"鸠占鹊巢"的假借。[②] 汉字在记录汉语中所历史形成的这种一字多义格局，固然是为了通过扩大字的内涵以节制汉字的数量，但显然也受到了汉语字词关系的特定制约：音同义通的引伸义附从字本义是因同词而共字，音同义异的假借义与字本义无关则据同音以同形。因为"孳生"本是其字所记词义的延展，这种义的引伸是一种语言现象；而"寄生"只是因为兼记他词才增加了新的义项，这种音的假借是文字记录语词的一种方式。

汉字汉语在长期的历史发展过程中不断协同整合，先后通过增加字的义项（引伸、假借）与增加词的长度（合成构词），从而有效地控制了汉语通用字的数量，这正是汉字得以适应汉语发展的一个重要原因。

综上所述而以表列示如下：

① 唐兰《古文字学导论》，第89页，齐鲁书社，1981年。

② 王力《新字义的产生》，王力《龙虫并雕斋文集》第三册，第6—8页，中华书局，1962年。

汉字的形义关系与字词关系的对应格局

<table>
<tr><th colspan="2">汉字的形义关系</th><th>例字</th><th>所有义项的性质</th><th colspan="2">汉语汉字的字词关系</th></tr>
<tr><td>单义字</td><td>一形表一义</td><td>①雨漱馊我</td><td>形义统一的字本义</td><td>①一个字记录一个单义词</td><td rowspan="3">一字记一词</td></tr>
<tr><td rowspan="7">多义字</td><td rowspan="7">一形表多义</td><td rowspan="2">①令长网基</td><td>形义统一的字本义</td><td rowspan="2">②一个字记录一个义有引伸的多义词</td></tr>
<tr><td>本义延展的引伸义</td></tr>
<tr><td rowspan="3">②乌耳角果</td><td>形义统一的字本义</td><td rowspan="3">①主客同堂：一个字兼职记录义有引伸的多义词与义无关系的同音词</td><td rowspan="5">一字记多词</td></tr>
<tr><td>本义延展的引伸义</td></tr>
<tr><td>依声借形的假借义</td></tr>
<tr><td rowspan="2">③难雅其何</td><td>依声借形的假借义</td><td rowspan="2">②反客为主：一个字兼职记录几个与本义无关的同音词</td></tr>
<tr><td>借义延展的引伸义</td></tr>
</table>

复杂的一字多义现象客观地反映了汉语的字词关系。研究一字多义关系的目的，根本还是为了理清汉语的字词关系；只有从字词关系的视角来研究一字多义现象，才能由表及里地认识汉字记录汉语的方式。正是用单音节的方块字以记录单音节词的客观事实，使人们的研究视角逐步从形义关系提升到字词关系上来，从探究字源提升到探究词源上来，从而加深了对多义字的认识：因义的“引伸”而产生的多义字记录的是一个多义词，因音的“假借”而产生的多义字记录的是几个同音词。立足于汉语汉字的字词关系来审视汉字的一字多义现象，可以发现一个汉字的各种义项并不都是来自于同一个词源，汉字的形义关系与汉字汉语的字词关系并不都是对应的。

以余义是否与字本义相因相通为依准，可以从词源不同的角度把多义字分为两大类：一类是用一个多义字来记录一个义有引伸的多义词，如“令”“长”“网”“基”这样的字既有本义又有引伸义。另一类是用一个多义字来兼职记录几个异义的同音词，或如“乌”“耳”这样的字主客同堂，既有字本义及其引伸义，又有假借义；或如“难”“雅”这样的字反客为主，只有假借义及其引伸义，而没有字本义。由此可见，并非所有的多义字都是一字记多词，对于汉字的一字多义现象，我们应该着眼字词关系，从词源上把引伸与假借区别开来。只有借用现成同音字作音符去兼职记录异义同音词，才是汉字发展史上的假借。

三、义无所因的音符性质

义的引伸与音的假借形成了一字多义，但这些义项却来自不同的词源：一是义有引伸的多义词，一是义无关涉的同音词。我们今天是运用现代语言学的观点，立足于汉语汉字的字词关系来认识一字多义现象的，是从汉字记录汉语的方式上来认识假借现象的。但不要忘记，这种认识是在前贤长期探索的基础上逐步形成的。

许慎的假借说是他对小篆中一字多义现象的认识和归纳，由于他是从形义统一的视角来分析字形说解本义的，由于他并没有看到甲金文中有词无字的尖锐矛盾与借音记词的历史作用，因而把本义之外的引伸视为假借，由此形成了假借既须“依声”更重“因义”的传统认识。对这种“依声因义”观点的质疑与否定，是基于对借音记词事实的客观认识而始于学术开明的有宋一代，并沿着对假借义与字本义有无联系的探究而逐步深入的。历代不少学者在这个探索中作出了努力，下边着重介绍宋代郑樵、戴侗与清代段玉裁、朱骏声在假借研究上的学术贡献。

（一）宋代郑樵、戴侗的探索

宋代是一个社会较为开放文化较为开明的时代，学术研究一改唐人的“疏不破注”而为“格物致知”，敢于疑古而不迷信前贤，注重思辨而不墨守经典。正如唐兰先生评说郑樵那样：“用许慎的理论，作许氏的诤臣。”宋代文字学研究的一大特点，就是运用许慎的“六书说”来研究汉字，并用汉字实际去检验和发展“六书说”，“六书”研究从此成为传统文字学的根本。宋代成就最大者当推南宋的郑樵和宋末元初的戴侗（1200—1284）。唐兰先生从汉字学发展史的角度，对二人给予了很高的评价。说“郑樵第一个撇开《说文》系统，专用六书来研究一切文字，这是文字学上一个大进步。”① 沈兼士先生（1887—1947）亦评说道：“以六书统摄一切文字，为有系统的解释。……自樵发端，沿元及明，迄于清代王筠，为能集此派之大成者。”②

郑、戴二人不仅突破了《说文解字》540 部“据形系联”的编排体系，更加注重探求汉字以“文”组“字”的系统孳乳分化，而且在遵从许氏析形说解本义的基础上，加强了对本义之外的引伸义、假借义的研究。郑樵的《六书略》首创以六书为纲来统系所收的汉字（此书自谓收字 24235 个），每书之下再细加分类，然后运用“母子相生”说来分析汉字由“文”而“字”的孳乳分化。戴侗的《六书故》首创按义类编排部首以统系当时的通用字，据笔者统计该书共收字 7489 个。他把 479 目（部）分为九大类，每类之下由“文”而“字”母子孙递相系联，每部之字按六书类聚编排，每字释义以本义、引伸义、

① 唐兰《中国文字学》，第 73 页，第 21 页，上海古籍出版社，1979 年。
② 沈兼士《文字形义说》，《沈兼士学术论文集》，第 562 页，中华书局，1986 年。

假借义次第罗列。姚孝遂先生（1926—1996）对郑、戴的文字相生说给予了很高的评价："自此以后，偏旁学（或称字原学），以至于今日之构形学，逐渐发展成为一专门之学科。"① 尽管郑、戴的分类较为繁琐，研究或欠严谨，但学术视野的扩大与研究思路的更新，使他们在对汉字进行系统而具体的研究中，能够从实际出发来考察汉字的形义关系，来检验许慎的"六书"理论。正是对大量借音记词之"假借"事实的正视，使他们对传统假借说的观点产生了怀疑而进行了深入的探究。

郑樵说他的书"实本《说文》而作。凡许氏是者从之，非者违之。"他首创按"六书"理论来为汉字分类，对许慎以来的传统假借说进行了一次系统的分析总结，发现并提出了"有有义之假借，有无义之假借"。其"有义之假借"部分其实讨论的是词义的引伸问题，其"无义之假借"部分则讨论的是文字的假借问题。② 虽然仍将二者名统于"假借"，论述中也不无混淆，但毕竟认识到了有"无义之假借"，承上启下地开始了对假借、引伸的分类研究。郑樵的认识值得重视：

小学之义，第一当识子母之相生，第二当识文字之有间。象形、指事，文也；会意、谐声、转注，字也；假借，文、字俱也。

六书之难明者，为假借之难明也。……就假借而言之，有有义之假借，有无义之假借，不可不别也。……六书明则六经如指诸掌，假借明则六书如指诸掌。

书者，象也。凡有形有象者则可以为象，故有其书。无形无象者则不可为象，故无其书，语辞是也。语辞之用虽多而主义不立，并从假借之。……以语辞之类，虚言难象，故因音而借焉。③

郑樵看到了假借的特殊性，最先将假借视为六书中有别于"文"、"字"的另类，指出"文、字俱"可用作假借，意义抽象而"不可为象故无其书"者，"并从假借之"。其"虚言难象故因音而借"的认识尤为可贵：意义抽象的语词难以据义构形，就借用现成的同音字去记录。郑樵最先敏锐地指出"六书之难明者，为假借之难明也"，强调把握六书的关键在于正确认识假借。这一认识对后世的影响很大，直接开启了后来学者对假借的深入研究。

戴侗是晚于郑樵近一个世纪的学者，他不仅在汉字孳乳上把郑樵的"母子

① 姚孝遂《许慎与〈说文解字〉》，第44页，中华书局，1983年。

② 宋·郑樵《通志略》，第168页，第159—165页，上海古籍出版社影印本，1990年。

③ 宋·郑樵《通志略》，第112页，第159页，第164页，上海古籍出版社影印本，1990年。

相生”说发展为母子孙系统孳乳，而且在郑樵所分的“有义之假借（引伸）”与“无义之假借”的基础上，把词义的引伸与文字的假借明确地区别开来。他在《六书通释》中有两段精辟的论述：

古人谓“令”“长”为假借，盖已不知假借之本义矣。所谓假借者，谓本无而借于他也。亼卩为“令”，本为号令、命令之令去声，令之则为令平声。“长”之本文虽未可晓，本为长短之长平声，自稚而浸高则为长上声。……二者皆由本义而生，所谓引而申之，触类而长之，非外假也。所谓假借者，义无所因，特借其声，然后谓之假借。若“韦”本为韦背，借为韦革之韦；“豆”本为俎豆，借为豆麦之豆。……凡虚而不可指象者多假借，人之辞气抑扬最虚，而无形与事可以指象，故假借者十八九。……凡此皆有其声而无所依以立文，故必借他文以备用，此假借之道也。

至于假借则不可以形求，不可以事指，不可以意会，不可以类传，直借彼之声以为此之声而已耳。求诸其声则得，求诸其文则惑，不可不知也。……夫文字之用，莫博于谐声，莫变于假借，因文以求义而不知因声以求义，吾未见其能尽文字之情也。①

戴侗对假借音义皆借的传统观点明确地提出了批评，他一方面在具体分析许慎所举“令”“长”并“非外假”的基础上，正面指出“由本义而生”的“引而申之，触类而长”者，不是假借而是词义的引伸；另一方面，他充分肯定了许氏“本无其字，依声托事”的合理内核，强调“有其声而无所依以立文”的“义无所因，特借其声”者才是文字的假借。戴侗对许慎假借说的批判性继承可谓难能可贵。唐兰先生认为：“由宋以来，文字学上的改革，到他（戴侗）是集大成了。”②

（二）清代段玉裁、朱骏声的贡献

清代的段玉裁（1735—1815）显然倾向于接受和支持戴侗的观点，强调“古六书，假借以音为主，同音相代也。”“假借异义同字，其源皆在音均。”③他的贡献在两个方面：一是明确提出“凡字，有本义，有引申之义，有假借之义”，主张以与字本义有无联系作标准而把引伸与假借区别开来。二是最早运用古今音变的观念来认识假借的“依声”原则。他是先作《六书音均表》后著

① 宋·戴侗《六书通释》，《六书故》，第15—16页，第12页，上海社会科学院出版社影印本，2006年。

② 唐兰《古文字学导论》，第370页，齐鲁书社，1981年。

③ 清·段玉裁《六书音均表·三》，《说文解字注》，第832—833页，上海古籍出版社影印本，1988年。

《说文解字注》的，认为假借“依傍同声而寄”之声是字的古音而不是今音，强调“古假借必同部。”（《六书音均表·一》）且看段氏是如何以与字本义有无联系为据而把引伸假借区别开来的：

凡字有本义，有引申、假借之余义焉。守其本义而弃其余义者，其失也固；习其余义而忘其本义者，其失也弊。弊与固皆不可以治经。①

为之依形以说音义，而制字之本义昭然可知。本义既明，则用此字之声而不用此字之义者，乃可定为假借。本义明而假借亦无不明矣。

《说文解字·髟部》：“鬈，发好也。”段注：“本义谓发好，引伸为凡好之称。凡说字必用其本义，凡说经必因文求义，则于字或取本义或取引伸、假借，有不可得而必者矣。故许于毛传有直用其文者，凡毛、许说同是也。有相近而不同者，如毛曰：‘鬈，好皃’；许曰：‘发好皃。’毛曰：‘飞而下曰颉’；许曰：‘直项也。’是也。此引申之说也。有全违者，如毛曰：‘匪，文章皃’；许曰：‘器似竹匧。’毛曰：‘干，涧也’；许曰：‘犯也。’是也。此假借之说也。经传有假借，字书无假借。”②

段玉裁主张在依据字形探求本义的基础上，把引伸义与假借义区别开来。曾助段氏校刊《说文解字注》的江沅（1767—1838），对此总结得好：“本义明而后余义明，引申之义亦明，假借之义亦明。”③ 段玉裁对“鬈”字的注真是一篇精妙的小论文。他通过对许氏《说文》义与汉儒注经义的比较，首先把字书中形义统一的字本义与语境中随文而用的具体义区别开来，指出许氏“说字”是据形而求的字本义故“字书无假借”，汉儒“说经必因文求义”故“于字或取本义或取引伸、假借”义；进而明确指出与本义“相近而不同者”是引伸，与本义“全违者”才是假借。

但是，段氏反复申述的这一观点并没能够贯彻始终，他不仅有时又把引伸说成是假借，而且还提出了“引申假借”这样的术语。例如：

《说文解字·叙》：“假借者，本无其字，依声托事，令、长是也。”段注：“‘令’之本义发号也，‘长’之本义久远也。县令、县长本无字，而由发号、久远之义引申展转而为之，是谓假借。”

《说文解字·交部》：“交，交胫也。”段注：“交胫谓之交，引申之为凡交

---

① 清·段玉裁《济盈不濡轨传曰由辀以下曰轨》，《经韵楼集》，第10页，上海古籍出版社，2008年。

② 清·段玉裁《说文解字注》，第757页，第426页，上海古籍出版社影印本，1988年。

③ 清·江沅《〈说文解字注〉后叙》，段玉裁《说文解字注》，第788页，上海古籍出版社影印本，1988年。

之称。……凡两者相合曰交，皆此义之引申假借耳。”①

段玉裁时或把引伸产生的一字多义现象当作假借的这些具体说解，与他把引伸、假借区别开来的学术主张是自相矛盾的。《说文解字注》这部巨著，是段玉裁历时三十多年的呕心沥血之作，最后是在老残与贫病交加中完成的。之所以没能在定稿时完全贯彻自己的学术主张，除了迷信许说之外，历时太久，卷帙浩繁，年迈力衰也许是一个原因。但是，他毕竟反复肯定了假借的性质在于“取诸字音不取字本义”（《说文解字注·糸部·缇字》），明确地提出了以与字本义有无联系为标准把引伸与假借区别开来，并最早运用古今音变的观念来理解假借的“依声”原则。段玉裁的学术贡献功不可没。

晚于段氏半个世纪的朱骏声（1788—1885），是从学术认识到具体说解都坚持把假借引伸区别开来的清代学者。朱氏在尊重前贤以宗《说文》的基础上，坚持“后儒当为诤友，不当为媚子”的学术态度。（《说文通训定声·后叙》）他正视一字多义现象，努力在阐明本义的基础上去区分假借与引伸。指出“一字而数训者，有所以通之也。通其所可通则为转注，通其所不通则为假借。”认为一字多义有两种，由本字本训“转展引申”者是转注，如捕鱼之“网”用为蛛网、文网之“网”；与本字本训义无关者是假借，如借“宫商”、“角羽”用指五音。他在《说文通训定声》一书中的释字体例就具体贯彻了自己的学术主张：先宗“说文”以析形说解本义，继而“通训”由本义延展而来的引伸义，后据“定声”的古音而破释其假借义。这是一部从形音义三方面来综合研究汉字的力作。王力先生高度评价说：“朱骏声在中国语言学史上有很大的贡献，他的得意之作在于阐明字义的引申（他叫做“转注”）和假借。”②但朱氏的假借所纳过宽，既包含“本无正文依声托事”的假借，也包含“本有正字偶书他字”的通假，甚至还包括了“后有正字先无正字”的古今字。③

在段、朱认识的基础上，黄侃先生（1886—1935）对“本义与引申义、假借义之别”有一段精辟的论述：

凡字于形、音、义三者完全相当，谓之本义。于字之声音相当，意义相因，而于字形无关者，谓之引申义。于字之声音相当，而形、义皆无关者，谓之假借义。④

这就是说，能以形示义而形音义统一者是字本义，音同义通然形已无关者

---

① 清·段玉裁《说文解字注》，第756页，第494页，上海古籍出版社影印本，1988年。

② 王力《中国语言学的继承和发展》，《王力文集》第十六卷，第57页，山东教育出版社，1990年。

③ 清·朱骏声《说文通讯定声》，第7—13页，中华书局影印本，1984年。

④ 黄延祖重辑《黄侃国学讲义录》，第85页，中华书局，2006年。

是引伸义，读音近同但形义无关者是假借义。引伸义与假借义都是以本字的形、音为载体的，二者的区别就在于是否与字本义相因相通有联系，因为引伸义与假借义分别表示的是词源不同的同音同形词。

我们当然不能用现代语言学的眼光去要求古人。古人是立足于汉字的形义关系来认识一字多义现象的，他们把字义两分为本义与余义的认识是历史的，后三分为本义与引伸义、假借义的认识是进步的。今天讨论假借问题，固然需要弄清楚什么样的观点较为符合许慎所归纳的假借说，但研究的主要价值更应该放在：怎样去认识假借现象才比较符合更能说明汉字发展史中那段“依声托事”借字记词的历史。我们应该充分吸取许慎“本无其字，依声托事”中可贵的合理内核，坚持把研究的立足点从形义关系提高到字词关系上来，只有从词源不同的角度把一字多义现象中的引伸与假借区别开来，方才能够在汉字记录汉语的方式上认识到：假借的性质在于有词无字依音记词，即借用现成同音字作音符以兼职记录“义无所因”的同音词。

四、兼职记词的历史作用

汉字起源于以象记事的图画，进而发展成为一个一个“依类象形”乃至“比类合谊”的表形字。但逐词象形造字具有很大的局限性，既困于抽象语词的无形可象，又苦于新增语词的造之无穷。有词无字的尖锐矛盾使借字记词成为汉字发展到一定阶段的历史选择，文字符号约定俗成的标音性质则为借字记音提供了可能，人们遂借用已有的现成字作音符来记录“本无其字”的同音词，这就产生了“依声托事”的假借字。

假借字在商周甲金文中以压倒的使用频率成为当时社会用字的主体，因之涌现出了大量的同音同形词。假借虽具“依声托事”“一字数用”的兼职之功，亦有数词一字同音同形的易混之弊。因为这种一字多用的手段虽然经济，但兼职过多就丧失了文字符号的差示原则，借用普遍又难以在广大方言区流通。这就在缓解造字难的同时，削弱了文字传达信息的交际功能。汉语同音词很多的特点制约了同音假借的泛滥，汉语方言纷歧的语言环境阻止了记音字的通行。在大量使用假借字的商周甲金文中，不仅借符记音没有向一音一符发展，而且假借字逐步减少并转身走上了形声化的道路。

在湖南江永县潇水流域的妇女中，流传着一种专为女性传习使用的女书文字，方块汉字则被她们称为“男字”。江永女书是宫哲兵先生（1949—）在1982年发现的，并最早介绍到国内外学术界。汉字笔画式的女书，字体呈菱角形、斜体修长、清秀飘逸，颇具女性风格。所有字符只有点、竖、斜、弧四种笔画，可用江永土语吟诵咏唱。考察其形体结构发现，女书脱胎于方块汉字，是方块汉字的变异，是借源于方块汉字的一种再生文字。江永女书计有一千多个基本单字，其中借源于汉字而造的女书字占 80%。江永女书是世界上唯一的女性文字，现已收集到了几十万字的女书原件资料，并形成了为学界瞩目的女书学。下面就是一幅女书字：

赵丽明先生（1948—）长期从事江永女书的调查研究，她指出："女书字是一种表音文字，……是一种女性文字，……是汉语假借字发展的活标本。"调查发现：使用女书的基本上是汉族妇女，其所记录的是汉语方言中的江永土语，记录的方式是以音节为单位来记录词的语音，即直接用一个音节符号来记录一组异义的同音词。江永女书流传很久，过去的传承方式是"母传女、老传少"，"人死书焚"。是至今仍在当地的一些高龄妇女中使用的活文字，但已濒临灭亡。① 作为一种文字，女书已经完成了它的历史使命。但作为一种珍贵的文化遗产，女书值得传承应该保护。2015 年，由全体女书传人最终一致确认的 396 个女书标准字符，获得了国际标准化组织 ISO/IECJTC1/WG2 的一致通过。江永女书正式列入了国际标准字符集，实现了女书单字与其他文字的互译，这就有力地保护了女书文化的传承。②

江永女书借源于方块汉字，作为"汉语假借字发展的活标本"，它是一种以音节为单位记录汉语方言的表音文字。甲金文中的假借字与江永女书字，其所记录的一为汉语，一为汉语方言，但它们都是从形音联系入手来记录汉语或汉语方言的，都是以音节为单位记录语音的表音字。其结果，前者转身走向了形声化，后者则濒临灭亡。何以如此，值得深思。

① 赵丽明《汉字与女书》，何九盈、胡双宝、张猛主编《中国汉字文化大观》，第 115—124 页，北京大学出版社，1995 年。

② 《女书将纳入国际标准编号字符集》，《湖南日报》2017 年 4 月 27 日。

面对词汇发展与假借泛滥的尖锐矛盾，“以类附声”的形声字遂应运而生。相承而生的形声字不仅能动地适应了汉语词汇系统成系列衍生新词的发展需要，而且更好地保持和发展了汉字体系以形表意的历史传承性。形声字音义互补信息量大，以文组字能产性强，具有最优的整体功能；既分化了古字的兼职，又类化了汉字的字族，从而加强了汉字形义对应的系统性，因而很快取代假借字而发展成为汉字的主体。刘又辛先生（1913—2010）指出：“假借字在汉字发展史上曾居于很重要的地位，是汉字演变史的一个阶段”，一个“以表形字为基础、以表音字（假借字）为主体的表音文字阶段”，他强调应该从汉字历史发展的角度来认识假借字现象。①

综上所述，历代学者对假借现象的认识因立足点不同而分为两个层面：一个层面是基于汉字形义关系而认为假借是一形表多义，因而把此形所表之义分为形义统一的字本义与字本义的引伸义；一个层面是基于汉语字词关系而认为假借是一字记多词，进而把此字所记之词分为义有引伸的多义词与“义无所因”的同音词。许慎的假借说是立足于汉字形义关系的，他把本义之外的引伸看作假借，即把用多义字记录多义词的现象视为假借。宋明以来的一些学者开始把认识的立足点提高到字词关系上来。一方面从假借义与字本义有无联系入手，逐步把文字假借与词义引伸区别开来，从而站到借音记词的层面上来理解假借的“依声托事”，开始从汉字记录汉语的方式上来重新认识假借的性质了。另一方面从假借字与据义构形的“四体”字有何异同入手，逐步把依声驭形借字记词与据义构形造字记词区别开来，从而站到有词无字的层面上来理解假借的“本无其字”，开始从汉字发展史的角度来认识假借产生的原因与历史作用。

“依声托事”的记词方式，决定了假借的唯一原则是借音记词而不是词义引伸，其实质就是借用一个现成的同音字来记录某个“本无其字”的异义同音词。“依声托事”的假借，前济“依类象形”之困，使汉字得以完整地记录汉语；后架“以类附声”之桥，促汉字走上记词方式形声化的道路。在汉字数千年的演变进程之中，依声借字兼职记词的假借确曾发挥过重要的历史作用。我们应该从汉字记录汉语的方式上来认识假借字的性质，从汉字发展史的高度来认识假借字的历史地位与历史作用。

① 刘又辛《从汉字演变的历史看文字改革》，《中国语文》1957年第5期；刘又辛、方有国《汉字发展史纲要》，第321页，中国大百科全书出版社，2000年。

第七章　同音代用的通假字

本章提要：通假是古人用字不规范而留给后人的一个训诂问题，它是上古汉语主要是两汉书面语中共时异义同音字的代用现象。同音代用“写别字”的通假是当时规范化水平较低的历史产物，是汉字发展进程中的一种消极因素，其实质就是假借依声借字兼职记词的造字原则在后世用字习俗上的泛滥。在训诂研究中，通假范围扩大化是一个由来已久的问题，常因穿凿附会而致误解。在明确通假性质的基础上，如何圈定通假的外延而将它与假借字、同源字、古今字等同音字逐一辨析区别开来，是一项颇有意义的工作。通假现象早在西汉就为人注意而开始注释，历代学者是围绕着改读古音找出本字以释其义来研究通假的。判释通假有两条标准，一是必须古音相同，二是要有共时旁证。这种“以音载义”的认识与“因声求义”的方法，这种古今音变的认识与“就古音以求古义”的方法，旨在冲破字形的束缚以探究汉字与所记之词的音义联系，即“透过文字看出它所代表的词”。正是古音通假说的深入研究，把清代的小学研究推向了中国古代语言文字研究的高峰。

通假是由于古人用字不规范而形成的一个训诂问题，通假的研究始于汉代经师对先秦古籍的整理训释，古音通假说形成于小学兴盛的有清一代。古音通假说是建立在“以声载义”的深刻认识和“因声求义”的科学方法的基础之上的，它的深入研究和广泛应用，不仅使古籍的注释疏解提高到了一个新水平，而且把中国古代语言学的发展推向了一个新阶段。

一、缺乏规范的同音代用

（一）两分假借的必要与可能

关于假借、通假的异同历来存在着不同的看法。争论的焦点有二：一是二者的性质是否不同，是否有区分的必要；二是有没有可行的区分方法，是否有区分的可能。

关于假借、通假的关系及其不同的性质、作用，清代学者从理论上进行了讨论：

段玉裁：“本有字而代之，与本无字有异。……大抵假借之始，始于本无其字；及其后也，既有其字矣，而多为假借。”“汉人用同音字代本字，既乃不知有本字。所谓本有其字，依声托事者然也。”①

王引之：盖无本字而后假借他字，此谓造作文字之始也。至于经典古字声近而通，则有不限于无字之假借者。往往本字见存，而古本则不用本字而用同声之字。②

侯康：何谓本？制字之假借是也。何谓末？用字之假借是也。二者相似而实不同。制字之假借是本无其字，而依托一事之声或事以当之，以一字为二字者也。用字之假借是既有此字复有彼字，音义略同因而通假，合二字为一字者也。③

段玉裁（1735—1815）、王引之（1766—1834）、侯康（1798—1837）是年龄递次小30多岁的三代学者，他们都认为有两种不同的假借。段玉裁用一字之易的方式最先给通假下定义：“本有其字，依声托事”；王引之《述闻》所论

① 清·段玉裁《说文解字注》，第756—757页，第732页，上海古籍出版社影印本，1988年。

② 清·王引之《经文假借》，王引之《经义述闻（三）》，第3037页，山东友谊书社影印本，1990年。

③ 清·侯康《说文假借例释》，丁福保编纂《说文解字诂林》第一册，第221页，中华书局，1988年。

当是与其父王念孙的共同观点；而稍晚的侯康则直接把“用字之假借”改称为了“通假”。

三人的认识大致如下：第一，认为假借、通假都是同音借字，但在“依声托事”原则的运用上有“始”与“后”、“本”与“末”的源流关系。第二，认为通假的性质是“本字见存，……不用本字而用同声之字”，即已有专用字不用而用同音字。第三，认为假借、通假“相似而实不同”，其区别一在于记词是否有本字，假借是“本无其字”而“以一字为二字”，通假是“本有其字”而“合二字为一字”；二在于是造字还是用字，假借是“造作文字之始”的造字方法，通假是其后“不用本字而用同声之字”的用字习俗。这就不仅说明了二者在“依声托事”原则上的相同相承关系，而且从性质、作用上把假借、通假区别开来了。

“司徒”“司空”“司马”，是早在西周就设立的分掌三司的大臣职位。《诗经·大雅·绵》：“乃召司空，乃召司徒，俾立室家。”司徒主管土地户籍，其职相当于后世的户部尚书。司空主管工程营建，其职相当于后世的工部尚书。就其职官之名与所掌之事来看，可谓名实不副。杨树达先生（1885—1956）考证指出：“《说文》徒从土声，窃谓司徒即司土”；“《说文》空从工声，司空即司工也。”① “司徒”“司空”在西周金文中原本就多写作“司土”“司工”的，如西周中期的《盠方彝》：“参（三）有司：司土、司马、司工。”查《金文引得》发现：在现有西周金文中，“司徒”一词计 25 见，20 见是“司土”，5 见为“司徒”；“司空”一词计 8 见，全都写作“司工”。② 后来有“土”字不用而用“徒”，有“工”字不用而用“空”，这就是同音代用的通假。“司徒”“司空”只不过因为是官职专称才约定俗成地沿用下来，而不少通假字则在后世传抄中被改写为了专用的本字。

寤/牾　《左传·隐公元年》：“庄公寤生，惊姜氏，故名曰寤生，遂恶之。”杜注：“寐寤而庄公已生，故惊而恶之。”③ “寤”义睡醒，杜注之意为：一觉睡醒庄公已生。此解可谓有悖情理，妇女生产谁会这般轻松；更是于文不通，既顺产如此又何来之“惊”何生之“恶”？其实，司马迁（前 145—前 90）早就从史实的角度说明了“寤生”就是难产。《史记·郑世家》：“（武姜）生太子寤生，生之难。及生，夫人弗爱。”明代吴元满训释说：“据文理，寤当作

① 杨树达《司徒司马司空释名》，杨树达《积微居小学述林》，第 242—244 页，科学出版社，1954 年。

② 华东师范大学中国文字研究与应用中心编《金文引得（殷商西周卷）》，广西教育出版社，2001 年。

③ 清·阮元校刻《十三经注疏》下册，第 1715 页，中华书局影印本，1980 年。

逜，音同而字讹。逜者，逆也。凡妇人产子，首先出者为顺，足先出者为逆。庄公盖逆生，所以惊姜氏。”[①]“寤”“逜”是异义同音字，《广韵》都注为五故切，上古是同属疑母鱼部的双声叠韵字。

能/而　《诗经·卫风·芄兰》：“虽则佩觿，能不我知。”郑笺、孔疏都把诗中的“能”解作“才能”。王引之指出：“‘能’乃语词之转，亦非才能之‘能’也。‘能’当读为‘而’。言童子虽则佩觿（一种成人佩饰）而实不与我相知。……古字多借‘能’为‘而’。”[②] 而，日母之部；能，泥母之部。古声泥日相近，二字在上古是声纽相近的叠韵字。

“寤”之用为“牾”、“能”之用为“而”，这就是同音通假。它们是“本字见存”的临时代用，借字与本字在意义上毫无引伸关系，在字形上亦无必然联系。一旦离开了特定的语言环境，无论是“寤”还是“能”，都没有了“牾”或是“而”的意义和用法，更说不上分担本字的兼职了。

赵振铎先生（1928—）指出：“假借和通假，前者是‘本无其字，依声托事’；后者是‘本有其字，同音假用’。它们的界限应该是清楚的。”[③] 造字的假借属文字学范畴，用字的通假属训诂学范畴。形义分离而义存于音，是假借与通假的共同特点；是有词无字同音兼职的造字，还是已有本字同音代替的用字，是区分假借、通假的标准。坚持这个标准并充分利用前贤时修的研究成果，是可以把大部分假借、通假区分开来的。由于汉字的历史悠久、数量太多尤其是关系的复杂，有些相关字的孰先孰后、孰本孰借，确实还弄不清楚，要辨析其是无本字的假借还是有本字的通假一时还相当困难。但是，随着各种大型古代汉语断代文献语料库的建设与扩展，随着古汉字谱系的建立与完善，随着更多地下古文字资料的出土，区分这部分假借、通假字的研究工作是会不断取得进展的。

（二）古音通假的性质与作用

随着古字兼职的分化，很多“本无其字”的假借字通过“以类附声”而成为表意的形声字，但同音通用的通假字却在秦汉时期泛滥开来。据伍宗文先生（1945—）的统计分析，《汉语大字典》第八卷所附《通假字表稿》收“通假字一共 2084 个，它们和 2294 个本字共通假 3140 次（对）。《汉语大字典》共收字约 56000 个，有通假义项的字不足 4%。但是，如果与先秦典籍中的常用字

① 明·焦竑《焦氏笔乘》，第 331 页，上海古籍出版社，1986 年。
② 清·王引之《经义述闻（一）》，第 525 页，山东友谊书社影印本，1990 年。
③ 赵振铎《中国语言学史》，第 579 页，河北教育出版社，2000 年。

相较，却达到五分之一。”认为“古书中的文字通假现象，多数发生在汉字的常用字圈之中。”[①] 钱玄先生（1910—1999）指出：“现有《老子》（据唐·傅奕校定《道德经古本篇》）5500余字，其中用通借字30余个，不足百分之一；马王堆帛书《老子》乙本用通借字320个，占百分之六。……这些帛书简牍比较接近先秦的古本，从这里可以看到先秦古书中使用通借字的实际情况。”[②] 伍、钱二位先生提供的数据，一是静态的系统计量，一是动态的抽样统计，其认识互补地说明了：古书中的同音通假不仅多发生在上古的常用字中，而且常用字用作通假的动态频率是相当高的。

许慎（约54—约125）编纂《说文解字》这部开创性的字典，所取材料是早就定形为历史而处于库存状态的小篆字，研究的重点在于用形义统一的原则以分析字形说解本义。略晚于许慎的郑玄毕生致力于整理传写下来的先秦典籍，面对缺乏规范正在流通的现行社会用字，他从中发现和认识到了另一种现象：

> 郑康成云：“其始书之也，仓卒无其字，或以音类比方假借为之，趣于近之而已。受之者非一邦之人，人用其乡，同言异字，同字异言，于兹遂生矣。”[③]

郑玄（127—200）的“以音类比方假借为之，趣于近之而已”，与许慎的“本无其字，依声托事”，显然并不完全是同一回事。郑玄所说的“假借”是秦汉时期汉语书面语用字中一种同音代用的社会习俗，即后人所谓的“通假”。通，据同音而通用；假，拉别字以替代。所谓通假者，“本字现存”不用而“用同声之字”也。即在记写已有专用字的同音词时，临时或习惯性地拉用了别的异义同音字。

由于同音借用的原理相同，所以古人亦习惯地称通假为假借。关于通假泛滥的原因，前贤多有论述，其主要观点如下：一曰口耳相传，记写失误。如朱骏声（1788—1885）：“假借滥于秦火，传写杂而失真。”[④] 二曰方音有异，字随音变。如郑玄：“受之者非一邦之人，人用其乡，同言异字，同字异言，于兹遂生矣。”[⑤] 三曰经籍传抄，积非成是。如段玉裁：“至于经传子史，不用本字而好用假借字，此或古古积传，或转写变易。”[⑥] 四曰缺乏规范，写了别字。

① 伍宗文《通假字和〈通假字表稿〉》，上海辞书出版社《辞书研究》1991年第1期。
② 钱玄《秦汉帛书简赎中的通借字》，《南京师范学院学报》1980年第3期。
③ 唐·陆德明《经典释文》，第2页，中华书局影印本，1983年。
④ 清·朱骏声《说文通训定声》，第4页，中华书局影印本，1984年。
⑤ 唐·陆德明《经典释文》，第2页，中华书局影印本，1983年。
⑥ 清·段玉裁《说文解字注》，第757页，上海古籍出版社影印本，1988年。

如陈澧（1810—1882）：“汉人用字多通借。……实以无分部之字书，故致于歧异耳。《说文》既出，而用通借字者少矣。”① 五曰古音通假，多出汉代。如段玉裁：“汉人用同音字代本字。”

“非”字早在甲骨文一期即已出现，且在卜辞、金文中就多用作否定词；“匪”字在金文中则仅见于战国早期的《中山王壶》。《说文解字·匚部》：“匪，器，似竹筐。从匚，非声。”“匪”字原本指称古代一种似竹筐的器具，因多用作借字，后为其本义再另造“篚”字。据笔者所查，“非”这个否定词在《诗经》中计出现78见，除《小雅·北山》的“溥天之下，莫非王土；率土之滨，莫非王臣”中的2见为“非”字之外，其余76见都用的是“匪”字。像这样在某部古籍中普遍用某个通假字来代替本字的现象，无论如何都难以用“仓卒无其字”时的临时拉用来解释了，这只能认为是因古籍最初记写者的正字水平与用字习惯所形成的一种断代性质的用字习俗。

关于通假的性质，章太炎先生（1869—1936）是这样定义的：“夫同声通用，别字之异名耳。……同声通用，非《说文》所谓假借。”② 王力先生（1900—1986）亦认为，已有本字的“古音通假，说穿了就是古人写别字”，写了“声近而误的别字”。③ 古字通假在甲金文中就已存在，但问题的突出则出现在两汉时期。先秦古籍因秦始皇焚书坑儒而散失，数十年之后才进行抢救性搜集，而且大多是靠年迈经师的忆诵而笔记下来的。在口耳相传的记写过程中自然难免会有失误：或如郑玄所说，“仓卒无其字”而代之以同音字；或如《诗经》中的以“匪”代“非”，因记写者的用字习惯而写了同音字。有词无字者借之，其词有字者亦借之，取其音同可通而已。记写成册就成为了经典，而经典是只能作注不敢改字的，遂积非成是相沿成为了一个时代的用字习俗，成为了同一历史平面上社会用字的同音通假现象。正如陈澧、朱骏声所说，通假在汉代泛滥的根本原因，是上古社会用字规范化的水平较低。在秦皇焚书原本不存的特定历史条件下，只能口传手写而且方音有异，既缺乏正字意识，更缺乏用字标准，同音通假于兹遂生。

林沄先生（1939—）说得好：“汉语中同音词很多，究竟哪个词应该用哪个专用符号记录，是约定俗成的。所谓通假，就是不按约定俗成的限制而用同音代用的方法来记录语言。……先秦时代的文字远不如后代规范化，专用字的

① 清·陈澧《东塾读书记》，第209页，上海古籍出版社，2012年。
② 章太炎《小学略说》，章太炎《国学略说》，第13—14页，上海文艺出版社，2001年。
③ 王力《训诂学上的一些问题》，《中国语文》1962年第1期。

限定并不像后代那么严格，使用通假字的现象是比较常见的。”① 随着《说文解字》等字书、韵书对汉字形音义的明确规范，经过汉魏的刊刻石经等行政提倡，加之形声字的大批涌现，尤其是后来印刷术的发明应用，因而两汉以后尽管汉字的数量成倍增长，而通假字的使用却大为减少了。

通假是上古汉语书面语言中共时异义同音字的代用，是同一历史平面上社会用字中的形义分离现象。这种断代性质的同音代用是当时规范化水平较低的历史产物，是汉字发展进程中的一种具有消极作用的因素，其实质就是假借依声借字兼职记词的造字原则在汉代用字习俗上的泛滥。尽管通假在汉代的泛滥有其特殊的历史原因，但这种用字的随意化毕竟冲击了文字的社会性，它不仅影响了当时的书面交际，而且使后世多少学者为破字明经而殚精竭虑。需要指出的是，汉字是据义构形形兼音义的表意文字，形义分离的通假成为阅读障碍的现象，从反面说明了汉字的表意性质以及我们民族对这种表意性的认同程度；另一方面，通假字继假借字之后再一次对汉字据义构形的传统体制发起冲击，亦反映了汉字在一定历史阶段曾表现出的试图摆脱字形束缚的表音趋势。

正如陈原先生（1918—2004）指出的那样，语言文字中非规范化因素对规范化的冲击，既有“消极的作用，又产生了积极的作用。”② 同音代用的通假在冲击汉字规范化的同时，也因影响了文字交流信息、传承文化的功用而从反面促进了汉字的正字规范。具有正字性质的《说文解字》，就是在“人用己私，是非无正”这样的社会用字背景下产生的。后世或注重单个汉字形音义的解释以“明经致用”，或致力于定形正音辨义而“匡谬正俗”，都表现出了较强的规范意识。

二、需要圈定的通假外延

通假范围扩大化是一个由来已久的问题。王力先生指出，“古音通假的误解和滥用害处很大”，有些学者在古音通假上“往往陷于穿凿附会而不自觉，这是非常令人感到遗憾的事。”③ 因此，在明确通假性质的基础上，如何圈定通假的外延而将它与假借字、同源字、古今字等同音字区别开来，就是一项颇有意义的工作了，这在字典编纂、古籍注释、古文教学等方面尤其有应用价值。

① 林沄《古文字研究简论》，第31页，吉林大学出版社，1986年。
② 陈原《社会语言学专题四讲》，第11页，语文出版社，1988年。
③ 王力《训诂学上的一些问题》，《中国语文》1962年第1期。

（一）能够讲得通的本字不是通假

章太炎先生（1869—1936）讲："诠释旧文，不宜离已有之训诂而臆造新解。"黄侃先生（1886—1935）说："读古书当潜心考索文义，不必骤言通假。"① 试举例以为说明。

《左传·文公十七年》："古人有言曰：'畏首畏尾，身其余几？'又曰：'鹿死不择音。'"杜注："音，所茠荫之处。古字声同皆相假借。"孔疏引服虔云："鹿得美草，呦呦相呼。至于困迫将死，不暇复择善音，急之至也。"②

句中的"音"列有两解。一以杜预为是，认为"音"是"荫"的通假字，"言鹿死不择庇荫之处，喻己不择所从之国。"一以服虔为是，认为"音"即如字讲作声音，谓将死之鹿"不暇复择善音"，喻小国被逼也会急不择路。《左传》的这个句子是郑国公子归生给晋国的一封信中所引用的古语。时"晋侯不见郑伯，以为贰于楚也。"归生在信中先一一列述郑国尽力事晋已"蔑以过之"的事实，再引用古语"畏首畏尾，身其余几"与"鹿死不择音"为喻，最后才说出大国若不能以德相待，小国则只能如困迫之鹿，"铤而走险，急何能择？"

杨伯峻先生（1909—1992）注此字，先举证《庄子·人间世》："兽死不择音，气息茀然。"指出"先秦人实解'音'为声音。"又举证《后汉书·皇甫规传》所载其上疏自讼语："臣虽污秽，廉洁无闻。今见覆没，耻痛实深。传称'鹿死不择音'，谨冒昧略上。"认为"以'音'为声音，则服（虔）说合本义。"③ 赵振铎先生再举左思《三都赋》两用此典为证，《吴都赋》："鸟不择木，兽不择音。"《魏都赋》："栖者择木，雊者择音。"指出其中的"'音'都作如字讲，没有用通假。杜预作通假未必合适。字典不必采用，'音'字下面不必据此列通假义项。"作为《汉语大字典》的常务副主编，赵先生明确主张："如果上下文已经文从字顺，或者利用字的引申义可以讲得通，就不必再作为通假处理。"④

（二）本无其字的假借字不是通假

假借是"本无其字"同音兼职的造字方法，它一字记二词，有效缓解了上古有词无字的矛盾；通假是"本有其字"同音替代的用字习俗，它一词用二

① 《黄侃国学讲义录》，第273页，第272页，中华书局，2006年。
② 清·阮元校刻《十三经注疏》下册，第1860页，中华书局影印本，1980年
③ 杨伯峻《春秋左传注》第二册，第626页，中华书局，1981年。
④ 赵振铎《字的通假义》，上海辞书出版社《辞书研究》1991年第1期。

字，直接造成了后世的阅读障碍。“本无其字”的假借字后来的走向可大分为三：一是借义行而本义废的“反客为主”，假借义成为了基本义，假借字成为了专用字。二是借义与本义并用的“宾主同堂”，其假借义后来成为了该字的常用义。三是很多假借义后通过“以类附声”而有了表义的专职字，这就是所谓“后出的本字”。如“乌”的叹词义后加“口”而为“呜”，“胃”的诉说义后加“言”而为“谓”。

由于性质、作用各别，所以通假字与假借字在形音义诸方面都有着显著的区别性特征。

字形上，假借字既借音又借形，以一字记二词。汝水本是淮河一支流，后借“汝”字来记录第二人称代词“汝”，就是用同一个书写符号来记录两个异义同音词。通假则只借音不借形，以二字记一词。如《论语·阳货》：“归孔子豚。”拉用“归”作“馈”，这就是用两个异义同音字来记录同一个词。

字音上，假借字与正字因同形而同音，即使音变也多一变俱变，后虽也有随声分义的，但毕竟为数较少。借用耳朵义的“耳”字来记录而已义的“耳”，二“耳”上古同为日母之部，中古亦同步而为日母止韵，两义并行都是常用义但始终同音。通假字与本字形体各异，混用时尚音同或音近，音变过程中却不一定同步。“锡”上古不时混用作“赐”，其时二字皆为心母锡部；到了中古，“锡”是心母锡韵的入声字，“赐”是心母寘韵的去声字，上古的双声叠韵字在中古不再同韵而有了明显的差异。

字义上，假借字除有后造的今字那部分之外属于永久性借用。如负荷义的“何”借来记录疑问代词“何”后，其假借义渐次成为了该字的基本义而使用至今。通假字则属临时性拉用，只有进入语用环境才有所谓的通假字，一旦离开具有通假关系的特定语言环境，也就没有了所谓的通假义。《战国策·秦三》：“吴王夫差无適于天下。”其中本该用“敵”字的地方却混用为了同声符的“適”，而“適”字一但离开了这特定的语境，也就没有了这“敵”的意义。

如“我”“雅”这样一直使用下来的那些假借字，由于没有本字，其义多上升为常用义，其字多成为专用字；真正造成后世阅读障碍的是那种临时代用的通假字。通假字不是独立的而是相对于本字出现的，完全是一种形义分离的用字现象。它与本字并存混用，使用时的字义与语境风马牛不相及，常常使人误解附会。由于形义分离不借形义只借音，由于并非兼职而只是临时借用，因而通假字既不能如表意字那样能以形示义，其义也不是如假借字那样的约定之义，这就大大削弱了它作为文字符号的交际功能而成为了阅读的障碍。从汉字发展史的角度看，假借、通假虽有相承联系但性质作用并不相同，是不能混为一谈的，确有必要把二者区分开来。

（三）声近义通的同源字不是通假

黄侃先生说得好："凡读古书，遇有所疑，须展转求通，勿轻改易。"[①] 汉字具有表意性，古书中通假所占的比例毕竟较小。一个字的本义与其引伸义、同源字义是相因相通的，不能因一时解读有困难，就轻易臆断其是同音异义的通假，因为这不符合上古的语言事实。

朱骏声："監，临下也。从臥，衉省声。……［假借］为'鑑'，实为'镜'。""鑑，大盆也。从金，监声。……［假借］为'镜'。"[②]

徐灏："鑑，古只作'監'，从皿以盛水也，因其可以照形而监察之义生焉。其后范铜为之而用以照形者，亦谓之'鑑'，声转为'镜'。"[③]

朱骏声（1788—1858）对"監""鑑"二字的析形说义部分引自《说文解字》。许慎没有看到"監"的甲金文字形，故析形错误，释义亦非本义。至于"鑑"字之所以从"金"，是因为鑑这种主要用于盛水照容的"大盆"是青铜制成的，后则用指青铜制成的铜镜。朱骏声本是注重以字本义为据把假借引伸区别开来的，但他释"監"时是以析形释义有误的许说为据，这就失去了正确区分假借、引伸的基础，因而认为"監"是"鑑"的假借字，"鑑"是"镜"的假借字。徐灏（1810—1879）深受王筠（1784—1854）关于分别文、累增字认识的影响，进而提出了"造字相承增偏旁"（《说文解字注笺·示部·佑字》）的观点。他把这个观点应用于《说文解字注笺》，不少分析因而颇具历史眼光。他就看到了"監""鑑""镜"是时有古今的同源分化：以"金"附"監"增旁造"鑑"字以分其引伸义，易"監"为"竟"声转为"镜"字而专其名词义。

監，甲骨文为，是个从皿从見的会意字。金文为，其"见"已趋分裂然仍存"见"形，"皿"中更增点以示所盛之水。小篆演变为，原来的"見"已判然分离为臣（目）、人两部件，照容本意隐而不显，许慎因此析形失误。此字甲金文构形所示显然不是名物之形，而是行为之状，表示了人俯盆旁临水照容的行为。如《尚书·酒诰》："人无于水監，当于民監。"孔传："视水见己形。"这个"于水監"，就用的是"監"字临水照容的本义。"監"的名词义是有了专门的盛水照容器具之后才逐步引伸出来的，再后来为这个引伸义造了一个区别字"鑑"。如《左传·庄公二十一年》："郑伯之享王也，王以后之鞶鑑予之。"孔疏："鑑是镜也。"此鑑当已指铜镜了。但"鑑"字远晚于"監"，是

---

① 《黄侃国学讲义录》，第271页，中华书局，2006年。

② 清·朱骏声《说文通训定声》，第444页，第446页，中华书局影印本，1984年。

③ 丁福保编纂《说文解字诂林》第十五册，第13494页，中华书局影印本，1988年。

在春秋晚期金文中才出现的，如《吴王夫差鑑》《蔡侯鑑》。“鑑”字后来又有了一个变左右结构为上下结构的异体字“鑒”，并逐步取代了“鑑”，今简作“鉴”。《广韵·鉴韵》：“鑒，同上（鑑）。”亦可用作照容义，如《庄子·德充符》：“人莫鑒于流水而鑒于止水。”“鑑/鑒”本是为分化“監”的名词义而造的区别字，但在使用中亦表照容义，真正把照容之器义分化出去的专职字是始见于小篆的“镜”。

“監”“鑑”“镜”三字虽都收入《说文解字》，但却是先后产生在甲文、金文、小篆三个递差几百年的不同时代。“監”是临水照容义的本字，后引伸出照容之器的名词义；“鑑”是后来用“以类附声”方式为“監”的名词义所造的区别字，但也表照容的动词义；再后的“镜”是在“鑑”字基础上更易声符而真正专指照容之器的区别字。“監”照容的本义后来为另一个“照”字取代，其引伸出的照容之器义用“镜”字专称。“監”字则由照容须细看的特点出发，沿着察看义的方向由实而虚地延展出了一些引伸义，亦随之孳乳产生了几个职有分工的区别字：“監”字主要表示从旁临下的察看义，如监视、监察、监督、监管一类；取代了“鑑”的“鉴”字主要表示细致深入的察看义，如鉴别、鉴定、鉴赏、鉴戒一类。王力先生就是把“監”“鑑/鑒”“镜”当作一组同源词、同源字来看待的。[①] 因为，以语言学的观点看，它们是音近义通职有分工的同源派生词；从文字学的角度看，它们是义有引伸形则相承的孳乳分化字。

关于这三个字的关系，徐灏的意见是基本正确的；朱骏声把后出的“鑑”视为“監”的本字，把再后出的“镜”视为“鑑”的本字，则是倒流为源了。利用《说文解字》析形说义，一定要用已有的古文字研究成果加以验证，否则便有可能出现如朱骏声在这组字上那样的失误；注释古籍编纂字典，一定不要把音同义通的引伸义、同源字甚至本字本义当作同音异义的通假。因为这两种情况都“是非常令人感到遗憾的事”。

（四）相承孳乳的古今字不是通假

向光忠先生（1933—2012）指出：“东汉经学家郑玄笺注典籍所用的‘古今字’的术语，尔后历代沿用，指称不尽相同。在训诂学中，‘古今字’原指古今用字的相异现象；在文字学中，‘古今字’则指古今造字的相承关系。”[②] 通假是共时异义同音字之间的一种代用现象，它根本区别于古今字之处就在于

① 王力《同源字典》，第345页，商务印书馆，1987年。

② 向光忠《古汉语文字学研究述评》，刘坚、侯精一主编《中国语文研究四十年纪念文集》，第369页，北京语言学院出版社，1993年。

是共时代用而不是相承孳乳。文字学中的古今字起因于语词增多，结果于兼职分化而产生新字。而通假的泛滥并不是因为语词的增加而是由于用字的随意化，通假的结果也没有造出新字而是从反面促进了用字的规范化。

曹先擢先生（1932—）、赵振铎先生指出，构成通假的一个重要条件是两字必须同时并存。

曹先擢：通假字是指两个字的通用假借，它是共时的，时间上是横向的；而古今字是由历史发展造成的，时间上是纵向的。如果把古今字误解为通假字，也就是把字的纵向发展看成了横向的通假，……歪曲了古人用字的实际情况。①

赵振铎：通假必须两字同时并存。它是同一历史平面上用字的分歧现象，这样甲字才能够代替乙字，乙字也才能够代替甲字，才能够构成通假。这个条件很重要，它可以把古今字、假借字和通假字区别开。②

古今字之间加旁分化的孳乳关系决定了它们不可能同时出现，而只能是一种相承而生的历时现象。可以根据是造字还是用字、是历时还是共时、是职的分工还是临时代用这样三条标准，把古今字与通假字区别开来。可以说，二者除了在古音相同这一点上有所交叉外，其内涵是迥然不同的。

试以常为人们视作通假字的两组字以为说明。

说/悦　《易传·序卦》："兑者，说也。"《说文解字·儿部》："兑，说也。"段玉裁注："说者，今之悦字。"如《易经·兑卦》："和兑。吉。"马王堆帛书《战国纵横家书·苏秦自赵献书于齐王章》："燕王甚兑。"可见，"悦"字最早作"兑"。段玉裁注："兑，易直也。此引申之义。"段误，"易值"兑换应是"兑"的假借义。由于"兑"为假借义所夺，则增符为本义另造"说"字。《说文解字·言部》："说，说释也。从言兑。一曰谈说。"段玉裁注："说释即悦怿。说悦、释怿皆古今字。许书无悦怿二字也，说释者，开解之意，故为喜悦。"张舜徽先生（1911—1992）指出："造字之初，喜悦字皆但作兑，以言辞服人使之喜悦，则谓之说。"③ 后为区别"谈说"义，遂易符而为"悦"字。现将其孳乳分化源流图示如下：

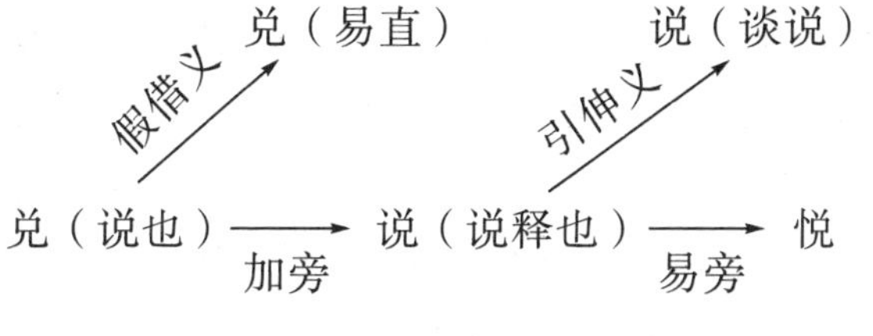

① 曹先擢《通假字的识别》，《语文研究》1982 年第 2 期。
② 赵振铎《训诂学纲要》，第 122 页，陕西人民出版社，1987 年。
③ 张舜徽《说文解字约注》第一册，第 554 页，华中师范大学出版社，2009 年。

“兑”字本义喜悦，其字为假借义“易直（值）”所夺，遂增符而为“说”；“说”字为引伸义“谈说”所专，再易符而为“悦”。其间的孳乳关系、职能分工如此复杂，岂是一个同音代用的通假就能说明得了的！

见/现　《说文解字·见部》：“见，视也。”由此视彼是为“见”，彼露于此则为“现”了，“现”是“见”的引伸义。如《战国策·燕三》：“图穷而匕首见。”后义项独立遂用“现”字表示。据《集韵》所释，“现”义本为“玉光”或“石之次玉者”，后被用作分化“见”字兼职的区别字。“现”字出现较晚，《广韵·霰韵》：“见，视也，古电切”；“见，露也，胡甸切。现，俗。”不说古字“见”原本就具有显露义，而说“见”通“现”。试问：“现”字尚未问世，“见”将从何通起？把历时的古今字看作共时的通假字，不仅掩盖了汉字的孳乳关系，而且也不符合汉字发展的历史事实。

古今字的分化是一种渐进性的历史现象，记词职能的分工需要一个约定俗成的过程，加之一些文人的执意仿古，所以在今字产生之后仍然有人使用古字。但这只不过是一种用字习惯的残留，是仿古性质的沿用罢了。

1980年代在关于通假字的讨论中，人们还认识到了科学统一有关标志性术语的重要性，并逐步取得了这样的共识：用“甲，同乙”来标志异体字，用“甲，通乙”来标志通假字，用“甲，后作乙”来标志古今字等有历时关系的字。至于沿用至今的假借字，其义或“反客为主”已成为基本义，或“宾主同堂”而成为常用义，一般就不作标注了。这些标志性术语在古籍、教材的注释和字典中的统一使用，不仅提高了注释的科学性，而且大有利于读者的使用。

三、因声求义的破释方法

（一）通假研究的历史发展

先秦古书中的通假现象很早就为汉代经师所注意，并开始了对通假字的研究与注释。王念孙（1744—1832）指出：“毛公《诗》传，多易假借之字而训以本字，已开改读之先。至康成笺《诗》注《礼》，屡云‘某读为某’，而假借之例大明。”① 刘又辛先生（1913—2010）认为：“由于汉字的特殊性，字和词的关系常常非常复杂。”分析字词关系的第一目的在于“设法透过文字看出它所代表的词”。只有“排除文字障，才能透过文字抓住词语。”②

① 清·王引之《经义述闻》，第2页，江苏古籍出版社影印车，1985年。

② 刘又辛、李茂康《训诂学新论》，第111页，第125页，巴蜀书社，1989年。

历代学者在破释通假的具体研究中不断探索，逐步从理论上认识到了汉字所记之词的音义关系。

《诗经·豳风·破斧》："周公东征，四国是皇。"西汉·毛亨传："皇，匡也。"

《礼记·儒行》："虽危，起居竟信其志。"东汉·郑玄注："信，读如屈伸之'伸'，假借字也。"

《汉书·司马迁传》："此人皆身至王侯将相声闻邻国，及罪至罔加不能引决自财。"唐·颜师古注："'财'与'裁'同，古通用字。"

北宋·丁度：凡经史用字，类多假借。今字各着义，则假借难同，故但言："通作某"。①

宋末·戴侗：夫文字之用莫博于谐声，莫变于假借，因文以求义而不知因声以求义，吾未见其能尽文字之情也。②

明·陈第：盖时有古今，地有南北，字有更革，音有转移，亦势所必至。③

清·钱大昕：古人以音载义，后人区音与义而二之。音声之不通而空言义理，吾未见其精于义也。④

清·王念孙：诂训之旨本于声音，故有声同字异、声近义同。……今则就古音以求古义，引伸触类，不限形体。⑤

从西汉毛亨的"易字"到东汉郑玄的"改读"，从唐代颜师古（581—645）的"通用"到北宋丁度（990—1053）的"通作某"，都是围绕着改读而破其字、易字以释其义来研究通假的。古人在研究通假时所用的一个"破"字，实在十分精妙。为历时音变而改读古音曰"破读"，因同音代用而改为本字曰"破字"，所谓"破释"通假，就是改读古音、改为本字以释其通假义。这种抓住古音近同以破读找本字的研究，其实质就是冲破字形的束缚以探究文字与所记之词的音义联系，就是刘又辛先生所强调的"透过文字看出它所代表的词"。

正是在历代学者对假借、通假、声训、右文等问题不断探索的基础上，宋末元初的戴侗（1200—1284）终于从理论上把这种方法明确地总结为"因声以求义"，明末的陈第（1541—1617）正式提出了古今音变南北音异的语言历史

① 宋·丁度等编《宋刻集韵》，第1页，中华书局影印本，1989年。

② 宋·戴侗《六书通释》，戴侗《六书故》，第12页，上海社会科学院出版社影印本，2006年。

③ 明·陈第《毛诗古音考·自序》，陈第《毛诗古音考》，第1页，中华书局影印本，1991年。

④ 清·钱大昕《〈六书音均表〉序》，段玉裁《说文解字注》，第804页，上海古籍出版社影印本，1988年。

⑤ 清·钱大昕《〈六书音均表〉序》，王念孙《广雅疏证》，第1页，江苏古籍出版社影印本，1984年。

发展观，清人钱大昕（1728—1804）则把语词的音义关系归纳为“以音载义”，王念孙进一步强调了“就古音以求古义”。这几位学者对中国古代语言学的发展作出了大贡献。这种“以音载义”的认识与“因声求义”的方法，这种古今音变的认识与“就古音以求古义”的方法，在有清一代得到了普遍的认同与深入的应用。从而把清代的小学研究推向了中国古代语言文字研究的高峰，在各个方面都取得了突破性的重大进展。

（二）判释通假的基本标准

王国维先生（1877—1927）最早较为系统地论述了考释古文字的方法。他强调古文字的考释不能孤立地进行，要注重比较研究和综合考察。他指出：

> 古代文字，假借至多。自周至汉，音亦屡变。……苟考之史实与制度文物，以知其时代之情状；本之《诗》《书》，以考其文之义例；考之古音，以通其义之假借；参之彝器，以验其文字之变化。由此而之彼，即甲以推乙，则于字之不可释，义之不可通者，必间有获焉。[①]

王生生所总结的这四种考释古文字的方法，也适用于通假的判释。其中古音根据和古籍证据，是通假成立不可或缺的两条基本标准。

第一，通假必须古音相同。

既然是“本有其字，依声托事”，代用的通假字当然必须与本字读音相同；但“时有古今”，“音有转移”，所以二字的音同只能是上古音相同。正如朱骏声所说：“不明古音者，不足以识假借。”[②] 因此，古音相同是通假得以成立的首要条件。例如“崇/终”、“直/特”：

> 《诗经·卫风·河广》：“谁谓宋远？曾不崇朝。”郑笺：“崇，终也。行不终朝亦喻近。”《说文通训定声·丰部》：“崇，嵬高也。[假借] 为终。”

> 《孟子·梁惠王上》：“直不百步耳，是亦走也。”《说文通训定声·颐部》：“直，正见也。[假借] 为特。”

“崇/终”二字今音是韵同而声母有异的近音字，上古“崇”在崇母东部，“终”在章母东部，叠韵且同为齿纽。“直/特”二字今音声韵皆异，上古却同在定母职部，是双声兼叠韵的关系。无论今音近同还是大异，凡构成通假关系的一对字，其上古音必定是相同相近的。所谓音同可放宽理解为叠韵兼双声（当然包括等呼一致的同音字），而音近则主要指双声且韵可转或叠韵且声类近。因为两

---

① 王国维《毛公鼎考释·序》，王国维《观堂集林（外二种）》，第 145 页，河北教育出版社，2003 年。

② 清·朱骏声《说文通训定声》，第 312 页，中华书局影印本，1984 年。

个字的读音，若叠韵而声差太远或双声而韵差太远，是不可能同音相代的。

伍宗文先生指出："作为古今楷书汉字单字大汇编的《汉语大字典》，对我国古书中的文字通假现象，进行了一次空前的、较为全面系统的整理和反映。"最后辑录全书的通假字编制成《通假字表稿》附录于第八卷中。他对此表进行了全面深入的计量分析，发现此表所收 2084 个通假字与 2294 个本字计构成 3140 对通假关系，并将这些通假字与本字的声韵关系的计量结果制表列出。[①] 此前，曹先擢先生（1932—）已对王引之《经义述闻·经文假借》中所分析的 252 对单字通假的声韵关系进行了计量分析。[②] 现将曹、伍两位先生的计量结果用表对应列示：

《经文假借》《通假字表稿》中通假字与本字的声韵关系统计

统计样本	合计		韵部相同			韵部不同		
			小计	双声兼叠韵	叠韵	小计	双声	非双声叠韵
经文假借	252	数	209	110	99	43	21	20+2
		%	83.0	43.7	39.3	17.0	8.3	8.7
通假字表稿	3140	数	2675	1087	868	465	307	158
		%	85.2	57.6	27.6	14.8	9.8	5.0

注：《经文假借》的"非双声叠韵"项包括声类相近韵部相近者 20 对，韵部声类相差较远者 2 对。

伍先生还对《通假字表稿》中"双声兼叠韵"之外的，即"韵部不同"、"叠韵"两项通假的声韵关系作了更进一步的分类分析。现将其数据制表展示如下：

	韵部不同的通假				叠韵关系的通假				
	合计	对转	旁转	旁对转	合计	声母同类	舌/齿	喉/牙	其他
数	465	112	286	67	868	523	157	103	85
%	14.8	3.6	9.1	2.1	27.6	16.6	5.0	3.3	2.7

曹先生统计的 252 对通假中，叠韵而通者占 83%，其中以叠韵兼双声者为多；而韵部不同而通者仅占 17%。分析伍文的统计数据发现：3140 对通假中，叠韵兼双声而通者占 57.6%，叠韵兼声类近同而通者占 24.9%，双声兼

① 伍宗文《文字通假与字典编纂》，赵振铎、李格非主编《汉语大字典论文集》，第 405—413 页，四川辞书出版社、湖北辞书出版社，1990 年；伍宗文《通假字和〈通假字表稿〉》，《辞书研究》1991 年第 1 期。

② 曹先擢《通假字的识别》，《语文研究》1982 年第 2 期。

韵转而通者占9.8%，三项计达92.3%；其他音近而通者还不到8%。这组数据再次证明了段玉裁与傅东华先生（1893—1971）下述认识的正确性：

段玉裁：盖形声一书，既取叠韵，必兼双声。①

傅东华：凡假借、转注、谐声，方其始也，必二字之声纽与韵部皆大体相同，此文字学上万无可易之原则。②

曹、伍两位先生提供的数据，一是基于朴学大师研究成果的抽样统计，一是基于《汉语大字典》研究成果的全面统计，二位用计量分析的数据点面互证地总结了古字通假的声韵关系分布，从而展示了通假必须古音相同这一原则的确切内涵：古音通假以二字音同（叠韵兼双声）为主，其余则必须声韵皆大体相同。

第二，通假要有共时证据。

王力先生高度评价王念孙父子治学的谨严，指出“他们不是简单地把两个声同或声近的字摆在一起，硬说他们相通，而是：（一）引了不少的证据；（二）举了不少的例子。这样就合于语言的社会性原则，而不是主观臆断的。”③ 历时地看，通假是社会用字缺乏规范而有违约定俗成的产物；共时地看，在汉代的特定历史环境中，它又是合乎当时的社会用字习俗的，否则就难以交际而没有共同的书面语言了。因此，通假研究不仅要坚持历史主义的态度，切勿把历时分化的古今字当作共时代用的通假字，而且要坚持语言文字的社会性原则，通假的定性一定要有足够的共时性旁证。

笔者调查分析了否定词“非”、动词“赐”在《诗经》《论语》《左传》三部古籍中的用字情况，现将统计结果用表列示如下：

否定词“非”、动词“赐”在三部古籍中的用字统计

词	否定词“非”			动词“赐”		
用字	合计	非	匪	合计	赐	锡
《诗经》	78	2	76	20	0	20
《论语》	29	29	0	3	3	0
《左传》	265	258	7	94	88	6
合计	372	289	83	117	91	26

① 清·段玉裁《说文“刘”字考》，段玉裁《经韵楼集》，第103页，上海古籍出版社，2008年。

② 傅东华《汉语声纽变转之定律》，《学林》第十辑，1941年。

③ 王力《训诂学上的一些问题》，《中国语文》1962年第1期。

汉字是一种连绵数千年而不断完善的具有表意特色的自源文字，断代性质的用字习俗毕竟难以抗衡历时的用字规范。即使在汉代，像用“匪”字、“锡”字这样在某部古籍中普遍代替本字的现象还是很少的。否定词“非”在《诗经》中除2见外都用的是通假字“匪”，但《论语》则全用本字“非”。此词在《左传》中计出现265见，除7见用“匪”字之外都是用的本字，这7见“匪”字又只有《僖公十五年》中的“上天降灾，使我两君匪以玉帛相见”1见确为《左传》所用，其余6见则引自《诗经》：《僖公十五年》引《小雅·十月之交》的“匪降自天”，《文公元年》引《大雅·桑柔》的“匪用其良”，《文公二年》引《鲁颂·閟宫》的“春秋匪解”，《文公三年》、《襄公二十五年》引《大雅·烝民》的“夙夜匪解”，《成公十六年》引《周颂·思文》的“莫匪尔极”。

从金易声的“锡”已见于西周中期金文，如《生史簋》：“锡赏。”从贝易声的“赐”也已见于春秋晚期金文，如《越王者旨于赐戈》。“赐”是个高频的常用词，在殷商及西周金文中一般写作“易”。“赐”这个词在《诗经》中全用通假字“锡”，而《论语》则全用本字“赐”。这个词在《左传》中计出现了94见，用本字“赐”者多达88见，用“锡”者仅6见。而这6见“锡”字中2见有异文作“赐”，另外4见则都引自《诗经》：《隐公元年》、《成公二年》引《大雅·既醉》的“永锡尔类”，《宣公十五年》、《昭公十年》引《大雅·文王》的“陈锡哉（一作‘载’）周”。可见古人在大多数时候、大多数场合还是更多地使用已有的本字。

《春秋·庄公六年》：“齐人来归卫俘。”杨伯峻注：“俘、保、宝古音皆近，得相通假。”《左传》：“齐人来归卫宝。”杨伯峻注：“齐襄率诸侯之师以纳惠公，惠公或报以其国之宝器。”①《公羊传》：“齐人来归卫宝。”《穀梁传》：“齐人来归卫宝。”

把《春秋》句中的“俘”视为战俘之“俘”，显然于文难通，因为齐、卫二国此前并无交战；说“俘”是“宝”字的通假，就怡然理顺且通假成立。第一，音同有根据。“浮”“宝”二字今音大异，但古无轻唇音，“浮”在滂母幽部，“宝”在帮母幽部，二字叠韵兼旁纽是可以同音代用的。第二，文义可说明。齐襄公率师护送卫惠公回国平乱，是有大恩于惠公的。因此，齐人前来归还卫国的“俘”，不会是战俘而只能是率师以纳惠公时受赠的“宝器”。第三，三传能旁证。此字《春秋》为“俘”而三传为“宝”。《春秋》记于春秋，《左传》成于战国，而《公羊传》《穀梁传》则是直接由西汉人写作且从未失传过的作品。《公羊传》《穀梁传》上的“宝”字尤为有力地说明了，《春秋》上的

① 杨伯峻《春秋左传注》第一册，第167页，第169页，中华书局，1981年。

这个“俘”是“宝”的通假字。

古音通假说的广泛应用倡扬于清代王念孙、王引之父子。王引之深刻地论述了通假的性质，科学地总结了破释通假的方法：

许氏《说文》论六书假借曰：“本无其字，依声托事，令长是也。”盖无本字而后假借他字，此谓造作文字之始也。至于经典古字声近而通，则有不限于无字之假借者。往往本字见存，而古本则不用本字而用同声之字。学者改本字而读之，则怡然理顺；依借字解之，则以文害辞。是以汉世经师作注，有“读为”之例，有“当作”之条，皆由声近声同者，以意逆之而得其本字。所谓好学深思，心知其意者。然亦有改之不尽者，迄今考之文义，参之古音，犹得更而正之，以求一心之安，而补前人之阙。[①]

王力先生高度评价古音通假说，认为“这一个学说标志着中国语言学发展的一个新阶段，它摆脱了文字形体的束缚，把语音和词义联系起来。”[②] 汉字是记录汉语的书写符号系统，其字形不仅能表示义，而且首先就要能读出音。据义构形而以形求义，是汉字的特色；“以声载义”而“因声求义”，是语言的本质。探求汉字所记录的语词，不仅可以析形求义，而且能够“因声求义”。“诂训之旨本于声音”，正是古音通假说的深入研究，使人们更进一步地认识到了文字与语言的关系，使人们更为全面地认识到了汉字与汉语之间特有的形音义联系。正是这一重大的理论性突破，把清代的语言学研究推向了一个全面发展的黄金时代。

① 清·王引之《经文假借》，王引之《经义述闻（三）》，第3037页，山东友谊书社影印本，1990年。

② 王力《训诂学上的一些问题》，《中国语文》1962年第1期。

第八章 “以类附声”的形声字

本章提要：形声字是主要通过“以类附声”的机制而生成“形声相益”结构的合体字。记词方式形声化是汉字历史发展的基本规律，汉字系统早在战国后期就初步形成了以象形字为基础以形声字为主体的表意文字体制。形声字是在表形字和假借字的基础上演进发展出来的记词方式，它是在表形字难以完整记录汉语的困窘中开始产生的，是因假借泛滥难以准确表达汉语而得以加速发展的。形声字主要通过“以类附声”分化兼职的机制而生成，新增的义符不仅通过重建形义联系扭转了假借字的表音倾向，而且倒逼兼职的同音字（假借字/同源字）充当了表音的借音符，从而实现了综合利用形义、形音联系而据词构形。对古今形声字系统内部结构的计量分析发现，形声字具有整体的功能优势，它字符集中以少驭多构字力强，义音互补结构简明区别度高，推类孳乳形义对应系统性强。用义音兼表的形声字去记录义音结合的单音词，既能区别同音语素，又可兼容古音方言，尤为适应华夏民族超时空记录汉语的社会需要，有力地促进了汉语书面语的统一和发展。宏观考测现行义符、声符的功能，发现现行汉字在整体上仍然保持着相当系统的形义联系，义属某类之字多从某符，形从某符之字多有某义（类意义）；现行声符系统的表音功能虽然不强了，但仍然保持着表音的性质，其在大量低频字中的较强标音作用更具应用价值。另外，声符兼意事涉汉字表义的功能，字符破体有关偏旁类推的理据，这两种特殊的形声字值得重视。

记词方式形声化是汉字历史发展的基本规律，形声字以更加适应汉语需要的整体优势而发展成为汉字的主体，形声字研究因而成为汉字研究中的重要内容。

古今学者对形声字的思考尤为用力，其逐步深入的研究主要围绕着三个问题展开。一是形声字是在什么样的历史背景下产生的？讨论形声字的生成机制及其历史必然性，形声化所反映的是汉字的表音趋势还是表意趋势，形声字主要源自共时的直接合成还是历时的兼职分化。二是形声字为什么会发展成为汉字的主体？讨论汉字记录汉语的特定语境与记词方式形声化的关系，认识形声字发展成为汉字主体的历史进程，探讨形声字如何以其整体优势适应了汉语发展的需要。三是形声字系统的宏观状况究竟如何？讨论形声字系统的整体格局与基本特点，分析义符的表义功能与声符的表音功能，尤其关注义符、声符的现行功能。这些探索思路及其研究成果，值得后学借鉴。

本章运用历史分析与计量描写相结合的方法，着重从五个方面温故知新、探源析流地讨论形声字问题。

一、加旁分义的生成机制

“机制”原指机器的构造和工作原理，现广泛借用于自然科学和社会科学的研究，用指事物内部各部分之间的组织原理与运作方式。机制反映了事物内在的因果关系，反映了事物系统内在的基本发展规律，从机制入手去认识事物的复杂性，已经成为系统科学中的一种重要方法。

所谓形声字的生成机制，当指形声字内部义符声符二要素之间相互作用的结构原理与合成模式。先梳理前贤的逐步探索，再述说现代的计量研究。

（一）先贤的逐步探索

形声字的产生显然是一个事关系统的复杂问题，古代学者对此进行了逐步深入的历史探索，取得了可贵的理论认识。让我们运用机制论的方法，来梳理前贤的研究思路与深入进程吧。

许慎：仓颉之初作书，盖依类象形，故谓之文。其后形声相益，故谓之字。字者，言孳乳而浸多也。……形声者，以事为名，取譬相成，江河是也。（《说文解字·叙》）

东汉的许慎（约54—约125）最早提出“文”与“字”的概念，他强调先有“依类象形”的“文”而后有“形声相益”的“字”，利用已有的独体字而以文组字，由此开始了汉字的构形合成化，这是为后人高度认同的历史认识。但是，许氏关于“以事为名，取譬相成”而“形声相益”的观点，则无疑是立足于共时平面来认识形声字的。

对于古字的兼职及其孳乳分化的现象，先秦学者早已开始了“以今字释古字”的研究，这种研究是从训释典籍的实用层面上开始的。例如《周易·序卦》：“兑者，说也。”《礼记·郊特牲》：“富也者，福也。”《尔雅·释言》：“甲，狎也。”到了汉代，进一步形成了“易字”与“改读”的训诂条例。这些条例虽然主要用于破释通假字，但其中用后出的加旁字去训释古字的方法，无疑已经在客观上触及到了汉字的孳乳分化与形声字的生成机制。唐代的颜师古（581—645）注《汉书》，大量采用了用后出的加旁字或易旁字以训释古字的方法，如“道读曰導”（《成帝纪》），“说读曰悦”（《外戚列传上》）。尤为难得的是颜氏关于“縣→懸”二字的历史认识。后来的一些学者循此思路逐步深入，注重从加旁字入手来探究形声字的生成机制。

《汉书·高帝纪》：“带河阻山，縣隔千里。”颜师古注：縣，“此本古之懸字耳。后人转用为州縣字，乃更加心以别之，非当借音。”①

郑樵：古雲作云，雷作回，皆象其形。……后人借云为云曰之云，回为回旋之回，故于雲、雷复加雨以别。②

王观国：盧者，字母也。加金则为鑪，加火则为爐，加瓦则为甗，加目则为矑，加黑则为黸。……亦如田者，字母也，或为畋猎之畋，或为佃田之佃。③

唐代颜师古与南宋郑樵（1103—1162）关于古字加旁生成今字的分析，已经初步涉及到了形声字产生的历史原因、生成方式、表意功用及其与通假字的

① 汉·班固《汉书》，第9页，中州古籍出版社影印本，1991年。

② 宋·郑樵《六书略·谐声》，郑樵《通志略》，第156页，上海古籍出版社影印本，1990年。

③ 宋·王观国《学林·卷五·卢》，《学林》，第177页，中华书局，1988年。

区别。与郑樵同时代的王观国跳出单字分析，试着开始了对同声符谐声字群的归纳，从中认识到声符与形声字是“字母”与加旁分化字的关系，最先从汉字系列孳乳的角度，讨论了声符加旁分化兼职而生成形声字这一重要现象。

卫恒：形声者，以类为形，配以声也。①

戴侗：六书推类而用之，其义最精。“昏（昬）”本为日之昏。心目之昏犹日之昏也，或加心与目焉；嫁取者必以昏时，故因谓之昏，或加女焉。“熏”本为烟火之熏。日之将入其色亦然，故谓之熏黄，《楚辞》犹作纁，或加日焉。帛色之赤黑者亦然，或加糸与衣焉。饮酒者酒气酣而上行，亦谓之熏，或加酉焉。②

戴震：“一字具数用者，依于义以引申，依于声而旁寄，假此以施于彼曰假借。”“古字多假借，后人始增偏旁。……谐声以类附声，而更成字。”③

西晋的卫恒（？—291）在《四体书势》一文中，最先在形声字形符的认识上提出了“类”的概念。他的“以类为形，配以声也”，较之许慎的“以事为名，取譬相成”，无疑是一个进步。宋末元初的戴侗（1200—1284）从形声字的声符入手，成系列地梳理古字与加旁分化字在形音义上的联系，以此探究形声字的生成机制与产生途径。如本义为日暮之昏的“昏”（从日氐省的会意字），后加旁分化出惛、睧、婚等形声字。本义为烟火之熏的“熏”字，后加旁分化出曛、纁、醺等形声字。他在形声字问题上最先提出了“推类”的认识，用一句“推类而用之”，深刻地揭示了为同源引伸而加旁分义以生成系列形声字的机制。

清初戴震（1724—1777）关于形声字产生的认识可谓经典之论。他在前人研究的基础上，从原因、途径、方式三个方面历史地论述了形声字的生成。一是形声字产生的原因是古字兼职过多亟需分化：“古字多假借”而“一字具数用”。二是形声字产生的途径是引伸与假借：戴氏的假借包括义的“引申”与声的“旁寄”，这是古字兼职多的两大原因，而由此分化兼职则是形声字产生的两大途径。三是形声字生成的方式是“以类附声”而“推类”分义：以古字为声符而增类别义，从而生成分化兼职的形声字。二戴关于形声字生成机制的论述，实在高明！

王筠：字有不须偏旁而义已足者，则其偏旁为后人递加也。其加偏旁而义

① 西晋·卫恒《四体书势》，唐·房玄龄等《晋书（一）》，第696页，中华书局，2000年。

② 宋·戴侗《六书通释》，戴侗《六书故》，第17页，上海社会科学院出版社影印本，2006年。

③ 清·戴震《答江慎修先生论小学书》，《戴震集》，第75页，第73—74页，上海古籍出版社，2009年。

遂异者，是为分别文。其种有二：一则正义为借义所夺，因加偏旁以别之者也；一则本字义多，既加偏旁则只分其一义也。①

徐灏："凡古今字有二例：一为造字相承增偏旁，一为载籍古今本也。""（酉）象酒在缸瓮中，借为卯酉之酉，借义擅之，故又加水作酒。"②

王筠（1784—1854）兼采众家之长，开始从体系的角度去探求汉字的孳乳规律，通过分析古今字之间形音义上的历史承袭关系，提出了"分别文"的概念。他所谓的分别文，其实就是加旁的分化形声字。他从字义对字形的要求上论述了形声字产生的原因、途径和方式："一则正义为借义所夺，因加偏旁以别之"；"一则本字义多，既加偏旁则只分其一义"。就古字增旁以生成今字这一文字分化现象而言，徐灏（1830—1879）的"造字相承增偏旁"，更进一步地揭示了形声字与古字之间"相承"孳乳的内在历史联系。

古代学者对形声字生成机制的历史探索，是从加旁分义的古今字现象入手的，是在关于分化同音字兼职以推类孳乳的研究中不断深入的。许慎的"形声相益"，共时地概括了形声字义音合成兼表义音的字式结构；戴震的"以类附声"，则历时地总结了形声字加旁别义分化兼职的生成机制。二者从不同的视角互补地论述了形声字的特定内涵：形声字是主要通过"以类附声"的机制而生成"形声相益"结构的合体字。古代学者对形声字生成机制的探索思路是科学的，其学术认识是高明的，这是传统文字学中最可宝贵的内容之一。但是，这些认识似乎并没有得到后来人的重视，"以类附声"这一经典表述在相关论著中就很少为人提及。

（二）现代的计量研究

古代学者在对传世文献的研究中，认识到在兼职同音字上加注义符的"以类附声"，是形声字产生的主要途径。但是，要把这种认识上推到先秦时期的古文字中去，那就需要证明；另一方面，古代学者的观点，也需要出土古文字材料的验证。

华东师范大学刘志基先生（1965—）立足于数字化平台，对殷商甲骨文、西周金文、战国秦简文和楚简帛文中的形声字及其声符、义符进行了历时的计量比较分析。现将其有关数据再加上李国英先生（1954—）研究《说文解字》

① 清·王筠《说文释例·分别文》，《说文释例》，第327页，武汉古籍书店影印本，1983年。

② 清·徐灏《说文解字注笺·示部·祐字》、《酉部·酉字》，丁福保编纂《说文解字诂林》，第37页，第6651页，中华书局影印本，1988年。

小篆字的数据，一并制表列示如下：[①]

先秦形声字义符声符的数量及其构字能力比较统计

断代形声字		形声字	义符	声符	义符与声符之比	声符平均构字数	义符平均构字数	声符平均构字数占义符平均构字数的比重
殷商甲骨文		1105	186	434	1∶2.3	2.55	5.94	42.9%
西周金文		2067	252	645	1∶2.6	3.20	8.20	39.0%
战国	秦简文	1594	209	760	1∶3.6	2.10	7.63	27.5%
	楚简帛文	3348	231	1124	1∶4.9	2.98	14.49	20.6%
《说文》小篆字		8233	378	1670	1∶4.4	4.93	21.78	22.6%

表中的数据反映了形声字义符、声符在千年先秦时期截然不同的发展趋势：义符相当稳定集中且构字率大步上升，声符则“相对失控”大量增加而构字率始终较低。在殷商甲骨文的形声字中，声符数是义符数的 2.3 倍，声符平均构字数占义符平均构字数的 42.9%；到了战国楚简帛文中的形声字，义符由 186 个增至 231 个，声符则由 434 个猛增到 1124 个，声符数已是义符数的 4.9 倍了，声符的平均构字数反而下降为占义符平均构字数的 20.6%。在《说文》小篆字中，声符数是义符数的 4.4 倍，义符平均参构 21.8 个形声字，而声符平均构字还不到 5 个。

刘志基先生指出，在古字上“标类（加注义符）抑或标声（加注声符），对声符抑或义符的选择方式是完全不同的。”古文字形声字中义符相当集中而声符“相对失控”的现象，说明早期形声字“对义符的选择具有主动性”，而让古字来充当声符则只是一种“被动”的“补充性认定”。“选择上主动与被动的差异，将直接导致被选择单位的数量多寡”及其构字率的高低。他强调指出，“在标类（加注义符）和标声（加注声符）这两种形声字发展途径中，前者自始至终占据了主导地位”，并呈现出“逐步增强的趋势”。刘先生的研究，

① 前四项数据引自刘志基《中国文字发展史·商周文字卷》，第 346—350 页，华东师范大学出版社，2015 年。小篆形声字的数据引自李国英《小篆形声字研究》，第 47—48 页，第 60 页，北京师范大学出版社，1996 年。刘文中甲骨文数据是以《新编甲骨文字形总表》（沈建华、曹锦炎编著，香港中文大学出版社，2001 年）为基础，增补《殷墟花园庄东地甲骨》（中国社会科学院考古研究所编，云南人民出版社，2003 年）的新出甲骨文，分析整理统计所得；西周金文数据是根据华东师范大学开发的《商周金文数字化处理系统》中的西周器铭文用字分析统计所得；秦简文的数据是以《睡虎地秦墓竹简》（睡虎地秦墓竹简整理小组编，文物出版社，1990 年）为主体，增补《战国文字编》（汤余惠主编，福建人民出版社，2005 年）中另收的秦单字，分析整理统计所得；楚简帛文的数据是根据 2009 年前公布的楚简文献材料分析整理统计所得。

说明了古文字中的形声字主要产生于“加注义符（标类)”。

形声字“以类附声”分化兼职而相承孳乳的生成机制，是汉字的表意性质与特定语境所决定的。上古汉语以单音词为主，社会与词汇的发展使同音词日趋发达，而假借字的泛滥与同源词的分化则使同音字现象日趋严重，区别同音词、分化同音字是势在必行了。但是，那时还不可能通过合成构词来减少同音词，这就只能从分化同音字入手来区别书面语中的同音词。在记录汉语的方式上，汉字既难以一个一个地继续大造表形字，也因古今方言音有异而无法在假借字的基础上向表音化发展，而是历史地走上了“以类附声”大造形声字以区别同音词的道路。

“以类附声”机制的实质，在于加旁别义以分化同音字的兼职。形声字所记录的词，在形声字产生之前是由它的声符（同音的古字）来兼职记录的。新增的义符不仅通过重建形义联系扭转了假借字的表音倾向，而且倒逼兼职的同音字（假借字/同源字）转化为表音的借声符，进而通过字符的音义分工而发展为义音合成的形声字。记词方式形声化是向表意方向发展的，其中起主导作用的始终是义符，而兼职的同音字则是被动成为声符的，因此义符相当集中而构字率很高，声符“相对失控”而构字率很低。记录汉语的方式由“表形→表音→兼表义音”的辩证演进，据义构形方式由“依类象形→比类合谊→以类附声”的自我完善，反映了汉字作为表意文字的历史进程与发展趋势。

二、形声字的源头与发展

形声字是在汉字记词方式的辩证演进中，历史形成逐步完善并发展成为汉字主体的。现代学者运用断代计量与历史比较相结合的方法，对形声字尤其是先秦古文字中形声字的宏观研究，验证和发展了先贤的有关认识。下边就进一步讨论“形声相益”这种记词方式的产生与发展。

（一）形声字产生的源头

关于形声字的产生，现代学者是围绕着三个问题展开讨论的：形声字式产生的时代、产生的源头、产生的背景与基础；其中的重点在源头。

一、形声字产生的年代

“苏美尔原始楔形文字、古埃及象形文字及中国殷商甲骨文，都是人类上古文明中的成熟文字体系。”① 这三种古老文字中都出现了使用假借字的现象，

① 拱玉书、颜海英、葛英会《苏美尔、埃及及中国古文字比较研究》，扉页，科学出版社，2009年。

都出现了一些形声字。黄德宽先生（1954—）认为：汉字的形声结构是“在汉字形成体系前”，是在“殷商之前”产生的。他指出：

“假借与形声的出现是完善文字体系的必要步骤。”“在长期的实验与发展中，不同地区和时代的人们都先后走上通过和语音发生联系从而准确记录语言的道路，发明了同音假借的方法和形声结合的构造方式。这是一切原始文字成为独立的文字体系所必然要经过的途径。”①

汉语与纳西语都属汉藏语系，是都有声调都以单音节词为主的语言。纳西东巴字作为“活着的古文字”，虽与甲骨文处在不同的发展阶段，但它们记录语言的方式和具体的造字方法是大致相同的。东巴字的“字符多同音假借，不尽为本义”，② 也出现了不少形声字。马叙伦先生（1885—1970）认为：“我国云南么些族的文字，几乎可以说是汉文的前身。”③ 通过甲金文与东巴字的历史比较来探讨形声字的起源，是现代学者关注的一个热门议题。

郑振峰先生（1965—）从以徐中舒主编的《甲骨文字典》（1989 年）为主的多部大型工具书中选取了 1380 个已识甲骨文进行研究，其中形音合成字 53 个，义音合成字 239 个，计有形声字 292 个，占 21.1%。④ 陈婷珠（1981—）以沈建华、曹锦炎合编的《新编甲骨文字形总表》（2001 年）为基础，增补《殷墟花园庄东地甲骨》等新材料，并吸取学界考释新成果进行研究，认为能进行表词结构分析的甲骨文单字有 2134 个，其中形声字 330 个，占 15.5%。⑤ 喻遂生先生（1948—）对方国瑜《纳西象形文字谱》的收字进行研究，排除所收的字组之后共有东巴字 1360 个，其中单音节形声字 122 个，多音节形声字 120 个，计有形声字 242 个，占 17.8%。⑥

殷商甲骨文通过大量使用假借字已经能够较为完整地记录汉语了，其形声字中的义音合成字远多于形音合成字，这显然不是形声字式的初创状态。纳西东巴字所处的发展阶段比甲骨文原始，它的图画性很强，多不能完整地逐词记录语

① 黄德宽《形声起源之探索》，黄德宽《汉字理论丛稿》，第 32—37 页，商务印书馆，2006 年。

② 方国瑜《纳西象形文字谱·弁言》，方国瑜编《纳西象形文字谱》，第 2 页，云南人民出版社，2005 年。

③ 马叙伦《中国文字之原流与研究方法之新倾向》，《马叙伦学术论文集》，第 30 页，科学出版社，1958 年。

④ 郑振峰《甲骨文构形系统研究》，第 43—44 页，上海教育出版社，2006 年。

⑤ 陈婷珠《殷商甲骨文字形系统再研究》，第 251 页，上海人民出版社，2010 年。

⑥ 喻遂生《纳西东巴文多音节形声字研究》，喻遂生《纳西东巴文研究丛稿》，第 199 页，巴蜀书社，200 年。

言，但东巴字中居然也有不少形声字，而且这些形声字多用在连环画式的图画文字之中以记写语段大意。发展阶段比甲骨文原始得多的东巴字中已经有了不少的形声字，甲骨文系统中的多数形声字已经发展成为了义音合成字，这两个事实有力地说明了：汉字中的形声字式确实是在汉字体系形成之前产生的。

二、形声字产生的源头

形声字是“形声相益”的合体字。古文字中的形声字，虽然也有如（江）、（河）这样共时组合直接生成的，也有如→（圃）、→弦（弦）这样因会意字某意符改为声符而转化来的，但主要还是出于准确表达语词的需要，为分化古字兼职而加旁生成的。历时的加旁字有两种，一为加形旁，一为加声旁。需要进一步讨论的问题在于，在古字加旁分化兼职而生成形声字的进程中，其加旁的主要目的是为了表音呢，还是为了别义？是如→（星）、→（裘）那样以加注声符（标声）为主呢，还是如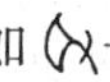→（娶）、→（唯）这样以加注义符（标类）为主？

关于形声字的源头，向光忠（1933—2012）、曹先擢（1932—）、裘锡圭（1935—）等先生，在1980年代发表了重要的意见：

向光忠：“形声缘起于增益形符示义的孳乳字，进而演化为半表义半表音的造字法。”“形声乃滥觞于：一则因字义引申或字形假借而造成一字多义，故增益形符以区别意义；一则因字形模糊或字体演变而造成形晦义隐，故增益形符以显现意义。……形声之始出，非为表音，而为示义。”①

曹先擢：“有一些形声字是由象形字象意字等发展而来的，……这些字在形声字里占的比重很小。形声字大量的来源是以假借字为声符再加义符造出的。”“形声字的增加，从主要方面讲是大大加强了汉字的表意性，而不是相反。”②

裘锡圭：有大量形声字是由于在已有的文字上加注意符而形成的。加注意符通常是为了明确字义。按照所要明确的字义的性质，加注意符的现象可以分为三类：A. 为明确假借义而加意符……。B. 为明确引申义而加意符……。C. 为明确本义而加意符。③

三位先生的主要观点有三：形声字主要缘起于为分化古字兼职而加注义符

① 向光忠《“形声”溯源》，1985年在中国语言学会第三届年会上宣读，向光忠《文字学刍论》，第123页，第45页，商务印书馆，2012年。

② 曹先擢《汉字的表意性和汉字简化》，中国社会科学院语言文字应用研究所编《汉字问题学术讨论会论文集》，第18页，语文出版社，1988年。

③ 裘锡圭《文字学概要》，第154页，商务印书馆，1988年。

所生成的孳乳字，“字义引申或字形假借而造成一字多义”是古字兼职多的根本原因，记词方式形声化“非为表音”而是“大大加强了汉字的表意性”。三位先生的见解是客观而深刻的，从学术发展史上溯其源，当是对戴震的“以类附声”、对王筠的“分别文”等认识的现代发展。

在古字上“以类附声”生成的这类形声字，是形声字的主体。在古字上加声符生成的那类形声字则很少，在楷书字中举七八个可以，举十来个就很难找了。后加声符生成的形声字可分两类，一类是在会意字上加注声符生成的，如臧、歸、望、寶等；一类是在象形字上加注声符生成的，如齒、鼻、草、罔、壘、裘、其等。吴振武先生（1957—）检查甲骨文、金文、古钱、玺印、盟书、楚简等出土文献中的古文字，从中仅收集到40个后加声符的“注音形声字”。[①] 可见“以类附声”确实也是早期形声字的基本生成机制。正是类别性义符的普遍运用，使汉字走上了形声化的道路。

清代的徐灏最先指出：“凡古今字有二例：一为造字相承增偏旁，一为载籍古今本也。”针对把两种古今字混为一谈的现象，向光忠先生进一步指出：“东汉经学家郑玄笺注典籍所用的‘古今字’的术语，尔后历代沿用，指称不尽相同。在训诂学中，‘古今字’原指古今用字的相异现象；在文字学中，‘古今字’则指古今造字的相承关系。”[②] 20世纪八、九十年代文字学界关于古今字问题的讨论，其实就是从汉字孳乳分化史的角度来讨论形声字的生成与发展。文字学中的古今字是具有孳乳关系的分化字，它具有时有先后、字有承袭(形音义)、职有分工的特点。为音同而益类，因义别而加旁，既分化了古字的兼职以促进了汉字的记词专职化，又类化了字族而加强了汉字的表意性。从文以记言的职能上讲，兼职的古字与加旁字在历时上是初文与分化字的关系，在共时上是声符与形声字的关系。古今字是在单音词大量增加、同音字过多兼职的大背景下分化产生的，它为后来形声字的大批涌现开辟了广阔的道路。[③]

三、形声字产生的基础

形声字并不是汉字初创时期的最早记词方式，它是在据义构形造字难的历史背景下应运而生的，是在表形字的基础上演进而来的。汉字起源于以象记事的图画，最初与语词结合的字都是按物绘形记录名词的象形字，后循着以形表义的方向发展，由独体而合体地发明了合象会义的会意字。但是，表形字个体

① 吴振武《古文字中的“注音形声字”》，钟柏生主编《古文字与商周文明》，第223—236页，台北中央研究院历史语言研究所，2002年。

② 向光忠《古汉语文字学研究述评》，向光忠《文字学刍论》，第430页，商务印书馆，2012年。

③ 龚嘉镇《古今学说》，新加坡国立大学中文系学报《学丛》第五期，2000年。

性很强，缺乏系统性和能产性，完全依靠形义联系来造表形字，是无法形成文字体系的，是承担不了逐词记录语言的职能的。

记录语言必须完整的社会需求有力地推动了形声字的产生，形声字是在表形字基础上的相承孳乳二度造字。这种相承孳乳的基础主要有三：一是“依类象形”的象形字，为汉字的相承孳乳提供了以文组字的基础字符。二是以文组字的会意字，为形声字的产生开辟了构形合成化的道路。三是大量兼职记录异义词的同音字，为汉字的相承分化提供了孳乳的母体与表音的声符。

综上所述，汉字中的形声字式是在表形字已具规模而文字体系尚未形成的上古时期产生的，是在“以类附声”分化同音字兼职的孳乳进程中历史形成的。需要指出的是，形声字虽然是在表形字难以完整记录汉语的历史背景下开始产生的，但它是在假借泛滥难以准确表达汉语的历史背景下加速发展的。这种“以类附声”的生成机制，是对“依声托事”的扬弃而不是全面否定，是对据义构形的发展而不是简单回归，它在更高的阶段上把单纯的表形或单纯的表音字式发展为义音合成兼表义音的记词方式，形声字因而很快发展成为汉字的主体。

（二）形声字发展的进程

裘锡圭先生指出：形声字的出现“是文字体系形成过程中一个极为重要的步骤，但是形声字的应用似乎并没有很快导致文字体系的最后形成。已经使用形声字的纳西原始文字就是一个例证。”① 即使已经形成文字体系的甲骨文，其格局也是以表形字为基础而大量使用假借字，形声字则仅占较小的比重。形声字发展成为汉字的主体是经历了一个历史进程的。讨论形声字的发展进程，固然需要定性研究，但尤其需要客观的计量描写与宏观的历时比较。这种描写与比较可大分为两个方面：一是形声字单字数量的增长及其静态占比的提高，一是形声字字用频次的增长及其动态占比的提高。这种把定性分析与计量分析结合起来的研究方法，是当代汉字学研究的一种基本方法。

北京师范大学王宁先生（1936—）主持组织的“汉字构形史研究”，选取从殷商到明代各阶段的十余种文献的原始写本为材料，逐项进行汉字构形系统

① 裘锡圭《文字学概要》，第7页，商务印书馆，1988年。

的断代定域研究。现将其成果中有关形声字的数据制表列示如下：①

古代形声字类型的分布及其语义化的历时统计

断代汉字	样本单字	形音合成字		义音合成字		形声字合计	
		字	%	字	%	字	%
商代甲骨文	1380	53	3.8	239	17.3	292	21.2
西周金文	1013	11	1.1	491	48.5	502	49.6
春秋金文	1286	17	1.3	664	51.6	684	53.0
战国齐燕韩赵魏文字	2538			1856	73.1	1856	73.1
战国楚文字	1887	12	0.6	1392	73.8	1404	74.4
《说文》小篆字	10020	13	0.1	8536	85.2	8549	85.3
东汉碑隶字	2125			1487	70.0	1487	70.0
隋唐五代碑楷字	3893			2985	76.7	2985	76
宋代雕楷字	4856			3939	81.1	3939	81.1

表中的数据通过对形声字单字数量的加速增加与形声字语义化演进的历时比较，从宏观上计量描述了形声字的历史发展进程。形声字在商代甲骨文中不过两三百个仅占两成，春秋战国时期随着社会的大发展而乘势涌现成倍增长，在《说文》小篆中就多达八千多字而高达85%了。（此数据包括说解中的重文。《说文》小篆字具有静态的库存性质，故而形声字的占比高于后来的其他动态用字样本。）独体构形创造了最早最基础的汉字，但在甲金文之后便因无形可象而走到了头；在独体字基础上产生的会意字，发展于甲金文而鼎盛于小篆字，其后亦是强弩之末了。单纯的据义构形方式随着表形文字阶段（古文字时期）的结束而完成了自己的历史任务，从此之后，形声字式就成为了汉字唯一能产的造字方式，字符的语义化则使形声字由最初的形音合成逐步发展为义音合成了。

刘志基先生主持开展的“基于标准数字化平台的古文字发展史定量研究”，

① 表中的甲骨文数据引自郑振峰《甲骨文字构形系统研究》，第43—44页，上海教育出版社，2006年；西周金文数据引自曹永花《西周金文构形系统研究》，中国国家图书馆博士论文资源库；春秋金文数据引自罗卫东，《春秋金文构形系统研究》，第31—32页，上海教育出版社，2005年；战国齐燕韩赵魏文字数据引自赵学清《战国东方五国文字构形系统研究》，第33页，上海教育出版社，2005年；战国楚文字数据引自李运富《楚国简帛文字构形系统研究》，第67页，岳麓书社，1997年；《说文》小篆字数据引自齐元涛《说文小篆构形系统相关数据的测查》，北京师范大学中文系编《京师论衡》，第387—392页，北京师范大学出版社，2002年：东汉隶书字数据引自陈淑梅《东汉碑隶构形系统研究》，第83页，上海教育出版社，2005年；隋唐五代碑楷字数据引自齐元涛《隋唐五代碑志楷书构形系统研究》，第56页，上海教育出版社，2007年6；宋代雕楷字数据引自王立军《宋代雕版楷书构形系统研究》，第44页，上海教育出版社，2003年。

立足于多年建设的古文字数字化平台，从单字与字频两个视角对商周古文字的“四书”分布状况进行了计量分析及历时比较。其数字化平台整合了迄今的古文字原始数据和考释成果，其抽样的计量分析排除了尚无确释的材料，坚持“在确定的可作结构分析字为范围进行统计”。现将有关形声字的计量分析结果制成如下统计表：①

商周古文字形声字单字、字频的历时统计

断代汉字		样本字量	样本单字	形声字单字		形声字字频	
				个	%	次	%
商代甲骨文		43897	873	120	13.8	2469	5.6
西周金文		55800	3527	1981	58.5	14018	25.1
战国	秦简文	33713	1455	887	61.0	10266	30.5
	楚简帛文	62560	4411	3608	81.8	24733	39.5

刘先生的计量研究与历时比较，是从静态的单字与动态的字频两个方面进行的，其中的字频数据的认知价值尤为重要。形声字的单字数、字频次在甲骨文中分别仅占 14%、6%，到战国时期的楚简帛文中已分别发展到 82%、40%了。这组数据客观地说明了，周代尤其是战国时期是形声字大步发展的时期。

北京师大和华东师大这两项研究成果及其成套计量数据，从断代的计量描写与历时比较上，宏观地描述了汉字记词方式形声化的历史发展进程。两项研究具有很强的互补性，前者侧重于形声字单字数量的增长及其静态占比的提高，其中形音合成与义音合成两类形声字的历时消长反映了汉字的语义化进程；后者侧重于形声字使用频次的增长及其动态占比的提高，其中形声字的历时发展反映了汉字历史发展的表意化趋势。

汉字系统中有一个最年轻最成熟的形声字群，那就是《元素周期表》中的 105 个元素字。这些字除了“金”字之外都是形声字，而且大部分是科学家近代以来新造的字。先看声符，104 字的声符大多是常用的独体字，据笔者统计，声符与形声字声韵调全同者有 81 字，同音不同调者有 3 字；其余 20 字有的可视为省声字，有的声符在标音上明显可以类推。以此推测，历史上的形声字在产生之后一个相当长的时期里，其表音功能也是很强的。再说义符，表金

① 刘志基《中国文字发展史·商周文字卷》，第 300—312 页，华东师范大学出版社，2015 年。其中商代甲骨文的数据统计自《殷墟花园庄东地甲骨》（中国社会科学院考古研究所编，云南人民出版社，2003 年）、《小屯南地甲骨》（中国社会科学院考古研究所编，中华书局，1980 年）。其他三组数据分别统计自华东师范大学开发的《商周金文数字化处理系统》（升级版）中的西周器铭文用字、《战国楚文字数字化处理系统》（升级版）、《睡虎地秦简文字数字化处理系统》。

属元素的字一律以“钅”为义符（唯一例外的“汞”，其繁体“銾”原也从“金”）；表非金属元素的字则按元素在通常条件下的状态一分为三：如“碳”这样的固态者从“石”，如“氦”这样的气态者从“气”，如“溴”这样的液态者从“氵”。元素在印欧语中一般是多音节词，中国科学家把它汉化为单音词，只取元素的第一个音节来为它造一个形兼音义的形声字。先找这个音节的同音字作声符，再配一个表示元素类属义的义符，如此既译音又译意的元素字，声符标音以示源，义符举类而表义，仅用四个类别性义符就系统地展示了百多个元素之间内在的层级类属关系。这群元素字典型地展示了形声字的特点与优势：用“形声相益”的字式结构以发挥义音兼表的表词功能。

体会科学家为元素造形声字的良苦用心，可以使我们更为深刻地认识到：汉字的形声化并不是偶然的。汉语具有语素单音节化的特点，只有这种把义符声符互补地统一于方块形之中的形声字，才能适应单音节语素既有音又有义的特点，才能满足各方言区人们由形及义地认识汉字以理解书面共同语的要求。

形声字具有自己的内在规定性，它在构形构意、记词方式、生成机制上有着自己的鲜明特点。根据这三个特点可以把形声字与其他字式区别开来。第一，形声字是以文组字的合体字，它是由两个具有构意（造字理据）的字符所组成的合体字。这是形声字在构形构意上与独体字的区别：象形字、指事字是单符成文的独体字，一旦拆分就没有构意了。第二，形声字是义音合成的合体字，它一定有一个标音的声符，其义符则提示了整字的类意义，其字义一般就是义符所示类意义的引伸义。形声字与会意字虽然都是合体字，但二者的记词方式是不同的：会意字的字符都是意义相关的义符，或能表音纯系偶然，其字义则如夫妇结合所生之子，是所有义符义在整字层面上意合生成的关系义。第三，因同源分化而产生的那部分形声字，其声符是兼有表义功能的。这类形声字虽在所有字符都能表义上与会意字相同，但二者不仅在字符参与整字构意时所发挥的作用不同，而且整字的生成机制亦迥异：声兼义的形声字生成于历时相承的“以类附声”加旁分化，会意字则来自共时的“比类合谊”而直接合成。

关于形声字的性质，着眼其生成机制历时地看，形声字主要是“以类附声”的分化字；立足其记词方式共时而论，形声字是“形声相益”的合体字。要而言之，形声字是主要通过“以类附声”的机制而生成“形声相益”结构的合体字。形声字的本质特征与整体优势，在于能够综合利用形义、形音联系而据词构形，既能区别同音语素，又可兼容方言古音，以其义音合成兼表义音的整体优势更加适应汉语需要，从而很快发展成为汉字的主体。正如徐通锵先生（1931—2006）所说：“以形声字为基础的汉字书写系统完全适合汉语这种语义型语言的结构原理。”①

三、形声系统的基本格局

所谓形声字的格局，是指形声字系统的结构、功能、分布及其历史演变的宏观状态，以及它在汉字系统中的地位作用。先进行内部结构的计量描写，再讨论形声字系统的基本特点。

（一）内部结构的计量描写

东汉许慎的《说文解字》和 1988 年发布的《现代汉语通用字表》，在形声字格局的研究上是很有价值的可靠样本。根据有关研究中的基本资料，现发掘加工制成下面三个对比性质的统计表，其中“现行形声字”特指《现代汉语通用字表》所收 7000 字中的形声字，“小篆形声字”特指《说文解字》所收小篆字（字头）中的形声字。②

表一：小篆形声字与现行形声字基本情况对比统计

统计样本	样本字种	形声字		义符				声符			
		数	%	数	符均构字	仅构一字		数	符均构字	仅构一字	
						数	%			数	%
《说文》小篆字	9421	8233	87.4	378	21.8	138	37	1670	4.9	583	35
现代汉语通用字表	7000	5631	80.5	246	22.9	91	37	1325	4.3	434	33

据康加深先生《现代汉语形声字形符研究》的分析，在 7000 现代现代汉语通用字中构字在 20 个及其以上的 54 个现行义符计构形声字 4898 个，占现行形声字总数的 87%。这 54 个义符其实只是 52 个，因为其中的“忄”是“心”的偏旁体，“衤”是“衣”的偏旁体。比对《说文解字》，发现这 52 个构

① 徐通锵、陈保亚《二十世纪的中国历史语言学》，刘坚主编《二十世纪的中国语言学》，第 252 页，北京大学出版社，2004 年。

② 表一、表二中的小篆形声字数据引自李国英《小篆形声字研究》，北京师范大学出版社，1996 年；现行形声字数据引自康加深《现代汉语形声字形符研究》，李燕、康加深《现代汉语形声字声符研究》，二文载陈原主编《现代汉语用字信息分析》，上海教育出版社，1993 年。表三中的现行形声字数据引自李燕、康加深、魏励、张书岩《现代汉语形声字研究》，《语言文字应用》1992 年第 1 期；小篆形声字的数据引自孔祥卿《说文小篆形声字形符声符位置的分布规律》，向光忠主编《说文学研究》第三辑，江西教育出版社，2008 年。

字最多的现行义符，除“舟”之外原本就是构字最多的小篆义符。它们计构成6448个形声字，占小篆形声字总数的78%。

表二：小篆形声字与现行形声字的高能字符构字对比统计

统计样本	形声字数	构字≥20个的高能义符				构字≥5个的高能声符			
		高能义符	符均构字	累计构字	占形声字总数	高能声符	符均构字	累计构字	占形声字总数
《说文》小篆字	8233	52	124	6448	78.3%	576	10.9	6255	75.9%
现代汉语通用字表	5631	52	94	4898	87.0%	434	10.0	4320	76.7%

表三：小篆形声字与现行形声字的组合模式分布对比统计

形声结构模式		例字	现行形声字				小篆形声字			
			字数	%	字数	%	字数	%	字数	%
左右结构	左形右声	妈梧伯祥	3798	67.4	4162	73.9	4522	58.9	5276	68.7
	右形左声	锦攻朗视	364	6.5			754	9.8		
上下结构	上形下声	爸嘉芬露	592	10.5	989	17.6	756	9.9	1561	20.3
	下形上声	盛膏斧攀	397	7.0			805	10.5		
偏正结构	声占一角	旗赶寐氧	329	5.8	400	7.1	其他结构		840	10.9
	形占一角	荆颖载肴	71	1.26						
内外结构	外形内声	园匿阁衷	69	1.3	85	1.5				
	内形外声	闻问辫随	16	0.3						

（二）形声系统的基本特点

汉字的形声字系统是一个具有整体优势的自组织系统，它的基本格局体现了汉字有理性系统性的内在联系，反映了汉字表意化单音化的历史趋势。结合上述三个统计表中的数据来看，汉字形声字系统的基本格局具有如下几个基本特点：

第一，记词方式形声化使形声字在后来的通用字中保持了占比八成的主体地位。《说文解字》所收小篆字具有静态的库存性质，其中的形声字高达87.4%。由于小篆之后一般只造形声字而很少再造表意字，所以汉字中的表意字是一个有定的常数：象形字300多个，加上指事字大约400个上下，会意字将近1千个，三类表意字合计约为1400个。而形声字后来在库存字种中的比例则高达95%以上。多项研究发现：中古以来，历代通用字中的形声字一直保持在80%上下，另外两成是表意字和记号字。① 这是因为：汉字中的表意字多数是汉字中的基本字，并传承地成为历代的通用字；还有一些通用字在形变过程中丧失理据，已经成为不能分析的记号字。

第二，数以万计的形声字是一个有理合成高度类化的符号系统。汉字的形声系统以两三百个义符和千多个声符作为构字的理据性字符，采用以文组字层级合成的逻辑方式，历时地创造了数以万计的形声字。这种合成方式有两个特点：一是具有标音示义的有理性。它在一个单音节的合体字中，既有记录语音的声符，又有标示义类的义符，用义音合成的形声字去记录义音结合的单音词，特别适应华夏民族记录汉语的需要。二是具有高度类化的系统性。寓义于形的义符所表示的是一种主题性的类意义，形声化把义符的形义联系扩展为对字族的类联系，进而建构了"凡某之属皆从某"的形义对应关系，从而有力地维系和加强了汉字表意的系统性。这种简明有理编码经济的造字方式，不仅具有很强的能产性，很高的区别度，而且使汉字由单字的用物象表形发展为系统地以义符的语义表意，其整体优势更好地适应了汉语发展的需要，这是形声字后来成为历代通用字主体的根本原因。

第三，形声系统在历史发展中形成了基本字符相对集中的构字规律。义符、声符是两个功能互补的字符系统，但两千个字符的构字并不均衡。如上表所示，古今声符、义符中仅构一个形声字者居然都多达三分之一强，而八成上下的形声字则是由五六百个基本字符构成的，其中52个高频义符的类化程度与构字能力之强令人瞩目。字符构字相对集中的特点不仅表现在共时层面上，而且体现在历时演变之中。现行形声字的义符、声符数量都比小篆形声字少得多，义符减少了35%，声符减少了21%；但现行形声字中高频义符、高频声符的累计构字占比又都比小篆形声字高得多。这些事实说明：形声字系统通过优胜劣汰的历史发展，加强了义符、声符的类化程度与归纳性，从而大大增强了高频义符、高频声符在通用字中的构字能力。汉字字多文少，以文组字合成有理，基本字符相对集中，这一逻辑构字规律在汉字教学、汉字规范、中文信息处理中，尤具应用价值。

---

① 关于中古用字中形声字的占比，齐元涛对隋唐五代碑楷字的研究是76.7%，王立军对宋代雕楷字的研究是80.1%；关于7000现代汉语通用字中形声字的占比，李燕、康加深、魏励、张书岩的研究是80.5%，龚嘉镇的研究是81.1%。以上数据分别引自：齐元涛《隋唐五代碑志楷书构形系统研究》，第56页，上海教育出版社，2007年；王立军《宋代雕版楷书构形系统研究》，第44页，上海教育出版社，2003年；李燕、康加深、魏励、张书岩《现代汉语形声字研究》，《语言文字应用》1992年第1期；龚嘉镇《现行汉字形音关系研究》，第44页，湖北人民出版社，1995年。

第四，形声字基本字符的类推简化促进了汉字形体结构的系统优化。汉字既是记录汉语的符号，也是进行交际的工具，汉字的工具性质决定了汉字形体结构的简明化。汉字形体结构简明化，不仅强势地体现在甲金篆隶楷的整个历史演变过程之中，而且还总是突出地作用于通用字常用字而表现出常用趋简的特点。甲金文由于字符的构字率较低，字形的简化还主要发生在单字上。字符的义音化较好地保持了造字理据的对应传承，这就为汉字在形声化过程中的类推简化提供了广阔的空间。汉字孳乳的主要方式是以文组字，历来较多使用的简化方法是类推简化。简化一个义符或声符，不仅类推简化了一系列同符字，而且还能保持原有的造字理据、字式结构和构形系统，从而通过基本字符的类推简化促进了汉字的系统优化。

第五，形声结构通过构件对称化构形平衡律而拥有了整体的和谐与方正的大气。唐代贾公彦对形声字的组合模式进行了归纳。

《周礼·地官司徒·保氏》："五曰六书。"贾公彦疏："书有六体，形声实多。若江、河之类是左形右声，鸠、鸽之类是右形左声，草、藻之类是上形下声，婆、娑之类是上声下形，圃、國之类是外形内声，阙、阓、衡、衔之类是外声内形，此声形之等有六也。"①

虽然外声内形一类所举例字不当，但贾氏的归纳相当科学，一直为人沿用并有所完善。甲金文中形声字形符声符的相对位置尚不固定，其组合虽已有主形，但因构件易位而同字异写的现象相当普遍。发展到小篆形声字，其形符声符的相对位置已经基本定型了。对称的左右结构、上下结构两类在小篆形声字和现行形声字中都高达九成上下；古人所谓的"右文"即左形右声式，是形声组合的主体模式，已由小篆形声字中的59%发展到现行形声字的67%。

四、现行义符声符的功能

形声字的义符具有怎样的表意机制，汉字的声符有着什么样的特点，现行形声字系统的表义功能、表音功能究竟如何，是人们十分关注的问题。

（一）义符的表意机制与功能

汉字用字形提示词义的表意功能，是主要依靠义符在形声化中建立的类联系来实现的。语义化的义符是构字的字符而不是记词的单字，几百个义符不可能表示数万汉字所记之词的具体义，但正是由于义符表意的概括性，数万汉字

① 清·阮元校刻《十三经注疏》上册，第731页，中华书局影印本，1979年。

才得以各从其类形成系统而不是一盘散沙。

下边试从三个方面来讨论义符的表意机制。

第一，汉字的表意性是主要依靠义符的类意义及其类联系来实现的。且举禾、食二字为例以为说明：

（甲）→（金）→（篆）→禾（隶）→禾（偏旁）

（甲）→（金）→（篆）→食（隶）→饣（偏旁）

禾、食二字都是记录名词的象形字，其甲金篆字形一像垂穗的禾株之形，一像内盛食物上有盖子的食器之形，至隶书就都因笔画化而成为不再象形的方块字了。两字的隶楷字体及其偏旁之形虽不象形了，但古文字的造字理据却因语义化而递相传承下来，其表意功能更在形声化中得以推类扩展，由义符的形义统一逐步扩展为系统的形义对应。要而言之，汉字系统的基本成分是象形字，汉字孳乳的基本方式是以文组字，汉字表意的基本手段是系统的类联系，汉字系统的类联系是主要通过“以类附声”的形声化而形成的。正是在类化性质的形声化过程中，汉字逐步建立起了“凡某之属（类）皆从某”的形义对应关系，从而有力地维系和加强了汉字表意的系统性与构形的逻辑性。能把义符与形声字的关系说清楚的人虽然不多，但义符提供的表意信息就连小学生也知道：有“禾”旁的字一般与粮食作物有关，从“饣”旁的字一般与食物义有关。

第二，几十个核心义符是汉字系统赖以保持表意性质的核心类符。汉字字符的构字是不平衡而高度集中的，这一特点在义符上尤为显著。几十个核心义符参构的形声字，一直是历代汉字中的主体。这是因为它们所依类取象的事物，是与人的关系最为紧密的基本事物；其所抽象出来的意象，具有类的形象特征与类的主题概念；其所表示的类意义，是一种指向引伸推类系联的主题性语义。换言之，它们所记录的是汉语中全民通用、长期稳定、构词能力最强、概括义类最典型的基本语素。这些核心义符不仅在以文组字相承孳乳上具有字原性质，是汉字系统得以形成和发展的基础构件，而且在推类系联以符表意上具有基因作用，是汉字体系赖以保持表意性质的核心类符。这些核心义符的系统集合，全面地覆盖了华夏民族的基本社会生活，概括地反映了汉语语义的核心网络。

第三，义符的类联系是围绕义符的名物义而推类扩展的语义场。在《通用规范汉字表》所收的8105字中，所构表意字在15个以上的义符有71个，它们是古今汉字的核心义符。（详见下编第五章“核心义符的构形表意”一节）这71个核心义符除“攴”“辵”等符之外，都是早期的名物字。这固然因为名物的形象具体易于“依类象形”，而且在于名词义一般是具有类属性概念的主题性语义。义符的以形表意一般是围绕着名物义展开的，义符与形声字之间就是一种本义与引伸义的关系，是“凡某之属（类）皆从某”的形义对应关系。形义结合的义符以其本义提示其字所记之词的类意义，参构字以义符的引伸义表示词的具体义，形声字的形义联系就是主要依靠义符的形义统一建立起来的。

禾：稻穗税（名）—种移积（动）—稚稀稠（形）

食：饭馍饷（名）—餐饲饯（动）—饶饱饿（形）

如从禾的“稻”字，义符“禾”只提示了这是一种粮食作物，从禾舀声的“稻”字才具体表示了所记之词的稻谷义；但是，“稻”字的稻谷义是从义符的粮食作物义中引伸出来的，是依靠义符之形而得以表示出来的，是义符“禾”为“稻”字建立起了形义之间的类联系，这就是义符在形声字中以形表义的运作机制。这种推类表意重在语义上的相关，既表现了先民对事物的抽象认知，也蕴涵着不少的历史文化信息。公元前594年，鲁宣公最先以法律形式承认土地私有，开始实行按亩征税的“初税亩”制。税字从“禾”，就化石般地记录了我国的税收制度始自田赋，古代田赋是以征收粮食为主的历史。形义结合的义符在参构字中的表意范畴，就是这样以其字本义为核心而推类引伸所展开的语义场。例如义符“禾”既可提示稻、穗、税这样的相关名词义，可以提示种、移、积这样的相关动词义，还可以提示稚、稀、稠这样的相关形容词义。义符不仅逐个提示词的类意义以区别同音语素，而且通过推类孳乳使汉字成为了形义对应的符号系统。

康加深先生“依据以现代字义注释为主的《现代汉语词典》”来确认义符及其形声字的意义，对现代汉语通用字中5631个形声结构义符的表义功能进行了测量分析。现将有关研究成果列示如下：

现行形声字义符的表义功能统计①

义符表义度	例　字	形声字数	%	合计	
				字	%
完全表义	爸、眼	47	1%	4885	87%
基本表义	浪、祥	4838	86%		
不表义	铺、挥	746	13%	746	13%

表中的数据说明，在漫长的历史演变过程中，虽然有部分字因形体省简或异符混同而失去了造字理据，但整个汉字系统仍然在自我完善中保持了表意性质与表意功能。71个核心义符不仅在历代的简化过程中始终未乱阵脚，而且它们的参构字在通用规范汉字中多达90%。正是最为基础而构字最多的核心

① 康加深《现代汉语形声字形符研究》，陈原主编《现代汉语用字信息分析》，第81页，上海教育出版社，1993年。

义符保持了基因性的表意功能，这才在系统上维系了汉字的表意性质。“现行汉字在整体上仍然保持着相当系统的形义联系：义属某类之字多从某符，形从某符之字多有某义（类意义）。”①

（二）声符的特点与表音功能

古代形声字的声符具有表音功能，这是学术界的共识。人们现在关注的是，现行声符系统是否还保持着表音的性质？现行声符正确标音的有效范围究竟有多大？现行声符实际标音的动态分布有没有规律？形声字的声符在记音上有什么特点？

汉字是表意文字而形音联系较弱，其形声字的声符是采用直音式以记录具体音节的“借音符”，它们是在“以类附声”分化同音字兼职的进程中历史形成的。汉语形声字的声符有两个特点：

第一，形声字的声符主要来自兼职的同音字，是在“以类附声”的机制中被动成为声符的。一般来说，历史上有多少个被分化的兼职同音字，形声字就会有多少个声符。因此，声符“相对失控”，不仅数量很多，构字率低，而且一音多符的现象相当普遍。8233 个小篆形声字有 1670 个声符，符均构字 4.9 个，其中占五成的 842 个声符只构 1 个或 2 个形声字。汉语以单音节词为主，一个音节设置一个声符最好。但历史形成的声符并不是以音节为单位分布的。现行形声字中一音一符的基本音节只有 92 个，大多数音节有多个声符，其中的 yi 音节居然有 24 个现行声符。②

第二，汉字的形声字是用现成的同音字作“借音符”，以直音的方式为具体音节注音的。汉字的声符与表音文字的音符虽说都是表音的，但二者的根本区别在于，形声字的声符并不是特制的专职音符，也不具备独立的音标价值；它所记录的仅仅是“具体的音节，而不是从汉语中抽象出来的音节。”③ 这种“借音符”既没有记录语音的内部结构，也不能反映语音的历史演变。正是声符与其形声字在历史音变过程中未能完全同步，从而导致了形音联系的部分脱节，这就是声符表音功能弱化的原因所在。

有学者将 7000 现代汉语通用字中的全部形声字集合为一个系统，运用计

① 龚嘉镇《汉字核心字根的构形表意及其历史演变》，华东师范大学《中国文字研究》第 18 辑，2013 年。

② 龚嘉镇《现行汉字形音关系研究》，第 74—98 页，湖北人民出版社，1995 年。本节中现行形声字的数据皆引自此处。

③ 王伯熙《文字的分类和汉字的性质》，《中国语文》1984 年第 2 期。

量描写与历史分析相结合的方法，深入讨论了现行声符的表音功能。[①] 该项研究从现行声符正确标音的有效范围、表音性质的嬗变程度、表音功能的动态分布三个层面上，对现行声符系统的表音功能进行了逐步深入的计量描写。

第一，从非此即彼的视角进行聚类分析，按照形声字与它的声符是否同音（特指基本音节音相同，不包括声调上的差异）为取值标准，在静态上去测定现行声符正确标音的有效范围。从现行声符在标示单个形声字读音上的作用来看，有 3127 个即 50%的现行形声字能够根据声符正确地读出音节音。再从现行声符在标示其全部形声字读音上的作用来看，有 442 个即 36%的现行声符能够正确标示其全部形声字的音节音，但这种同符必同音的现行形声字只有 1093 个，仅占 17%。

第二，从亦此亦彼的视角进行隶属度分析，按照现行声符与它的形声字有多少语音联系为取值标准，从模糊状态中去量化现行声符系统表音性质的嬗变程度。虽然有 50%的现行形声字与声符不同音了，但这些现行声符多与它的形声字保持着叠韵或双声等语音联系，其表音性质实际上处于一种介于 0 与 1 之间的模糊状态。作者把全部现行形声字中各声符的表音值看作一个模糊集，以量析质地进行了隶属度分析，最后测出现行声符系统在表音性质上的隶属度为 0.65。

第三，从或此或彼的视角进行动态分析，计量分析了现行声符在不同级别的现行形声字中的实际表音功能，从随机现象中去考察它的动态分布规律。计量分析发现：现行形声字的多少，现行声符表音作用的大小，与形声字的使用频度恰成反比分布。使用频度越低的汉字，其中的形声字越多，其声符的表音度越高；反之，越是高频度的常用字，其中的形声字就越少，其声符的表音度就越低。

表意文字的体制决定了“汉字形音之间的结合程度，既弱于拼音文字的形音联系，也弱于汉字的形义联系。”[②] 表音功能差确实是汉字的先天性缺点，《国语注音符号》《汉语拼音方案》就是因此而研制推行的。但是，形声字不仅是以义音合成的整字去记录汉语的，而且声符在方言音歧古今音变的语境中还是富有弹性的“宽式音标”。同一个字，尽管古今四方的人们读得南腔北调，但人们因由形及义地认识汉字而对所记词义的理解则是相同的。在地域辽阔、文化悠久、书同文字而方言复杂的华夏大地，汉字之所以能够超时空地记录汉语以传承文化，虽主要依靠形义联系才相对超脱地兼容了所记之词的语音变

① 龚嘉镇《现行汉字形音关系研究》，第 74—98 页，湖北人民出版社，1995 年。

② 龚嘉镇《现行汉字形音关系研究》，第 10 页，湖北人民出版社，1995 年。

体，但声符标音的兼容性亦功不可没。

在计量分析的基础上，历史地考察声符的表音功能，可以清楚地看到语言文字发展的不平衡性和渐变性。汉字声符表音功能弱化的趋势，是与生俱来的，也是历时加剧的。先天之根在于汉字是表意文字而形音联系较弱，后天之因则主要是声符与其形声字在历史音变过程中没能完全同步而导致形音部分脱节。但是，这种不平衡的发展毕竟是在系统内部以渐变的方式进行的，即使那些分合了的语音也大多与字形有着内在的对应关系。汉字形音关系的复杂性集中体现在现行声符系统的表音功能上，用一个比率或几个比率的平均值去量化其表音功能，是把复杂问题简单化了。在多层面计量描写的基础上进行历史分析，可以得到这样的认识："现行声符系统的表音功能确实不强了，但还保持着表音的性质，其在大量低频字中的较强标音作用更具应用价值。"①

五、声符兼义与字符破体

前人对形声字进行了多角度、多层次的多种分类，上文对形声字组合方式的归纳就是一种分类。这里针对声符兼义不兼义、字符成字不成字的现象，着重讨论两种较有认知价值的分类。声符兼义不兼义，是就形声字在孳乳生成时的不同分化源头所作的分类；字符成字不成字，是就字符在形变之后是否还能体现理据所作的分类。前者事涉字符表义的功能，后者有关偏旁类推的理据，其实讨论的还是汉字的有理性功能，都具有现实的应用价值。

（一）着眼分化源头的分类

大多数形声字是"以类附声"相承孳乳的分化字，这些分化形声字所记录的词，在形声字产生之前原本是由它的声符（古字）来兼职记录的。正是所分古字兼职的不同性质，历史地决定了声符是否兼有表义的功能。只有理清古字（声符）与分化形声字的来龙去脉，才能明白哪个形声字分担了古字的哪项记词职能。根据分化义的性质可以把分化形声字分为三种类型：本义分化字、引伸义分化字和借义分化字。这种分类可以从语源上说明声符能否兼有表义功能的历史原因。

关于形声字声符兼义的认识，许慎在《说文解字》中就有"亦声"之说。晋初的杨泉在《物理论》中，最先把几个声符相同的形声字放在一起来探讨其共同的义源。但真正的研究则发端于北宋的王圣美和南宋的张世南。

① 龚嘉镇《现行汉字形音关系研究》，第84页，湖北人民出版社，1995年。

许慎《说文解字·女部》：姓，人所生也。……从女从生，生亦声。

杨泉：在金石曰堅，在草木曰緊，在人曰賢。①《说文解字·臤部》：臤，堅也。……古文以为賢字。

王圣美：王圣美治字学，演其义以为右文。古之字书皆从左文，凡字，其类在左，其义在右，如木类其左皆从木。所谓右文者，如戋，小也，水之小者曰浅，金之小者曰钱，歹之小者曰残，贝之小者曰贱，如此之类皆以戋为义也。②

张世南：自《说文》以字画左旁为类，而《玉篇》从之，不知右旁亦多以类相从。如戋为浅小之义，故水之可涉者为浅，疾而有所不足者为残，货而不足贵重者为贱，木而轻薄者为栈。青字有精明之义，故日之无障蔽者为晴，水之无溷浊者为清，目之能明见者为睛，米之去粗皮者为精。凡此皆可类求，聊述两端，以见其凡。③

形声字的声符多居于右，通过声符系联同源字族以探求语源的学说叫"右文说"。沈兼士先生（1887—1947）全面总结了前人关于右文说的认识，历史地分析了形声字声符兼义的现象，进而讨论了应用右文以探寻语根的方法。他深刻地指出："语根之分化语词，虽与形声有关，而不能谓即是一事。……音符不尽皆为语根"，"形声字不尽属右文"。着眼声符（古字）或"即本义者"或"仅借音者"的事实，他把形声字产生的途径归纳为"由本义分化及由借音分化两派"：一为"音符即本义者"的本义分化式，一为"音符仅借音者"的借音分化式。④

古字兼职多的两大原因是义的引伸与音的假借，由此分化兼职则是形声字产生的两大途径。分化古字本义或引伸义的形声字所区别的是义通的同源词，其声符自然既能标音又示语源；分化古字假借义的形声字所区别的是异义的同音词，其声符当然只是纯粹的记音符号。部分形声字的声符确实是其字所记滋生词的语源，但并非所有的声符都是语根，并非所有同声符的形声字都是同源字。"凡从某声者皆有某义"之所以失之偏颇，盖在未辨声符来源，不明孳乳规律。

① 宋·李昉等《太平御览·人事部·叙贤》，《太平御览》第二册，第1859页，中华书局影印本，1985年。

② 宋·沈括《梦溪笔谈·卷十四·艺文一》，《梦溪笔谈》，第96页，上海古籍出版社，2015年。

③ 宋·张世南《游宦纪闻》，第77页，中华书局，1981年。

④ 沈兼士《右文说在训诂学上之沿革及其推阐》，《沈兼士学术论文集》，第172页，第124页，中华书局，1986年。

试分类举例讨论如下：

一、本义分化字：（它）→（蛇）、（其）→（箕）、（益）→（溢）。这类形声字分化了古字的本义。古字在表示字本义时本来就是形义统一的本字。（它）就是像蛇头之形的象形字，“它”上加“虫”而为“蛇”似是画蛇添足，因为这并没有也不需要增加它的什么意义。但是，古字义多，当其他义项的使用率高于本义时，就会出现古字为假借义所夺，或为引伸义所据的情形。他义行而本义废，本表“蛇”义的“它”字被高频的代词义所专，当然只得在本字上增加义符为本义再造专职的“蛇”字了。

二、引伸义分化字：（共）→（拱）、（共）→（供）、（共）→（恭）。这类形声字分化了古字的引伸义。它来源于同源词的裂变，而形声字的专用则标志着滋生词的独立。（共）像两手捧物之形，是个据义构形的表意字。此字所记之词的共同义在使用中，很自然地引伸出了两手敛合义，由此延伸又有了拱手奉物义，供奉自当虔诚，这便有了敬肃义。音义有别而分用已久，遂在古字“共”上加“手”为“拱”以分表敛合义，加“人”为“供”以分表奉物义，加“心”为“恭”以分表敬肃义，古字“共”则专表共同义了。在“以类附声”生成机制的作用下，古字“共”成为这组分化字标音的声符和共同的语源，而这几个同源的形声字则因不同的义符而有了相与区别的类别性标志。

三、借义分化字：（辟）→（璧）、（辟）→（壁）、（辟）→（臂）。这类形声字分化了古字的假借义。假借的性质是依声借字兼职记词，即借用现成的同音字去兼职记录在意义上毫不相干的同音词。（辟）是个会意字，其对跪地之人（）用刀（）施刑的构形，表示了刑罚、刑法之义。此字又假借为记音符号，去记录毫不相干的玉璧义、墙壁义、手臂义等同音词。后来“以类附声”重建形义联系，所生成的璧、壁、臂等形声字以其各别的义符实现了对同音词的分化，其由假借字转换来的声符自然只能标音，不会兼义了。

（二）着眼字符理据的分类

一个形声字产生之时，原本是由表音的声符和表义的义符合成的，其字符是由独立成字而有义有音有理据的成字字符充当的。但在汉字的历史演变之中，由于形体省简或异字混同，有的字符的字形已经破体而不能直接体现造字的理据了，这种所谓的省声、省形现象是汉字使用过程中确实存在的客观事实。根据演变后字符的成不成字、有不有理，可以把后来的形声字分为正体形声字和省体形声字两类。

有的学者认为，省声、省形是指形声字的声旁或形旁的字形省去部分的现象。这种认识似乎忽视了省声、省形的特殊性。汉字历史演变的一个重要方面是形体结构简明化，汉字的简明化是在构形理据语义化的基础上进行的，是主要通过简化基础字符以类推简化字群的方法去实现的。在汉字的简明化演变过程中，所有字符不仅线条变笔画，物象变意象，而且字形都有简省。所谓省形、省声字有别于一般形声字的特殊性，并不在于其字符的字形有所简省，而在于这简省后的字符理据较虚、功能较弱、构字较少，要言之，省声、省形的特殊性，在于约定俗成的符号化程度不高而难以直接体现造字的理据。

许慎的《说文解字》，是通过分析构字理据以说解字本义的。面对形符不表义、声符不表音者，遂通过归纳以省文说解之：其省形、省声其实就是许氏对六书理论的一种补充。其意义有二：以省文说明字形的演变，为省文提供构字的理据。据潘天烈先生的统计，《说文解字》在说解正篆时，明确标出“省声”的形声字有 284 字，如炊，“从火，吹省声”；明确标出“省形”的形声字有 41 字，如亭，“从高省，丁声”；明确标出“省形”的会意字有 83 字，如孝，“从老省，从子”。三项计 408 字，占全书正篆字的 4.3%。[①] 许说有误者当另作别论。

形声字的义符声符是内涵构形理据而具有表义或表音功能的构字字符。它有两个特点：

第一，理据传承有来历，是或曾经是语义化的成字字符。

（甲）→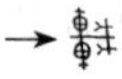（金）→車（篆）→車（隶）→车（义符）

（甲）→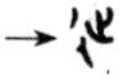（金）→（篆）→（隶）→辶（义符）

有的字符如“车”，始终一体两用，既独立用作单字又兼作构字的偏旁。有的字符虽然现在不成字了，但过去曾经是独立的单字，例如“辶”的字形虽古今面目全非，但约定的语义在简化字形中是递相传承的。这两种字符的字形虽一省再省，但因独立成字语义化，已经拥有了约定的音义，从而得以充当表义的义符或表音的声符。其简化轨迹清楚，古今对应明确。

第二，功能约定能类推，是具有表义或表音功能的构字字符。作为构字的符号，义符声符不仅要有表义或表音的功能，而且要有较高的类化程度与较强的构字能力。理据清楚、类化程度越高的字符，其构字能力越强，构字越多；反之，理据不甚分明、类化程度较低的字符，其构字则越来越少甚至不再构字而被淘汰了。仅构一个形声字的声符在小篆形声字中有 583 个，在现行形声字

① 潘天烈《〈说文解字〉导读辞典》，第 114—116 页，四川辞书出版社，1995 年。

中就只有 434 个了。正是在优胜劣汰的历史演变中，逐步形成了字符构字相对集中的特点。

根据形符声符的这两个特点，对省形、省声的特殊性试作分析。第一，许慎所认为的省文，确实有部分可以在之前的甲金古籀中找到不省的正体形声字。省形者如→（星）、→（考）；省声者如→島、→搴。第二，许慎所认为的省文，确实有部分是带着构意以类推的形式参与构字的，具有表义或表音的功能。省形者如从“履”省的屧、屐、屩等字，都从不省的“履”得义而用指各种鞋子；从“寢”省的寐、寤、寝等字，都从不省的“寢”得义而有睡觉义。省声者如“删”省声的姗、珊、跚等字，“侵”省声的寝、祲、骎等字，则是分别以不省的“删”“侵”为声符的。再如会意字“昏”，在小篆中已是从日从氐无构意了，许慎用“氐省”二字点睛似地道出了这个字的构形理据。可见，省形、省声不仅在理论上强调了汉字形体的演变，而且在应用上为一些符号化程度不高的破体字提示了造字理据。

需要指出的是，这种理据有来历或构字能类推者，并不是省文的全部。汉字的历史演变，宏观上有规律，具体处很复杂。因形体省简与异字混同而造成的破体字，其复杂性就在于省文的字形不能直接体现造字的理据。许慎没有看到甲金文材料，也不明古音及其演变，他的有些省文确属错析字形。金文像两炬燃烧之形，以照明之象表光亮之义，后隶定为“𤇾”，1950 年代简作“𫇧”，就是“荧”的初文。此字后用作声符，以此为声符的现行形声字就有 12 字之多：

𤇾 ying　ying　荧营莺莹萤茔荥萦蓥，xing　荥，rong　荣，qiong　茕。

许慎把多数𤇾声字说成“荧省声”，同时又把莺等说成“荣省声”，把茕等说成“营省声”。在不见“𤇾”字的条件下依靠归纳与类推，用“省声”的方式去说明这组形声字的造字理据，这是许慎的见地；至于对一组字的同一理据给予多种解释，则是许慎的局限。

在漫长的历史发展中，有的声符因形体嬗变简化而混同或近似为了别的字形。这一现象共时地看似是一符多音，历史地看当是异字混同，声符“享”就是典型的异字混同。“享”字的甲文为，像宗庙之形，引伸为祭享、享受义，至今都是常用字。“𩫏”字的甲文为，像两亭对立于城墙之上，义为城郭。此字“今作郭，郭行而𩫏废也。”（段玉裁《说文解字注·𩫏部》）“𦎫”字的甲文从亯从羊，表纯熟义。“凡从𦎫者，今隶皆作享。”（段玉裁《说文解字注·亯部》）这原本是形音义都不相干的三个字，但在隶变过程中，“𩫏”“𦎫”二字废而为他字所代，仅以声符的身份留存下来，而且省简后的字形竟完全混同于异音的“享”了。

享（𦎫）guo　guo　郭崞椁。

享（𦏧）chun　chun　醇淳鹑，zhun　谆，dun　敦惇。

这两组形声字的省声符不仅来历复杂不清楚，而且字形混同无区别，以致难以直接体现造字理据，这正是省声、省形符号化程度不高的一个重要原因。

综上所述，所谓省声、省形，是指合体字中字形有简省但符号化不成熟，难以直接体现造字理据的那部分声符、义符。我们应该历史地对待省声省形现象。一是要承认省形、省声是汉字历史演变中不可忽视的客观事实。这种因省简而破体的现象存在于汉字的整个使用过程之中，在形声字中另分一类省体形声字就是为之正名。二是要肯定有来历能类推的那部分省文的构形理据。《简化字总表》既吸取了省文以部分代全体的简化方法，又以字表的形式加强了省文所缺乏的繁简对应约定规范，进而在省声、省形的基础上进行了类推简化。如“攙”通过毚省声而简作“搀”，“閣”通过門省形而简作“阁”，而“論”则既省形又省声而简作“论”。三是要正视许慎关于省形省声的贡献与局限，勿需迷信，也不要苛求。正确的态度应该是，着眼省文的古文字字形及其在后世用字中的实际功能，注重进行是则是之、非则非之的具体分析。

第九章 “同词异形”的异体字

本章提要：异体字是汉字发展过程中因变易而产生的一种字形歧异现象，七八万现存楷体字中的大部分字就是历代积存下来的异体字。或“音义全同而别制一字”，或“音义悉同形体变异”，是造字的不同方式与用字的分合转移造成了“一字异体”的泛滥。其实质就是“同词异形”，即用几个不同的字形去记录同一个单音词。异体字的泛滥造成了社会用字的混乱，历代的汉字规范都高度重视异体字的整理。秦代把淘汰异体与简化字形结合起来，用小篆结束了古文字异体繁多的混乱局面，由此开启了全国用字的“书同文字”。唐代的“字样学”高度重视隶变楷化中成系列类推简化汉字的演变事实，坚持把“从正”与“随俗”结合起来择优规范楷体字形，从而使汉字的字体基本定型而沿用至今。社会用字的规范是随着汉字的历史发展而逐步优化的，“今之正或古之俗，今之俗或后之正”，有些俗体字既保持了理据又简化了字形，往往就成为了后来的规范字。现代的异体字整理坚持了古今分流的原则：一方面系统梳理历时异体字的流变关系，进而编制《异体字表》《异体字字典》；一方面坚持在现行通用汉字的范围内来规范异体字异形词。异体字是同一个单音词有几个不同的字形，异形词是同一个合成词有几个不同的词形。整理异体字异形词的实质，就是促进现代汉语词有专字的规范化。规范把维护汉字的表意性质与顺应语言的经济原则结合起来，把精减字数与简化字形结合起来，通过辨异选优取正舍异，从而促进了现代汉字定量定形的优化规范。

汉字是自源而悠久的表意文字，异体字是汉字的性质和特点所决定的一种变易现象。它是伴随着汉字的产生而出现的，并因造字的不同方式与用字的分合转移而大量涌现，直接造成了“一字异体”的歧异现象。历代字书所保存下来的七八万汉字，其中的大部分字就是历代积存下来的异体字。

“异体字”这个术语产生在1950年代。此后几十年来，异体字问题一直是汉字整理与规范研究中的一个热点问题。讨论是围绕着异体字的性质、外延、分类展开的，后逐步深化而大分为二：一是如何梳理历时异体字，一是如何规范现代异体字。汉字规范的基本内容，是把精减字数与简化字形结合起来，通过辨异选优舍异用正地确定规范字形，以此推动社会用字的规范化。历代的汉字规范都高度重视异体字的整理。其中秦代全国用字的“书同文”，汉代许慎对“重文”的整理，唐代“字样学”对楷体字的规范，现代的异体字异形词规范，尤有价值，很有影响，积累了宝贵的历史经验，我们应该进行认真的总结。

一、异体字的性质与讨论进程

（一）异体字术语的由来

异体字现象古已有之，《说文解字》中一般称“重文”，即重出的字形；在唐代“字样之学”中一般称“俗体”，即流行民间的通俗字形。且看前贤关于异体字现象的认识：

《汉书·艺文志》：《史籀篇》者，周时史官教学僮书也，与孔氏壁中古文异体。[①]

《说文解字·叙》：五帝之后，改易殊体；六国之世，文字异形。[②]

《说文解字·肉部》："脃，小耎易断也。从肉，绝省声。""膬，耎易破也。从肉，毳声。"段玉裁注："脃、膬盖本一字异体，《篇》《韵》皆云'脃同膬'。"[③]

清·王筠：《说文》之有或体也，亦谓一字殊形而已，非分正俗于其间也。[④]

黄侃："古今文字之变，不外二例：一曰孳乳，一曰变易。变易者，声义全同而别制一字。""变易，譬之一字重文。"[⑤]

沈兼士（1941）：许书重文包括形体变易、同音通借、义通换用三种性质，非仅如往者所谓音义悉同形体变易是为重文。[⑥]

《汉书·艺文志》所说的"异体"，指的是不同时代的字体。《说文解字》把异体字现象称作"重文"，就书中的一千多个重文来看，是既有历时的"改易殊体"，又有共时的"文字异形"。蒋善国先生（1898—1986）就把异体字分为广义与狭义两种，认为从纵的发展来看，今字体都是古字体的广义异体字；而一般所说的异体字则是仅指今体的一字多形，那是从横的发展着眼的狭义异体字。[⑦] 自唐代"字样之学"以来，历代学者所讨论的异体字，一般都仅指楷书字系统内的"文字异形"现象了。例如清人段玉裁（1735—1815）的"一字异体"、王筠（1784—1854）的"一字殊形"，就是这样。黄侃先生（1886—1935）提出了"文字变易说"；最先从造字的视角为异体字下了定义："声义全同而别制一字"。沈兼士先生（1887—1947）则从用字变异的视角这样定义："音义悉同形体变易。"两位大家虽视角有异，但都抓住了异体字音义相同而字形不同的区别性特征，可谓高明之论。

丁西林（1952）：每一个字只能有一个规定的形式。如果现行的汉字中一个字有几种不同的写法，选择其中最通行的一个作为规定的形式，把其他的形式或删去，或归入备删之列。[⑧]

---

① 汉·班固《汉书》，第288页，中州古籍出版社影印本，1991年。

② 汉·许慎《说文解字》，第320页，中华书局影印本，1989年。

③ 清·段玉裁《说文解字注》，第176页，上海古籍书店影印本，1981年。

④ 清·王筠《说文释例》，第224页，武汉市古籍书店影印本，1983年。

⑤ 黄延祖重辑《黄侃国学讲义录》，第72页，第165页，中华书局，2006年。

⑥ 沈兼士《汉字义读法之一例——〈说文〉重文之新定义》，《沈兼士学术论文集》，第239页，中华书局，1986年。

⑦ 蒋善国《汉字学》，第83页，上海教育出版社，1987年。

⑧ 丁西林《对于整理汉字字形的几点意见》，《中国语文》1952年第10期。

《汉字简化方案草案》（1955）：汉字中有很多一字多体的字，也叫异体字。……一般出版物或手写文字中，有不少音同义同而写法不同的字（异体字），例如“嘆歎”“群羣”“韭韮”“凉涼”“磚甎塼”“仇讎讐”等。为了减轻学习上和使用上的麻烦起见，对于这些字我们拟从每组字中选用一个而把其余的作废。[1]

丁西林先生（1893—1974）是物理学家，长期担任北京大学物理系主任、中央研究院物理研究所首任所长，他业余从事喜剧创作和汉字整理的研究，皆有成就。1952 年前后，他接连发表文章，呼吁整理字形以精减字数。“异体字”这个术语当时还没产生，他把这种现象称为“异形字”，把异形字定义为“音同义同而形不同的字”，提出了“每一个字只能有一个规定的形式”的整理原则，归纳了异形字的类型，选编了计收 1130 组异形字的《异形字表》。[2] 丁西林先生为异体字整理作出了贡献。

1955 年 1 月 7 日，中国文字改革委员会等四部门联合印发了征求意见的《汉字简化方案草案》，这个已经五易其稿的《草案》包括三个字表：《798 个汉字简化表草案》《拟废除的 400 个异体字表草案》《汉字偏旁手写简化表草案》。这个文件第一次提出了“异体字”这个术语，并在说明中给异体字下了定义，举了例字。到 7 月 23 日为止，先后收到群众来信和意见书 5167 件，中国文字改革委员会根据群众的意见再次进行修订，将原《方案》一分为二，分别拟订出《汉字简化方案修正草案》与《第一批异体字整理表草案》。[3] 1955 年 12 月 22 日，文化部和中国文字改革委员会联合发布了《第一批异体字整理表》。从此，“异体字”就作为一个专门术语广泛地使用开了。

历史地看，《汉字简化方案草案》的学术贡献有三个。第一，提出了整理规范现代汉字的基本思路：简化偏旁以类推简化，简化单字以方便习用，整理异体以精减字数。第二，明确了异体字的定义。所下定义可以说就是黄侃先生“声义全同而别制一字”、沈兼士先生“音义悉同形体变易”的白话版。“音同义同而写法不同”，抓住了异体字的区别性特征，其后讨论异体字的学者，无一不是首先认同这个认识，然后在此基础上再作发挥的。第三，提出了整理异体字的基本方法：“从每组字中选用一个而把其余的作废”，就是选正辨异而用正舍异的取舍法。六十多年过去了，现在回过头去看，这三条仍然是今天必须坚持的原则。但是，由于当时的学术水平所限，《第一批异体字整理表》并没

---

① 《汉字简化方案草案》，《中医杂志》1955 年第 3 期。

② 引自曹伯韩《关于汉字整理和简化的各种意见》，《新建设》1952 年第 2 期。

③ 苏培成主编《当代中国的语文改革和语文规范》，第 173 页，商务印书馆，2010 年。

能全面贯彻“音同义同而写法不同”这一认识，把一些不是异体字的字也收进去了。

（二）异体字问题的讨论

半个多世纪以来，学者们对异体字问题展开了逐步深入的讨论。最初主要是围绕着《第一批异体字整理表》的收字扩大化等问题展开的，多从历时梳理的角度，来讨论异体字的定义与分类。后来随着《通用规范汉字表》的研制，讨论就逐步集中到现代异体字的整理规范了。

王力（1962）：异体字跟古今字的分别是：两个（或两个以上的）字意义完全相同，在任何情况下都可以互相代替。①

高更生（1975）：整理包孕字，也是精简字数的一条途径。……甲字包孕着乙字的含义的一组字，就叫做包孕字。……一般的异体字是两个（或几个）字的读音和意义完全相同。②

吕叔湘（1980）：异体字是一个字的不同写法。两个或几个字形，必须音义完全相同，才能算是一个字的异体。……有些字只在用于某一意义的时候才有另一种写法，用于另一意义的时候就不能那样写。……真正的异体并不太麻烦，麻烦的是这种部分异体字。③

裘锡圭（1988）：异体字就是彼此音义相同而外形不同的字。严格地说，只有用法完全相同的字，也就是一字的异体，才能称为异体字。但是，一般所说的异体字往往包括只有部分用法相同的字。……部分异体字用法的同异情况，大体上可以分为两类。一类是包含式，也可称包孕式，就是一个字的用法为另一个字所包含。……另一类是非包含式，也可称交错式，就是彼此既有共同的用法，又各有不同的用法。④

在认同“音同义同而写法不同”的基础上，王力先生（1900—1986）强调了异体字“在任何情况下都可以互相代替”，认为互为异体关系者可以换用，是构成异体字关系的一个重要条件；根据这个条件可以把异体字与古今字、通假字区别开来。显然，王先生所说的异体是音义“完全相同”的那类异体字。高更生先生（1929—）最先指出，异体字除了音义全同者外，还有一种意义以大包小的包孕异体字。包孕异体字数量很大，整理包孕字不仅可以精简字数、

---

① 王力主编《古代汉语》上册第一分册，第155页，中华书局，1962年。

② 高更生《精简字数的一条途径——试谈包孕字的整理》，《光明日报》1975年9月26日。

③ 吕叔湘《语文常谈》，第26页，三联书店，1980年。

④ 裘锡圭《文字学概要》，第205页，商务印书馆，1988年。

减少异读，还可以结合整理异读词。吕叔湘（1904—1998）、裘锡圭（1935—）等先生先后参加了这方面的讨论。他们把音义全同的形异字称为单纯异体字、严格异体字或狭义异体字，把部分音义相同的形异字称为部分异体字、条件异体字或广义异体字。部分异体字下又分为包孕异体字与交错异体字。

例如：雕 diāo［彫鵰凋琱］。在 1955 年发布的《第一批异体字整理表》中，“雕”有 4 个同音异体字；1965 年发布的《印刷通用汉字字形表》收入了“凋”字，“雕”就只有 3 个异体字了。从“隹”的“雕”主要有两个义项：本义指一种猛禽，后又用表雕刻、雕饰的假借义。“鵰”只在猛禽义上与“雕”构成异体关系且可换用，“彫、琱”只在雕刻、雕饰义上与“雕”构成异体关系且可换用。“彫、鵰、琱”三字的音义用法为“雕”字所包含，它们就是“雕”的包孕异体字。“雕/鵰”二字声符相同义符相通，它们都是为猛禽义所造的形声字，二者最初无疑是音义全同的异体字。但后来“雕”字有了雕刻、雕饰的假借义，“鵰”便成了“雕”的部分异体字了。

“凋”因从“冫（冰）”而表凋谢、凋零义，“凋零”在文献中偶而写作“雕零”。“雕零”中的“雕”，其实是写了别字；在凋零义上，“雕”就是“凋”的通假字。一旦离开了“雕零”这个语境，“雕”也就没有了“凋”的意义。连《汉语大字典》这样的大型字典，“雕”字下也没有凋零的义项。恢复“凋”的规范字身份说明：不能把通假字当作异体字。

所谓交错异体字，就是两字各有用法，但又有共同的义项，或曾经有过共同的义项，在这个义项上是可以换用的。需要指出的是，交错异体字在历时的语用交际中是确实存在的，但用之于现代汉字的规范，则会导致异体字外延的扩大化。这正是人们批评《第一批异体字整理表》中存在的主要问题。

刘又辛（1979）：“汉字之所以有许多异体字，主要是由汉字的性质决定的。……汉字是兼表形音的文字，常有用几个文字符号来表示同一词语的现象。”（1990）：“辨识异体字的标准是字所代表的词。记录同一个词的几个或更多的字，都应该属于一组异体字。词的特点是一定的语音含有一定的词义。文字则除了音和义以外，还有一定的字形。要辨识异体字，就要根据字跟词的这种关系着眼。”①

蒋绍愚（1989）：异体字是人们为语言中同一个词造的几个形体不同的字，

① 刘又辛《大型汉语字典中的异体字、通假字问题》，《中国语文》1979 年第 4 期；刘又辛《关于异体字的几个问题》，《汉语大字典论文集》，第 80 页，四川辞书出版社、湖北辞书出版社，1990 年。

这些字意义完全相同，可以互相替换。[①]

苏培成（2001）：异体字主要是指音义相同而形体不同的字，而这几个不同的形体记录的是同一个字种。……整理异体字就是从一组异体字中确定一个标准形体，淘汰其他写法。[②]

刘又辛先生（1913—2010）较早从汉字的性质和特点，从汉字记录汉语的视角来认识异体字现象，反复强调“要根据字跟词的这种关系着眼”来研究异体字。刘又辛先生认为：异体字是“用几个文字符号来表示同一词语的现象。”蒋绍愚先生（1940—）认为：“异体字是人们为语言中同一个词造的几个形体不同的字。”两位先生最先从汉字记录汉语的视角，深刻地揭示了异体字“同词异形”的本质特征，真是确中肯綮。苏培成先生（1935—）长期从事现代汉字学的研究，尤其重视现代汉字的整理规范方面的研究。他最早从汉字规范的角度指出：一组异体字所“记录的是同一个字种”。随着研究的逐步深入，学者们较多地运用现代语言学的眼光来认识异体字现象了。

王铁琨（2004）：异体字指一个字有两种或两种以上的写法而读音、意义完全相同以及读音相同、意义以大包小的字；也特指跟通常写法（即规定的正体）有同音同义关系而写法不同并被淘汰的字。[③]

张书岩（2004）：异体字是在一种特定的字体中，具有相同功能，记录相同的词的一组字。……异体字要分古今，对古今异体字采取不同的处理方式。……要考虑常用与否，对常用与非常用的异体字采取不同的处理方式。[④]

曹先擢（2004）：现在使用汉字的国家还有日本、韩国、新加坡等，在我国，使用繁体字的地区有香港、澳门、台湾，异体字问题的处理不应再扩大与他们使用汉字上的不同。[⑤]

王宁（2013）：“异体字应从两个层面理解：在汉字学科理论中，异体字只指严格异体字；在汉字整理和应用中，异体字才可以包括严格异体字和非严格异体字。”“严格的异体字应当是：音义全同、记词职能完全一样、仅仅字形不同，它们在任何语境下都能互相替代而不影响意义表达的一些字样。”[⑥]

---

① 蒋绍愚《古代汉语词汇纲要》，第 191 页，北京大学出版社，1989 年。

② 苏培成《二十世纪的现代汉字研究》，第 236 页，书海出版社，2001 年。

③ 王铁琨《试论异体字的定义》，张书岩主编《异体字研究》，第 91 页，商务印书馆，2004 年。

④ 张书岩《评〈第一批异体字整理表〉——兼及〈规范汉字表〉对异体字的处理原则》，张书岩主编《异体字研究》，第 151—152 页，商务印书馆，2004 年。

⑤ 曹先擢《集思广益，把异体字问题处理好》，张书岩主编《异体字研究》，第 334 页，商务印书馆，2004 年。

⑥ 王宁主编《〈通用规范汉字表〉解读》，第 49—50 页，商务印书馆，2013 年。

2001年，国家启动了《规范汉字表》（后改称《通用规范汉字表》）的研制工作，异体字的研究随之进入了一个新阶段。变化主要发生在以下三个方面：一是研究的立足点，从过去偏重于历时梳理的学术讨论，转向共时整理的应用规范；二是所指的对象，由可以换用的互为异体字，转向特指用正舍异的淘汰字；三是规范的内容，逐步趋向于音义全同的严格异体字以及以大包小的包孕异体字。总之，如何在现代汉语通用字范围内来整理和规范异体字，是这十余年异体字研究的主要内容。国务院在2013年公布了《通用规范汉字表》，表后附录的《规范字与繁体字、异体字对照表》，就集中反映了这些研究的成果。

汉字不是表音文字而是自源的表意文字，异体字现象的出现，是汉字的性质与特点所决定的。从字形变易的性质与来源上，可以把异体字大分为两类：一是造字变易，二是用字变易。第一，汉字并非出于一时一地，它不是批量生产的机制产品，而是在久远的时空环境中逐步创造出来的人文符号。不同时代不同地域的人为记录同一个单音词，造几个甚至十几个不同形体的字，是很自然的。甲骨文、金文中的一个单字就有几种甚至二三十种写法。结果就出现了为同一个单音词造了一组异形字的现象。这就是造字变易。第二，在纵横数万里上下几千年的交际使用中，因字体递变定形有异，因古今音变南北音异，因音的假借或义的引伸，因缺乏规范书写讹变等原因，人们在记写语词时借用同音异义字、换用同音近义字、误用形似形讹字的现象也是常有的事。用字是一种个人行为，在缺乏规范的情况下，就逐步出现了这样的现象，即用一组音义全同或部分相同、音义长期相同或一度相同的异形字来记录同一个单音词。这就是用字变易。

综上所述，汉字是自源而悠久的表意文字，异体字是汉字发展过程中一种普遍而复杂的字形变易现象。这种由造字、用字两方面产生的异体字现象，许慎称之为“改易殊体”而“文字异形”，清人认为是“一字异体”或“一字殊形”。运用现代语言学的观点，从汉字记录汉语的视角来看，“一字异体”“一字殊形”中的“字”，应该就是“字种”的“字”，即一个字种有几个不同的字形；其实质就是“同词异形”，即用几个不同的字形去记录同一个单音词。整理异体字的字形，其实就是规范所记单音词的词形。

同词异形是异体字的本质特征；音义相同、功能相同与可以换用，是异体字异于通假字、古今字（特指兼职分化的古今字）、同音同义字等现象的三个区别性特征。古今字古曾同义后已分化而不再换用，通假字同音异义单向代用亦不能互换。同音同义字虽记录的是同义词，但同义词并不是一个词，它们一般就是功能用法有分工的近义词。如“无/勿”这两个同音同义字记录的都是否定词，但“无”多用于否定名词，“勿”多用于否定动词，这两个字虽同音同义但一般不能换用。公共场所墙上的“请勿吸烟”是不能换成“请无吸烟”的。

“异体字”这个术语产生于1955年，它是因为整理规范现代汉字而提出来的。正如汉代《说文解字》中的“重文”之于“正篆”一样，正如唐代《干禄字书》中的“俗体”之于“正体”一样，现代所谓的“异体字”也是相对“正体字”而提出来的。在现代汉字规范中，异体字就特指与正体字音义相同而字形不同的淘汰字。这个概念与学术讨论中所说的互为异体字是有区别的。至于“淘汰”，特指没有纳入推行的规范字表，因为规范字表中的字是要定量定形的。

二、汉字演变中的孳乳与变易

黄侃先生关于汉字的历史演变，有一段提纲挈领的大气之论。他说：

古今文字之变，不外二例：一曰孳乳，一曰变易。变易者，声义全同而别制一字。孳乳者，譬之生子，血脉相连，而子不可谓之父。中国字由孳乳而生者，皆可存之字；由变易而生之字，则多可废。①

从殷商甲骨文以来，汉字延绵不断地使用了3300多年。作为全民族用以记录汉语进行交际的符号性工具，语用状态中的汉字一直处在缓慢的变易之中，产生了大量的异体字。历代字书、传世文献与出土文字，为我们保存了大量的异体字。其中大部分是曾经音义相同可以换用的异体字，或者是部分音义相同而一度可以换用的异体字。因此，异体字的所谓音义相同是有一定相对性的，相当多异体关系的成立是有时空条件的。即它们的异体关系往往只流行于某一个历史时期，或它们的换用仅限于某一个义项上。不同时代有不同时代的正字与异体字，汉字异体字是具有历时流变性的。孔仲温先生、刘志基先生（1955—）的下述认识值得重视。

孔仲温：俗字与正字相对，与正字同时。无论任何时代，均有正字与俗字，而一时有一时之正，一时有一时之俗，古今无定时，正俗无定分。今之正或古之俗，今之俗或后之正也。②

刘志基：汉字的异体从来就是流动的，随着时代的变迁或生或灭，或分或合。因此，我们只有根据异体字的这种特点，以历时的眼光来看待异体字，才

① 黄延祖重缉《黄侃国学讲义录》，第72页，第165页，中华书局，2006年。
② 孔仲温《类篇研究》，第201页，台湾学生书局，1987年。

能比较全面、准确地认识这种文字现象。[①]

由于语言经济原则的支配作用，汉字中的常用字一般都是多义字。段玉裁说得好："凡字，有本义，有引申之义，有假借之义。"[②] 一个字的本义、引伸义、假借义既有本质的区别，又有在语用中相互转化的联系。我们应该从本质特征与发展变化两方面着眼，来认识汉字的孳乳与变易。共时地看，一个字有据词构形的本义，有一个或几个常用的基本义。基本义或是字的本义，或是它的引伸义、假借义。如"它"字，本义是表示名词的蛇，而常用的基本义则是表示旁指代词。需要强调的是，一个字的基本义是在长期的语用交际中逐步约定俗成的。其间或引伸，或假借，有转移，有分化，不仅具有复杂的历时流变性，而且蕴藏着丰富的文化信息。

汉字是记录汉语的书写符号。陈寅恪先生（1890—1969）说得好："凡解释一字即是作一部文化史。"[③] 下面试从旁指代词"它"的形成过程入手，来分析"它→他→她"这组字之孳乳与变易的来龙去脉，其中就颇有"文化史"的意义。

旁指代词"它"从词义引伸中形成

《说文解字·它部》：它，虫也。从虫而长，象冤曲垂尾形。上古草居患它，故相问："无它乎?"蛇，它或从虫。[④]

清·段玉裁：相问"无它"，犹后人之"不恙""无恙"也。[⑤]

张舜徽：上世居处草野，虫蛇为患，人恒苦之，故相见之顷，辄以有无蛇患为问。人情于所畏忌，不敢直呼其名，常以彼物为称，遂引申'它'为称彼之词矣。……'蛇'本'它'之后起增旁体。[⑥]

郭攀：旁指代词'它'产生的过程，是'它'由名词至代词语法化的过程。[⑦]

它，甲骨文写作，是个象蛇头的象形字，本义为"蛇"。许慎（约54—约125）在按惯例解析了本义之后，还特别讲到了此字在特定语境中的另一种用法。这种情况在《说文解字》中是不多见的。段玉裁的注把许慎的认识向前推进了一步。有人认为，"它"这个象形字，是因同音假借而得以记录代词的。

① 刘志基《汉字异体字论》，李圃主编《异体字字典》，第17页，学林出版社，1997年。
② 清·段玉裁《享飨二字释例》，段玉裁《经韵楼集》，第270页，凤凰出版社，2010年。
③ 《沈兼士学术论文集》，第202页，中华书局，1986年。
④ 汉·许慎《说文解字》，第295页，中华书局影印本，1989年。
⑤ 清·段玉裁《说文解字注》，第678页，上海古籍出版社影印本，1981年。
⑥ 张舜徽《说文解字约注》第四册，第3317—3318页，华中师范大学出版社，2009年
⑦ 郭攀《旁指代词"它"产生的过程》，湖南师范大学《古汉语研究》2004年第4期。

张舜徽先生（1911—1992）认为，“它”这个名词，是因词义“引申”成为“称彼之词”的。郭攀先生（1962—）在前贤的基础上，进行深入的研究，梳理出了“它”由名词引伸为代词的语法化过程，认为最早的旁指代词“它”形成于周代前期。

“它”最初出现在“无它乎”之类的问询语语境中，以名词的身份在句中充当宾语。“相问‘无它’，犹后人之‘不恙’‘无恙’也。”随着问询语的语用演变，“它”所表示的语义逐步由实而虚，由具体地问有无蛇患，渐变为泛指地问有无灾患。甲骨卜辞所占卜的“无它”“有它”，就是问的有无祟祸。如“戊寅子卜：无它？”（《殷墟甲骨刻辞类纂》21825）“有它？”（《殷墟甲骨刻辞类纂》22197）“贞：我无祟？”（《殷墟甲骨刻辞类纂》892 正）这种用法再进一步用于非询问句中，就抽象为指称别的、其他的一类旁指义了。如“它山之石，可以为错。”（《诗经·小雅·鹤鸣》）“六者非它也，三材之道也。”（《周易·系辞下》）郭攀先生对此进行了计量分析，发现较早的《周易》《尚书》《诗经》三书中，“它/他”计出现了 28 见，其中记录名词者 7 见，记录代词者 21 见，用作代词的比例已高达 75%。其后的《周礼》《仪礼》《礼记》《论语》《左传》《孟子》六书中，“它/他/佗”计出现了 153 见，其中记录名词者 15 见，记录代词者 138 见，用作代词的比例更高达 90%了。

“它”字后增旁为“蛇”，把本义分化出去后，“它”就专门记录代词了。“它”字小篆写作，“也”字小篆写作。“也、它小篆形近，音亦近，故二字在偏旁中每易相混。”[①] 后分化兼职生成形声字时，因形似相混竟在“也”上添加人旁而为“他”，“它/他”遂成为异体字，都用作旁指代词且可换用。至于“佗”，在以上 9 部文献中仅 1 见，是个孤例，就是人们常举的那句“制，岩邑也，虢叔死焉。佗邑唯命。”（《左传·隐公元年》）这种用法在汉代文献中也很少，看来这个“佗”就是个偶而一用的通假字，过去是把这种用法高看了。

第三人称代词“他”在分工中独立

上古汉语没有专职的第三人称代词，或者说上古汉语中的第三人称代词具有不成熟性。吕叔湘先生指出：在第三身指称上，之、其、彼“这三个代词没有一个是发育完全的，合起来仍然抵不了白话里的一个‘他’字。”[②] 汉语中的第三人称代词是由指示代词演变而来的。语言表达的日趋严密，促使指示代

① 黄德宽主编《古文字谱系疏证（三）》，第 2304 页，商务印书馆，2007 年。

② 吕叔湘《中国文法要略》，《吕叔湘全集》第一卷，第 154 页，辽宁教育出版社，2002 年。

词的指示功能与指称功能分工，从而推动了第三人称代词的独立。“他”字长期只作旁指代词，汉魏以后逐渐发展，终于在盛唐完成了向第三人称代词的转变。如高适的《渔父歌》：“曲岸深潭一山叟，驻眼看钩不移手。世人欲得知姓名，良久问他不开口。”随着“他”主要用于记录人称代词，“它”就主要记录指示代词了。在现代汉语中，二字的用法有了进一步的明确分工：“它”仅指人以外的事与物；“他”主要有两义，一是记录第三人称代词，一表“其他”的旁指义。

专指女姓的“她”因再分工而诞生

在20世纪初的新文化运动中，人们又把第三人称代词“他”一分为三：用“他”指男性，用“她”指女姓，用“牠”指动物。“她”字的提出，最初是出于对译外语的需要。当时正在英国伦敦大学留学的刘半农先生（1891—1934），1920年8月9日在上海《时事新报》上发表了《“她”字问题》一文，提出用“她”字作为女姓的第三人称。刘先生同时还写了一首《教我如何不想她》，第一次将“她”字用入诗文。这首诗表达了一个海外游子对祖国、对恋人的深沉思念。此诗后经赵元任先生（1892—1982）谱曲，很快就在国内传唱开了。其实，南朝顾野王（519—581）的《玉篇》就收有“她”字，其后的历代字书皆收此字。《玉篇·女部》：“姐，《说文》云：‘蜀人呼母曰姐。’……她，同上（姐）。”[①] 在当时的蜀地民间，“姐”与“她”都是称呼母亲的词。至于“牠”，作为“它”的异体字，在《第一批异体字整理表》中被淘汰了。需要指出的是，这个原表母亲义的“她”字，虽然不是刘半农专为女性所造的新字，但确实是经刘先生首倡才开始用来专指女姓第三人称的。

综上所述，名词“它”因词义引伸而演变分化出旁指代词“它”，“它”因指示功能与指称功能的分工而分化出第三人称代词“他”，“他”因性别的区分再分化出专指女姓的代词“她”。“它→他→她”这组代词的形成与分工，典型地反映了汉语词汇逐步丰富、表达日益严密的发展趋势。词义的分化与新词的派生，是一个渐进的过程，这个过程最终完成于分化字的流行。记录代词的“它”字因与“也”形似相混而加旁孳乳出“他”字，记录旁指代词的“他”字再易旁改为“她”字而专指女性，就典型地反映了汉字对汉语发展的能动顺应与促进。而它/蛇、它/他、他/她、它/牠这几组字的孳乳与变易，则有力地说明了：在历时的语用交际中，汉字的意义、用法与构形是动态发展的，有转移、分化、合并，有传承、简化、讹变，还有并存换用与淘汰，表现出了复杂的历时流变性。因此，立足汉字记录汉语的基本面，着眼汉字的孳乳与变易两

① 南朝·顾野王《宋本玉篇》，第70页，北京市中国书店影印本，1983年。

条线索，全面整理汉字系统的历史演变谱系，一直是前修时贤的期盼。其中的一项重要内容，就是系统梳理异体字错综复杂的历时演变关系。

对异体字的通盘整理已经取得了不少令人瞩目的成果。《汉语大字典》在编写中对历代的楷书异体字第一次进行了通盘整理，其成果集中反映为所编的《异体字表》。该表“将同一主体字统领的简化字（限于1986年新版的《简化字总表》所收的简化字）、古今字、全同异体字（指音义全同而形体不同的字）和非全同异体字（指音义部分相同的异体字），集中在该主体字下编成一组，共收约11900组异体字。”①

李圃先生（1934—2012）主编的《异体字字典》“是一部历代汉字异体的汇编”，全书共收近万组异体字，选收不同字体中的异体字形5万个左右。“收字范围为古今汉字中可以考定的异体字。……所收录之异体涵盖共时断代的异体和历时的古今异体。……包括只在某一特定时代与正字构成异体关系的字。”②

冉友侨先生（1917—2000）主编的《汉语异体字大字典》，是古今楷书汉字异体字的大汇编。全书所收的近4万个字头，是从6万左右的汉字楷书单字中，甄别出来的音义相同、形体不同、可以互换的异体字。③

台湾国语推行委员会编《异体字字典》（第五版，2004年）收正字29892个，收历代的异体字76338字，总字数106230个，④ 平均一个正字有2.55个异体字。

在汉字研究正在进入数字化时代的今天，相信对历时异体字的全盘整理研究，一定会推出更为理想的成果。但是，这不是现代汉字规范化的工作，社会用字规范要整理的异体字，应该是也只能是现代汉语通用字范围内的并存并用字。

三、秦代全国的“书同文字”

从殷商甲骨文以来，汉字延绵不断地使用了3300多年。作为全民族用以记录汉语进行交际的符号性工具，语用中的汉字一直处在缓慢的变易之中，产生了大量的异体字。一字异体是社会用字中的消极因素。在社会比较动荡的时

---

① 《汉语大字典（第八卷）》，第5333页，四川辞书出版社、湖北辞书出版社，1990年。

② 李圃主编《异体字字典》，第1页，学林出版社，1997年。

③ 冉友侨主编《汉语异体字大字典》，四川辞书出版社，2019年。

④ 引自台湾学术网络《异体字字典·编辑略例》。

期，如战国时期、南北朝时期，异体字的泛滥直接造成了社会用字的混乱。这不仅影响了社会交际，而且影响了国家的统一。历代的汉字规范都高度重视对异体字的整理，秦代的“书同文字”与唐代的“字样之学”，就是古代两次影响最大的的汉字规范。

秦始皇（前 259—前 210）实行全国的“书同文字”，他不仅用规范的小篆，结束了古文字异体繁多的混乱局面，而且还积极提倡隶书，开创了今文字书写简便的新阶段。

（一）小篆的统一规范

战国时期，诸侯分立各自为政，加之字体递变新字涌现，字无定形、书写混乱、异体繁多的现象相当普遍相当严重。

《史记·秦始皇本纪》：二十六年……分天下以为三十六郡……一法度衡石丈尺，车同轨，书同文字。①

秦始皇二十六年（前 221 年）统一了天下，他废除分封制，实行郡县制，统一度量衡、统一车轨、统一文字，建立了中央集权的封建大帝国。关于秦代的“书同文字”，下引的两段汉代文献颇为珍贵。许慎讲述了秦代统一文字的历史原因，记述了秦代规范文字的内容与原则。班固（32—92）总结了上古的用字史，记述了秦代规范文字的数量与推行规范的方法。

《说文解字·叙》：（战国时期）诸侯力政，不统于王，恶礼乐之害己而皆去其典籍。分为七国，田畴异亩，车涂异轨，律令异法，衣冠异制，言语异声，文字异形。秦始皇帝初兼天下，丞相李斯乃奏同之，罢其不与秦文合者。斯作《仓颉篇》，中车府令赵高作《爰历篇》，太史令胡毋敬作《博学篇》，皆取《史籀》大篆，或颇省改，所谓小篆者也。②

《汉书·艺文志》：《史籀篇》者，周时史官教学僮书也，与孔氏壁中古文异体。《苍颉》七章者，秦丞相李斯所作也；《爰历》六章者，车府令赵高所作也；《博学》七章者，太史令胡母敬所作也。文字多取《史籀篇》，而篆体复颇异，所谓秦篆者也。……汉兴，闾里书师合《苍颉》《爰历》《博学》三篇，断六十字以为一章，凡五十五章，并为《苍颉篇》。③

秦始皇用以“书同文字”的小篆字，是由春秋战国时期的秦国文字“大篆”逐步演变而来的，是在以秦系文字为主而参照东土古文的基础上整理规范

---

① 汉·司马迁《史记》，第 54 页，中州古籍出版社影印本，1991 年。

② 汉·许慎《说文解字》，第 315 页，中华书局影印本，1989 年。

③ 汉·班固《汉书》，第 288 页，中州古籍出版社影印本，1991 年。

出来的。郭沫若先生（1892—1978）指出："把殷周以来的古文，所谓'大篆'，整理为'小篆'，这已经就是一项有意识地对于几千年以来文字自然发展的一个总结。"[①] 对于六国文字，其淘汰的只是"不与秦文合者"的异体字；对于秦系文字，在"皆取《史籀》大篆"为基础字形的基础上，还采取了"或颇省改"的态度。可见秦代的"书同文字"，是把废除异体与简化字形结合起来进行的，这条措施极有价值。秦始皇在2200多年前，第一次在全国范围内初步实行了社会用字的规范化，有力地推动了国家的统一和社会的发展，这在中国文化史上是具有历史意义的大事。

班固在《汉书·艺文志》中总结了上古的用字史。指出秦代的统一文字，是用"书同文"的"秦篆"（就是许慎所说的"小篆"）编写识字课本的方式，来推行规范字形的。这种识字课本，应该就是最早的《规范字表》。到了汉代，闾里书师合《苍颉》《爰历》《博学》三篇为一本，"断六十字以为一章，凡五十五章"，统称《苍颉篇》。由此可知，秦代"书同文字"时大约规范了3300个常用字。这是可信的。1977年安徽阜阳出土的汉简中，有用隶书书写的《苍颉篇》计541字，四字为句，有韵可寻，内中就有"苍颉作书，以教后嗣。"这是《苍颉篇》亡佚后最大的一次发现。

秦始皇的"书同文字"具有三个特点：一是他的汉字规范顺应了社会需要且立足于学术研究，二是他的汉字规范坚持了淘汰异体、简化字形的方向，三是他的汉字规范是依靠行政颁布规范推行全国的。值得强调的是，秦始皇"书同文字"的这三个特点，后来成为历代汉字规范的传统，递相继承而沿用至今。秦代小篆的"书同文字"是如此，东汉隶书的"熹平石经"、唐代楷书的"开成石经"是如此，当代的汉字规范也是这样。这些在变易基础上建立起来的新规范无不具有鲜明的时代特征。它们既适应了一个时代的应用需求，也受到了那个时代的历史局限，但是，它们都在原有规范的基础上向前迈进了历史性的一大步。

（二）隶书的提倡使用

在汉字发展史上，"隶变"是比规范小篆字形更为重要的演变。正是秦汉时期的"隶变"，使汉字完成了从古文字向今文字的历史性演变，"古文由此绝矣"。《汉书》、《说文解字》与西晋卫恒（？—291）的下述三段文字，就是关于隶书的最早文献记载。

《汉书·艺文志》：是时（指秦"书同文"时）始建隶书矣，起于官狱多

① 郭沫若《古代文字之辩证的发展》，《考古学报》1972年第1期。

事，苟趋省易，施之徒隶也。[①]

《说文解字·叙》：是时秦烧灭经书，涤除旧典，大发隶卒，兴役戍，官狱职务繁，初有隶书，以趣约易，而古文由此绝矣。[②]

《晋书·卫恒传》：下杜人程邈为狱吏，得罪始皇，幽系云阳十年，从狱中改大篆，少者增益，多者损减，方者使圆，圆者使方。奏之始皇，始皇善之，出为御史，使定书。或曰邈定乃隶字也。……秦既用篆，奏事繁多，篆字难成，即令隶人佐书，曰隶字。汉因用之，独符玺、幡信、题署用篆。隶书者，篆之捷也。[③]

上述文献说明，隶书为秦代的程邈在狱中“改”“定”，后经秦始皇的提倡而得以推行。但是，汉字不是表音文字，表意文字的任何字体都不可能是一个人创造的。从出土文字来看，隶书当滥觞于战国文字。正如荀子所说：“好书者众矣，而仓颉独传者，壹也。”[④] 程邈应该就是仓颉那样的人物，是在隶书的形成过程中作出较大贡献的专家。秦代“书同文字”的规范文字是小篆，正式的公文与刻石都是要用小篆书写的。“官狱多事，苟趋省易”，狱吏在内部文书中最先开始使用隶书。“秦隶”大概就发端于狱吏的“佐书”，即佐助小篆的“省易”写法。“汉因用之”，隶书很快就取代小篆而成为了社会交际普遍使用的字体。在古文字向今文字发展的这场“隶变”过程中，语言文字的经济原则发挥了决定性的支配作用。

“隶书者，篆之捷也。”裘锡圭先生认为：“由古文字变为隶书，应该看作汉字形体上最重要的一次简化。”[⑤] 隶书脱胎于小篆，是在小篆的基础上，逐步形成的一种“以趣约易”的新字体。在由秦而汉的隶变过程中，字形结构的简化与书写方式的便易，一直是隶变的两大基本内容。隶变把小篆宛转的线条变成平直方正的笔画，把小篆纵向的圆形变成端正的方块，把小篆从象形性的图象进一步抽象为语义化的符号，汉字正是在隶变中完成了由表形文字向表意文字的历史性演变。隶书大大提高了汉字作为交际工具易学便写的经济性，从此奠定了以后两千余年汉字的基本字形。正如郭沫若先生所说：“秦始皇改革文字的更大功绩，是在采用了隶书。”[⑥] 提倡使用隶书，确实是秦代“书同文

① 汉·班固《汉书》，第288页，中州古籍出版社影印本，1991年。

② 汉·许慎《说文解字》，第315页，中华书局影印本，1989年。

③ 西晋·卫恒《四体书势》，唐·房玄龄等《晋书（一）》，第696—697页，中华书局，2000年。

④ 东周·荀况《荀子》，第522页，上海古籍出版社，2010年。

⑤ 裘锡圭《文字学概要》，第29页，商务印书馆，1988年。

⑥ 郭沫若《古代文字之辩证的发展》，《考古学报》1972年第1期。

字”的一项重要内容。

秦代的“书同文字”，为后人留下了宝贵的启示：“书同文字”是国家统一的迫切需要，也是社会发展的历史趋势，规范社会用字要把淘汰异体与简化字形结合起来，通过辨异择优用正舍异地确定规范字形，以此推动社会用字的“书同文”。

四、汉代许慎的“重文”整理

秦代“书同文字”的一个重要内容，是“罢其不与秦文合者”，即整理淘汰异体字，但具体情况则不得而知。其后两百多年的许慎抓住去古不远这个历史机遇，“今叙篆文，合以古、籀，博采通人，至于小大，信而有证，稽撰其说”，[①] 用21年时间呕心沥血地创作了《说文解字》。这部巨著是在共时层面上，对历史汉字进行的第一次全面整理与系统描写。作为小篆字典，它对已经成为历史的小篆及其重出的古文字，进行了系统的总结性整理；而重文中的古文、籀文是早于小篆的战国文字。因此，《说文解字》对重文的整理，在很大程度上也历史地反映了秦代“书同文字”的基本情况。循此思路，通过对《说文》重文的深入研究，是可以了解秦代整理异体字的大致情况的。

《说文解字》把异体字称作“重文”，即对应于小篆字头的重出字形。许慎采用取舍法来整理异体字。他在小篆字头的说解中，采用附录的方式列出了对应的“重文”，并说明“重文”的来源、性质。下面用“甲”指小篆字头，用“乙”指重文，来说明《说文解字》整理异体字的条例。如“乙，古文甲”；“乙，籀文甲”；“乙，甲或从某”等。需要指出的是，许慎标注重文的条例至今仍为现代字词典所沿用。一是继续采用取舍法，在字头/词头下附列出异体字或不同的词形；二是沿袭《说文》中的“乙，甲或从某”，稍变而为“甲，也作乙”。

（一）《说文》重文的来源与性质

小篆是秦代“书同文字”的产物，它上承甲金而下启隶楷，在汉字发展史具有极其重要的地位。《说文解字》在共时层面上对小篆进行了系统的整理，但所附重文中的古、籀则是早于小篆的战国文字。这就为后人提供了从共时的字书中去发现汉字历时演变的线索。

《说文解字·叙》说：全书计收小篆9353字，收重文1163个。王平先生

① 汉·许慎《说文解字》，第316页，中华书局影印本，1989年。

（1958—）根据《说文解字全文检索软件》进行统计，① 计得重文1275个。许慎对重文的来源、性质，计用了古文、籀文、或体等23种称谓。王先生把这23种重文分为“历时重文”与“共时重文”两大类，并把其中的1个“小篆”归入“篆文”，把出自司马相如等4位通人的重文合为“引通人”，把引自《汉令》等10部文献和秦刻石的重文合为“引文献”。如此而将书中的1275个重文归为两类九种。其中历时重文692个，占54%；共时重文583个，占46%。② 详见下表：

《说文解字》重文的分类统计

历时重文			共时重文						合计
古文	籀文	奇字	或体	篆文	俗体	今文	引通人	引文献	
480	209	3	501	36	15	1	18	12	1275
692　54%			583　46%						100%

书中所列古文、籀文、或体三种重文计达1190个，以93%的占比成为《说文》重文的主体。古代学者，尤其是近代以来的学者，对《说文解字》中的重文进行了持续的研究，取得了逐步深入的认识。王国维先生（1877—1927）通过考证认为：

古文、籀文者，乃战国时东、西二土文字之异名，其源皆出于殷周古文。而秦居宗周故地，其文字犹有丰镐之遗，故籀文与自籀文出之篆文，其去殷周古文反较东方文字（即汉世所谓古文）为近。③

王先生的这个观点得到了较多学者的认同与验证。由于秦皇焚书与“书同文字”，六国文字已无保存，汉代发现的“壁中书”之类战国时期的六国文字遂被称为“古文”。因秦国位于宗周故地，是用大篆来书写《史籀篇》的，战国时期秦国所用的大篆遂被称为“籀文”。《说文解字》中的古文、籀文，无疑都早于在“书同文”时规范出来的小篆以及其后涌现出来的小篆字。至于“或体”，一般认为它与小篆是“一字殊形”的共时关系；但一些学者通过比较发现，或体在构形上大多比小篆简省，而后来在隶楷中取代小篆的比例也最高。如此看去，《说文解字》中的小篆字就与不同的三大类重文，构成了这样一种历时关系：古文、籀文→小篆→或体。在此基础上，立足前字去考察后出字的

① 臧克和、王平《说文解字全文检索软件》，南方日报出版社，2004年。

② 王平《〈说文〉重文研究》，第16—18页，第189—191页，华东师范大学出版社，2008年。

③ 王国维《战国时秦用籀文六国用古文说》，王国维《观堂集林（外二种）》，第151页，河北教育出版社，2003年。

变易，就可看出汉字的演变趋势了。

（二）小篆与重文的变易比较。

小篆与重文的变易比较，一直是《说文》重文研究的重点。这一研究过去长期徘徊在共时层面上，主要比较以下四方面的变易：变字式，换字符，变结构，省字形。变字式有象形/形声、会意/形声，换字符有换形符、换声符、形声俱换，变结构有左右/上下，省字形有省形符、省声符、形声俱省等。共时的研究，可以发现小篆与重文的变易状况，但难以看出变易的方向。随着研究的深入，人们逐步开阔视野改变视角，从共时研究转向历时研究：立足古、籀去考察对应小篆字的变易，立足小篆去考察对应或体字的变易。循此看去，就发现了汉字历史演变的趋势。王平先生较早在重文研究中，把共时研究与历时研究结合起来进行比较考察，从中发现："结构方式的'形声化'和结构成分、数量等的'趋简化'等汉字发展演变的趋势在《说文》所反映的文字系统中就已经存在。"认为"汉字的发展是一个辩证的过程：古之俗体，今之正体；今之俗体，后之正体。汉字的演变由规范到变异又到新的规范和变异。每次的规范都使文字趋向简化易别、便于使用。"① 这是很有见地的认识。

记词方式形声化与形体结构简明化，是汉字的两大历史演变规律，它是汉字系统在表意性质与经济原则支配下所形成的优化趋势。汉字是以文组字以少驭多的符号系统，七八万汉字是由四五百个基础字符层级合成的。因此汉字系统是主要通过加旁、易旁而走向字式形声化的，主要通过省符、易符而趋向字形简明化的。形声字涌现的社会原因，是古字兼职过多影响了人们的交际。"以类附声"地生成形声字以分化古字兼职，则是汉字孳乳的基本方式。如→（它→蛇）这样孳乳出来的形声字，"蛇"字表本义，"它"字记代词，各记其词而有了明确的分工。变易则是"声义全同而别制一字"，其所产生的是并存并用可以互换的异体字。这就是黄侃先生所说的："中国字由孳乳而生者，皆可存之字；由变易而生之字，则多可废。"

自古而今的一字多形主要发生在常用字种上，而变易的主要方式就是合体字字符的改换与简省：或换为义同义通的义符，或换为音同音近的声符，或简化字符的字形。历代积存下来的数万异体字，大多就是这样通过字符的改换与简省而产生的。

通过加旁而成为异体字。有象形字通过加声符或加义符而成为形声字的，

① 王平《〈说文〉重文研究》，第3页，第35页，华东师范大学出版社，2008年。

有会意字通过加声符而成为形声字的。例如：（古文）→（小篆）。古文“云”是象形字，在小篆中加义符“雨”而成为形声字“雲”，“云/雲”遂成异体字。（小篆）→（或体）。小篆“皃”是象形字，其或体加上有所省的声符“豹”而成为形声字“貌”，“皃/貌”遂成异体字。（籀文）→（小篆）。籀文“埽”是从止从婦省的会意字，表女嫁为歸之意。在小篆中加声符“𠂤”而成为形声字“歸”，“埽/歸”遂成异体字。

通过易旁而成为异体字。有形声字通过换声符、换义符或形声俱换而成为新的形声字，也有会意字通过把某意符换为声符而成为形声字的，有形声字把声符换为意符而成为会意字的。例如：（小篆）→（或体）。小篆“鼄”是从黽朱声的形声字，其或体把形符改为“虫”而为“蛛”，“鼄/蛛”遂成异体字。（小篆）→（或体）。小篆“達”是从辵羍声的形声字，其或体把声符改为“大”而为“达”，“達/达”遂成异体字。（小篆）→（或体）。小篆“饕”是从食號声的形声字，其或体形声俱换，改为从口刀声的“叨”，《说文》就把“叨”列为“饕”的或体。贪食为饕，就上古文献中的用例来看，“饕/叨”确是一度的异体关系；但后来异体异用，不再有可以互换的异体关系了。

通过省符而成为异体字。有形声字通过省声符、省义符或形声俱省而成为新的形声字，也有会意字通过省意符而成为异体字的。例如：（小篆）→（或体）。小篆“雧”是从雥从木的会意字，用一群鸟聚在树上的构形来表示集合义。其或体把表“群鸟”的意符“雥”省作“隹”而为“集”，“雧/集”遂成异体字。（小篆）→埋（俗体）。小篆“薶”是从艸貍声的形声字，其俗体把义符“艸”改为相通的“土”，把声符“貍”省作“里”而简为“埋”，“薶/埋”遂为异体字。（小篆）→（俗体）。小篆“蟁”是从䖵民声的形声字，其俗体形声俱省，省为从虫文声的“蚊”，“蟁/蚊”遂成异体字。

从“古文、籀文→小篆→或体”的历时眼光，来考察《说文解字》中的变易现象可以发现，不仅形声化的趋势相当明显，而且古、籀繁而小篆简，小篆繁而或体简的趋势也较为明显。这一简化趋势是主要通过省符与易符来实现的。变易字符是《说文》重文，也是历代异体字产生的主要方式。易符当然是为了声符更好地表音，义符进一步类化而更好地表义，但字形的从简无疑也是易符的一个重要因素。例如达、蛛、集、埋、蚊这些现代常用字，就是秦汉时期通过易符或省符而产生的异体字。我们应该辩证地认识汉字的变异现象。从文字记录语词应当力求词有专字来看，一字异体确实是社会用字中一种消极的赘余现象。但是，从汉字的历史发展来看，汉字的形声化、简明化是一个逐步演变的过程，后起的某些异体字往往因代表了汉字的优化趋势而成为了后来的正体字。据尚光宇的分析统计，《说文解字》中的重文，就有163个后来取代正篆而成为了正体字，占全部重文的13%。[①] 汉字的变易无疑具有不可忽视的积极作用，因为它体现了文字从俗从变的社会属性。从汉字记录汉语的视角看，汉字演变发展的主流虽然是孳乳，但是，变易的异体字在并存并用中经过社会优选与统一规范而逐步实现词有专字，也从一个侧面反映了汉字系统在经济原则支配下历史演变的优化趋势。

《说文解字》的“重文”整理给人以这样的启示：汉字是历史发展的，社会用字的规范是随之辩证发展逐步优化的，“今之正或古之俗，今之俗或后之正”，后出的有些异体字既保持了理据又简化了字形，往往就体现了汉字演变的优化趋势。

五、唐代楷书的“字样”规范

唐代的“字样之学”是继秦代“书同文字”之后，汉字形体发展史上又一场颇有成效影响深远的重要变革。这场楷书的正字运动，通过精减异体与全面规范字体字形，大大地促进了汉字的规范化，不仅适应了社会发展的需要，而且顺应了汉字演变的趋势。楷体字是从小篆隶变楷化而来的字体，它形成于魏晋而成熟于隋唐，经过唐代字样学的规范化而基本定型。此后的字形虽然继续简化，但基本字体则沿用至今而没有再变了。

历代的一字多形现象是普遍的，越常用的字异体越多。唐代正字运动的主要内容，就是整理异体字以确立楷体规范。整理异体字遇到的首要问题，是根据什么原则来择立规范的“字样”。在这场两百多年的楷体规范化运动中，整理异体字是始终围绕以下两个问题展开的：择立字样是“从正”还是“随俗”，确立字样是“为字”还是“为经”。既重视汉字的表意之本，亦正视汉字的字体之变，坚持在构意的“从正”与语用的“随俗”上“变通”地择立楷体规范，一直是这场规范化运动中的主流。

（一）颜子推提出正字观

秦汉以来，汉字一直处在改篆为隶进而楷化的渐变过程之中；至魏晋南北朝以降近四百年的战乱，更加剧了社会用字的混乱。字体递变，异体纷呈，正讹不分，俗字讹字甚至进入传抄的经典之中。“人苟趋便，不求当否，字失六

---

① 尚光宇《说文重文与正篆地位变化问题研究》，河北大学硕士论文，2013年。

书，犹为一事，'五经'本文，荡而无守。"[1] 面对用字混乱的局面，北齐的颜子推（531—约 597）最早提出了"变通"的正字观。

《颜氏家训·书证》：世间小学者不通古今，必依小篆，是正书记。凡《尔雅》《三苍》《说文》，岂能悉得仓颉本指哉？亦是随代损益，各有同异。……吾昔初看《说文》，蚩薄世字，从正则惧人不识，随俗则意嫌其非，略是不得下笔也。所见渐广，更加变通，救前之执，将欲半焉。若文章著述，犹择微相影响者行之；官曹文书，世间尺牍，幸不违俗也。[2]

颜子推生活在朝代更迭、民族交融的战乱时期，这样的生世使他更清楚地认识到，语言文字是"随代损益，各有同异"而演变发展的。面对"从正则惧人不识，随俗则意嫌其非"的两难选择，他立足于汉字的历史演变，辩证地提出了"变通"的正字观。认为"文章著述"应该使用正体字，至于平民读的"官曹文书，世间尺牍"这类文字，就不必"违俗"而刻意使用正字了。颜子推不仅认识到汉字是"随代损益"演变发展的，而且能够正视字分正俗语用有别的现实，他在辩证认识"从正"与"随俗"关系的基础上所提出的正字观，是具有汉字历史发展观性质的正字观。颜子推所提出的"变通"的正字观，是唐代楷书规范化的先声，对唐代的正字运动产生了很大的影响。颜子推是颜师古的伯祖父，颜师古是颜元孙的伯祖父，颜元孙是颜真卿的叔父，颜氏家族为楷书规范化作出了重要的贡献。

（二）颜师古开启字样学

随着大唐盛世的到来，国家高度统一而强盛，经济文化空前繁荣，对社会用字规范提出了迫切的要求。其经籍整理与科考取士的统一用字，则直接推动了社会用字的规范化。唐太宗李世民（598—649）实行偃武修文的文教政策，由此开始了一场"字样之学"。

《旧唐书·颜师古传》：太宗以经籍去圣久远，文字多讹谬，令师古于秘书省考定五经，师古多所厘正。既成，奏之。……颁其所定之书于天下，令学者习焉。[3]

初唐的颜师古（581—645）奉旨考订五经文字而著《颜氏字样》，作为校刊书写经典的样本。"字样"就是字形的规范，"字样学"就是汉字学中的正字学。字样学兴起于隋唐，它是釐正楷书形体以拟订用字标准的一门分支学科。

---

① 唐·张参《五经文字》，第 3 页，中华书局影印本，1985 年。

② 北齐·颜子推《颜氏家训》，第 39 页，上海书店影印本，1986 年。

③ 后晋·刘昫等《旧唐书》，第 310 页，远方出版社，2006 年。

字样学重在整理异体确立字样，匡谬正俗以规范经书用字和社会用字。从初唐颜师古的《颜氏字样》（失传）、盛唐颜元孙的《干禄字书》，到中唐张参的《五经文字》、晚唐唐玄度的《新加九经字样》，直到唐文宗李昂组织刊刻开成石经（完成于837年），历时两百多年。用时七年完成的开成石经，用楷书刊刻了《周易》《尚书》《诗经》《周礼》《仪礼》《礼记》《春秋左氏传》《春秋公羊传》《穀梁传》《论语》《孝经》《尔雅》等十二部儒家经典，计650252字，用石114方。《五经文字》《新加九经字样》亦附刻于石经之末。原碑立于长安国子监内，宋时移至今西安碑林。开成石经是对唐代楷书规范化成果最全面的字样集成，西安碑林是汉字规范史与中华文明史上一处亮丽的风景。

孔子创立的儒学，其经典初为其删定的“六经”：《易》《书》《诗》《礼》《乐》《春秋》。《汉书·艺文志》亦称“六艺”。后《乐经》亡于秦火，汉武帝“独尊儒术”，设立五经博士于学官。汉灵帝时用隶书刊刻的熹平石经，就刊刻了蔡邕（133—192）勘定书写的“《易》《书》《诗》《礼》《春秋》五经，并《公羊》《论语》二传。”[①] 熹平石经立于洛阳太学门前，共刻五经二传，计20多万字。唐代科举开科取士考的就是“五经”。后《礼经》分为“三礼”，《春秋》“三传”升格为经，改称“九经”。这就是中唐《五经文字》与晚唐《新加九经字样》书名的由来。唐文宗时用楷书刊刻开成石经，又加上《论语》《尔雅》《孝经》，遂为“十二经”。宋代理学推崇《孟子》而使之入经，这就是儒学“十三经”的由来。东汉用隶书刊刻的熹平石经，晚唐用楷书刊刻的开成石经，既是儒学经典中的丰碑，更是汉字规范史上的丰碑。

（三）颜元孙的《干禄字书》

雕版印刷始于隋代的民间，主要用于佛像、经咒的印制。“板印书籍，唐人尚未盛行之。自冯瀛王始印五经，已后典籍皆为板本。”[②] 五代后唐长兴三年（932），冯道（882—954）奏请唐明宗，以唐代开成石经为底本雕印儒家“十二经”。在冯道、田敏的主持下，历经后唐、后晋、后汉、后周四朝计22年，终于在后周广顺三年（953）刻印完成，计“一百三十册”。这套经注合编的国子监印本，被后世称之为“五代监本九经”，它是中国历史上官府首次刻板印刷的大型经典套书。冯道在全书出齐之后的第二年逝世，追封瀛王，赐谥文懿。在动乱的五代，四朝为相的冯道努力把书籍出版推向了印刷时代，书籍

① 王国维《魏石经考一》，王国维《观堂集林（外二种）》，第475页，河北教育出版社，2003年。

② 宋·沈括《梦溪笔谈》，第113页，吉林摄影出版社，2004年。

出版从此就由手工抄写发展而为雕版印刷了。正如王国维先生所评："自开成石经出，而经文始有定本；自五代监本出，而注文始有定本。"①

唐代的社会交际用字，一般还只是个人的书写，其常用字多有几个甚至几十个不同的字形。正如张参所说，唐代的正字学著作是分为"为字"与"为经"两类的，但它们在"从正"与"随俗"上都小异大同地采取了"变通"的正字观。

"为字"一类正字学著作的代表，是颜元孙（？—714）的《干禄字书》。他在颜师古《颜氏字样》、杜延业《群书新定字样》等成果的基础上，"参校是非，较量同异"，编著了《干禄字书》。代宗大历九年（774年），著名书法家颜真卿（709—784）将其书写刻石，《干禄字书》由此传世。此书之名取自《论语》中的"子张学干禄"。"干"意求取，"禄"指俸禄，《干禄字书》就是一本用于考取功名的正字字典。《干禄字书》是对初唐、盛唐的字样学运动成果的初步总结，是汉字规范化历史上的第一部正字学专著。

《干禄字书·总论》：字书源流，起于上古。自改篆行隶，渐失本真。若总据《说文》，便下笔多碍。当去泰去甚，使轻重合宜。……（《干禄字书》）以平上去入为次，具言俗、通、正三体。……所谓俗者，例皆浅近，唯籍帐、文案、券契、药方，非涉雅言用亦无爽。倘能改革，善不可加。所谓通者，相承久远，可以施表奏、笺启、尺牍、判状，固免诋诃。……所谓正者，并有凭据，可以施著述、文章、对策、碑碣，将为允当。②

颜元孙承前启后，把颜子推的"变通"正字观，具体发展为分级整理异体字。他把字源与字用结合起来，既坚持以《说文》为主要依据来择立正体，又较多地考虑到社会用字实际，进而采取了提倡正字，承认通、俗的态度。它明确提出了正字学研究的内容与正字的原则、方法，为后世的正字学研究构建了基本格局。

《干禄字书》具体展示了汉字正字学的基本内容，一是整理异体字以确定字形规范，二是辨析易混字以匡谬正俗。刘中富先生（1963—）根据施安昌先生整理的明拓本《颜真卿书〈干禄字书〉》进行了统计，该书共整理汉字804组，其中整理异体字707组，辨析易混字97组，凡1656字。③ 颜元孙充分吸取了《颜氏字样》以来的正字成果，他把用字的语境大分为三类，从每组异体

① 王国维《五代两宋监本考》，北京大学《国学季刊》一卷一期，1923年。

② 唐·颜元孙《干禄字书》，第2—4页，中华书局影印本，1985年。

③ 刘中富《〈干禄字书〉字类研究》，第4页，齐鲁书社，2004年。施安昌《唐人〈干禄字书〉研究》，紫禁城出版社，1992年。

字中优选出正、通、俗三体字样，并明确了每一种字样的语用场合。如“邻、憐：上俗，下正。”“乹、乾、乾：上俗，中通，下正。”他把易混字分为同音字与形似字两种，逐一进行了辨析。如“童、僮：上童幼，下僮僕。”“彤、肜：上赤色，徒冬反；下祭名，音融。”

《干禄字书》为“时用”而作，注重社会用字实际，采取分级规范，但确定正体的主要依据仍然是“从正”重字源，并强调经传抄写与科考应试“宜必遵正体”。《干禄字书》的754个正字中，与《说文》小篆隶变楷化之后的对应字形相同者就有729字，多达97%，① 可谓“并有凭据”。提倡正字，认可通字，容许优选的俗字在民间的“籍帐、文案、券契、药方”中使用，这样的态度在当时的条件下是客观而积极的。这样的分级规范，不仅促进了唐代社会的规范用字，而且也顺应了汉字的发展趋势。汉字是发展的，社会用字的规范字形也是发展的。相对于正字的“俗字”，一般指民间流行使用而有待规范的后出异体字。有些后出的俗字，字形有简化构形更合理，往往代表了汉字演变的优化趋势而成为了后来的正体字。真可谓“倘能改革，善不可加。”《干禄字书》中的一些俗字，如“虫”“邻”等，就成为了今天的规范字。

（四）张参的《五经文字》

“为经”一类正字学著作的代表，是张参的《五经文字》。大历十年（775年），名儒张参奉唐代宗命主持勘校五经文字。面对“字带惑体，音非一读”的现象，他们从传抄的经典文献中“收集疑文互体”“三千二百三十五字”，逐一考辨以明确其形、音标准。该书将《说文解字》的540部改并为160部，用部首统摄这三千多字而“以类相从”。据刘元春（1982—）基于“字样类传世字书语料库”的统计，《五经文字》计收3250个字头，分为2901组，其中重文337组（其中三体重文6组）。该书字头凡见于《说文》者必首列其形，计2630个，占不重复单字的86%；然后才是石经、《字林》、经典中的相承隶变、隶省字形，计192字。全书注音2249字，占69%；其中注反切者1743字，注直音的496字，另注又音322字。②

《五经文字·序例》：《说文》体包古今，先得六书之要。……有不备者，求之《字林》。其或古体难明，众情惊懵者，则以石经之余比例为助。石经湮没，所存者寡，通以经典及《释文》，相承隶省，引而伸之，不敢专也。近代字样多依四声，传写之后偏旁渐失，今则采《说文》《字林》诸部，以类相从，

① 刘元春《隋唐石刻与唐代字样》，第30页，南方日报出版社，2010年。

② 刘元春《隋唐石刻与唐代字样》，第186页，第38—71页，南方日报出版社，2010年。

务于易了，不必旧次。自非经典文义之所在者，虽切于时，略不集录，以明为经，不为字也。[1]

张参明确表示《五经文字》是“为经不为字”的，是为规范经典用字而建立字样的。《五经文字》在“序例”中，开宗明义地说明了考订“疑文互体”以确立规范的原则：主要依据《说文》，“有不备者，求之《字林》”、汉魏石经与唐初陆德明的《经典释文》。张参坚持把《说文》理据与经典用字结合起来，把“从正”与“随俗”结合起来，是以“变通”的态度来择立楷字规范的。张参的最大贡献，一是正视汉字由篆而隶的演变事实，历史地揭示了“相承隶变→相承隶省”的演变规律，进而全面地总结了唐代正字运动的成果；二是在部首问题上，明确提出了“以类相从”的类化思路，并创造了在主部首下设立“隶省”部首（后人称为“附形部首”）的条例。顺便说一句，“隶变”“隶省”这两个文字学术语，就出自张参的《五经文字》。

汉字是由四五百个基础字符以文组字层级合成出来的符号系统，这些基础字符的构字能力是很不均衡的。其中71个高能表意部首的参构字在《说文》小篆字中占到77%，在《汉语大字典》楷体字头中占到81%，在《通用规范字表》所收字中占到90%，它们就是汉字系统保持表意性质的压舱石。（详见下编第五章第二节“核心义符的构形表意”。）隶、楷汉字的表意功能，就是主要通过表意部首的“以类相从”来实现的。“古今体异，隶变不同。”汉字系统的隶变大要有三：小篆的基础字符（形符、声符）在线条笔画化构意语义化中，“相承隶变”为隶书偏旁；构字多且常用的义符、声符再通过简明化偏旁化，“相承隶省”为便于构字的隶省偏旁；通过隶变、隶省偏旁去类推简化大量的合成字。其中常用表意部首中的隶省部首，发挥了特别重要的作用。

在汉魏石经与传抄经籍中，一些基本表意部首因常用趋简而演变成为简化的偏旁，大量采用简化部首构字是汉字在隶变楷化过程中的一种优化性演变。南朝顾野王（519—581）的《玉篇》是汉字的第一部楷书字典，该书有关部首中的字就是大多采用简化部首构字的。如邑部收字178个，就全部用的简化部首而从阝（居右）的。张参立足《说文》小篆来考察汉魏石经与传抄经典的用字变化，从历史演变的事实中总结出了“相承隶变→相承隶省”的规律，进而在某些主部首下创设了便于构字的隶省部首，用条例的方式为已经约定俗成的简化部首正了名份。例如：

水部：准也。象众流之貌。凡在左者皆作氵，与水同。

心部：象形。《说文》作㣺，今依石经作心，其在左者经典相承隶省作忄，

[1] 唐·张参《五经文字》，第5页，中华书局影印本，1985年。

又作小。

就“𣱱→水→氵”来说，小篆“𣱱”通过线条笔画化而隶变为“水”，后因常用趋简再隶省为易写的偏旁“氵”；另一方面，小篆字“𣱱”凭象形性图象所表示的流水义，通过字符的语义化而在后起的对应字形“水→氵”中递相传承下来了。据笔者统计，《五经文字》水部计收 150 字，其中仅“漿”等 4 字从“水”，其余皆从“氵”。《汉语大字典》水部收字 1874 个，除“汞”等 56 字从“水”外，其余的 1818 字都从“氵”。显然，一般是构字量大的部首才设有简化的隶省部首，而凡有隶省部首的部首是主要用隶省部首构字的。再如（小篆→隶变→隶省）：人→人→亻、手→手→扌、艸→艸→艹、竹→竹→⺮、示→示→礻、衣→衣→衤、阜→阜→阝（居左）、邑→邑→阝（居右）、辵→辵→辶等。这些隶省部首在汉字的隶变楷化过程中，发挥了极其重要的类推简化作用。

汉字系统“相承隶变→隶省”的历史演变过程，不仅是汉字从古文字向今文字演变的过程，是汉字从表形阶段向表意阶段发展的过程，而且是汉字发展史上规模最大的一次字形简化过程。通过“隶变”“隶省”部首的“以类相从”，这些语义化简明化的隶书部首，在类化同部字语义的同时，还类推简化了大量合体字的字形。张参在择立楷字规范时，总是以《说文解字》为首要依据，尽量保持其构形构意的传承性；对于“相承隶变→相承隶省”且为石经、经籍约定俗成而可证可循者，则高度认可，并从中归纳出了隶省部首的条例，这样的规范有力地推动了汉字的历史发展。张参的《五经文字》，对汉字系统隶变楷化的历史演变，对唐代正字运动的成果，进行了全面而深入的总结。这部书反映了唐代楷书规范化的最高水平，成为后世楷书字形的标准。

唐代的楷书规范化为后人留下了宝贵的启示：汉字系统的历史演变是在表意性质与经济原则的协同作用下逐步完善的。汉字规范既要“从正”以保持系统的表意性质，又要“随俗”以正视汉字的合理简化。把保持理据与简化字形结合起来，从常用字符（义符、声符）的简化入手以成系列地类推简化汉字，能动地顺应了汉字系统的优化发展，有力地促进了社会用字的规范化。

六、现代异体字异形词的规范

汉语是用汉字记录的，异体字、异形词是社会用字用词中的歧异现象。整理异体字、整理异形词，是现代汉字规范化、现代汉语规范化的重要内容。这是着眼不同层面而分工互补的两种语用规范，其目的就是通过辨异选优取正舍异的规范，消除“同词异形”的赘余现象以精减常用字词的数量，从而加强现代汉语书面语词有专字的唯一性。

（一）现代汉语异体字的规范

中国内地的异体字整理，起步于1950年代前期。1955年1月7日，中国文字改革委员会等四部门联合印发了征求意见的《汉字简化方案草案》，其中就包括一个《拟废除的400个异体字表草案》。这个文件第一次提出了“异体字”这个术语，并在说明中结合举例给异体字下了定义：“音同义同而写法不同的字。”后根据群众的意见再次进行修订，于1955年12月22日，文化部和中国文字改革委员会联合发布了《第一批异体字整理表》。该表在“说明”中说：“表内所列异体字810组，每组最少2字，最多6字，合计共1865字。经过整理后共精简去1055字。”字表的推行，精简了常用汉字中的冗余字数，加强了社会用字的规范，基本解决了当时用字混乱的现象，减轻了学习、使用汉字的负担，深受各界尤其是教育界的欢迎。

共时层面上的异体字主要有四种类型：造字的字式变易、构字的字符变易、结构的位置变易、字符形体的减省，另外还有笔画略异一类。下边从《第一批异体字整理表》中择字举例说明（每组例字均按先正后异排序）：

字式变易：草（形声）/艸（象形）、岳（会意）/嶽（形声）、痴（形声）/癡（会意）。

字符变易：换义符，灾/災、咬/齩；换声符，韵/韻、踪/蹤。

结构变易：峰（左右）/峯（上下）、够（左右）/夠（右左），裏（内外）/裡（左右）。

字符减省：省义符，焰/燄、臀/臋；省声符：涌/湧、汹/洶。

笔画略异：插/揷、厮/廝、册/冊、污/汚、届/屆。

由于当时的学术水平所限，《第一批异体字整理表》并没能全面贯彻“音同义同而写法不同”这一认识，以致出现了异体字外延扩大化的现象。一是把一些不是异体的字（另有音义或用法）当作了异体字，二是把少数罕用字（历时异体字）当作了现行异体字。由此引发了对异体字的深入讨论，后来通过发文或字表，对该表进行了四次调整。1956年发文调整了2个异体为规范字；1986年重新发表的《简化字总表》，调整了11个异体为规范字；1985年发布的《现代汉语通用字表》，调整了15个异体为规范字，三次计28字。2013年发布的《通用规范汉字表》，对《第一批异体字整理表》进行了全面复查，确认26个原调整的异体为规范字，新调整了45个异体为规范字，互换了10个异体字组的正异关系，删除了6个异体字组，有2个异体字组合并为了1个。

实际整理了“794 组共计 1023 个异体字。”①

《第一批异体字整理表》发布推行之后，又先后研制了《第二批异体字整理表（初稿）》，研制了总表性质的《异体字整理表（修订稿）》，后因“文革”爆发而未能审订发布。改革开放后，随着汉字规范化工作的展开，整理异体字的工作更加为人重视，研究也更加深入。国家把异体字的规范作为现代汉字定量定形的重要内容，纳入规范字表的研制工作中去全面统筹整理。1988 年发布的《现代汉语常用字表》《现代汉语通用字表》，2013 年发布的《通用规范汉字表》，表中的有关规范字，就是从它的异体字组中优选出来的正体字。字表对异体字的整理，认真吸取了有关基础研究的成果，主要依靠大型基础语料库的使用度数据，坚持把异体字的整理圈定在现代汉语通用字的范围内，坚持把整理的对象圈定在音义功能全同以及音同且意义功能以大包小的异体字内。其成果更为科学，更为接近语用实际，有力地促进了现代汉语词有专字的规范化标准化。这场历时半个多世纪的规范，留下了值得总结的经验。

整理的范围：坚持古今分流用字分级，把异体字的整理圈定在现行通用汉字的范围之内。异体字是汉字在记录汉语的社会应用中所产生的一种变异现象，这种普遍而复杂的变易具有随时流变的时代性。异体字是有古今之别的，其异体关系或体现为共时层面上的并存换用，或反映在历时纵向上的转移分合。我们要把共时规范与历时研究区别开来，既要用历时的眼光去梳理历时异体字，更要坚持在共时层面上来整理现行异体字。

辨识的标准：坚持“同词异形”的认识，只有记录同一个单音词的不同字形才是需要整理的异体字。认识异体字一定要着眼于汉字记录语词的关系：只有记词职能能够被对应的规范字完全取代的字才是异体字。在语用实际中，除了音义功能全同的严格异体字之外，还存在一种音同且意义以大包小的包孕异体字，其记词职能也能被对应的规范字完全取代。异体字是同一个字种的不同字形，辨识异体字一定要坚持“同词”这个标准。因为整理异体字的字形，其实就是规范所记单音词的词形。

规范的思路：把维护汉字的表意性质与顺应语言的经济原则结合起来，把精减字数与简化字形结合起来，努力争取现代汉字定量定形规范的最优化。社会用字的规范是在“规范→变异→再规范”中辩证发展的，后起的某些异体字往往因代表了汉字的优化趋势而逐步成为了正体字。简化字与繁体字在本质上

---

① 王宁主编《〈通用规范汉字表〉解读》，第 56—63 页，商务印书馆，2013 年；《通用规范汉字表·规范字与繁体字、异体字对照表》，《语言文字规范手册》，第 59 页，商务印书馆，2014 年。

也是同词异形的异体字关系，《简化字总表》中的521个个体简化字中，就有420个是历代的异体字。[①]《第一批异体字整理表》中的正体字，也有很多是字形趋简的字。汉字规范既要“守正”以保持汉字的表意性质，也要“随俗”以正视汉字在经济原则支配下所发生的历史演变。

（二）现代汉语异形词的规范

现代汉语中的异形词问题，是殷焕先先生（1913—1994）在1962年最先提出来的，认为这是“词语书面形式的分歧现象”。他指出，《汉字简化表》《第一批异体字整理表》，“主要是从书写单位‘字’的角度来作规范的”；而异形词的规范“则主要是从词语角度来看问题的。词语书面形式的规范，其性质大同于异体字的整理。”并对此提出了五条整理原则：语音原则、分化原则、通用原则、语源原则、舍繁从简原则。[②]高更生先生把这种现象称作“异体词”，并把它定义为“并存并用”“同音同义而异形的词语”。傅永和先生（1940—）等主张称为“异形词”。学者们对异形词问题进行了深入的讨论，并在此基础上开始了相关规范的研制。课题组收集了1500多组现行异形词，从中选出429组公开发表征求意见。后经修改审定，2001年12月19日，教育部、国家语委发布了推荐使用的《第一批异形词整理表》。

高更生（1966）：汉语的书面形式中有一种并存并用的现象，如“交代”也写作“交待”，“照相”也写作“照像”。这类同音同义而异形的词语可以叫做异体词。[③]

傅永和（1985）：考虑到词汇学中已有“词形”“同形词”等术语，为了不增加新的术语，使概念更加清楚，我们将意义相同，只是书面形式不同，或读音和书面形式有部分差异的词（语）称为“异形词”。[④]

《第一批异形词整理表》（2001）：异形词　普通话书面语中并存并用的同音（本规范中指声、韵、调完全相同）、同义（本规范中指理性意义、色彩意义和语法意义完全相同）而书写形式不同的词语。异体字　与规定的正体字同音、同义而写法不同的字。本规范中专指被《第一批异体字整理表》淘汰的异体字。[⑤]

---

① 李乐毅《简化字源》，第318—333页，华语教学出版社，1996年。

② 殷焕先《谈词语书面形式的规范》，《殷焕先语言学论文集》，第524—532页，商务印书馆，2015年。

③ 高更生《谈异体词整理》，高更生《汉字研究》，第331页，山东教育出版社，2000年。

④ 傅永和《关于异形词的规范问题》，《文字改革》1985年第1期。

⑤ 《第一批异形词整理表》，《语言文字规范手册》，第236页，商务印书馆，2014年。

周有光（2002）：一个词有几种不同的写法，词音和词义相同而词形不同，可以任意使用，不分轩轾，叫做异形词。异形词是词汇中的歧异现象，骈枝赘疣，不利于语文的学习和应用，特别不利于语文的信息处理。[①]

《第一批异形词整理表》“选取了普通话书面语中经常使用、公众的取舍倾向比较明显的338组异形词作为第一批进行整理，给出了每组异形词的推荐使用词形。”例如（正—异）：笔画—笔划、押韵—压韵、订婚—定婚、驾驭—驾御、发人深省—发人深醒。《第一批异形词整理表》在整理异形词时，采取了通用性、理据性、系统性三原则。首先根据词频统计和社会调查，并参考《现代汉语词典》《汉语大词典》等工具书对词形的规范，从众从俗地选取社会普遍使用的词形为推荐词形。考察发现，符合通用性原则的词形大多也符合理据性原则，因为约定俗成原本就是优胜劣汰的结果。词频无显著差异者，就按理据性原则筛选，推荐更易于理解词义的词形。如在“规诫—规戒”中，“诫”的语素义更能反映词的意义，遂以“规诫”为推荐词形。规范重视词汇内部语素构词的系统性，尽量保持系列异形词中相同语素用字的一致性。《第一批异形词整理表》发布后，教育界、新闻出版界带头积极推行，这一规范为现代汉语用词用字的规范化发挥了积极作用。

殷焕先先生指出，异形词是“词语书面形式的分歧现象”，认为异形词的规范，“其性质大同于异体字的整理。”虽然单音词、合成词都存在着“同词异形”现象，但人们是分层处理的：单音词的规范，主要通过精减异体字来解决；异形词的规范，则致力于消除合成词的词形歧异现象。在异形词的讨论中，有人认为这是文字学范围内的问题，有人认为是语言学范围内的问题，还有人说要严格区分语言层面和文字层面。朱德熙先生（1920—1992）说得好：“字形当然要研究，但尤其要研究汉字和汉语的关系。……研究汉语不关心汉字是不对的。汉语是用汉字记录的，研究汉语不能离开汉字。”[②] 无论研究汉语还是汉字，我们都不要忽视“汉语是用汉字记录的”这一基本事实。异体字、异形词是在汉字记录汉语的过程中用字用词的歧异现象，应该也必须从“汉字和汉语的关系”上去认识，应该也只能从汉字记录汉语的视角上去研究。

王均先生（1922—2006）指出：“汉语异形词同异体字一样，是汉语书面

① 周有光《异形词的整理和汉语词汇的歧异现象》，李行健主编《现代汉语异形词规范词典》，第2页，上海辞书出版社，2002年。

② 朱德熙《在“汉字问题学术讨论会”开幕式上的发言》，中国社会科学院语言文字应用研究所编《汉字问题学术讨论会论文集》，第12页，语文出版社，1988年。

语的累赘。”① 异体字是同一个单音词有几个不同的字形，异形词是同一个合成词有几个不同的词形。它们虽然处在不同的层面，其实质都是“同词异形”。何谓“同词”？词是义音结合的语言单位，只有音义皆同者才是同词。何谓“异形”？词形是词的书写形式，汉语是用汉字书写的，汉语书面语中的词形与它的字形是对应的，词形、字形不同者就是异形。虽然在规范时标准有所伸缩，如强调并存并用的共时性，音同可包括因音变所致的音近，义同可包括以大包小的部分相同。但是，在本体研究中，以下的定义是大家公认的：音义相同而字形不同的字是异体字，音义相同而词形不同的词是异形词。这是它们“同词异形”的本质属性所决定的。

整理异体字是侧重从文字层面上来认识和规范字形歧异的，整理异形词是侧重从语言层面上来认识和规范词形歧异的，这是着眼不同层面而分工互补的两种语用规范。其规范的方法，都是主要通过辨异选优而实现用正舍异，目的就是为了消除同一个词有几个书面形式的混乱现象；其整理的范围，两项规范都圈定在现行通用汉字的范围之内，主要针对常用字常用词进行的。因此，异体字整理主要精简了常用字形的数量，异形词整理主要精简了常用词形的数量。这就有力地促进了现代汉语书面语的规范化标准化。

① 王均《〈现代汉语异形词规范词典〉序言（二）》，，李行健主编《现代汉语异形词规范词典》，第 8 页，上海辞书出版社，2002 年。

第十章　顺应发展的规范字

一、社会用字需要整理规范

①变易影响了汉字的交际

②规范改善了汉字的功能

二、现代汉语通用字的四定

①现代通用汉字的定量

②现代通用汉字的定形

③现代通用汉字的定音

④现代通用汉字的定序

本章提要：汉字的符号性质决定了社会用字需要规范化。所谓汉字规范化，就是适应时代发展顺应汉字规律的人为干预过程，也就是科学制订汉字规范和努力推行汉字规范的过程。历代汉字规范的改进都是在特定的历史条件下，为适应时代需求而进行的，都是在变易基础上的自我完善。中国内地半个多世纪的汉字规范，最重要的一条经验是坚持古今分流，汉字规范始终是围绕着现代汉语通用字的定量、定形、定音、定序展开的。首先开展的是定形，其中的汉字简化工作，是对20世纪初陆费逵、钱玄同以来半个世纪汉字简化成果的历史性总结，是统一国语推行白话文之后的首次汉字规范。通过推行简化字、整理异体字和规范新字形，逐步形成了现代汉语通用汉字的字形规范。现代汉民族共同语是在北方方言的基础上形成的，按照北京音系的语音来推行以北方话为基础的普通话，是历史发展的必然。普通话标准音的确定和《汉语拼音方案》的制定，为现代汉字的定音工作提供了正音的标准和注音的工具。现代汉语社会用字的分级定量是汉字规范的基础工作，《通用规范汉字表》圈定了现代汉语常用字、通用字、专用字的具体范围，不仅分级定量更为接近语用实际，而且逐一明确了规范字与繁体字、异体字的对应关系。字序指的是汉字在字表、字典、字库里的编检次序，其原理就是把汉字的某种特征代码化，再按代码顺序排列汉字。汉字的字序编检法主要有三种：笔画序、音序和部首序。

近一百多年来，中国发生了深刻的社会变革，出现了极其重大的历史发展；我们民族使用的汉语汉字也随之发生了重大的变革和长足的发展，现代化、信息化向汉字规范化提出了新的紧迫要求。吕叔湘先生（1904—1998）曾指出：

在19世纪末20世纪初，兴起了语文改革运动。这个语文改革运动有三个组成部分：针对言文不一致，有白话文运动；针对方言分歧，有国语运动；针对汉字难学难用，有拼音字运动。……有一个虽然不在改革的主流之内，可是目前相当严重的问题，那就是汉字规范的问题。[①]

语言和文字都是人类进行交际传达信息的符号系统，约定俗成的社会性是语言文字的本质属性。社会要求语言文字必须要有公认的标准，正是这种社会性使语言文字具有了传达信息的功能，从而成为人际交流的重要工具；否则，人际、人机之间就会因为没有“共同语言”而难以交流了。但是，语言文字是随着社会的发展而发展着的，其相对稳定的共同标准是会随着社会需要的发展而有所调整有所改进的。要言之，语言文字的社会性不仅体现为约定俗成的老习惯，而且还体现为顺应发展的新规范。如果说汉字的交际功能主要依靠的是约定俗成的老习惯，那么，汉字交际功能的完善，就主要依靠顺应规律的人为干预了。汉字传达信息的交际功能，正是通过规范而逐步完善起来的。

一、社会用字需要规范化

语言文字的规范化水平，是一个国家一个时代文明程度的重要标志之一。汉字的社会性决定了汉字的规范化，社会用字需要规范化。所谓汉字规范化，就是适应时代需求、顺应汉字规律的人为干预过程，也就是科学制订汉字规范和努力推行汉字规范的过程。

（一）变易影响了汉字的交际

从殷商甲骨文以来，汉字延绵不断地使用了3300多年。作为全民族用以记录汉语进行交际的符号性工具，语用状态中的汉字一直处在缓慢的变易之

① 吕叔湘《汉语文的特点和当前的语文问题》，《吕叔湘文集》第4卷，第131页、第134页，商务印书馆，1992年。

中。这不仅因为汉字所记录的汉语、汉文化在不断地发展着，使用汉语、汉字的社会在不断地发展着，而且在于千千万万的个人在书写时的随意性也使变易不断地滋长着。黄侃先生（1886—1935）指出：

古今文字之变，不外二例：一曰孳乳，一曰变易。变易者，声义全同而别制一字。孳乳者，譬之生子，血脉相连，而子不可谓之父。中国字由孳乳而生者，皆可存之字：由变易而生之字，则多可废。①

这种变易不仅表现为一字异形，而且表现为一字异读。"言语异声，文字异形"现象古已有之，并由历代的字典、韵书积存下来而越存越多。一字异形与一字异读现象严重地影响了汉字的交际功能。

先说一字多音。宋代的《类篇》收字 31319 个，其重音多达 21846 个，平均一个字有 0.7 个重音。② 所谓"重音"就是"又音"，即本音之外的异读音。它们并不是一个时代的字音，而是历代又音在字书、韵书中的堆积。

至于一字异形的现象就更为严重了。看看几个古今兼收的大字典、大字符集、大丛书收字、用字的大数据吧。

第一，8 卷本《汉语大字典》收字 54678 个，后附的《异体字表》从该书中整理出 11900 组异体字。每组少则一字，多则十余字。鲁迅先生笔下的孔乙己说"回"字有四种写法。此表中的"回"字，除正字之外还收有 9 个异体。③ 1996 年出版的《汉语大字典》简编本删去了没有典籍用例的字头，就只有 21000 字左右了。而删去了的那 3.3 万多字，则是连用例也找不到的"死字"。

第二，台湾国语推行委员会编《异体字字典》（第五版，2004 年）收正字 29892 个，收历代的异体字 76338 字，总字数 106230 个，④ 平均一个正字有 2.55 个异体字。

第三，国际标准化组织（IX－ISO）发布的国际编码标准 ISO/IEC10646《信息技术通用编码字符集（UCS）》，是中、日、韩、朝、越汉字超大字符集，到 2011 年已正式编码的汉字有 7.5 万多个。它简繁、正异、古今并存，是一个几乎涵盖整个汉字文化圈的多语言用字的杂收汉字集。该标准在 1993 年颁布了第一部分，这部分收的是公认较为通用的汉字；中国与这部分对应的国家标准是《GB13000.1 字符集》，这个字符集计收 20902 个汉字。此后编码的

① 黄延祖重缉《黄侃国学讲义录》，第 72 页，中华书局，2006 年。

② 宋·司马光等编《类篇》，第 2 页，中华书局影印本，1984 年。

③ 《汉语大字典》第八卷，第 5333 页，第 5351 页，四川辞书出版社、湖北辞书出版社，1990 年。

④ 引自台湾学术网络《异体字字典·编辑略例》。

5 万多汉字就相当冷僻了。

第四，《四库全书》汇集了从先秦到乾隆以前的历代主要传世古籍 3460 余种。北京书同文数字化技术有限公司对文渊阁《四库全书》和《四部丛刊》的用字情况进行了字频统计。两部书的总字量 79030 万字，计用单字 30136 个（不包括字书、韵书中的罕见字）。其中前 21853 个单字对 7.9 亿字的覆盖率达到 99.99%，认为“中国古籍通用汉字数量为 22000 字。”[①]

这两部字典、一个字符集的收字和两套丛书的用字，除极冷僻字之外的绝大部分是重合的，它们都称得上是近乎全汉字性质的字库。

四套古今兼收之汉字数据的比较

汉语大字典		异体字字典		四库全书四部丛刊		ISO/IEC10646 字符集	
（静态数据）		（静态数据）		（动态数据）		（筛选数据）	
有典籍用例的字		正　字		覆盖 99.99%的字		GB13000.1 字符集	
21000 多字	38%	29892 字	28%	21853 字	73%	20902 字	28%
无典籍用例的死字		异体字		覆盖 0.01%的冷僻字		其余的冷僻字	
33000 多字	62%	76338 字	72%	8283 字	27%	54000 多字	72%
单字总数		单字总数		单字总数		单字总数	
54678 字		106230 字		30136 字		75000 多字	

注：《四库全书》《四部丛刊》的用字数据，如加上未统计的字书、韵书中的罕见字，其冷僻字所占的比重肯定也在六成以上。

周有光先生（1906—2017）、刘又辛先生（1913—2010），关于字书所收历代汉字的下述认识是深刻的。

周有光：汉字随时随地增加，“出生不报”；又随时失去作用，“死而不葬”。字典里死字和活字并立，不加区别。书写现代汉语究竟要用多少汉字？谁也说不出来。这种现象不应当长此任其自然。整理汉字的一项基本工作就是清点汉字的“家底”，编出一份“现代汉语用字全表”的清单来。[②]

刘又辛：汉字已经有三千多年的历史了，……从《仓颉篇》（辑佚本）、《说文》到《康熙字典》《中华大字典》一类的书，蒐集了历代保存下来的代表各个时期特点的大量汉字。……（如果加上古文字，再加上历代碑刻，民间文学印本、钞本，以及今天在各个地方各个小范围内通行的简字、俗字，就不知道有多少了。）这些收在字典里的汉字，是历史的堆积物。……我们今天保存

① 引自北京书同文数字化技术有限公司编《古籍汉字字频统计》，商务印书馆，2008 年。

② 周有光《汉字改革概论》，第 312 页，文字改革出版社，1961 年。

的大量汉字，就是一大堆上下数千年汉字的堆积物。①

运用两位先生的观点来考察上表中的四套汉字数据，可以从中认识到：第一，大型字典、字符集的所谓古今兼收、正异并存，是主要依靠历代的字书来搜集汉字的；而字书中的大量汉字则是数千年所用汉字历时堆积起来的。第二，历代字书中收集的汉字，大部分是一字异形的异体字、没有典籍用例的“死字”和古汉语冷僻字。至于小范围内使用而旋生旋灭的字，那就难计其数了。第三，一个时代的通用字一般保持在六七千，但通用字是一个随着时代发展而递有变化的动态系统，立足上述四套大数据可以认为：古今文献的通用汉字大概在2.2万个上下。《汉语大字典》中有典籍用例的单字是21000个，覆盖《四库全书》和《四部丛刊》99.99%的单字是21853个，国际国内所公认的《GB13000.1字符集》所收通用字亦是20902字。静态统计、动态统计、筛选出的三个单字数如此接近的事实，就是支持这一推论的根据。台湾《异体字字典》所收正字比这个数多了几千字，那几千字无疑都是古汉语冷僻字。

数以万计的汉字都是记录语词的符号，但它们所记之词的使用价值与所记语素的构词能力是很不一样的。字典、字库中处于储备状态的汉字（单字）虽然都是并列而平等的，但进入语用状态的汉字的使用频率是很不平衡而高度集中的。如《四库全书》和《四部丛刊》的总字量是7.9亿字，计用单字30136个（不包括字书、韵书中的罕见字）。笔者对《古籍汉字字频统计》的检查发现：其中前214个高频字对两书的覆盖率竟然高达50%，前1755个高频字覆盖了两书的90%，前3500常用字覆盖了两书的96.76%；其余的2.6万多个单字对两书的覆盖率还不到3.3%，后8283个低频字的覆盖率居然只有0.01%。这种集中两端而很不平衡的字频分布，才是汉字记录汉语的真实状况。

语用交际中所产生的一字异形、一字异读等变易现象，严重地影响了汉字的交际功能。圈定通用字的范围，确定通用字的字形和读音，因而成为汉字规范的基本内容。

（二）规范改善了汉字的功能

汉字的变革与汉字的规范是“破”与“立”的关系，历代的汉字规范无不是在变易的基础上建立起来的。无论大变小变，每个新规范的推行都是一场变革，每次变革都是为了建立顺应社会发展的新规范，而汉字的任何变革都是通

① 刘又辛《“右文说”说》，刘又辛《文字训诂论集》，第88—89页，中华书局，1993年。

过推行新规范来实现的，新规范更好地适应了社会发展的新需求。其目的就在于进一步消除交际障碍，通过改进汉字规范以扩大汉字的交际范围，以提高汉字的交际效率。社会在不断发展，汉字在随之演变，历代汉字规范的改进都是在特定的历史条件下，为适应时代需求而进行的，都是在变易基础上的自我完善。

当社会用字的变易影响到汉字的交际功能时，当旧的规范不能满足社会发展的需要时，社会就会启动调节机制而对社会用字进行人为干预，历代大的汉字规范总是伴随着社会大发展而展开的。当六国的“文字异形”影响到秦王朝的大一统时，就历史地启动了全国用字的“书同文”。秦始皇（前259—前210）的“书同文字”，是把废除六国文字中的异体与对秦系文字的简化结合起来进行的，他不仅用规范的小篆，结束了古文字异体繁多的混乱局面，而且还积极提倡隶书，开创了今文字书写简便的新阶段。当南北朝以来的用字混乱影响到唐王朝的繁荣时，就历史地开展了楷书规范化的“字样之学”。唐太宗李世民（598—649）启动的“字样之学”，历时两百多年。这场规范既坚持“从正”以保持汉字的表意性质，又能“随俗”以正视字体字形的历史演变，在顺应隶变楷化的基础上全面规范了经书用字和社会用字。楷体字是从小篆隶变、楷化而来的字体，它形成于魏晋而成熟于隋唐，经过唐代“字样之学”的规范化而基本定型，此后的字形虽然继续简化，但字体则沿用至今而没有再变了。当建设新中国需要大力发展教育扫除文盲时，就启动了在现行通用字中简化字形淘汰异体的工作，这是新中国在文化建设上一项利国利民的基础工程，产生了巨大的积极作用和社会效益。当信息化时代的发展对汉字规范化提出更高要求时，国家就围绕着现代汉语通用字的“四定”（定量、定形、定音、定序），即时提出了“加强语言文字的规范化、标准化”的任务，研制推行了《通用规范汉字表》。

字典、词典是进行字词规范化的重要工具。东汉许慎《说文解字》的一个重大贡献，就是推进了汉字的规范化。唐代颜元孙的《干禄字书》与张参的《五经文字》，是汉字规范史上两部重要的专门著作。这两部书先后总结了唐代字样之学的成果，开创了辨正汉字规范的先河，成为后世楷书字形的标准。

说到现代汉语汉字的规范化，魏建功先生（1901—1980）主编的《新华字典》、吕叔湘、丁声树先生（1909—1989）主编的《现代汉语词典》，是做出了重要贡献的。《新华字典》从1953年的初版到2011年的第11版，先后修订十余次，第11版收字1.3万多个，60多年来在全球累计发行5.67亿册。2016年荣获世界上“最受欢迎的字典”和“最畅销的书”两项吉尼斯纪录。《现代汉语词典》从1973年的试用本到2012年的第6版，先后修订五次，第6版收词 6.9 万多条，累计发行 5 千多万册。《现代汉语词典》总结了 20 世纪以来中国白话文运动的成果，第一次以词典的形式结束了汉语长期以来书面语和口语分离的局面，第一次对现代汉语进行了全面规范。新中国的几代学子都把这两部书作为良师益友，世界各地的汉语学习者也以之作为必备的入门工具书。权威的《现代汉语词典》和《新华字典》，必将为现代汉语汉字的规范化，为汉语汉字的走向世界，继续发挥重要作用。

二、现代汉语通用字的“四定”

中国是一个文化悠久、地域辽阔、人口众多、方言复杂的文明古国，“书同文”与“言同音”，是我们民族很早就心存的向往。

新中国的汉语汉字规范化工作是在 1955 年正式启动的。1955 年 10 月在北京接连召开了两个会议，一是文字改革委员会和教育部联合召开的全国文字改革会议（10.15—10.23），一是中国科学院召开的现代汉语规范问题学术会议（10.25—10.31）。这两个会议的召开，拉开了新中国语言文字规范化的大幕。“简化汉字，推广普通话，制订和推行《汉语拼音方案》”[①] 从此成为以后三十年间语文工作的三项任务，其中的汉字简化工作，是对 20 世纪初陆费逵、钱玄同以来半个世纪汉字简化成果的历史性总结，是统一国语推行白话文之后的首次汉字规范。

周有光先生（1906—2017）在 1980 年发表了《现代汉字学发凡》，他在文中最先提出“现代汉字学”的名称，并从六个方面阐述了现代汉字学的研究内容：字量、字序、字形、字音、字义、汉字教学法。后来他又进一步论述了现代汉字的整理、“现代汉语用字表”的研制。他指出：

现代汉字学研究现代汉字的特性和问题，目的是为今天和明天的应用服务。……“现代汉字学”是新名称、新事物。它播种于清末，萌芽于“五四”，含苞于解放，嫩黄新绿渐见于今日。

现代汉字的整理包含如下内容：(1) 字量的清点，(2) 字形的简化和标准化，(3) 字音的标准化，(4) 字序的标准化。

定量研究的目的是制定一个“现代汉语用字表”，简称“现代汉字表”。“现代汉语用字表”要做到“字有定量”“字有定形”“字有定音”“字有定序”，

① 周恩来《当前文字改革的任务》，《周恩来选集（下卷）》，第 280 页，人民出版社，1984 年。

所谓“四定”。“四定”的基础是“定量”。①

《现代汉字学发凡》这篇论文具有重要的意义，它的发表标志着现代汉字学的诞生。周先生关于现代汉字学和中国语文现代化的重要论文，集中选编在2004年出版的《周有光语言学论文集》，这部书值得认真研读。

1985年12月，国务院将“中国文字改革委员会”改名为“国家语言文字工作委员会”。1986年1月，国家教委和国家语委联合召开了全国语言文字工作会议。在改革开放发展与信息社会到来的新形势下，即时提出了新时期语言文字工作的主要任务：“加强语言文字的规范化、标准化。”

汉字学界很快形成这样的共识：字量、字形、字音、字序的“四定”，是现代汉字规范化的基本内容。中国内地半个多世纪的汉字规范，始终是围绕着现代汉语通用字的定量、定形、定音、定序展开的。

（一）现代通用汉字的定量

一个时代的社会文化背景，决定了一个时代的社会用字是相当集中的。记录基本语素的常用字一般只有三千多个，加上通用字和必要的专用字也就是七八千，而难得一用的非通用字则多到数以万计。贮存和备用的非通用字不仅具有数量很大，出现率很低，覆盖率几乎可以忽略不计的特点，而且使用人数很少，使用的人一般就是专业工作者。非通用字多是古汉语专用字，汉字规范则是现代汉字的规范，现代汉语通用字的分级定量是汉字规范的基础工作，其前提是坚持古今分流。这不仅可以为定形、定音、定序圈定范围，减少麻烦，可以较好地处理“一字多形（繁体、异体）”的对应关系，可以明确类推简化的范围和对象，而且大有利于社会用字和汉字教学。对于包括中小学生、外国留学生在内的通用层面的广大群众来说，汉字的表音功能差、结构笔画繁等特点所产生的困难都会因此而大为减轻。现代汉语通用语层面上使用了多少汉字，使用了哪些汉字，这些字在语用交际中的字频分布，是汉字规范着力研究的基本问题。

汉字的定量工作是在计量语言学迅猛发展的1980年代起步的。国家在1988年发布的《现代汉语通用字表》和《现代汉语常用字表》，前表收字7000个，后表由前表中的2500常用字和1000次常用字组成。这是第一次立足现代通用而对汉字的分级定量。根据汉字的使用频度与人们的文化层次，字表将现行通用汉字递增定量为2500字→3500字→7000字三个级别。现在回过头去

① 周有光《现代汉字学发凡》，《中国语文的现代化》，《现代汉语用字的定量问题》，《周有光语言学论文集》，第306—316页，第7—12页，第338页，商务印书馆，2004年。

看，这样的认识是客观科学的，这样的规范是积极稳妥的。

进入21世纪以来，随着全球信息化进程与中国现代化建设的发展，开放交流与人机交际的现实需要对汉字规范化提出了更高的要求。这样的时代背景推动了研制《通用规范汉字表》工作的立项上马，并随之展开了一场关于汉字规范化的学术大讨论。在这场讨论中，学者们既有对百年来汉字问题争论与汉字简化整理的历史反思，也有对21世纪全球现行汉字"书同文"的理性前瞻，更多的是在反思与前瞻的基础上对新时期汉字规范的积极建设。有学者强调指出："新时期的汉字规范，要高度重视汉字的共时用字规律和计量语言学的有关成果，坚持着眼现行通用而实行分级定量，立足通用字种以明确字体对应。把规范的重点放到现代汉语的常用字、通用字、专用字的分级定量上来，放到分级定量范围内的简繁字、正异字、新旧字形的关系对应上来。"①

历时十年研制出的《通用规范汉字表》，于2013年由国务院正式发布。《通用规范汉字表》是对半个世纪汉字规范成果的继承和发展。它把维护社会用字的稳定性与顺应汉字规律的科学性较好地结合起来，其对原有规范的优化调整，更好地适应了信息化时代语言生活的现实需求。它把各自独立的多个规范整合成为一个现代汉语通用字的规范字集，有力地提高了汉字规范利国便民的科学性和实用性。

《通用规范汉字表》收字8105个而分为三级。一级字表收3500字，对基础语料库的覆盖率达到99.58%，其功能相当于《现代汉语常用字表》，主要满足基础教育和文化普及层面的用字需要。二级字表收3000字，一、二级字表的6500字对基础语料库的覆盖率达到99.99%，其功能相当于收字7000的《现代汉语通用字表》。三级字表所收的1605字，是在姓名、地名、科技术语和中小学文言文教材等特定领域中较为通用，但又未进入一、二级字表的专用字。设置三级字表以照顾专门领域的用字需求，是对一、二级字表的必要补充。②

《通用规范汉字表》在现代汉语通用字的定量、定形两个方面取得了显著的进步。

分级定量更为接近语用实际。由于基础研究的更为扎实、信息技术的更为先进与抽取方法的更为科学，加之《现代汉语通用字表》推行20多年来的语用检验，现代汉语通用汉字各级字量的确定与各级字种的筛选都更为客观，更具准确性了。课题组以国家语委的现代汉语平衡语料库为基础语料库，该库语

① 龚嘉镇《关于新时期汉字规范问题的思考》，《中国语文》2005年第6期。

② 王宁主编《〈通用规范汉字表〉解读》，第11—16页，商务印书馆，2013年。

料当时计9100万字，内容分属55个学科，是从近一个世纪的白话文语料中随机抽选出来的。一、二级字表主要依据基础语料库统计的使用度收字，对两级字之间的“临界字”则辅以人为调整；三级字表的收字主要来自有关部门及其专业语料库提供的专业用字。优化调整的结果，《现代汉语常用字表》的3500常用字中，有103字未进入一级字表；《现代汉语通用字表》的7000通用字中，有556字未进入一、二级字表，但只有38个未进入《通用规范汉字表》；《简化字总表》的2235个简化字中，有31个未进入《通用规范汉字表》；新收录了已为社会广泛使用的226个类推简化字，《第一批异体字整理表》中的45个异体字被调整为规范字。

逐一明确“一字异形”的对应关系。汉字简繁并存的客观事实与开放交流、人机交换的社会发展，强烈要求“一字异形”的简繁字、正异字之间要有明确的对应关系。《通用规范汉字表》顺应这一需求，编制了《规范字与繁体字、异体字对照表》。这个对照表是在《简化字总表》和《第一批异体字整理表》的基础上研制的，它列出了与2546个规范字相对应的2574个繁体字，分解了96组一简对多繁（一个规范字对应多个繁体字）的字际关系；列出了与794个规范字相对应的1023个异体字。通过逐一明确规范字与繁体字、异体字之间的对应关系，大大方便了港澳台地区、国际社会与中国内地之间的汉字信息交流。

《通用规范汉字表》是按《GB13000.1字符集汉字字序（笔画序）规范》排序的，其附表是按笔画序排序的。但教学汉字学习汉字的广大一般读者，他们更需要《通用规范汉字表》能按部首排列和按字频排列。第一，汉字是表意文字，只有按部首排序的字表才能“分部类从”地体现汉字的表意性，让人从中粗知汉字的表意系统。第二，识字教学及其教材编写中的学字无序和生字超标，一直是困扰着人们的老问题，立足于字频分布的《字表》可以为解决这一难题提供科学依据。除了字形规范之外，一线教师最希望从这个《字表》中知道：哪些字是覆盖自然语料90％（1000字）、98％（2500字）的最常用字。希望有关单位能将有关成果出版普及，尽快打通科研成果转化的“最后一公里”，让《字表》在基础教育和对外汉语教学中发挥更大的作用。

（二）现代通用汉字的定形

从殷商甲骨文到现行汉字的3300多年里，汉字的形体结构发生了很大的变化。经济原则对语言文字交际活动的支配作用，历史地形成了汉字“字体代变”而“常用趋简”的演变趋势，历史地形成了汉字字形结构简明化的演变规律。“定形”是现代汉字规范化工作中的重中之重，它直接决定了现代汉字规范化的优化程度与社会用字的发展趋势。现代汉字的定形工作，主要是整理异体字、推行简化字和规范新字形。

一、整理异体字。1955 年国家发布了《第一批异体字整理表》，该表计整理了 810 组异体字，淘汰了 1055 个异体字。后来又三次小作调整，先后把 28 个淘汰了的异体字恢复为规范字。2013 年公布的《通用规范汉字表》，对《第一批异体字整理表》进行了全面复查，确认 26 个原调整的异体为规范字，新调整了 45 个异体为规范字。前后实际整理了 794 组异体字，其所停用的异体字共计 1023 个。另外，1955 年到 1964 年间，经国务院批准，分 9 次更改了 35 个县级以上地名中的 34 个生僻字。1977 年发布了《部分计量单位名称统一用字表》，淘汰了 20 多个表计量单位的旧译名用字。2001 年发布了《第一批异形词整理表》，提出了 338 组常用异形词的推荐使用词形。（详见上编第九章《同词异形的异体字》第六节。）

二、推行简化字。国家 1956 年公布了《汉字简化方案》并分批推行，1964 年公布了《简化字总表》，1986 年重新发表了小作调整的《简化字总表》。《简化字总表》收简化字 2235 个，计简化了 2264 个繁体字。2013 年国务院公布的《通用规范汉字表》，新收入已为社会广泛使用的 226 个类推简化字，删去了《简化字总表》中的 31 个非通用字，对 96 组一简对多繁（一个规范字对应多个繁体字）的字际关系进行了分解。《通用规范汉字表》收字 8105 个，其中有 2546 个简化字，简化字占通用规范字的 31％；而 88％的简化字是类推简化字。简化字不仅在中国内地普遍推行，被越来越多的海外华人接受和使用，而且也得到了国际社会的承认，成为联合国指定的生成汉语规范文本的文字，简化汉字正在日益国际化。（详见下编第三章《汉字的历史演变规律》第二节。）

三、规范新字形。宋体是随着宋代雕版印刷术的兴起而通行起来的印刷字体。它秉承了唐代楷书的方正，又具有雕刻刀工的硬挺，在现代印刷中主要用于印刷物的正文部分。汉字印刷用宋体字形的不统一由来已久。1965 年发布的《印刷通用汉字字形表》，对印刷物中的一字多形现象进行了全面整理，为 6196 个通用汉字的宋体字形进行了规范，规定了每个汉字的字形结构、笔画数、笔形和笔顺，由此形成了汉字规范史上的“新字形”。《印刷通用汉字字形表》是我国目前执行的汉字字形标准。各种字典词典中的《新旧字形对照表》，用举例的方式辨析了新旧字形在笔画上的细微差别，就是根据《印刷通用汉字字形表》制定的。后来的《现代汉语通用字表》《通用规范汉字表》的字形，也沿用了这样的字形规范。

通过整理异体字、推行简化字和规范新字形，逐步形成了现代汉语通用汉字的字形规范和印刷书写汉字的统一标准。

半个多世纪以来，中国内地在汉字字形的规范化上取得了很大的成就，在海内外产生了广泛的影响，也积累了宝贵的经验。现在回过头去看，最重要的一条经验，就是坚持了古今分流、用字分级的共时原则，把汉字规范圈定在现代汉语通用字的范围之内。非通用字一般多是古汉语用字，没有必要也不可能再去规范。第二，“定形”的基本内容是精减字数与简化字形。异体字的弊端在于用几个不同的字形去记录同一个单音词，鉴别的标准是要“同词”，整理应该限定在音义全同以及音同且意义以大包小的现行并用字内。第三，汉字的构形是一个系统，字形的简化要着眼于系统的优化，现行用字内的系列类推简化要注重维护汉字的理据性。第四，汉字系统的历史发展过程，就是在汉字表意性质与语言经济原则的支配下协同完善的优化过程。因此，汉字规范既要“守正”以维护汉字的表意性质，也要“随俗”以正视汉字的历史演变。历代社会用字中的种种约定俗成，为现代汉字的定形规范提供了优选的历史基础。

（三）现代通用汉字的定音

现代汉字字音的规范工作，起步于20世纪之初的国语运动。1912年中华民国成立，蔡元培先生（1868—1940）任总长的教育部，“鉴于统一国语，必先从统一读音入手”，遂成立了读音统一会筹备处。[①] 读音统一会于1913年召开，来自各省的几十位学者历时三个多月，提出了后称“老国音”的方案：一是采用一省一票表决法审定了6500多个字的读音，二是核定了汉语语音的39个音素，三是主要根据章太炎的纽韵文制定了39个笔画式注音字母，后于1919年增广出版了收字13700多个的《国音字典》。“老国音”是国语统一进程中的一次重要探索，其主要特点在于：“所定之读音虽以北音为主，但仍委屈保留浊声和入声”。[②]

随着国语运动的发展，再次爆发了京音国音的大辩论，并很快呈现出一边倒的趋势。1924年国语统一筹备会作出了“凡字音概以北京普通读法为标准”的决定，这样的国音人称“新国音”。后由钱玄同（1887—1939）、赵元任（1892—1982）等主持，编纂出了收字12219个的《国音常用字汇》；1932年由民国政府教育部公布出版，在全国推行。其书首“说明”中的两段文字值得重视：

① 民国教育部读音统一会编纂《国音字典》，第18页，商务印书馆，1919年。

② 崔明海《制定“国音”尝试：1913年的读音统一会》，《历史档案》2012年第4期；闻述之《读音统一会与注音字母》，《语言文字报》2011年11月1日。

国音就是普通所谓“官音”。这种官音本是北平音，元周德清之《中原音韵》即用此音；明之官书《洪武正韵》以《中原音韵》为蓝本，故亦以此为根据。它靠着文学与政治的力量，向各地推行，六百年来早已成为全国的标准音了。……本书所定的音，是以现代的北平音为标准的。但是，所谓以现代的北平音为标准者，系指“现代的北平音系”而言，并非把北平的一切读法整个儿搬了过来，就算国音。

指定北平地方为国音之标准；所谓标准，乃取其现代之音系，而非字字必遵其土音。①

这两段话历史地分析了北平音在全国的重要地位，公开声明《国音常用字汇》“是以现代的北平音为标准的”，明确说明这个标准指的是“现代的北平音系”，“而非字字必遵其土音”。这就为现代汉字的定音打下了基础。《国音常用字汇》开启了以北京音为汉语标准音的新时代，在汉语规范化上具有里程碑的意义。

新中国建立后，国家统一，社会繁荣，人民交流空前频繁。新时代对民族共同语的进一步统一和规范化，提出了更高更紧迫的要求。

一、推广以北京音为标准音的普通话

中国历史悠久地域辽阔，古今音变、方言音歧的现象相当严重。要规范现代汉字的字音，首先需要确定民族共同语的语音标准。1955 年在北京召开的两个语文工作会议，经过认真的讨论研究，决定把现代汉民族的共同语称作“普通话”。教育部、国务院先后发布了关于推广普通话的指示，并从三个方面对普通话的内涵进行了科学定义：“以北京语音为标准音，以北方话为基础方言，以典范的现代白话文著作为语法规范。”② 这是对《国音常用字汇》成果的继承和发展。

在现代汉语规范问题学术会议的主题报告中，罗常培（1899—1958）、吕叔湘先生深刻地指出：“民族共同语是在某一方言的基础上发展起来的，基础方言的地区是在这个民族的文化上和政治上占重要位置的地区，基础方言本身也常常最能代表整个语言的发展趋势。”③ 现代汉民族共同语是在北方方言的基础上形成的。自 1153 年金迁都燕京（今北京）以来，北京建都已长达八百余年了。八百多年来，北京一直是中国政治、经济和文化的中心，以北京话为

---

① 民国教育部国语统一筹备委员会编纂《国音常用字汇》，第Ⅱ—Ⅲ页，商务印书馆，1932年。

② 国务院《关于推广普通话的指示》，《人民日报》1956 年 2 月 12 日。

③ 罗常培、吕叔湘《现代汉语规范问题》，《中国语文》1955 年 12 月。

代表的北方方言在全国范围内处于最为重要的地位。20世纪初的白话文运动和国语运动，不仅使白话文取得了文学语言的地位，而且促使北京语音进一步成为全民族共同语的标准音。按照北京音系的语音来推行以北方话为基础的普通话，不仅符合汉语的实际情况，而且是历史发展的必然。

普通话是中国各民族进行交流的通用语言。“国家推广全国通用的普通话”，写进了1982年颁布的新《宪法》。《国家通用语言文字法》规定：“国家通用语言文字是普通话和规范汉字。”经过半个世纪的大力推广，尤其是改革开放以来，国内从北到南，由城及乡，学习和使用普通话的人越来越多。数以亿计的农民外出工作，一出门就学说普通话，由南腔北调经过撇腔拐调而逐步接近京腔京调。目前，我国能够运用普通话进行交流的人群约占人口总数的70%左右。推广普及普通话，有力地促进了人员交流、社会发展和经济繁荣，有力地维护了国家统一，增强了中华民族的凝聚力。

二、制定和推行《汉语拼音方案》

汉字是没有专职音符的表意文字，它需要一套注音、正音的音标。第一个用拉丁字母拼写汉语的方案，是意大利传教士利玛窦（1552—1610）创制的。1605年（明万历三十三年）他在北京出版了《西字奇迹》，书中每个汉字都注有他设计的拼音。罗常培先生据此整理出利玛窦的拼音方案：有26个“字父”（声母）、44个“字母”（韵母）和5个声调。[①] 后来的法国传教士金尼阁（1577—1628）、英国传教士马礼逊（1782—1834）、英国外交官威妥玛（1818—1895）等人先后在华用拉丁字母研制了多种汉语拼音方案。这些拼音方案给中国学者的最大启示是，拉丁字母可以为汉字注音，可以为汉语拼音。

第一个用拉丁字母创制汉语拼音方案的中国人，是清末的卢戆章（1854—1928）。他曾去新加坡谋生而兼习英语，回国后帮助英国传教士翻译《华英字典》。后精心研制出取名为“天下第一快切音新字”的拼音方案，他用这套切音字（“切音”乃反切之音，就是“拼音”）编写的课本《一目了然初阶》，于1892年（清光绪十八年）在厦门出版，由此拉开了切音字运动的序幕。其后的王照（1859—1933）曾作为“戊戌党人”逃亡日本，深受日本假名的影响。后秘密潜回中国创制“官话字母”，并写成《官话合声字母》于1901年在日本东京出版。此书成为中国第一套汉字笔画式字母的拼音方案，成为当时影响最大、推行最广的拼音方案。清末的切音字运动提出了近30种切音字方案，所用字母可大分为两种：一种是王照的笔画式字母，后演进为民国教育部1918

① 罗常培《汉语拼音方案的历史渊源》，《罗常培语言学论文集》，第406页，商务印书馆，2004年。

年正式公布的注音符号；一种是卢戆章的拉丁字母，后为《汉语拼音方案》所优选。

新中国成立不久就开始了研制汉语拼音方案的工作。研制拼音方案首先碰到的两个问题：一是拼音方案的性质，是代替汉字的拼音文字，还是拼写汉字的注音符号；二是拼音字母的形式，是采用汉字笔画式字母，还是采用拉丁字母。在深入研究多方比较之后，决定采用国际通用的拉丁字母，拼音方案委员会委托叶籁士（1911—1994）、陆志韦（1894—1970）、周有光（1906—2017）三位先生起草初稿。三人在认真总结历史经验的基础上，拟成了《汉语拼音文字方案（初稿）》。这个初稿经过多方讨论修改，删去了“文字”二字之后形成了《汉语拼音方案（草案）》，于1956年2月发表以公开征求意见，国内外群众来信多达4300多件。[①] 经过反复修改，精心审订，最后提出修正草案。1958年2月11日，第一届全国人民代表大会第五次会议正式批准了《汉语拼音方案》。

周恩来总理（1898—1976）1958年1月10日在政协全国委员会报告会上报告的《当前文字改革的任务》，是新中国语言文字工作的一篇重要文献，具有很强的学术性和很高的学术史价值。他明确指出：“《汉语拼音方案》是用来给汉字注音和推广普通话的，它并不是用来代替汉字的拼音文字。”他在这个报告中，还精辟地讲了一段关于汉字前途的话：

> 汉字在历史上有过不可磨灭的功绩，在这一点上我们大家的意见都是一致的。至于汉字的前途，它是不是千秋万岁永远不变呢？还是要变呢？它是向着汉字自己的形体变化呢？还是被拼音文字所代替呢？它是为拉丁字母式的拼音文字所代替，还是为另一种形式的拼音文字所代替呢？这个问题我们现在还不忙作出结论。但是文字总是要变化的，拿汉字过去的变化就可以证明。将来总是要变化的。[②]

《汉语拼音方案》是对明万历以来350年间的汉语拼音研制，对清末以来60多年间我国学者研制汉语拼音的历史性总结，它是一个集思广益的优化方案。它的优化选择主要体现在四个方面：一是语音标准，汉语拼音拼写的不是方言，而是以北京语音为标准音的普通话；二是音节结构，汉语拼音采用音素化的音节结构；三是字母形式，汉语拼音采用的不是笔画式字母，而是国际通

---

① 周有光《回忆汉语拼音方案的制订过程》，《周有光语言学论文集》，第181—188页，商务印书馆，2004年。

② 周恩来《当前文字改革的任务》，《周恩来选集（下卷）》，第280—294页，人民出版社，1984年。

用的拉丁字母；四是标调方式，汉语拼音采用在音节的主要元音上标调。要而言之，《汉语拼音方案》是一套用拉丁字母来给汉字注音和推广普通话的法定音标。

《国家通用语言文字法》规定："国家通用语言文字以《汉语拼音方案》作为拼写和注音工具。《汉语拼音方案》是中国人名、地名和中文文献罗马字母拼写法的统一规范，并用于汉字不便或不能使用的领域。"1982 年，国际标准化组织 ISO 把《汉语拼音方案》作为拼写汉语的国际标准，这就为中外文化的交流增加了一个沟通上的桥梁。随着"拼音转换汉字"的智能化技术的普遍应用，人们在计算机、手机上广泛使用拼音输入法来快速地输入汉字，汉语拼音在信息化时代正在发挥着越来越大的社会作用。

罗常培先生详细梳理了汉语拼音的历史渊源。从 1605 年第一个创制汉语拼音方案的外国人利玛窦，从 1892 年第一个创制汉语拼音方案的中国人卢戆章，到后来那些接着研制和传播拼音方案的中外学者，尽管"他们所抱的目的也很分歧，但是都想创造一种拉丁字母的方案，来帮助学习汉字或改革汉字，这却是一个共同点。现在公布的《汉语拼音方案（草案）》，正是近 300 多年来拉丁字母拼音运动的结晶。"①

三、研制和推行《普通话异读词审音表》

普通话标准音的确定和《汉语拼音方案》的制定，使现代汉字的定音工作有了正音的标准和注音的工具。中国科学院 1955 年召开的现代汉语规范化学术会议，由此提出了两项具体任务：一是审定普通话常用词汇的语音，二是编纂《现代汉语词典》。普通话以北京语音为标准音，除了部分异读词之外，一般词语的读音是明确而没有异议的。1956 年成立的普通话审音委员会，审订的就是常见异读词，到 1962 年分三期发表了《普通话异读词审音表（初稿）》。1982 年审音工作重新启动，在 1985 年发布了修订后的《普通话异读词审音表》。该表虽也审定了部分多义多音字，但主要审定的是同义异读词。据笔者统计，该表计审定了 849 个多音字，统读了其中的 587 个同义异读，统读率达 69%。《普通话异读词审音表》和《现代汉语词典》，对于普通话的推广普及，对于现代通用汉字的定音、正音，发挥了重大的作用。

《普通话异读词审音表》"所审，主要是普通话有异读的词和有异读的作为'语素'的字。"异读词是立足汉语而言的，着眼汉字就是多音字了。因为汉字是以单音词为单位构形的，汉语汉字的对应单位是词字→语素字。一字异读古

① 罗常培《汉语拼音方案的历史渊源》，《罗常培语言学论文集》，第 405—410 页，商务印书馆，2004 年。

已有之。在以单音词为主的时代，就曾较多地利用变读来记录新词。洪诚先生（1910—1980）认为："如果以同字为训的事例看，一字两读的事实……当远起周末。"① 有学者指出：语音与语义、汉语与汉字发展的不平衡，历史地形成了异读词与多音字：义变音亦变，随声分义是为多义多音字；音变义不变，同义异读则为同义多音字。随声分义突出地反映了旧词的裂变和新词的增生，是一种适应词汇发展的经济手段；同义异读更多地表现了古今之音变与方音之歧异，实在是多余的负担。②

普通话中的异读词可大分为两类：一是使用场合不同的文白异读，一是使用习俗不同的习惯异读。文白异读源于古今音的并存，习惯异读则是南北音的混杂。但普通话是"以北方话为基础方言"的，其同义异读主要还是历史音变在北京方言内部造成的歧异。《普通话异读词审音表》中注明文白异读的 31 个字中就有 17 个古入声字。其他同义异读中的雀、着、角、结、核、答、吓、说、骨、撮、倔等也是古入声字。古今音变在北京方音内部造成的歧异，特别是古入声字念法的尚不稳定，是产生同义异读现象的主要原因。同义异读是普通话中的消极因素，这种古今南北音的相持并存，是历史音变进程中的一种过渡现象。吕叔湘先生指出："一字一读是合乎文字功能的原则，因而也是深入人心的趋势。"③ 随着开放交流形势的发展，普通话中同义异读音的趋同之势是越来越明显了。国家语言文字工作委员会于 2011 年启动了新中国成立以来的第三次普通话审音工作，在修订原则中明确提出："充分考虑北京语音发展趋势"，"尽量减少没有别义作用或语体差异的异读。"这次审订是对《普通话异读词审音表》（1985 年）的修订，新审订了 55 个有异读的词，顺势统读了其中的 15 个同义异读词。④

（四）现代通用汉字的定序

字序就是汉字的排列次序，它既关乎汉语字典、词典的排检，也关乎中文信息处理的编码，是汉字规范化中的重要一环。字表、字典、字库里收集的单字，从几千、几万到上十万，若不能根据汉字的某一特征制订规则进行排序，那便是一团散沙了。这里着重从排检的角度来讨论字序。各种汉字排检法的原理，都是把汉字的某种特征代码化，再按代码顺序排列汉字。传统字书的排检

① 洪诚选注《中国历代语言文字学文选》，第 157 页，江苏人民出版社，1982 年。

② 龚嘉镇《现行多音字分析》，香港中国语文学会《语文建设通讯》第 45 期，1994 年。

③ 吕叔湘《谈形、音、义》，《文字改革》1964 年第 3、4 期。

④ 《〈普通话异读词审音表（修订稿）〉征求意见公告》，教育部网，2016 年 6 月 6 日。

方法主要有两种，一是以《说文解字》为代表的540部的部首排检法，一是以《广韵》为代表的206韵的韵部排检法。

现代字典的字序排检法主要有三种：笔画序、音序和部首序。大型字词典用“部首序＋笔画序”排检正文，同时提供一张“音序＋笔画序”的检字表；中小型字词典按“音序＋笔画序”排检正文，同时提供一张“部首序＋笔画序”的检字表：这便是当代汉语字词典排检体例的基本格局。王云五先生（1888—1979）在1920年代发明了“五角号码查字法”。1980年代以来，涌现出了多种汉字编码方案，这些方案推动了中文信息处理技术的发展，人们希望能有更优的方案运用于汉语字词典的编检。这里先讨论汉字的笔画序和音序，部首序放在下一章中专章讨论。

一、汉字的笔画序

笔画序就是笔画排检法。金代韩孝彦、韩道昭父子的《四声篇海》最先按笔画排列同部字，但进一步完善并推广开来的是明代梅膺祚的楷书字典《字汇》。《字汇》收字33179个，其部首与同部字都是按笔画多少为序排列的，这种“部首序＋笔画序”的排检方法，一直沿用到现在。笔画序的主要规则，是笔画数规则和笔顺规则。首先按字的笔画数由少到多地排列；笔画数相同的字，再按起笔笔形的横竖撇点折的笔顺依次排序。绝大部分汉字都可以根据这两条规则有序排检。1965年发布的《印刷通用汉字字形表》，就是按照这两条规则排序的。信息交换用汉字编码字符集的建设，向汉字排序提出了更为严谨的要求。其中需要解决的一个问题，就是笔画数和笔顺都相同的字如何排序。国家语言文字工作委员会1999年发布的《GB13000.1字符集汉字字序（笔画序）规范》，为此又提出了主附笔形规则、笔画组合关系定序、结构方式规则三条规则。这个《规范》为20902个汉字排出了字序，它是目前汉字笔画序的国家标准。[①]

笔画序虽编排无异议但查检最费力，是一种只起辅助作用的字序法。因为汉字的笔画多，同笔画的汉字更多。即使在3500常用字中，笔画在十五画及其以上的单字也有300多个，而八、九、十画的字都多达400个上下。仅靠笔画序来查字，既难得数笔画，也难得比笔顺，更担心会数错，所以笔画序只是在较小的范围内发挥作用。只有部首排序、同音同调字排序、难检字排序，以及大型字典同部字的排序，才是按笔画序来编排的。

二、汉字的音序

音序主要是依音排检的，但最后还要借助笔画序，音序其实就是“音序＋

① 《GB13000.1字符集汉字字序（笔画序）规范》，上海教育出版社，1999年。

笔画序”的简称。音序的主要规则有两条：首先按照汉语拼音音节的首字母的次序排列同音字群；声韵母相同的字，再按声调的阴阳上去的次序排列。至于声韵调相同的字，则采用笔画序排列。多项统计表明，现代汉语约有 410 个基本音节，1300 个带调音节。从文以记言的角度讲，汉字以字形提示词义的表意功能有效地区别了同音语素，汉字系统实质上就是若干异形别义之同音字群的集合。所谓音序排字法，就是按照音序排列汉字同音字群的方法。

按音序排列汉字始于韵书。韵书是把汉字按照字音分韵编排的一种音韵学工具书。但隋代陆法言（约 562 年—?）的《切韵》及其之前的韵书都已失传了。就北宋陈彭年（961—1017）等奉诏重修的《大宋重修广韵》来看，《广韵》计收 26194 字，分属 206 韵。此书以四声统韵为分韵原则，其中的韵目是带声调的韵，“举平以赅上、去、入”的 206 韵，按声调的平上去入为序分置于五卷之中（平声字最多则分为两卷）。韵的排列顺序用序数加上韵目表示，如一东、二冬、三钟等。每韵之中再按声母的不同分别排列小韵，一个小韵就是一个同音字群。小韵的第一个字下加注反切，并标出这个同音字群的字数。

清人陈澧（1810—1882）著《切韵考》，创用系联法来研究《广韵》的反切以归纳音类。自此以来先后有十几位学者对《广韵》的反切进行了计量研究。唐作藩先生（1927—）等以周祖谟先生（1914—1995）的《广韵校本》为依据，对《广韵》的反切重新进行了全面的统计和深入研究。共得《广韵》小韵（同音字群）3875 个，有 2 个没注反切。实有反切 3873 个；其中反切上字 471 个，反切下字 1191 个。[①] 简而言之，《广韵》是先按声调的平上去入为序排列 206 韵，每韵之下再按声母的不同排列同音字群，但韵目中各小韵的排序没有规律，小韵中同音字的排序也没有规律。显然，在韵书中查字并不容易。

唐代颜元孙（？—714）的《干禄字书》，首开在文字学书中使用音序排检法。全书 808 组异体字（俗、通、正），先“以平上去入为次”分为四类，同声调者再以《切韵》206 韵排列。[②] 民国政府教育部在 1932 年公布的《国音常用字汇》计收 12219 字，此书是第一部采用北京语音的现代字汇，并第一次采用以注音字母为序的音序排检法，由此开启了现代汉语字典的依音排字。《汉语拼音方案》在 1958 年颁布之后，注音字母排检法很快被更为先进的拼音字母排检法所代替。各种中小型字典词典，都实行了按汉语拼音的音序来排列正文。

---

① 唐作藩、王春茂《〈广韵〉反切上下字的统计和说明》，山东省语言学会编《语海新探》第一集，第 140 页，山东教育出版社，1984 年。

② 唐·颜元孙《干禄字书》，第 2 页，中华书局影印本，1985 年。

按音索字一检即得，最为便捷。但汉字毕竟不是表音文字，用表音文字的定序手段来排检汉字，是有先天缺陷的。一是不认识或读不准音的汉字无从检索，二是同音同调的汉字还需排序。这就是《现代汉语词典》《新华字典》等中小型字词典，在按“音序”排检正文的同时，还要提供一张“部首序＋笔画序”的检字表的技术性原因。至于《汉语大字典》《汉语大词典》这样的大型字词典，收字数万、收词数十万且为多卷本，使用者不知道读音的字实在太多了，根本不可能用音序法排检正文。但在中小型字词典中，音序法检索便捷的优势是相当明显的。

第十一章 “分部类从”的部首法

一、分部类从的立部原则
二、字典设部的演变源流
　①部首立足的汉字实际
　②部首设置的减增源流
三、归部条例的完善进程
　①归部条例的逐步完善
　②现行规范的归部规则

本章提要：部首法是汉字字典特有的字序编检法。本章从立部原则、设部源流、归部条例三个方面，深入讨论了汉字部首法的历史发展与现代规范。许慎立足于汉字是表意文字的实际，首创了部首编检法，为汉字的“分部类从”设立了义聚为主形系为辅的立部原则。部首的构字表意能力很不均衡而高度集中，七八十个高能表意部首的形义统一和超强构字能力，保证了大部分汉字的据义归部与从形归部是一致的，汉字字典通过据形索义集中地反映了汉字表意的系统性。部首法的历史发展具有两个特点：一是设部上着眼字体楷化检索方便而逐步减并，二是归部上在形系记号字的同时努力维护汉字据形索义的传统。经过长期的探索，人们着眼现代汉字结构的基本格局，终于为汉字部首研制出设部、归部的统一规范。这一规范使汉字的部首序由传统的“义聚为主而形系为辅”，发展为“据形取部而突出义聚”，基本实现了部有定数、字有定部、部有定位，从而在进一步方便读者查检的同时，更好地保持了汉字系统的表意性特色。

部首法是汉字字典特有的字序编检法。东汉的许慎（约 54—约 125）集大成地总结了先秦两汉有关汉字的研究成果，通过对近万小篆字的析形求义，创造性地编撰了世界上的第一部字典《说文解字》。许慎立足于汉字是表意文字的实际，首创了部首编检法，据形系联地揭示了小篆的构形系统，以义类聚地创建了汉字的字义说解体系。自公元121年《说文解字》问世以来，伴随着汉字字体的隶变、楷化与字形的简化、规范化，汉字字典的部首设置和归部条例，经历了一个漫长的完善过程。

部首编检法是立足于汉字是表意文字的实际而创立与完善的。讨论汉字的部首，不能忽视汉字是主要从形义联系入手来据词构形的基本事实。本章着眼于汉字表意功能的历史发展，着眼于大部分汉字是寓义于形的表意字的实际，从立部的原则、设部的源流、归部的条例三个方面，历史地讨论了部首排检法的演变源流与现代规范。

一、分部类从的立部原则

许慎的开创性贡献具有深厚的学术内涵和强大的生命力，产生了极其深远的学术影响。他在分析近万小篆字的过程中，出于对汉字的分类而提出“建首”的思想，由此产生了“部首”的概念和“分别部居”的编字原则。他所设计的思路是：

其建首也，立一为耑，方以类聚，物以群分，同牵条属，共理相贯，杂而不越，据形系联，引而申之，以究万原。①

许慎在对小篆字的析形求义中，发掘出了汉字“凡某之属皆从某”的形义对应关系，从中归纳出了540个部首。进而把近万小篆字分类归到相应的部首中去，据形系联而始“一”终“亥”，从而首创了汉字部首编字法。这种为表意文字特有的部首编检法，随之成为后世历代字书的主要编检方法，成为一种历史悠久应用广泛而影响深远的汉字编检法。

且看清代学者的两段评论：

《四库全书总目》：（《说文解字》）推究六书之义，分部类从，至为精密。②

《说文解字注》：圣人造字，实自象形始。故合所有之字，分别其部为五百四十，每部各建一首，而同首者则曰“凡某之属皆从某”，于是形立而音义易明。凡字必有所属之首，五百四十字可以统摄天下古今之字。③

① 东汉·许慎《说文解字》，第319页，中华书局影印本，1989年。

② 《四库全书总目·经部四一小学类二》，吴伯雄编《四库全书总目选》，第138页，凤凰出版社，2015年。

③ 清·段玉裁《说文解字注》，第764页，上海古籍出版社影印本，1981年。

《四库全书总目》的一句“分部类从”，可谓至确之论：它一语破的地道出了《说文解字》的立部原则。段玉裁（1735—1815）的评价前边部分值得认可，但最后一句就如有人说《说文解字》的部首都是表意部首一样，是把话说过头了。

许慎“分部类从”的原则有两条：一是以义类聚（“方以类聚，物以群分”），一是“据形系联”。他努力通过部首的“据形系联”来揭示汉字以形表意的形义对应关系，这样的努力是可贵而有效的，但只是在表意部首中较好地实现了。因为“凡某之属皆从某”所表示的，只是表意部首与其所从字之间的形义对应关系；但如果部首没有表意功能，如果所从字是字形混同的记号字，那就不可能从某即有某义了。许慎既没有看到先前的甲金文，也没有看到后来的楷体字，他的540个部首只是从小篆字形中分析归纳出来的，而且是初创性质的归纳。许慎的540部并不都是表意部首，更不可能“统摄天下古今之字”。

例如“一”，原本是源于刻划记数的指事字。《说文解字》：“一，惟初太始道立于一，造分天地化成万物。凡一之属皆从一。”许慎对记数字、干支字的说解基本如此，这样的解释显然不是文字学意义上的析形求义。有学者认为对记数字、干支字的说解，反映了许慎的哲学思想。但事实是，记数字、干支字在殷商甲骨文中就已经出现了，其构形构意与后世的阴阳五行说并不相干。宋末元初的戴侗（1200—1284）就对记数字的解说明确提出批评：“许氏之说大矣，非制文之本指也。”①

《说文解字》“一”部，除部首字外计辖元（）、天（）、丕（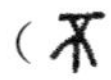）、吏（）4字。这4个字的甲金文构形，没有一个与“一”有关，亦无一字从“一”得义。“一”其实就是小篆字中的一个笔画部首。许慎的540部中不仅有36个无字部首，有若干如一、丨、丿、丶、乚这样的笔画部首，还有若干如冖、廴、凵、夂、卂这样的不成字部首。无字部首是无字相从，不成字部首则无义可属，它们都是没有表意功能的纯检字部首。

笔者对《说文解字》540部首的构字能力进行了统计和分析，现将有关数据制表列示如下：

《说文解字》540部首构字能力统计

构字能力		部首数		部属字（包括部首字）	
高能	468—100	25	79部 14.6%	4876	7569字 80.2%
	99—20	54		2693	
中能	19—6	62	11.5%	709	7.5%

① 宋·戴侗《六书故》，第28页，上海社会科学院出版社影印本，2006年。

续表

构字能力		部首数		部属字（包括部首字）	
低能	5—3	104	399部 74%	499	1155字 12.3%
	2—1	259		620	
无能	0字	36		36	
合计		540	100%	9433	100%

从表中的数据可见，《说文解字》540个部首的构字能力是很不均衡的。先看低端，构字为0—5字的部首有399部，计构字（包括部首字）1155个，全书74%的部首的合计构字数仅占全书总字头的12%。有学者强调《说文解字》的部首在构形表意上具有很强的归纳性。实际情况是：《说文解字》540部中只有七八十个部首的构形表意功能很强（构字≥20个），有五六十个部首的构形表意功能较强（构字6—19个）；399个部首的构字能力是低能或无能的（构字0—5个），它们在构形与表意上都缺乏归纳性，这样的部首数量很多但构字很少。

再看高端，构字≥20个的高能部首有79个，计构字（包括部首字）7569个，《说文解字》中80%的字就是由这79个高能部首构成的。其中构字上百的25个超能部首竟然构字4876个，占全书总字头的52%。这些构字能力很强且沿用至今的高能部首，都是由义符充当的表意部首。许慎的开创性学术贡献之一，就是不仅用540个部首据形系联地揭示了小篆以文组字的构形系统，而且主要通过几十个高能表意部首以义类聚地创建了汉字的字义说解体系。他用“分部类从”的思想，第一次把散沙似的近万小篆字整编成了一个系统。

许慎为什么要设置包括无字部首在内的540部？为什么要在不成字部首后也勉强缀一句“凡某之属皆从某”？前者肯定是非文字学因素使然，后者说明小篆字中也存在着只能形系难以义聚的字。在《说文解字》的部首中，确实有一些是只用于据形系联的纯检字部首。这些纯检字部首，有不成字的也有成字的，但作为部首，它们只用于编字检字而没有表意功能。由此可见，许慎并不都是据义立部。《说文解字》的部首编检法，其实就是一个义聚为主形系为辅的编检法。认为《说文解字》都是“据义立部而从义归部”，那是以偏概全了。

汉字楷化之后，字典陆续增设了一些用于据形系联的部首，它们的部属字一般就是失去理据的记号字和独体字。需要指出的是，作为记号字并入表义部首的都是辖字很少的低能部首，因字形讹变而混同到表意部首中的字也毕竟只是少数，部首混同与单字混同这两种变异都对汉字的表意性有所冲击，但并没有动摇汉字系统以形表意的基本格局。

汉字是表意文字，用字形提示词义的“表意性是汉字的命脉”，汉字字典是以据形索义的形式集中表现汉字表意性的工具书，汉字系统的表意性突出地体现在表意部首的推类系字上。《说文解字》中构字能力强且沿用至今的传统部首，都是由义符充当的表意部首，七八十个高能表意部首的部属字构成了九成的通用规范字（详见下文）。对汉字的表意部首与纯检字部首的构字能力，对汉字中的表意字与记号字的宏观比例，我们应该有一个量的认识：表意字与记号字是“大部”与“少数”的关系。大部分汉字是寓义于形而形义统一的，据形索义是汉字字典自古而今的传统特色。

汉字字典部首的“分部类从”，自《说文解字》以降到20世纪中期，都坚持了义聚为主形系为辅的立部原则。“义聚”的实质是“凡某之属皆从某”，是形义统一的据义归部；其“形系”特指“论其形不论其义”，是形义分离的从形归部。这样的立部原则，自然留下了部无定位的问题。

二、字典设部的演变源流

讨论汉字的部首，不能忽视汉字的实际，不能忽视以下的基本事实：第一，自源的汉字是主要从形义联系入手来记录汉语的，汉字是以单音词为单位据义构形的表意文字。第二，汉字系统的表意功能是汉字形义联系的结构所决定的，是主要依靠义符的推类系联而实现的。第三，义符的构字能力很不平衡而高度集中，七八十个表示类意义的核心义符推类系联了大部分的汉字。汉字字典中构字表意功能超强的高能表意部首，就是由这些核心义符充当的。

（一）部首立足的汉字实际

有人怀疑现行汉字的表意性，说象形字的字形已经不象形，会意字的构意不明确，形声字的义符表义不具体，认为汉字的表意性已经随隶变、楷化、简化而削弱了，认为楷体部首的表意功能已经随部首归并而淡化了。甚至认为据形定部“彻底破除了‘从义归部’的旧传统”。[①]

曹先擢先生（1932—）对此有一段精辟的论述：

汉字的表意性自古迄今没有改变，但汉字的表意内容和表意方式却是有发展变化的。……从表面上看，似乎古文字的表意性更强一些，其实，这是从图画的角度来看问题。有两种表意性：一种是文字的表意性，指表示词义；一种是图画的表意性，指形象性。……从文字的标准看，楷书在表意功能上不是削

① 谢自立《汉字查字法记略》，《语文研究》1980年第1期。

弱了，而是加强了。……表意性是汉字的命脉。[①]

表形文字是表意文字的初级阶段。汉字由甲金篆阶段向隶楷阶段发展的过程，其实质就是表意文字由初级阶段向高级阶段发展的过程。说楷体汉字仍然具有表意功能，根据有二：

第一，构形理据在语义化中递相传承。在隶变过程中，用可识性图象表形的形符，通过义音化而升华为用语义表意的义符，古文字的构形理据随之发展成为一种类意义。寓义于形的字形虽一变再变，但义符的表意功能却在对应的字符中递相传承下来了。汉字中的高能表意部首就是由这些基础义符充当的。

第二，表意功能在形声化中系统加强。汉字的大量涌现始于战国时期，新生字主要是"以类附声"加旁生成的形声字，其所加之旁一般就是古已有之而形义统一的基础义符。汉字的形声化把义符的形义联系扩展为对形声字群的类联系，从而形成"凡某之属皆从某"的对应关系。汉字系统因而在整体上保持了表意性质，发展了表意方式，提升了表意功能。

基础义符通过"以类附声"而"据形系联"，使同义符的字在义符义上类聚成为一个字族；义符在参构字中的以形表义，则是围绕着名物义（字本义）展开的，它沿着名物的功能、性状以及其间的关系而逐步引伸，最后形成一个具有类联系的语义场。正是一个一个这种类化性字族的集合才形成了汉字系统，汉字系统亦因此建立起了"凡某之属（类）皆从某"的形义对应关系。这就是汉字表意的推类机制。

行文至此，一个不能不回答的问题就是：汉字系统中哪些义符是构形表意功能特别强的部首？现实是历史发展的最新阶段，讨论高能表意部首应该立足于现代汉语通用字，立足于《汉字部首表》和《通用规范汉字表》。在通用规范汉字范围之内，所构表意字≥15个的表意部首，我们视之为高能表意部首；这样的高能表意部首有71个。（这71个高能表意部首的构形构意构字分析，详见下编第五章第二节。）《说文解字》中构字≥100个的表意部首，我们视之为超能表意部首；这样的超能表意部首有25个。《通用规范汉字字典》所收字头就是《通用规范汉字表》的8105字，所用部首就是《汉字部首表》的201部。[②] 设部200部的《汉语大字典》，是收字54678个的楷体大字典。笔者选取《通用规范汉字字典》《汉语大字典》与《说文解字》进行了对比统计。因为对比统汁这样的样本，最能反映高能表意部首在小篆字、楷体字与现代通用规范

① 曹先擢《汉字的表意性和汉字简化》，中国社会科学院语言文字应用研究所编《汉字问题学术讨论会论文集》，第17—27页，语文出版社，1988年。

② 王宁主编《通用规范汉字字典》，语文出版纸，2013年。

字中的共时分布及其历史演变。

高能表意部首构字能力的共时分布与历时流变统计（71 个）

近取诸身（人）22 个					远取诸物（人造物）26 个					远取诸物（自然物）23 个				
义类	部首	篆	楷	现	义类	部首	篆	楷	现	义类	部首	篆	楷	现
身	人	245	1193	306	衣	糸	248	1049	185	天象	日	70	650	143
	女	238	956	170		衣	116	681	91		雨	47	398	33
	疒	102	693	103		巾	62	417	43	地理	水	468	1874	490
	走	85	338	17	食	酉	67	383	58		土	131	1007	228
	歹	32	262	23		食	62	556	55		山	53	946	133
	骨	25	229	17		米	36	373	51		阜	92	456	68
头部	口	180	1587	369	住	邑	184	549	97		田	29	292	43
	言	245	1115	171		宀	71	405	74	动物	虫	153	1161	170
	目	113	764	82		广	49	389	54		鱼	103	796	118
	见	45	227	17		门	57	432	52		鸟	116	1027	97
	页	93	514	56		穴	51	381	36		隹	39	296	24
	耳	32	238	23		囗	26	197	30		羽	34	244	36
	欠	65	269	20	行	彳	37	364	43		犬	83	610	87
	齿	44	263	18		车	99	534	64		马	115	618	75
	髟	38	319	17		舟	12	282	35		羊	26	92	30
手足	手	265	1367	299	用	火	112	851	151		牛	45	329	29
	攴	77	380	38		刀	62	510	84	植物	艹	445	2123	419
	辶	118	616	109		贝	59	411	71		木	421	1639	371
	足	85	730	105		示	60	325	57		竹	144	1038	129
其他	心	263	1332	226		革	57	431	34		禾	87	618	74
	月	140	961	182		戈	26	194	34	矿石	金	197	1314	282
	力	40	212	39		弓	27	223	26		玉	126	600	186
						皿	25	181	25		石	49	687	135
						罒	34	214	21					
						耒	7	106	19					
						黑	37	213	16					

注：表中“篆”栏中的数字为《说文解字》中部首的辖字数，“楷”栏中的数字为《汉语大字典》中部首的辖字数，“现”栏中的数字为《通用规范汉字字典》中部首的辖字数。表中各类部首的排序以部首在《通用规范汉字字典》中的辖字量降序排列，其中有几组近义部首破例排在一起。

统计显示，《通用规范汉字字典》中的71个高能表意部首，全部都是《汉语大字典》的高能表意部首，除耒、舟二部之外也是《说文解字》的高能表意部首。这些寓义于形而形义统一的高能表意部首，主要来自于表示类概念的象形字，由它们组成的核心义符集早在甲金文时期就基本形成了。这些由核心义符充当的表意部首，具有较强的构形表意功能。现将上表的数据归纳如下：

统计样本	说文解字	汉语大字典	通用规范汉字字典
字典收字数	9433字	54678字	8105字
25个超能表意部首构字	4876字	26911字	5106字
	52%	49%	63%
71个高能表意部首构字	7214字	44121字	7312字
	77%	81%	90%

计量分析显示，71个高能表意部首的部属字在《说文解字》小篆字中占到77%，在《汉语大字典》楷体字头中占到81%，在通用规范字中占到90%。其中在《说文解字》中构字在百个以上的表意部首是：人女疒目口言手心月（肉）纟衣阝（邑）辶火水土鸟鱼虫马艹木竹金玉。这25个超能表意部首的部属字在《说文解字》小篆字中占到52%，在《汉语大字典》楷体字头中占到49%，在通用规范字中占到63%。

这两组数据，有力地说明了这几十个高能表意部首在汉字系统中的基础地位，说明了高能表意部首的部属字在汉字系统中的主体地位。汉字的表意功能是主要通过义符/表意部首的类联系来实现的。高能表意部首表示的是具有主题性的类意义，一个高能表意部首所表示的就是一个类概念，其部属字群所表示的就是一个类聚的语义场。它们的集合全面地覆盖了华夏民族的基本社会生活，概括地反映了汉语语义的核心网络。71个高能表意部首及其部属字，就是汉字系统保持表意性质的压舱石。它们在漫长的历史演变中从没乱过阵脚，“虽然有部分汉字在历史演变中失去了理据，但现行汉字在整体上仍然保持着相当系统的形义联系：义属某类之字多从某符，形从某符之字多有某义（类意义）。”①

汉字是表意文字，大部分汉字是据义构形而形义统一的表意字；构字表意能力强的传统部首都是由义符充当的表意部首，大部分汉字在据义定部与据形定部上是形义统一的。不成字部首数量虽多但构字很少；因字形变异而混同到

① 龚嘉镇《汉字核心字根的构形表意及其历史演变》，《中国文字研究》总第18辑，2013年。

表意部首中的记号字，数量不多且占比甚小。在用举例的方式来说明据形定部“彻底破除了‘从义归部’的旧传统”时，请不要忽视表意部首在汉字系统中的基础地位，不要忽视几十个高能表意部首的部属字在通用规范字中占比九成的基本事实。

（二）部首设置的减增源流

楷书通行以后，按楷体立部减并部首以便于检索，成为了人们对字典编排的迫切需求。唐玄宗李隆基（685—762）的《开元文字音义》立足楷体字形，第一次把《说文解字》的部首归并为320部。中唐张参的《五经文字》，因收字仅三千多个，进而归并为160部。唐代的《开元文字音义》是对《说文解字》部首的第一次大改良。

《玉海·艺文》：《开元文字音义》二十五卷，玄宗撰。其序云：“古文字惟《说文》《字林》最有品式。因備所遗缺，首定隶书，次存篆字，凡三百二十部，合为三十卷。”今止存二十五卷。①

《五经文字·序例》：收集疑文互体，受法师儒，以为定例。凡一百六十部，三千二百三十五字，分为三卷。……今则采《说文》《字林》诸部，以类相从，务于易了，不必旧次。②

张参在部首法上的贡献是，他认真总结了汉字在隶变楷化中的简化规律，创造了在主部首下设立“隶省”部首的条例，有的则直接用隶省部首取代了原部首，这就用条例的方式为已经约定俗成的简化部首正了名份。隶省部首后称“附形部首”而沿用至今。例如：

手部：拳也。凡在左者，皆依石经作扌。

肉部：如叔反。《说文》肉字在左右及下皆作肉，今依石经变肉作月。

犬部：丘泫反。今依石经，凡在左者皆作犭，犭音犬。

辶部：丑斫反。《说文》作辵，从彳从止，今依石经作辶。

这种通过对常用基础字符（义符、声符）的简化，尤其是通过对常用表意部首的简化，以成系列地类推简化汉字的方法，是最科学最经济的汉字简化方法。它在成系列地简化大量汉字的同时，还保存了汉字的字式结构与构形理据。这种简化方法，在中古的隶变楷化中，在1950年代的汉字简化中，发挥了极其重要的作用。虽然《开元文字音义》已经失传，《五经文字》是整理异

---

① 宋·王应麟撰、武秀成赵庶洋校证《玉海艺文校证·中》，第485页，凤凰出版社，2013年。

② 唐·张参《五经文字》，第4—5页，中华书局影印本，1985年。

体树立规范的正字学著作，但汉字楷体部首的改良，的确是从唐代的这两部字书开始的。辽代僧人行均的《龙龛手鉴》收 26000 多字，他加强了据形系联而改并为 242 部。明代梅膺祚的《字汇》在前人的基础上更进一步，对《说文解字》的部首设置进行了三项改革：一是取消了 36 个无字部首和一些字少的部首，二是把包括重体在内的合体部首尽可能归并回独体部首，三是字形变异或混同者则按楷体字形归部。通过这三条措施，将《说文解字》的 540 部减并为 214 部，从而为古代字典体例的完善作出了创造性的贡献。《字汇》归并部首的三条措施及其 214 部，不仅为后来的《正字通》《康熙字典》所遵循，而且也为民国时期出版的《中华大字典》《辞源》《辞海》所沿用。白涤洲（1900—1934）、黎锦熙先生（1890—1978）认为，《龙龛手鉴》和《字汇》是对旧部首的两次“大改良”。[①] 其实，应该是继唐代《开元文字音义》之后，对旧部首的两次“大改良”。

《龙龛手鉴》和《字汇》都立足楷体加强了据形系联，虽然把《说文解字》的 540 部砍掉了 300 多部，但为此而改从他部的字也只有几百个。因为它们砍掉的只是部内无字、少字和字形混同的部首。例如《字汇》的“一”部有 31 字，其中就收纳了《说文解字》的“一、丁、丂、七、三、上、丌、丏、丑、且、丘、丙”等 12 个部首字。这 12 个部首有 5 个部内无字，其余则辖字很少。《说文解字》中辖字 0—5 个的部首多达 74%，这 399 部共计辖字竟然只有 1155 个（包括部首字）。明乎此，就不难理解 540 部后来被减裁六成的原因了。这样的减裁有力地加强了表意部首在部首系统中的主体地位和类聚能力。

汉语字词典的部首设置和归部条例，在 20 世纪是大同小异而各行其是的。就世纪后期的几部主要字词典来看，《新华字典》和《现代汉语词典》设 189 部，新编《辞海》设 250 部，《汉语大字典》和《汉语大词典》设 200 部，还有的字词典沿用《康熙字典》的 214 部。有的字典按字义归部，部首位置多不固定；以新编《辞海》为代表的则按字形归部，部首位置比较固定。有些字字无定部，各字典部无定数，以及自始就有的部无定位，是部首编检法长期存在的三大问题。

针对部首设置和归部条例长期不统一的现象，中国文字改革委员会和文化部出版局在 1983 年召开了查字法座谈会，认为“应该贯彻‘以大包小’的原则，以《康熙字典》《辞海》《新华字典》三部工具书共有的 168 个部首为基

① 黎锦熙《四十多年来创拟“汉字新部首”的回忆》，《黎锦熙语言学论文集》，第 101 页，商务印书馆，2004 年。

础，再根据收字最多的《汉语大字典》的实际需要确定统一的部首表。”① 据此精神，当年便制订了一个设部 201 个的《统一部首表（征求意见稿）》，② 后改称《汉字统一部首表（草案）》。经过 20 多年在字词典编纂、汉字规范制定、计算机信息处理、图书检索等方面的排序检索中的广泛应用，得到了业界的认可。教育部和国家语委在 2009 年发布了修订后的《汉字部首表》，该表坚持了《草案》的 201 个主部首，规定了 100 个附形部首。表中主部首按笔画数升序排列，同笔画数的主部首按横、竖、撇、点、折的笔顺排列；附形部首加括号列在主部首之后。这就是汉字部首的现行统一规范。

唐代的《开元文字音义》因失传而不得其详。从现存文献来看，在汉字字典的部首设置上，《说文解字》—《字汇》—《汉语大字典》，是继相传承代有发展的三个阶段性类型。东汉许慎的《说文解字》创立了汉字部首法，设立了 540 个部首。明代梅膺祚的《字汇》把《说文解字》的 540 部裁并为 208 部，另外采纳了唐代张参《五经文字》创立的弋、廾两部，新增亠、无、父、艮 4 部，计设 214 部，《康熙字典》等沿用了这套部首。《汉语大字典》和《汉语大词典》是统一设部的，其“部首以传统的《康熙字典》214 部为基础”，删并了 14 部，计设 200 部。③ 在《汉语大字典》所设 200 部的基础上，《汉字部首表》删去了黹部而增设了业、卓两部，计设 201 部。这就是汉字部首设置的源流。至于《说文解字》后历代字书增设的其他几十个部首，则先后被历史淘汰了。

笔者把具有对应关系的原形与变形（辵/辶）、繁体与简体（言/讠）视为同一个部首，对三个阶段性类型的字典与《汉字部首表》的设部进行了比较统计。

《汉字部首表》与三类字典的设部比较

比较样本	汉字部首表	汉语大字典 汉语大词典	字　汇 康熙字典	说文解字
设置部首	201 部	200 部	214 部	540 部
与《部首表》相同的部首	201 部	199 部	199 部	193 部

表中的数据说明，汉字的部首具有很强的历史传承性和广泛的社会基础。逐个地查源头发现，《汉字部首表》的 201 部，有 193 个是《说文解字》的部首，另外的弋、廾两部是唐代张参《五经文字》创立的，亠、无、父、艮 4 部

① 《抓紧做好部首排检法的统一和规范工作》，《文字改革》1983 年第 8 期。

② 《统一部首表（征求意见稿）》，《文字改革》1983 年第 11 期。

③ 《部首排检法说明》，《汉语大字典》（第一卷），第 5 页，四川辞书出版社、湖北辞书出版社，1986 年。

是明代梅膺祚《字汇》创立的，业、𠦝两个是黎锦熙《国字四系七起笔新部首表》创立的部首，[1] 后设的这 8 个部首是主要用于形系的检字部首。《汉字部首表》是一个据形定部而突出义聚的部首表。《现代汉语词典》《新华字典》《通用规范汉字字典》等字词典的部首排检法，都先后采用了《汉字部首表》这个统一规范。

三、归部条例的完善进程

许慎通过对近万小篆字的以义类聚与“据形系联”，由此发明了“分部类从”的部首编排法。汉字是表意文字，汉字是由“大部”表意字和“少数”记号字组成的这一基本事实，决定了历代部首编检的格局只能是义聚为主而形系为辅。作为“大部”的表意字在据义定部与据形定部上是形义统一的，但作为“少数”的记号字确实只能据形排检。面对字体楷化字形演变，人们在形义兼顾的道路上探索着往前走。《龙龛手鉴》重形系，《类篇》重义聚，《字汇》再重形系，《康熙字典》再重义聚。在据形系联全部汉字的同时，如何让“大部”的表意字保持据形索义的特色，一直是先贤孜孜以求的理想。在深入认识现代汉字结构的基本格局的基础上，黎锦熙先生最先提出了定位取部的思路，新编《辞海》由此归纳出“三取三不取”的归部规则，进而完善的“据形依序定位取部”的技术性规范，较好地解决了这一千年难题，从而实现了由“义聚为主而形系为辅”到“据形取部而突出义聚”的发展。

汉字部首编排法的历史发展具有两大趋势性特点：一是设部上立足楷体逐步减并部首，二是归部上在形系记号字的同时努力维护汉字据形索义的传统。下边着重讨论两个问题：归部条例的逐步完善，现行规范的据形取部。

（一）归部条例的逐步完善

汉字的归部条例经过了一个逐步完善的过程，大致可分为四个阶段。

一、《说文》的“凡某之属皆从某”

“分部类从”的机制在于“类从”，“类从”就是通过部首的类化而实现同部字的类聚。形声字是汉字的主体，“以类附声”的形声化其实就是汉字的系统类化过程。许慎特别注重以义类聚，每个部首后都反复强调“凡某之属皆从某”，以此说明部首与部属字之间的形义关系。据此可知，许慎设想的部首是

---

① 黎锦熙《国字四系七起笔新部首表》，黎锦熙主编《新部首索引国音字典》，第 2—8 页，商务印书馆，1949 年。

有构字能力的义符，其部属字是既从部首之形亦有部首之义的。《说文解字》中的表意部首，尤其是构形表意功能很强的部首与其部属字，确实具有从某部即有某义的形义对应关系；《说文解字》中大部分小篆字与其部首，确实是据义立部而从义归部的。许慎正是依靠一百多个高能、中能的表意部首，以义类聚了大部分的小篆字，由此创建了汉字的字义说解体系，这是《说文解字》最为可贵的认知价值之一。但不能忽视的是，《说文解字》的不少部首在构形表意上是缺乏归纳性的，其中构字为0—2字的部首居然占到55%，多达295部；其包括部首在内的部属字仅有656个，不到小篆字头的7%。虽然大部分小篆字与其部首之间具有“凡某之属皆从某”的关系，但确实还有一些部首与其部属字之间只是纯粹的据形系联。

要而言之，大部分小篆字是形义统一而从义归部的，但《说文解字》中也同时存在据义立部与据形立部两种立部类型。这种状况是随着部首法而产生的，并随着字体楷化字形演变而有所发展。

二、《字汇》的“论其形不论其义”

明代梅膺祚的《字汇》是古代字典编排史上的一座里程碑。《字汇》的历史性进步有三：一是设部上立足楷体字的实际，把《说文解字》的540部减并为214部，计统32179字；二是字序上完善了金代《五音类聚四声篇海》发明的笔画序，部首和部内字都“以字画多寡循序列之”，由此形成了“部首序＋笔画序”的排检法；三是归部上发展了辽代《龙龛手鉴》据形系联的做法，明确提出了“论其形不论其义”的辅助条例。

“论其形不论其义”这句话出自《字汇·凡例》，它常常被人断章取义地引用。其原文如下：

字以偏旁属部。……某字入某部，得其字即得其部矣。偏旁艸入艸，月入月，无疑矣。至蔑从𦫳也而附于艸，朝从舟也而附于月，揆之于义，殊涉乖谬。盖论其形不论其义也。[①]

这段话的意思是，凡形义统一者，按“字以偏旁属部”的基本原则编排，即“某字入某部，得其字即得其部矣。”如艸旁的字入艸部，月旁的字入月部，这是毋庸置疑的。至于字体楷化字形混同而形义分离者，则以“论其形不论其义”的辅助条例编排。如《说文》中𦫳部的“蔑”字现在就据楷体字形而改归艸部了，舟部的“朝”字也据楷体字形而归月部了。（“朝”字《说文》为从倝舟声，上溯其甲金文，小篆“朝”中之“舟”应是“月”旁之讹；许慎析形

① 明·梅膺祚撰、清·吴任臣补《字汇·字汇补》，第6—7页，上海辞书出版社影印本，1991年。

亦误)《字汇》在归部上的重大进步，表现为在继承许慎“凡某之属皆从某”思想的同时，能够正视汉字中形义分离的记号字现象，正视汉字隶变楷化的实际，第一次明确提出在形义不能兼顾时要“论其形不论其义”。这是梅膺祚对许慎“凡某之属皆从某”的可贵补充。

《康熙字典》沿用了《字汇》的 214 部。李青梅先生考察了《康熙字典》中 26 个部首所属的 7074 字，发现从形归部的字有 667 个，占 9%。如“竹”部 958 字，“肉（月）”部 729 字，其中从形归部的字分别为 24 字、21 字，都仅占 3%。“士”部 35 字，“齐”部 19 字，其中从形归部的字分别为 28 字、15 字，分别占 80%、79%。① 这套数据再一次说明：第一，汉字部首的表意功能与构字能力很不均衡，是部首的表意功能直接决定了它的构字能力；第二，大部分楷体字仍然保持着据形索义的表意性，但确实有一部分字因形义分离而只能从形归部。

《康熙字典》中从形归部字的比例比《说文解字》有所增加，但“义聚为主形系为辅”仍然是汉字“分部类从”的立部原则。形义统一的表意字按“凡某之属皆从某”编排以据形索义，形义分离的记号字按“论其形不论其义”编排而从形归部，一直是先贤努力坚持的原则。

三、黎锦熙的“笔画起笔左上倾”

汉字是以形声字为主体的。古人很早就认识到义符声符的位置分布格局，之所以称声符为“右文”，就是因为左形右声结构是形声字的主体结构。正是基于对传统表意部首位置分布格局的认识，黎锦熙先生提出了“国字四系七起笔新部首”120 部，这个“检字法草创于民国二十二年（1933 年）”。其主要内容有二：一是设部以辖字多少为据，“其所属满十字者”方才立部。二是把部首的位置定在起笔的左上方，取部“概以左上方之地位为准”，“并包括正左方或正上方”。“凡在右在下者，概不认为部首。”传统部首“阝（邑）”因只出现在右边而被他取消了部首身份。②

黎先生的贡献是最先提出了定位取部的思路，他把取部的位置定在左边和上方，明确指出在右在下者概不为部。现代的计量分析表明：九成多通用汉字是合体字，合体字以左右结构为主，上下结构次之；八成通用汉字是形声字，形声字的声符多在右在下，义符多在左在上。黎先生当年显然已经认识到汉字结构基本格局的大框架，是他第一次用可操作的定位取部规则，提出了在据形

① 李青梅《从〈康熙字典〉字的归部看汉字的归部原则》，《语文建设》1997 年第 2 期。

② 黎锦熙主编《新部首索引国音字典》，第 10—18 页，第 1—2 页，商务印书馆，1949 年；黎锦熙《汉字新部首拟案》，《文汇报》1961 年 8 月 25 日。

定部中如何排开声符取义符的思路。实在高明，令人叹服！

四、《辞海》的"三取三不取"规则

《辞海》（第二版）1961年的试行本，明确提出"依据字形定位取部"的归部原则，提出"一个字具有几个部首的"，"上、下都有部首的，取上不取下"；"左、右都有部首的，取左不取右"；"内、外都有部首的，取外不取内"等归部规则。表意部首是由义符充当的，义符在汉字结构中一般居左居上居外。"三取三不取"规则是立足现代汉字结构的基本格局归纳出来的，其可贵之处是在据形系联全部汉字的同时，较好地维护了汉字据形索义的传统。这一方案被中国文字改革委员会等四单位组成的汉字查字法整理工作组作为《部首查字法（草案）》，于1965年向全国出版界推荐试用。[①]

《辞海》通过对所收字头的深入分析与多次调整，终于归纳出了"三取三不取"的基本规则，从而实现了完全"依据字形定部"。新编《辞海》在归部上有大进步，它在维护义聚的前提下实现了完全的据形定部；但设部上则有所退步，它不仅设部多达250个，而且一次就增添了40个新部首。新编《辞海》的"三取三不取"规则，之所以能够得到学术界出版界的广泛认同，并为国家规范所采纳，就是因为这个规则维护和突出了汉字系统的表意性。

（二）现行规范的归部规则

现代汉字字典的部首编检必须正视这样的基本事实：第一，汉字由表形阶段演变发展为表意阶段，古今字形发生了很大的变化；第二，隶变、楷化后的汉字系统在整体上仍然保持着表意性质，大部分现代汉字仍然保持着据形索义的表意性；第三，在字体字形的漫长演变中，确实有一部分字因讹变、混同而成为了形义分离的记号字；第四，汉字的主体是形声字，形声字的声符多在右在下，义符多在左在上。正是基于这样的认识，黎锦熙先生最先提出"定位取部"的思路，新编《辞海》进而设计出"依据字形定位取部"的方案，后来的归部规范就是对此探索的进一步完善。

教育部和国家语委在2009年发布的《汉字部首表》和《GB13000.1字符集汉字部首归部规范》（以下简称《归部规范》），是汉字部首检字法的现行统一规范。前者坚持以"尊重传统"与"立足现代，兼顾古今"为设部原则；[②]后者"综合考虑历史发展和现实需要，根据汉字的字形"提出了归部规则，并

① 《〈部首查字法（草案）〉查字说明》，《中国大百科全书语言文字》，第201—202页，中国大百科全书出版社，2002年。

② 《汉字部首表》，《语言文字规范手册》，第228页，商务印书馆，2014年。

规定了《GB13000.1字符集》所收20902个汉字的部首归部表。[①]

2009年发布的《归部规范》是立足规范字形而据形定部的规范，是立足现行汉字结构的基本格局而确定取部位置的规范，其实质就是据形依序定位取部。归部规则计有5条，细究起来可分两类。就如“凡某之属皆从某”与“论其形不论其义”一样，前两条是为“大部”汉字设立的基本条例，后三条是为“少数”汉字设立的辅助条例。[②]

一是优先为大部分汉字制定了两条定位取部的基本规则：“1. 从汉字的左、上、外位置取部首。如果左和右、上和下、外和内都是部首，则只取左、上、外位置的部首。”这条规则其实就是“三取三不取”，即“一个字上下都有部首的，取上不取下；左右都有部首的，取左不取右；内外都有部首的，取外不取内。”[③]“2. 如果汉字的左、上不是部首，右、下是部首，则取右、下位置的部首；半包围结构的字，如果外不是部首，内是部首，则取内。”如“郊”取“阝（邑）”部，“监”取“皿”部，“载”取“车”部。

二是为其余的小部分汉字制定了三条据形取部的辅助条例：3. 左右上下都没有部首的字，按“先左后右、先上后下的顺序”，从偏旁中取部首，如“赢”取“月”部。4. 无部可归的字“从起笔的位置取单笔部首”，如“我”取“丿”部。5. 部首叠合的字取笔画多的“多笔部首”，如“威”取“戈”部。

《归部规范》中的前两条规则，是“据形依序定位取部”的基本规则。它是根据现行汉字结构的基本格局为义符量身定制的取部规则。这两条规则包括前提、次序、位置三要素，即在一定的前提下按一定的次序定位取部，其枢机是定位取部的次序。

第一条归部规则的前提，是一字之内有两个部首。一个字如果有两个部首，要首先“从汉字的左、上、外位置取部首”。汉字的主体是形声字，其义符的位置一般出现在字的左旁、上部或外边，而形声字的声符则多居右居下居内，这是汉字结构格局的基本事实。这条取部规则教人直接排开声符去抓取义符。所谓“取左不取右，取上不取下，取外不取内”的实质，就是只取义符不取声符。《GB13000.1字符集》的20902个汉字中，部首居左居上的字占到了77%。[④] 据孔祥卿先生（1966—）的分析统计，《说文》小篆形声字中的义符

① 《GB13000.1字符集汉字部首归部规范》，第1页，语文出版社，2009年。

② 《GB13000.1字符集汉字部首归部规范》，第2页，语文出版社，2009年。

③ 《统一部首表（征求意见稿）》，《文字改革》1983年第11期。

④ 陈燕《建国以来国家对汉字部首法的整理》，《中国文字研究》第20辑，2014年。

居左居上者，计达5278字，占《说文解字》总字数的56%。[1] 国家语委的一项研究成果表示：7000现代汉语通用字中的形声字，其义符居左居上者，计达4390字，占7000通用字的63%，比《说文》小篆字提高了7个百分点。[2] 说明表意部首大多居左居上的格局，是古已形成且逐步发展的。这63%的字的部首无疑就是据义归部的表意部首，加上外形内声者和会意字，这些为人认同的表意部首的部属字已占到七成多了。

第二条归部规则的前提，是一字之内只有一个部首。如果一个字的左、上、外位置没有部首，那就取居右居下或居内的字符作部首。自许慎以来汉字就是主要以义符为部首，随着部首减裁与字形简化，一字多部的现象大为减少。稍加留意，就会发现一个极有意思的事实：在楷体字尤其是现代汉语通用字中，义符居右居下居内的合体字，大多只有一个部首；这个部首就是由居右、居下或居内的义符充当的表意部首。例如"阝（邑）"作义符全居于右，8105个通用规范字中以"阝（邑）"为义符的字多达97个，其中只有邓、邗、邛、邝等字有两个部首。"鸟"作义符一般居右个别居下，通用规范字中以鸟为义符的字亦有97个，其中只有鸡、鸣、莺、鸿等字有两个部首。"刀"作义符多以"刂"居于右，通用规范字中84个以"刀"为义符的字，只有分、列、划、利、到、初等字有两个部首。再如"皿"作义符皆居于下，通用规范字中25个以"皿"为义符的字，全都只有一个"皿"可以作部首。

《归部规范》是据形定部的规范，它不仅把取部的基本位置明确定在左右、上下、外内三处，而且巧妙地为定位取部制定了次序性规则，这就有力地加强了据形定部与据义取部的一致性。"据形依序定位取部"的基本规则，从技术上大大加强了据义取部的可操作性，从而保证了作为"大部"的表意字得以从义归部而据形索义。据形取部的辅助条例，是主要针对形义分离与无部可归的现象设立的，这些相对"少数"的记号字因此得以据形取部而检索方便。

汉字是一个开放的动态符号系统，数以万计的汉字并不是批量生产的机制产品，而是历时异地生成的人文符号。虽然表意部首居左居上者一直都占绝对优势，呈现出统计性的分布格局，但汉字中确实存在着一些例外。需要指出的是，这些字在汉字中所占的比例很小，它们如何归部对于据义归部的大局可谓无关紧要。被基本规则卡出来的这些表意字，是可以采取多开门的方式而两部

---

① 孔祥卿《说文小篆形声字形符声符位置的分布规律》，向光忠主编《说文学研究》第三辑，江西教育出版社，2008年。

② 李燕、康加深、魏励、张书岩《现代汉语形声字研究》，《语言文字应用》1992年第1期。

互见的。如“鸿”字，既应按“取左不取右”的规则归入水部，也可据义归部而同时放入鸟部。这样做并非始自今日，《康熙字典》中就有几十个字是如此处理的。何况现代汉字字典在检索功能上，都兼用了部首序加音序的两套编检法，而且还有《难检字笔画索引》。

汉字是从形义联系入手据词构形的表意文字，寓义于形的表意字在古今汉字中始终处于主体地位。几十个高能表意部首的形义统一与超强构字能力，保证了大部分汉字的据形系联与以义类聚是统一的，保证了大部分汉字的从义归部与据形定部是统一的。汉字用字形表示词义的表意性具有强大的生命力，表意部首在部首编检法中具有不可动摇的基础地位，汉字字典通过据形索义集中地反映了汉字系统的表意性。《汉字部首表》和《GB13000.1 字符集汉字部首归部规范》两个规范顺应了汉字的规律与特点，推动了部首检字法的发展与规范。它使汉字的部首序由传统的“义聚为主而形系为辅”，发展为“据形取部而突出义聚”，基本实现了部有定数、字有定部、部有定位，从而在进一步方便读者查检的同时，更好地保持了汉字系统的表意性特色。

在教育部举行的《汉字部首表》《GB13000.1 字符集汉字部首归部规范》两项标准的新闻发布会上，时任国家语委副主任的李宇明先生（1955—）讲了一段令人深思的话：

> 信息化和文化传承是当下两大热点话题。信息产品中的语言文字标准过去更强调技术性，很多字形的输入法拆字，主要是考虑技术，与教育领域相关的语言文字传承常常有差距，因为教育界主要讲究字理，这样就出现了学校的信息化教育与语文教学之间的不协调，老师和学生用的软件和老师在课堂上讲的文字原理出入差别很大，这样很不利。怎样克服这样不协调的现象，怎么样利用信息技术促进语文教学，是值得我们今天思考的一个问题。①

在汉字部首规范和汉字部首排检上，如何处理信息化和文化传承的关系，如何处理技术性与人文性的关系，确实是值得我们今天思考的一个问题。汉字部首序的改进与规范化，重点应放在归部规则的完善上，努力提高见字明部的确定性。之所以说“提高”，是因为汉字规范不仅是社会用字的标准，而且是对社会用字的引导。汉字的表意部首表示的是汉语中最基本的类意义，其义高频通用而并不深奥；小学语文的部首教学近二三十年来得到了普遍的加强，今日读者据形索义的能力远非五六十年前的水平可比。“表意性是汉字的命脉。”汉字字典集中地体现了汉字的文化内容和汉字学的研究成果。汉语字典的部首编排，在为读者检字提供技术性服务的同时，确实应该努力体现汉字的表意性特色。

---

① 《教育部就〈汉字部首表〉标准举行发布会》，中国网，2009 年 2 月 26 日。

第十二章　两岸用字的异同与“书同文”

本章提要：七十年来，海峡两岸先后对汉字进行了立足点各有侧重的整理规范，从而出现了用字上的差异。多项计量分析表明，海峡两岸在可比的现行常用字范围内，近九成字种相同，九成字的读音相同，八成印刷字形相同相近，三成大陆简化字也是台湾手写行书中的简体字。海峡两岸的现行汉字处于简繁并存而大同小异的状态，其中的“小异”，字种字音差别较小而字形差别较大，这些差别随着两岸交流和共识的扩大而呈缩小的趋势。两岸人民是同民族同文化的同胞，推行的都是以北京音系为标准的民族共同语，使用的都是祖先创制一脉相承的方块汉字，这就决定了两岸用字的“大同”具有难以动摇的基础。随着中国的和平崛起文明复兴，随着全球化信息化进程的发展，中文数字化与汉字国际标准化的步伐正在不断加快。全世界都有人学习与使用汉字，“书同文”应该主要是中国两岸四地用字的“书同文”；汉字多到数以万计，“书同文”应该首先是三四千现行通用基本字种的字形统一。全球现行通用汉字的“书同文”，一定会逐步实现。

随着中国的和平崛起与全球化进程的加快，汉字的国际地位正在不断提高，海峡两岸的汉字“书同文”因而日渐成为人们关注的问题。海峡两岸现行用字究竟异同在哪里，差别有多大，分歧是什么，怎样来整合，一些学者分别从不同的方面对此进行了认真的比较分析，取得不少颇为客观的认识。现从字种、字音、字形三个方面对两岸现行用字进行综合性的比较研究。

一、两岸现行字种的异同

（一）分级定量的比较

中国内地于 1988 年发布了《现代汉语通用字表》和《现代汉语常用字表》。两个字表根据汉字的使用频度和人们的需求层次，把科学筛选出来的现代汉语通用字分为三级，递增定量为 2500 字→3500 字→7000 字，在古今分流的基础上初步实现了对现行汉字的分级定量。2013 年发布的《通用规范汉字表》，更为客观地把现代通用规范字分为三级，递增定量为 3500 字→6500 字→8105 字。其中一、二级字表的 6500 通用字对现代汉语基础语料库的覆盖率达到 99.99%，三级字表所收的 1605 字，则是在姓名、地名、科技术语等特定领域中较为通用的专用字。

台湾 1982 年公布了《常用国字标准字体表》和《次常用国字标准字体表》，该表“确定标准字体之原则”之一是：“字有多体，其义古通而今异者，予以并收。……古别而今同者，亦予并收。”随后又编成《罕用字体表》和《异体字表》。经过多次修订，1994 年发布了《国字标准字体楷书母稿》和《国字标准字体宋体母稿》，后表收 4808 个常用字、6343 个次常用字、3405 个罕用字，还收了 2455 个异体字、255 个附录字，计 17266 个字。现将《通用规范汉字表》与《国字标准字体宋体母稿》收字的可比部分数据列示如下：

两岸通用字的分级定量比较

	一级字/常用字	二、三级字/次常用字	合　计
大陆	3500	4605	8105
台湾	4808	6343	11151

两岸在整理规范汉字时都实行了分级定量，但是立足点各有侧重：大陆坚持古今分流，立足现行通用；台湾实行古今兼收，侧于求全备用。

（二）常用字种的比较

大陆的《现代汉语常用字表》和台湾的《常用字频率表》（1992 年），都是常用字表且收字大体相当。施光亨先生（1938—）、施正宇先生（1964—）将二表进行了比较，并仿照《现代汉语常用字表》的做法，按照字的频率把《常用字频率表》中的字也分成常用字和次常用字。比较结果如下：①

两岸常用字种的比较

比较的字表	发布时间	级别	收字	对方字表收入的字	%	对方字表未收的字	%
现代汉语常用字表	1988	常用字	2500	2436	97.4%	64	2.6%
		次常用字	1000	713	71.3%	287	28.7%
		合计	3500	3149	90.0%	351	10.0%
常用字频率表	1992	常用字	2559	2500	97.7%	59	2.3%
		次常用字	1310	785	59.9%	525	40.1%
		合计	3869	3285	84.9%	584	15.1%

作者分析认为，两岸常用字种的差别，除了视角、方法、语料不同对常用字筛选的影响之外，一是地域差异与方言不同在用字上的反映，二是大陆借同音近音合并而形成的一简对多繁。大陆有 132 字对应着台湾的 270 字，而台湾的“著/乾”2 字则对应着大陆的“着、著/乾、干”4 个字。但是，大陆《现代汉语常用字表》所收 3500 字中有 90%的字计 3149 字出现在台湾的《常用字频率表》中，台湾《常用字频率表》所收 3869 字中有 85%的字计 3285 字出现在大陆的《现代汉语常用字表》中，而两表中 2500/2559 高频常用字在对方字表中的出现率竟然都高达 97%。

两个字表所收字数虽然相差 369 个，但都收入的相同字种仍然高达 84.9—90%，而其中相同的常用字种竟然都高达 97%以上，这说明两岸所用现行字种确实是基本相同的。两岸常用字种的高度一致性，有力地说明了两岸同胞不仅有着共同的民族文化根源，而且有着共同的现实用字基础。

二、两岸现行字音的异同

百年国语运动发展史告诉我们，以现代北京音系为标准音的民族共同语是历史形成的。海峡两岸都推行的是民族共同语，台湾沿称“国语”，大陆现称“普通话”。

① 施光亨、施正宇《两岸常用字之比较》，向光忠主编《文字学论丛》第二辑，崇文书局，2004 年。

（一）常用字读音的比较

《现代汉语常用字表》所收3500字在大陆的现代汉语自然语料中的覆盖率为99.48%。① 李青梅先生选用大陆的《新华字典》（1990年重排本）与台湾的《国语辞典》（1981年版）为样本，对这3500常用字的注音进行了比较分析。比较着眼于注音是否相同与音项是否相等，其比较结果如下：两书注音相同的字有2711个，占77%；注音不同或不全同的字有789个，占23%。②

两部字书在规范化上都具有权威性，其对常用字的注音无疑具有可比性。李先生把两书对789字的注音差异大分为三类：属于词典编纂上的问题，属于繁简字不同造成的，属于在北京音系范围内一字异读的审订态度不同。第一，两书的规模不同导致了音项收取上的差异。这3500常用字，《新华字典》只收了6个文言音，而《国语辞典》却收了146个文言音、19个破读音、96个通假音，仅文言音义这一项有异者就有267个，占789字的三分之一。应该说，这267个文言音义是没有可比性的。如果这些文言音不纳入比较，那么注音不同或音项不等的字就只有522字了，就是说两岸常用字的现行读音有85%是相同的。第二，简化汉字中，由于同音代替和部分异体字的归并，使繁简字的读音有了差异的计74字，占3500常用字的2.1%。第三，两岸常用字注音的主要差异在于对北京音系范围内一字异读的审订态度上，“主要表现在文白异读、连读变音、俗语土音、古清入声字等方面。”《新华字典》注重现代的口语音，一般不收没有别义作用的异读音；《国语辞典》注重传统音，更多的是传统和现代的并存，兼收了许多文白异读和又读音。作者最后指出：“总的说来，由于两部字（辞）典的注音都以北京语音为标准，所以两岸的字音大同小异，特别是常用音义方面差别不大。”

李先生的文章发表于1992年。台湾1994年公布的《国语一字多音审订表》并读了大量多音字，据此再作字音比较，两岸常用字的读音当有九成是相同的。

（二）异读词审音的比较

语音语义、汉语汉字之间发展的不平衡，历史地形成了同形异读的多音字：义变音亦变，随声分义是为多义多音字；音变义不变，同义异读则为同义多音字。前者不失为适应词汇发展的经济手段，后者实在是语音变异对规范化

① 国家语言文字工作委员会汉字处《现代汉语常用字表·前言》，语文出版社，1988年。

② 李青梅《海峡两岸字音比较》，《语言文字应用》1992年第3期。

提出来的一个课题。[①]

大陆在1956年就组成了普通话审音委员会，1985年发布的修订后的《普通话异读词审音表》，是以符合北京音系发展规律为原则的，采取了“约定俗成、承认现实”的态度。审音计涉及849个多音字，审定统读了其中的587个同义多音字。潘礼美先生指出：“四十多年来，台湾的字、词典，口语奉为标准的基本上还是1949年以前的音韵书，字、词典的传统读音。……这就扩大了海峡两岸的语音、字音分歧。”台湾在1994年公布了《国语一字多音审订表》之后，潘先生将《普通话异读词审音表》制成表格对照《国语一字多音审订表》，来逐字对比海峡两岸最新审音的异同，其比较结果如下：[②]

两岸异读词审音比较

比较的审音表	发布时间	实际比较字数	读音相同		读音不同或略有差异		
			统读字	多音字	大陆统读台湾多音	台湾统读大陆多音	其他
普通话异读词审音表	1985	813	409	94	35	85	190
国语一字多音审订表	1994		503 62%		310 38%		

注：《海峡两岸审音比较》一文重在逐字比较异同，只提供了两个数据：两岸读音相同的“占500多个”，读音不同或略有差别的“共约有319字”。表中的数据是笔者据该文材料统计所得。

通过两岸审音的比较，“可以看出大部分以前有歧异的读音现在相同了”。在比较的813字中，两岸读音相同的有503字，占62%；读音不同的310字则“以声调不同最多，占一半以上。”从两岸审音的比较中，可以看到两个趋势：同义多音字的单音化，两岸歧读音的趋同化。在北京音系的发展过程中，古今音的并存与方言音的混杂形成了一些同义异读。究竟哪些字是同义异读，哪些同义异读该统读，统读取口语音还是传统音，是汉字定音工作中的首要问题。第一，台湾以前是注重异读并存的，《国语辞典》对3500常用字的注音就兼收了100个文白异读、57个传统音和261个文言音。[③] 而《国语一字多音审订表》的首条审订原则是：“以将多音字简单化、标准化，以利教学为目标。若多音分读无必要，意义无干扰者，则并读为一。”该表计审订4253个多音字，将其中的3296字并读或改列为了单音字，如习惯异读的“场”，文白异读的“虹”，甚至纪念/纪姓的“纪”都并读为了单音字；审订后明确仍为多音字的

① 龚嘉镇《现行汉字形音关系研究》，第68页，湖北人民出版社，1995年。

② 潘礼美《海峡两岸审音比较》，香港中国语文学会《语文建设通讯》第47期，1995年。

③ 李青梅《海峡两岸字音比较》，《语言文字应用》1992年第3期。

有 957 字。第二，台湾以前是注重传统音的，而《国语一字多音审订表》不仅把“以口语音读为主”作为一条审订原则，采取了审订“有争议则交付问卷”的审订方式，而且将大陆的《普通话异读词审音表》、《现代汉语词典》等作为审订的参考资料。

大陆的《普通话异读词审音表（修订版）》即将发表，此次修订“充分考虑北京语音发展趋势……尽量减少没有别义作用或语体差异的异读。”① 又统读了一些同义异读词。

三、两岸现行字形的异同

大陆对汉字字形的整理简化是在现行常用字、通用字范围内进行的，其主要工作是推行简化字、整理异体字和规范新字形，其主要规范后来集中体现为《现代汉语通用字表》、《通用规范汉字表》。大陆从印刷到手写，坚持采用的是一套楷书体的规范字，其中有 2546 个简化字。

台湾现有两套字形标准。一是印刷用的楷书标准，即《常用国字标准字体表》和《次常用国字标准字体表》，用的是繁体字；二是手写用的行书标准，即 1979 年公布的《标准行书范本》，其中采用了大量简体字。两套字形标准的研制和公布，是台湾对汉字进行的一次较大规模的整理，提高了社会用字的规范化程度。

海峡两岸现行字形的差异，主要体现在现行通用字范围内的印刷字形与简化字形两个方面。至于非通用字，两岸都沿用的是传承汉字，其差异多是细微的笔形差异。如一个笔形为点一个笔形是横，一个笔画相接一个笔画相交，这些差异并不影响阅读。

（一）印刷字形的比较

费锦昌先生（1938—）以《现代汉语通用字表》和《常用国字标准字体表》为比较样本，分析研究了两岸现行印刷用字在字形上的异同。前表收字 7000 个，后表收字 4808 个，两表可比较的相同字种为 4786 个。比较结果如下：②

① 《〈普通话异读词审音表（修订稿）〉征求意见公告》，教育部网，2016 年 6 月 6 日。

② 费锦昌《海峡两岸现行汉字字形的比较分析》，《语言文字应用》1993 年第 1 期。

两岸通用字印刷字形的比较

<table>
<tr><th colspan="2">比较的字表</th><th>现代汉语
通用字表</th><th>常用国字
标准字体表</th><th colspan="3">合　计</th></tr>
<tr><td colspan="2">字形相同</td><td colspan="2">宗、的</td><td colspan="2">1947　41%</td><td>1947　41%</td></tr>
<tr><td rowspan="3">字形
近似</td><td>字形稍异</td><td>兑、亮</td><td>兌、亮</td><td>674</td><td rowspan="3">1170
24%</td><td rowspan="5">2839
59%</td></tr>
<tr><td>笔画数异</td><td>文、巨</td><td>文、巨</td><td>175</td></tr>
<tr><td>笔数不同字形稍异</td><td>返、奥</td><td>返、奧</td><td>321</td></tr>
<tr><td rowspan="2">字形
不同</td><td>一简一繁</td><td>让、妈</td><td>讓、媽</td><td>1474</td><td rowspan="2">1669
35%</td></tr>
<tr><td>正体不同</td><td>韵、灾</td><td>韻、災</td><td>195</td></tr>
</table>

在4786个常用字中，两岸现行标准字形存在或多或少差异的计2839字，占比较总字数的59%。作者指出，这是站在专业语文工作者的立场上，着眼于求异求别的科学研究而比对出来的结论。如果从社会应用的角度，从一般读者的目光来衡量，其1170组形近字在字形上的那些细微差异，并不构成阅读障碍。至于大陆用简台湾用繁的字形虽然差别是大，但其中相当一部分字的“差别带有规律性”，依靠纟、讠、钅、车、马等23个简化偏旁所类推简化出来的694字，也可“从宽发落”到字形近似那一类去。

站在一般读者的立场上，按照求同、求通的标准，作者又得出了这样的认识，两岸印刷字形相同或略异而不构成阅读障碍的字多达八成。统计结果如下：

<table>
<tr><th rowspan="2">比较的字表</th><th rowspan="2">可比
字种</th><th rowspan="2">字形
相同</th><th colspan="2">字形略异</th><th colspan="2">字形不同</th></tr>
<tr><th>字形近似</th><th>偏旁类推</th><th>一简一繁</th><th>正体不同</th></tr>
<tr><td>现代汉语通用字表</td><td rowspan="2">4786</td><td rowspan="2">1947
41%</td><td>1170</td><td>694</td><td>780</td><td>195</td></tr>
<tr><td>常用国字标准字体表</td><td colspan="2">1864　39%</td><td colspan="2">975　20%</td></tr>
<tr><td>合　计</td><td>4786</td><td colspan="3">3811　80%</td><td colspan="2">975　20%</td></tr>
</table>

费先生认为：“海峡两岸现行汉字字形上的差异是客观存在的，数量已不少，但很多差异不影响当前的书面交际，今后统一起来也并不难。”

（二）简化汉字的比较

台湾的《标准行书范本》采用了大量简体字。骆毅先生（1937—）把《简化字总表》（包括“附录”中“习惯被看作简化字”的39个异体字）与台湾的《标准行书范本》进行了比较，结果如下：[①]

① 骆毅《台湾〈标准行书范本〉出版10周年》，《语文建设》1990年第6期。

两岸通用字简化字形的比较

<table>
<tr><th rowspan="2">比较的字表</th><th rowspan="2">收字</th><th colspan="5">简　化　的　字</th></tr>
<tr><th>字形相同</th><th>字形近似</th><th>简化形式不同</th><th>一方简化对方未简</th><th>合计</th></tr>
<tr><td>简化字总表</td><td>2274</td><td rowspan="2">爱、坝</td><td>处、国</td><td>厅、过</td><td>较多</td><td>2274</td></tr>
<tr><td>标准行书范本</td><td>3998</td><td>処、囯</td><td>厛、過</td><td>63</td><td>793</td></tr>
<tr><td>合　计</td><td></td><td>563</td><td>131</td><td>36</td><td></td><td></td></tr>
</table>

台湾《标准行书范本》计收 3988 字，其中与大陆共用的传承字有 2025 千，占 50.6%。表中收简体字 793 字，占 20%；其中与大陆简化字字形相同或近似的计 694 字，占《简化字总表》字数的 31%。两岸相同或近似的简化字如此之多，是因为它们同出一源，都是古已有之长期流行拥有群众基础的俗体字。因此，早就有海内外学者提出，《简化字总表》和《标准行书范本》应该成为两岸汉字形体统一的基础。台湾有两套字形标准，印刷用的是繁体楷书字，手写用的是有两成简体字的行书字。台湾地区的用字现状是楷行两分、印繁写简、繁简并用，而且手写行书中的简体字还有向印刷楷书体扩散的趋势。

再来分析一份随机的自然语料吧。台湾资深媒体人张作锦先生在发表的一篇文章中，附上了台湾清华大学前校长沈君山先生 2007 年 4 月 28 日的手书复印件。[①] 这封信计用汉字 431 个，把它转换为楷体进行计量分析，其用字情况如下表：

<table>
<tr><th rowspan="2">全文用字</th><th colspan="2">与大陆用字相同</th><th colspan="3">与大陆用字不同</th></tr>
<tr><th>共用的传承字</th><th>大陆简化字</th><th>台湾简体字</th><th>繁体字</th><th>台湾正体字</th></tr>
<tr><td></td><td>翻前嫁蒙慰
激裳甜貌</td><td>华台书为么传邮
机难对过会实问</td><td>闵顾论
桌畐苐</td><td>讀議輪穢懲從寫
擊競舊業還層盡</td><td>於並</td></tr>
<tr><td rowspan="2"></td><td rowspan="2">313</td><td rowspan="2">42</td><td rowspan="2">15</td><td>58</td><td>3</td></tr>
<tr><td colspan="2">61</td></tr>
<tr><td>431</td><td colspan="2">355　　82%</td><td colspan="3">76　　18%</td></tr>
</table>

把这封手书的用字与费锦昌、骆毅先生关于两岸现行字形的宏观比较结合起来分析，发现两岸简繁并存的问题并不如有些人说的那么严重。第一，两岸现行用字中的大部分是共同沿用的传承字。大陆推行的 2 千多个简化字中只有 482 个个体简化字，除了 101 个为 1950 年代所造之外，都是古已有之广泛流

① 张作锦《家国旧情迷纸上》，《南方周末》2008 年 2 月 7 日第 16 版。

行的俗体字；[①] 另外八成的字则是有规律的类推简化字。沈先生手书中的两岸共用传承字和大陆简化字就占到了全文用字的82%。第二，这封431字的手书竟然用了42个大陆简化字和15个台湾简体字。其中有十多个是通过言、食等偏旁的简化而类推出来的。有的字则半繁半简，如“关”字用简化了的“门”写作“闕”，“顾”字用简化了的“页”旁写作“顧”。信中10个言旁字的使用令人注意：读、议等5字仍用繁体字，说、请等5字已用简化字，这也反映了作者对大陆简化字的认同程度与用简趋向。沈君山先生是在台湾文化界教育界很有影响的学者，他的用字无疑具有相当的代表性，从中可以大致看出台湾现行社会用字的实际状况，看出台湾学者对汉字简化、对大陆简化字的实际态度。

四、推动通用汉字的“书同文”

上述计量分析表明，海峡两岸在可比的常用字范围内，近九成字种相同，九成字的读音相同，八成印刷字形相同相近，三成大陆简化字也是台湾手写行书中的简体字。综上所述：“海峡两岸的现行汉字处于简繁并存而大同小异的状态。其中的‘小异’：字种、字音差别较小而字形差别较大，这些差异随着两岸交流和共识的扩大而呈缩小的趋势。”[②]

七十年来，“两岸在不同的道路上，发展出不同的社会制度和生活方式”，先后对汉字进行了立足点各有侧重的整理规范，这就当然出现了用字上的“小异”。但是，两岸人民毕竟都是同民族、同文化的同胞，推行的都是以北京音系为标准的民族共同语，使用的都是祖先创制一脉相承的方块汉字，这就决定了两岸用字的“大同”具有难以动摇的基础。中华民族的伟大复兴要求两岸用字应逐步整合“小异”以扩大“大同”，努力实现现代汉语通用汉字的“书同文”。

全世界都有人学习和使用汉字，“书同文”应该主要是中国两岸四地用字的“书同文”；汉字多到数以万计，“书同文”应该首先是三四千现行常用字种在字形上的“书同文”。人类的需求从来都是推动社会发展的动力。在21世纪实现汉字的“书同文”，有两大动力：一是源于中华民族内在需求的原动力，一是来自全球化信息化发展的外动力。

---

① 李乐毅《简化字源》，第318—333页，华语教学出版社，1996年。

② 龚嘉镇《海峡两岸用字的异同与21世纪的“书同文”》，华东师范大学《中国文字研究》第5辑，2004年。

第一，“书同文”自古以来就是全体炎黄子孙的共同愿望，当代中国的和平崛起与两岸同胞的交流合作，是推动汉字“书同文”的强大原动力。

中国内地推行的简化字得到了国际社会的承认，不仅成为联合国指定的生成汉语规范文本的文字，而且被越来越多的国家和海外华人接受和使用，其流通的范围在不断扩大，流通的程度在不断加强。随着中国的和平崛起，汉语正在大步走向世界，简化汉字正在日益国际化。对于汉字简化，“台湾一直有人反对，也一直有人赞成。”从罗家伦到何应钦等政要，从林语堂到李孝定等专家，都是主张或认同汉字简化的。① 台湾官方 1979 年公布的《标准行书范本》就有两成简体字，台湾民众人人都在手写简体字，而且还出现了把这些手写简体字推及到印刷字形中去的趋势。其实，用不用简化字早已不是两岸的实质性分歧了。台湾楷行分流而印繁写简，简化的字种少一点，简体字使用的范围小一些；大陆简化的字种多一些，除了文化、学术、高教等有关需要使用繁体字的情形之外，社会用字一般都是简化字。以历史发展进程的眼光来看，两岸目前在汉字简化上的分歧，应该说是大陆的步子大一些，台湾的步子慢一点。

1970 年代以来，台湾在汉字的整理规范上做了大量工作，研制各种字表、规范标准字体、审订一字多音等，取得了不少成果，迈出了新的步伐。随着研究与实践的深入，在汉字简化的认识上，在整理汉字的方法上，日渐扩大了与大陆的共识。马英九先生担任台湾地区领导人后，多次发表关于汉字繁简问题的言论。他承认简化字在全世界日益普及的客观事实，但又强调台湾的繁体字才是保存中华文化的“正体字”。其实，稍有文字学知识的人都知道：今天的繁体字也是古汉字经过隶变、楷化而简明化发展的历史产物。在即将卸任的 2016 年 5 月 4 日，马英九“出席台当局《新编海外华语文教材》发表会，在谈起目前海外的简体字与繁体字之争时，他表示，全世界约有 4000 万人使用繁体字，使用简体字的人数却超过 13 亿。‘这怎么对抗？不是要对抗，我们的作法是融合。’”② 正如台湾文字学家李孝定先生（1918—1997）所说：“中国文字演变的趋势是简化，则所谓改进，自然不外简化一途。”③ 现行通用汉字在简明化基础上的统一规范，最终将是历史发展的必然。

讨论汉字的“书同文”，首先要明确两条原则：一要适应信息社会发展的时代需求，一要顺应汉字系统发展的历史规律。坚持顺应这两个“发展”，是

---

① 许长安《海峡两岸用字比较》，《语文建设》1992 年第 1 期。

② 《马英九谈简繁体：13 亿人使用简体字我们要融合》，中国语言文字网，2016 年 5 月 6 日。

③ 李孝定《从中国文字的结构和演变过程泛论汉字的整理》，李孝定《汉字的起源与演变论丛》，第 88 页，台湾联经出版事业公司，1986 年。

"书同文"过程中需要始终踏实的两个立足点。因为21世纪的"书同文"，应该是也只能是顺应发展向前看的"书同文"。我们应该正视两岸用字简繁并存大同小异的现实，应该重视两岸整理简化汉字的已有规范与正反经验，在通用字种的字形规范上，尤应坚持求同存异、异中求通、由通趋同的整合原则。2013年发布的《通用规范汉字表》，是对内地半个多世纪汉字规范成果的继承和发展。该表对现代汉语用字的分级定量更为接近语用实际。一级字表所收3500常用字，对基础语料库的覆盖率达到99.58%；一、二级字表所收6500通用字对基础语料库的覆盖率达到99.99%。该表针对过去规范中存在的"一字异形"不对称的问题，编制了《规范字与繁体字、异体字对照表》，逐一明确了与规范字对应的繁体字、异体字，分解了96组一简对多繁（一个规范字对应多个繁体字）的字际关系，从而大大方便了港澳台地区、国际社会与中国内地之间的汉字信息交流。

第二，在全球化信息化的时代潮流中，中文数字化与汉字国际标准化的积极发展，是推动汉字"书同文"的强大外动力。

汉字作为文字所具有的社会性决定了汉字必须规范化，两千多年前的秦王朝在完成统一后，明智地实行了全国用字"书同文"。迅速到来的信息化全球化要求汉字国际标准化，要求全世界的汉字使用要有一个统一的规范。从全国汉字使用"书同文"到全球汉字使用"书同文"，是信息时代发展的紧迫要求，是中华文明复兴的历史必然。数字化信息时代不仅带来了语言文字信息处理的革命性飞跃，而且也伴生了人机交际的数字鸿沟和资源共享的网上障碍。

国际标准化组织（IX－ISO）为了实现全球主要文字的统一编码，从1984年开始统筹研制了一套包含世界各种主要文字的通用编码字符集——ISO/IEC10646国际编码标准《信息技术通用多八位编码字符集（UCS)》。其中的表意文字部分，是中日韩朝越汉字的超大字符集，其正式编码的汉字到2011年已有7.5万多个了。它古今、简繁、正异并存，是一个几乎涵盖整个汉字文化圈的多语言所用的杂收汉字集。该标准在1993年颁布了第一部分，这部分收的是公认较为通用的汉字20902个，中国与这部分对应的国家标准是《GB13000.1字符集》。此后编码的5万多汉字就相当冷僻了。

汉字编码多达七万多，但共时语用中的汉字是相当集中的。为了在较为经济的基础上满足国际信息交流的共同需要，为了推动有关各国各地区采用汉字国际标准的步伐，2002年秋在福州举行的第一届海峡两岸四地中文数字化合作会议，提出了制定ISO/IEC10646"CJK国际基本子集"的提议。会议认为：这个子集应该是"在当代社会生活中最基本、最常用的汉字的集合。"它不仅可以"在较为经济的基础上满足国际信息交流的共同需要"，而且能够

“推动各国家/地区采用国际标准”的步伐。

王铁琨先生（1950—）指出：

举办两岸四地中文数字化合作论坛的目的，旨在……促进两岸四地加强在中文数字化方面的合作，走国际标准化道路，架设起互联共通的中文数字化平台，携手构建健康和谐的语言生活。……坚持求同存异，异中求通。两岸四地共同组成CDF，通过研讨、交流、沟通，最终达到“通”，非常有必要。海峡两岸要实现“三通”，不能忽视另外一个“通”，即中文共通。……面对信息化、全球化浪潮，两岸四地要以强烈的紧迫感和“大智慧”，科学看待和妥善研究处理困扰我们的简繁汉字智能转换问题、信息交换同文不同码问题、名词术语对应问题、人名地名译写歧异问题。[①]

中国内地和港、澳、台的这个联合提案，得到了国际社会的认可和合作。遵循“反映当代社会生活的基本用字需求”的原则，有关国家和地区提交了各自认定的常用汉字（字种）的正体字。具体数据如下表：

有关国家和地区向“基本子集”提交的字种数

各方提交的字种数	中国				日本	韩国	朝鲜
	内地	台湾	香港	澳门			
提交总数	5825	6566	5224	4955	4593	4743	4653
单独提交	1774	663	172	11	478	79	17

各方提交的常用字虽有简繁、正异之别，但这些对应字形的字种大部分是相同的。中国内地提交了5825个汉字，其中单独提交的1774个汉字里有1589个简化字；这1589字中有1531个简化字对应着“国际基本字集”中的繁体字，是与其他成员体共用的字种。经过中、日、韩、朝专家的共同研究与磋商，去重之后的总字量为9810个（包括同一字种的简体、繁体与异体），这就是2004年6月诞生的“CJK国际基本子集（中日韩汉字统一编码）”。“CJK国际基本子集”是中、日、韩、朝，简、繁、异体汉字并存的一个实体”，它是在上述有关国家和地区各自颁布的基本字表的基础上形成的一个汉字集，是中、日、韩、朝等国和中国港澳台地区的学者共同努力的一个成果。[②]

现在世界上使用汉字的国家，有中国、日本、韩国和新加坡四国。日本和

① 王铁琨《在第四届两岸四地中文数字化合作论坛开幕式上的致辞》，中国语言文字网，2007年6月22日。

② 王晓明、王敏《国际基本子集的诞生及其构成概况》，《第四届全国语言文字应用学术研讨会论文集》，四川大学出版社，2007年。

韩国使用了部分汉字；新加坡所用汉字采取的是中国内地的规范。因此，各国所用汉字的网上无障碍交流，主要指的就是中日韩汉字的网上无障碍交流。这也是“国际基本子集”命名为“CJK”的缘由，CJK 是英文中、日、韩的缩写。“CJK 国际基本子集”计收字 9810 个。它兼收了简化字及其对应使用的繁体字，兼收了正体字及其对应使用的异体字。综合估测，集中去重后的“字种”应该是有 6000 个了。中国 1988 年发布的《现代汉语常用字表》所收的 3500 字，对抽样自然语料的覆盖率是 99.48%。2013 年发布的《通用规范汉字表》中的 3500 一级字（常用字），对基础语料库的覆盖率是 99.58%；6500 一、二级字（通用字）对基本语料库的覆盖率是 99.99%。由此看来，这个“国际基本子集”对各方现代汉字语料的覆盖率无疑已经大大超过了 99.5%。“国际基本子集”应该就是现代通用汉字基本用字表的国际标准，所收汉字应该就是现行的通用基本字种及其对应的繁体、异体等现行形异字。“CJK 国际基本子集”对中日韩基本汉字的统一编码，使中日韩的基本汉字实现了互联网上的“书同文”，这就为汉字在全球范围内的网上无障碍信息交换提供了一个共享的平台。正如王铁琨先生所说：“如果将来中、日、韩汉字实现统一，CJK 国际汉字基本子集应当具有较好的基础。”[①] 这不仅大有利于在较为经济的基础上去实现汉字信息的国际交流和资源共享，而且在汉字“书同文”的进程中迈出了大同小异而异中求通的一大步。

中国已经成为全球第二大经济体和世界第一大贸易国。中国的现代化不能离开全球化，不能没有信息化。随着中国的和平崛起与文明复兴，随着全球化信息化进程的积极发展，中文数字化与汉字国际标准化的步伐一定会不断加快。尽早实现全球现行通用汉字的“书同文”，是中华民族的共同心愿，是中文数字化发展的历史必然。这是一项复杂的系统工程，也是一个长期的整合过程。虽然不会指日可待，但是一定会逐步实现。

① 石剑峰《繁简之争“书同文”的理想》，《东方早报》2007 年 11 月 15 日。

下编

协同完善的结构功能

第一章　汉字结构功能概说

本章提要：语言经济原则是支配语言交际与语言演变的经济规律。汉字的表意性质与语言的经济原则，对汉字结构功能的协同完善产生了重要的支配作用。这一作用集中反映为“有限”要素与规则的“无限”运用，主要体现在合成构字、推类表意、用字集中、字式形声化、字形简明化等五个方面。汉字是在特定文化语境中独立发展起来的自源文字，它的结构功能是在对汉语的能动适应与协同互动中逐步完善的，是在经济原则的支配下逐步优化的。字语系统的协同发展主要发生在两个方面：一是构字构词的合成化发展了汉字的层级结构而调整了字语对应的单位，二是记词方式的形声化加强了系统的形义联系而发展了汉字的表词功能。汉字系统是一个“系统的系统”，七八万汉字是由四五百个基础字符层级合成出来的，它们就是汉字系统得以形成和发展的基础构件系统。汉字字多文少以少驭多有理合成的机制发展了汉字的层级结构，字语的对应单位随之由以词字为主发展成为以语素字为主，逐步形成主要用由字符组成的合体字去记录合成词的语素，这就在完整记录汉语的同时有效地控制了常用汉字的数量。汉字是一种有理性的表意文字，其直接字符以特定的功能（表义、表音）按有理的字式（形声、会意）参与构字，用逐层累加的合成结构以分级体现不同的表词功能。记词方式的形声化，使汉字逐步形成主要用义音兼表的形声字来记录义音结合的单音节语素的格局，这就有效地区分了同音语素并兼容了词的语音变体。汉字结构功能的协同完善，能动地顺应和促进了汉语书面语的统一与发展。

汉字是在特定历史语境中独立发展起来的自源文字。作为记录汉语的符号系统，汉字不仅要完整而准确地记录汉语，而且要实现超方言地交流、超古今地传承。这是华夏社会对汉字的要求，也是汉字必须具备的功能。汉字的结构功能是在对汉语的能动适应与协同互动中逐步完善的，字语系统的协同完善主要发生在两个方面：一是构字构词的合成化发展了汉字的层级结构，调整了字语对应的单位；二是记词方式的形声化加强了系统的形义联系，发展了汉字的表词功能。汉字的结构 - 功能由简单走向复杂、由初级有序走向高级有序的发展，是一个开放系统逐步完善的自组织过程。在这个自组织过程中，语言文字的经济原则始终发挥着支配作用

一、经济原则与汉字的优化机制

语言文字的交际要简明，是古人早已认识到的道理。正如孔子所说：“辞达而已矣。”（《论语·卫灵公》）中国的古代书面语言就特别注重辞约旨达。但是，语言经济原则作为一种语言学理论，则发端于 19 世纪后期而兴起于 20 世紀中期，它对于深入认识语言运转的原理与语言演变的规律，具有普遍的意义。

（一）语言经济原则的原理

语言经济原则这一理论的形成与发展，经历了一个渐进的过程，其过程可大分为三个阶段。

一、首先认识到经济原则是语言演变的内在规律。

作为从经济学中借用而来的术语，经济原则最初是作为语言演变的一条规律提出来的。美国第一代语言学家的杰出代表惠特尼（1827—1894），在 19 世纪 70 年代最先提出了语言的简易倾向、经济原则等概念。尤为可贵的是，他

已经从语言的工具性质来认识语言的经济原则了。他认为：

所有的语音发出来都依赖力，消耗肺、喉和嘴里肌肉的能量。这个力，像其他所有人类发出的力一样，有一个本能的特点，就是寻求减负和避让——我们称之为惰性，或者称之为经济。

因为语言是一种工具，与其他工具相比，简化（语言工具的）初始形式这一法则同样具有自然性和必要性。①

其后续有学者用“省力”和“经济需要”来解释语言演变的现象。瑞士的索绪尔、法国的帕西、丹麦的叶斯柏森等，都先后讨论到人们在使用语言时有追求省力的倾向。这个阶段的学者已经认识到，经济原则是语言演变的内在规律。

二、接着认识到经济原则是词频分布的省力原则。

1928年，美国贝尔电话公司的物理学家贡东发现了词频分布规律，是在关于提高电话线路通信能力的研究中发现的。到了1935年，哈佛大学的语言学家G. K. 齐普夫（1902—1950）用大量统计数据来验证这个规律，并进行了系统的研究，终于使这个规律得以正式确立为定律。这个定律后来被命名为齐普夫定律，其价值就是在分布分析法的基础上运用聚类分析，归纳出了词频分布的基本规律，展现了高频词、低频词集中两端的分布特点。就汉语汉字来说，字/词的使用频率是很不均衡的，其使用频率是由它的语用价值所决定的。一个字/词的语用价值越大，构词能力越强，它的使用频率就越高。在经济原则的支配下，汉语常用字词具有高度集中相当稳定的分布规律。1000最常用字对现代自然语料的覆盖率高达90%，3500常用字的覆盖率高达99.5%以上。

齐普夫在1949年出版了《人类行为与最省力法则——人类生态学引论》，这部50多万字的专著是齐普夫理论的基础著作，它用“最省力法则”较好地解释了词频分布规律的内在成因与机制。该书正题是“人类行为与最省力法则”，副题是“人类生态学引论”，可见齐普夫要讨论的不只是人类的语言，而是人类所有的行为，他是把“省力原则”作为人类行为的基本原则提出来的。齐普夫定律有着普遍的意义并得到了广泛的应用，它不仅成为计量语言学中提出最早影响最大的统计学规律，成为对语用字词分级定量的基本方法，而且被视为“社会科学中的自然定律”，广泛应用到经济学、社会学等领城中去，成

① 转引自陈满华《惠特尼和叶斯柏森的语言经济思想》，《中国人民大学学报》2013年第4期。

为揭示社会科学分布规律的有力武器。[1]

三、进而认识到经济原则是语言运转的基本原理。

安德烈·马丁内（1908—1999）是法国功能语言学派的代表人物，他与齐普夫是同时代的人，而且 1946—1955 年间正在美国任教。他高度认同齐普夫的“省力原则”，只是他一般改称“经济原则”。这个改称更为科学，因为经济原则不只是省力原则，首先还要满足交际需要。马丁内在 20 世纪五、六十年代发表的一系列论著中，对经济原则在语言交际中的重要作用及其作用的机制与范围，进行了更为全面的科学论述。马丁内着眼于语言的交际功能，强调经济原则是“语言运转的基本原理”，认为经济原则的作用在语言功能结构的运转中是无处不在的。周绍珩先生对马丁内关于语言经济原则的思想作了这样的概括：

言语活动中存在着从内部促使语言运动发展的力量，这种力量可以归结为人的交际和表达的需要与人在生理上（体力上）和精神上（智力上）的自然惰性之间的基本冲突。……这两方面的因素相互冲突的结果，使语言处在经常发展的状态中，并且总能在成功地完成交际功能的前提下，达到相对平衡和稳定。经济原则是支配人们言语活动的规律，它不仅仅是‘节省力量消耗’的同义语，而是指在保证语言完成交际功能的前提下，自觉或不自觉地对言语活动中力量的消耗，做出合乎经济要求的安排。从这一点出发，它能对语言结构、演变的特点和原因做出合理的解释。[2]

马丁内继承发展了前人的研究，他认为经济原则不仅是推动语言优化演变、词频优化分布的规律，是支配人们言语活动的规律，而且是在语言的运转中无处不在的“基本原理”。所谓基本原理，就是具有普遍意义的基本规律。经济原则作为语言的基本规律，可以对语言结构功能的协同完善及其运行方式，对语言演变的优化规律及其历史必然性，作出合理的解释。需要指出的是，德国的威廉·冯·洪堡特（1767—1835）作为普通语言学的奠基人，早在 19 世纪 30 年代就深刻地指出：人类语言能力的创造性，就在于“无限地运用有限的手段”。[3] 虽然当时还没有提出“语言经济原则”这个概念，但这种运用有限的要素和规则去生成无限语言的机制，显然就是语言运转坚持经济原则的基本机制。

---

① 冯志伟《齐普夫定律的来龙去脉》，《情报科学》1983 年第 2 期；邱均平《文献信息词频分布规律——齐普夫定律》，《情报理论与实践》，2000 年第 5 期。

② 周绍珩《马尔丁内的语言功能观和语言经济原则》，《国外语言学》1980 年第 4 期。

③ 德·洪堡特著、姚小平译《论人类语言结构的差异及其对人类精神发展的影响》，第 114 页，商务印书馆，1997 年。

人类创造工具、发明机器、创新科技，乃至工业化、信息化、智能化的根本目的，无不是为了通过发展生产力以提高生产效益。这是人类社会发展中的一个永恒的主题，也是人类得以生存发展的一个本质属性。这种用更省的力去争取更大效益之行为的基本原理，就是经济原则。作为指导人类行为的一条根本性原则，经济原则当然也制约着人类的交际行为。语言文字是人类最重要的交际符号系统，这种交际是以符号为工具进行的双向性社会活动。语言文字既是符号也是工具，符号信息要明确有效与工具使用要简易省力的对立统一，决定了只有坚持经济原则才能提高语言文字的交际效率。

（二）经济原则与汉字优化

民族文化的深层内涵是价值观念与思维方式，思维方式体现了一个民族认识世界的特色智慧。我们的民族特别注重辩证用中的思维方式，总是在承认矛盾的对立一面的同时，更多地注重矛盾的统一。在人与自然的关系上，注重"天人和一"；在民族关系上，注重"华夷交融"；在不同文化的关系上，注重"和而不同"。我们民族辩证用中的思维方式，对汉字系统的优化性演变产生了深刻的影响。

汉字是一个不断适应汉语发展需要的自组织系统，它的演变并不在于某一端，而是以系统的方式进行的。汉字系统在演变中存在着相互排斥的三对矛盾：音化与意化、繁化与简化、变异与规范的矛盾。面对这三对矛盾，汉字总是利用双方相互制约相互补充的关系来进行系统内外的协同整合，以此推动汉字系统的自我完善。回顾在假借字泛滥的情况下"以类附声"地走向形声字，通过加强表意性而实现了超时空地记录汉语；回顾在古文字形体繁难不便习用的情况下，通过隶变楷化实现了字形的全面简化；回顾在"文字异形"的情况下用小篆作规范，在全国推行"书同文"以促进国家的统一，几乎无处不是执两用中辩证统一。汉字在记词方式形声化、形体结构简明化、社会用字规范化的历史演变中，始终坚持了在满足交际需要之前提下的自我完善优化发展。

正如徐通锵先生（1931—2006）所说："语言是现实的编码体系。一种语言如何将现实编成'码'，使之成为语言的基本结构单位，这与该语言社团的思维方式有关。"[①] 我们的民族历来注重意象思维注重整体思维，汉字以单音节语素为单位据义构形单音成字，它就是一个码元基因化、编码有理化、结构合成化的符号系统。经济原则在汉语汉字的语用交际与历史演变中，的确是无

① 徐通锵《"字"和汉语研究的方法论》，《世界汉语教学》1994年第3期。

处不在的。它不仅通过构词构字的以少驭多、形义对应的推类表意、用词用字的高度集中，提高了汉语汉字的交际效率；通过记词方式形声化、字形结构简明化、社会用字规范化，推动了汉字系统的优化性演变；而且还通过音素的同化归并与噪音的淘汰，推动了汉语音系的简明化乐音化演变。

经济原则对汉字“编码”的支配作用，集中反映为“无限地运用有限的手段”。其“有限”要素与规则的“无限”运用，主要体现在以下五个方面：一是合成构字，二是推类表意，三是用字集中，四是字式形声化，五是字形简明化，另外也说说汉语音系的简明化乐音化。这种对要素的“无限”运用具有很强的选择性，如字形为常用而趋简，字种因高频而集中，其实质就是在经济原则支配下的优化选择。

汉字具有以少驭多有理合成的构字机制：四五百个基础字符按有理的记词方式，层级合成出了七八万汉字。这种用“有限”的字符按有理的字式生成出“无限”合体字的编码机制，这种主要用字符组成的合体字去记录合成词之语素的字语对应关系，是在构字构词合成化的协同互动中发展起来的。它不仅有效地控制了基础字符、基本语素的数量，而且大大加强了构字、构词的系统性。详见下编第一章第三、四节：汉字的层级结构、表词功能。

汉字具有形义对应系统类化的表意功能：汉字主要依靠 70 多个核心义符（构字≥15 个）的推类系联，建立起了汉字的表意系统。汉字以字形提示词义的表意性，是主要依靠义符的类联系来实现的。一个核心义符就是一个类聚的语义场，七八十个核心义符的集合概括地反映了汉语语义的核心网络，其所推类系联的参构字成为了古今汉字的主体，它们就是汉字系统保持表意性质的压舱石。详见下编第五章“汉字的表意功能”。

汉字具有用字集中的字频分布规律：2500 个高度集中相当稳定的最常用字，覆盖了 98%的自然语料。汉字的语用频率很不平衡，单字虽多到七八万，但常用字则高度集中而相当稳定。汉语单音词的发达促成了汉语基本语素的集中，汉字的形义联系维护了汉语基本语素的稳定。汉字常用字种的集中和稳定，主要是由汉语基本语素的集中和稳定所决定的，汉字的表意性与多义性则使常用汉字更为集中更为稳定。详见下编第四章“汉字的字频分布规律”。

汉字通过辩证演进实现了字式形声化：汉字主要依靠 130 多个高、中能义符（构字≥6 个）的“以类附声”，实现了记词方式的形声化。汉字脱胎于记事图画，单音节词根语是汉字产生的语言基础，汉字以单音词为单位据义构形，经过辩证演进而走上了形声化的道路。义音兼表的形声字具有最优的整体功能，既区分了异义的同音语素，又兼容了词的语音变体，从而在古今音变方言音歧的语境中得以超时空地记录汉语。详见下编第一章第四节“直接字符与汉字的表词功能”、第三章第一节“记词方式形声化”。

汉字的类推简化促进了字形的简明化：200 个高、中能基础字符（参构≥10 字的独体部件）的系列类推简化，有力地促进了通用汉字的形体结构简明化。汉字是交际工具，工具使用要简易的经济原则，历史地推动了汉字的“字体代变”与“常用趋简”。主要来源于象形字的 200 个高、中能基础字符通过偏旁化语义化（如：→車→车），成系列地类推简化了大量汉字，有力地促进了汉字构形系统的优化。详见下编第一章第三节“基础字符与汉字的层级结构”、第三章第二节“形体结构简明化”。

汉语语音系统具有简明化乐音化的发展趋势。人们总是力求用省力顺口的发音传达出明确悦耳的听觉符号，因而同化归并与弱化脱落一直是汉语音系的演变主流。声韵调与音节的种类随之逐步减少，噪音淘汰元音占据优势，音节结构精简拼合趋于简便。汉语音系简明化乐音化的趋势，尤为突出地体现在单元音韵母、零声母和去声调的发展上。详见下编第六章“音同形不同的同音字”。

语言经济原则是语言“运转的基本原理”，是支配语言交际与语言演变的经济规律。它是由对立统一的两大要素组成的：一是“省力原则”，一是“交际需要”。语言经济原则的实质，就是在满足交际需要的前提下坚持省力原则，用尽可能简明的表达去获得最好的交际效果。更概括一些说，语言经济原则的实质，一是追求言语交际的简明化效果，二是推动语言系统的优化性演变。无论是汉字记词方式的辩证演进，还是汉字结构功能的协同完善，在探究其所由成的运转机制与所以然的发展规律时，我们都不要忽视经济原则对汉字系统的支配作用。自源的汉字延绵使用数千年，至今仍然为十几亿人所使用，这是人类文字史上绝无仅有的奇迹。作为一个处于特定文化语境中的自组织系统，汉字之所以具有历久弥新的强大生命力，就是因为它能动地适应并促进了汉语与华夏文化的发展。汉字“与时偕行”自我完善的过程，就是在汉字表意性质与语言经济原则协同作用下逐步优化的过程。

二、共时描写与汉字的剖面构造

学术是在继承、借鉴的基础上向前发展的。在研究学术中的基本问题时，我们应该坚持温故知新的态度，认真了解前贤的探索进程及其学术成果，尤其要下功夫领会他们的哲学思路及其方法论。

（一）中外先贤的可贵探索

德国的威廉·冯·洪堡特（1767—1835）是普通语言学的奠基人。他指出普通语言学的“主要任务”和“终极目标”，是研究“人类的语言能力”。他从语言的规律性和言语的自由性的协调关系上，深刻地论述了人类语言能力的创造性。他说：

“语言及其形式的规律性，决定着语言对人的影响，而决定着人对语言的反作用的是一种自由性原则。……语言研究者必须承认和尊重这种自由性原则的作用，同时也要细致地探索其界限。”“语言只确定句子和言语的规则及形式，允许讲话者自由地构筑具体的句子和言语。”“语言面对着一个无限的、无边无际的领域，即一切可思维对象的总和，因此，语言必须无限地运用有限的手段，而思维力量和语言创造力量的同一性确保了语言能够做到这一点。”①

洪堡特一语破的地指出，语言和思维的开放性，决定了“语言必须无限地运用有限的手段”。这一经典论述告诉人们，研究人类语言能力的基本内容，就是研究如何运用有限的要素和规则去生成无限语言的机制。

法国哲学家奥古斯特·孔德（1798—1857）是社会学的创始人。他认为社会与生物有机体有着极大的相似性，是一个由各种要素组成的整体，是一种有着内在联系的结构。主张“借助于整体的系统去观察各个成分”，把社会当作有机体来考察。② 他最先借用生物学的概念与术语来研究社会的结构与发展，其社会结构概念的建构基本依赖于生物学的移植与嫁接。据此把社会学划分为“社会静力学”与“社会动力学”。这种借鉴自然科学的方法来研究社会的思路，不仅成为社会学的最早研究方法，而且被后来的学者逐步发展成为一种科学的方法论，这就是从系统出发对社会结构进行功能分析的结构－功能主义。洪堡特指出：“语言中不存在任何零散的东西，它的每一要素都表现为一个整体的组成部分。”③

瑞士语言学家斐迪南·索绪尔（1857—1913）是现代语言学的奠基人。他最先把系统的思想运用于共时语言学，强调通过共时研究来整体把握语言系统的内部结构及其规则。索绪尔认为语言学的研究对象是语言，强调“我们一般只通过文字来认识语言。”其关于把语言当作一个共时的层级符号系统来研究的思想，开拓了现代语言学的新格局。“语言是一种表达观念的符号系统”的

① 德·洪堡特著、姚小平译《论人类语言结构的差异及其对人类精神发展的影响》，第5页，第75—76页，第85页，第114页，商务印书馆，1997年。

② 引自美国·刘易斯·A·科瑟著、石人译《社会学思想名家》，第9页，中国社会科学出版社，1990年。

③ 德·洪堡特著、姚小平译注《洪堡特语言哲学文集》，第20页，湖南教育出版社，2001年。

语言观,[1] 早已成为整个语言学界的基本共识。

洪堡特关于“语言必须无限地运用有限的手段”的思想，孔德关于社会是一种有机体应该进行结构－功能分析的思想，索绪尔关于语言是一种层级符号系统需要共时把握其整体结构的思想，无疑都是内涵哲学智慧具有普遍意义的历史贡献。这些方法论对汉字研究有着重要的指导意义。

需要特别指出的是，中国古代学者在汉字研究中的相关思想与方法，同样值得重视与继承，其中最重要的当推东汉许慎、南宋郑樵的学术思想。

东汉的许慎（约 54—约 125）集大成地总结了先秦两汉有关汉字的研究成果，创建了“六书说”，编撰了世界上的第一部字典《说文解字》。他把散沙似的近万小篆字视为一个系统，用部首编字法据形系联地揭示了小篆以文组字的构形系统，以义类聚地创建了汉字的字义说解体系，并坚持用“凡某之属皆从某”来强调汉字形义之间的对应关系。他历史地认识到先有“依类象形”的“文”而后有“形声相益”的“字”，高度概括地总结了汉字的构形模式，强调众多的汉字是由有限的“文（字符）”按“六书”模式“孳乳”生成的。[2] 尤应指出的是，许慎在对近万汉字逐一析形求义时，执意坚持的是从“字”到“符（义符、声符）”的两级分析法，着意分析字形结构以释读其表词功能（字本义）。这种立足整字，通过分析字符功能及其合成模式以探求字本义（构意），以划分字式类型的方法，至今仍是研究汉字结构－功能的重要方法。许慎在一千八百多年前作出的这些历史贡献是难能可贵的。

郑樵（1103—1162）继承和发展了许慎关于以“文”组“字”的思想而提出了“文字相生说”，认为“小学之义，第一当识子母之相生，第二当识文字之有间。”首创以六书为纲来统系全部汉字的体例而编撰了《六书略》。他立足于整字的结构，分析了“文（独体）”与“字（合体）”的区别及其以文组字的生成关系，强调象形是六书之“本”，是汉字构形系统得以形成和发展的基础字符。他着眼于字符的功能，分析了“母（义符）”与“子（声符）”的区别及其以文组字的合成模式，指出独体字在充当字符参与构字时，因功能不同而有“子”“母”之分；其合成模式有二：“二母合为会意”，“一子一母为谐声”，如此母子相生而孳乳出无穷的合体之字。[3] 郑樵这一理论贡献的影响是深远的，此后，研究字符如何孳乳为字族再集合为汉字系统的字原偏旁之学一直递相渐

① 瑞士·索绪尔著、高名凯译《普通语言学教程》，第 47 页，第 37 页，商务印书馆，1980 年。

② 汉·许慎《说文解字》，第 314 页，中华书局影印本，1989 年。

③ 宋·郑樵《六书略·六书序》，郑樵《通志略》，第 112 页，上海古籍出版社影印本，1990 年。

进，并发展为今天的汉字构形学与汉字源流谱系研究。郑樵借用“子母之相生”的概念与术语来研究汉字的结构、功能及其组合生成关系，较之法国的孔德把社会当作有机体来进行结构－功能研究，整整早了七百年。中国古代学者在方法论方面进行了许多可贵的探索，可谓寓虚于实而博大深厚，只是因为缺乏理论意识而未能进行更为科学的理论总结。

上述先哲的学术思想及其方法论，对于汉字结构－功能的研究无疑具有重要的启示：

第一，现行汉字是古老汉字历史发展至今的最高阶段，现代汉字的共时研究是最为重要、最具应用价值的汉字断代研究，应该注重现行汉字系统的共时研究，以此整体把握汉字系统的有机结构与记词功能。

第二，汉字是华夏民族为记录汉语而量身创制的自源文字，华夏民族记录汉语的开放性需求就是汉字发展的基本动因，应该注重研究华夏社会和汉语的发展需求与汉字系统的历史顺应，以此认识汉字系统结构－功能的生成、运作机制。

第三，汉字是在特定的语境中产生和发展起来的，汉字不仅历史地顺应了汉语的需求，而且能动地参与并促进了汉语的发展，应该注重研究汉字汉语的协同互动，以此认识汉字结构－功能在历史演进中的逐步协同完善。

（二）现代汉字的剖面简析

数以万计的汉字看起来是一大堆零散的珠子，实际上它们是由四五百个基础字符按有理的合成字式层级生成的符号系统。汉字是记录汉语的符号，构成汉字的部件最好称作字符。字符系统是汉字系统的子系统，汉字系统是“系统的系统”。要整体把握汉字的内部结构，需要对“系统的系统”进行共时的剖面分析。现代汉字是古老汉字历史发展至今的最高阶段，汉字系统各要素的有机组织在现行汉字剖面上体现得最为成熟，一定要注重现行汉字系统的共时研究。

汉字是有机的组织系统，要认识汉字是如何满足记录汉语的需要，需要从汉字的系统出发对结构进行功能分析。下边用一个示意图来展示汉字系统各要素在现代汉字剖面上的层级结构与生成关系，表中的黑体字分别标示不同层级上的子系统。

现代汉字系统的层级结构与生成关系剖面图

- 汉字系统
  - 汉字集
    - 表意字（据义构形）
      - 象形字：人、禾、羊、门
      - 指事字：三、上，本、旦
      - 会意字：众、林，甜、祭
    - 假借字（依声托事）：我、其、何、叔、来、雅
    - 形声字（义音合成）
      - 共时组合：柏、芬、想、河
      - 历时加旁：娶、璧，鼻、齿
  - 字符集
    - 直接字符（体现构意）
      - 义符
        - 基础字符：女、门、木，亻、氵、艹
        - 合成字符
          - 共时组合：彭、香、帛
          - 历时加旁：鼻、齿、鼓
      - 声符
        - 基础字符：巴、交、羊，及、更
        - 合成字符
          - 共时组合：古、辟、莫
          - 历时加旁：霜、澡、薄
      - 记号：参与构形没有理据的非字部件
    - 基础字符（处于底层）
      - 核心义符：构字表意功能超强的类符
      - 成字字符：充当合体字的义符或声符
      - 非字部件：参与构形而无构意的记号

汉字系统是由字符集和汉字集两大部分组成的符号生成系统，其生成关系是体现为层级结构的。示意图简明扼要地展示了汉字系统中汉字集与字符集的整体结构与生成关系。传统的说法是："独体为文，合体为字。"[①] 汉字系统就是一个以"文"组"字"的层级结构。我们采用"两级多层法"来分析汉字的层级结构：首先把记词的"字"与构字的"字符"分为两个不同性质的"级"；进而再在汉字集或字符集内部划分出不同平面上的"层"。这样的层级分类，提纲挈领以简驭繁地展示了整个汉字系统的宏观结构关系。

汉字系统是一个两级多层的层级结构。立足顶层，应分字、符"两级"；着眼字、符，内部又有"多层"。

立足顶层，应分字、符两级。汉字因以文组字的生成关系而大分为记词的"字"与构字的"字符"上下两级。着眼整个系统，汉字系统是由字符集和汉字集组成的具有上下级关系的生成系统；着眼单个汉字，除了数百单符为文的独体字之外，每个合体字都是由带着构意的直接字符有理合成的层级结构。汉字的构意只存在于具有直接生成关系的上下级之间，每个汉字的表词功能都是由直接字符的参构功能（表义/表音）及其合成模式（会意/形声）共同决定的，换言之，是直接字符的功能组合关系体现了汉字记录语词（表义标音）的

① 宋·郑樵《通志·总序》，郑樵《通志略》，第3页，上海古籍出版社影印本，1990年。

有理性。这样的层级合成，通过逐层累加的构形以分级体现不同的构意，从而层出不穷、有求必应地孳乳出大量的合体字。

着眼字、符，内部又有多层。在汉字集内部，根据记词方式的不同，数万汉字可大分为据义构形的表意字、借符记音的假借字与兼表义音的形声字三大类，这就是陈梦家、刘又辛、裘锡圭等先生所说的“三书”。[①] 同是据义构形的表意字，又可按以形表意的不同方式再下分为“依类象形”的象形字、“视而可识”的指事字与“比类合谊”的会意字。在汉字集内部进行这样的层次分类，继承和发展了许慎的“六书说”和明清学者的“四体二用说”，无疑既可深化认识，也能取得学界的共识。

在字符集内部，根据参构的位置，字符可大分为体现构意的直接字符与处于底层的基础字符，还有处于二者之间的合成字符。[②] 直接字符下又可按参构的功能再分为义符、声符与记号，[③] 基础字符下则可按构字的能量再分为核心义符、成字字符、非字部件。这些字符虽然都是构字的部件，但它们因参构的位置、参构的功能、构字的能量不同而分别处在“字符”级中的不同层次上，这就形成了字符集内部的“多层”关系。层级结构不仅有效地减少和控制了基础字符的数量，而且有序地生成和体现了各个层次上的功能组合关系。人们用有限的基础字符按有理的合成字式，根据社会的需要而逐级生成了数以万计的汉字。汉字系统正是因为具有逐级合成的生成能力而拥有了按需造字的开放性，从而较好地适应和满足了华夏民族记录汉语的社会需要。

字符在结构、在系统中存在的理由，只是因为它具有一定的功能；字符以文组字的目的，只是为了合成出能够表词的功能组合关系。但这种关系组合并不是在字符层面上实现的，它们只能在上级的整字层面上完成合成。有的学者把汉字的组合类型分为平面结构与层级结构两种。其实记词的字与构字的字符，不仅性质不同，所处的层次也不同，即使是如由“刀”“牛”“角”几个义

---

① 陈梦家先生（1943 年）认为：“象形字→声假字→形声字是……代表文字演进的三个阶段，同时也是整个中国文字三个基本类型。”见陈梦家《中国文字学》，第 256—257 页，中华书局，2006 年。刘又辛先生把汉字的发展史分为表形、假借、形声三个阶段。见刘又辛《从汉字演变的历史看文字改革》，《中国语文》1957 年第 5 期。裘锡圭先生认为“陈氏的三书说基本上是合理的，只是象形应该改为表意（指用意符造字）。”见裘锡圭《文字学概要》，第 106 页，商务印书馆，1988 年。

② 王宁先生把汉字逐层拆分出来的“一级构件又称直接构件，这样称说是因为它们直接构成全字，全字的造字意图是通过直接构件来体现的。”见王宁《汉字构形学讲座》，第 37 页，上海教育出版社，2002 年。

③ 裘锡圭先生认为：“各种文字的字符，大体上可以归纳成三大类，即意符、音符和记号。”见裘锡圭《文字学概要》，第 11 页，商务印书馆，1988 年。

符一次性直接合成的会意字“解”，其义符的关系组合也是在上级的整字层面上完成的。正如李圃先生（1934—2012）所说：“合素字中的字素……一旦合成一个新字，它们就在一个新的结构层次上表示着一种全新的关系意义。”①所有的合体字都是以“文”组“字”的层级结构。着眼其表词功能的生成方式，合体字的组合方式有两种类型，一是共时的直接合成，一是历时的加旁分化。历时的相承分化就是古人所谓的“加旁字”。这个问题将在“汉字表词功能的运作机制”一节中予以讨论。

数以万计的汉字是由四五百个基础字符有理合成的符号系统。需要进一步深究的是，这四五百个基础字符是根据什么原理运用什么方式，合成了数以万计的汉字（生成机制）；是根据什么原理运用什么方式，形成了准确记录汉语的功能（运作机制）。下文就从基础字符与汉字的层级结构、直接字符与汉字的表词功能两个方面，逐步展开深入讨论。

三、基础字符与汉字的层级结构

汉字的字符有多种分类，最重要的两类是处于底层的基础字符与体现构意的直接字符。基础字符是具有组字功能的最小构字单位，是处在底层不再拆分的独体字符。基础字符与汉字的关系，主要体现在基础字符的以文组字与汉字层级结构的历史形成上。讨论这个关系的实质，就是研究有限的基础字符是如何通过多重组合历史地生成了汉字的层级结构，即汉字层级结构的生成机制。

许慎的认识是：先有以“物象”为本而“依类象形”的“文”，然后才“孳乳”出了“比类合谊”、“形声相益”的“字”。他用动物的“孳乳”生动地说明了汉字的合成，“孳乳”也因此成为文字学中的一个基本概念。郑樵强调“文字之有间”，他不仅明确指出“独体为文，合体为字”，二者之间具有“文合而成字”的生成关系，而且反复强调六书以“象形为本”，六书“皆象形之变”，象形字是汉字以文组字的基本字符。

（一）汉字层级结构的形成与特点

汉字起源于记事图画的符号化，最先产生的是“依类象形”单符为文的象形字。独体的象形字个性张扬，图画性很强，既没有系统性又缺乏能产性，但象形字所记名词一般表示的是具有主题性类属性的基本概念。最先创造的数百个象形字，为汉字的合成化提供了表示主题性类属性概念的基础字符。以数百

① 李圃《甲骨文文字学》，第44页，学林出版社，1995年。

独体字为基础字符的构形合成化，发端乎会意字而发展于形声字，大批汉字遂由此孳乳而出。例如，（木）、（目）二字早在甲骨文中就是独立记词的象形字，但“木”又以字符的身份参构了林、植、荣等421个小篆字，“目”则以字符的身份参构了眼、看、睦等113个小篆字。它们以义符的身份直接合成了会意字“相”；“相”字在独立记词的同时，又充当了霜、想、箱、湘、厢等形声字的声符；同理，形声字“霜”在独立成字的同时，再以声符的身份在更高的层面上合成出“孀”这个形声字。

汉字的孳乳是一个以文组字、逐层累加的合成化过程，汉字随着合成化的发展而逐步形成为一个以少驭多有理有序的层级结构。这个层级结构在宏观上反映为系统的构成，其微观则表现为单字的合成。前者已如上文的现代汉字系统剖面图所示，后者试以“藻”“礴”二字的生成过程为例图示说明：

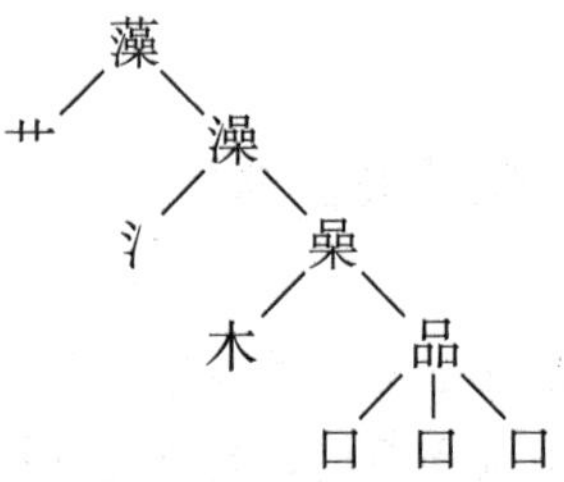

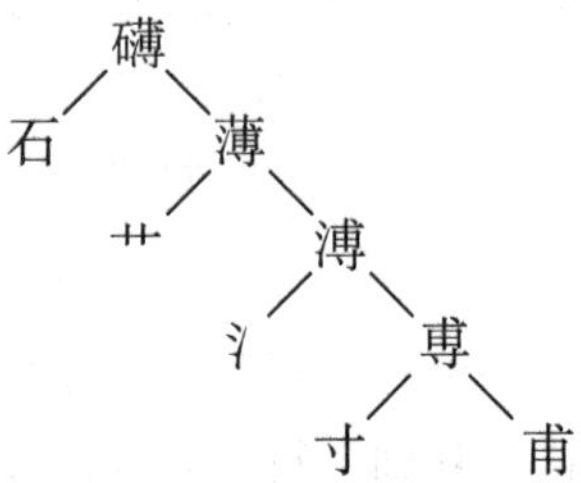

三个独立记词的“口”字以字符的身份在上一层级上合成了会意字“品”，“品”再以字符的身份与“木”符在更上一层上合成了会意字“喿”，依此类推，“喿”与“氵”再合成形声字“澡”。“藻”“礴”字的生成亦是如法炮制出来的。这种逐层累加、有理合成的结果，使品、喿、澡、藻，尃、溥、薄、礴等合体字有序地形成了阶梯似的层级结构。请注意：这两个图，往上看是逐层加旁的结构，直观地反映了汉字以文组字层级合成的机制；往下看是逐层切分的解构，具体展示了从字到符（直接字符）析形求义的方法。

王宁先生（1936—）在1990年代提出了汉字构形学理论，并组织团队开展了汉字构形史研究。这项课题对殷商甲骨文以降各个发展阶段的汉字构形系统，进行了断代的共时描写与历史比较，探讨了汉字形体的演变发展规律。这是汉字本体研究的一大成果，其所提供的一些成套的基本数据很有价值。周晓文先生（1959—）根据这项研究的相关成果，进行了汉字构形层级的比较分析。现选取其从东汉碑隶、宋代雕楷两种样本中各抽取前1000个高频字进行构形层级分析的有关数据，制表列示如下：①

① 周晓文《汉字构形属性历时演变的量化研究》，第58—59页，中国广播电视出版社，2008年。

组合层级	0（独体）	1	2	3	4	字均层数
例　　字	口、寸	品、尃	梟、溥	澡、薄	藻、礴	
东汉碑隶	14.3%	47.1%	30.4%	7.6%	0.6%	1.331
宋代雕楷	18.1%	42.2%	31.9%	7.2%	0.6%	1.300

从表中关于汉隶、宋楷高频字的抽测数据来看，如澡、薄、藻、礴那样经三、四重组合而生成的汉字只占8%，一、二重组合生成的合体字则占七成多，另有一成多是不能分析没有层级的独体字。汉字的工具性决定了合体字的层级并非越多越好，一、二重组合才是汉字构形合成化中的主流。

汉字系统的层级结构是汉字在构形合成化过程中历史形成的。在汉字系统的层级结构中，字符与字是以文组字的上下级关系。由符到字的有理合成，不仅体现了字符的功能，而且合成了汉字的结构，进而构建了汉字系统的层级结构。汉字字多文（基础字符）少，以文组字而生字孰旁，其层级结构具有两个特点：

第一，层级结构中的符号具有亦字亦符一体两用的灵活性。记词的字与构字的字符虽然性质不同，但层级结构中由下一级直接字符合成的合体字，在记词的同时又可以带着特定的功能（主要是表音）去充当上级字的直接字符，这就大大地提高了符号的利用率。

第二，层级结构的生成具有以少驭多层级累加的合成性。数万汉字与数百基础字符虽然数量迥异，但数万汉字是由数百个基础字符按有理的模式层级合成的，并用这逐层累加的合成结构以分级体现不同的表词功能，这就有效地减少和控制了系统基础字符的数量。

这种编码符号的一体两用与以少驭多的合成方式，用有限的符号实现了无限的表达。汉字系统因而既具按需合成的再生能力，又有编码简明的经济价值，从而较好地顺应和满足了华夏民族记录汉语的社会需要。

（二）汉字基础字符的构成与地位

王宁先生主持组织的“汉字构形史研究”，运用系统论方法和计算机技术，对汉字的构形系统进行了宏观而深入的断代研究。他们选取从殷商到明代各时期的原始写本为样本，归纳出断代所用的单字，再从全部单字中分析类聚出断代构字所用的基础字符。结果发现，从甲金文到现代汉字，汉字的基础字符一直保持在四五百个左右。现将这项研究的有关成果，再加上《现代常用字部件

及部件名称规范》的有关数据，制表列示如下：①

汉字各发展阶段的基础字符统计

断代汉字	殷商甲文	西周金文	春秋金文	战国文字			说文小篆	东汉碑隶	隋唐五代碑楷	宋代雕楷	现代常用字
				齐燕韩赵魏	楚	秦					
样本单字	1380	1013	1286	2538	1887	1778	10020	2125	3893	4856	3500
基础字符	412	355	324	379	370	279	422	527	503	491	514

周晓文先生运用数学方法对历代基础字符进行了比较分析，指出："汉字构件系统在甲、金文时期基本完成构件的积累，小篆以后构件系统基本定型，只是在书写形式上发生了变化，构件数基本不再增加，……基本维持在一个稳定的数值上。"② 这组成套数据与大量事实表明，汉字在甲金文时期就初步形成了以文组字而字多文少的逻辑构字规律。

四五百个基础字符组成了汉字的基础字符集。一般以是否独立成字为判，把基础字符分为成字字符与非字字符两类。鉴于基础字符的构字表意功能极不平衡而高度集中，我们是把基础字符分为核心义符、一般成字字符与非字构件三类的。

第一，成字字符是因语义化而具有表义或表音功能的有理字符。成字字符原本就是记词的汉字，在构形合成化中一体两用，又同时充当了构字的字符；成字字符语义化、偏旁化之后构字更多，在合体字中充当义符或声符以体现造字理据。区分字符是否成字的目的，在于判断字符是否已经语义化而

① 表中的甲骨文数据引自郑振峰《甲骨文字构形系统研究》，上海教育出版社，2006 年；西周金文数据引自曹永花《西周金文构形系统研究》，中国国家图书馆博士论文资源库；春秋金文数据引自罗卫东《春秋金文构形系统研究》，上海教育出版社，2005 年；齐燕韩赵魏文字数据引自赵学清《战国东方五国文字构形系统研究》，上海教育出版社，2005 年；楚文字数据引自李运富《楚国简帛文字构形系统研究》，岳麓书社，1997 年；秦简文字数据出自宋琨瑛《秦简文字与〈说文〉小篆字形比较研究》，转引自赵学清《战国东方五国文字构形系统研究》；小篆字数据引自齐元涛《〈说文〉小篆构形系统相关数据的测查》，其小篆字数据包括说解中的重文，北京师范大学中文系编《京师论衡》，北京师范大学出版社，2002 年；东汉碑隶字数据引自陈淑梅《东汉碑隶构形系统研究》，上海教育出版社，2005 年；隋唐五代碑楷字数据引自齐元涛《隋唐五代碑志楷书构形系统研究》，上海教育出版社，2007 年；宋代雕楷字数据引自王立军《宋代雕版楷书构形系统研究》，上海教育出版社，2003 年；现代常用字数据引自教育部、国家语委发布《现代常用字部件及部件名称规范》，《语言文字规范手册》，商务印书馆，2014 年。

② 周晓文《汉字构形属性历时演变的量化研究》，第 102—103 页，中国广播电视出版社，2008 年。

具有了表义或表音的功能。其主要标准不在于现在是否还能独立成字，而在于是否曾经独立成字而实现了与语词的结合。因此，成字字符既包括如女、木这样还能独立成字的字符，也理应包括如亻、氵这样已经偏旁化的有理字符，后者正是由于构意构形功能更强而偏旁化的。有的规范把亻、氵这样的高频有理部件视为“非成字部件”，显然是一种退步性的迁就，似乎有失对社会用字的正确引导。

第二，成字字符中有七八十个具有超强构字表意功能的核心义符，主要来自于表示类概念的早期象形字，早在甲金文时期就是相对稳定的基础字符。它们或取象于人的身体器官，如人、女、页、口、手、足等；或取象于自然物，如日、水、山、鸟、牛、艸、木、金、石等；或取象于人造物，如衣、食、酉、宀、广、门、车、舟、火、刀等。这几十个核心义符是汉字系统得以形成和发展的基础构件。（详见下编第五章“汉字的表意功能”。）这些寓义于形而形义统一的核心义符，通过义类的集合全面地覆盖了华夏民族的基本社会生活，概括地反映了汉语语义的核心网络；其参构字一直是古今汉字的主体，是汉字系统得以保持表意性质的压舱石。正是考虑到核心义符在汉字构形表意系统中的基础地位，考虑到它在汉字教学与对外汉字教学中的实际重要作用，这才把它从成字字符中分立出来而另立一类。①

第三，非字字符因不曾独立成字而没有约定的音义，为数不多构字亦少，在古今字符系统中一直处于辅助性的地位。古文字中的非字字符主要是附加在成字字符上起指示或区别作用的标志，后来产生的非字字符则一般是形变过程中丧失理据而仅具构形功能的记号，可统称为记号。

教育部、国家语委2009年发布的《现代常用字部件及部件名称规范》，通过对3500现代汉语常用字的拆分，归纳出了441组（主形部件）514个现代常用字部件，其中有311个成字部件。规范明确表示：表中部件“一般不宜再行拆分”。结合所分部件的实际结果，可以认为该规范的部件就是现代常用字的基础部件。该规范附录提供了每个部件的构字数和出现次数。②所谓出现次数，就是某部件在3500常用字构形中的参构次数，这种具有动态频次性质的基本数据值得进一步发掘。现根据这些数据对部件进行分类并加工制成下表：

---

① 龚嘉镇《汉字核心字根的构形表意及其历史演变》，华东师范大学《中国文字研究》第18辑，2013年。

② 教育部、国家语委发布《现代常用字部件及部件名称规范》，《语言文字规范手册》，商务印书馆，2014年。

现代常用字基础部件的构字能力分布统计

部件分类	核心部件		高频部件			低频部件			合计
构字分级	>100	99—40	39—30	29—20	19—10	9—6	5—2	1	
构字部件	13	43	21	39	85	95	158	60	514
累计参构字数	2421	1360	699	952	1150	612	520	60	
累计参构次数	2592	1377	713	978	1164	618	522	60	8024
合计 构字部件	56　11%		145　28%			313　61%			514
合计 参构次数	3969　50%		2855　35%			1200　15%			8024
合　计	201个，39%；6824次，85%								

表中数据表示，514个基础部件的累计参构次数是8024次，平均一个现代汉语常用字由2.3个基础部件构成。但部件的构字能力很不均衡，部件“口”参构的字516个，计参构581次；而有60个部件又只参构一个字。仅占部件总数11%的56个核心部件，其累计参构次数竟高达3969次，占参构总次数的50%，符均参构71次；而参构1—9个字的低频部件居然多达313个，占部件总数的61%，其累计参构1200次，仅占参构总次数的15%。值得注意的是，在构字≥10个的201个基础部件中，有149个又同时以义符或声符的身份直接参与构字。要而言之，这149个部件是汉字系统中的双料高频字符。它们既是处于底层不再拆分的高频基础字符，又是以义符或声符的身份参与构字的高频直接字符；不仅大多数合成字符是由它们参构组成的，而且大多数汉字也是由它们参构合成的。其中71个核心义符（除“髟”之外都是不宜拆分的基础字符）的参构字，在《说文》小篆字中占到77%，在《汉语大字典》楷体字头中占到81%，在通用规范字中占到90%。充分认识和利用基础字符构字的不均衡性，在汉字教学上具有极为重要的应用价值。

四五百个基础字符所组成的基础字符集，是汉字系统得以形成和发展的基础构件系统。从源头上看，基础字符主要来自于象形字，这个基础字符集基本形成于甲金文时期，后增减有限而相对稳定。成字字符在语义化中获得了约定俗成的表词功能，构形逐步简化但符号递相对应。其中七八十个核心义符的理据保持最好，构字能力最强，具有很强的历史传承性，为汉字构形表意系统的形成和发展发挥了重要的历史作用。总之，四五百个基础字符的构字能力很不均衡，其所组成的基础字符集是一个圆球型的层级结构。从结构上看，基础字符集是以七八十个高频义符为核心，以体现造字理据的成字字符为主体，再辅以一些仅具构形功能的非字字符集合起来的。从功能上看，义符在汉字的历史发展中发挥着主导作用，基础字符集是以义符为本而声符从之，再铺以一些记号集合而成的。汉字总数虽多但基础字符有限，四五百个基础字符按照有理的字式通过层级合成，以少驭多地生成了数以万计的汉字。[①]

四、直接字符与汉字的表词功能

直接字符是带着特定功能直接参与构字以体现理据的字符，它是由基础字符直接充当或逐层合成的。直接字符与汉字的关系，主要体现在直接字符的参构理据与汉字表词功能的运作上。讨论这个关系的实质，就是研究有理的直接字符是如何通过有理的合成模式以体现汉字的表词功能，即汉字表词功能的运作机制。

郑樵精辟地指出，独体字在充当字符参与构字时，因功能不同而分为两种："文有子母，母（义符）主义，子（声符）主声。"其合成模式亦有两种："二母合为会意"，"一子一母为谐声"，如此以"文"组"字"地生成出众多的合体之字。许慎在分析近万汉字时，把每个汉字都视为两级结构，坚持从"字"到"符（义符、声符）"地分析字形，坚持通过对字符功能或字符功能组合模式的分析来探求字本义，坚持用"凡某之属皆从某"来推类系联汉字的形义关系，这是汉字研究中具有方法论价值的重要思想。

（一）直接字符的构字格局

汉字系统是一个两级多层的层级结构。立足整字字分两级，着眼字符符有多层。尽管合成字符内部也有层次，但构成合成字符的下层字符并不参与整字的构意，只有直接参与构字的直接字符才能参与表现整字的表词功能。直接字符不仅以部件的身份直接参与新字构形的合成，而且以特有的理据直接参与新字构意的生成，直接字符的理据体现了表词的功能，字式结构则体现了记词的方式，这种层级组合具有表义标音的有理性，整字的表词功能就是由直接字符的功能组合关系来体现的。

结构分析的根本目的在于认识汉字的表词功能，在于释读汉字的构字意图。因此，在分析字形探求本义时，我们应该坚持许慎从"字"到"符（义符、声符）"的两级分析法，不管字符内部有多少层组合，只把整字切分到构意的直接生成单位为止。通过分析直接字符的功能（表义、标音）与字式结构的性质（独体/合体、会意/形声），来探求整字的构字理据与表词功能。这是

① 龚嘉镇《汉字核心字根的构形表意及其历史演变》，华东师范大学《中国文字研究》第18辑，2013年。

对汉字进行结构－功能分析的基本原则。

周晓文先生根据王宁先生主持的汉字构形史课题的相关成果，对四种断代样本中的直接字符进行了计量比较，现将其成果制表列示如下：

四种断代汉字样本直接字符统计①

断代样本	直接字符	样本单字	构字比	构字能力分布		
				1个	2—5个	≧6个
春秋金文	638	1188	1：1.86	55%	30%	15%
说文小篆	2443	10018	1：4.10	44%	29%	27%
东汉碑隶	1124	2124	1：1.89	54%	34%	12%
宋代雕楷	1681	4849	1：2.89	40%	38%	22%

东汉碑隶、宋代雕楷样本的直接字符远少于《说文解字》，是因为后者是汇编的字典而前者是自然的语料。宋代雕楷样本的直接字符有1681个，其数量与现代汉语通用字中的直接字符数量相当，这一现象值得重视。

直接字符直接参与合体字的合成，因功能各别而大分为表义的义符、表音的声符与仅有构形功能的区别性记号三种。直接字符的主体部分是形声字的义符和声符。李国英先生（1954—）的研究表明，《说文解字》所收9421个小篆字中有8233个形声字，这些形声字计有378个义符、1670个声符。② 康加深、李燕等先生对现代汉语形声字的研究表明，《现代汉语通用字表》所收7000通用字中有5631个现行形声字，这些形声字计有246个义符、1325个声符。③ 现将两项研究中的有关数据加工制成下表：

古今直接字符的数量及其构字能力分布统计

统计样本	直接字符	合计	构形声字≧5个				构字4—2个		仅构1字	
			字符数		构字数		字符	%	字符	%
《说文》小篆字	义符	378	138	37%	7829	95%	102	27%	138	36%
	声符	1670	576	34%	6255	76%	511	31%	583	35%
	合计	2048	714	35%			613	30%	721	35%

① 周晓文《汉字构形属性历时演变的量化研究》，第32页，中国广播电视出版社，2008年。

② 李国英《小篆形声字研究》，北京师范大学出版社，1996年。

③ 康加深《现代汉语形声字形符研究》，李燕、康加深《现代汉语形声字声符研究》，二文载陈原主编《现代汉语用字信息分析》，上海教育出版社，1993年。

续表

统计样本	直接字符	合计	构形声字≥5个				构字4—2个		仅构1字	
			字符数		构字数		字符	%	字符	%
现代汉语通用字	义符	246	101	41%			54	22%	91	37%
	声符	1325	434	33%	4320	77%	457	35%	434	32%
	合计	1571	535	34%			511	32%	525	34%

表中的数据表示，古今义符、声符的构字能力是很不均衡的。构字≧5个的古今义符、声符都约占三分之一，但它们的构字能力则举足轻重。其中576个小篆声符（构字≧5个）计构字6255个，占小篆形声字的76%；434个现行声符（构字≧5个）计构字4320个，占现行形声字的77%。高能义符的构字能力就更强了，138个小篆义符（构字≧5个）计构字7829个，占小篆形声字的95%。构字≧5个的现行义符有101个，所构形声字数据没有提供。但其中54个高能义符（构字≧20个）计构形声字4898个，占现行形声字总数的87%；而124个小篆义符（构字≧20个）所构形声字则占小篆形声字总数的78%。现行高能义符的构字能力无疑比小篆义符更强。

现行形声字的义符、声符合计1571个，减去少量重复者（如钅：铜/锦），加上会意字的专用义符与不多的记号，现行汉字的直接字符大约为一千六百个；现行形声字中构字≧5个的义符、声符合计535个，在此基础上稍加放宽，现行汉字中构形表意功能较强的直接字符大约有六百个。汉字的直接字符同基础字符一样，构字能力很不均衡，具有这样的特点：常用字符高度集中而构字率很高，罕用字符数量很多而构字率极低。直接参与构字的直接字符，是由独体的基础字符与多重的合成字符充当的，现行独体字符还包括如“更”“及”这种因简化黏合而失去层级关系者。基础字符不仅逐级生成了所有的合成字符，而且直接充当了表词功能最强、构字数量最多的直接字符。

综上所述，7000现代汉语通用字约有一千六百个直接字符，高能直接字符（构字≧5个）、中能直接字符（构字4—2个）与仅构一字的直接字符，大约各占直接字符总数的三分之一。最有应用价值的信息是，约九成现行汉字是由500多个高能直接字符（义符、声符）有理合成的，而500多个仅构一字的直接字符的累计构字量还不到总字数的1%。这就是现代汉语通用字中直接字符构字的基本格局。

（二）表词功能的运作机制

所谓功能的运作机制，是指根据什么原理运用什么方式以实现结构的功能。汉字层级结构的枢机，在于基础字符以少驭多层级组合的合成性；汉字表词功能的运作，依靠的是直接字符组合关系与组合方式的有理性。字符的组合关系体现为字符功能的合成模式，传统上大分为“比类合谊”的会意与“形声相益”的形声两种。字符的组合方式则体现为合体字的生成方式，是共时的组合还是历时的分化。

根据汉字以文组字的实际生成情况，我们把合体字的生成方式归纳为共时的直接组合与历时的加旁分化两种。共时组合的特点是一次性直接合成。如“人＋人＋人→众”、“月（肉）＋又＋示→祭”那样，会意字无论有几个义符，都是共时组合一次性直接生成的。形声字虽也有如“水＋可→河”、“心＋相→想”那样直接生成的共时组合，但大部分形声字来自于历时的相承分化，也就是古人所谓的“加旁字”。历时分化的特点在于用相承加旁的方式以分化古字（假借字/同源字）的兼职，其加旁字的记词职能此前是由古字兼职负担的。大量形声字是如“取（同源字）＋女→娶”、“辟（假借字）＋玉→璧”那样，通过“以类附声”的机制历时生成的；还有少数形声字则如“晶＋生→曐（星）”、“自＋畀→鼻”这样，是在古字上增加声符分化出来的。至于合成字符的组合方式，也可分为共时组合与历时加旁两种。

记词方式形声化是汉字构形合成化的基本内容，也是汉字形成层级结构的主要动力。在小篆以降的历代通用字中，形声字一直处于占比八成的主体地位，汉字表词功能的运作机制就主要体现在形声字的生成机制上。古代学者很早就从加旁字入手来探讨形声字的生成机制，清人的认识尤为科学而高明。戴震（1723—1777）精辟地指出：“古字多假借，后人始增偏旁。……谐声以类附声，而更成字。”① 戴氏的假借包括义的“引申”与声的“旁寄”。王筠（1784—1854）进而分析说：“其加偏旁而义遂异者，是为分别文。其种有二：一则正义为借义所夺，因加偏旁以别之者也；一则本字义多，既加偏旁则只分其一义也。”② 这就从表词功能对汉字的要求上深刻论述了形声字产生的原因、途径和方式，确中肯綮地揭示了：“以类附声”分化同音字的兼职，是形声字的主要生成机制。这是传统文字学中最可宝贵的精华之一。

试以“辟”字的合成与孳乳为例，对形声字的生成机制与表词功能略作分析。

---

① 清·戴震《答江慎修先生论小学书》，《戴震集》，第 73 页，上海古籍出版社，2009 年。

② 清·王筠《说文释例·分别文》，《说文释例》，第 327 页，武汉市古籍书店影印本，1983 年。

辟＋土→壁
辟＋玉→璧
辟＋肉→臂
辟＋言→譬
辟＋辶→避
辟＋亻→僻
辟＋雨→霹
辟＋口→噼
辟＋門→闢（今简作辟）

依类象形→比类合义→依声托事→以类附声

表形　　→　　假借　→　形声

辟，甲骨文多写作〔甲骨文〕，前边的〔甲骨文〕（卩）像一个跪在地上的人，后边的〔甲骨文〕（辛）是一种有柄的刑刀。这是由两个象形字合成的会意字，它的构形表示了用刀对跪地之人施用刑罚的意思。《说文解字·辛部》："辟，法也。"如把夏商周三代的刑律称为"三辟"，商周把墨、劓、剕、宫、大辟五等刑罚称为"五辟"。后逐步废去割鼻、断足、去势等肉刑，至隋朝改为以笞、杖、徒、流、死为"五辟"。古代君权至上，王命即王法，由此又引伸而称君王为"辟"。"复辟"就是指君王失位之后的重新复位，如唐中宗李显的中宗复辟，明英宗朱祁镇的南宫复辟。

段玉裁（1735—1815）说得好："凡字，有本义，有引申之义，有假借之义。"[①]"辟"字在《汉语大字典》中列有 47 个义项，除了上述的本义和引伸义之外，"辟"的大部分义项都是假借义。在以单音词为主的上古汉语中，由于据义构形造字难，词多字少的矛盾相当尖锐，于是人们就借用现成的同音字来记录那些尚无专字的同音词，这就是"依声托事"借字记词的假借。但是，假借的普遍使用，使口语中的大量同音词在书面语中成为异义的同形词；另一方面，由于社会发展词义引伸，成系列地裂变出了许多音义相通而义类有别的同源词。有词无字过度兼职与准确记录汉语的尖锐矛盾，迫切地要求汉字分化同音字的兼职，"以类附声"的机制遂应运而生。在"辟"字上加旁孳乳出来的形声字，在《康熙字典》中有 39 个，在 7000 现代汉语通用字中也有 18 个，

① 清·段玉裁《享飨二字释例》，段玉裁《经韵楼集》，第 270 页，凤凰出版社，2010 年。

大多就是用来分化“辟”字兼职的。如上图所示，加上土旁的“壁”，加上玉旁的“璧”等新造形声字，就分别分担了“辟”字的相应兼职。“辟”字不仅通过引伸和假借产生出几十个义项来，而且又加旁分化出几十个形声字来，实在是多义字和分化字中的典型。

从以上分析来看，“辟”是由“依类象形”的独体字按“比类合谊”的方式合成的会意字，后来它一度被大量用作“依声托事”的假借字去记录异义同音词，最后通过“以类附声”而相承孳乳出一批兼表义音的形声字。汉字记词方式的历史发展相当复杂，但我们仍能从“辟”字的生成与孳乳中，略见一斑地看到汉字的记词方式是如何经过“表形→表音→兼表义音”的辩证演进而走向形声化的，汉字的表意功能是如何由“依类象形→比类合谊→以类附声”而逐步自我完善的。“以类附声”生成形声字以分化同音字兼职的机制，不仅通过新增义符重建形义联系区别了同音词，而且倒逼兼职的同音字（假借字/同源字）沦为表音的借音符；不仅通过重建假借字的形义联系而发展了汉字体系以形表义的历史传承性，而且能动地顺应和满足了汉语词汇系统成系列衍生新词的发展需要：形声字因兼表义音而成为表词功能最强的记词方式。由于用义音合成的形声字去记录义音结合的单音词，最为适应华夏民族记录汉语的需要，形声字因而很快发展成为汉字的主体。

综上所述，汉字是有理性的符号系统，其构字的字符是有限量、有功能的，其字符的组合是有模式、有层级的。以象形字为主体的四五百个基础字符，在语义化中获得了约定俗成的表义、表音功能，进而通过层级合成孳乳出了数以万计的汉字，其中居主体地位的最优组合层级是一、二级。一千六七百个直接字符以有理的功能组合关系，逐个体现了汉字的构字理据，其中居主体地位的最优合成字式是形声字。这种以少驭多、层级合成的原理，这种用有限的字符按有理的字式而以文组字的方式，就是汉字合成化的生成机制。在汉字的任何合成层级上，会义合成与义音合成都是字符功能组合的基本模式，共时组合与历时分化都是合体字生成的基本方式；但是，记词方式形声化是汉字构形合成化的基本内容，历时分化的“以类附声”是汉字形声化的主要途径。这种用逐层累加的合成结构以分级体现不同表词功能的原理，以及主要用兼表义音的形声字来记录义音结合的单音节语素的记词方式，就是汉字表词功能的运作机制。汉字层级结构的生成机制与表词功能的运作机制，典型地说明了洪堡特关于“语言必须无限地运用有限的手段”之认识的科学性。

汉字层级结构的生成机制与表词功能的运作机制

运作原理	以少驭多层级合成，用逐层累加的合成结构以分级体现不同的表词功能。			
合体结构的生成方式	共时的直接合成		历时的兼职分化	
表词功能的合成模式	会意（比类合义）	形声（形声相益）	形声（以类附声）	形声（古字加声）
例　字	从、森，涉、祭	江、河、芬、想	溢、娶，譬、慕	草、鼻、齿、貌

五、字语协同与汉字的逐步完善

汉字是华夏民族为记录汉语而量身创制的自源文字，它是在特定历史语境中独立发展起来的。汉字的基本功能在于完整而准确地记录汉语，华夏民族记录汉语的开放性需求就是汉字发展的基本动因；汉语是依托汉字而形成书面共同语的，汉字能动地参与和促进了汉语书面语的历史发展。汉语、汉字两个符号系统是在协同互动中逐步走向完善的。

华夏民族在创制汉字以记录汉语的过程中，曾经遇到有词无字造字难与古今方言音有异两大难题。汉字功能的发展亦主要表现在两个方面：一方面是在单音词为主且新词日增的条件下，如何按需造字而完整地记录汉语；另一方面是在同音词很多且方言复杂的语境中，如何准确地记录汉语而通行全国。前者要在如何以文组字层级合成以按需生成合体字，后者要在如何以形示义区分同音语素并兼容语音变体。以文组字形成了汉字的层级结构，以形示义增强了汉字的表词功能。作为一个自组织系统，汉字的结构－功能不仅是在顺应和满足这两方面的交际需要中不断发展的，而且是在汉字、汉语两个系统的协同作用下逐步自我完善的。

汉字是记录汉语的文字，人们较多地认识到汉语对汉字的制约与汉字对汉语的适应，而汉语对汉字的依托与汉字对汉语的促进作用则较少论及。汉字、汉语两个系统的互动互补关系是多方面、多层次的，其中最重要、最基本的两个关系，一是汉字记录汉语的方式，二是汉字记录汉语的单位。两个系统的协同互动就主要发生这两个关系的完善上。下面着重讨论合成化与字语对应单位的调整、形声化与汉语书面语的发展两个问题。

（一）合成化与字语对应单位的调整

字语协同互动的一个重要方面，就是通过构字构词的合成化，把字语的对应单位由以词字为主调整成为以语素字为主，逐步形成主要用由基本字符组成的合体字，去记录合成词中的基本语素的格局。正是这种以少驭多层级合成的生成机制，有效而经济地解决了因有词无字造字难而不能完整记录汉语的问题。

在回顾汉字、汉语合成化的基本事实时，需要强调两点：

首先，汉字构字、汉语构词的合成化，是围绕着“单音节”展开的。上古汉语以单音节词为主，单音词是汉字产生的语言基础，汉字就是以单音节词为单位据义构形的表意文字，汉字形音义结合的立体结构最为适合记录以单音节语素为主的汉语。“单音节”在汉字汉语的对应关系上，由源及流都具有事关基础、事关系统的重要性。

其次，汉字、汉语作为符号系统，是依靠以少驭多层级合成的机制生成符号的。结构底层所需用的基础符号数量最少，而基础符号层级生成合成符号的能力最强。这一特点在汉字构形系统、汉语词汇系统中特别突出。社会中的新词不断涌现，汉语构词的基本语素却相当集中相当稳定；汉字多达数以万计，但都是由有限的基础字符按有理的合成模式层级生成的。如此经济的编码是在适应社会需要的发展中历史形成的，是在汉字构字合成化与汉语构词合成化的协同作用下逐步完善的。

一、汉字的构字合成化

汉字起源于记事图画的符号化，汉字记录的上古汉语以单音节词为主，这样的历史语境决定了汉字的体制具有表意化、单音化的特质。但单纯的据义构形与单音成字，则使早期汉字因据义构形造字难而不能完整地记录汉语。虽然一度通过增加字的义项（引伸、假借）来缓解有词无字的矛盾，但过度的兼职又削弱了汉字的区别律，这就大大影响了汉字的交际功能。汉字早在起源阶段就出现了合成构形的萌芽，在出土的新石器时期的记事陶符中，便出现了少许由部件组成的合体符号。7000 年前的双墩陶符中就有不少重体、合体式的拼图类组合，如鱼水图、刺鱼图、网猪图、蚕茧图等。记事陶符中这种合体符号，无疑就是后来合成构字的滥觞。①

汉字的构字合成化远早于汉语的构词合成化，早在甲金文时期就形成了构字合成化的趋势。刘志基先生（1955—）立足于古文字数字化平台，从字频的角度，对殷商、西周、战国三个时期汉字的“四书”分布状况，进行了计量分析及历时比较。他的研究表明：甲骨文中独体字（象形、指事）的单字数占到样本总单字数的 50％，独体字的字频次占到样本总字次的 84％；380 个象形字的使用频次居然占到样本总数的 72％。西周金文独体字的单字数、字频次

① 龚嘉镇《试论汉字起源的探索》，华东师范大学《中国文字研究》第 15 辑，2011 年。

分别下降到样本总数的11%、55%。到了战国楚简帛文，独体字的单字数、字频次分别只占样本总数的5.8%、38%了；其中形声字的单字数、字频次则已分别占到样本总数的81.8%、39.5%。[①] 这组逐步消长的数据，客观地描写了汉字合成化在古文字时期的发展过程。

二、汉语的构词合成化

词汇在语言三要素中发展变化最快，新词不断产生而旧词逐步消亡，汉语词义演变的主要方式是义的引伸，汉语构词方式的发展方向是合成化。李如龙先生（1936—）指出："上古汉语单音词占优势，汉代之后双音词大量产生，但直到现代汉语，单音词仍是词汇系统的核心和语法系统的基点。……这是汉语不同于其他语言的类型特征。"[②] 伍宗文先生（1945—）对几部先秦典籍的构词情况分别进行了动态、静态的计量分析，现选取其中两部典籍的有关数据，加工制表列示如下：[③]

两种先秦文献构词状况的计量分析

时期	统计样本	静态的词种比较					动态的词频比较						
		总词种数	单音词		复音词		总词次数	单音词			复音词		
			个	%	个	%		次	%	均次	次	%	均次
春秋	论语	1479	1150	78%	329	22%	13728	12890	94%	11.8	838	6%	2.5
战国	吕氏春秋	3992	2844	71%	1148	29%	85565	81400	95%	30.1	4165	5%	3.6

多项计量研究表明，先秦文献中的单音词，其词种一般占比七成多甚至八成，其词频则高达九成以上。上古汉语以单音词为主，单音词不仅在静态的词种数量上占绝对优势，而且在动态的使用频率上占比更高。汉语的交际需求推动了构词方式的合成化，正如《荀子·正名》所说："单足以喻则单，单不足以喻则兼。"单音词的合成化就是在单音词因义项过多而影响表达的背景下产生的，是从相关单音词的临时连用而逐步约定合成开始的。

魏晋南北朝是上古汉语向中古汉语发展的转变时期，转变的一个基本内容就是单音词合成化的较大发展，汉语构词方式随之发生了两大变化："从单音词占优势到迅速兴起双音词，而双音词中则从语音造词（叠音词、联绵词）为

① 刘志基《字频视角的古文字"四书"分布发展研究》，湖南师范大学《古汉语研究》2009年第4期。

② 李如龙《论汉语的单音词》，山西省社会科学院语言研究所《语文研究》2009年第2期。

③ 伍宗文《上古汉语复音词研究》，第328页，第372页，巴蜀书社，2001年。

主转变为以语义造词（复合式、附加式）为主。”[①] 上古汉语以单音节词为主的特点，遂随着构词的合成化而发展为语素的单音节化。正如杨晓黎先生(1957—）所说：“上古汉语的单音节词，在双音节化的过程中逐步转化成为传承语素。在语素化过程中，汉字的发展也与之步调一致，由词字逐步转化成为语素字。”[②] 语素字的增多，反过来又促进了构词方式的合成化。

构词合成化当然是汉语发展的历史必然，但至少在思维方式上是受到了构字合成化的影响。尤应注意早在甲骨文中就出现了的连文会意字，如主谓式的老至为（耋）、述宾式的戈（击）人为（伐）、偏正式的小隹为（雀）、并列式的日月为（明）等。“其参构的义符已宛若语素，义符之间不仅语义相关，而且有着一定的语法关系，这种会意字已相当于一个连语为义的合成词了。”[③]

三、合成化调整了字语对应的单位

通过回顾汉字构字合成化与汉语构词合成化的基本事实，可以看到构字、构词的合成化虽时有先后，但都是因为兼职过多影响交际而走向合成化的，都是为了满足按需造字造词以准确表达的社会需要而走向合成化的。

汉语的字词合成化是分别通过独体字的字符化与单音词的语素化而实现的。一方面，汉字的构字合成化使记录语词的文字单位，逐步由“依类象形”的独体字升级为以文组成的合体字，记词层面的独体字遂一体两用地偏旁化为构字层面的字符，这就既增强了字符孳乳新字的能产力，又有效地控制了汉字基础字符的数量；另一方面，汉语的构词合成化使汉字记录的语言单位，逐步由独立的单音词降级为合成词的语素，句法层面的单音词遂一体两用地分化为词法层面的基本语素，这就在控制基本语素数量的同时，有效地控制了常用字的数量。

合成化把记录语词的文字单位由独体上升为合体，把文字记录的语言单位由词下调为语素，通过此升彼降而协同地调整了字语对应的单位。汉字遂随之由以词字为主发展成为以语素字为主，即从主要用独体的象形字去记录单音节词，发展到主要用由基本字符组成的合体字去记录合成词中的基本语素。这不仅减少了基本字符、基本语素的数量，而且大大加强了构字、构词的系统性。构字构词的合成化通过以少驭多层级合成的机制，协同地调整了字语的对应单位，使汉字具有了完整记录汉语的功能。即使在新词不断大量涌现的今天，汉

---

① 李如龙《论汉语的单音词》，山西省社会科学院语言研究所《语文研究》2009 年第 2 期。

② 杨晓黎《汉字与传承语素关系初探》，中国文字学会《中国文字学报》第 4 辑，商务印书馆，2012 年。

③ 龚嘉镇《论会意字的构形表意与历史进步》，在中国训诂学研究会 2014 年上海年会上交流。

字也不会因有词无字犯难，更不会为新词产生而另造新字了。

（二）形声化与汉语书面语言的发展

字语协同互动更为重要的方面，是汉字的记词方式由单纯的表形、借音辩证地演进为兼表义音而形声化，汉字遂逐步形成以象形字为基础、以形声字为主体的基本格局。兼表义音的形声字特别适合记录义音结合的单音节语素/词，通过形义联系既区分了异义的同音语素，又兼容了同义的语音变体，从而在古今方言音有异的特定语境中促进了汉语书面共同语的统一与发展。

在回顾汉字记词方式形声化与汉语书面共同语发展的基本事实时，需要强调两点。

首先，语言文字的符号性质决定了音义之间、字词之间的联系具有约定俗成性。这种没有必然联系的社会性，不仅直接形成了人类语言文字的多样性，而且决定了语言文字符号的能指与所指之间的关系具有约定性。就汉字而言，虽然字形与所记之词的结合并没有本质上的必然联系，但形义、形音的结合关系一旦进入社会交际，其字形就成为语义化的符号而具有了约定的表义、表音功能。

其次，基础字符的语义化对于汉字表词功能的体现至关重要。最先创造的数百个表形字通过偏旁化语义化而成为汉字的基础字符，它们虽然在历史演变中早已失去了象物性，但其表义标音的理据却因语义化而在对应的字形符号中递相传承下来了。这些语义化的基础字符具有很强的表词功能与生成能力，不仅层级生成了所有的合成字符，而且有的还充当了表词功能最强、构字数量最多的直接字符。

一、汉字具有通方言通古今的功能

中国历史悠久地域辽阔，人口众多方言复杂，华夏民族很早就形成了自己的民族共同语。民族共同语是在民族内部通过长期交往而在主要方言的基础上历史形成的。虽然历代的通语音系之间、各地的方言音系之间存在着一定的对应关系，但古今音变方言音歧仍然严重影响着文化的传承与异地的交际。即使在改革开放大力推广普通话多年的今天，全国也仍然有30%的人不能用普通话交流。[①]早在先秦时代，随着华夷交融国家趋于统一的社会发展，汉语便依托表意的汉字而逐步形成了民族的书面共同语——文言。文言是以先秦口语为基础形成的上古汉语书面语，具有执意仿古脱离口语的特点，并一直沿用到“五四”时期。语不同音而“书同文”，定型化的文言是我国古代文献所使用的基本书面语，它的沿用与通行有效地破除了古今通语、南北方言在语音上的交际障碍。

① 《国家语委：中国尚有4亿多人不能用普通话交流》，新华网，2014年9月21日。

如果说对中国古代科技文明最为了解的外国专家是英国的李约瑟（1900—1995），那么对中国语言文字认识最深的外国学者无疑当推瑞典的高本汉（1889—1978）了。高本汉一生致力于中国语言文字与中国历史文化的研究，是第一位运用历史比较语言学理论研究汉语汉字的学者。他在中国实地调查了24个汉语方言点，从中认识到汉语方言的歧异与汉语书面语的统一之间的关系，认识到汉字与汉语与中国文化的深厚渊源关系，在1923年最先强调汉字对汉语的适应。他深刻地指出：

> 中国地方有许多种各异的方言俗语，可是全部人民有了一种书本上的言语，以旧式的文体当作书写上的世界语。……不但可以不顾方言上的一切分歧，彼此仍能互相交接……而且可以和以往的古人亲密的交接。这种情形在西洋人士是很难办到的……现今英国人在他自己的文书里，通常很难读至三四百年以前的作品。
>
> 中国的文字和中国的语言情形非常适合，所以他是必不可少的；中国人一旦把这种文字废弃了，就是把中国文化实行的基础降伏于他人了。[1]（这最后一句后来被改译为）：中国人扔掉汉字之日，就是他们放弃自己的文化基础之时。[2]

高本汉的这一认识得到了很多学者的认同。张世禄先生（1902—1991）在1930年指出："中国文字是表意的，不能随着语音的变化加以更改。"作为汉语书面语的文言具有"脱离口语的作用，而事实上足以补助口语的缺点。……中国文字，不论古今的音读怎样的变迁，各处的方言怎样的分歧，而它的表意作用总是存在。"汉字所记录的"文言实在是中国保存文化和维系统一的一种重要工具。"[3] 朱德熙先生（1920—1992）亦认为："汉字的最大优点是通古今、通方言。……汉字的这个特点对于文化的延续和继承，对于说不同方言的人之间的交际和理解，具有重要的作用。"[4] 汉字对汉语、汉文化的能动适应，汉字对汉语书面共同语的促进作用，正在被越来越多的学者所重视。

二、汉字能够超时空记录汉语的原因

汉字可以通古今、通方言是人们已经认识的事实，需要进一步探究的是：

---

① 瑞典·高本汉著、张世禄译《中国语与中国文》，第45页，第50页，商务印书馆，1933年。

② 英·帕默尔著、李荣等译《语言学概论》，第118页，商务印书馆，1983年。

③ 张世禄《中国语的演化和文言白话的分叉点》，《张世禄语言学论文集》，第46—48页，学林出版社，1984年。

④ 朱德熙《在"汉字问题学术讨论会"开幕式上的讲话》，中国社会科学院语言文字应用研究所编《汉字问题学术讨论会论文集》，第14页，语文出版社，1988年。

汉字为什么会具有这种超时空记录汉语的功能？究其所以然：第一，“书同文”的汉字所记录的的汉语是民族共同语而不是方言，汉字凭借民族共同语而取得了通古今、通方言的基础；第二，汉字“以义为本而音从之”，[①] 是表意文字而不是表音文字，汉字依靠形义联系有效地区分了异义的同音语素而兼容了所记之词的语音变体。

汉字是依靠形义联系而得以通古今通方言的。记词的汉字是形音义的结合体，但汉字的形义联系远强于形音联系。看功能，义符的表意功能比声符的表音功能强；论结构，义符系统亦比声符系统的系统性强。最先创造的数百个表形字（主要是象形字）通过语义化、偏旁化而成为汉字的基础义符，寓义于形的义符所表示的是一种主题性的类意义（核心语素），“形声化把义符的形义联系扩展为对字族的类联系，进而建构了‘凡某之属（类）皆从某’的形义对应关系，从而有力地维系和加强了汉字表意的系统性。”[②]

汉字所标示的读音是音节音，但这“音节音是富有弹性的‘宽式音标’。尽管各方言区的人们用南腔北调去读汉字，但对字形及其所表之义的认识则是一致的，对汉字记录的汉语书面语的理解是一致的。”在国家统一文化悠久书同文字而方言复杂的中华大地，汉字之所以始终抓住所记之词的语义不放而没有记录音节的内部语音结构，之所以形音联系较弱而没有反映语音在时空上的变化，其根本原因就是为了适应华夏民族在古今南北音有异的语境中准确记录汉语的社会需要。“义是字词的核心和内容，正是凭借形义之间的联系，汉字才在复杂纷纭的语音变异之中得以相对超脱，从而以对应传承的字形兼容了所记之词的古今南北之语音变体。”[③]

汉字系统的形义联系是因记词方式的形声化建立起来的。汉字是人类文明中最为古老而独立发展起来的一种自源文字。自源文字的初始阶段都是依靠形义联系而按物绘形的表形字，汉字亦然。按物绘形创造了最早一批基础汉字，它们是汉字系统得以形成和发展的基础。但逐个“依类象形”与“比类合谊”的造字能力实在太弱，遂改而借用已有的表形字兼作音符，去记录那些难以据义构形的同音词。这种“依声托事”的记词方式，不仅缓解了有词无字的矛盾，而且开启了利用形音联系以借符记音的新路子。但假借的泛滥不仅使大量同音词成为了书面语中的同形词，而且也更加难以在方言区通行。汉字体系迫

---

① 清·王筠《说文释例》，第 2 页，武汉市古籍书店影印本，1983 年。

② 龚嘉镇《汉字核心字根的构形表意及其历史演变》，华东师范大学《中国文字研究》第 18 辑，2013 年。

③ 龚嘉镇《论汉字的性质、功能与规律》，向光忠主编《文字学论丛》第二辑，第 28—29 页，崇文书局，2004 年。

切需要重建形义之间的联系，来分化字的兼职以区分异义的同音语素，去兼容同义的语音变体。汉字再次调整形音义的关系以改进记词方式，遂采用增加义符的方式来分化同音字的兼职（同形词、同源词）。这种历时分化的“以类附声”，就是汉字形声化的主要途径。形声字义音合成能产力大，兼表义音区别度高，推类孳乳系统性强，其整体优势更好地适应了汉语发展的需要，尤其适合记录义音结合的单音节语素。春秋战国时期社会大发展，形声字乘势加速发展，并在此后的历代通用字中保持了占比八成的主体地位。

汉字经过“表形→表音→兼表义音”的辩证演进，历史地实现了记词方式的形声化与汉字系统的类联系。“以类附声”相承而生的形声字，不仅适应了汉语词汇系统成系列衍生新词的需要，而且能动地参与了汉语书面共同语的发展；文言的脱离口语与汉字的“书同文字”，则有力地维护了汉语书面共同语的长期统一。正是汉字、汉语的协同互动，使汉字记录的书面共同语具有了通古今、通方言的社会功能。这对于我们这个文明古国的国家统一、民族认同与文化的传承发展，无疑产生了极其重要的历史作用。

汉字的表意性是在华夏民族记录汉语的特定语境中历史形成的。英国的马林诺夫斯基（1884—1942）深刻地指出：“一种语言基本上植根于说该语言的民族的文化、社会生活和习俗之中。”① 这种文化语境其实就是一种语言文字赖以产生发展的特定社会环境与特定历史条件。

汉字的单音性表意性特质，就是在华夏民族记录汉语的特定文化语境中历史形成的。上古汉语以单音节词为主，汉字遂以单音节词为单位构形造字，并在构词合成化中把字语对应的单位，由以词字为主调整为以语素字为主。中国历史悠久地域辽阔，汉语口语存在着古今南北音有异的交际障碍，汉字就通过记词方式的形声化而建立起系统的形义联系，帮助汉语书面语发展成为既能区分同音语素，又能通古今、通方言的书面共同语。如果说汉字的单音性主要体现了对汉语特点的顺应，那么汉字的表意性则更多地表现为对汉语发展的促进。

汉字是记录汉语的文字，汉语、汉字是具有表里关系而协同互动的两个符号系统。汉字不仅历史地顺应了汉语的需求，而且能动地参与了汉语的发展。汉字记录汉语的历史，即使从甲骨文算起也有3300多年了，从未中断从未突变而连绵使用逐步发展，在信息化时代的今天仍然充满勃勃生机。汉字鲜明的民族特色与强大的生命力，历史地说明了表意的汉字就是最适合记录汉语的文字，因为它是中华民族为记录汉语而量身创制并不断完善的文字符号系统。

---

① 转引自胡壮麟、朱永生、张德禄、李战子《系统功能语言学概论》，第18页，北京大学出版社，2005年。

第二章　汉字的性质特点

本章提要：语词是音义结合的符号，文字记录语言的方式只有据义构形与据音拟符两途，人类文字因此从顶层上大分为表意文字与表音文字两大体系，二者的区别主要在于据词构形的方式与字语对应的单位。汉字是以单音节语素为单位据义构形单音成字而层级合成的表意文字，立足形义联系以据义构形，一字记一语素而单音成字，是汉字区别于表音文字的内在规定性。汉字的这种特质，是在特定文化语境中历史形成独立发展起来的，华夏民族记录汉语的开放性需求是汉字生成发展的基本动因。汉字脱胎于记事图画的符号化，孤立型词根语是汉字产生的语言基础，文化悠久而古今音变、国家统一而方言音歧的国情，要求汉字加强形义联系以超时空地记录汉语。汉字在表词功能上具有三大特点：据义构形形具表意性，单音成字音具兼容性，层级合成字具有理性。汉字之所以能够超时空地记录汉语，是依靠形义联系而弹性地兼容了所记之词的语音变体。以少驭多层级合成的逻辑性与推类系联形义对应的系统性，则有力地加强了汉字的有理性。“表意性是汉字的命脉”，因为表意的汉字最适合我们民族记录汉语的社会需要。汉字连绵使用数千年从未间断从未突变，系统渐变自我完善而历久弥新，全世界的华人都对汉字有着强烈的文化认同。汉字坚持表意性质具有历史的必然性。汉字是既有特色又有缺点的成熟文字。汉字的缺点主要有三条：表音功能差，结构笔画繁，单字数量多。半个多世纪以来的汉字规范，在很大程度上解决了汉字难读、难写、难记的问题，从而大大地方便了人们对汉字的学习和使用。

一、汉字区别于表音文字的特质

汉字的性质是汉字学理论中的一个基本问题。所谓性质，是指事物在本质上区别于其他事物的内在规定性，但这种内在规定性因区别的对象不同而具有分类的层次性，因研究的目的不同而具有分类的多样性。研究汉字的性质，当然需要认识汉字与图画的区别，但主要还是深入认识汉字在记录表达汉语的基本原则上区别于表音文字的内在规定性。这是两种不同层次的性质，前者是文字的共性，后者是汉字的特质。研究汉字性质的主要意义，在于通过与表音文字的比较分析，以认识汉字记录汉语的方式及其特定文化语境，认识汉字独特的历史演进过程及其发展规律，从而深化汉字的理论认知。因此，汉字性质的研究，重点不在文字的共性而在汉字的特质，以此明确汉字特有的发展道路及其文字体制。我们应该下功夫去研究汉字区别于表音文字的内在规定性，去研究汉字特质形成的历史必然性。

下面着重从三个方面来讨论汉字的性质：文字的分类与汉字的特质、记词的字式与构字的字符、特定的语境与历史的必然。

（一）文字的分类与汉字的特质

中国古代学者对于文字的本质是有深刻认识的。

汉·扬雄（前53—18）：言，心声也；书，心画也。[①]

南朝·刘勰（465—520）：心既托声于言，言亦寄形于字。[②]

唐·孔颖达（574—648）：言者，意之声；书者，言之记。是故存言以声意，立书以记言。[③]

清·陈澧（1810—1882）：声不能传于异地，留于异时，于是乎书之为文

---

① 汉·扬雄《法言》，第14页，中华书局，1985年。

② 南朝·刘勰《文心雕龙·练字》，刘勰《文心雕龙》，第226页，上海古籍出版社，2015年。

③《尚书·序》唐·孔颖达疏，清·阮元校刻《十三经注疏》上册，第113页，中华书局影印本，1991年。

字。文字者，所以为意与声之迹也。[1]

这些论述精辟地阐明了语言与文字的关系：语言即心声，记则为文字。音以载义而为词，据词构形即是字。人类的文字是用以记录有声语言的书写符号系统，所有的文字在本质上都是据词构形而有音有义的，其音是载义的语音，其义是有音的语义。“文字既立，即声寄于字。”[2] 但凡文字就一定是用语音来表示语义的，不能读出音来的那就还是图画。这种音以载义而文以记言的性质，是文字区别于图画及其他示意性符号的内在规定性，它是包括汉字在内的所有文字的共性。

一、1980 年代的汉字讨论

汉字性质的研究在国内汉字学界成为热点，始于 1980 年代初期。姚孝遂先生（1926—1996）在 1979 年首先提出讨论“古代汉字的性质”。姚先生在主编《殷墟甲骨刻辞摹释总集》等大型甲骨文工具书的长期研究中，深入认识到甲骨文大量使用假借字来记录语词的实际状况。他认为：

就甲骨文的整个体系来说，就它的发展阶段来说，就它的根本功能和作用来说，它的每一个符号都有固定的读音，完全是属于表音文字的体系，已经发展到了表音文字阶段。[3]

姚先生的这个观点引发了一场关于汉字问题的讨论，并由讨论“古代汉字的性质”发展为“汉字性质”的讨论。

赵诚先生（1933—）最先参加了讨论，他认为汉字的性质具有“二重性”。“甲骨文字作为有声语言的符号，在本质上是表音的”；但“甲骨文字有一个非常明显的特点，即它的表意性。”汉字正是因表意性而“具有了和一般文字不同的特色。”面对大量产生的借音字、同音字，汉字采用在同音字上添加“类别性形符”的方法，去分化假借字，去区别同音字。“类别性形符的普遍使用，使汉字走上了形声化的道路，产生了大量的形声字，一方面突出了汉字表音的本质，一方面又强化了汉字以形表义的特点。……所以汉字一直沿用至今而没有走上拼音化的道路。”[4] 赵先生从文字的共性与汉字的特点两个层面上，来讨论汉字的性质，强调了“以形表意”在汉字发展史上的重要作用。

---

① 清·陈澧《东塾读书记》，第 213 页，上海古籍出版社，2012 年。

② 清·戴震《答江慎修先生论小学书》，《戴震集》，第 73 页，上海古籍出版社，2009 年。

③ 吉林大学古文字研究室《古文字研究工作的现状及展望》，《古文字研究》第一辑，中华书局，1979 年；姚孝遂《古汉字的形体结构及其发展阶段》，《古文字研究》第四辑，中华书局，1980 年。

④ 赵诚《甲骨文字的二重性及其构形关系》，《古文字研究》第六辑，中华书局，1981 年；赵诚《汉字探索》，中国社会科学院语言文字应用研究所编《汉字问题学术讨论会论文集》，第 287—288 页，语文出版社，1988 年。

王伯熙先生（1938—1993）进一步强调，要从汉字的特性入手来认识汉字的性质。他认为：

文字的性质，包括共性和特性两个方面。所有的文字，都是记录语言的符号系统，都是全民社会的书面交际工具，这是共性。但是各种文字在记录语言时所采用的不同的符号体系，所使用的记录语言的不同方式，所走过的不同发展道路，等等，就构成了它们各自的特性。文字的特性，是讨论具体文字性质的基础，是文字分类的根本依据。如果不注意这一点，讨论各种具体文字的性质就失去了意义，文字的类别也就取消了。①

任何事物的特质都是在与同类事物的比较中体现出来的，讨论汉字性质的主要价值是认识汉字区别于表音文字的内在规定性，二者的根本区别在于据词构形的途径即记录语言的方式不同。汉字起源于记事图画的符号化，其所记录的上古汉语是以单音词为主的，这种以单音词为单位据义构形的记词方式，使汉字不仅具有文字文以记言而音以载义的共性，而且具有单音成字而以形表意的特质。正如曹先擢先生（1932—）所说："汉字的表意是指表示汉语的词义。……汉字的表意性是汉字的命脉。"②

1980 年代那场关于汉字问题的讨论，把人们对汉字的性质、功能、前途的认识大大地推进了一步。自此之后，关于汉字性质的讨论，就主要围绕着汉字区别于表音文字的特质来展开了。

二、两位先贤的理论贡献

关于汉字性质的研究，有两位先贤作出了重大的理论贡献。瑞士语言学家索绪尔（1857—1913）根据"文字表现语言"的不同方式，把人类文字分为两大体系来进行比较研究，认为汉字是区别于"表音文字"的"表意文字"。赵元任先生（1892—1982）根据文字"所标的语言单位"的不同来为文字分类，最早指出汉字是词素文字。需要强调的是，两位大师对汉字性质的研究，都是通过文字的分类比较而展开的。汉字性质的研究之所以始于文字的分类比较，就因为这项研究的主要目的与主要价值，在于深入认识汉字区别于表音文字的特质。

索绪尔：语言和文字是两种不同的符号系统，后者唯一的存在理由是在于表现前者。……只有两种文字的体系：(1) 表意体系。一个词只用一个符号表示，而这个符号却与词赖以构成的声音无关。这个符号和整个词发生关系，因

① 王伯熙《文字的分类和汉字的性质》，《中国语文》1984 年第 2 期。

② 曹先擢《汉字的表意性和汉字简化》，中国社会科学院语言文字应用研究所编《汉字问题学术讨论会论文集》，第 27 页，语文出版社，1988 年。

此也就间接地和它所表达的观念发生关系。这种体系的典范例子就是汉字。(2) 通常所说的表音体系。它的目的是要把词中一连串连续的声音模写出来。表音文字有时是音节的，有时是字母的，即以言语中不能再缩减的要素为基础的。[①]

索绪尔早在一百年之前，就用专章的篇幅来讨论和强调“文字表现语言”的方式，真可谓先见之明。音以载义的语言是由语义和语音两个不可分割的要素构成的，记录语言的文字只能从表义或表音两个角度来据词构形。是从提示词义的角度来据义构形以记录语词，还是从标示语音的角度来据音拟形以记录语词，从而成为两种文字体系的本质区别。索绪尔立足顶层着眼宏观，根据文字表现语言的方式是从语义入手还是从语音入手，高明地把所有的文字大分为表意文字和表音文字两种体系。在与“模写”语音的表音文字的比较中，他敏锐地看到了汉字的形义联系与以形表意的特点，最先明确指出汉字是表意文字。上古汉语以单音词为主，“一个词只用一个符号表示”，这个字形“符号和整个词发生关系，因此也就间接地和它所表达的观念发生关系”。换用今天的话说就是：汉字具有用字形提示词义的表意性。至于说表意文字的“符号却与词赖以构成的声音无关”，则显然是索绪尔的失误了。

赵元任：用文字来写语言，可以取语言里头各等不同尺寸的单位来写。……用一个文字单位写一个词素，中国文字是一个典型的最重要的例子。……他跟世界多数其他文字的不同，不是标义标音的不同，乃是所标的语言单位的尺寸不同。……拼音文字，他不是一字一言，是一字一音，每个音大致上多半是代表音位的。……总而言之，一字一言的中文跟一字一音的西文都是写语言，都是辨意义，不同的就是单位的尺寸不同就是了。[②]

赵元任先生在1950年代最先提出，把文字单位所标语言单位的不同作为区别汉字与拼音文字的标准。他深刻地指出，汉字是“一字一言”而拼音文字是“一字一音”，认为汉字是词素（今称“语素”）文字。吕叔湘先生（1904—1998）亦认为：汉字是语素文字“唯一的代表”。“汉字以外的文字都只是形和音的结合，只有汉字是形、音、义三结合。”[③] 上古汉语向中古汉语发展的基本内容是构词方式的合成化，上古的单音词在合成化中逐步发展成为单音节的传承语素，以单音词为单位据义构形的汉字遂随之由以词字为主发展成为以语

① 瑞士·索绪尔著、高名凯译《普通语言学教程》，第47页，第50—51页，商务印书馆，1980年。

② 赵元任《语言问题》，第141页，第144 147页，商务印书馆，1980年。

③ 吕叔湘《汉语文的特点和当前的语文问题》，吕叔湘《语文近著》，第142页，上海教育出版社，1987年。

素字为主。汉语中的单音词与合成词都是由语素构成的，语素文字说不仅能够概括汉字记录单音词与记录合成词的两种情况，而且还反映了汉语汉字在合成化中字语对应单位的协同发展。但赵先生认为汉字与拼音文字的区别，只是所标语言单位的不同而“不是标义标音的不同”，这就值得商榷了。要从形义联系入手而据义构形，其所记录的语言单位就只能是表示语义的词或语素；反之，要从形音联系入手而按音拟符，其所记录的语言单位则只能是标示语音的音节或音素了。是文以记言的方式决定了文以记言的单位，而文以记言的单位则是从属于文以记言的方式的，二者的主从关系不应颠倒。

索绪尔和赵元任两位大师立足于文字与语言的关系，根据文字表现语言的方式与文字记录语言的单位来为文字分类，抓住两类文字的根本区别来研究汉字的特质。他们先后科学地指出：在“文字表现语言”即文以记言的方式上，汉字是据义构形的“表意文字”；在字语对应的单位上，汉字是“一字一言”的语素文字。两位大师的研究思路与学术认识，是开创性的理论贡献。其后关于汉字性质的深入探讨，就是在此基础上展开的。

（二）记词的方式与所用的字符

文字是记录语言的有形符号，文字记录语言的方式就是据词构形的方式。据词构形的不同方式，不仅从体制上决定了文字的性质与类型，而且在根本上决定了文以记言的单位与所用字符的性质；而文以记言的单位与所用字符的性质，亦反映了文字的性质与体制。

汉字是据义构形的表意文字。王凤阳先生（1929—）指出：“有史以来的文字体系赖以建立的基本原则是文字怎样去记录表达语言”，而“文字史就是改进记录语言的方法的历程。”[①] 历史地看，表形、假借、形声三种记词方式虽然很早就都产生了，但表形字→假借字→形声字相继成为汉字主体的历史则是时有先后而分阶段的。陈梦家先生（1911—1966）早在1943年就指出，象形字、声假字、形声字是汉字的“三个基本类型”，也是汉字“演进的三个阶段”；[②] 刘又辛先生（1913—2010）在1957年进而提出了“汉字发展三阶段说（表形字→假借字→形声字）”。[③] 在顺应汉语与社会发展需求的历史进程中，汉字多次调整形音义的关系以改进记录汉语的方式，通过主体字式的转换而演进到新的发展阶段。形声字都是义音合成的合体字；但历时地分析发现，多数

① 王凤阳《汉字学》，第262页，第981页，吉林文史出版社，1989年。
② 陈梦家《中国文字学》，第256—257页，中华书局，2006年。
③ 刘又辛《从汉字演变的历史看文字改革》，《中国语文》1957年第5期。

形声字来自分化古字兼职的加旁字，是在同音字（假借字/同源字）的基础上“以类附声”历时生成的。记词方式形声化的实质，就是通过增加义符建立类联系以强化汉字系统表意功能的过程。任何文字系统都是逐步发展成熟的，汉字的主体字式通过“依类象形→依声托事→以类附声”的辨证演进，终于发展成为以象形字为基础、以形声字为主体的基本格局。

沈兼士先生（1887—1947）在1920年代最先提出根据字符的性质来为文字分类：“（1）意符的文字，亦谓之意字。（2）音符的文字，亦谓之音字。”①裘锡圭先生（1935—）认为，“一种文字的性质就是由这种文字所使用的符号的性质来决定的。”他把各种文字的字符归纳为意符、音符和记号三类，指出“拼音文字只使用音符，汉字则三类符号都使用。”“凡是独立形成的文字体系，都是像古汉字、圣书字、楔形文字那样兼用意符和音符的文字。单纯使用音符的拼音文字，最初是在这种文字的影响下形成的。”他特别指出，拼音文字的音符是专职的，数量很少；汉字的音符是借用有音有义的现成字兼任的，数量很大，他把汉字的音符称作“借音符”。②

字符的性质是由字符在构意、构形中所发挥的表词功能来决定的。提示其字所记之词的语义者是义符，标示其字所记之词的语音者是音符，既不表义也不标音而仅具构形功能者为记号。清代的王筠（1784—1854）说得精辟：“古人之造字也，正名百物以义为本而音从之，于是乎有形。”③ 在据词构形的记词方式上，汉字的字符是以义符为本、声符从之而辅以记号的。

以字形提示词义的义符是汉字的基本字符，义符在汉字系统的历史发展中发挥着主导作用。有学者通过对汉字形音关系的专题研究，发现“汉字形音之间的结合较为脆弱，既弱于表音文字的形音联系，也弱于汉字的形义联系。”④汉字中义符的数量比声符少得多，义符的构字能力比声符强得多；义符系统不仅在系统性上强于声符系统，而且其表义功能也远强于声符系统的表音功能。充当基本字符的义符反映了汉字的表意文字体制的特质。

有人说拼音文字与汉字都是“表意”的，认为“表意文字”这个名称含义模糊而所指多歧。其实说拼音文字也是“表意”的，就如同说汉字也是表音的一样，都强调了文字记录语言的共性，而忽视了两种文字在记录语言的方式上相与区别的特质。文字都是记录语言的符号系统，语词是义音结合的符号，据

① 沈兼士《文字形义学》，《沈兼士学术论文集》，第386页，中华书局，1986年。

② 裘锡圭《汉字的性质》，《中国语文》1985年第1期；裘锡圭《文字学概论》，第8页，商务印书馆，1988年。

③ 清·王筠《说文释例·自序》，《说文释例》，第2页，武汉市古籍书店影印本，1983年。

④ 龚嘉镇《现行汉字形音关系研究》，第10页，湖北人民出版社，1995年。

词造字只有表意、表音两条途径，文字的体制遂从顶层上大分为二，这就是索绪尔所说的“表意文字”与“表音文字”，这就是人类成熟文字的两大逻辑类型。以记录语言的主要方式为根据把汉字称作“表意文字”，最能体现汉字区别于表音文字的内在规定性。因为这既突出了汉字从形义联系入手据义构形的特质，也强调了与表音文字从形音联系入手按音拟符的区别。

（三）特定的语境与历史的必然

汉字是华夏民族为记录汉语所创造的自源文字。讨论汉字的性质，应该把汉字的产生和发展放到华夏民族记录汉语的历史大背景中去考察。不同类型文字的区别，根本在于据词造字的方式不同，其次在于文以记言的单位不同。语词有音有义，据词造字的方式可以从语音入手也可以从语义入手，文以记言的单位可以是音素也可以是语素。问题在于：作为自源文字，我们这个民族为什么选择了据义构形单音成字的方式来创制汉字？在大量使用假借而出现表音倾向时，汉字为什么要通过“以类附声”的机制而转身走向形声化？原因是多方面的，但根本的原因在于特定文化语境对汉字的影响和制约。

刘又辛先生曾经语重心长地讲过这么一段话：

> 汉字是记录汉语的书写符号体系；汉语、汉字是中国文化的载体，又是中国传统文化的一个组成部分。……把汉字汉语研究同中国文化研究相结合，这在当今是一条新路子，我非常赞成这个研究思路。我们今天研究古文字、古汉语，最终目的还是为了研究中国古代文化；研究现代汉字、现代汉语和古文字、古汉语、古文化，根本目的还是为了创建当代中国的新文化。这个立足点要站稳，不然，便会使自己的研究游离于社会实际之外。①

刘先生的这番话，真是确中肯綮令人省思。汉字作为表意文字，是在华夏民族记录汉语的特定文化语境中历史形成自我完善的。不从汉字所处的文化语境中去寻根探源，是根本无法说清楚其所以然的。下边试从汉字、汉语、华夏文明三个层面，来探讨选择表意文字记录汉语的历史必然性。

一、汉字是从未间断的自源文字，记事图画的源头为汉字预设了形义联系的导向。

人类在进入文明时代时创制了文字，世界上所有独立形成的自源文字都主要脱胎于记事图画的符号化。记事的图画是自源文字的源头，它不仅为文字的产生创造了基础，而且为造字的方式提供了取象表形的导向，所以最初的文字

---

① 刘又辛《〈汉字汉语汉文化论集〉序》，龚嘉镇《汉字汉语汉文化论集》，第1—2页，巴蜀书社，2002年。

都是源于图画而“依类象形”的表形文字。例如：

（甲）→（金）→（篆）→鳥（隶）→鸟（简）

（甲）→（金）→（篆）→門（隶）→门（简）

汉字如此，西亚两河流域苏美尔的楔形文字和北非尼罗河流域古埃及的圣书字也如此，我国纳西族的东巴文字更是活证。但楔形文字和圣书字早在两千多年前就消亡了，只有中国的文化、语言、文字从来没有间断过，也从来没有突变过。正因为如此，据义构形而以形表意的造字方式就作为“民族形式”，在自源的汉字中一脉相承地继承和发展下来了。站在莫名其妙的金字塔前，文化学者余秋雨先生发出了这样的感慨：“在这里我至少看到了埃及文明中断、中华文明延续的一个技术性原因。……所谓文明的断残首先不是古代城郭的废弛，而是一大片一大片黑黝黝的古文字完全不知何意。”① 余先生的感慨令人深思。

唐兰先生（1901—1979）指出，汉字是由古代图画文字演变发展为现代文字的“唯一的仅存的重要材料”，它“是研究人类文字的发生和发展的一座宝库。”② 汉字之所以能够延绵使用数千年，不仅在于汉字适应了华夏民族记录汉语的需要，而且首先在于中华文明的悠久完整与国家的长期统一。悠久完整的汉语汉文化传统，为汉字体制的得以坚持、传承和发展，提供了长期稳定的社会大环境。文化悠久而古今音变、国家统一而方言音歧的国情，要求汉字依靠形义联系而超时空地记录汉语。汉字的使用，上下几千年，纵横数万里，人口十几亿，还有几千万海外华人，其间所产生的文化认同，不仅十分深厚，而且非常顽强。中华文化对汉字的影响，民族共同语对汉字的制约，汉字对汉语汉文化发展的适应与促进作用，是其他文字很难比拟的。

二、上古汉语以单音词为主，以单音词为单位据义构形是记录汉语的必然方式。

以单音词为根是汉语的基本特点，这个特点是在与外语的比较中发现的。这个特点的发现，说明人们已经开始用西方语言学的理论来研究汉语了，这无疑是汉语研究史上的一大进步。最早认识汉语这个特点的学者，当推中国的黄侃先生（1886—1935）与瑞典的高本汉（1890—1977）。黄侃先生早年留学日本时，就接受了西方语言学的思想。高本汉则是第一位运用历史语言学研究汉语汉字的西方学者。

黄侃：中国语言以单音为根，一音之发，必表一完整之意，与西人之为复

① 余秋雨《千年一叹》，第 81 页，作家出版社，2000 年。

② 唐兰《谈谈文字学》，《文字改革》1961 年第 10 期。

语种族不同。其间有二音者，必本于胡语，如“珊瑚”之类是也。[①]

高本汉：汉语最重要的特性：它是单音节语，即一个词（非复合词）由一个单音节构成；它又是孤立语，即每个词都有一个始终不变的形式，而没有……屈折手段和词形变化。[②]

汉语是缺乏词形变化的孤立型词根语，其语素以单音节为基本形式，其构词以词根复合为主，语素单音节化是汉语区别于印欧语的一个根本特点。据苑春法先生《基于汉语语素数据库的汉语构词研究》，单字语素占数据库全部语素的94.7%。[③] 就字语对应的一般关系而言，一个汉字就是一个语素，汉语的单音节语素其实就是单字语素，换一个角度说就是语素字。

单音节语素于音于义都是一个整体，这一特点深刻地影响了汉语而制约了汉字。

一是整体界限分明。汉语音节是声韵调的结合体，语素单音节化使单字语素自然易辨而一目了然，汉字因而省略了对语音内部结构的反映。

二是整体简单利落。汉语缺乏词形变化，“语素单音化使词尾形式几乎无法多样化，从而使汉语语法很自然地走上了依赖虚词和词序的轨道而与形态系统分道扬镳。”[④]

三是整体独立灵活。上古汉语中的单音节词特别发达，它们在构词合成化中不仅继续独立成词，而且灵活地充当了单音节的传承语素，汉字亦一体两用地由词字发展为语素字。汉语据此以有限的语素（字）按有理的模式层级生成了大量的合成词。

单音节语素的上述特点在汉语单音词上体现得最为充分。所谓单音词，就是由一个语素构成的单音节词，即单音节的单纯词。单音词形式简洁、内容丰富、运用灵活，具有旺盛的生命力。它常用、通用，使用率最高，在整个汉语词汇系统中始终发挥着根基作用。单音词是汉字产生的语言基础。在单音词占绝对优势的情况下创制文字，自然需要以单音词为单位来构造书写符号；加之最初的汉字都是脱胎于图画的象形字，于是据义构形单音成字的方式便历史地成为华夏民族创制汉字的必然选择了。这种造字方式使文字中最独立的书写单

① 黄延祖重辑《黄侃国学讲义录》，第140页，中华书局，2006年。

② 瑞典·高本汉著、聂鸿飞译《汉语的本质和历史》，第3页，商务印书馆，2010年。

③ 苑春法《基于汉语语素数据库的汉语构词研究》，许嘉璐、傅永和主编《中文信息处理现代汉语词汇研究》，第86—195页，广东教育出版社，2006年。

④ 杜永道《语素单音化是汉语的根本特点》，香港中国语文学会《语文建设通讯》第37期，1992年。

位、语流中最自然的语音单位和语言中最基本的构词单位，近乎天然地生成为一个形音义结合的整体。它写出来是一个汉字，读出来是一个音节，表示的是一个语素；独立使用记录的是单音词，有理结合而记录合成词。有如何之语言，则必有如何之文字。汉字的这种特质与功能，是汉语语素单音节化和汉字构形表意化协同作用的必然结果。至于假借字、联绵字、译音字，毕竟是为数不多的例外。

三、文化悠久而古今音变，国家统一而方言音歧，汉字形声化是维护汉语书面语统一的历史选择。

甲骨文时期由于有词无字的矛盾相当尖锐，遂利用上古汉语单音词为主、同音词很多的特点，通过形音联系借用已有的同音字来记录同音词，从而在甲骨文中出现了主要借用象形字以“依声托事”的用字局面。假借的大量使用，虽然缓解了逐个据义构形造字难的矛盾，但兼职过多就丧失了文字符号的差示原则，借用普遍又难以在广大方言区流通。在辽阔而悠久的华夏大地上，一直程度不同地存在着方言音歧、古今音变的现象。国家的统一、文化的发展，都要求汉字必须超时空地记录汉语。面对书面语中大量的同音词（同源词/同形词），“以类附声”分化兼职的形声字遂乘势发展起来了。通过记词方式形声化以构建汉字系统的形义联系，是汉字为了维护汉语书面语统一而作出的历史选择。

需要强调的是，在一个长期统一、文化悠久而方言复杂的大国推行表音文字，“语同音”是不可逾越的前提条件。“言语异声”的环境阻止了记音字的通行，汉语同音词很多的特点制约了假借字的泛滥。在大量使用假借字的商周甲金文中，不仅借符记音没有向一音一符发展，反而出现了假借字逐步减少而形声字加速增加的发展趋势。正如唐兰先生所说，中国的“语言和文字在很古的时期就已经不一致，……但是，中国人把文字统一了古今的殊语，也统一了东南西北无数的分歧的语言。……它能代表古今南北无数的语言，这是拼音文字所做不到的。”① 汉字所书写的书面语，以脱离口语的代价而具有了通方言通古今的功能。是形义联系的汉字促进了民族书面共同语的统一与发展。

思维方式是民族文化中最深层、最稳定的部分。中华民族的思维方式在汉字体系中得到了充分的展现。我们的民族历来推崇意象思维直觉思维，据义构形的象形、指事、会意法，以及在假借字上“以类附声”而造形声字，无不反映了取象表意目击道存思维习惯的顽强要求。我们的民族历来注重辩证思维整体思维，强调对立面的和谐统一，这对坚持单音成字的影响极大。“比类合谊”

① 唐兰《中国文字学》，第 3 页，第 12 页，上海古籍出版社，1949 年。

"形声相益"的造字方法之所以重在"合谊"、重在"相益"、重在综合，其实就是为了把意义相关或功能互补的字符辩证地统一为一个方块形的整体而给人启示让人意会。这正是汉字信息量大、人文性强的原因所在。

综上所述，我们可以从纵横两个视角来认识汉字的性质。

横向比较看体制。汉字是以单音节语素为单位据义构形单音成字而形义对应的表意文字。立足形义联系以据义构形，一字记一语素而单音成字，是汉字区别于表音文字的基本特质。几千年来，汉字系统沿着表意化、单音化的方向辩证演进，逐步形成了以象形字为基础、以形声字为主体的基本格局。凭借形义联系，汉字既区分了异义的同音语素，又兼容了词的语音变体，从而在古今南北音有异的语境中发挥了准确记录汉语的功能。"表意性是汉字的命脉"，因为表意的汉字最适合我们民族记录汉语的社会需要。

纵向分析看语境。汉字是华夏民族为记录汉语而量身创制逐步完善的自源文字。华夏民族记录汉语的开放性需求是汉字生成发展的基本动因，汉字坚持表意性质具有历史的必然性。汉字脱胎于记事的图画，单音节词根语是汉字产生的语言基础，文化悠久、国家统一而古今音变、方言音歧的国情，要求汉字加强形义联系以超时空地记录汉语，汉字就是在这种特定的文化语境中独立发展起来的。其发展能动地适应了汉语的需要并促进了汉语书面语的发展，能动地顺应了中华文化的发展并维护了国家的统一。

二、汉字在表词功能上的特点

汉字是以单音节语素为单位据义构形单音成字而层级合成的表意文字，它在表词功能上具有三大特点：据义构形形具表意性，单音成字音具兼容性，层级合成字具有理性。

（一）据义构形形具表意性

汉字的表意性主要表现在两个方面：一是据义构形方式的逐步演进，通过"依类象形→比类合谊→以类附声"的演进而逐步完善。二是语义化义符的推类系联。这里着重讨论后一个问题。

汉字以单音词为单位据义构形，其形义关系最初都是统一的。随着义的引伸与音的假借，汉字出现了多义化现象。一个多义字不仅可以记录一个义有引伸的多义词，而且可以兼职记录几个义无关系的同音词。需要强调的是，一字多义现象虽然贯穿古今，但其中亦呈现出表意化的历史趋势：甲骨文中大量使用的是形义脱节、借形记音的假借字，战国以后汉字的主体则是重建形义联系的形声字了。换言之，在断代的语用层面上，甲金文时期的多义字所记录的多是几个语义无关的同音词，后世的多义字所记录的多是一个义有引伸的多义词。汉字的形义关系虽然走向了复杂化，但汉字的义符则因语义化而始终保持了形义统一。汉字正是依靠寓义于形的义符而推类系联，进而建立和加强了“凡某之属皆从某”的形义联系。

试以“彡”为例，讨论汉字义符的类意义与类联系，讨论汉字的据义构形与以形示义。

“彡”字在甲金文中较为少见且仅用作祭名，但它自甲骨文以来就是一个重要义符，从《说文解字》开始就是一个造字部首，它的基本功能是以义符的身份参与构字。因此，归纳“彡”作为义符参与构字所表示的类意义，就比考释其独立作字的意义更为可靠，更有价值了。

彡，《说文解字·彡部》：“毛饰画文也。象形。”徐灏《说文解字注笺》：“毛饰画文者，谓凡毛及饰画之文。毛如须髟，饰画如彣彰彫修是也。”许、徐二氏认为“彡”符表义有二：一为毛发义，一为饰画义。毛发义如：须，面毛；耏，剃须之刑；参，稠发；髟，长发；羽（其小篆和部分金文原本从彡），鸟长毛也；尨，犬之多毛者，此字原本从犬。髟、羽二部作为“彡”部的分支，其部属字也因此有了毛发义，如鬓、髻，翅、翔等。饰画义如：修，装饰；彫，刻画。这些从“彡”字所具有的毛发义或比较具体的饰画义，是历来为人认同的。至于“影”“彭”这种字中的“彡”是否还有表义的功能，过去则较少述及或持否定态度了。有的教材认为：“如果我们误以为后起的‘影’字所加的‘彡’是意符，那就会百思而不得其解。”①

一些学者对甲金文中的从“彡”字进行了考释。

彭，甲文为，从壴（鼓）从彡，《说文解字·壴部》：“彭，鼓声也。”董作宾先生（1895—1963）认为：其“彡之义，殆为鼓声。”② 李孝定先生（1918—1997）认为：“（彡）为鼓声之标帜。”③ 赵诚先生认为：“（彡）象征击鼓时发出的声音……。作为祭名，就是击鼓而祭。”④ 三位先生认为“彭”字中的“彡”是象征鼓声的义符；《说文解字》认为“彡”是象形。象形字一般是据具体实物而“依类象形”的，而“彡”所象的则是无形可象的抽象之形，这就宛若绘画中用放射状线条表现光芒、声音一样，可谓异曲同工。

① 王力主编《古代汉语》修订本第一册，第164页，中华书局，1983年。

② 引自周法高主编《金文诂林》第十册，第5327页，香港中文大学，1974年。

③ 李孝定《甲骨文集释》，第1656页，台湾中央研究院历史语言研究所，1970年。

④ 赵诚《甲骨文简明字典》，第230页，中华书局，1988年。

金文“参”、“昜”二字是构意相同的字。

参，金文写作 ，指西方参宿三星。朱芳圃先生（1895—1973）认为：“象参宿三星在人头上，光芒下射之形。”[①] 昜，甲文为 ，象朝阳初升之形，是“阳（陽）”的古字。徐中舒先生（1898—1991）主编的《甲骨文字典》指出：“金文更增彡而为 ，彡殆象初日之光线。”[②]

两位先生都认为：“参”“昜”二字中的“彡”象光芒放射之形。金文“昜”在甲文的基础上增“彡”以表光芒义，尤为有力地说明了“彡”确实可以用来象抽象之形。

再说“影”之从“彡”。“景”是个从日京声的形声字，其义“光也”，后由日光、光亮引伸而表风光、景象义。光照亮处其后皆有阴影，遂由光引伸出了阴影之义。阴影义后因常用而独立为词，遂加“彡”为“影”而异义异音，“景/影”是职有分工的古今字。还有一个后起的从“彡”字：“彫，重影也。”（《玉篇·彡部》）此亦可为“影”从“彡”有理之佐证。

义符的“类意义是一种寓义于符而以符标类的主题性语义，具有指向引伸推类系联的类化作用。”[③] 通过对从“彡”字的通盘考察，从义符“彡”的构意中可以归纳出两个主题性类意义：一是具体的毛发义，一是抽象的显扬义，从“彡”字随之类聚为两个语义场。“彡”的显扬义是从饰画义中引伸出来的，饰画则物象鲜明，鲜明则性状显扬。这种向外发散的显扬义，是一种因抽象虚化而较为模糊更为概括的类意义。它可以象征抽象的声音、光芒，也可以表示闪耀的光彩、焕发的文采等。例如，形，本指形象、形状，因其直观外在而引伸出显现义，如诚于中而形于外、喜形于色等。彪，本指虎皮的斑纹，虎纹斑斓色彩鲜明，由此虚化则引伸出了光彩焕发的彪炳义。总之，这些字正是通过“彡”符的类联系才具有了以形表义的功能，从而巧妙地提示了声、光、气、色乃至文采、气质等方面的显扬义，这类抽象的显扬义都具有向外发散的共同特点。

现将义符“彡”的两个类意义及其语义场归纳图示如下：

① 朱芳圃《殷商文字释丛》，第 37 页，中华书局，1962 年。

② 徐中舒主编《甲骨文字典》，第 1044 页，四川辞书出版社，1989 年。

③ 龚嘉镇《汉字核心字根的构形表意及其历史演变》，华东师范大学《中国文字研究》第 18 辑，2013 年。

彡

①具体的毛发义
- 人的须发：须、耏、㐱、髟、鬓
- 鸟兽羽毛：龙、羽（）、翅、翔

②抽象的显扬义
- 画饰：修、彫
- 发出的鼓声：彭
- 飘溢的香气：鬱
- 放射的光芒：昜、參、影、[illegible]
- 闪耀的光彩：彤、彩、[illegible]、[illegible]
- 焕发的文采：彣、彬、彦、彧
- 显现的性状：彰、彪、形

通过这组从彡字的分析，可以看到汉字以字形提示词义的表意功能，是主要依靠义符的推类系联来实现的。

（二）单音成字音具兼容性

汉字是方块形的单音节语素文字，形音之间的联系较弱，它在表音上具有这样的兼容性：形音联系形式上的多重性，古今四方音读上的通融性。

一、形音联系形式上的多重性

汉字是用一个方块字形去记录一个整体音节，并没有直接标示出所记之词的语音结构。汉字汉语不平衡的历时性渐变，使原本结合脆弱的形音关系在不同的层面上出现了不同程度的脱节。汉字的形音之间由此形成了复杂的多重关系：在字群层面上，有音同形不同而数字共一音的同音字；在单字层面上，有形同音不同而一字有数音的多音字；在字符层面上，有声符相同字音或异而字不尽谐符的形声字。

形音联系的多重性从标音方面反映了汉字在表音上的兼容性。固然，汉语语素单音节化和汉语音系简明化是触发同音字增多的外部条件，但汉字如果没有据形别义以分化多义音节、区别同音语素的能力，汉字系统决不可能发展成为若干同音字群的集合。固然，汉语新词新义的不断涌现和形态构词法是触发多音字增多的外部条件，但汉字如果没有一体多用以兼容异读音的特有负载能力，汉字也决不容许一字多音现象的存在和发展。固然，声符与其形声字在音变过程中的不完全同步是导致声符表音功能弱化的主要原因，但音变的方式如果不是量的渐变而是质的突变，那么声符系统也早就丧失了表音的性质。正是汉字汉语渐变的不平衡通过方块字形对汉语语音的兼容能力而起作用，才使汉字的形音关系在多重化中建立起复杂有序的动态平衡。

二、古今四方音读上的通融性

汉字表音的兼容性在音读方面表现为能够超时空地记录汉语。朱德熙先生

(1920—1992）指出："汉字最大的优点是能够通古今、通四方。"[①] 汉字之所以能够超时空地兼容词的语音变体，一方面是由于汉字的形音结合较为松散，另一方面是因为汉字具有系统的形义联系，这是汉字"以义为本而音从之"的表意文字体制所决定的。汉字的音符所记录的仅仅是具体的音节，它与拼音文字的专职音符有着很大的不同。表音文字的专职音符是一音一符的独立音标，其所代表的是从语言中抽象出来的音素或音节，并通过字母的拼合记录了语音的内部结构。汉字的音符是采用直音式以记录具体音节的"借音符"，它们是在"以类附声"分化同音字兼职的进程中历史形成的，既没有记录语音的内部结构，也不具备独立的音标价值。

一个汉字记录一个音节，形音联系的松散使汉字标示的音节音成为富有弹性的"宽式音标"。方言区的人们虽然用南腔北调去读汉字，但对字形及其所表之义的认识是一致的，对汉字记录的汉语书面语的理解是一致的。汉字在音读上的这种兼容性，极大地弥补了汉语口语的交际缺陷。这对于我们这个文明古国悠久文化的传承，对于我们这个泱泱大国各方言区人们的交际，无疑具有重要的历史作用。

民族的重要特征之一是有共同的语言，华夏民族早在上古时代就有了自已的民族共同语。

汉语存在着方言差别的同时，也一直存在着共同语，共同语的书面形式自秦代以来都是统一的。这种汉语共同语在春秋时期叫做"雅言"……至汉代扬雄在《方言》里称之为"通语"，元代周德清在《中原音韵》里称之为"天下通语"，明代张位在《问奇集》里称之为"官话"，辛亥革命以后称之为"国语"，现在称之为"普通话"。由"雅言""通语""天下通语"到后来的"官话""国语"以至现在的"普通话"，其发展过程是一脉相承的，反映了汉语共同语在两千几百年间发展的大体过程。[②]

周祖谟先生（1914—1995）讨论了上古通语的地域范围及其发展过程。他认为：

在春秋时代，黄河流域的国家统称"诸夏"。……当时是列国争霸的时期，由于战争的频繁，生产的发达，各地人民的往来增剧，邻近国家的语言会更接近，至少周、郑、曹、许、陈、宋、鲁、卫、齐这一广袤地区有了区域的共同语。这一区域共同语到了战国时期就发展成为黄问流域以至长江流域的共同语

① 朱德熙《在"汉字问题学术讨论会"开幕式上的发言》，中国社会科学院语言文字应用研究所编《汉字问题学术讨论会论文集》，第14页，语文出版社，1988年。

② 《中国大百科全书·语言文字卷》，第138页，中国大百科全书出版社，1988年。

了。这件事实可以从春秋战国时代的古典著作在语法、词汇方面的基本一致性得到证明。这种共同语就是汉代以后发展为全民共同语的基础。[①]

汉语共同语在两千多年的发展中是一脉相承的，其中的基本词汇是相对稳定的，但语音则四方差异大、古今变化大。汉字是据义构形单音成字的自源文字，它之所以始终抓住所记语素的意义不放而没有标记音节的内部语音结构，它之所以形音联系较为松散而没有反映语音在时空上的变化，一个极其重要的原因就是为了适应中华民族的历史悠久和地域辽阔，为了在方言复杂、古今音变的语境中能够准确地记录汉语。义是字词的核心和内容，正是凭借形义之间的联系，汉字才在复杂纷纭的语音变异之中得以相对超脱，从而以相对不变之字形来兼容所记之词的古今南北之语音变体。

需要特别指出的是，汉字的这种所谓通四方、通古今的超时空性，是凭借民族共同语而发挥作用的。汉字不仅参与了汉语书面语的形成和发展，而且也凭借民族共同语取得了通古今、通方言的基础。如果记录的不是共同语而是方言，那就既通不了古今也通不了四方。不管是哪个时代的文献，不管是哪个方言区的人，无论一个汉字的读音在古今南北中有多大的变异，只要使用的是汉语，人们就可以从字形上认识到它所记录的语词。另一方面，我们更不能忽视这共同语是以“书同文字”的汉字作为载体的。曹先擢先生说得好：“汉字表意的排他性是以表音的兼容性为其前提的。”[②] 如果汉字没有构形上的表意性和音读上的兼容性，如果汉字是能够反映语音变异的表音文字，那即使记录的都是民族共同语，也会读方言如读女书（女书是在湖南江永妇女中流传的一种方言音节文字），读古籍如读天书了。

文化悠久、国家统一而古今音变、方言音歧，是华夏社会使用汉字记录汉语的特定文化语境。这一特定语境要求“书同文”的汉字既要标音更要别义，因为只有依靠形义联系才能超方言、超古今地记录汉语，才能满足各方言区人们由形及义地认识汉字以理解书面共同语的要求，才能让后人能够读懂古代典籍而传承民族文化。

要而言之，记录汉语的汉字之所以具有通古今、通方言的功能，一是因为汉字所记录的是民族共同语。汉语书面语虽然与南腔北调的方言有所分离，但它与自己的载体——汉字却是形义统一的。二是因为汉字是以单音节语素为单位据义构形的。形声化使汉字实现了主要以义音合成的形声字去记录义音结合

① 周祖谟《汉语发展的历史》，《周祖谟语言学论文集》，第7页，商务印书馆，2001年。

② 曹先擢《汉字的表意性和汉字简化》，中国社会科学院语言文字应用研究所编《汉字问题学术讨论会论文集》，第18页，语文出版社，1988年。

的单音节语素，汉字正是依靠系统的形义联系才有效地区分了异义的同音语素，弹性地兼容了词的语音变体，从而在古今南北音有异的语境中得以准确地记录汉语。

许嘉璐先生（1937—）说得好：

语言文字的规范化对国家统一、民族团结和社会进步都是至关重要的。……中华民族绵延几千年而不散，汉字与有功焉。因为不管地域跨度多远，方言差异多大，只要写出方块字，就能看得懂，就能交流。这种对方块汉字的认同心理产生出的强大合力使中华民族凝成一团，打不乱，也拆不散。汉字的这种凝聚力至今也没有削弱。从历史的角度看，汉字的统一与规范也是一种必然的发展趋势，我们应该做促进工作。①

汉字是我们民族创造出来记录汉语汉文化的书面交际工具，也是极具民族特色的社会文化现象，我们不仅要集中精力在本体上去研究它，也应放开视野从民族文化的历史大背景中去认识它。在人们越来越多地把目光和思维集中到技术这个载体层面上的今天，一些著名科学家却大声强调：新世纪的科学事业，不仅需要科学精神，而且需要人文精神。这真是远见卓识！

（三）层级合成字具有理性

汉字的有理性突出地表现为在一个个方正整齐的平面内，顽强地反映出构形的逻辑性和表意的系统性，即以少驭多层级合成的逻辑性，推类系联以形表意的系统性。

刘又辛先生（1913—2010）指出：

文字是一种符号体系，符号可以分为两大类：一类是有理性的符号，一类是无理性的符号。文字也分成这两类，一类是有理性的文字，一类是无理性的文字。无理性的文字符号同它所表示的事物没有直接联系，只和词语的读音相联系，这就是纯表音文字（假借字、音节文字、字母文字）的特点。有理性的文字除了表示词的读音，还有代表事物形类的标志，这是汉字体系的特点。②

随着现代语言学的深入研究，人们更加深刻地认识到，语言符号不仅具有约定的任意性，而且有着逻辑的理据性。瑞典语言学家索绪尔从共时角度，对印欧语的研究揭示了语言的任意性原则；中国的语言学家从历时角度，对汉语的研究则明确了语言的理据性原则。任意性与理据性相辅相成，是协同支配语

---

① 许嘉璐《我谈语文规范化》，许嘉璐《未成集论新时期语言文字工作》，第 1 页，语文出版社，2000 年。

② 刘又辛、方有国《汉字发展史纲要》，第 328 页，中国大百科全书出版社，2000 年。

言的两条重要原则。汉语历史悠久文化完整，尤其是它是以表意的汉字为载体的，其内部形式非常发达，我们应该重视汉语汉字的有理性。

汉字是一个起于“依类象形”以画“文”，成于“形声相益”而组“字”的有理性符号系统。汉字系统的有理性主要表现在两个方面：一是结构上以少驭多层级合成的逻辑性，一是功能上字语对应以形表意的系统性。汉字的单字数以万计而字形复杂，但构字的字符有限而合成的字式有理。四五百个基础字符因语义化而获得了约定的表义、表音功能，遂按照有理的字式通过层级的合成，以文组字地生成了数以万计的汉字。构形合成化的基本内容是记词方式形声化。形声化利用义符的推类系联，为汉字建立起了系统的形义联系，汉字因而具有以字形提示词义的表意性，汉字正是通过逐层累加的合成结构以分级体现不同的表词功能。

字与词是不同的概念，这在理论上是常识，但大众在使用汉语文时多是字词不分的。赵元任先生（1892—1982）认为：印欧系语言中的“词”这一级单位，“在汉语里没有确切的对应物”。“在中国人的观念中，‘字’是中心主题。”① 之所以如此，就因为汉字是以单音节语素为单位记录汉语的。汉字的构字机制与汉语的构词机制可谓基本一致：汉语词多语素少，汉字字多字符少，其基本语素、基础字符就更为集中了；汉语用语素组成合成词，汉字用字符组成合体字，其组合方式都简便灵活而逻辑有理；汉语中的根词又是构词的词根，汉字中的象形字又是构字的字根，都是一体两用而高频高产。要言之，汉语词多字（语素字）少，以字组词而生词熟字，字语对应的单位是语素字；汉字字多文（基础字符）少，以文组字而生字熟旁，字族因共同的义符而建立起了形义统一的类联系。这种以少驭多层级合成的逻辑性，推类系联以形表意的系统性，有力地加强了汉字的有理性。

综上所述，语素单音节化是汉语的本质性特点，以单音节语素为单位据义构形单音成字而层级合成是汉字的生命力所在。作为记录汉语的符号系统，汉字不仅具有表词功能，而且这种功能是随着汉语的发展而发展的。在汉字汉语的协同作用下，汉字能动地调整了形音义的关系，使形义关系、形音关系在复杂化中形成了有序的动态平衡，从而既适应了汉语发展的需要，也保持了汉字的表意性质。汉字系统正是在开放而协同的自组织过程中，能动地发展了自已的表词功能。

第一，汉字能动地发展了字形的表意性功能。汉字是记录汉语的表意文

① 赵元任《汉语词的概念及其结构和节奏》，《赵元任语言学论文选》，第 223 页，第 248 页，清华大学出版社，1992 年。

字，其功能不仅随着汉语的发展而发展，而且其据义构形的方式也在逐步自我完善。一方面，它在语用中通过灵活地引伸、假借而向一字多义发展，通过增加义项而加强了汉字的表词功能。另一方面，既凭借语义化保持了义符的形义统一，又通过形声化重建和加强了汉字的形义联系，从而把单字的用物象表形发展为同符字群在义符语义上的类联系。

第二，汉字能动地坚持了字音的兼容性功能。汉字的据词构形“以义为本而音从之”，其形音关系具有形音结合的脆弱性与形音联系的多重性两个特点。一方面，通过形音联系形式的多重化，维系了汉字在字群、单字、字符层面上形音之间的关系。另一方面，它既利用了汉字形音结合较弱的特点，更依靠了汉字较强的形义联系，弹性地记录了词的各种语音变体，从而使汉字在形音关系复杂化中得以超时空地通古今通四方。

第三，汉字能动地加强了造字的有理性功能。一方面，用数百基础字符按照有理的合成模式，逻辑地孳乳出数以万计的汉字。另一方面，依靠语义化义符的推类系联，为汉字建立起了系统的形义对应关系。汉字正是凭借以少驭多层级合成的逻辑性与字语对应以形示义的表意性而成为了有理性的符号系统。所谓析形释义，其实就是透过字形去认识它所记录的词，也就是说字的构形与构意、字符的功能与合成模式，对于所记之词的意义具有可解释的理据性。

现将汉字在表词功能上的三大特点，总结表示如下：

汉字在表词功能上的特点

据义构形形具表意性		单音成字音具兼容性		层级合成字具有理性	
字式的演进	灵活的语用	多重的联系	弹性的读音	逻辑的构形	系统的表意
象形字 依类象形	本义 形义统一	字群：同音字 音同字不同	对应的 “宽式音标”	有限的 基础字符	字语对应 的语素字
会意字 比类合义	引伸义 义有延展	单字：多音字 字同音不同	历时音变 通古今	有理的 构字模式	形义统一 的类联系
形声字 以类附声	假借义 依声托事	字符：形声字 符同音或异	异地音歧 超方言	以少驭多 层级合成	推类系联 以形表意

（四）汉字的缺点及其成因

汉字是既有特色又有缺点的成熟文字。汉字的缺点主要有三条：表音功能差，结构笔画繁，单字数量多，其中表音功能差是汉字的最大缺点。

表音功能差。一是符不标音，7000 现代汉语通用字中的形声字虽然多达 81%，但只有 50%的现行形声字能够根据声符正确地读出基本音节音。换言之，现代通用字中没有音符的非形声字与符不标音的形声字多达六成。二是一字多音，7000现代汉语通用字中有625个现行多音字，占8.9%；其中现行异读音项705个，占本音数的10%。汉字形音之间的结合程度，是既弱于表音文字的形音联系，也弱于汉字的形义联系。

结构笔画繁。层级合成的汉字结构较为复杂，不少字笔画很多。即使是3500现代汉语常用字，也平均每字9.74笔，其中16—24笔的字有192个。7000现代汉语通用字平均每字10.75笔，其中16—36笔的字有758个。至于通用字之外的汉字，结构复杂笔画繁多的现象就更为严重了。

单字数量多。《汉语大字典》收54678字，《中华字海》收86000多字，其中大部分是古汉语用字和异体字，汉字一字多形的现象相当普遍相当严重，除了简体繁体之外，不少汉字还有异体。但即使普及到发行5亿多册的《新华字典》，也收字1.3万多个。以上三条就是人们常说的汉字三难：难读、难写、难记，合起来就是所谓的难学难用。

汉字的这些缺点是历史形成的，与其弊同源而生的还有其利，都出在以单音节语素为单位据义构形单音成字这个根上。让我们对汉字的这些缺点作一番历史分析吧。

第一，表音功能差而难读是汉字的最大缺点。但历史地看，在历史悠久地域辽阔人口众多方言复杂的中国，汉字正是凭借构形上的表意性和音读上的兼容性，才得以超时空地通古今通四方的。语素单音节化是汉语的本质特性，以单音节语素为单位据义构形是汉字的生命力所在。汉字之所以始终抓住所记语素的意义不放，最根本的原因就是为了在复杂的语音变异中得以相对超脱，从而以一脉相承的字形来兼容所记之词的古今南北之语音变体。这就从政令畅通和文化交际上，有力地维护和促进了国家的统一和民族的团结，有力地保存和传承了悠久的民族文化。否则，我们根本不可能读懂两三千年前的古文字、古文献。表音功能差是表意文字的先天性缺点，国家为此研制和推行了《汉语拼音方案》，这是一套用拉丁字母拼写汉语普通话的法定音标，这就有效地解决了汉字难念的问题。

第二，汉字结构复杂笔画多而难写，但汉字并不是一盘散沙而是一个系统。汉字以少驭多而层级合成，形义对应而推类表意，它是由有限的基本字符按照有理的构字模式逻辑合成的系统。汉字系统的基本成分是象形字，构字的基本方式是以文组字，表意的基本手段是类联系，汉字的结构具有字多文少以文组字而生字熟旁的特点。要而言之，汉字是有理性的符号系统，其结构不仅具有层级合成的逻辑性，而且具有推类表意的系统性。需要指出的是，形体结构简明化一直是汉字演变的历史趋势。从字体的隶变、楷化到字形的常用趋简，从秦始皇的“书同文字”到唐代的“字样之学”，从20世纪初的简体字运动到1950年代的汉字简化，再到1980年代以来的汉字规范，无不是致力于汉字形体结构的简明化。半个多世纪以来，国家在现代用字的范围内，开展了简化繁体字整理异体字的规范工作，大大改善了汉字结构复杂笔画多的状况。“从规整基本字符以系统类推来看，现行的义符、部首可谓基本到位，今后规整的重点，当在高频高产而笔画繁多的现行声符了。”如“襄”“囊”等少数字，不仅构意不明结构复杂笔画繁多，而且还是构字较多的现行声符。①

第三，汉字不是一次性生产的机制零件，而是在长远时空中历时生成的人文符号，数以万计的单字是历史堆积而成的。但动态地看，汉字在经济原则的支配下，其语用频率是很不平衡的，记录基本语素的常用字种数量较少而高度集中，2500个最常用字在现代自然语料中的覆盖率居然达到98%，3500常用字的覆盖率高达99.5%。② 非常用字尤其是非通用字数量虽然多到七八万，但出现的总概率则少于0.05%。对现代汉语用字的科学分级定量，有效地解决了汉字数量太多而难记的问题。

汉字有特色也有缺点，有难学的一面，也有易学的一面，但难读、难写、难记毕竟是汉字的缺点。半个多世纪以来，国家在现行汉字的定量、定形、定音、定序上做了大量工作，制订《汉语拼音方案》、审订普通话异读词，整理异体字、推行简化字，先后分级定量地制定了《现代汉语常用字表》《现代汉语通用字表》《通用规范汉字表》，等等。这些工作有力地促进了现行汉字的规范化，在很大程度上有效地解决了汉字难读、难写、难记的问题，从而大大地方便了人们对汉字的学习和使用。

① 龚嘉镇《汉字规范与“规范汉字”》，李宇明、费锦昌主编《汉字规范百家谈》，商务印书馆，第212—228页，2004年。

② 据对现代汉语抽样语料的检测，《现代汉语常用字表》所收2500常用字的覆盖率为97.97%，加上次常用字的3500常用字的覆盖率为99.48%。见国家语言文字工作委员会汉字处编《现代汉语常用字表》，第7页，语文出版社，1988年。《通用规范汉字表》中的前2500常用字的覆盖率为98.56%，前3500常用字的覆盖率为99.58%。见王宁主编《〈通用规范汉字表〉解读》，第15页，2013年。

第三章　汉字的历史演变规律

一、字式：记词方式形声化
①顺应同源词的系列分化
②重建假借字的形义联系
二、字形：形体结构简明化
①字体代变呈现常用趋简
②类推简化促进系统优化

本章提要：汉字是一个为适应华夏民族记录汉语的需要而逐步完善的自组织系统。它的演变是以系统的方式渐变进行的，字式上的记词方式形声化、字形上的形体结构简明化，是汉字系统的两大历史演变规律。汉语是以单音词为主且同音词很多的民族共同语，汉字是记录汉语且需通行全国的通用文字。面对词汇发展假借泛滥方言音异的尖锐矛盾，社会迫切要求汉字为兼用借字的同形词和共享源字的同源词新造具有区别性特征的专用字。在文字区别律的作用下，“以类附声”分化兼职的形声字遂应运涌现了。记词方式形声化不仅重建了假借字的形义联系，而且顺应了同源词的系列分化，更好地保持和发展了汉字体系以形示义的历史传承性，从而很快发展成为汉字的主体。殷商甲骨文以降的 3300 多年里，汉字的形体结构发生了很大的变化。在汉字的表意性质与语言经济原则的协同支配下，历史地形成了字形结构简明化的演变趋势。汉字字形的简明化，不仅强势地体现在甲金篆隶楷“字体代变”而“趋易避难”的符号化过程之中，而且总是突出地作用于常用字而形成“常用趋简”的简化规律。汉字是由数百个基础字符以少驭多有理合成的符号系统，简化一个义符或声符，不仅可以类推简化一系列同符字，而且还能保持原有的造字理据、字式结构和构形系统。古代的隶变楷化，现代的汉字简化，都是主要通过简化基本字符以成系列类推简化汉字的，这就既简化了字形又维护了汉字的理据性，有力地优化了汉字的构形系统。

所谓规律，是指事物在发展中的本质联系与历史趋势。汉字的历史演变规律，主要体现在表意化单音化的发展趋势与有理性系统性的内在联系上。

从甲骨文以来的3300多年里，汉字一直连绵发展着，从未中断过，从未突变过，具有很强的历史传承性。汉字是一个不断适应汉语发展需要而始终缓慢演变着的自组织系统，它的历史演变是以系统的形式渐变进行的。汉字系统内部存在着既相互排斥又相互协同的两对矛盾：字式上的音化与意化、字形上的繁化与简化。这两对矛盾的双方既对立又统一，以此推动着汉字系统的逐步自我完善。记词方式形声化、形体结构简明化，是汉字系统的两大历史演变规律，它是汉字系统在表意性质与经济原则支配下所形成的优化趋势。[①]

一、字式：记词方式形声化

据义构形单音成字的汉字是记录汉语的书写符号，它在形成体系记录汉语的发展过程中，遇到了据义构形造字难与古今方言音有异两大难题。字的增加总是以词的增加为动力的，文字的功能与词汇的发展，要求汉字既要完整地记录汉语也要准确地表达汉语。同音词本是各种语言共有的现象，但汉语因语素单音节化而同音词特别发达；以单音词为单位构形的汉字，同音字就更多了。面对词汇发展、假借泛滥、方言音异的尖锐矛盾，社会迫切要求汉字为兼用借字的同形词和共享源字的同源词新造具有区别性特征的专用字。正是在这样的形势下，"以类附声"分化兼职的形声字遂应运而生了。

"以类附声"相承孳乳的结果，就同音字而言是兼职的分化，以形声字而论是字族的类化，形声字的发展过程其实就是一个有规律成系统的汉字类化过程。正如清人俞樾（1821—1906）所说："文随义变而加偏旁"，"经典之字若斯者众。山名从山，水名从水，鸟兽草木，无不如是，而字亦孳乳浸多矣！"[②]形声化将义符的形义联系推类扩展为对字族的类联系，汉字的形义之间遂随之形成"凡某之属皆从某"的对应关系。字语协同作用而推类孳乳，既重建了假借字的形义联系，又顺应了同源词的系统分化。

（一）顺应同源词的系统分化

作为记录汉语的符号系统，汉字既有作为载体的从属性和适应性，也有自

① 龚嘉镇《现行汉字形音关系研究》，第14页，湖北人民出版社1995年。

② 清·俞樾《文随义变而加偏旁例》，俞樾等《古书疑义举例五种》，第145页，中华书局，2005年。

身体系的系统性和传承性。汉语词汇系统的发展规律与汉字体系孳乳规律的协同作用，在形声字的发展上得到了充分的反映。

上古汉语以单音词为主，词汇的发展主要是通过词义的引伸来形成新词，而新词往往是在旧词的基础上变易音义而来的，词的衍生因而具有系统性。在词义运动中，词义沿着义核特点所决定的方向，不断延伸类推以形成引伸系列。其中的常用义由于反复使用而渐趋独立，最后脱离根词义列而裂变为新的同源词。由于增加的新词大量的是通过根词的引伸成系列地裂变出来的，所以词汇系统总是要求新字要能反映新词衍生的系统性。汉字体系中因词义引伸而产生的形声字，一般就是在源字上增易义符相承孳乳以与新词相对应的。正如王筠（1784—1854）所说："本字义多，既加偏旁则只分其一义也。"[①] 就是说，这类同音字的分化是在同源词裂变的基础上进行的。字与词协同作用，词义的引伸促成了同音字的分化，形声字的专用则标志着派生词的独立。

臧，甲骨文为 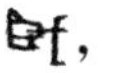，是从臣从戈的会意字；金文增"爿"声而为"臧"。《方言·卷三》："臧，奴婢贱称也。"据其以戈击臣之形和《方言》的释义，其字本义当指俘获的奴隶，如《韩非子·显学》："行曲则违于臧获，行直则怒于诸侯。""臧"字所记之词由奴婢的恭顺驯服中引伸出"善"义，如"执事顺成为臧，逆为否。"（《左传·宣公十五年》）《诗经》中凡21见"臧"，义皆为善。故《说文解字·臣部》："臧，善也。"段玉裁注："凡物善者必隐于内也。"后从"善"义中引伸出隐藏、收藏义，如"天子臧珠玉，诸侯臧金石。"（《管子·侈靡》）再从藏物这一动词义转移而指所藏之物，体内所藏之善莫过于内脏，如"吸新吐故以练臧。"（《汉书·王吉传》）天下所藏之恶则莫过于贼赃了，如"掩贼者为臧。"（《国语·鲁语上》）需要指出的是，"臧"这个词的这么多义项早先都是由"臧"字来记录的。

词义的引伸发展了词的多义性，义项越来越多，义差越来越大，以致门户分立，一个多义词就裂变而为一组同源词了。在文字区别律的作用下，同音字随之分化兼职，于是"以类附声"孳乳出一组与新词相对应的形声字：加"艹"而为"藏"，加"肉"而为"臟"，加"贝"而为"贜"，古字"臧"因常用趋简原则而专表"善"义了。表示如下：

词	义	善	隐藏	脏腑	贼赃
	音	精母唐韵	从母唐韵	从母宕韵	精母唐韵
字	臧	臧	藏	臟	贜

① 清·王筠《说文释例·分别文》，《说文释例》，第327页，武汉古籍书店影印本，1983年。

通过词义引伸同源分化这一途径所产生的形声字，清楚地反映了词汇系统的发展对文字系统的影响和文字系统对词汇系统的顺应。王筠说得好：“音义皆小别矣，不为类聚则原流不明，不加区别则分用已久。”[①] 一方面，词的音义小变而语源相同，随之产生的形声字遂用源字作声符以体现各同源词所共有的语源义；另一方面，词的音义相通而义类有别，形声字则用不同的类符以区别各同源词的不同类意义。正是词的同源派生决定和促成了字的相承孳乳。虽然词义引伸是派生新词的根本原因，但新词的完全独立，又是通过专用字的流行来最后实现的。因为，同源词原本就是一个词，派生词在没有得到专职书面载体之前，总是被人们当作多义词的一个引伸义的。

（二）重建假借字的形义联系

形声字是分化同音字兼职的历史产物。字之兼职指的是一字记录多词，其中主要是一个同音字记录多个异义同音词。段玉裁（1735—1815）说得好：“凡字，有本义，有引申之义，有假借之义。”[②] 这些义项分别来自不同的途径：字本义及其引伸义反映了汉语中同一个词的多义性，字的假借义所记录的则是在意义上毫不相干的异义同音词。诚然，用一个同音字来兼职记录几个同音词的假借手段，确曾有效地缓和过有词无字的尖锐矛盾，在汉字发展史上发挥过重要的作用，但假借的普遍使用也使口语里的大量异义同音词在书面语中成为了同形词。鉴于“正义为借义所夺，因加偏旁以别之”，以后则“各适其用，不复相通”了。[③] 就是说，这类同音字的分化是在异词同字的基础上进行的，它使原来的借音字因重建形义联系而具有了表意的功能。

莫，甲骨文为，“日且冥也。”（《说文解字·茻部》）据其日落茻中之形与《说文解字》的释义，其字当是“暮”字的初文，如《礼记·聘义》：“日莫人倦。”上古字少，常常借用现成的同音字去记录与字义毫无关系的同音词，这就是所谓的“本无其字，依声托事”。“莫”字就被借去记录否定副词，如“人知其一，莫知其他。”（《诗经·小雅·小旻》）借去记录无定代词，如“朴素而天下莫能与之争美。”（《庄子·天道》）还被借去记录沙漠的“漠”，帐幕的“幕”，思慕的“慕”，谟猷（谋划）的“谟”，寂寞的“寞”，疾瘼的“瘼”，

① 清·王筠《说文释例·分别文》，《说文释例》，第346页，武汉古籍书店影印本，1983年。

② 清·段玉裁《享飨二字释例》，段玉裁《经韵楼集》，第285页，上海古籍出版社，2008年。

③ 清·王筠《说文释例·分别文》，《说文释例》，第327页，第346页，武汉古籍书店影印本，1983年。

镆铘剑的“镆”，等等。同音字“莫”的兼职实在太多，除所记否定副词和无定代词因使用频率较高而占用形体较简的古字之外，余皆“以类附声”陆续另造专用的形声字了。图示如下：

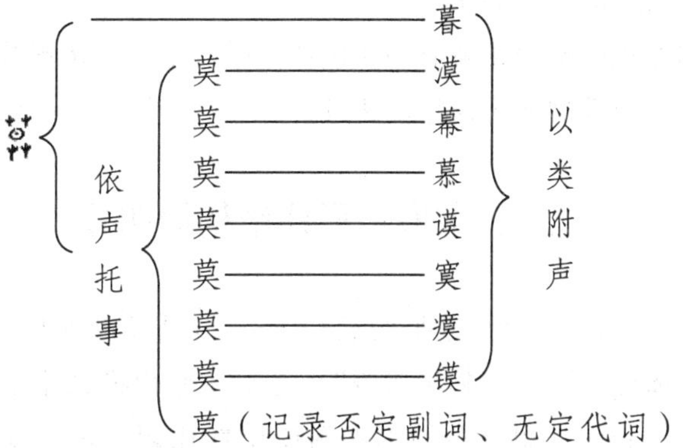

会意字（表形）→假借字（表音）→形声字（兼表义音）

如图如示，通过同音假借这一途径所产生的形声字，有力地体现了汉字系统的表意化趋势。假借虽具一字数用“依声托事”的兼职之功，亦有数词一字异词同形的易混之弊。这就在缓解造字难的同时，削弱了文字传达信息的交际功能，也影响了汉字在方言区的流通。曹先擢先生（1932—）指出：“表意性是汉字的命脉”，“汉字的表意是指表示汉语的词义。”① 曾一度普遍使用的假借字，原本只是纯粹的记音符号，其字形所示之义与所记之词在意义上并不相干。假借的泛滥使汉字原有的表意性逐步丧失，这就迫切需要重建字词之间的意义联系以强化汉字的表意功能。正是通过“以类附声”地分化兼职，大批“依声托事”的假借字才随之转化成为以形别义的形声字。

综上所述，汉语是以单音词为主且同音词很多的民族共同语，汉字是记录汉语且需通行全国的通用文字。上古汉字面临着两大社会需求：一是面对据义构形造字难、借音记词兼职多的困窘，社会需要汉字完整而准确地记录汉语；二是面对地域辽阔方言音歧、文化悠久古今音变的矛盾，社会需要汉字超方言超古今地记录汉语。在文字区别律的作用下，字少则假借，为音同而益类；义多要裂变，因义混以加旁，其结果是涌现出了以不同的类符来区别异义同音词的形声字。“以类附声”推类孳乳的形声字，能动地顺应和满足了汉语词汇系统成系列衍生新词的发展需要，更好地保持和发展了汉字体系以形表义的历史传承性。形声字义音合成能产力大，兼表义音区别度高，推类孳乳系统性强，

① 曹先擢《汉字的表意性和汉字简化》，中国社会科学院语言文字应用研究所编《汉字问题学术讨论会论文集》，第27页，第23页，语文出版社，1988年。

它使汉字较好地与汉语书面语统一起来，有效地分化了古字兼职以区别了同音语素，尤其适合记录义音结合的单音节语素。春秋战国时期文化繁荣民族融合日趋一统，社会的大发展对汉字提出了更高更紧迫的要求，具有整体优势的形声字终于乘势而起加速发展了。

汉字记词方式的形声化具有历史的必然性，形声字因顺应华夏社会与汉语发展的需要而很快发展成为汉字的主体。

二、字形：形体结构简明化

汉字是交际工具。经济原则对语言文字交际活动的支配作用，历史地决定了汉字的“字体代变”与“趋易避难”。在字体变化推动字形系统简化的基础上，经济原则还利用字频分布的不平衡而发挥作用，推动汉字沿着“常用趋简”的趋势演变，并采用基本字符类推简化的方式有力地促进了汉字构形系统的优化。

（一）字体代变呈现常用趋简

汉字是我们民族记录汉语的工具，作为工具的汉字是逐步发展而自我完善的。清末学者卢戆章（1854—1928）在1892年刊印了《一目了然初阶》，他在该书的《原序》中说：

字体代变，古时用云书鸟迹，降而用蝌蚪象形，又降而用篆隶八分，至汉改为八法，宋改为宋体字，皆趋易避难也。①

其“字体代变”而“趋易避难”，一语破的地揭示了作为工具的汉字在形体演变上的总体趋势。从殷商甲骨文到现行汉字的3300多年里，汉字的形体结构发生了很大的变化。一是在字体上经历了甲—金—篆—隶—楷的“字体代变”，使汉字由初级的表形阶段发展到成熟的表意阶段；二是在字形上通过构意语义化构形符号化的“趋易避难”，使汉字的字形逐步成系列地简化而更加便于习用。

裘锡圭先生（1935—）指出：

从形体上看，汉字主要经历了从繁到简的变化，这种变化表现在字体和字形两个方面。……由古文字变为隶书，应该看作汉字形体上最重要的一次简化。……另一方面，在汉字发展的过程里也存在一些字形繁化的现象。……文

① 卢戆章《一目了然初阶》，第2页，文字改革出版社，1956年。

字结构上的变化所造成的繁化，最常见的是增加偏旁。[①]

“隶书者，篆之捷也。”[②] 隶书脱胎于小篆，是在小篆的基础上，逐步形成的一种“以趣约易”的新字体。字形结构的简化与书写方式的便易，一直是隶变的两大基本内容。它以线条笔画化和字形符号化改变了古文字的象形性面貌，并用语义化的方块字开启了今文字的新阶段，确实是“汉字形体上最重要的一次简化”。在汉字发展史上，“隶变”是汉字由表形阶段向表意阶段演变的重大发展，是比规范小篆字形更为重要的演变。正是秦汉时期的“隶变”，使汉字完成了从古文字向今文字的历史性演变，隶书大大提高了汉字作为交际工具易学便写的经济性，从此奠定了以后两千余年汉字的基本字形。

汉字是由四五百个基础字符以文组字层级合成出来的符号系统，隶、楷汉字的表意功能，是主要通过表意部首的“以类相从”来实现的。中唐的张参立足《说文》小篆来考察汉魏石经与传抄经典的用字变化，在《五经文字》中总结出了“相承隶变→相承隶省”的规律，进而在某些主部首下创设了便于构字的隶省部首（后人称为“附形部首”），用条例的方式为已经约定俗成的简化部首正了名份。在隶变过程中，小篆的基础字符（形符、声符）“相承隶变”为隶书偏旁，常用字符再“相承隶省”为便于构字的简化偏旁，大量合体字就是通过隶变偏旁、隶省偏旁的类推简化而完成隶变的。其中语义化简明化的隶省部首，既类化了同部字的语义，又类推简化了同部字的字形，发挥了特别重要的作用。把“守正”以保持理据与“随俗”而简化字形结合起来，是汉字隶变留给汉字规范的一条重要经验。1950 年代的汉字简化，就较好地采用了这种类推简化的方法。

基础字符的构字能力是很不均衡的。其中 71 个高能表意部首的参构字在《说文》小篆字中占到 77%，在《汉语大字典》楷体字头中占到 81%，在《通用规范字表》所收字中占到 90%，它们就是汉字系统保持表意性质的压舱石。（详见下编第五章第二节）71 个高能表意部首中有 19 个是隶省部首，笔者统计了《汉语大字典》中这 19 个部首的构字数，计 15642 字。这 1.5 万多个楷体字就是由以上 19 个隶省部首类推简化或新造出来的。现按“小篆形→隶变形→隶省形/构字数”排序，悉列于后：

→人→亻/1193 →手→扌/1367 →肉→月/961 →心→忄、⺗/1332

→支→攵/380 →辵→辶/616 →歺→歹/262 →刀→刂/510

① 裘锡圭《文字学概要》，第 28—29 页，商务印书馆，1988 年。

② 西晋·卫恒《四体书势》，唐·房玄龄等《晋书（一）》，第 696—697 页，中华书局，2000 年。

→网→罒/214 →火→灬/851 →玉→王/600 →邑→阝（居右）/549
→示→礻/325 →衣→衤/681 →犬→犭/610 →阜→阝（居左）/156
→水→氵/1874 →艸→艹/2123 →竹→⺮/1038

经本植先生（1939—2010）深刻地论述了“隶书对汉字形体的变革”，认为：

隶书的出现，大大突破了古文字形体的象形性质，古文字的曲线形体和小篆的圆匀线条也一变而为方折，形成了笔画。……可以说隶变奠定了近两千年来一直沿用至今的汉字形体的基础。……这种演变，对于汉字记录汉语的符号性质来说，是一场大变革，它使汉字的繁难程度大为降低，同时也使汉字的书写速度大为提高。①

经济原则是语言文字交际活动中的一个基本原则。汉字既是符号又是工具，符号信息要明确与工具使用要简易的矛盾，始终存在于造字与用字的整个过程之中。反映在字形变化上，就是繁化与简化这对矛盾的对立与统一。繁是求明确但过繁则使用不方便，简是图简易但过简则字形少区别。王凤阳先生（1929—）说得好：“文字演进，一言以蔽之，就是一个求区别、求简易的过程。”“文字只有在区别与简易相对统一时才能比较稳定。”② 汉字是人们日常使用的交际工具，人们总是希望用简省的字形传达出明确的信息，努力寻找简与明的最佳结合度。正是在简化与繁化的对立中，汉字执两用中地选择了形体结构简明化。

回顾汉字的发展史，不管是总览源流看大势，还是解剖麻雀看单字，汉字都存在着繁化与简化的现象。古文字时期尤其是形声化过程中，由于相承造字增偏旁，汉字在整体上呈现出繁化的趋势。加旁字的产生不仅是汉字数量的增加，而且是汉字形体的繁化。因为这新增的大批加旁字从整体上增加了汉字的平均笔画。秦始皇实行“书同文字”，汉代在使用小篆的同时又扩大了隶书的应用，并且在东汉完成了隶变。这个时期的汉字在整体上出现了简化的趋势。

→→星　星，甲骨文写作，是一个像众星罗列之形的象形字，后又用它来表星光明亮义的“晶”，为区别遂加声符“生”而繁化为“曐”，使用中求便易再省形而简化为“星”。

慈→礠→磁　慈，从心兹声，本义“爱也”，多指父母对子女的亲爱。后引伸用于吸铁的磁石，如“慈石召铁，或引之也。”（《吕氏春秋·精通》）遂加旁别义而分化为“礠”，如《广韵·之韵》：“礠，礠石，可引针也。”使用中求

① 经本植《古汉语文字学知识》，第43页，四川教育出版社，1984年。
② 王凤阳《汉字的演进与规范》，《语文建设》1992年第4期。

便易再省声而简化为“磁”，如《篇海类篇·地理类·石部》：“磁，石似铁也，又石可引铁。”

“鄉”是一个蕴涵着丰富文化信息的会意字。“鄉”是“饗”的初字，《说文解字·食部》：“饗，鄉人饮酒也。”杨宽先生（1914—2005）在对上古乡饮酒礼起源的文化考证中，进一步分析了此字的构形、本义及其引伸。“鄉”字甲骨文写作。“其中像盛食物的簋形，整个字像两向对坐共食一簋的情况，其本义应为乡人共食。”“乡邑的称‘鄉’……实是取义于‘共食’。其来源很是古老，……是用来指自己那些共同饮食的氏族聚落的。”进入周代就“把郊内‘国人’居住的聚落称为‘乡’，……作为‘国’的基本组织单位。”①

会意字“鄉”用两人对坐而食的特写式构形，表示了乡人共食、宴饮之义。由乡人共食引伸而指共同饮食共同生活的氏族聚落，这就逐步产生了乡邑、乡村、家乡的引伸义。由两人相向而食又引伸出朝向义，如《左传·僖公三十三年》：“秦伯素服郊次，鄉师而哭。”还假借表示回声义，如《汉书·天文志》：“犹景（影）之象形，鄉之应声。”颜师古注：“鄉，读曰響。”义的引伸与音的假借，使“鄉”成为了一个多义字，在文字区别律的作用下，后“以类附声”加旁别义，遂分化出饗、嚮、響等字，乡村义因最为常用就占用了字形较简的古字。这几个字都常用，而笔画却多达十几二十画，使用中求便易再分别简化为飨、乡、向、响。现将其源流关系制表列示如下：

鄉：乡人对坐共食。				
一字多义	本义	引伸义		假借义
表词求区别加旁趋繁	饗	鄉	嚮	響
习用求经济常用趋简	飨	乡	向	响

总之，新造字因相承构形求区别而往往加旁趋繁，既成字为习用方便而常常省形趋简，正是在文字区别律与文字经济原则的作用下，繁与简相互制约，使汉字的形体结构向着简明化的方向发展。

“字体代变”而“趋易避难”。字体的变化往往带动了字形的系统简化，但单字字形的简化是并不平衡的。王凤阳先生抓住这个问题，对《论语》《孟子》两书所用汉字的频次与笔画进行了分析统计，从中发现了汉字“常用趋简”的规律。他认为：

“常用趋简”，这是从汉字应用频率当中提出的汉字简化规律。……字的使

① 杨宽《古史新探》，第287—290页，中华书局，1965年。

用频率越高，它们的平均笔画就越低；反之，字的应用频率越低，那么它们的平均笔画数就越高。……应用频率高的字一般地趋向简化。“高频趋简”，这是文字发展中的共同趋向。……人们总是向着掌握容易、使用方便的方向改进已有的文字的；已有的文字也就沿着这条道路演进，这叫做文字的简易律。①

海柳文先生的《十三经字频研究》，根据语用频率把字种分为五个频段，并对各频段字种的平均笔画进行了统计。② 1970 年代手工汉字查频工程成果《汉字频度表》，后用计算机复核，并根据语用频率把字种分成五级，在此基础上对字的笔画进行了分级统计。③《现代汉语通用字表》所收 7000 字，是根据字的语用频率、分布状况和构词能力分为三个用字级别的。费锦昌先生（1938—）对这些字的笔画进行了分级统计。④ 现将三项统计的有关数据制表列示如下：

古今汉字的使用率与笔画数之反比分布统计

统计样本	字量	字种	各频级字种平均笔画					
十三经	616328	6794	超高频	高频	中频	低频	超低频	平均数
			79 字	899 字	994 字	752 字	4070 字	
			6.82	10.17	12.07	12.85	13.60	12.76
汉字频度表	2166 万	5991	一级字	二级字	三级字	四级字	五级字	平均数
			500 字	500 字	500 字	1500 字	2991 字	
			7.24	8.71	9.68	10.44	11.60	10.54
现代汉语通用字表		7000	常用字			次常用字	其他通用字	平均数
			2500			1000	3500	
			9.17			11.17	11.77	10.76

表中古今三套大样本的动态数据，客观地反映了字的使用率与笔画数的反比分布关系。常宝儒先生对三个高频字表和一个通用字表的笔画数进行了统计分析，结果发现：在三种《1000 高频字表》中，1—9 画的字分别占 71.3%、70.8%、70.8%；在《现代汉语通用字表》的 7000 字中，1—9 画的字占

① 王凤阳《汉字学》，第 603—614 页，吉林文史出版社，1989 年。

② 海柳文《十三经字频研究》，第 42—45 页，高等教育出版社，2011 年。该书所得“十三经”全部字种的平均笔画数是 11.1 画，这与各频段的平均笔画数不合，也与使用简化字的《汉字频度表》《现代汉语通用字表》的平均笔画数太接近。笔者根据该书的数据重新计算，其平均笔画数实为 12.76 画。

③ 《汉字频度表》资料引自贝贵琴、张学涛汇编《汉字频度统计》，电子工业出版社，1988 年。

④ 费锦昌等《汉字写法规范字典》，第 503 页，上海辞书出版社，1992 年。

39.62%。要言之，1—9画的汉字在最常用字中占到了七成，在通用字中占到了四成。[①]

这几套数据向人们展示了一个基本事实：人们总是用较少的笔画来书写常用字的；越高频的字笔画越少，越低频的字笔画越多。需要强调的是，汉字这种高频用简的局面，是在“常用趋简”的趋势下历史形成的；“趋易避难”而“常用趋简”，是汉字系统在字形演变上的优化性演变。

有关统计还为我们提供了几个重要参数：繁体的通用字平均笔画数是12.8画，简化后的现代通用字的平均笔画数是10.7画，2500现代汉语常用字的平均笔画数是9.2画。《十三经》的用字是文献的动态用字，其平均笔画数是12.76画；《GB13000.1字符集》是静态字表，所收20902个汉字中的简化字仅占12%，其平均笔画数是12.8画，[②] 这一动一静的两个相当接近的数据，应该就是繁体通用字的平均笔画数。《汉字频度表》所取样本用字的平均笔画数是10.54画，《现代汉语通用字表》所收7000字的平均笔画数是10.76画，这一动一静的两个相当接近的数据，应该就是简化后现代通用字的平均笔画数。两相比较发现，简化后的现代通用字比繁体通用字平均每字简省了两画。

汉字是记录语词的载体，字典、字库中处于储备状态的汉字（字头）是并列而平等的，而进入语用状态的汉字却是高度集中而不平衡的。三四千常用字通用高频，数以万计的冷僻字则难得一用，这种不平衡的字频分布才是汉字记录汉语的真实状态。究其所以然，首先因为汉字是全民用以交际的书面符号，这样的工具性质决定了汉字中的通用字群是一个为数有限的动态系统。其次，一个字的语用频率，是由所记之词的使用价值与所记语素的构词能力决定的；是汉语单音词发达基本语素集中的特点，决定了汉字在语用中的高度集中而不平衡。

汉字的工具性质决定了汉字形体结构的简明化。汉字形体结构简明化，不仅强势地体现在甲金篆隶楷的整个历史演变过程之中，而且总是突出地作用于通用字、常用字而形成常用趋简的趋势。在汉字孳乳分化的进程中，“常用趋简”还往往表现为“常用占简”，即把笔画较少的字形分配给更常用的字。如“（它）”字本是象蛇头之形的本字，后较多用于记录代词。后别义分化而加“虫”为“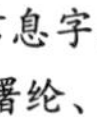（蛇）”，笔画较少的“它”字遂成为常用代词的专用字了。

① 常宝儒《论汉字属性》，陈原主编《现代汉语用字信息分析》，第39—42页，上海教育出版社，1993年。所引三种《1000高频字表》，依次是《三千高频度汉字字表》《现代汉语频率词典》《汉字信息字典》中的前1000高频字。

② 郭曙纶、朴贞姬《〈GB13000.1字符集汉字字序（笔画序）规范〉笔画数统计报告》，《现代语文（语言研究版）》2006年11期。

汉字字形演变的历史趋势是“趋易避难”而“常用趋简”。“人们总是向着掌握容易、使用方便的方向改进已有的文字”，高频的常用字自然成为字形简化的主要对象。换言之，导致一个汉字字形简化的主要原因就是它的高语用率。字频分布不平衡，社会用字要经济，语言文字的经济原则利用字频分布的不平衡而发挥作用，使汉字的字形演变形成了“常用趋简”的趋势。字形趋简虽也发生在记词的常用字上，但主要还是高频部件的字形趋简；类推简化的部件，既有合体部件简化为独体部件的，更多的还是独体部件的逐步简化。“常用趋简”的趋势使汉字历史地形成了高频用简的局面，其中基本字符的类推简化有力地优化了汉字的构形系统。

（二）类推简化促进系统优化

多年前听一位姓周的老先生讲，过去在读书人中流传着这么两句话：“叫声秀才你莫傲，请你写个鼋、鼉、鼈、龜、竈。”这 5 个字除龟之外都是形声字，平均 21 画，后边 3 个还是现代汉语的常用字。构形复杂笔画太多，构意晦涩莫明其妙，实在太难掌握太难写了；即使写得出来，也往往会弄错笔顺。1950 年代简化汉字时它们都简化了：黿→鼋、鼉→鼍、鼈→鳖、龜→龟、竈→灶。其中两字简化得最好。“龟”原本就是个单符为文的象形字，16 画简为 7 画后更为神似。“灶”字原是声符难读的形声字，由 21 画简化为 7 画的会意字，其构意可谓一目了然。一些汉字就是这样，一个一个简化出来的；但是，大多数简化字并不是一个一个单独简化的，而是通过基本字符的简化成系列类推简化出来的。

一、类推简化优化了汉字系统

汉字的构形系统是以少驭多层级合成的。汉字孳乳新字的方式是以文组字，逐步简化的字符凭借义音化而较好地保持了构形的理据与功能，因此，类推简化成为历来使用最多的简化方法。简化一个义符或声符，不仅类推简化了一系列同符字，而且还能保持原有的造字理据、字式结构和构形系统，正是基本字符的类推简化有力地促进了汉字的系统优化。

在通用规范汉字范围之内，所构表意字在 15 个以上的核心义符有 71 个，它们都是高能表意部首。这 71 个高能表意部首从甲金篆到隶楷字，经过两三千年的逐步简化（其形变源流将在下编第五章第二节“核心义符的构形表意”中逐个讨论），其现行字形的平均笔画数已经只有 4.6 笔了。而 71 个高能表意部首的部属字在《说文》小篆字中占到 77%，在《汉语大字典》楷体字头中占到 81%，在通用规范字中占到 90%。换言之，八成多的楷体字、九成的通用规范字都随着这些部首的逐步简化而成系列的类推简化了。汉字基本字符的类推简化是在造字理据语义化的基础上进行的。现行高频字符一般都是笔画较少的独体字符了，其造字理据在简明化中的传承有两种基本方式：多数是在维系独体字符的基础上递相传承逐步简化，还有是在减少构形层次的过程中递相传承逐步简化。且举鱼车、辵邑两组字符为例以为说明：

①（甲）→（金）→（篆）→魚（隶）→鱼

（甲）→（金）→（篆）→車（隶）→车

②（甲）→（金）→（篆）→辵（隶）→辶

（甲）→（金）→（篆）→邑（隶）→阝（居右）

第一组是单符为文的独体字符，它们的简化是在维系“依类象形”的基础上逐步进行的。“鱼”的甲、金、篆字形都像鱼之形，具有可识的象物性，至隶书演变成为笔画化的方块字，后来再把由鱼尾形演变来的四点简为一横。字形虽逐步简化，但作为寓义于形的符号却始终承载着约定的语义。“车”字的甲骨文像有轴有辕有衡的双轮车，金文构形仅改变了字的置向，虽有很强的可识性，但确实太难书写了。至小篆就以部分代全体只保留了一个比较圆的车轮，隶书将线条改为笔画，后来再省简为 4 笔的“车”。基础字符不仅以少驭多层级合成了众多的合体字，而且在逐层累加的合成结构中分级体现了不同的表词功能。

第二组原是合文成字的合体字符，它们的简化是在减少构形层次的过程中逐步进行的。“辵”的甲骨文是以迈步（止→趾）于路（行）之构意以表行走义的，金文省去“行”的右旁，小篆把左右结构变为上下结构，隶书再笔画化为方块字，用于构字后再简化为偏旁辶。此字古今两端虽已面目全非，但其间的形变轨迹则十分清楚。“邑”的甲骨文是用人跽于“口”的构形来表示聚人之邑的，后用作义符而逐步简化为居右的阝，以此用指有关城邑、封国及姓氏的类意义，如邦都郡郊、郑邓邵郢等字。高频的合体字符大多通过减少构字层次而简化为更利构字的独体字符，并凭借造字理据的语义化而一脉相承地维系了字符的功能。现行高频字符一般都是笔画较少的独体字符了，

汉字是由数百个基础字符有理合成的符号系统，义符声符的系列类推简化是汉字简化的基本途径，类推简化字是简化汉字的主体部分。构字能力较强的义符、声符在历时的逐步简化过程中，不仅成为笔画较少愈利构字的独体字符，而且还通过义音化较好地传承了原有的造字理据。它们的类推简化，使汉字在保持原有表词功能与字式结构的基础上实现了系列简化，基本字符的类推简化有力地促进了汉字系统的优化。

二、近百年来的汉字简化历程

现代简化汉字的首倡者当推陆费逵（1886—1941）、钱玄同（1887—1939）两位先生。陆费逵先生率先呼吁简化汉字以利普及教育。他在1909年首先提出普通教育应当采用俗体字（即简体字）的主张，1921年又提出简化汉字的范围和减省笔画的方法。[①] 钱玄同先生是中国“两弹一星”元勋钱三强教授（1913—1992）的父亲，是他最早提出简化汉字的具体方案。他于1922年、1934年相继在国语统一筹备会上，提出了《减省现行汉字的笔画案》《搜集固有而较适用的简体字案》两个提案，进而在1935年主持编制了收字2400多个的《简体字谱》。在胡适、黎锦熙、刘复、蔡元培、陈望道、陶行知、容庚等著名学者的积极参与下，20世纪二三十年代兴起了一场研究和提倡简体字的运动，并推动民国教育部于1935年8月21日公布了《第一批简体字表》。此表计收324个简体字，是从钱玄同的《简体字谱》中挑选出来的。但在戴季陶等保守人物的极力反对下，半年之后即宣布“暂缓推行”而取消了。

新中国成立后，国家积极开展汉字简化工作。对于汉字如何简化，人们的认识是经历了一个过程的。最初较多地着眼于单字笔画的减省，甚至有人认为简化就是减少笔画；后来转而着眼于字式结构的改变，有人主张采用每个基本音节音只用一个声符的方法来改造形声字；汉字简化过去主要采取的是“约定俗成”“述而不作”的原则。约定俗成虽然有群众基础，但往往缺乏系统性和规律性，而偏重减少单字笔画则往往增加系统的部件而削弱了汉字的有理性。

沿着现行汉字也是一个以文组字的系统的思路，人们逐渐把目光集中到基本字符的规整上来。汉字经过数千年的演变发展，虽然在整体上还是具有历史传承性的有理性符号系统，但不合规律不合理的现象，不仅随处可见而且古已有之了。如何解决遵循系统规律与尊重约定俗成之间的矛盾，就自然成了汉字简化工作中的难题和重点。其实这是汉字规范中永远的难题与重点，唐代规范楷体字的“字样之学”，就是围绕着“从正”与“随俗”这对矛盾展开的。汉字的整理规范工作逐步形成了这样的思路：在宏观把握现行汉字构形系统的基础上，努力把简化有理与约定俗成结合起来，以更好地顺应汉字的形体结构简明化。

1956年公布了《汉字简化方案》，1964年公布了《简化字总表》，1986年重新发表了《简化字总表》。总表分为三个表，计有2235个简化字。这次汉字简化工作，是对20世纪初陆费逵、钱玄同以来近五十年汉字简化成果的历史

① 陆费逵《普通教育应当采用俗体字》，《教育杂志》创刊号，1909年；陆费逵《整理汉字的意见》，《国语月刊》第1卷第1期，1921年。

性总结，是统一国语推行白话文后的首次汉字规范。正如冯志伟先生（1939—）所言：“从总体上来说，汉字的演变是由繁趋简的。汉字简化反映了语言经济原则这个普遍规律。……这是我国推行简化汉字这一国策在科学上的依据之一。”①

从整体和大势来看，这批汉字的简化可谓有基础、有规律、有功绩，但也是有缺点的。

第一，这次汉字简化有着约定俗成的历史基础。《简化字总表》分三个表，其基本部分是第一、二表中的 482 个个体简化字；第三表的 1753 个简化字，是由第二表的 132 个简化字和 14 个简化偏旁类推出来的。482 个个体简化字，加上该表附录的习惯被看作简化字的 39 个异体字，计 521 字。李乐毅先生（1937—）考察了这 521 个个体简化字和 14 个简化偏旁的源头。现将其考察结果制成下列两个统计表：②

521 个个体简化字始见时代统计

始见时代	简化字		例字
先秦时期	68	13%	達/达　雲/云　豐/丰　穀/谷　網/网
秦汉时期	96	18%	寶/宝　書/书　壽/寿　禮/礼　辦/办
魏晋南北朝	32	6%	獲/获　膚/肤　竊/窃　襪/袜　亂/乱
隋唐五代	31	6%	龍/龙　蠶/蚕　塵/尘　盡/尽　種/种
宋辽金元	82	16%	邊/边　饞/馋　膽/胆　靈/灵　畫/画
明清时期	53	10%	賓/宾　歸/归　總/总　歡/欢　奪/夺
民国时期	59	11%	漢/汉　幣/币　讓/让　戲/戏　盧/卢
1949—1956	101	19%	華/华　勝/胜　躍/跃　郵/邮　風/风

14 个简化偏旁的始见时代与简化方法

始见时代	14 个用于类推的简化偏旁	简化方法
汉代	言/讠食/饣昜/𠃓　糸/纟　𤇾/龷　釒/钅睪/𠬤巠/𢀖	草书楷化
晋代	臤/〢又　臨/〢𠂉　𦥯/⺍　䜌/亦　咼/呙	草书楷化
当代	戠/只	同音代替

① 冯志伟《汉字笔划的统计》，何九盈等主编《中国汉字文化大观》，第 82—83 页，北京大学出版社，1995 年。

② 李乐毅《简化字源》，第 318—333 页，华语教学出版社，1996 年。

李先生考察发现，《简化字总表》的521个个体简化字中，80%以上的简化字是1950年代以前就“古已有之”多已流行而约定俗成的，其中源自先秦两汉的就多达164字，占31%；云、网等字形原本就是最初的写法。新中国成立后所造的简化字不过101字，还不到两成。14个简化偏旁有8个始见于汉代的竹简，有5个始见于晋代的书法，都是草书楷化而来的；只有“戠/只”来自于当代的同音替代。实际上，《简化字总表》把“俗体”改为“正体”，只是做了优选历代的通用简化字并使之规范化的普及工作。纵向看，国民政府教育部1935年公布的《第一批简体字表》计收324个简体字，其中与现行简化字相同或近似的就有288字，占88%。① 横向比，《简化字总表》中有三成多的字与台湾《标准行书范本》中的字相同或近似。② 可见，中国内地推行的简化字，八成是从历代通行的简体字中优选出来的，有着悠久的历史渊源与深广的群众基础。简化字笔画的减少使字形结构清晰，为人们的认读、书写带来了很大的方便。

第二，这次汉字简化顺应了汉字形体结构简明化的规律。汉字系统的基本成分是独体字，构字的基本方式是以文组字。因此，简化一个独体字充当的基本字符，不仅可以类推简化一批字，而且还能保持原有的字式结构和构形系统。作为一个符号系统，作为一种历史趋势，成系列地类推简化是汉字简化的主流。许长安先生（1936—）考察了482个个体简化字的简化方法，现将其考察结果制成下列统计表：

482个个体简化字的简化方法统计③

简化方法	简化字		例字
形声简化	128	27%	態/态　優/优　驚/惊　讓/让　護/护
简作会意	9	2%	體/体　蠶/蚕　眾/众　竈/灶　塵/尘
同音代替	99	21%	彆/别　幾/几　後/后　纔/才　齣/出
符号代替	33	7%	對/对　雞/鸡　風/风　轟/轰　饞/馋
部件省略	74	15%	寶/宝　聲/声　醫/医　飛/飞　虜/虏
草书楷化	139	29%	國/国　聯/联　壽/寿　齊/齐　長/长

这些通用于大陆的简化字，在港澳台地区也为愈来愈多的人所使用。例如

① 苏培成《〈第一批简体字表〉读后》，香港中国语文学会《语文建设通讯》第41期，1993年。

② 李乐毅《台湾〈标准行书范本〉出版十周年》，《语文建设》1990年第6期。

③ 许长安《实事求是地评价简化字》，《语文研究》1991年第1期。

"臺灣"二字，14画的"臺"以同音代替而简化为5画的"台"，25画的"灣"借偏旁类推而简化为12画的"湾"。这两个简化字在台湾地区不仅为愈来愈多的人用于手写，而且还愈来愈多地出现在印刷物中，就连台湾来信邮戳上"台北"的"台"，也用的是印刷体的简化字。

类推简化优化了系统结构。《简化字总表》计有2235个简化字，第一、第二表的482字是个体简化字，第三表的1753字是类推简化字。类推简化字是主要依靠义符或声符的简化来系列简化的。其中，釒→钅、言→讠、糹→纟、貝→贝、魚→鱼、鳥→鸟、車→车、門→门、馬→马、頁→页、飠→饣这11个现行常用义符的简化，一下就类推简化了1156个合体字，占2235个简化字的52%。2013年的《通用规范汉字表》再收入已为社会广泛使用的226个类推简化字，该表计有2546个简化字，简化字占通用规范字的31%。《通用规范汉字表》所收简化字的88%是类推简化字，其中对常用部首、义符的简化类推，既保持了原有的类联系，又维护了构形的系统性，简明易学而对应规律，是汉字简化中较为成功的部分。

声符简化改善了表音功能。叶籁士先生（1911—1994）指出："由于古今语音的变迁，许多形声字已经不起标音的作用。其次，有些声符能起标音作用，但是笔画太繁，简化字中的形声字改正了这两个缺点。"[①] 前者如幫→帮、遞→递、勝→胜、遲→迟、遷→迁；后者如癰→痈、犧→牺、籲→吁、藝→艺、優→优等。据许长安先生统计，482个个体简化字中的形声简化字有128个，其中省声者124字，形声皆省者3字（護→护、響→响、驚→惊），另有一个省形的"願→愿"。在这127个简化声符的形声字中，新声符与形声字在现行音上全同或仅调有异者76字，它们准确或较为准确地标示了形声字的读音。用笔画较少的现行同音字去取代不表音的声符或结构繁杂的声符，并以此系列类推，使不少形声字在简化中改善了声符的标音功能。且看两组例字：

賓→宾　bin：　bin 傧滨缤槟镔摈殡膑髌鬓。

䜌→亦　luan：luan 峦孪娈挛栾鸾脔銮滦，wan 弯湾塆，man 蛮，lian 恋，bian 变。

"賓→宾"这个字由14画减省为10画，简化后的"宾"部件常用结构简明。"宾"充当声符不仅使11个现行通用字随之类推简化，而且准确地标示了这些宾声字的现行音节音。"䜌→亦"这个声符由19画减省为6画，把繁杂的合体结构变成了易于构字的独体声符，一下类推简化了15个现行通用字。汉字形声字的声符多达一千多个，其构字能力远低于义符，其类推简化的的能

① 叶籁士《简化汉字一夕谈》，第22页，语文出版社，1995年。

力也是远低于义符的。但有的声符不表音、有的声符构形繁两个问题，确实在这场简化中得到了一定程度的改善。

类推简化应限于现行通用。《汉语大字典》的常务副主编赵振铎先生(1928—）告诉笔者说：当年《汉语大字典》所收的类推简化字，是以《简化字总表》所收字为准，是限制在《新华字典》的收字范围之内的。数以万计的汉字是几千年所用汉字的历史集合，其中大多数是历代的古汉语用字和异体字。对非现代汉语通用字作类推简化是不应该的，因为“这样生造出来的‘类推简化字’，历史上不曾有今后也难得用，是既无保存前提更无实用价值。如此类推简化造字，将会给当前的汉字规范和今后的‘书同文’平添不该有的麻烦。”①

顾小凤先生（1934—）指出，“计算机应用中的汉字规范问题已经成为汉字规范问题中一个新的重要方面”，指出与汉字有关的计算机软件应当成为规范用字的“表率”。② 其实，顾先生指出的汉字规范问题，即1980年代以来自行类推简化字的问题，不仅出在计算机字库中，而且也出在有些古籍简体版和大中型字典中。其自主类推简化出来的字为数不少，这些字既不是今天的规范字，也不是历史上曾有的字，居然被有的大型字典收入。在汉字规范化的大潮中出现这样的事，是令人遗憾的。尽管自主类推的个人或单位都有自己的理由，但国家规范必须由国家颁布，汉字的类推简化只能是政府行为；否则，人皆可以为仓颉。字典字库更应当成为规范使用汉字的表率，印刷物和字库中汉字的类推简化，应该圈定在现代汉语通用字的范围之内。

第三，这次汉字简化发挥了巨大而积极的社会作用。《简化字总表》中的2235简化字，除31个非通用字之外都收入了《现代汉语通用字表》，就是说绝大部分的简化字是现代汉语的常用字、通用字，它们的简化顺应了常用趋简的趋势。2235个简化字平均每字10.3画，所替代的繁体字平均每字16.1画，整整减省了三分之一的笔画，动态地看实际节省的功夫更多。这是新中国在文化建设上的一项基础工程。这项工程对于在一个贫穷落后的人口大国扫除文盲、普及教育所发挥的作用之巨大，是局外人很难想象得到的。现在回过头去看，这次汉字简化是有约定俗成的历史基础的，是顺应汉字简明化规律的，尤其是通过简化偏旁以类推简化成批汉字的作法，更是较为成功的。这项利国利民的文化建设工程，适应了广大群众易学便用的社会需求，在普及教育发展文

---

① 龚嘉镇《关于新时期汉字规范问题的思考》，《中国语文》2005年第6期。

② 顾小凤《计算机应用中的汉字规范问题》，李宇明、费锦昌主编《汉字规范百家谈》，商务印书馆，2004年。

化提高民族素质上，产生了巨大的积极作用和社会效益。

第四，这次汉字简化是有局限有缺点的。由于当时认识与技术上的局限，简化工作还比较缺乏对汉字系统的“通盘考虑”，过多地注重了单字笔画的减省和通用字数的减少。后来人们的批评和探讨较多地集中在这样几个问题上：借音同音近而合并的几十个一简对多繁的不对称字缺乏区别性，几十个充当声符的简化偏旁在类推简化时未能一以贯之而缺乏系统性，从传统简体字中采用的一些记号性部件缺乏理据性。需要指出的是，这三类有争议的简化字总共只有两百来个，不到简化字总数的十分之一。另外，1977 年发布的《第二次汉字简化方案（草案）》尚不成熟，后于 1986 年废止。《通用规范汉字表》针对这些问题和需求，编制了《规范字与繁体字、异体字对照表》。对照表逐一明确了规范字与繁体字、异体字之间的对应关系，分解了 96 组一简对多繁（一个规范字对应多个繁体字）的字际关系，从而大大方便了港澳台地区、国际社会与中国内地之间的汉字信息交流。

“常用趋简”而类推简化是汉字字形演变的历史趋势。中国内地推行的简化字只占现代通用字的三成，其中近九成还是易于掌握的类推简化字，简化方法有争议的字也不到简化字的 10%。就是说现代汉语通用字中有七成字是两岸共用的传承字，九成以上的简化字得到了人们的普遍认同。汉字简化的最优方法应该是立足构形系统，顺应常用趋简，规整基本字符，适当系统类推。从规整基本字符以适当系统类推来看，现行的义符、部首可谓基本到位，笔画繁多且构字较多的那些现行声符，当是今后规整的重点。

第四章　汉字的字频分布规律

一、字频词频的计量描写
二、字词应用的分布特点
①高频字词的覆盖率极高但数量有限
②低频字词的数量庞大但使用率极低
③用词用字时有变化但基本字词稳定
三、规律形成的历史必然
①单音词的发达促成了基本语素的集中
②汉字形义联系维护了基本语素的稳定
③常用语素字比基本语素更为集中稳定
四、汉字字频的统计单位

本章提要：字频与字形、字音、字义是汉字的四大基本要素。汉字的使用频率及其分布，直接体现了所记之词的使用价值与所记语素的构词能力，它不仅反映了汉字在执行交际功能时的统计性规律，而且从社会用字上客观地反映了汉语的构词规律。计算机技术的迅猛发展，有力地推动了计量语言学的长足发展。随着字频词频的深入研究，人们认识到汉字在多达七八万之多的表象后面，存在着一条极具应用价值的字频分布规律：汉语字词的社会应用很不平衡而集中两端，字种词种总数很多但常用字词高度集中而相当稳定。高频字词集中分布在高端，数量有限但使用率覆盖率极高；低频字词集中出现在低端，数量庞大但使用率覆盖率极低；字词的社会应用具有时代特征，但通用的基本字词则相当稳定。作为记录汉语的书写符号系统，汉字是以单音词为单位据义构形的。单音词的发达促成了汉语基本语素的集中，合成化使字语对应的单位发展为以语素字为主。汉字常用字的集中和稳定，主要是由汉语基本语素的集中和稳定所决定的；而汉字的表意性与多义性，则使汉字的常用语素字更为稳定更为集中。汉语汉字具有词多字（语素字）少以字构词而生词熟字的规律，这一规律体现了汉字作为交际工具的经济性原则，具有重要的认知意义与广泛的应用价值。

记录汉语的汉字是我们民族进行语文交际的重要工具，不同的字种在社会交际中的使用频次，是参差不齐很不平衡的，这种不平衡呈现出一种规律的分布。汉字的使用频率及其分布，直接体现了所记之词的使用价值与所记语素的构词能力，客观地反映了汉字在执行交际功能时所具有的统计性规律。质的分布规律是可以通过量的统计描写出来的。字频的统计分析就是对社会用字的计量描写，由此入手，可以深入认识汉字的社会用字规律，可以深入研究汉语的构词规律。

汉字历来被人认为字数太多而难以学习掌握。东汉的《说文解字》收字近万，2010 年出版的《汉语大字典》第二版（九卷本）收字 60370 个，即使普及到小学生人手一册的《新华字典》也收字 1.3 万个。冯志伟先生（1939—）指出：

> 传统的文字学认为，汉字具有形、音、义三个要素。但是，汉字作为记录汉语的符号，它必须作为一种交际工具而存在。在交际过程中，有的汉字使用得多些，有的使用得少些，呈现出一定的统计规律性。因此，从使用的角度来看，汉字还具有第四个要素——字频。①

字词的语用频率固然重要，但频率的分布更为重要，只有把频率与分布结合起来，才能更真实地反映语言文字使用的客观情况。

社会的发展需要人们加强基础研究，信息时代呼唤人们对社会的用字用词要心中有“数”。这个“数”，不仅包括古今汉语尤其是现代通用语层面上到底使用了多少字词、哪些字词，而且包括这些字词在语用频度上的分布规律以及在此基础上的分级定量。

一、字频词频的计量描写

用数学手段来研究语言已经有很长的历史了。早在 1890 年代，德国就开展了一项历时七年的语言调查工作，对大规模的抽样语料进行手工式的词频统计，由学者凯定（F. W. Kaeding）主持编写出了世界上第一部词频词典，即厚达 671 页的《德语频率词典》。② 但真正的计量语言学，则是随着电子计算机在 1946 年的问世而产生的，随着计算机技术的迅猛发展而得以长足发展的。

国内现代字频词频研究的首倡者是著名语言学家黎锦熙先生（1890—1978），他在 1922 年明确提出了对国语中的基本语词进行统计研究的主张。他认为：“我们要作一番客观的统计研究工夫，必须先从国语的本质上找出我们

① 冯志伟《现代汉字和计算机》，第 109 页，北京大学出版社，1989 年。
② 刘洪波《词频统计的发展》，《图书与情报》1991 年第 2 期。

语言中表示整个观念的真正单位来。这单位，有时用上就是‘单字’，有时却是数字联成的复音词。”①

著名教育家陈鹤琴先生（1892—1982）在几位助手的协助下，从六类语体文中抽取出554498字的语料进行统计，计得4261个字种，历时两年编成《语体文应用字汇》，于1928年出版。书中的《单音字汇（按次数排列）》显示，在样本中出现1次的字有574个，出现1000次以上的字有104个。出现次数最多的前十字降序排列如下：的、不、一、了、是、我、上、他、人、全，共计129526次，占全书总字量的23.4%。其中最高频的“的”字出现29592次，占全书总字量的5.3%。他说：

我们中国普通用的字汇究竟有多少？其中有……多少字是最通用的，那多少字是次通用的？那多少字是不常用的？那几多字是小学生应该学的？那几多字可作平民教育用的？这些问题虽关教育之普及甚重且大，然若没有精细的试验，缜密的研究断不能解决的。……在这些字之中，有的用的次数很多，有的用的次数很少。……次数愈小，字数愈多，次数与字数差不多成一个反比例。所谓次数就是指在以上554498字中，所遇见的次数。凡次数很少的字，他的用处和价值可以说是很小。次数很多的字，他的用处和价值可以说是很大。②

陈先生强调字频研究对于小学识字教学的重要性，最先指出：汉字的使用次数是不平衡的，具有“次数愈小”则“字数愈多”的反比分布特点，认为使用次数直接反映了字的语用价值。需要特别指出的是，陈先生从事这项研究的成果，是与美国物理学家贡东发现词频分布规律的同一年（1928年）出版的，是在美国语言学家齐普夫（1902—1950）提出齐普夫定律之前发表的。在九十年前能使用如此科学的方法，能有如此深刻的认识，实在难能可贵！

1970年代，为研制汉字信息处理系统而启动的“七四八”工程，组织两千多人开展手工汉字查频工作，历时两年多，于1977年编出了《汉字频度表》。后来又用计算机重新计算原始数据。复核结果是：2166万字的抽样语料计用5991个字种。该项成果后汇编为《汉字频度统计》于1988年出版。

电子计算机是20世纪最伟大的科技发明之一。它所引发的信息革命大大地改变了人类的生活，有力地推动了社会的发展，也有力地促进了语言文字研究的发展。正是计算机技术的广泛应用与计量语言学研究的迅猛发展，使汉语汉字的研究在1980年代出现了突破性的长足发展。这一突破是从利用计算机

---

① 黎锦熙《国语中基本语词的统计研究》，《国文学会丛刊》1卷1号，1922年。

② 陈鹤琴编《语体文应用字汇》，第1—12页，商务印书馆，1928年。

技术对字频、词频进行计量分析上展开的，并因此取得了一系列基础成果。最先完成的是《社会科学·自然科学综合汉字频度表》（1985 年）、《汉字频率表》（1985 年）、《现代汉语频率辞典》（1986 年）等成果。在这些成果的基础上，先后研制发布了《信息交换用汉字编码字符集·基本集》（6763 字，1981 年）、《现代汉语常用字表》（3500 字，1988 年）、《现代汉语通用字表》（7000 字，1988 年）等规范。这些分级定量的用字规范，有力地推动了社会用字的规范化。时至今日，把计算机技术与系统论方法结合起来，把计量分析与定性分析结合起来，已经成为汉语汉字研究中一种不可或缺的研究方法。

汉字汉语的字频词频研究取得了许多重要成果，现将其中的基础数据编制成五张表列示如下：

表一：商周古文字样本的字频分布统计①

断代样本		样本字量	单字数	100 次以上字			10 次以上字			一用字		
				数	%	覆盖率	数	%	覆盖率	数	%	覆盖率
商代甲骨文		58544	1657	100	6.0	79.2%	379	22.9	94.6%	616	37.2	1.1%
西周春秋金文		22536	1728	44	2.5	42.5%	358	20	84.4%	647	37.4	2.8%
战国文字	郭店楚简	11852	1235	19	1.5	37.0%	187	15.1	77.4%	513	41.5	4.3%
	睡虎地秦简	19400	1393	32	2.3	34.4%	338	24.3	78.6%	431	30.9	2.2%
	金文	16086	1777	28	1.6	34.1%	277	15.6	78.6%	836	47.1	5.2%

① 表一中的数据引自刘志基《中国文字发展史·商周文字卷》，第 12—13 页，第 31—32 页，第 89—96 页，华东师范大学出版社，2015 年。其中商代甲骨文的数据统计自《汉英对照甲骨文今译类检》（刘志基等主编，广西教育出版社，2006 年）、《殷墟花园庄东地甲骨》（中国社会科学院考古研究所编，云南人民出版社，2003 年）、《小屯南地甲骨》（中国社会科学院考古研究所编，中华书局，1980 年）。西周春秋金文数据统计自《商周青铜器铭文选》（马承源主编，文物出版社，1990 年）中的西周春秋器铭文用字。战国文字数据则分别统计自《郭店楚墓竹简》（荆门市博物馆编，文物出版社，1998 年）、《睡虎地秦墓竹简》（睡虎地秦墓竹简整理小组编，文物出版社，1990 年）、华东师范大学建立的“金文语料库”中的战国器铭文用字。

表二：若干古代文献的字频分布统计①

统计样本		总字量	单字数	高频字（累积覆盖前99%）				一用字	
				核心字		常用字		数	%
				50%	80%	90%	99%		
四库全书四部丛刊		790301003	30135	214	951	1755	5772	828	2.7%
27部先秦文献		1479007	8551	98	510	1000	3511	2127	24.9%
十三经		616328	6794	105	511	993	3501	1664	24.5%
前四史	史　记	572864	4932	108	470	868	2580	1017	20.6%
	汉　书	806263	5897	146		988	2820	1301	22.1%
	后汉书	687175	5581	187		1143	2970	1027	18.4%
	三国志	368183	4323	176		1069	2614	746	17.3%
四大名著	三国演义	485938	3928	146	546	936	2346	526	13.4%
	水浒传	681143	4185			975	2469		
	西游记	589331	4420			1012			
	红楼梦	729119	4384			756	2364		

表三：若干现代汉语样本的字频分布统计②

统计样本	总字量	总字种	高频字(累积覆盖前99%)				罕用字（使用1—10次）				
			50%	80%	90%	99%	始现序号	数	%	一用字	
										数	%
汉字频度表	2166万	5991	163	563	949	2430				345	5.8

① 表二中，《四库全书》《四部丛刊》的数据引自北京书同文数字化技术有限公司编《古籍汉字字频统计》，商务印书馆，2008年；朱岩《中国古籍用字字频与分布统计分析》，《国家图书馆学刊》2004年第3期。“十三经”的数据引自海柳文《十三经字频研究》，高等教育出版社，2011年。“前四史”的数据引自李波《史记字频研究》第53—56页，商务印书馆，2006年。27部先秦文献的数据引自覃勤《先秦古籍字频分析》，《语言研究》2005年第4期；覃勤《先秦古籍用字统计研究》，硕士论文，2003年。这27部先秦文献是：《尚书》《周易》《诗经》《楚辞》《论语》《老子》《墨子》《管子》《孙子兵法》《孟子》《庄子》《荀子》《商子》《韩非子》《公孙龙子》《尔雅》《左传》《国语》《战国策》《周礼》《仪礼》《礼记》《汲冢周书》《山海经》《吕氏春秋》《公羊传》《穀梁传》。《三国演义》的数据引自桑哲《〈三国演义〉字频研究》，博士论文，2013年。《西游记》《水浒传》《红楼梦》数据引自陈丹丹《四大名著字频研究》，硕士论文，2012年。

② 表三、表四中，2005—2014年度媒体用字用词数据，引自历年的《中国语言生活状况报告》，商务印书馆；此《报告》前5本为国家语言资源监测与研究中心编，后5本为教育部语言文字信息管理司组编。8套小学语文教材包括内地6套，港、台各1套。其用字数据引自《中国语言生活状况报告（2009）》下编，第440页，商务印书馆，2010年。12套对外汉语教材用字数据引自《中国语言生活状况报告（2006）》下编，第183—194页，商务印书馆，2007年。《汉字频度表》数据引自贝贵琴、张学涛汇编《汉字频度统计》，电子工业出版社，1988年。《汉字频率表》数据引自北京语言学院语言教学研究所编《现代汉语频率词典》，北京语言学院出版社，1986年。《综合汉字频度表》数据引自《社会科学·自然科学综合汉字频度表》，国家语委、国家标准局编《现代汉语字频统计表》，语文出版社，1992年。

续表

统计样本		总字量	总字种	高频字(累积覆盖前99%)				罕用字（使用1—10次）				
				50%	80%	90%	99%	始现序号	数	%	一用字	
											数	%
汉字频率表		181万	4574	116	507	908	2418				424	9.3
综合汉字频度表		1187万	7754	162	606	1057	2851				659	8.5
十年媒体年度用字报告	2014	10.08亿	11792	181	597	963	2443	7566	4226	35.8	1460	12.4
	2013	10.71亿	11408	179	597	963	2428	7460	3948	34.6	1484	13.0
	2012	10.62亿	10807	179	594	959	2405	7288	3519	32.6	1316	12.2
	2011	10.54亿	10590	178	593	957	2396	7159	3431	32.4	1285	12.1
	2010	10.13亿	10613	178	601	972	2431	7323	3290	31.0	1211	11.4
	2009	10.07亿	10204	179	602	970	2400	7107	3097	30.4	1125	11.1
	2008	9.92亿	9271	181	604	971	2384	6746	2527	27.3	996	10.7%
	2007	10.07亿	10123	176	595	964	2394	6976	3147	31.1	1212	12.0
	2006	9.79亿	9231	174	591	958	2377	6869	2362	25.6	845	9.2
	2005	7.32亿	8128	174	581	934	2314	6473	1650	20.3	592	7.3
教材	8套小语	100.6万	4372	117	584	1069	2632					
	12套对外	68.0万	4041	116	520	951	2310					

表四：2005—2014媒体年度样本的词频分布统计

统计样本		总字量	总词种	高频词（累积覆盖前90%）				低频词（累积覆盖后1%）			
				50%	80%	90%	用字	数	%	一用词	
十年媒体年度用词报告	2014	10.08亿	244万	560	4941	14304	2819	221万	90.6	122万	50.0
	2013	10.71亿	248万	545	4906	14040	2793	226万	91.1	123万	49.6
	2012	10.62亿	239万	539	4814	13719	2647	218万	91.1	118万	49.2
	2011	10.54亿	237万	536	4800	13656	2732	216万	91.1	117万	49.4
	2010	10.12亿	218万	536	4864	13672	2770	199万	91.3	106万	48.7
	2009	10.07亿	235万	594	4636	12517	2696	218万	92.7	124万	52.8
	2008	9.92亿	226万	595	4640	12490	2699	209万	92.5	120万	53.1
	2007	10.07亿	230万	571	4658	12676	2705	213万	92.6	120万	52.2
	2006	9.79亿	202万	532	4478	12207	2663	187万	92.6	99万	49.1
	2005	7.32亿	165万	558	4179	11213	2554	152万	91.8	87万	52.6

表五：2006 年媒体样本所用语词的词性分析①

词种的词性分类		2006 年媒体语料所用语词				2006 年媒体高频词（覆盖 90%）			
		词种	%	词次	%	词种	%	词次	%
语文词	普通名词	56386	2.72	15336 万	26.53	5373	0.26	13580 万	23.49
	动词	21850	1.05	14788 万	25.58	4599	0.22	13797 万	23.87
	形容词	7682	0.37	3171 万	5.49	1150	0.06	2873 万	4.97
	助词	76		4524 万	7.88	24		4522 万	7.82
	副词	1909	0.09	3915 万	6.77	573	0.03	3837 万	6.64
	介词	177	0.01	2591 万	4.48	75		2589 万	4.48
	代词	850	0.04	2584 万	4.47	211	0.01	2558 万	4.43
	数词	2653	0.13	1725 万	2.98	162		1686 万	2.92
	量词	784	0.04	1720 万	2.98	218	0.01	1693 万	2.93
	连词	274	0.01	1596 万	2.76	98		1587 万	2.75
	其他	14012	0.68	1067 万	1.85	392	0.02	667 万	2.75
	小计	106653	5.14	53017 万	91.72	12875	0.62	49389 万	85.45
专有名词	人名	798320	38.46	1411 万	2.44	435		323 万	0.56
	地名	303647	14.63	1350 万	2.34	461		1018 万	1.76
	机构名	737638	35.53	544 万	0.94	134		177 万	0.31
	时间词	124782	6.01	1268 万	2.19	463		992 万	1.72
	其他	4805	0.23	212 万	0.37	132		122 万	0.21
	小计	1969192	94.86	4785 万	8.28	1625	0.08	2632 万	4.55
合计		2075845	100%	57802 万	100%	14500	0.7%	52022 万	90%

注：表中语文词中的“其他”类，包括叹词、语气词、拟声词、词缀及成语、缩略语等。

以上各表中的成套数据显示，通过建设出土古文字、传世文献和现代真实样本的语料库，利用海量语料的数字化来进行字频词频的计量研究，取得了令人瞩目的丰硕成果。表中的每一项数据都来之不易，它是从事字频词频研究的学者多年勤奋努力的结果。表中的这些成套基本数据，展示了字词在交际应用中的分布特征，让我们在对汉语汉字的宏观研究中终于得以心中有“数”。

表中两项数亿字次级语料库所取得的古今宏观数据尤为可贵。一项是基于《四库全书》和《四部丛刊》的用字情况而编制的《古籍字频统计表》，一项是

① 表五中的数据引自国家语言资源监测与研究中心编《中国语言生活状况报告（2006）》下编，第 21—29 页，商务印书馆，2007 年。

基于媒体年度用字用语的情况而逐年编写的《中国语言生活状况报告》。前者是历时的静态统计，后者是共时的动态描写。

《四库全书》（文渊阁本）是清代乾隆年间官修的百科全书，它汇集了从先秦到乾隆以前的历代主要传世古籍 3460 余种，是中华传统文化最为丰富最具代表性的集成之作。《四部丛刊》是 20 世纪初由张元济先生（1867—1959）主持纂辑的 477 种中国古籍经典，计九千余万字，多为宋、元、明三代的刊刻本及精校名抄本。北京书同文数字化技术有限公司对文渊阁《四库全书》和《四部丛刊》的用字情况，进行了近乎穷尽式的统计（不包括字书、韵书中的罕见字），据此编制出了《古籍字频统计表》。这个统计表是按字频降序排列的，每个字都标出了在两部丛书中出现的次数及其累积覆盖率。中国浩如烟海的传世古籍所用汉字及其分布，因此表而有了量的认识。结合其他的古籍字频研究成果，现在已经有条件研制一份分级定量的《古汉语文献通用字表》了。这对于整理异体字、编制汉字谱系，对于学习古汉语、编写古汉语常用字字典，都是很有意义的基础工作。

教育部和国家语委在 2004 年成立了国家语言资源监测与研究中心。中心利用国家语言资源监测语料库对媒体的年度用字用语，对教育教材的用字用语等情况进行调查，从 2005 年开始逐年发布《中国语言生活状况报告》，至今已连续发表了十多个《报告》。其中关于报纸、广播电视、网络（新闻）用字用语的统计数据和调查报告，是对 10 亿字次级的年度真实样本进行动态计量分析的成果，宏观而即时地反映了中国内地现行通用语层面上用词用字的实际状况。这是一项有着重大学术意义和广泛应用价值的基础研究，其成套的宏观基本数据以及据此分析所得的学术认识，都大有益于语言文字的研究与应用。

二、字词应用的分布特点

社会的用字用词并不是等概率出现的，少数字词使用得非常频繁，而只出现一两次的字词又非常之多，这种分布的不平衡在汉语汉字的使用上表现得尤为突出。所谓高频字，就是使用率覆盖率极高而数量较少的常用字、通用字。所谓低频字，就是使用率覆盖率极低而数量庞大的罕用字、重出字（异体、俗体等）。《中国语言生活状况报告》在具体分析 10 亿字次规模的媒体年度语料时，实际使用了这样的划分标准：词语覆盖率达到前 90％的词为高频词（2012 年起把标准放大为 95％），覆盖后 1％的词为低频词；累计覆盖语料前 99％的字为高频字，使用 1—10 次的字为罕用字（初称“低频字”）。

样本字量多达数亿，所用词种多达数百万，但所用的字种比较少，尤其是覆盖语料99%的常用字更少。字频词频的深入研究，使人们不仅发现了汉语汉字“词多字少”这一长期熟视无睹的现象，而且认识到了汉语汉字在语文交际中字词分布的不平衡。字词应用的不平衡分布具有三个特点：高频字词的覆盖率极高但数量有限，低频字词数量庞大但使用率极低，字词应用具有时代特征但基本字词相当稳定。

（一）高频字词的覆盖率极高但数量有限

1980年，周有光先生（1906—2017）从当时不多的字频成果中，敏锐地发现了“汉字出现频度的不平衡规律”。后来他进一步提出为现代汉语用字“分级定量”的设想，并总结出“汉字效用递减率”。这些见解具有深刻的认知意义和重大的应用价值。周先生指出：

为了提高学字和用字的效率，教育用字要根据概率分级定量。……先要有一个现代汉语用字的范围，才便于进行分级定量。不分古今的分级定量是没有意义的。

汉字的使用频率是很不平衡的。……最高频1000字的覆盖率大约是90%，以后每增加1400字大约提高覆盖率十分之一。这叫做“汉字效用递减率”。……对现代汉语来说，大约7000个汉字在一般出版物中的覆盖率是十万分之九九九九九，此外不论多少汉字的覆盖率只有十万分之一。[①]

高频字词集中分布在高端，数量有限但使用率覆盖率极高。从2005—2014年的十个媒体年度统计数据来看，字词的使用分布具有很强的规律性，10亿字次媒体年度样本所用词种数量基本稳定在230万个左右，所用字种基本稳定在1万个左右。字种词种是随着语料的增加而增加的，但其中的高频字词保持着很强的稳定分布状态，到达一定的段位之后就不会随着语料的增加而同步增加了。表中的古今多套大数据显示，无论是古代文本还是现代文本，无论语料多达10亿计还是只有几十万，只要是共时的自然语料，100多个核心字就覆盖了50%的语料，600个核心字覆盖了80%的语料，1000个常用字覆盖了90%的语料，2500个常用字覆盖了99%的语料，3500常用字覆盖了99.5%的语料。这套立足于古今多套大数据的基本数据，应该就是汉字共时字频的“参数”，一套接近“常数”的“参数”。它客观地展示了高频字在共时语用中的分布格局，为现代汉语常用字的分级定量提供了客观的标准。

较大规模的汉字字频统计资料已有几十种之多，相比之下，汉语的词频统

① 周有光《现代汉字学发凡》，《现代汉语用字的定量问题》，《周有光语言学论文集》，第308页，第343—344页，商务印书馆，2004年。

计研究就发展得慢一些了。其中的一个重要原因，就是词语的切分使词频研究的难度远大于字频研究。《中国语言生活状况报告》的逐年研制，在较大程度上改善了这种状况。但是，年度《报告》多达10亿字的统计语料，是全部选自当年的报纸、广播电视、网络（新闻）所用的文章，具有很强的新闻政论语体的特点。其在用词上的最大特点，就是名词占比远高于其他门类的语料。从表五可知，2006年的媒体样本计用词种207.58万，其中的名词就多达202.56万，占全部词种的97.6%。覆盖语料90%的14500个高频词中，名词就多达6998个，占48.3%。这就直接造成了词种随语料增多而大幅增多的现象，例如2014年的样本比2005年的样本多3.76亿字，其总词种随之多了79万条，其覆盖语料90%的词种也增加了3191条而多达14304条，三项数据都增加了大约三分之一。

《现代汉语频率词典》统计了181万字的现代语料，其语料分别选自报刊政论、科普文章、生活口语和文学作品四大类，计得31159个词种。其中的"8000个高频词出现的频率占全部语料的95%以上。"[①] 统计样本如果语料均衡，其覆盖语料90%的高频词应该不会多到一万三四千个，因为高频词中的名词是不会多到占一半的。侯敏、杨尔弘先生概括得好：对语料的"覆盖率达到90%，汉语最常用的字词数量可以概括为一个四字格——'千字万词'"。[②] 这个认识对于小学识字教学和对外汉语教学，具有重要的应用价值。

语文词是语文交际中全民通用的基本词，又称普通词语，它因表义多为概指而具有通用、稳定、高频的特点。语文词也是一个随着社会发展的历时动态系统，但其中历时沉积下来的基本部分长期保持着通用、稳定、高频的状态，而新陈代谢的部分则记录了社会的发展。如造反、批斗、封资修等，随着文革的结束而退出了高频语文词，而改革、开放、互联网等，则成为1980年代以来的高频语文词，这些词语的消长就历史地反映了时代的发展。

覆盖语料90%的高频词种所用的字种，基本稳定在2700个左右，这些字一般都是高频字。如2010年度的高频词种使用了2770个字种，其中有2683个出现在年度用字总表的前3000位高频字中，其余的87字分布在3001位到3453位之间。[③] 正是社会用字的高度集中，在很大程度上缓解了汉字字种数量太多所带来的困难。至于《四库全书》的数据，则应另当别论，因为它是两千

① 常宝儒《现代汉语频率词典的研制》，陈原主编《现代汉语定量分析》，上海教育出版社，1989年。

② 侯敏、杨尔弘《中国语言监测研究十年》，教育部语言文字信息管理司组编《中国语言生活状况报告（2015）》，第23页，商务印书馆，2015年。

③ 《2010年中国语言生活状况报告》，教育部网，2011年。

多年间历代传世文献的用字统计。

商周古文字处于汉字系统发展的早期阶段，其发展程度的原始性在字频分布上表现为两个特点：一是用字过度集中两端，一是高频字集中度的历时下降。刘志基先生（1955—）指出，甲骨文字频中“最值得关注的是两端集中状况，即少数高频字占总字量的高比重和总字量中极低比重的低频字占单字总数的极高比重。”甲骨文样本中，31 个前高频字对近 6 万语料的覆盖率高达 52%，379 个前高频字的覆盖率高达 95%，1657 个单字中的一用字又多达 37%。甲骨文是巫史专用的占卜文献，其特定内容与程序用字是导致高频字过度集中的重要因素，卜辞中涉及的大量地名、祭名、人名等专用名词则产生了大量一用字。刘先生认为，甲骨文用字过度集中两端的现象，不仅体现了早期汉字记录语言的功能还比较低的不成熟性，而且从本质上反映了汉字以简驭繁记录汉语的经济原则。[①] 随着汉字系统的逐步成熟与汉字通用化程度的发展，高频字的集中度在历时下降中逐步趋于优化。

（二）低频字词的数量庞大但使用率极低

低频字词集中出现在低端，数量庞大但使用率、覆盖率极低。从表三、表四可见，低频字词的数量庞大，比重很大，但使用率、覆盖率都极低。在 10 亿字次级的现代通用语样本中，占总词种九成以上的低频词集中出现在覆盖率达到 99%之后的低端，占总字种三分之一的罕用字集中出现在覆盖率达到 99.99%之后的低端。在 10 亿字次级的年度样本中，出现 1—10 次的字，即出现率在亿分之一以下的字肯定是罕用字。这样的罕用字一般是在位序 7000 号以后才开始出现的。2013 年度的媒体样本总字量为 10.7 亿字，计用 11408 个字种，其中有 7478 个是《通用规范汉字表》中的字，这些字对全部语料的累积覆盖率达到了 99.99%。其余 3930 个表外字虽占总字种的 34.5%，却只覆盖了全部语料的 0.01%。[②] 这些覆盖语料 0.01%的表外字显然主要就是使用 1—10 次的罕用字。

李波先生在《史记字频研究》中较早提出并讨论了一用字问题。《史记》中只出现 1 次的一用字种有 1017 个，虽占全书总字种的 20.6%，但只覆盖了全书的 0.18%。[③] 从表二可见，在所列的古代传世文献中，一用字普遍占到文

① 刘志基《中国文字发展史·商周文字卷》，第 12—25 页，第 282—284 页，华东师范大学出版社，2015 年。

② 教育部语言文字信息管理司组编《中国语言生活状况报告（2014）》，第 245—250 页，商务印书馆，2014 年。

③ 李波《史记字频研究》，第 39 页，第 246—292 页，商务印书馆，2006 年。

本总字种的20%左右，甚至高达四分之一，在《三国演义》这样的白话小说中也占到了13.4%。即使在现代媒体10亿字次级的海量样本中，即使在出现率只有十亿分之一这样的条件下，一用字种也仍然高达10%左右。2013年度媒体样本中的一用字就有1484个，占总字种的13%；其累计使用次数在10亿字次级样本中的比重微不足道。一用词现象更为突出。从表四可见，每年媒体样本的总词种为230万个左右，其中居然有一半是一用词，它们只覆盖了全部语料的0.2%。如2012年度媒体样本中的一用词就多达118万个，虽占总词种的一半，但仅覆盖了语料的0.19%。①

在10亿字次级的现代媒体通用语样本中，覆盖语料后1%的低频词占总词种的九成，使用1—10次覆盖语料后0.01%的罕用字占总字种的三分之一。如此大量的低频词、罕用字究竟是些什么词什么字呢？《中国语言生活状况报告（2006）》中的《词语的词性调查》较好地回答了这个问题。该调查对2006年度媒体样本中的词语进行了词性分析，计得带词性的词种207.58万个，总词次为5.78亿次。其中的名词多达202.56万个，占总词种的97.6%；使用频次为2.01亿，占总词次的35%。②

但凡交际必有对象与话题，但凡句子多有主语与宾语，交际的对象与话题、句子的主语与宾语，都是主要由名词来充当的，词种中的名词自然占比最高。名词可大分为专有名词和普通名词。专有名词表示的是某个特定的人、地、机构、时间等的专指名称；普通名词则是表示某类人、某类事物或抽象概念的概指名称，普通名词一般属于通用高频的语文词。从表五可见，占总词种95%的197万个专有名词，其使用频次仅占总词次的8%；而占总词种5%的10万个语文词，则占总词次的92%；尤其是占总词种0.6%的1.3万个高频语文词，其使用频次竟然占到总词次的85%。尽管如调查者所说，由于学术的分歧和技术的局限，所用软件的词性自动标注还存在着一些差错，“因此本调查结果仅起参考作用”，但这种研究方法与认识思路是正确的。其所得具体数据以后肯定会被修正，但所展示的语文词与专有名词在语用中的分布格局，则基本可信而很有价值。因为它合理地解释了这样一个现象：12卷《汉语大词典》收古今语词37万多个，第六版《现代汉语词典》收现代语词6.9万多个，为什么媒体通用语的年度用词竟然多达200多万个？原来这200多万词种

① 教育部语言文字信息管理司组编《中国语言生活状况报告（2013）》，第199页，商务印书馆，2013年。

② 国家语言资源监测与研究中心编《中国语言生活状况报告（2006）》下编，第21—29页，商务印书馆，2007年。

中，有一半是一用词，九成是累积覆盖后1%的低频词；有95%是专有名词。在社会的语文交际中，偶见低频的专有名词虽然多到“无限”，但常用高频的基本语文词是相当集中相当稳定的。学习汉语，重在掌握基本语文词。

表中十年来媒体用字用词的宏观数据表明，在10亿字次230万词种1万字种的媒体年度样本中，占总词种九成以上的210多万个低频词，其对全部语料的覆盖率只有1%；占总字种三分之一的3千多个罕用字，则只使用了1至10次的字，仅覆盖了语料的0.01%。这些低频词主要是记录人、地、机构、时间等特定名称的专有名词；而大量的罕用字则一般是记录人名、地名的专用字，还有的是因古文引用或文物介绍而出现的。低频字词的出现具有很大的偶然性，虽数量庞大但使用率覆盖率都极低，它们对字频词频的分布格局影响不大，它们对通用层面的语文交际作用甚微。

历年媒体样本的语料中，还出现了繁体字、异体字、旧印刷字形、不规范的类推简化字、旧计量用字、方言字、日本汉字等，字种数量与使用频次都还不少。如2007年度的这类字就多达1675个，占当年总字种的16.5%；它们“出现在用字总表的2871位以后，即出现在覆盖率达到95.51%之后。”[①] 这组数据从字种、字频上，反映了报纸、广播电视、网络（新闻）等媒体用字不规范现象的实际状况，值得重视。着眼字种统计而言，除去出现在引用、该用等语境者外，这些字主要就是已有正字的重出字。

刘又辛先生（1913—2010）指出：“收在字典里的汉字，是历史的堆积物。……我们今天保存的大量汉字，就是一大堆上下数千年的堆积物。”[②] 8卷本《汉语大字典》收字54678个，1996年出版的简编本删去了其中没有典籍用例的字头，则只收21000个了。删去了的那3.3万多字，就是连用例也找不到的“死字”。我们应该认识到，在数以万计的现存汉字中，除去没有用例的“死字”和古汉语用字之外，还有大量同字异形的异体字，大量记录专用名词而不能通用的专用字。汉字的总量随着时代的发展一直在增加，但其中的通用字是一个相对稳定的动态系统，每个时代的通用字大致保持在六七千左右。至于个人的用字量，即使是学者、作家也一般不过三四千而已。

（三）用词用字时有变化但基本字词稳定

字词的应用随着时代发展而变化，但通用的基本字词相当稳定。文字是记

① 国家语言资源监测与研究中心编《中国语言生活状况报告（2007）》下编，第9页，商务印书馆，2008年。

② 刘又辛《“右文说”说》，华中工学院《语言研究》1982年第1期。

录语言记录文化的符号，社会的用词用字客观地记录了当时的社会生活，因而有着鲜明的时代特征。社会的用字用词虽具随机的动态性，但与人们生活密切相关的基本词，则使用频繁最为稳定，记录这些基本词的常用字亦随之高频通用而具有更强的稳定性。

先看高频字词在现代应用中的稳定性。

媒体年度样本共用字词变化的计量比较分析①

比较内容		共用词种				共用字种					
比较时长	比较年度	全部词种中		覆盖90%的高频词中		全部字种中		前3500高频字中		覆盖99%的高频字中	
两年	2011—2012	86万	36%	12843	94%	9241	85—87%			2364	98%
五年	2005—2009	33万	14—16%	9933	78—81%	7257	71—78%	3358	96%		

注：2005年度样本的总字量要比其他年度样本少2亿多字次，因此该年共用字词所占百分比未列入表中。

表中数据显示，2011—2012两年共用词种仅为36%，2005—2009五年共用词种只有一成多。换言之，今年所用的词种有三分之二与去年不同，有八成多与五年前不同了。这看起来简直不靠谱，但统计的数据并没有错，只是这个指标反映的不是本质而是表象。词种字种是随着语料的增加而增加的，样本越大，词种字种越多，增加得最多的是低频词、罕用字。从表三、表四可见，2005年样本的总字量比其他九年的样本要少2亿多字，其低频词、罕用字亦随之比其他样本少了许多。在10亿字次规模的媒体年度样本中，占总词种九成以上的210多万个低频词是集中出现在后1%段位的，年度间词种的变化也是集中出现在这个段位上的。这些低频词、罕用字一般就是记录人名、地名等的专有名词与专用字，它们的随机出现具有很大的偶然性。在全部字词中比较共用字词的变化，其实就是比较偶见性低频字词的变化。这样的比较只会推出不靠谱的结论。

测量社会用词用字变化的主要指标，不在低端而在高端，不在词种字种数而在其覆盖率。覆盖率集中反映了字词在语用中的使用频率与分布格局，只有高频字词中共用字词的历时变化才客观地反映了社会用词的变化，因为1.3万个高频词覆盖了整个语料的90%，2500个常用字覆盖了整个语料的99%。从

① 表中2011—2013年度的数据，引自教育部语言文字信息管理司组编《中国语言生活状况报告（2013）》，第194—202页，商务印书馆，2013年。2005—2009年度的数据，引自国家语言资源监测与研究中心编《中国语言生活状况报告（2009）》下编，第15—26页，商务印书馆，2010年。

表中可见，相邻两年共用的高频词高达94%，共用的高频字高达98%；五年共用的高频词亦占八成，共用的高频字高达96%。这些共用的高频字词在对语料的覆盖率上占有绝对的优势。每年新增的高频字词记录和反映了社会关注的热点事件，但不少新增高频字词具有来得快也去得快的特点。如2008年发生了汶川大地震，“汶”遂随之成为当年的高频字词。2013年持续的雾霾严重地污染了环境并激发了社会的环保意识，“霾”因此成为当年的高频字词。“汶”字不久就退出了高频字，真希望“霾”也尽快退出高频词。《中国语言生活状况报告》指出：“高频词语（覆盖率达到90%的词语）使用具有很强的稳定性。年度间词种数的变化很大，但年度间高频词语的差别不足1000条。”[1] 2011—2012两年共用的高频词高达94%，只有813/876个词不同。高频字（覆盖率达到99%的字）更为稳定，2011—2012两年共用的高频字高达98%，只有32/41个字不同。

再看通用字词在古今沿用中的稳定性。国家语委的现代汉语平衡语料库中，列有两个语料库字频表。一个是基于2000万字语料的《现代汉语语料库字频表》，一个是基于1500万字语料的《古代汉语语料库字频表》。现将两表中的前100高频字种作一个分析比较。[2]

《古代汉语语料库字频表》与《现代汉语语料库字频表》前100高频字种的比较

词类	《古代汉语语料库字频表》	《现代汉语语料库字频表》
	前100字种覆盖1500万字语料的38.2%	前100字种覆盖2000万字语料的41.9%
名词	人子天中事时心后里公家地，道日王言山将师今君故处门夫军书风前文意方/32	人子天中事时心后里公家地，国主经方工面所理体时物法性民力本部义样/31
动词	是有得如来上说作下去生可行出能，曰为了见知问云相若使至当从欲已/30	是有得如来上说作下去生可行出能，要到会学发对成用过动分种现同产起进还定从化等把看/39
形容词	大多长，明太/5	大多长，小好/5
代　词	自我他这，之其何此/8	自我他这，们那你/7
助　词	的，也者所/4	的，了着之然/5
介　词	以在于，与/4	以在于，为/4
副　词	不，无只又未亦皆/7	不，就也都/4

① 《2007年中国语言生活状况报告》，教育部网，2008年。
② 引自教育部语言文字信息管理司网站上的现代汉语平衡语料库。

续表

连　词	而，则然/3	而，和/2
数　词	一，十二三/4	一，/1
量　词	个年，月/3	个年，/2

注：前表中的繁体字已转化为简化字，表中的兼类词放在使用率较高的一类。逗号前是古今皆在列的字。

这两个字频表中的前100高频字，其实就是古今汉语中使用频次最高的前100常用词，就是古今汉语中表示最基本的语义概念、最基本的语法关系的前100核心语素，它们分别覆盖了古今汉语中40%左右的自然语料。这是汉字研究尤其是应用研究，应该十分重视的事实。古今比较可以发现，现代汉语发展得更为丰富更为准确更具表现力了。但一个基本的事实是：覆盖1500万字古代汉语语料近四成的这100个最常用字，至今仍然全部是现代汉语的常用字。在这两个前100高频字比较表中，古今皆在列的有人、有、大、我、不、于、而、一等48字，另有曰→说、见→看、至→到、欲→要、此→这、皆→都等文白对应者6组。汉字中表示基本概念的常用字，不仅具有很强的稳定性传承性，而且坚持在传承中有所发展逐步完善。这一特质尤其值得重视。

海柳文先生把《十三经字频总表》与《社会科学·自然科学综合汉字频度表》中的前三千高频字进行比较。发现"十三经"所用6794个单字中，有2253个是三千现代高频字中的字；其中累积覆盖"十三经"50%的105个前高频字中，有103个仍然是现代汉语的常用字。①

王立军先生（1965—）从司马光、洪适等5位两宋文人的作品中，选取各种文体的20万字的宋版雕楷语料，从中归纳出4856个单字，其前3000字对20万字语料的覆盖率达到98.38%；台湾罗凤竹先生从16401首宋诗的106万字语料中，归纳出4520个单字。二者合并去重计得5100多个单字，认为宋代的文本用字量当在5000字左右。王先生把宋代文本用字的前2500字与《现代汉语常用字表》中的2500常用字进行对比，相同的字竟多达1809字，宋代文本中最常用的2500字中有72.4%的字仍然是现代汉语中的最常用字。②

有的学者将古籍用字与现代汉语字表的收字进行比较，以此来研究古代用字在现代用字中的流向，这类选题颇有意义。③ 现将有关成果的主要数据制表

① 海柳文《十三经字频研究》，第45—47页，第102—106页，高等教育出版社，2011年。

② 王立军《宋代雕版楷书构形系统研究》，第21—22页，上海教育出版社，2003年。

③ 王庆绣《〈古文观止〉用字初探》，《聊城大学学报》2011年第2期；陈丹丹《四大名著字频研究》，曲阜师范大学硕士论文，2012年；桑哲《〈三国演义〉字频研究》，曲阜师范大学博士论文，2013年。

列示如下：

《古文观止》《三国演义》及四大名著用字流向统计

古籍用字的现代流向			收入《现代汉语常用字表》		收入《现代汉语通用字表》		《现代汉语通用字表》未收	
文　本	总字量	字种数	字	%	字	%	字	%
古文观止	106890	3846	2512	65.3%	3607	93.8%	239	6.2%
三国演义	485938	3928	2857	72.7%	3819	97.2%	109	2.8%
四大名著	前1500高频字种		1413	94.2%				

《古文观止》是清康熙年间吴楚材、吴调侯选编的一部供学塾使用的古文启蒙读本。所选之文上起先秦而下至明末，多为历代传诵的经典名篇。《三国演义》是我国第一部古典长篇小说，它是在史学著作基础上创作的讲史话本，其“文不甚深，言不甚俗”的白话已较为接近现代汉语。表中数据表明：《古文观止》《三国演义》两书中六七成的字种被收入《现代汉语常用字表》，九成以上的字种被收入《现代汉语通用字表》；四大古典白话小说（《三国演义》《水浒传》《西游记》《红楼梦》）中使用次数最高的前1500个高频字中，有94%的字仍然是现代汉语常用字。这说明汉字中的通用字具有相当强的稳定性和传承性。

“十三经”、《史记》、宋代文本、《古文观止》、四大名著等古籍用字与现代汉语用字的比较表明，古今用字虽然随着社会的发展而有较大的变化，但记录语文词语和基本语素的通用字则大多沿用而相当稳定。似乎可以这样说：古代文献中九成左右的古汉语常用字，至今仍是3500个现代汉语常用字中的字。

随着字频词频研究的深入开展，人们逐步认识到了“词多字少”现象的实质。所谓“词多字少”，就是汉语的词种虽然很多，但构词的基本语素相当集中相当稳定，记录基本语素的常用汉字更为集中更为稳定。汉语构词研究和汉字用字研究由此别开生面，围绕“词多字少”而展开，利用“词多字少”而逐步深入。

透过“词多字少”的现象，人们发现汉字在总数很多这一表象后面，存在着一条极具应用价值的统计学规律：汉字在语用中的字频分布很不平衡而集中两端，集中于高端的高频字量少、常用，覆盖率高达99%，集中于低端的罕用字量大、少见，覆盖率极低，这一字频分布规律体现了汉字作为交际工具的经济性原则。它有两个基本特点：一是汉字的单字数量多到数以万计，但全民通用的常用字高度集中；二是汉字的社会应用具有时代特征，但记录基本语素的常用字相当稳定。要而言之，汉字字种的总数很多，但常用字高度集中而相当稳定。

诺贝尔物理学奖得主杨振宁教授（1922—）说：“我想在基本科学里头的最深的美，最好的例子就是牛顿。100 万年以前的人类就已经了解到了有这个，一天太阳东边出来西边下去的这个规律。可是没有懂的是什么呢，是原来这些规律是有非常准确的数学结构。……这种美使得人类对于自然有了一个新的认识，我认为这个是科学研究的人所最倾倒的美。”① 杨振宁教授说得多好啊！科学理论注重对简单与美的追求。随着计量语言学的深入开展，汉语构字构词上以少驭多层级合成的生成机制，汉语用词用字很不平衡高度集中的分布规律，也可以用成套的参数予以量化说明了。

三、规律形成的历史必然

美国达特茅斯学院在 1956 年举办了人工智能夏季研究会，人工智能（AI）由此诞生。智能，原本指人类的智慧和能力；所谓人工智能，指的则是类似人类智能的机器智能。人工智能现已成为又一次改变信息社会格局的尖端技术科学，它着重研究如何运用计算机技术去模拟、延伸和扩展人类的某些智能行为，以实现机器智能。美国的诺贝尔经济学奖获得者托马斯·萨金特（1943—）认为：“人工智能其实就是统计学……所有的人工智能利用的都是统计学来解决问题。”② 华为技术有限公司的任正非先生（1944—）指出：“在人工智能背后有座统计学的大山。……国外计算机统计学就是人工智能。”③

算法、算力和数据是人工智能的三大要素。更新算法、加强算力的目的，无不是为了提高数据处理的能力；而数据处理的基本原理，就是统计学原理。人工智能就是运用深度学习的更新算法，利用计算机的超强计算能力，去处理海量的大数据。我们已经进入大数据时代，人工智能的核心在于能够模拟人脑的某些运行机制，自发地分析数据以总结规律并自动优化，其所立足的基本逻辑就是统计学的原理。即收集相关数据进行计量分析，从中归纳出要素的分布结构与宏观的发展趋势，从而或寻求动态宏观上的最优决策，或寻求应用技术上的更新突破。总之，人工智能的本质在于对人脑思维之信息过程的模拟，它是一门边沿学科，统计学原理是人工智能的基础原理。

---

① 转引自刘磊《杨振宁：盛名之下》，《人物》2017 年 6 月号。

② 《诺奖得主：人工智能就是统计学》，澎湃新闻网 2018 年 8 月 14 日。

③ 《任正非：一个国家的强盛，是在小学教师讲台上完成的》，央视新闻客户端 2019 年 5 月 22 日。

需要指出的是，在经济学、语言学等社会科学领域里，人们不仅需要发掘出事物的统计性规律，而且还应该探究其规律形成的历史必然性。

“理者，物之固然，事之所以然也。”① 清初哲学家王夫之（1619—1692）认为，“理”不仅在于“物之固然”，而且在于“事之所以然”。这个认识具有方法论的意义。探求事物的客观规律，既应把握其“固然”的统计学特点，更应认识其“所以然”的动力性原因。通过对大量古今字频统计数据的分析研究，初步认识了汉字在语用中的字频分布规律，进一步的工作就是从汉字记录汉语的关系上，去探究这一规律形成的历史必然性。

汉字是记录汉语的书写符号系统，汉字在语用上的字频分布规律其实就是汉语的构词规律在社会用字上的反映，因此，讨论汉字的社会应用不能不讨论汉语的构词规律。汉语构词之要，无外乎构词材料与构词规则，主要集中于基本语素与构词模式。宏观地考察现代汉语词汇的语用状况，可以概括出四个特点：高频的单音词，大量的合成词，能产的基本语素，意合的构词模式。要而言之，现代汉语词汇系统就是一个以单音词为核心、以双音词为主体再辅以一些多音节词的球形层级结构。

（一）单音词的发达促成了汉语基本语素的集中

汉语单音词的发达，不仅表现为它在古今汉语中的使用频率都占压倒优势，而且表现在它兼职充当基本语素而具有极强的构词能力。这种一体两用地以根词兼作词根的特质，使单音词变得特别简明、高效、经济，由单音词充当的基本语素因此而相当集中。

汉语的单音词发达，单音词在汉语中的地位重要。单音词在汉语中的地位经历了一个历史发展的过程，这个过程是可以用计量描写的方式展现出来的。现选取先秦文言文、明代白话文和现代汉语有关样本的统计数据，用计量描写与历时比较的方式来讨论单音词的历史发展。

春秋的《论语》与战国的《吕氏春秋》，是先秦的代表文献。明代冯梦龙（1574—1646）所编“三言”（《喻世明言》《醒世恒言》《警世通言》），是以宋元时期的话本和拟话本为底本，改编创作的白话短篇小说集。《现代汉语频率词典》对181万字次四大类现代汉语语料的统计分析，《中国语言生活状况报告》对10亿字次级媒体年度用字用语的调查分析，较为客观地展示了现代社会用词的使用频率与分布情况。现将有关统计数据进行统一加工后，制表列示

① 清·王夫之《张子正蒙注·卷五·至当篇》，《张子正蒙注》，第168页，中华书局，1975年。

如下：①

单音词在历代文献中的动态分布及其历史走向

样本		总字量	总词种	总词次	类型	词种		词次			对语料覆盖率
						个	%	次	%	均次	
先秦文言	论语	15962	1479	13528	单音词	1150	78	12690	94	12	79.5%
					复音词	329	22	838	6	3	20.5%
	吕氏春秋	101005	3992	85565	单音词	2844	71	81400	95	30	80.6%
					复音词	1148	29	4165	5	4	19.4%
明代白话	三言	102 万	38752	76 万	单音词	3868	10	539344	71	139	53.1%
					双音词	27787	72	200477	26	7	39.5%
					多字词	7097	18	21181	3	3	7.4%
现代汉语	现代汉语频率词典	181 万	31159	131 万	单音词	3751	12	845366	64	225	46.8%
					双音词	22941	74	451048	34	20	49.9%
					多字词	4467	14	17990	2	4	3.3%
	2010 年高频词	10.1 亿	覆盖语料 95%		单音词	2760	11	2.56 亿	47	92881	42.6%
			25546	5.49 亿	双音词	18322	72	2.73 亿	50	14925	45.5%
					多字词	4464	17	0.19 亿	3	4320	3.2%
	4 套义教《语文》	1592453	50670	1077363	单音词	3670	7	626439	58	171	39.3%
					双音词	33010	65	405386	38	12	50.9%
					多字词	15933	28	45538	4	3	9.8%

注：表中的“多字词”特指由三个及三个以上汉字构成的复音词。

表中的成套数据客观地反映了单音词在汉语中的动态分布与历史发展。上古汉语以单音词为主，单音词不仅在静态的词种数量上占绝对优势，而且在动态的使用频率上占比更高。就《论语》《吕氏春秋》来看，先秦文献中的单音词一般占总词种的七成多，其使用频次占总词次的九成以上，对文本的覆盖率

① 表中《论语》、《吕氏春秋》的数据引自伍宗文《上古汉语复音词研究》，第 362 页，第 371 页，巴蜀书社，2001。“三言”的数据引自周飞《“三言”词汇统计研究》，广西师范学院硕士论文，2012 年。《现汉频率词典》的数据引自北京语言学院语言教学研究所编《现代汉语频率词典》，第 1489 页，北京语言学院出版社，1986 年。“2010 年高频词”的数据引自郭曙纶、马玄思、李开拓《基于〈中国语言生活状况报告〉的字与词对比研究》，《北华大学学报》第 15 卷第 3 期，2014 年。郭文是对《中国语言生活状况报告》成果的再开发研究。《2010 年媒体高频词语表》由覆盖语料 95%的高频词组成，但删除了其中的时间表达式、数字表达式和专有名词，故而其余 25546 个语文词的覆盖率只有 91.3%。“4 套义教《语文》”的数据引自苏新春《基础教育语文新课标教材用字用语调查》，国家语言资源监测与研究中心编《中国语言生活状况报告（2007）下编》，第 437—474 页，商务印书馆，2008 年。

在80%左右。构词合成化在明代已经发展得相当充分了，“三言”中的单音词只占文本总词种的一成，其使用频次占总词次的七成以上，对全书的覆盖率超过了50%。《现代汉语频率词典》与2010年度媒体高频词的数据显示，现代汉语中的单音词虽只占总词种的一成多，但它对语料的覆盖率仍高达40%以上。“4套义务教育《语文》教材”的数据说明，单音词在少儿读物中的使用频次占比更大。

教育部、国家语委2008年发布的《现代汉语常用词表（草案）》收常用词56008个，其中有3187个单音词。① 单音词为单音节所限，其词种不会随统计样本变大而同步增多，但它在高频段位的分布优势令人瞩目。2009年度媒体样本为10.07亿字，计使用了235万个词种，其中覆盖语料90%的高频词有12517个，覆盖语料50%的高频词有594个。现将笔者查检《2009年度媒体高频词语表》所得结果制成下表：②

2009年度媒体高频词的动态分布与静态占比

高频词	动态分布					静态占比	
累积覆盖率	10%	20%	30%	40%	50%	词种	%
单音词	6	31	79	137	228	2047	16%
双音词		4	31	140	362	8914	71%
三音词					4	1236	10%
4—8音节词						320	3%
合计	6	35	110	277	594	12517	100%

表中数据说明，双音词在高频词种的静态数量上已占比七成，但从覆盖10亿字语料50%的前594个高频词的分布来看，单音词在高频段位上具有明显的优势。累积覆盖语料到20%的高频词有35个，其中不仅有31个单音词，而且是在第28位上才开始出现双音词的。累积覆盖语料到40%的段位，单音词与双音词尚处于对半开的态势。直到累积覆盖语料50%的段位，双音词才开始多于单音词。

随着新词的涌现和构词合成化的发展，复合词在词种数量上早已占八成多了，但我们也只能有前提地说：现代汉语词汇在词种数量上是以双音词为主的。因为单音词在汉语中的地位实在太重要了。动态的词频分布较之静态的词

① 《现代汉语常用词表》，第2页，语文出版社，2008年。

② 《2009年度媒体高频词语表》，国家语言资源监测与研究中心编《中国语言生活状况报告（2009）》下编，第11页，第171—179页，商务印书馆，2010年。

种比重，无疑更为客观地反映了语词使用的真实状态和语用价值。

随着构词的合成化，原本主要记录单音词的汉字主要用于记录单音节语素了，这样的语素应该就是单字语素。汉字所记语素构词能力的大小，因而成为不同单字相与区别的本质属性。常宝儒先生分析说：在《现代汉语频率词典》所统计的181万字的语料中，“构词能力在100条以上，出现字次在1000次以上的前70个字，它们参与构成的词条总数达到11133条，占不同词条总数的35.7%。能力强得惊人。……再往下扩展分析，构词能力在10条以上的字共1689个，累计字次达到91%强，构词能力也达到不同词条数的90%以上。”①

单音词的高使用率、高覆盖率与在高频段位上的分布优势，它兼职充当基本语素时的高构词能力，正在为愈来愈多的人们所重视，现代汉语中最基本、最常用的高频词仍然是单音词。

汉语单音词发达的事实应当重视，汉语单音词何以如此发达的原由值得深究。任何一种语言在词的使用上都具有不平衡性，都历史地形成了自己的基本词汇。基本词汇所表示的是人际交流中必不可少的语义要素，是与人类社会生活密切相关的基本概念，这些词因其“基本”而全民通用而长期稳定而成为构造新词的基础。基本词汇的核心部分是根词，根词最能反映出语言的本质特点。各种语言都有自己的根词，汉语的根词因由单音词充当而尤为发达，颇具特色。

汉语的根词都是单音词。上古汉语以单音词为主，单音词不仅是汉语词汇的源头与基础，是词汇系统的核心与语法系统的基点，而且是汉字产生的语言基础，汉字就是以单音词为单位据义构形的表意文字。随着构词合成化的发展，字语对应的单位亦由以词字为主发展为以语素字为主。这是认识汉语汉字的基本出发点。

第一，充当根词的单音词一般是表示基本类属概念的通用词。“方以类聚，物以群分。”（《易传·系辞上》）华夏民族的思维方式特别注重类的集合与区分。在适应汉语发展需要的漫长演变过程中，所有语词都经受了优胜劣汰的历史选择，只有表示基本类属概念和基本语法关系的词才最终沉积为通用稳定的根词。

第二，充当根词的单音词除叹词、象声词之外，一般都是内涵丰富的多义词。汉语词义演变的基本方式是义的引伸，汉语汉文化的悠久完整，为语词特别是根词的词义引伸提供了跟随社会发展的历史大环境，从而使历时的引伸义

① 常宝儒《现代汉语频率词典研制》，陈原主编《现代汉语定量分析》，第56页，上海教育出版社，1989年。

列沉积而为共时的一词多义。

第三，充当根词的单音词除少数只能单用为词之外，一般就是构词能力最强的词根，是汉语中的基本传承语素。汉语词汇中的传承语素具有能产性、类聚性和稳定性的特点。在缺乏形态变化而以句法构词为基本构词方式的特定条件下，汉语中现成的根词天然地兼职或专职地成为词根，使用率最高的基本词通过职能的转变而成为构词力最强的基本传承语素。

总之，充当根词的单音词是汉语词汇中最基础、最稳定、使用率最高、构词力最强的词。它单音多义信息量大，通用稳定生命力强，既高频为词又高产构词，汉语单音词这些简明经济的优势，不仅决定了造句平面上基本词的相对集中，而且决定了构词平面上基本语素的更为集中。这就是汉语语词虽多而基本语素相当集中的原因。

（二）汉字的形义联系维护了汉语基本语素的稳定

汉字自产生之日起就与汉语建立起了紧密的协同联系，它历史地顺应了汉语的需求，也能动地促进了汉语的发展。汉字不仅以单音词为单位据义构形，并随着构词合成化由词字发展为传承的语素字，而且通过形声化建立起系统的形义联系，帮助汉语书面语发展成为通古今通方言的书面共同语。汉语正是依靠汉字的形义联系才更多地保留了传承语素及其语义基因。

合成词是不同语素按一定语法关系结构而成的，其词义当然不是语素义的简单相加。有人举望文生义的例子，来说明语素义与合成词义之间没有多大关系。其实望文生义的情况确实存在，但所占比例较小；否则对基本语素与构词模式的研究就没有意义了。

苑春法先生立足于汉语语素数据库来进行汉语构词研究。他选定覆盖国际码的 6763 个汉字的全部语素作为描述对象，共计归并为 9880 个语素，其中单字语素 9354 个，居然高达 94.7%；他把去掉 0 义项语素后的 7486 个单字语素作为汉语的基本语素，这些语素分别采用 15 种构词方式，生成了 43097 个二字复合词。① 苑春法、黄昌宁先生（1937—）采用系统计量的方法，对 40958 个二字复合词进行了分析统计，结果发现：复合词义是两个语素义的组合者占 89.8%，复合词义发生转化而不再是语素义的组合者占 0.7%，介于二者之间即复合词义与语素义有关但不全是语素义的组合者占 8.8%。这项统计分析说明："语素在构词时，一般总是保持原来的意义不变"，绝大部分二字复合词的

① 苑春法《基于汉语语素数据库的汉语构词研究》，许嘉璐、傅永和主编《中文信息处理现代汉语词汇研究》第 86—195 页，广东教育出版社，2006 年。

“意义是由两个语素的语义共同决定”的。①

从这两项研究中可以看到，单音词确实以单字语素的形式兼职充当了汉语的基本语素，汉语的构词模式是为数有限而有理的；语素一般总是带着原有的语义参与构词，绝大部分复合词的词义是植根于语素义的合成之中的。汉字不仅具有以字形提示词义的表意功能，而且是以一字一语素的对应关系来记录汉语的。从语素字入手，深入认识传承语素在现代汉语词语构成中的重要地位，进而科学筛选基本语素与系统归纳构词模式，因而成为当前汉语构词研究的热点。而把语法与语义的分析结合起来，把定量与定性的分析结合起来，则是构词研究所应坚持的原则。

美国语言学家莫里斯·斯瓦迪士（1909—1967）从放射性碳的年代推算中得到启发，运用词源统计分析法来分析不同语言的演变速率（以印欧语系语言为主），在1950年提出了语言年代学。他认为任何语言中表示基本概念的核心词的变化是最慢最小的，遂从中总结出了一张207个词的核心词列表，后来又将这些核心词精选为《百词表》。他认为，任何语言的词汇都应该包含这些核心词；只要认识这些核心词，就可以利用该种语言作最基本的沟通。徐通锵先生（1931—2006）利用这个核心词列表来比较古今汉语基本词根的变化，以此计算汉语在历史演变中的词汇保留率。其结论认为：在春秋的孟子到现代的2300年里，“汉语的基本词根语素的千年保留率为83%。”② 从本章所举古籍用字与现代汉语字表的比较数据来看，这一推论大致可信。

历史语言学的研究对象是书面语言。作为一个民族约定俗成以交流信息的符号系统，任何语言的基本语素都是高度集中相当稳定的，但汉语的基本语素因由单音词充当而更为集中，因汉字的系统形义联系而更为稳定。汉字是记录汉语以供全民交际的符号，这样的工具性质决定了汉字中的通用字群是一个为数有限的动态系统。虽然汉字的数量由古而今不断增长到七八万之多，但一个时代进行交际的通用字总是保持在六七千左右；虽然历代的通用字都会随着社会的发展而有所变化，但其中记录基本语素的常用字却变化最慢最小而具有很强的稳定性。我们今天之所以还能读懂两千多年前的《周易》《诗经》，就是因为记录汉语的汉字不仅是世界上唯一使用数千年从未中断的自源文字，而且是以单音节语素为单位据义构形的表意文字。这就是汉语基本语素尤为稳定的主要原因。

---

① 苑春法、黄昌宁《基于语素数据库的汉语语素及构词研究》，《世界汉语教学》1998年第2期。

② 徐通锵《历史语言学》，第413—418页，商务印书馆，1991年。

（三）常用语素字比基本语素更为集中更为稳定

一个民族的特定文化语境，决定了一个民族用以交际的字词是相对集中的；一个时代的特定历史背景，决定了一个时代社会使用的字词是更为集中的；汉语的通用词是有限的，记录通用词的常用汉字就更少了。从表四可见，在 10 亿字次级的年度媒体语料中，覆盖语料 90％的高频词基本稳定在 1.3 万个左右，约占总词种 230 万个的 0.6％；而记录这些高频词种的字种一般稳定在 2700 个左右。万余条高频词的高覆盖率及其用字高度集中的现象，体现了汉语汉字优化编码的经济原则。汉语汉字的这种“词多字少”现象，是在词的合成化与字的多义化协同作用下的一种自我完善。

构词规律决定了用字规律。汉语是在单音词高度发达的基础上出现构词合成化的，汉语合成构词的最大特点，在于汉语的根词是由单音词充当的。原本高频的根词兼作高产的词根，这种一体两用即基本词与基本语素的同一性，直接促成了单音节基本语素的相对集中。用传承语素去合成新词，不仅使构词更为方便，词义更为明确，而且使汉字由记词转为记录语素，用语素字构词而生词熟字，社会用字因此更为集中了。这就在客观上大大提高了常用汉字的使用频度与编码能力，从而以少驭多地用有限的字种去记录“无限”的语词。

汉字的义项多于词的义项。汉字汉语在历史发展过程中，先后从增加字的义项（引伸、假借）和增加词的长度（合成构词）两个方面来控制汉字的数量。“凡字，有本义，有引申之义，有假借之义，”[①] 一字多义而异词同形的现象是很多见的。现代通用字中的单义字极少，而用一个字去记录几个语素的现象则相当普遍。例如“花”这个字，不仅可以记录花朵的“花”这个语素（本义）而合成出鲜花、花园等词，可以记录花状物的“花”这个语素（引伸义）而合成出雪花、火花等词，而且还可以记录花费的“花”这个语素（假借义）而合成出花钱、花销等词。因此，在汉语词多而基本语素相对集中的基础上，记录基本语素的常用汉字就更为集中了；加之汉字是沿用数千年从未间断的表意文字，常用汉字遂因形义联系而比基本语素更为稳定了。

研究汉字的最终目的还是要透过字形去认识它所记录的词/语素。汉语的基本语素决不是散沙的堆积而是类聚的集合，这个集合不仅是一切合成词赖以层层生成的物质基础，而且是汉语语义层级网络的核心体系。汉字的“字”与汉语的“词/语素”，在理论上虽是不同的概念，但它们在文以记言的关系上是对应的字语单位，这种对应单位由词字为主早已发展为以语素字为主。作为记

① 清·段玉裁《享飨二字释例》，段玉裁《经韵楼集》，第 270 页，凤凰出版社，2010 年。

录语言的符号，单个汉字功能的差异主要体现为所记之词的使用频率与所记语素的构词能力；而一个词/语素的使用频率与构词能力，则取决于它所表示的语义在语文交际中的价值与地位。语义是语言的核心，语言文字之所以能够成为人际和人机之间的交际工具，就在于它们是表示语义的符号。正是字词的不同表义价值，决定了词频字频在语用中的分布格局。

综上所述，字频词频的深入研究，使我们认识到了汉字的社会应用具有集中两端很不平衡的字频分布规律。汉语词多而基本语素相当集中相当稳定，汉字字多而常用汉字更为集中更为稳定，记录基本语素的字就是常用语素字，反之，常用语素字记录的就是基本语素，以字带词因而成为现代辞书的编写模式。究其所以然，汉字常用字种的集中和稳定，主要是由汉语基本语素的集中和稳定所决定的；至于常用语素字的更为稳定更为集中，则是因汉字的表意性与多义性所促成的。综合汉语构词与社会用字两方面的规律性，可以得到这样的认识：汉语汉字具有词多字（语素字）少以字构词而生词熟字的特点。汉字在语用中的字频分布规律，体现了汉字作为交际工具的经济性原则。认识这一规律，不仅深化了人们对汉字的理论认知，而且有力地推动了社会用字规范化，大大提高了语文识字教学与对外汉语教学的效率。

四、汉字字频的统计单位

在中文信息处理数字化中，汉字是信息处理的基本信息单元；在汉字的计量分析中，字形、字种、字次是几个基本概念。这里提出一个似乎不是问题的问题：什么是汉字计量分析的统计单位？

周有光先生的下述意见值得重视：

“从群众中来到羣衆中去，是一条群众路线的原理。”这个句子里有几个字？甲答：20个字。乙答：16个字。丙答：18个字。为什么答案不同呢？甲讲的是“总字次”，有一个算一个。乙讲的是“字种数”，同字异形合并算一个。丙讲的是“字形数”，同字异形分别各算一个。

“定量”是定“字种”的总量。一个汉字可以繁简不同，形体不同，但是属于同一“字种”，以“正字”为标准。①

字种，原指排版印刷所用的铅字，后借用作汉字的计量统计单位。周有光先生用举例的方式来说明“字次”“字种”和“字形”三个术语的区别。他强

① 周有光《现代汉字学发凡》，《现代汉语用字的定量问题》，《周有光语言学论文集》，第316页，第339页，商务印书馆，2004年。

调"'定量'是定'字种'的总量"，定量应"以'正字'为标准"。

汉字的计量统计可大分为两类。一类是不计重复的静态统计，统计的是样本中不同的"字形""字种"，其计量单位是表示名量的"个"。一类是重复计算的动态统计，统计的是样本中"字形""字种"的使用"字次"，其计量单位是表示动量的"次"。静态统计的结果显示了样本使用了多少不同的"字形""字种"，动态统计的结果反映了这些"字形""字种"在语用中的使用频率。

"字次"是有一个字算一个的动量单位。某单字在样本中使用的次数是这个单字的"字次"，样本中所有单字总计使用的次数就是样本的"总字次"，"总字次"也称作样本的"字量"。出版物版权页上的"字数"，就是该书的"总字次"或"字量"。某单字的"字次"占样本"总字次"的百分比，则是这个单字的使用频率，即"字频"。汉字的动态计量分析一般称作字频分析，这一称谓说明了字频在汉字计量统计中的重要地位。因为字频数据动态地反映了所记之词的使用价值与所记语素的构词能力。字次、字频、总字次/字量，这组术语在汉字计量统计中的运用一般没有异见。至于"字数"，它是一个上位概念，既可用指动态的字次，也可用指静态的单字，统计中最好使用下位的专指术语。

这里着重辨析"字形"与"字种"的异同。

周先生所说的"字形"，是指字形不同而没有重复的汉字。其判断的标准，是只看字形不看功能（音义），只要字形异构者就视为不同的字，其所统计的对象是包括异体字、繁简字在内的。古文献的计量统计一般把这种不同的"字形"称作"单字"。两相比较，"单字"这个术语比"字形"更具专用色彩，其使用也更久更为广泛。在古文字的字样整理中，"单字"用指构意相同而字形略异的汉字。如"鸟"字在甲骨文中虽有几十种写法略异的字形，但它们都是按鸟绘形的象形字。作为记录语词的符号，这就需要聚类去重以定形，这种定形之字就称之为"单字"。古文字的计量分析一般是以这种定形的"单字"作为统计单位的。华东师范大学中国文字研究与应用中心所从事的商周古文字数字化研究，是把"文献中不重复计算的单字总数"称作"字数"的。① 其"字数"指的就是单字数。

讨论"字种"，需要把"字种"与"词种"区别开来，把"字种"与"字形/单字"区别开来。

第一，"字种"是用字的单位而不是用词的单位，它统计的不是词，不是语素，而是汉字。汉字记录汉语的对应单位虽是词字→语素字，但字词的内涵

① 刘志基《中国文字发展史·商周文字卷》，第812页，华东师范大学出版社，2015年。

并非完全重合。因为一个字所表之义，是有本义、引伸义、假借义之分的；但词义决无假借之说，一个多义词的各义项只能产生于义的引伸。因此，汉字的义项多于词的义项，“字种”的内涵大于“词种”的内涵。陈原先生（1918—2004）曾深刻地指出：“字频数据是研究语言结构和语言应用的基础。……汉语的特点是字和词不是任何时候都一致的……所以对现代汉语量的测定，同时要有字频和词频两种数据。”但他又说：“字种（对应于上例中的单词），……指在语料中出现的不同的单字。”[①] 这种认为“字种”对应于“单词”的说法是欠妥的，把“字种”与“单字”混同起来的作法亦不可取。

第二，“字种”这个术语意味着对异体字的合并定形，它从记词功能上强调了对社会用字的规范。正如周有光先生所说：“‘定量’是定‘字种’的总量。一个汉字可以繁简不同，形体不同，但是属于同一‘字种’，以‘正字’为标准。”各种现代汉语规范字表所收的“字”，就是“字种”的“字”。“字形/单字”这个术语则意味着对真实文本的“保真原则”。二者的区别在于：“单字”是执行保真原则的统计单位，它只看字形不看功能（音义），但凡字形不同者就是不同的“单字”；“字种”是坚持正字标准的统计单位，它既看字形又看功能，字形不同而音义相同者（异体字、繁简字等）则视为同一个“字种”。

“字种”是坚持正字标准的统计单位，它有两个特点。一是在记词功能上具有一体多用的经济性，它既兼表一个字的本义、引伸义和假借义，还记录这个字的本音与随声分义音。如“长短”的“长”就与“首长”的“长”是一个字种。二是在社会用字上具有约定俗成的规范性，它是对应繁体的规范简化字，也是对应异体的规范正体字。要而言之，字种的内在规定性，根本在于它是法定的规范。一个字种无论有多少义项、音项，都是用同一个规范字形来记录的；一个字种即使有繁体有异体，但社会用字应该使用规范字。因此，字形不同的繁体字、异体字与它的规范字，应该视为同一个“字种”。汉字计量研究中的单字与字种的关系，大致相当于语音学中音素与音位的关系。就如音位是从音素中归纳出来的一样，“字种”也是从“单字”中归纳出来的。

字频词频研究取得了丰硕的成果，但美中不足的是，不少字频统计并没有明确说明、清楚界定统计的单位，有的虽有界定但往往与实际运作有些名不符实。北京书同文数字化技术有限公司说明，他们对《四库全书》和《四部丛刊》的统计单位是“接近于所谓‘字头’或‘字种’”的“字”。但他们又声明在统计中“坚持‘保真原则’。……尽量不做简繁代换、正形异体代换，尽可

① 陈原《现代汉语诸要素的定量分析》，陈原主编《现代汉语定量分析》，第 6 页，第 7—8 页，上海教育出版社，1989 年。

能地保持原有字形。”[①] 这种各种异体兼收的统计，其统计单位显然不是“字种”而是不同字形的“单字”。

《中国语言生活状况报告》统计了所用语料的“字种”，明确说明：“这里的字种，指字形不同的汉字。”[②]“字种，指被调查语料中字形不同的汉字。一般不考虑读音和意义的差别。如‘长短’的‘长’和‘首长’的‘长’为一个字种。”[③] 但历年的《报告》所统计的总字种中，包括了文本中使用的繁体字、异体字、旧印刷字形、不规范的类推简化字、旧计量用字、方言字等，数量还比较大，一般都是一千多字。如 2009 年度的这类字就多达 1804 个，占当年总字种的 17.6%，出现在累计覆盖率的 99.5%之后。[④]

如此看来，《中国语言生活状况报告》中的“字种”实际相当于周先生所说的“字形”，即“单字”。这样处理的好处，是能够客观地反映自然文本中媒体用字不规范的实际状况；其欠妥之处是在一定程度上影响了统计结果的真实性。因为 2009 年度的这 1804 个字虽是不同的“字形”，但并不是不同的“字种”；从社会用字规范化的标准看，它们只是不规范的重出字。2005—2014 十个年度《报告》所用语料，除 2005 年少一些之外，都在 10 亿字次上下，其年度总字种则在 1 万字上下。如果正视年度总字种中有一千多个重出字，那每年的总字种就不是万余个而是八千多字了。要言之，《报告》中的年度“总字种数”其实是年度用字的“总单字数”，除去这一千多重出字的数据才是年度的“总字种数”。

现代文本、传世文献和出土古文字的汉字数字化，都是通过语料库来实现的。语料库收录的是古今汉语的自然文本，因此，历史文献和古文字中的一字异体现象，现代语料中的用字不规范现象，必然会反映到语料库中来，反映到字频统计结果中来。有鉴于此，笔者认为：

第一，汉字的计量研究报告都应该明确说明所使用的统计单位，是执行“保真原则”的“单字”，还是坚持“正字标准”的“字种”。第二，汉字计量单位的选取应遵循“古今分类、统计分层”的原则，根据不同的实际不同的需要而定。古文字与古文献的字频统计一般应坚持保真原则，以单字为统计单位

① 北京书同文数字化技术有限公司编《古籍汉字字频统计》，第 14 页，商务印书馆，2008 年

② 国家语言资源监测与研究中心编《中国语言生活状况报告（2005）》下编，第 6 页，商务印书馆，2006 年。

③ 语言资源监测与研究相关术语（2010 版）》，国家语言资源监测与研究中心编《中国语言生活状况报告（2009）》下编，第 534 页，商务印书馆，2010 年。

④ 国家语言资源监测与研究中心编《中国语言生活状况报告（2009）》下编，第 9 页，商务印书馆，2010 年。

而兼收异体字，这样才能历史地反映古人的用字实际。现代汉语语料的字频统计尤其是出于规范目的的字频统计，似乎应在目前工作的基础上更进一步，加强规范意识而实行分层统计。先从真实文本中统计出字形不同的单字，再对这些单字进行去重整理而抽取出真正的字种。从语料的“单字”中归纳出所用的“字种”，工作量不大但价值大。因为，坚持正字标准的“字种数”更能反映社会通用字的实际状况，从而为汉字规范提供更为客观的语用信息。

第五章　汉字的表意功能

本章提要：汉字具有以字形提示词义的表意功能，这一功能是由汉字据义构形的表意文字体制所决定的。其枢机有二：一在寓义于形以形示义的义符，一在推类扩展形义联系的机制。义符主要来自于按物绘形记录名词的象形字，后偏旁化语义化而成为构字表意的基础义符，其核心义符成为以义类聚的高能表意部首。义符在汉字系统的历史发展中发挥着主导作用，汉字的表意功能就是主要依靠义符来实现的。义符、部首的构字很不平衡而高度集中，其中构字表意功能超强的 71 个核心义符是汉字的高能表意部首。它们的部属字在《说文》小篆字中占到 77％，在《汉语大字典》楷体字头中占到 81％，在通用规范汉字中占到 90％。核心义符表示的是具有主题性的类意义，其类意义就是发生学意义上的基本语义概念。记词方式的形声化将义符的形义联系扩展为对字族的类联系，整个汉字系统的形义对应关系就是通过义符的推类系联建立起来的。一个核心义符就是一个类聚的语义场，它们的集合全面地覆盖了华夏民族的基本社会生活，概括地反映了汉语语义的核心网络。“表意性是汉字的命脉”，几十个高能表义部首及其部属字，是汉字系统保持表意性质的压舱石。虽然有部分汉字在历史演变中失去了理据，但现行汉字在整体上仍然保持着相当系统的形义联系：义属某类之字多从某符，形从某符之字多有某义（类意义）。

华夏民族记录汉语的特定文化语境，使汉字历史地选择了从形义联系入手来记录汉语，自源的汉字是据义构形单音成字的表意文字。据义构形而以字形提示词义的表意性，是汉字生成发展的命脉，也是汉字区别于表音文字的特色。表意性作为汉字的命脉是与生俱来的，这不仅在于汉字因源于记事的图画而选择了据义构形的造字方式，而且在于汉字为适应汉语单音节语的特点而选择了单音成字，即文以记言的单位是表示语义的单音词。表意性作为汉字的特色是自我完善的，这不仅在于造字理据的语义化，使汉字的表意方式从用物象表形发展到用义符的语义表意；而且在于记词方式的形声化，把义符的形义联系推类扩展为对字族的类联系，汉字随之建立起了"凡某之属（类）皆从某"的形义对应关系，从而有力地维系和加强了汉字表意的系统性。

汉字以字形表示词义的表意性主要体现在汉字的形义联系与表意功能上，其形义联系具体反映为义符对参构字群的类联系，其表意功能具体反映为义符为参构字提示了所记之词的类意义。要而言之，汉字的表意性是主要依靠义符尤其是核心义符的类意义及其类联系来实现的。研究汉字表意功能的关键有二：一在依类象形以形示义的义符，一在推类扩展形义联系的机制。因此，认真考察汉字核心义符的构形表意及其偏旁化、语义化，深入研究核心义符在"以类附声"的形声化中建立系统形义联系的机制，应该就是探讨汉字表意功能的基本思路。

一、合成构形用义符表意

系统的结构是功能的基础，汉字系统的表意功能是汉字形义联系的结构所决定的，汉字系统的表意功能是主要依靠义符的推类系联而实现的。义符的构字能力很不平衡而高度集中，其中主要来自象形字的几十个高能义符，具有超强的构形表意功能。

（一）现行汉字仍具表意性

汉字的表意性，在古文字阶段反映为其象形或象意的图画式字形，能够为单个的汉字表示形义统一的可识性意义。甲金篆等古文字所具有的这种"视而可识"的表意性，是学术界所公认的。

东汉的许慎（约 54—约 125）在前人认识的基础上建立了"六书"理论，"六书说"立足于形义联系而析形求义，历史地总结了汉字据义构形的生成方式与以形示义的表意机制。值得注意的是，许慎在具体分析近万小篆字时，只用据义构形的形、事、意、声四书说解形义而极少提及假借、转注。早在战国后期，汉字系统就初步形成了以象形字为基础、以形声字为主体的基本格局，这种格局在小篆字中得到了进一步的发展并持续至今。《说文解字》对近万汉字“凡某之属皆从某”的系统分析，宏观地展示了小篆字的形义联系与表意功能。

小篆以降，至今已有两千多年了。两千多年来，汉字沿着符号化、语义化的方向发生了很大的变化，线条变笔画，物象变意象，单字变字符，繁体变简体。有人对现行汉字的表意性持怀疑态度。其理由有三：一是象形字的字形已经不象形，二是会意字的构意不明确，三是形声字的义符表义不具体。前两说似忽视了汉字是语义化的符号，后说则混淆了字符与单字的功能。

作为人类创造的符号系统，任何一种文字都只有通过学习才能掌握，即使是如日、月、山、水这样的字，它们的意义也需经过学习才能明白。所谓学习汉字，就是掌握字形与其音义之间的特定联系。未经学习就能见形知义，那当是看图而不是识字了。至于甲金文中那些见其字形而不能明其意义者，不过因为去古久远，作为符号的构形与其音义之间的约定关系尚未被人认识罢了。形声字的义符是构字的字符而不是记词的单字，两三百个义符不可能表示数万汉字所记之词的具体义，正是由于义符表意的概括性，数万汉字才得以各从其类形成系统而不是一盘散沙。如果所有形声字都如爸、锦、船、视、趋等字那样，其义符能够表示字的具体义，那即使是常用字的数量也会多到难以习用。

汉字是由表形文字发展为表意文字的，表形文字是表意文字的初级阶段。就如今人把“形声相益”现象说成是“义音合成”那样，传统上是把形声字的表意字符称为“形符”的。历史而论，甲金文中用物象表其形者，确是名副其实的“形符”；后失去象物性而语义化者，今人多称作“义符”；至于类聚性很强构字率很高的义符，称作“类符”当更为切实。形符、义符、类符，虽然所处的发展阶段有先后，所具的表意功能有强弱，但它们都是形声字中的表意字符。至于会意字的字符则一般只称作义符或意符。

康加深先生、施正宇先生（1964—）分别对《现代汉语通用字表》《现代汉语常用字表》中形声结构的义符表义度，进行了全面的计量分析。发现7000现代汉语通用字中义符能表义的形声字多达4885个，占样本中形声字总数的87%。[①] 3500现代汉语常用字中义符能表义的形声字多达2083个，占样

① 康加深《现代汉语形声字形符研究》，陈原主编《现代汉语用字信息分析》，第68—83页，上海教育出版社，1993年。

本中形声字总数的83%。[①] 另外，这些义符还合成了不少会意字，而现行会意字大多也是表意的。事实说明，虽然有部分汉字在历史演变中失去了理据，但现行汉字在整体上仍然保持着相当系统的形义联系，仍然具有较强的表意功能。研究汉字要注重一个基本事实：汉字几千年来从未中断也从未突变过，其历史发展始终是以系统的形式和渐变的方式进行的。

（二）汉字表意主要靠义符

汉字是一个以少驭多层级合成协同完善高度类化的自组织系统，它先按物绘形地创造了四五百个独体的“文”以表示基本概念，再按有理的模式生成了七八万合体的“字”以记录汉语。汉字以“文”组“字”合成化的基本内容是记词方式的形声化，形声化其实就是一种有规律成系统的类化过程。汉字通过类化建立起了系统的形义联系，这种形义联系是主要依靠义符建立起来的，义符在汉字系统的历史发展中发挥着主导作用。

一、基础义符主要来自按物绘形的象形字

象形字脱胎于记事图画的符号化，一般是记录名词的独体字。它依类取象而按物绘形，既以物象为形又取物名为音，直接用描绘人物象貌的方式来构形，具有整体象物“视而可识”的象物性。这种可识的象物性，正是古文字以形表意的主要方式。三千多年来，汉字的形体结构在符号化、简明化中发生了很大的变化，逐步扬弃了古文字的表形功能。但汉字以形表意的方式与功能，却在构字构词的合成化中协同发展起来，由最初主要用独体的象形字去记录单音节词，逐步发展为主要用合成的形声字去记录单音节语素。这是一个历史的发展进程：首先是独立记词的象形字，通过偏旁化而转化为合成构字的基础字符；进而是“依类象形”的物象性形符，通过语义化而发展为寓义于形的意象性义符；最后是形声化把义符的形义联系推类扩展为对字族的类联系，汉字遂由单字的用物象表形发展为系统地以义符的语义表意了。六书以“象形为本”，象形字是最原始的汉字，是汉字的孳乳之本，它是以文组字的字根，也是推类表意的基因。象形字是汉字构形系统也是汉字表意功能得以形成与发展的基础。

另外，与形声字有同源关系的声符也兼表语义。如声符“并”，甲文为，以二人并立之形表相合之义，后词义引伸而分化出的軿、胼、饼、骈、姘等并声字，虽所指各异，但都有声符的相合义。这类分化形声字所区别的是音同义通的同源派生词，其声符自然既能标音又示语源。古人很早就认识到声符兼义的现象，并提出了“右文说”。右文说致力于通过声符探求语源以解释和系联

① 施正宇《现代形声字形符表义功能分析》，《语言文字应用》1992年第4期。

同源字族，其实质就是从形声字产生的历史途径上，去揭示部分声符与其形声字之间的同源分化关系。这种关于音义联系的研究在训诂学和音韵学中颇有价值，尤其是在“就古音以求古义”上，取得了重要的成果，并发展成为“音近义通”而“因声求义”的词义探求理论。

语词的音义联系是约定俗成而不是先天必然的。王力先生（1900—1986）多次强调：“越过真理一步就是错误。……‘声近义通’只是可能，不是必然。不但语言有社会性，文字也有社会性。摆脱字形的束缚是对的，否定文字的社会性则是错误的。”① 沈兼士先生（1887—1947）在全面检讨前说的基础上，把“右文”分化的一般公式归纳为两类：一为“音符即本义者”的本义分化式，一为“音符仅借音者”的借音分化式。② 我们应该全面而历史地认识形声字的生成方式与两类声符的不同性质，绝不能忽视借音分化字的声符是假借字这一历史事实。汉字是“以义为本而音从之”的表意文字，③ 而形声字也只有部分来自同源分化。汉字的孳乳关系并不等同于语词的孳生源流，因为汉字中的谐声系统与汉语中的词族系统毕竟只是部分相合而并非完全重合。因此，虽然可以举出一组又一组的例字，来说明有些形声字的声符兼有示源的表义功能，但这类字在宏观上并不是形声字的主体。在沈兼士先生主编的《广韵声系》中，出自于同源分化的形声字显然是少数；在立足《现代汉语通用字表》所编的《现行形声字汇编》中，④ 声符的示源表意功能更是零碎而有限的。黄承吉（1771—1842）的“谐声之字，其右旁之声必兼有义，而义皆起于声”，⑤ 其以偏概全之误盖因缺乏全面的历史分析。至于说“声符的主要功能是示源的……声符的示音功能是由示源功能决定”，⑥ 也是值得商榷的。

二、义符的构字能力很不平衡而高度集中

李国英先生（1954—）用系统方法来研究《说文解字》中的小篆形声字。《说文解字》中的小篆形声字计有 378 个义符，其中 231 个是独体，主要是象形字，占 61%；另有 147 个合体，占 39%，其中会意结构有 98 个，形声结构有 49 个。⑦ 康加深先生对《现代汉语通用字表》所收 7000 字中的形声结构进

---

① 王力《略论清儒的语言研究》，《王力文集》第十六卷，第 71 页，山东教育出版社，1990 年。

② 沈兼士《右文说在训诂学上之沿革及其推阐》，《沈兼士学术论文集》，第 73—173 页，中华书局，1986 年。

③ 清·王筠《说文释例·自序》，《说文释例》，第 2 页，武汉市古籍书店影印本，1983 年。

④ 龚嘉镇《现行汉字形音关系研究》，第 217—296 页，湖北人民出版社，1995 年。

⑤ 清·黄承吉《字义起于右旁之声说》，黄生撰，黄承吉合按《字诂义符合按》，第 75 页，中华书局，1984 年。

⑥ 李国英《小篆形声字研究》，第 76 页，北京师范大学出版社，1996 年。

⑦ 李国英《小篆形声字研究》，第 48 页，第 95—108 页，北京师范大学出版社，1996 年。

行了计量分析。[①] 现将二位先生关于古今义符构字频度的统计结果表列如下：

古今形声字义符构字能力分布比较

<table>
<tr><th rowspan="3">构字能力</th><th colspan="5">小篆义符</th><th colspan="5">现行义符</th></tr>
<tr><th colspan="2">义符</th><th colspan="2">所构形声字</th><th rowspan="2">平均构字</th><th colspan="2">义符</th><th colspan="2">所构形声字</th><th rowspan="2">平均构字</th></tr>
<tr><th>数</th><th>%</th><th>数</th><th>%</th><th>数</th><th>%</th><th>数</th><th>%</th></tr>
<tr><td>≥20 个</td><td>73</td><td>19</td><td>7171</td><td>87</td><td>98.2</td><td>54</td><td>22</td><td>4898</td><td>87</td><td>90.7</td></tr>
<tr><td>5—19 个</td><td>65</td><td>17</td><td>658</td><td>8</td><td rowspan="3">3.5</td><td>47</td><td>19</td><td rowspan="2">642</td><td rowspan="2">11.4</td><td rowspan="3">3.8</td></tr>
<tr><td>2—4 个</td><td>104</td><td>27</td><td>268</td><td>3</td><td>54</td><td>22</td></tr>
<tr><td>1 个</td><td>136</td><td>37</td><td>136</td><td>1.7</td><td>91</td><td>37</td><td>91</td><td>1.6</td></tr>
<tr><td>合计</td><td colspan="2">378</td><td colspan="2">8233</td><td>21.8</td><td colspan="2">246</td><td colspan="2">5631</td><td>22.9</td></tr>
</table>

表中的一个数据值得重视：构字≥5 个的小篆义符有 138 个，它们计构成了 7829 个形声字，占小篆形声字总数的 95%。汉字系统就是主要依靠这 130 多个基础义符的“以类附声”，实现了汉字记词方式的形声化。这 130 多个基础义符主要来源于记录类属性名词的象形字，偏旁化语义化使它们成为类化的义符、表意的部首，形声化把义符的形义联系扩展为对字群的类联系，汉字系统的表意功能就是主要依靠这些基础义符来实现的。

汉字的义符具有较强的类聚性与系统性。义符的数量在古文字时期就远少于声符，后来在类化过程中又经过人为整理而优化。纵向比，246 个现行义符较之小篆义符减少了三分之一；横向比，现行义符的数量还不到现行声符的五分之一。两个统计的对比分析中最值得重视的是，小篆义符与现行义符在构字频度上的分布竟然基本相同：37%的义符仅构 1 个字，所构形声字不到形声字总数的 2%；构字少于 20 个的义符多达八成，平均构字不到 4 个，其所构形声字只占形声字总数的 13%；而几十个高产义符平均构字 90 个以上，其所构形声字在古今形声字中居然都占到 87%。义符构字的极不平衡而高度集中，可谓古今一致，究其奥妙似在两端：义符所指与人的关系是远是近，义符义对义类的概括是弱是强。

二、核心义符的构形表意

美国语言学家莫里斯·斯瓦迪士（1909—1967）在 1950 年代提出了核心

① 康加深《现代汉语形声字形符研究》，陈原主编《现代汉语用字信息分析》，第 68—83 页，上海教育出版社，1993 年。

词概念。核心词研究是对基本词汇研究的深入，它把语言的词汇研究引向比基本词汇更基础、更通用、更稳定、更具构词能力的核心词层面。核心词研究强调了人类语言中基本语义概念的社会性、共通性与传承性，而这正是语言成为人际交际工具的基础，也是外语可以译为汉语，今人可以读懂古籍的原因。历史语言学的研究对象是书面语言，汉字是具有形义联系且三千多年来从未间断的表意文字，高度类化的汉字是以义符为单位来提示语义的。悠久的表意汉字为我们在更为基础的层面上去探求基本语义概念，提供了比使用表音文字的印欧语更为优厚的物质基础。汉字的核心义符研究，是比核心词研究更为基础更为深入的研究。

许慎初创部首，《说文解字》中的表意部首是由义符充当的，其中有些表意部首具有很强的构字能力并相沿传承使用到今天。入手的问题在于：哪些义符是汉字中最能体现基本语义概念的的核心义符？换言之，哪些表意部首是汉字中构字能力最强的高能表意部首？

逻辑研究与历史分析相结合的方法认为，现状是历史发展至今的最高阶段。现行汉字就是古汉字历史发展到今天的现实状态；从现行表意部首的构字频度的计量分析入手来筛选核心义符和高能表意部首，应该就是较为客观而可行的。让我们运用逻辑研究与历史分析相结合的方法，立足于《汉字部首表》和《通用规范汉字表》，由此溯源去考察汉字核心义符/高能表意部首的构形表意及其历史演变，去认识汉字的形义关系与表意功能吧。

在通用规范汉字范围之内，所构表意字在 15 个及其以上的表意部首，我们视之为高能表意部首；这样的高能表意部首有 71 个，它们就是汉字系统的核心义符。上编第十章“部首排检法的再认识”一节中的统计数据显示：71 个高能表意部首的部属字，在《说文解字》9432 个小篆字中占到 77%，在《汉语大字典》54678 个楷体字中占到 81%，在 8105 个通用规范字中占到 90%。这组数据有力地说明了这几十个高能表意部首在汉字系统中的基础地位，说明了高能表意部首的部属字在汉字系统中的主体地位。

为求简明扼要一目了然，特制成字表来描述这 71 个核心义符的基本状况。核心义符主要来自象形字，按义符构意的取象关系，将其大分为“近取诸身（人）”、“远取诸物（人造物）”、“远取诸物（自然物）”三个字表。其内容由义符的义类、字形溯源、析形说义、构字举例四部分组成。“构字举例”中的例字都是通用规范汉字，按字形有所提示的现行常用义的性质而大分为三：①类是表名词义的字，②类是表动词义的字，③类是表形容词义的字。

表一："近取诸身（人）"的核心义符（22个）

义类	核心义符	字形溯源					析形说义	构字举例
		简	隶	篆	金	甲		
身	亻		人	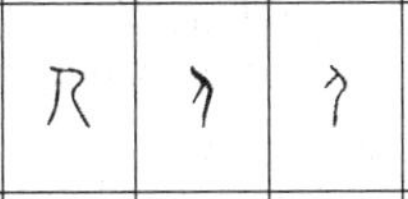			象手脚分工的直立人之形，表有关人的类意义。	①体伦伯俪儒众位值②作从传休③健傲俭倦伪
	女		女	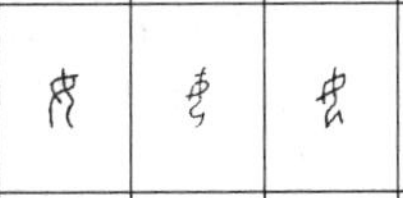			象直身跽坐双手持作的人之形，表有关女性的类意义。	①妇姓妈姐妻婚②嫁媾妊娩始③好妙娇娴妄娄
	走		走	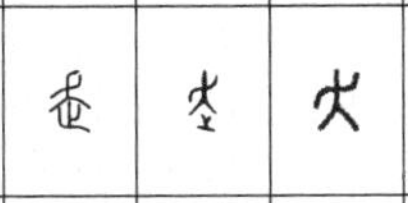			象人摆臂奔跑之形，表有关奔走的类意义。	②趋赶超越赴趣起趁趱趟③赳趑趔趄
	疒		疒	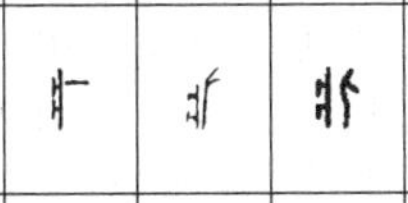			会人卧床上之形，表有关疾病的类意义。	①病疾疫瘟癌症痰疮疤瘾②疗疯③痛痹痒疲瘦
	歹		歺	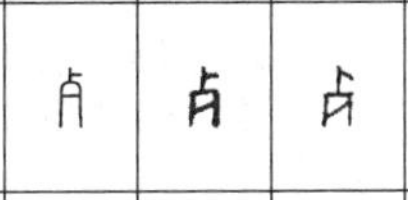			象残破的骨架之形，表有关死亡、枯败的类意义。	①殃殖②死歼殛殁殂殇殡殉殒殓殍③残殆殊殚
	骨		骨	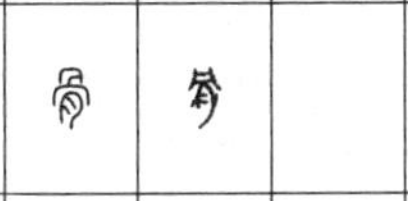			会肉中长骨之形，表有关骨骼的类意义。	①骼髌髓髋骰骺髁髀骱骶髂髃髎骸骷髅髑骿
头部	页	页	頁	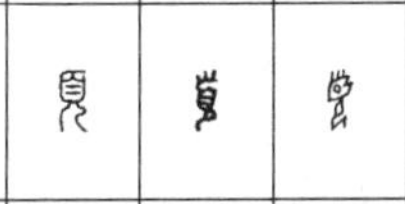			象突出头部的人身之形，表有关头的类意义。	①颅顶颠题额颜颈项须②顿顾颤③硕顺颇烦颓
	目		目	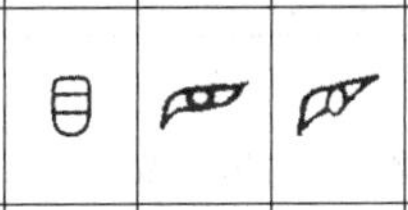			象眼睛之形，表有关眼睛的类意义。	①眼睛眉睫泪②看睹瞻盼省督睁睡瞒③睦眩瞎
	见	见	見	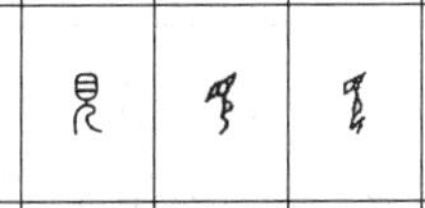			象突出眼睛的人身之形，表有关看见的类意义。	②观览视觅觉觐觎觑觇觊觎②靓
	口		口	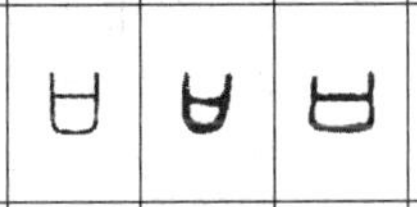			象张开的口之形，表有关口的类意义。	①嘴唇喙喉唾②吃喝呼吸唱和叹咨问啊③哽哑
	讠		言	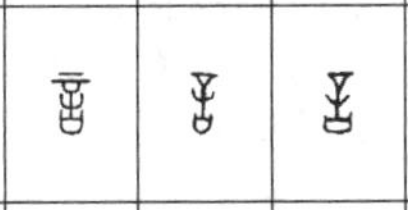			会口吹箫管之形，表有关言说的类意义。	①语词论话誓课②说讲读评识译诉谢③谦诚谐
	欠		欠	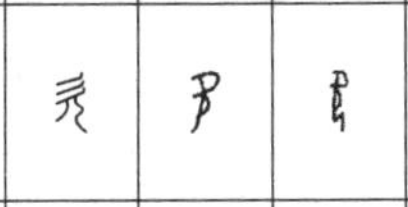			象人张口舒气之形，表有关口的动作、表情的类意义。	①歌欲②吹饮歃歇欺歉歙欷歔欤钦③欢欣歆
	齿	齿	齒				象口中牙齿之形，表有关牙齿的类意义。	①龄龈龀龆龋龅②龁龇③齯龌龊龃龉龂齮
	耳		耳	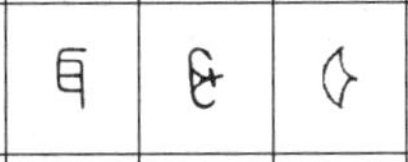			象耳朵之形，表有关耳朵、听觉的类意义。	②取闻聆聊耵聍聒耸③聪聋聩聱耽耿
	髟		髟	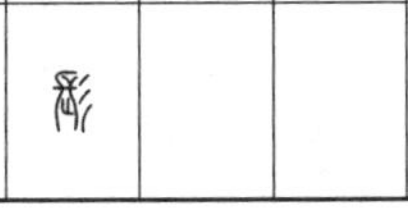			会长彡（毛发）之意，表有关毛发的类意义。	①鬓髦髯髡髫髻髭鬃鬟鬈[illegible]鬏髢髽鬣②鬓鬘

续表

义类	核心义符	字形溯源					析形说义	构字举例
		简	隶	篆	金	甲		
手足	扌		手				象伸张的手之形，表有关手及其动作的类意义。	①掌拳指拇②拱拜握抚援拿持扬搏撰打推抓搞
	攵		攴				会以手持棍之形，表有关击打的类意义。	①敌政效②敲攻放改救教数敛收败③敬敏敢散
	𧾷		足				以在下之止（趾）指腿下之脚，表有关脚及其行动的类意义。	①趾跟踝蹄距路②跑跨跳跃蹲跪蹈踏践③躁跛
	辶		辵				会迈步（止）于路（行）之形，表有关行走的类意义。	①道途②迈达进追造迎逢违避③近远通迫迟迷
其他	忄⺗		心				象心脏之形，表有关思维、感情的类意义。	①意志慧性情②想思感悟慕恋忘③怡快愁愚懒
	月		肉				象一肉块之形，表有关肉的类意义。	①肌脂肪膏脸腰胞脉胆肴②育脱腐③肖胖腴腥
	力		力				象翻地的农具之形，引伸表有关力气的类意义。	①劲男功勋势②劳动务夯努助励劫③勇勤勃劣

表二："远取诸物（人造物）"的核心义符（26个）

义类	核心义符	字形溯源					析形说义	构字举例
		简	隶	篆	金	甲		
衣	纟		糸				象拧成的丝束之形，引伸表有关织物的类意义。	①丝绸纱经纬纸②纺织组续缝结③细红素纯紊
	衤		衣				象抄襟交掩的上衣之形，表有关衣被的类意义。	①衫袄裘装裳裤裙被褥衾②裁补裂裹③裕初褴
	巾		巾				象下垂的佩巾之形，表有关巾状织物的类意义。	①帕布帛帽帼帻帔帜带帘帖幅幌幔幛帐帷幕帆
食	米		米				象一堆米粒之形，表有关粮食的类意义。	①粮糯粟粱料粉糕糖糠②籴粜③精粹粲粘粗糙
	饣		食				象内盛食物上有盖子的食器之形，引伸表有关饭食的类意义。	①饭馒馍饼饵馆②餐饮饲蚀饷馈饯③饶饱饿馋
	酉		酉				象圆腹尖底的酒壶之形，引伸表有关酒的类意义。	①酒醅醪醋②酝酿酵配酬酌醉酗醒③醇酷酽酣

义类	核心义符	字形溯源					析形说义	构字举例
		简	隶	篆	金	甲		
住	阝居右		邑				会人跽于“口”之形以指聚人之邑，表有关城邑、封国及姓氏的类意义。	①邦郡都邻鄙邮郭邸郊郑邓邱邵邹郢鄂郴邯郸
	门	门	門				象双扇门之形，表有关门的类意义。	①闺阁闹闾阀阙闸闩间②阐闯闭闪③阔阆阖闷
	宀		宀				象有顶有墙的房子之形，表有关房屋（多为家宅）的类意义。	①宅家宫室宇寓官灾②守寝宿宠③富实安寡寞
	广		广				象傍崖搭建的房子之形，表有关房屋（多为场所）的类意义。	①庵庐庙府庠库廪庭廊座底序庶②庆庇废③庞
	穴		穴				象凹陷的洞穴（先民曾经穴居）之形，表有关洞穴的类意义。	①窑窖窝窟窠窍②穿窜容窥窃③穷空突窒窘窄
	囗		囗				象绕而包围之形，表有关围墙、界域的类意义。	①圃园国图囤困圈囹圄②围困囚③圆固团囫囵
行	彳		彳				取“行”（像十字路形）字左旁，表有关道路及行走的类意义。	①行街径德役②往征御循衍待得徘徊③徐微彻
	车	车	車				象双轮车之形，表有关车的类意义。	①辇轿辆辕轮轴辅轨辙辎②载输转轧③轻软轰
	舟		舟				象小船之形，表有关船的类意义。	①船舶舰艇舫舸舳舻艨艟舢舨艄舵舷舱艘②航

义类	核心义符	字形溯源					析形说义	构字举例
		简	隶	篆	金	甲		
用	火灬		火				象火焰燃烧之态，表有关火的类意义。	①焰炬灯炮灶煤②烧照炊煮炸炼③炎热灿焕燥
	刂		刀				象有柄的刀之形，表有关刀的类意义。	①剑剪刃则刑②切劈刻割删剖创制判剿③刚利
	贝	贝	貝				象贝壳（古曾用作货币）之形，表有关钱财的类意义。	①财货资费贿②贸贷贩购贺赠赚赔③贵贱贫贪
	礻		示				象神主牌位之形，表有关祭祀、福祸的类意义。	①神社祖宗禅礼祀福祉祸祟②祭祈祷祝禁③祥
	革		革				象剥下来的整张兽皮之形，表有关皮革的类意义。	①鞋靴靶鞘鞭鞍鞯靳鞞鞴靯靼靺鞨靰鞡②勒靸
	戈		戈				象长戈之形，表有关兵器、战伐的类意义。	①战武戒戟②伐戎戍戮戡戕戳戛戗截戳戢③威
	弓		弓				象射箭的弓之形，表有关弓及射箭的类意义。	①弦弩弧弢弨弶弸②引弯弹张躬弛彀③强弘弭
	皿		皿				象盛物的器皿之形，表有关器皿的类意义。	①盆盂盒盘盅盏盉簋盦盖②盛监盥盟③盈盎益
	罒		网				象捕鱼捕鸟的网之形，表有关网的类意义。	①罩罗罟罱罶罾罘罽罪署②罚罹羁詈罨
	耒		耒				象弯柄的掘土农具之形，表有关农具及耕作的类意义。	①耧耙耥耖耠耪耜耔耰②耕耘耨耪耩耗耦耱
	黑		黑				象头部受刑的黔首黎民之形，引伸表有关黑色的类意义。	①墨黔黥黡②黜③默黯黛黝黠黢黟黩黧黪

表三："远取诸物（自然物）"的核心义符（23 个）

义类	核心义符	字形溯源					析形说义	构字举例
		简	隶	篆	金	甲		
天象	日		日				象太阳之形，表有关太阳、时间的类意义。	①阳晖景时晓晚昨春暑②映晒晾昧③明昭暖暗
	雨		雨				象落雨之状，表有关雨、天气的类意义。	①霖零雷雪雹霜雾露霉霞霓②震需③霍霎霭霾
地理	氵		水		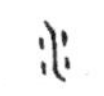		象流水之状，表有关水的类意义。	①江河汉源浪汗法②流治涉洗渔③活深清滞污
	土		土				象地上一土堆之形，表有关土地的类意义。	①地坤壤尘域坡基城②培增垦填在坐③坚均坦
	山		山				象起伏的山峰之形，表有关山的类意义。	①峰岭岗岳峦崖岸②崩嵌③崇崔崭巍峨崛屹峻
	阝 居左		阜				象峭崖边的梯阶之形，表有关山岳、台阶的类意义。	①陵陆阿障限阶陛②陟降陨陷防隔阻③陡险隐
	田		田				象阡陌纵横之形，表有关田地的类意义。	①亩界畦畔畴甸畎畈畛畲畯疃畚②畋毗③畸

义类	核心义符	字形溯源					析形说义	构字举例
		简	隶	篆	金	甲		
动物	鸟	鸟	鳥				象鸟之形，表有关飞禽的类意义。	①鹊鹤鸭鹅鸽鹄鹏鸾鸥鹰鹃鹂鸠鹭鸳鸯鸵②鸣
	隹		隹				象小鸟之形，表有关飞鸟的类意义。	①雀雄雌雕隼睢雏雁翟雉②集雠③雅隽霍
	羽		羽				象鸟的羽翼之形，表有关羽翼及飞翔的类意义。	①翅翼翎扇翚翡翠翮翀②翱翔翻翘翕翥③翌翩
	鱼	鱼	魚				象鱼之形，表有关水生动物的类意义。	①鲤鲢鲫鲍蟹鳅蟮鲵鳄鲸鳌鳖鲨鲲鳃鳞鳍③鲜
	虫		虫				象长虫之形，表有关虫的类意义。	①蛇蚕蚁蛛蝇蛾蜂蝶蝉虾蛙蛟虹②蠕蜕③蛮蠢
	犭		犬				象尾巴上翘的犬之形，表有关走兽的类意义。	①狗猪猫狮猴猩狼狐②猎献犯猜③独狂狠猛狡
	马	马	馬				象鬃毛纷披的马之形，表有关马的类意义。	①驹骥驽驴骡②骑驾驭驯驰驱驻③骄笃骇骤骜
	羊		羊				象双角下弯的羊头之形，表有关羊的类意义。	①羔群羌姜羚羝羖羯羱羓③美善
	牛		牛				象双角上翘的牛头之形，表有关牛的类意义。	①牲犊牢牺物牡牝犍牯牦②犁牧牵牾犒③犟犇
植物	艹		艸				象萌芽的小草之形，表有关草本植物的类意义。	①草花苗菜薯茶药②萌获藏落蔽③芬茁萎荒茫
	木		木				象有根有干有枝的树之形，表有关树木的类意义。	①树本林梅松材楼械机②植采析榨③荣朴枉枯
	禾		禾				象垂穗的禾株之形，表有关粮食作物的类意义。	①稻稷稼穗秧季秋科税②种积移③稚秀香稳稠
	⺮		竹				象下垂的竹叶之形，表有关竹的类意义。	①笋竿管笔简篇籍签筹笛符箭策筐筵②算笑笞

续表二

义类	核心义符	字形溯源					析形说义	构字举例
		简	隶	篆	金	甲		
矿石	钅		金				析形存疑，表有关金属的类意义。	①铜银钢钱钞铆锤钟锋②锻铸镇鉴铭销③锐钝
	石		石				象崖下一石头之形，表有关石的类意义。	①岩矿碳砂砖础砚②砌砍研破碰砸③硬碎碧磊
	王		玉				象用绳连成的玉串之形，表有关玉的类意义。	①瑜琼珍宝珠环璧璋玷②理琢弄玩③瑞瑰璨琐

注：①甲骨文中像手之形的，独立成字时用表右、又等义，但在父、为、及等字中充当字符，都是以手这一本义参与构字的，据此将作为字符“手”的甲骨文字形。

②“肉－月”二符的古文，字形近似且月部字少，“肉”偏旁化后亦变为“月”。二符形混同但义迥异，《现代汉语通用字表》中月部的156字绝大部分从肉，仅有朔、朗、朦、胧、期等字是从月亮义的。

③“刀”字的初文在商代金文中为，后来的甲金文将刀片线条化而简为。为表格所限，权将这早于甲文的放在金文一栏，特予说明。

研究古文字构形表意的主要目的，在于探求汉字形义之间的约定联系，在于探求汉字的造字理据。所谓造字理据，指的是先民造字时据词之意以构字形的指向性构意。在漫长的历史演变中，有些汉字已经丧失或部分丧失了造字理据，有些字符已经成为只有构形功能的无理性记号。但是，构字最多的核心义符，其造字理据传承最好，并最终发展为系联字族的类意义，有力地维护了汉字系统的表意性质。71个核心义符的古文字有63个是象形字，其余的“疒、言、攴、辵、邑、金、骨”7个是拼图式的象意字，“髟”是合义的会意字。除“攴”“辵”等符之外，它们都是早期的名物字。表中的内容不仅反映了古今核心义符在义类分布上的一脉相承，而且也展示了义符的逐步自我完善。其完善主要体现在义类更为概括和形变愈利构字两个方面。核心义符在构字过程中逐步简化，71个现行核心义符居然平均只有4.6笔了。

从字表的“字形溯源”与“构字举例”中可以看到，核心义符的构形表意分别体现在两个层次或者说两个阶段：首先是义符的产生，核心义符主要来自于按物绘形而物象可识的象形字；进而是义符的孳乳，核心义符作用于以文合成推类表意的合体字。汉字的表意性，既反映在古文字形能够为单个的汉字表示形义统一的可识性意义，更表现在通过表意字符的据形系联建立起了整个汉字系统的形义对应关系。由于核心义符是参构字中的表意字符，义符义主要体现为义符在参构字中所使用的意义。因此，核心义符的析形说意，既应立足于义符独立成字时的古文字构形及其在甲金文中的语用义，更要注重归纳义符后来在以文组字系联字族中所表现出来的实际类意义。源流之间总是相承相通的，如此互补互证更能深化认知。例如同以房屋义构字，“宀”多用于家居的住宅而“广”多用于活动的场所，这一认识就是从参构字中归纳出来的。表中的“析形说义”，力求为核心义符构字的实际类意义找到与之相合相通的构形理据；解析是在学术界已有成果的基础上择善而从的，其间或略有拙见。表中一千多个例字则具体展示了核心义符在构字上的孳乳能力与表意上的类化指向。

汉字在记录汉语时最本质的功能是它所记语素的构词能力，义符在参与构字时最本质的属性是它的构字表意功能。71 个核心义符之所以能够系统地维系八成多汉字的形义联系，是因为它们全面而概括地反映了华夏民族的基本社会生活，从而拥有了超强的表意功能；是因为汉字以文组字字符集中的构字规律，使这些最具代表性的表意字符具有了超强的构字能力。

核心义符的表意功能之所以超强，是因为它们所记录的是汉语中全民通用、长期稳定、构词能力最强的基本语素。核心义符原本记录的是名词，因而所表示的是具有主题性的类意义。一个核心义符就是一个类概念，一个类聚的语义场，它是汉字系统中具有基础地位与基因性质的表意类符。其所指与人的关系最近最紧密，其义符义对汉语义类的概括最强最典型，其义类分布最为集中最为稳定地覆盖了华夏民族的社会生活与生存环境的各个基本方面。汉语的基本语素不是散沙的堆积而是类聚的集合，这个集合不仅是一切合成词赖以层层生成的物质基础，而且是汉语语义层级网络的核心体系。汉字是记录汉语的符号，表中义符的“义类”分布表明：汉字的核心义符高度概括地反映了汉语语义的核心网络，汉字的义符系统与汉语的语义系统在很大程度上保持着对应关系。用这 71 个核心义符作表意类符以维系汉字系统的形义联系，无疑是华夏社会历史选择的结果。

核心义符的构字能力之所以超强，是汉语汉字的特质及其构词构字规律所赋予的。单音词是汉语词汇的源头与基础，记录汉语的汉字因此以单音词为单位而据义构形，汉字的构字规律亦适应汉语的构词规律而趋于基本一致。汉语中常用的基本词在构词上往往又是高产的基本语素，汉字中的基础象形字在构字上往往又是高产的基础义符，都是一体两用而常用高产。汉语用语素组成合成词，汉字用字符组成合体字，其有限的组合模式都逻辑有理而灵活高产。汉语词虽多但基本语素集中，记录基本语素的字就是常用的语素字；汉字字虽多但基础字符集中，构字表意功能超强的基础义符就是汉字系统中的核心义符。以文组字再以字（语素字）组词，如此经济而有理的编码方式，系统地建构了汉语词多字（语素字）少、汉字字多文少的逻辑格局，从而有效地维系了汉字系统以形表意的形义对应关系。

七八万汉字不过是由四五百个基础字符孳乳生成的，这些字符的构字是很不平衡而高度集中的，其中构字表意功能超强的 71 个核心义符是汉字的高能表意部首。寓义于形而形义统一的核心义符主要来自于表示类概念的象形字，它们的集合全面地覆盖了华夏民族的基本社会生活，概括地反映了汉语语义的核心网络。这些核心义符不仅在以文组字相承孳乳上具有字根性质，是汉字系统得以形成和发展的基础构件，而且在推类系联以符表意上具有基因作用，是汉字体系赖以保持类联系的表意部首。要而言之，核心义符所表示的类意义，就是发生学意义上的基本语义概念；71 个高能表义部首及其部属字，则是汉字系统保持表意性质的压舱石。

三、基础字符的演进完善

王宁先生（1936—）主持开展的汉字构形史研究，选取从殷商到明代各阶段的十余种文献的原始写本为材料，逐项进行汉字构形系统的断代定域研究，不仅从断代的原始材料中归纳出了汉字在不同发展阶段的基础构件与构形模式，而且在共时描写的基础上进行历史比较，去研究汉字在构形表意上的历史发展。通过对甲骨文与小篆、小篆与隶书的构形系统的比较，认为：

殷商至两周阶段，汉字的整个系统处在由表形文字向表意文字发展的过渡阶段。形位数量的固定和归纳程度的加强；构件功能从表形为主到表义为主、表音辅之；结构方式从图形式的平面组合到义音式的层次组合——这三点，就是这一阶段汉字演变的主要表现。

隶书的义音化程度比之小篆更加大幅度增强，形体与物象的联系几乎不存在了，在任何一个层次上，构件的表形功能完全被表义、表音功能所替代。这一方面说明汉字总体的性质没有变化，仍是表意文字；另一方面也可看出，构件的义音化给汉字的简化提供了充分的条件。①

汉字从表形文字向表意文字的进化大势，主要表现为由单字的用物象表形向系统地以义符的语义表意演变，逐步发展成为以象形字为基础、以形声字为主体的表意文字。这种基本格局的形成是一个字语协同而自我完善的自组织过程，其协同完善的历史发展主要发生在三个方面：

基础字符的偏旁化语义化。原本独立记词的象形字在偏旁化中演变为构字

① 王宁《汉字构形系统的共时描写与历史比较》，周晓文《汉字构形属性历时演变的量化研究》，第 8—9 页，中国广播电视出版社，2008 年。

的基础字符，其物象可识的形符因语义化而发展成为寓义于形的义符。四五百个基础字符是汉字构形表意系统得以形成和发展的基础，七八十个核心义符为汉字的系统类化发挥了至关重要的作用。

构字方式的合成化形声化。以文组字的合成化始于会意而成熟于形声，记词方式形声化是构字合成化的主要内容，“以类附声”分化同音字是形声化的主要方式。合成化使汉字成为以少驭多按需生成的符号系统，形声化将义符的形义联系扩展为字族的类联系，从而发展了汉字的表意功能。

字语对应单位的协同调整。构字合成化与构词合成化的协同推进，使字语的对应单位由“词·字”逐步发展为“语素·字”。汉字最初主要用按物绘形的表形字去记录单音词（甲骨文中的假借字也是主要由象形字充当的），后发展为主要用义音合成的形声字去记录义音结合的单音节语素。

三者协同互动，使汉字的表意方式与表意功能逐步发展，由单字的用物象表形逐步发展为系统地以义符的语义表意，表意的汉字随之形成以象形字为基础、以形声字为主体的基本格局，汉语书面语遂因汉字的形义联系而发展成为我们民族通方言、通古今的书面共同语。

汉字基本格局的历史形成进程

基础字符	构字方式	字语对应单位	表意功能
构形偏旁化 单字→字符	构字合成化 独体字→合体字	主要用表形字记词→ 主要用形声字记语素	单字用物象表形→ 用义符的语义为字群表意
构意语义化 形符→义符	字式形声化 表意字→形声字	词字→语素字	单个表形→推类表意

上文的三个字表宏观而具体地展示了71个核心义符构形表意的实际状况，下边着重从两个方面来进一步讨论汉字的表意功能：先说基础字符的演进完善，再论表意功能的运作机制。

（一）字符的构形在偏旁化中逐步简化

甲金文还处在汉字发展的早期阶段，其字符具有象物性强、异写体多、构字率低等特点。这显然既不便于书写与传习，更不利于组字以孳乳，因此，进一步符号化便成为字形演变的必然趋势。字形的符号化主要表现有三：线条笔画化、结构简明化、字符偏旁化。

早期汉字把立体的实物抽象为平面的物象，是运用线条按物绘形的；符号化的基本内容则是去象形性，使“随体诘诎”的绘画式线条逐步演变为平直方折的笔画。如像太阳之形的“日”字，其演变就较为典型：

（甲）→（金）→（篆）→日（隶）

这一演变渐进于整个古文字阶段，并最终完成于汉代的“隶定”。线条的笔画化彻底改造了古文字的象形性结构，使汉字成为了整齐的方块形符号，从而结束了古文字而开创了今文字的新阶段。

汉字既是记录汉语的符号又是进行交际的工具，人们总是希望用较为简省的字形传达出明确的信息。因此，汉字形体结构的简明化，不仅强势地体现在甲金篆隶楷的“字体代变”之中，而且还总是突出地作用于常用字而表现出“常用趋简”的特点。象形字“车”的简明化颇具代表性：

（甲）→（金）→車（篆）→車（隶）→车（简）

“车”字的甲骨文像有轴有辕有衡的双轮车，金文构形仅改变了字的置向，虽有很强的可识性，但确实太难书写了。至小篆就以部分代全体只保留了一个比较圆的车轮，隶书将线条改为笔画，简化字再省简为 4 笔的“车”。

汉字是相承渐变而约定俗成的文字符号，当代海峡两岸使用的简化字、繁体字，都是古汉字逐步简明化发展的历史产物。71 个核心义符的形变轨迹，具体而典型地反映了汉字常用趋简的历史演变大势。

早期的象形字具有整体象物的可识性特征，但书写时则构形有繁简，线条有多少，置向有变异，其字形远未固定而统一。甲骨文中已初步形成了一批相对稳定的基础字符。71 个核心义符有 66 个在甲骨文中就已出现，多独立成字并兼作构字的字符，另外“金、穴、骨、耒”4 符则始见于西周金文，只有一个“髟”始见于小篆。这些基础字符的字形不固定，异体相当多，就是说甲骨文中的基础字符已有主形但尚未定形。随着汉字形体的逐步定形与合体字的大量孳生，构字的字符遂因势而走向了偏旁化。偏旁是组成合体字的构件，旧有左偏、右旁、上头（盖）、下底、外框之分，总则都称偏旁。方块汉字的结构求平衡、书写图简便的社会需求，促使由单字充当的字符逐步趋简而发展成为便于组字的构字偏旁。

甲金文由于字符的构字率较低，字形的简化还主要发生在单字上。在形声字逐步发展成为汉字主体的演变中，偏旁的简化就对整个汉字系统的形体结构简明化，发挥了举足轻重的宏观作用。汉字孳乳的主要方式是以文组字，简化一个基础字符，不仅可以类推简化一批字，而且还能保持原有的字式结构和构形系统。核心义符作为基础的义符、部首而构字最多，对核心义符的类推简化古人早已为之。核心义符的类推简化是一种系统的简化，它既保持了原有的类联系，又维护了构形的系统性，对应规律而推行容易，是汉字演变中历来较多使用而最为可行的简化方式。

基础字符尤其是核心义符的偏旁化，是汉字形体结构简明化的重要内容，这不仅为汉字的相承孳乳与系统简化创造了条件，而且为义符表意功能的推类扩展提供了可能。核心义符的偏旁化在汉字构形表意系统的形成和发展中发挥了重要的历史作用。

（二）字符的构意因语义化而递相传承

曹先擢先生（1932—）深刻地指出："表意性是汉字的命脉"，"汉字的表意性自古迄今没有改变，但汉字的表意内容和表意的形式却是有发展变化的。"① 汉字在记录汉语上据义构形以形表意的性质，是与生俱来从没改变的。三千多年来，汉字的形体结构在简明化过程中发生了很大的变化，去象形性的符号化逐步扬弃了古文字的表形功能，但汉字以形表意的方式与功能却在对汉语的适应中协同发展起来：一是从单字的用物象表形发展到字族用义符的语义表意，二是从主要用独体的象形字记录语词发展到主要用合体的形声字记录语素。

奇迹在于，在经过漫长而全面的简明化演变之后，多数现行汉字还基本保持了古文字的形义联系。究其形虽变而理犹存的主要原因，一在汉字始终是系统地连续渐变，二在象形性字符逐步实现了语义化意象化，三在构字最多的核心义符保持了基因性质的表意功能。

第一，汉字是数千年连绵不断的自源文字体系。上古汉语以单音词为主的特质，脱胎于记事图画的特定起源，使汉字历史地选择了以单音词为单位据义构形而单音成字的民族形式。悠久、深厚、完整的汉语汉文化传统，则为汉字体制的得以坚持与发展，提供了稳定的社会大环境。因此，汉字体系保持了很强的历史传承性。不仅始终坚持了单音化表意化的发展大势，而且始终是连续地渐变系统地完善，从来没有发生过突变与断裂。

第二，古文字在据词构形以记录语词之时就开始了语义化。语义是词的有音之义，所谓语义化就是义音化。古文字表示字本义（造字理据）的构形与所记之词的语义逐步结合起来，使汉字成为形音义结合的意象性符号。意象的特质是意象结合而寓意于象，我们的民族特别注重意象思维，擅长用形象的方式来反映客观事物。从思维方式上讲，象形字的语义化就是一种意象化，它通过形义结合而成为寓义于形的表意符号，从而在去象形性的简明化演变中保存和传承了古文字构形的造字理据。此后，所记之词的语义作为字形的约定内涵而基因似地递相传承，在逐步失去象形性的新字体中找到了自己对应的符号，从

① 曹先擢《汉字的表意性和汉字简化》，中国社会科学院语言文字应用研究所编《汉字问题学术讨论会论文集》，第27页、第19—20页，语文出版社，1988年。

而实现了从用物象表形到以语义表意的升华。因此，尽管古今字形大变，但语义化的造字理据却在系统的连续渐变中得到了较好的传承，从而使后来的字形历史地继承了约定的音义而成为语义化的文字符号。

第三，71 个核心义符的参构字在古今汉字中都多达七成以上，这些表示类意义的义符传承和发展了原有的造字理据。汉字在甲金篆隶楷的简明化演变中，其字符系统也随之简化并出现了异符混同的现象，统字的部首则由《说文解字》的 540 部逐步合并减少到今天的 200 多部。面对如此大的冲击，虽然也出现了如几个从月的字混入肉部、熊燕等字混入火部之类的情况，但 71 个核心义符的理据保持传承得最好则基本未乱阵脚。正是最为基础而构字最多的核心义符坚持了基因性的表意功能，这才在系统上维系了汉字的表意性质，维系了多数现行汉字的形义联系。

汉字的形体结构简明化是在造字理据语义化的基础上进行的。就核心义符而言，其造字理据在简明化中的传承有两种基本方式：多数是在维系独体字符的基础上递相传承，还有是在减少构形层次的过程中递相传承。且举水、辵为例以为说明：

（甲）→（金）→（篆）→水（隶）→氵（偏旁）

（甲）→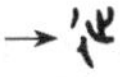（金）→（篆）→辵（隶）→辶（偏旁）

象形字“水”的甲、金、篆字形都像流水之状，具有较强的象形性，至隶书演变成为笔画化的方块字，尤其是用于构字的偏旁“氵”，其形已看不出与流水之状有多少关系了，但作为寓义于形的符号却始终承载着约定的语义。会意字“辵”的甲骨文是以迈步（止→趾）于路（行）之构意以表行走义的，金文省去“行”的右旁，小篆把左右结构变为上下结构，隶书再笔画化为方块字，用于构字后简化为了偏旁“辶”。此字古今两端虽已面目全非，但其间的形变轨迹则十分清楚。这不仅通过减少构字层次把合体字符简化为独体字符以更利构字，而且凭借造字理据的语义化一脉相承地维系了形义之间的约定联系。基础义符不仅以少驭多层级合成了众多的合体字，而且在逐层累加的合成结构中分级体现了不同的表词功能。

四、以形表意的运作机制

汉字用字形提示词义的表意功能，汉字的字形结构对于其字所记之词的词义具有可解释性，是主要依靠义符在形声化中建立的类联系来实现的：一是围绕义符的名物义引伸出类化的语义场，一是通过字式的形声化建立起字族的类联系。首先需要探究的问题是：汉字的基础字符尤其是核心义符，为什么主要来自记录名词的象形字？义符在参构字中以形表义的语义场，是如何围绕着义符的名物义（字本义）展开的？

（一）围绕名物义引伸出类化的语义场

南宋的郑樵（1103—1162）精辟地指出：

小学之义，第一当识子母之相生，第二当识文字之有间。……六书也者，象形为本。……六书也者，皆象形之变也。[①]

推类孳乳象形为本，我们应该从象形字入手来认识汉字的构形系统与表意功能。正如张世禄先生（1902—1991）所说：

偏旁者，吾国文字之基本成分也。自此基本成分臻于固定，……而后依类象形之法亡矣；自以古之物象为造字之本，而后字体孳乳，惟取于形声相益之途矣。[②]

下面着重从“以古之物象为造字之本”入手，来讨论汉字围绕着义符的名物义聚合出一个个类化性字族的运作机制。

汉字据义构形以记词，初创时期多“依类象形”而造字。名词所指一般是具体的人或物，故而可以按物绘形，但抽象的动词义、形容词义就很难取象甚至根本无象可取，所以象形字一般记录的只能是名词，记录名词的象形字是最早产生的基础汉字。动词义表示的是特定名物的动作行为，形容词义表示的是特定名物的性质状态，这些动词义、形容词义与名词义之间有着内在的语义联系。清代的王筠（1784—1854）把这种联系称作“物能生事”，认为“状物之字”可以表现“无形之事”。[③] 黄侃先生（1886—1935）亦指出：“《说文》中形、动字多假物体为象。盖形、动字若不假物体以为象，则无所附丽。故其偏旁多以名字为之，如宽从宀、廣从广是。”[④] 人们把按物绘形的象形字用作基础字符，利用其“物能生事”的语义联系，从而孳乳出了大量记录动词、形容词的合体字。

核心义符原本主要是记录类属性名词的早期象形字，其所依类取象的事物，都是与人关系最为紧密的基本事物；其所抽象出来的意象，具有类的独特形象与类的主题概念。偏旁化语义化使核心义符成为类化的形符、类聚的部

---

① 宋·郑樵《六书略·六书序》，郑樵《通志略》，第112页，上海古籍出版社影印本，1990年。

② 张世禄《字形孳乳说》，《张世禄语言学论文集》，第262页，学林出版社，1984年。

③ 清·王筠《说文释例·指事》，《说文释例》，第17页，武汉市古籍书店影印本，1983年。

④ 黄延祖重辑《黄侃国学讲义录》，第108页，中华书局，2006年。

首，形声化则将义符的形义联系扩展为对字族的类联系。这种主题性类符的系统集合，全面地覆盖了华夏民族的基本社会生活，概括地反映了汉语语义的核心网络。因此，按取象的名物类为表意字符所作的分类，在很大程度上反映了汉字表意系统的内部结构与表意范畴。[1] 且看 71 个核心义符的义类分布：

71 个核心义符的意义关系与义类分布

近取诸身（人）20 个				远取诸物										
				人造物 28 个					自然物 23 个					
身	头部	手足	其他	衣	食	住	行	用	天象	地理	动物	植物	矿石	
人女走疒歹骨	页目口言见欠齿耳髟	手支辶足	心肉力	纟衣巾	米食酉	邑宀广穴门囗	彳车舟	火刀革示贝戈弓皿罒耒黑	日雨	水土山阜田	鸟鱼虫犬马牛羊隹羽	艹木禾竹	金石玉	

试以核心义符“女”字为例以为说明。“女”本指女人，是女性的类属性通称，后语义化、偏旁化而作为表意字符参与构字，《说文解字》女部收 238 字，《现代汉语通用字表》女部收 121 字。从认知思维的角度分析，发现义符在参构字中的以形表意是主要通过三种类推方式来实现的。

一是从一般到个别，以提示相关的名词义。从抽象的女性引伸而指各别的具体女人。或表不同关系的女性亲属，如婆、姥、妈、娘、姑、婶、姨、妻、嫂、姐、妹、媳、姪等字。与“姑”对应的“姪”，原本是女子对兄弟之子的称谓。用指男性的“婿”，也是因为与其女儿有夫妻关系而字从女旁的。或表不同身份的女人，如妇、媪、孀、妾、妓、婢等字。最早的姓也多从女旁，《说文解字》明确指出是姓的 13 个字中就有 11 个从女，如姜、姬、嬴、姚、妫、姞等字。

二是从功能到行为，以提示相关的动词义。如从女性的生育机能出发，引伸出了女性婚育过程中的一系列行为，如媒、妁、娉、嫁、娶、婚、姻、媾、妊、娠、娩、始等字。“始，女之初也。”（《说文解字·女部》）“始，息也，言滋息也。”（《释名·释言语》）“始”本指孕妇生产，后引伸而泛指开始之义。

三是从特质到性状，以提示相关的形容词义。从女性的特质引伸出女人的姿容、品性，或形容女人的姿容情态，如妙、姣、娇、娟、嫩、嫣、媚等字；或形容女人的品性，如好、娴、婧、婉、媛、如等字。

后两种类推方式有学者称为“转指”，这种转指也是以类同性关联为基础

[1] 龚嘉镇《汉字核心字根的构形表意及其历史演变》，《中国文字研究》总第 18 辑，2013 年。

的，本质上当仍然属于类推。总之，语言是随着思维认知的发展而发展的，词义发展中的引伸就具体反映了思维认知的类推结果。

从女字族的表意范畴覆盖了女性基本社会生活的各个方面，为人们展示了一个语言中的女性世界。基础义符通过“以类附声”而“据形系联”，使同义符的字在义符义上类聚成为一个字族；义符在参构字中的以形表义，则是围绕着名物义（字本义）展开的，它沿着名物的功能、性状以及其间的关系而逐步引伸，最后形成一个具有类联系的语义场。正是一个一个这种类化性字族的集合才形成了汉字系统，汉字系统亦因此建立起了“凡某之属（类）皆从某”的形义对应关系。

（二）通过形声化建立起字族的类联系

“方以类聚，物以群分。”（《易传·系辞上》）我们民族在认知思维上特别注重类的集合与区分。古人很早就认识到：“飞禽即须安鸟，水族便应着鱼，虫属要作虫旁，草类皆从两中。”[①] 从东汉《说文解字》的“凡某之属皆从某”，到北宋《类篇》的“凡某之类皆从某”；从南宋戴侗（1200—1284）的“六书推类而用之，其义最精”，[②] 到清初戴震（1723—1777）的“谐声以类附声而更成字”，[③] 这些论述反映了古代学者对汉字类化规律的深刻认识。许慎的“依类象形”而“比类合谊”，确中肯綮地总结了表意字的生成机制与历史发展；二戴的“以类附声”而“推类用之”，一语破的地指出了形声字产生的生成机制与类化方式；而“凡某之属（类）皆从某”，则经典地概括了汉字系统以形表意的形义对应关系。

系统的功能是由系统的结构所决定的，汉字表意功能的发展根本在于形义联系的构建，汉字系统的形义联系主要是在记词方式形声化的过程中建立起来的。汉字的形声化是一个相承孳乳系统类化的过程，其类化是主要依靠核心义符的推类系联来实现的，正是义符系统的优化及其推类系联，有力地促进了汉字构形表意系统的形成与完善。[④]

义符在形声化中的推类表意具有如下特点：

第一，提示词义的概括性与推类孳乳的系统性。汉字的义符所提示的是一

① 唐·陆德明《经典释文》，第 3 页，中华书局影印本，1983 年。

② 南宋·戴侗《六书通释》，戴侗《六书故》，第 17 页，上海社会科学出版社影印本，2006 年。

③ 清·戴震《答江慎修先生论小学书》，《戴震集》，第 73 页，上海古籍出版社，2009 年。

④ 龚嘉镇《论汉字的性质、功能与规律》，向光忠主编《文字学论丛》第二辑，崇文书局，2004 年。

种名物性的类意义，是一种寓义于符而以符标类的主题性语义。义符在构字中的以形表意，是依靠义符义的引伸在触类旁通中展开的，是通过形声化所建立的形义联系而实现的。“以类附声”的形声化把义符的形义联系扩展为形声字的形义联系，同义符的字因义符义的类联系而成为类化性的字族。“形类立，义类亦立，字根明，字族亦明。”① 义符与参构字的语义关系是本义与引伸义的关系，它们在表示词义上是合作分工的：寓义于形的义符以其本义提示词的类意义，参构字以义符的引伸义表示词的具体义，汉字的表意功能就是在形声化的发展与义符义的引伸中逐步推类扩展的。这种依靠义符的推类系联，以建立“凡某之类皆从某”的形义对应关系，就是汉字表意功能的运作机制。

且看从“女”的“妈”字，义符“女”只提示了这个词的女性义，“妈”字才具体表示了所记之词的母亲义；但是，“妈”字的母亲义不仅是从义符的女性义中引伸出来的，而且是依靠义符之形才得以表示出来的，是义符“女”为“妈”字建立起了形义之间的类联系。寓义于形的义符在参构字中的表意范畴，就是这样围绕着字符义而引伸展开的，不仅逐个提示词的类意义以区别同音字，而且通过类化字族使汉字成为具有表意功能的符号系统。

第二，思维认知的多维性与形义联系的多样性。“横看成岭侧成峰”，人们对客观事物的认识是多途径、多角度、多层次的。汉字义符的意象性为义符义的指向引伸提供了义类根据，而思维认知的多维性则决定了形义联系的多样性。由一般到个别、由功能到行动、由特质到性状，是逻辑认知的基本类推方式；而借助意象所联想到的相似性关联义，则内涵着较多的人文认识与主观态度。义符义的引伸反映了思维认知的发展，义符义与参构字的字义之间，或类推以相通，或联想而相似，总是有着某种语义上或近或远、或实或虚的关联，这些关联义的集合便形成了义符在参构字中推类表意的语义场。形声字中的义符大部分是基于类同性关联以提示词的类意义，还有一些则是借助相似性联想而与词义发生联系的。如“法”之从水，缘于法的公平与水面之平在性质上的相似性；“漠”之从水，则缘于大漠流沙与水波荡漾在景象上的相似性，隐喻手法的巧妙运用形象地提示了词的特征义。

需要指出的是，汉语中类属义场的划分并不一定符合科学分类的要求，汉字义符的“类”虽与逻辑的“类”密切相关，但并非全都重合。汉字以形所表的语义，不仅表现了先民对客观事物的抽象认知，而且内涵着先民对事物概念的人文认识，具有较强的时代意识，蕴涵着不少的历史信息。比如从女的“姓”字，姓起源于母系氏族社会，“姓，人所生也”(《说文解字·女部》)，从

① 苏新春《汉字语言功能论》，第14页，江西教育出版社，1994年。

"明血缘"的角度说明了姓就是氏族的所生之源，姓也因此成为全体氏族成员的公称。这就是女生为姓之构意所蕴涵的人文信息。至于后来的奸、妖、妄、婪、妒等贬义字之所以从女，则完全出于男尊女卑意识对女性的歧视与偏见，它与女性的品质并无内在联系。形义联系的灵活性多样性，有力地扩大了义符的类化系列与表意范畴。

"凡某之属皆从某"，是《说文解字》类聚立部据符系字的编排条例，它精辟地概括了汉字形义对应而以形示意的形义关系。汉字是据义构形单音成字的表意文字，在漫长的历史演变过程中，虽然有部分字因形体省简或异符混同而失去了造字理据，但整个汉字系统仍然在自我完善中保持了表意性质，发展了表意方式，提升了表意功能。汉字以少驭多字符集中的构形规律与依靠义符推类系联形义对应的表意方式，不仅具有理论上的认知意义，而且在汉字规范、汉字教学与对外汉语教学中具有广泛而重要的应用价值。我们应该重视对汉字核心义符的深入研究，并努力把研究成果应用到相关领域中去。

汉字在从表形文字向表意文字演变的历史进程中，表意字符的语义化、偏旁化与表意实现类联系是事关系统的重大变化。语义化、偏旁化有力地增强了核心义符的构字表意能力，使之成为基础的义符与部首，从而为汉字的系统优化与形声字的大批涌现创造了充分的条件。而推类孳乳的形声化则将义符的形义联系扩展为对字族的类联系，进而建构了"凡某之类皆从某"的形义对应关系。汉字由单字的用物象表形逐步发展为系统地以类符的语义表意，成为以象形字为基础以形声字为主体的表意文字。虽然有部分汉字在历史演变中失去了理据，但现行汉字在整体上仍然保持着相当系统的形义联系：义属某类之字多从某符，形从某符之字多有某义（类意义）。

综上所述，表示如下：

汉字义符的构形表意及其历史发展

发展	历史走向	思维方式	构　形	形义关系	表意方式	历史地位
初创阶段	主要是记录名词的象形字	具体→抽象 据词为文	依类取象 按物绘形	以象表形 单字的形义统一	用可识的物象表示词的具体义	汉字系统得以形成和发展的基础
成熟阶段	偏旁化语义化的义符	一般→个别 以文组字	以类附声 相承分化	推类表义 字族的形义对应	以义符的语义提示词的类意义	系列孳乳的字根推类表义的基因

第六章　汉字的形音关系（上）

——音同形不同的同音字

一、现行同音字的计量描写

二、同音字现象的历史分析

①汉语音系的简明化趋势

②汉字同音字多的原因

③同音词的区别与分化

本章提要：汉字是从形义联系入手据义构形单音成字的表意文字，汉字形音之间的结合程度，既弱于表音文字的形音联系，也弱于汉字的形义联系。汉字是用一个方块字形来记录一个整体音节的，既没有标示词的语音结构，也不能反映词的历时音变。这就使原本结合脆弱的形音关系在不同的层面上出现了不同程度的脱节，从而历史地形成了一种多层次的综合结构关系：字群层面上的同音字音同形不同，单字层面上的多音字形同音不同，字符层面上的形声字符同音有异。汉字形音关系在字群层面上的显著特点，是同音字很多，音同形不同的现象相当普遍。7000现代汉语通用字的读音有405个基本音节，除15个音节为一字专用之外，平均一个基本音节有20个音同形不同的同音字，其中有3个音节的现行同音字多达一百个以上。究其所以然，根本原因有二：第一，上古汉语以单音词为主，汉字以单音词为单位记录汉语，汉语单音节同音词的发达从根本上决定了汉字同音字多的格局。第二，汉字具有兼容和区别同音词/语素的强大功能，这功能就是用字形提示和区别所记之词的语义，表意的汉字能动地顺应了汉语的特点并促进了汉语书面语的发展。从文以记言的角度来看，汉字系统实质上就是四百来个异形别义之同音字群的集合。汉字字典按照汉语拼音音节的首字母的次序排列单字条目的编排方式，其实就是按音序排列汉字的同音字群。

经本植先生（1939—2010）指出：

汉字有形有音有义，现代汉字在这几方面的关系到底如何？这是一个摆在我们面前“熟视无睹”而又长期悬而未决的问题。[①]

汉字是记录汉语的文字，每一个方块字都能读出特定的音来，形音之间具有约定俗成的关系。但是，汉字是从形义联系入手以单音节词为单位据义构形的表意文字，其形音关系远比表音文字复杂。汉字复杂的形音关系具有两个特点：一是形音结合的脆弱性，二是形音联系的多重性。

汉字形音关系的这种复杂性，是与生俱来的，也是历时加剧的。汉字据词构形的方式是“以义为本而音从之”，[②] 汉字不仅具有文字标音的本质，而且具有以字形提示词义的特色，字形与所记之词的音义同时直接发生联系。张世禄先生（1902—1992）指出：表音文字的形音义三要素呈“直线关系”，其认知方式是由形得音而知义。汉字形音义三要素呈“三角关系”，其认知方式是通过字形同时从音义两个渠道来识别其字所记的词。他将这两种文字的区别以下图表示（箭头为笔者所加）：[③]

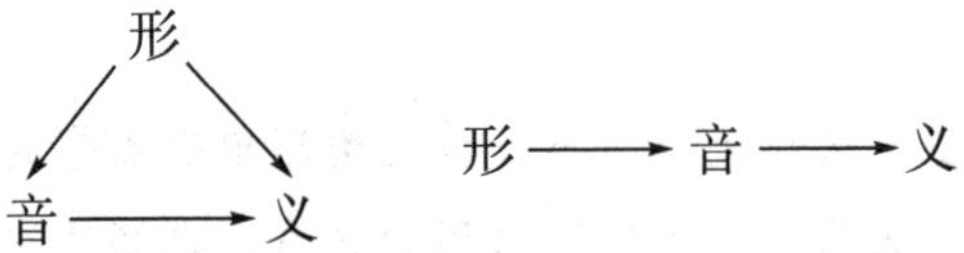

文字以形标音的本质与汉字以形示义特点的结合，使汉字主要运用形兼音义的方式来记录汉语。虽然每一个方块汉字都能读出音来，但它记录的毕竟是一个整体音节，并且还有成群的同音字；拼音文字则通过特制字母的拼合来记录词的语音结构，而且其字母是以音素为单位的专职音符。汉字形音之间的结合程度，既弱于表音文字的形音联系，也弱于汉字的形义联系。形音结合的脆弱性，确实是汉字形音关系的一个重要特点。

汉字以单音节词为单位据义构形，它用一个方块字形来记录一个整体音节，并没有直接标示出所记之词的语音结构。这样的记词方式使汉字在形与音的内在结合上，一开始便具有了脆弱性。在数千年的历史演变过程中，汉字汉语不同步地运动着，方块字形并没有反映出语音的历时变化。这种历时性渐变的不平衡，使原本结合脆弱的形音关系在不同的层面上出现了不同程度的脱节。正是形以记

① 经本植《〈现行汉字形音关系研究〉序》，龚嘉镇《现行汉字形音关系研究》，第1页，湖北人民出版社，1995年。

② 清·王筠《说文释例》，第2页，武汉市古籍书店影印本，1983年。

③ 张世禄《汉字的特性及其对社会、文化的作用》，《张世禄语言学论文集》，第556页，学林出版社，1984年。

音单位之特殊对应与形以标音关系之历时演变的相互作用，使汉字的形音关系更趋复杂化，并历史地形成了一种多层次的综合结构关系：字群层面上的同音字音同形不同，单字层面上的多音字形同音不同，字符层面上的形声字符同音有异。这种形音联系的多重性，确实是汉字特有而不见于表音文字的复杂关系。

从整体上和动态上在字群、单字、字符三个层面上，去研究汉字形音之间的逻辑联系及其历史演变和有效应用，是一项颇有意义的工作。这不仅可以在理论上更为深刻地认识汉字系统的本质特征、发展规律及其整体功能，而且在汉字教学、汉字规范和中文信息处理等方面，也具有重要的应用价值。

笔者申报完成的国家社会科学基金项目《现行汉字形音关系研究》，是以《现代汉语通用字表》为样本来研究现行汉字形音关系的。[①]《现代汉语通用字表》收字7000个（内含2500常用字、1000次常用字），计有625个现行多音字，本音之外的现行异读音共有705个。以一音为一字计，现行汉字当有7705个。笔者以普通话读音为标准，在7705个现行汉字的范围内，分别编制了《现行同音字汇编》《现行多音字汇编》和《现行形声字汇编》。首先将系统方法和数学方法结合起来，逐层进行了竭泽而渔的计量描写，通过大量成套数据，分别展示了现行同音字、现行多音字和现行形声字的宏观状态、内在结构与声符的表音功能；继而在定量分析的基础上进行历史分析，着重从文以记言的方式和字语发展的不平衡上，去历史地探析同音字增多、多音字产生和声符表音功能弱化的根本原因和演变过程。

一、现行同音字的计量描写[②]

现行汉字的读音有多少个音节，是语言文字研究和中文信息处理中经常遇到的问题。笔者据《现代汉语通用字表》测定的结果是：现行汉字有405个基本音节（包括一个辅音音节ng），带调音节有1303个。就带调音节来看，阳平较少而去声略多，四种声调的数量差别并不很大；但就带调汉字来看，阴平、阳平各占四分之一，去声字竟以近三分之一的比例占了压倒优势，是上声字的两倍。顺便提及的是，《现代汉语词典》《新华字典》等字词典的基本音节要比405个多几个。比对发现，这三部字词典多出的音节，一般是记录方言词或语气词且没有同音字的音节。

---

① 龚嘉镇《现行汉字形音关系研究》，湖北人民出版社，1995年。

② 本节未注出处的数据引自龚嘉镇《现行同音字分析》，华中理工大学《语言研究》1994年增刊（下）。

现行汉字音节的基本数据统计

样本	基本音节	带调音节	阴平	阳平	上声	去声	轻声
现代汉语常用字表	399	1190	305	242	287	323	33
			25.6%	20.3%	24.1%	27.2%	2.8%
现代汉语通用字表	405	1303	332	256	321	349	45
			25.5%	19.7%	24.6%	26.7%	3.5%
	字数		1914	1986	1276	2470	59
			24.8%	25.8%	16.6%	32.0%	0.8%

现行汉字的读音有 21 个声母，此外还有一个零声母，平均一个声母有 350 个双声字。零声母是就音节的声韵结构而言的，零声母就是无声母音节中的虚拟声母，零声母音节就是没有声母只有韵母的音节。现行汉字读音中的零声母音节多达 35 个，零声母音节字多达 1032 个，零声母音节的字数及其出现率都近乎 14%，以绝对优势占居首位；而以浊音 r 为声母的字最少，仅有 107 个。在汉语语音史上，零声母和舌尖后音、舌面音都出现得比较晚。值得注意的是，ø、zh、ch、sh、r、j、q、x 这后起的 8 个声母计有 3654 个双声字，居然占了现行汉字的 47.4%；其出现率也多达 47.5%。

现行汉字的读音实际有 40 个韵母，《汉语拼音方案》之外还有一个 io，平均一个韵母有 193 个叠韵字。i 韵母的字最多有 707 个，其出现率则低于 e 韵母字而位居第二；字最少的韵母是 ê 和 io，都只有 4 个叠韵字。由单元音构成的韵母是单元音韵母，简称单韵母。10 个单韵母构成的 85 个音节，计有 2544 个同音字，现行汉字中三分之一的字是单韵母字；单韵母字的出现率更高达 40.5%。

现行汉字的读音有 405 个基本音节，其中仅 15 个音节为一字专用；换言之，7705 个现行汉字中只有 15 个字没有同音字。这 15 个字中有 11 个常用字、1 个次常用字：

me 么、fó 佛、néng 能、nín 您、nuǎn 暖、liǎ 俩、gěi 给、shéi 谁、rì 日、zéi 贼、sēn 森；sēng 僧；diǎ 嗲、nòu 耨、lo 咯。

390 个基本音节有同音字，平均一个音节有 19.8 个同音字。但各音节同音字的多少却是大不一样的。同音字在平均数以上的音节有 153 个，其同音字计达 5221 个；这 153 个基本音节所拥有的同音字，竟然占到现行汉字的七成。有的音节的同音字特别多，出现率特别高。同音字在 60 个以上的音节有 14 个，其同音字计达 1148 个，占了现行汉字总数的 14.9%。

①ji 118 ①yi 118 ③yu 100 ④zhi 88 ④fu 88 ⑥xi 81 ⑦l 78
⑧qi 77 ⑨jian 73 ⑨shi 73 ⑪yan 68 ⑫wei 62 ⑬wu 61 ⑭ju 60

出现率在百分之一以上的音节也有14个，计占总出现率的25.9%。

①de 4.67 ②shi 3.51 ③yi 2.70 ④bu 2.09 ⑤you 1.58 ⑥zhi 1.55 ⑦le 1.50 ⑧ji 1.44 ⑨zhe 1.27 ⑩wo 1.15 ⑪ren 1.15 ⑫li 1.14 ⑬ta 1.11 ⑭dao 1.00

综上可见，汉字的形音关系在字群层面上有两个特点：一是汉字的同音现象普遍，同音字很多，二是汉语语音系统具有乐音化、简明化的发展趋势。在现行汉字中，有三分之一的字是单元音韵母字，有14%的字是零声母字，有近三分之一的字是去声字。单韵母、零声母和去声调的大比重增多，反映了汉语语音系统乐音化、简明化的历史发展趋势。

二、同音字现象的历史分析

在计量描写的基础上，试对同音字现象进行历史分析，着重讨论三个问题：汉语音系的简明化乐音化，汉字同音字多的根本原因，汉语同音词的区别与分化。

（一）汉语音系的简明化趋势

纵观汉语音系的历史演变，虽然也有分化，但同化归并和弱化脱落一直是大势，是主流，整个声韵调系统呈现着简化的趋势。这是为语言的交际工具性质所决定的。因为，人们总是用尽可能简便的手段传达出明确的信息，努力寻找简与明的最佳结合。就语音而言，则是力求言者省力顺口，闻者好听悦耳。诸如全浊声母悉数并入相应的清音声母，起首辅音的失落以导致零声母的扩大，韵尾辅音的失落使闭音节转化为以元音收尾的开音节，主要元音的混同而并等为呼，短促入声调的派入四声，等等，无不反映了汉语音系的简明化趋势。声韵调种类逐步减少，特别是发音费力且不响亮不悦耳的噪音淘汰更多，音节结构和拼合规则随之简化。其结果是音素种类减少元音占据优势，音节结构精简拼合趋于简便。在经济原则的支配下，整个汉语语音系统向着简明化、乐音化的方向发展。

这种乐音化简明化的发展趋势，在现代汉语中尤为突出地反映在单韵母、零声母和去声调的扩大上。单元音韵母发音省力而声音响亮，零声母音节没有起首辅音，其乐音化简明化的倾向是很明显的；去声字的增多则令人深思。为什么古代的别义破读一般读作去声而不读作别的声调？现行两调多音字计251个，为什么有去声的两调字就有165个，竟占三分之二？为什么这后起的去声能不断扩大，竟在现行汉字中以近三分之一的比重而位居各调之首呢？

上古有无去声虽存争议，但段玉裁（1735—1815）关于“上、入声多变而为去声，平声多转为仄声”，[1] 即后出的去声是从平上入三声中分化出来的观点，却为大多数人所接受。中古以后，平声、上声、入声都逐步分化了，唯有去声反而不断扩大。上声中的全浊字变作了去声，入声中的次浊字和一部分清音字也变作了去声。据笔者反复统计，去声字在《宋本广韵》中占 21%，[2] 在《中原音韵》中增至 26%，[3] 在现行汉字中竟多达 32%。

汉语声调历时消长情况统计

样　本	平声		上声	去声	入声	轻声	收字总数
	阴平	阳平					
宋本广韵	9754		4810	5301	5402		25267
	38.6%		19.0%	21.0%	21.4%		
中原音韵	1312	1311	953	1554	735		5865
	22.4%	22.4%	16.2%	26.5%	12.5%		
现代汉语通用字表	1914	1986	1276	2470		59	7705
	24.8%	25.8%	16.6%	32.0%		0.8%	

汉语复合词中有一个重音，重音的突出显示了一个词的语义重点所在，反映了词的内部结构中各语素之间的主次关系，这就从语音形式上有效地展示了此词与彼词特别是与复合同音词在意义上的区别。赵元任先生（1892—1982）指出：“汉语重音首先是扩大音域和持续时间，其次才是增加强度。”[4] 重读的音总是比较强比较长的，重读音实际上是在音强加强与音长加长的结合中形成的。去声是降调，其频率由高而低，声带由紧而松，发音顺口省力，顺应了声带活动在语流的语音结构中先紧后松的生理特点，故而特别易于加大振频，展宽音域，延续音长，所以，去声字较多地用作了重读音。[5]

队列口令当然必须是重音。立、正、定，都是去声字，集合时呼后重式“立正”，止步时呼前重式“立定”。稍、息，原都是阴平字，但“稍”在前重式口令“稍息”中偏变读去声。去声之易于重读，即此可见一斑。轻重音是汉

① 清·段玉裁《古四声说》，段玉裁《说文解字注》，第 815 页，上海古籍出版社影印本，1988 年。

② 中国书店根据张氏泽存堂本影印的《宋本广韵》自谓收字 26194 个，笔者反复统计的结果是 25267 字。

③ 据杨耐思《中原音韵音系》一书中的《〈中原音韵〉同音字表》统计所得，中国社会科学出版社，1981 年。

④ 赵元任《汉语口语语法》，第 23 页，商务印书馆，1979 年。

⑤ 参看侯敏《同素异序词的发展和规范问题》，《语文建设》1987 年第 3 期。

语复合词发展的产物，而重读音的普遍使用与去声字的增长似乎不无关系。至于古代的声调，调型、调值都尚在研究之中。但从历代文献的有关描写和梵汉对音等材料来看，古去声的音度是比较长的。强化音势的重读音总是比较长的，加之去声是后出的声调，恐怕这就是古人强调新分之义时要破读去声的主要原因吧。

单韵母、零声母和去声调在现代汉语中发展到了如此重要地位的事实，有力地说明了人们在语言文字交际中总是在寻求简与明的辩证结合，力求用简便顺口的发音传达出明确悦耳的听觉符号，力求用简便合理的字形传达出明确易解的视觉符号。法国语言学家马丁内（1908—1999）指出：语言的经济原则是语言“运转的基本原理”。简明化不仅是汉字形体结构的演变趋势，也是汉语音系的发展规律。

（二）汉字同音字多的原因

词是义和音的结合。“名无固实，约之以命实，约定俗成谓之实名。”（《荀子·正名》）这里的“名”应该就是词的语音形式，“实”即概念，就是词的意义内容。正因为词的语音形式是社会约定俗成的，所以异义的词可以有不同的语音形式，也可以有相同的语音形式。同时，受人的生理条件的限制，各种语言的语音单位都是有限的，用这种有限的语音单位去记录无限的概念，不同概念的词也就当然可能同音了。语言的社会性和生理性，决定了同音词是一切语言共有的现象。文字是记录语词的符号，自然也就有了同音字。

问题在于，7705 个现代汉语通用字中只有 15 个字没有同音字，汉字中的同音现象为什么这样普遍？平均一个基本音节就有 19 个同音字，甚者竟多达 118 个，汉字中同音的字为什么这样多？

我们知道，语音形式是语词的物质载体，一切语言都是利用不同元音、辅音的不同组合来记录不同的语词。但是，汉语还有一种特有的物质条件——声调，它同元音、辅音一样具有区别意义的作用。声调在语言载体中的运用，成倍地增加了汉语音节的负荷能力，汉语中的单音节词正是凭借这一物质条件才特别发达。表义的音节有限而新生的词语无穷，单音节词之间自然特别容易同音。音以载义而为词，据词构形以成字；多词共一音，一音有多字。汉语单音节同音词的发达，直接造就了众多的同音字，这正是汉字同音字多的根本原因之一。

赵元任先生在讨论“语言跟文字”的关系时，曾特意用同音字编写过几段文言小品，其中之一就是为人热议的《施氏食狮史》：

石室诗士施氏，嗜狮，誓食十狮。氏时时适市视狮。十时，适十狮适市。

是时，适施氏适市。氏视是十狮，恃矢势，使是十狮逝世。氏拾是十狮尸，适石室。石室湿，氏使侍拭石室。石室拭，氏始试食是十狮尸。食时，始识是十狮尸，实十石狮尸。试释是事。①

这段话如果换用汉语拼音写出来，无疑就是一篇莫名其妙的天书。但是，这段读不清楚听不明白的话，为什么写成汉字又一看就懂？赵先生这段同音字短文给人最大的启示就是：汉字具有兼容和区别同音词的功能，这功能就是用字形提示词义的表意性。

汉字脱胎于记事的图画，最初的汉字都是据词义构形的表意字，但后来也曾出现过大量不表意的假借字。汉语中的单音节词凭借声调手段而日渐发达，直接导致了口语中异义同音词的增加；其递相作用的结果，则使书面语中出现了大量的异义同音同形词，这便是上古的假借字。“依声托事”而一字记数词，本来是一种经济手段；但字同词异区别度低，又直接影响了信息的传达。兼职分化势所必然，于是“以类附声”以区别同音词的形声字便大量涌现，并很快发展成为汉字的主体。无论是表意字还是形声字，其间虽有大量的同音字，但一般都有相与别义的不同字形。

从汉语与汉字的关系上来咀味《施氏食狮史》，可以使我们更为深刻地认识汉字记录汉语的特有方式。除了少量的记音字之外，每个汉字都是形音义的结合体，既有形音联系，也有形义联系；汉字所记之词的意义，是既通过语音来传达，也直接用字形来提示。汉字形兼音义这一区别于表音文字的本质特征，不仅扩大了汉字表意上的信息量（那么多同音的汉字竟一看就懂），而且加强了汉字标音上的兼容性（这么多异形的汉字又读音相同）。正是这种以字形提示词义的表意性，才使汉字能够凭借以形示义而得以区别同音词。这就是汉字有那么多同音字的又一根本原因。

音以载义而为词。但是，语音和词义之间的联系并不是必然的，也不是固定的。因为，它们之间的结合前受社会约定俗成的制约，后受语言内部发展规律的支配。如上所述，汉语音系的发展趋势是乐音化简明化。从《广韵》音系到今天的普通话音系，声母由 35 个减少到 21 个，韵母由 142 个减少到 39 个，两呼四等归并为开齐合撮四呼。随着音素种类减少，音节结构简化，不少异音字逐渐变成了同音字。这也是同音字今多于昔的原因之一。

汉字同音字多的原因还有一些，诸如译音词、联绵词的用字等等，但最根本的是这三条：易调别义的特有手段，促成了汉语单音节同音词的发达；以字形提示词义的表意功能，加强了汉字在语音上的兼容性；汉语音系的简明化进

① 赵元任《语言问题》，第 149—150 页，商务印书馆，1980 年。

程，则直接促成了后世同音字的增多。从文以记言的角度讲，汉字以字形提示词义的表意功能有效地区别了同音语素，汉字系统实质上就是若干异形别义之同音字群的集合。[①]《新华字典》《现代汉语词典》等中小型字词典，一般是按汉语拼音字母的次序排列单字条目的。这种编排方式的实质，就是按音序排列汉字的同音字群。多词一音又一音多字，字词对应而音同字不同，词有专字以异字记异词，这就从书面上有效地分化了多义音节，区别了同音语素。

（三）同音词的区别与分化

尽管可以用不同形体的同音字来记录和区别同音词，尽管可以凭借具体的语言环境来排除同音词的歧义，但单音节的同音词太多了，总不免要发生语义上的混淆：口头上说不清，书面上写别字。于是，复音合成词便应运而生并很快发展起来了，汉字所对应的语言单位也跟着发生了转移。据《现代汉语频率词典》对 181 万字自然语料的分析统计：全部语料计有 3.1 万个词种，其中多音节词占 88%，单音节词占 12%；全部语料计有 131.4 万词次，其中单音节词占 64%，多音节词占 36%。[②] 多音节词主要是由语素组成的合成词。所以，有人把古汉字叫“词文字”，把后来的汉字叫“语素文字”。随着合成词的大量使用，轻重音的作用就日渐重要了。它既可区别不同的意义（尤其是对双音节同音词的区别），又能表现生动的语感，给书面文字注入了新的活力。去声发音顺口省力，且易形成重音，故而现行汉字中的去声字多达 32%。《现代汉语通用字表》中只有 59 个轻声字，但其中有不少高频字，一个“的 de”在现代汉语自然语料中的使用频率就高达 4%。轻重音在实际应用中的作用确实令人刮目相待。

汉字是记录汉语的符号。在字词对应的情况下，原本有多少同音词才有多少同音字。但构词方式合化成后，汉字所记录的就大多不再是词而是语素了，同音字所记语素构成的合成词一般不再是同音词了。就根据某一词典所作的几种静态统计来看，同音词都仅占 10%左右。[③] 现代汉语中同音词的比例远少于现行汉字中的同音字。

总而言之，汉语中的单音词凭借特有的声调手段而特别发达，多词一音经济地解决了音少词多的矛盾。面对随之产生的同音歧义问题，字语双方都进行

---

① 曹先擢在《汉字的表意性和汉字简化》一文中指出：“汉字是由一定的同音字群组成的。”《汉字问题学术讨论会论文集》，第 17 页，语文出版社，1988 年。

② 常宝儒《现代汉语频率词典的研制》，陈原主编《现代汉语定量分析》，第 30—59 页，上海教育出版社，1989 年。

③ 引自《同音词问题讨论综述》，《语文建设》1987 年第 2 期。

了内部调整。先在记词方式上，利用以形示义来区别同音词，有力地发挥了汉字对汉语的能动作用；继在构词方式上，采用复音合成来分化同音词，大大减少了异词同音的可能性；复合同音词多了，又通过轻重音、儿化音等手段来从意义、词性、感情色彩上加以区分。正是通过这样的不断自我完善，才使现行汉字这一由若干同音字群组成的符号系统，得以正确地记录更加丰富更加严密的现代汉语。

第七章　汉字的形音关系（中）

——形同音不同的多音字

本章提要：多音字是方块汉字特有的现象。7000 现代汉语通用字中有 625 个多音字，本音之外的现行异读音有 705 个；多音字各音项在语音上的差异，主要是声调不同或调异所致。着眼于音义关系与表词功能，可以从文以记言的角度把多音字大分为多义与多用两类：多义多音字记录的是随声分义的同形词，多用多音字记录的是随俗分用的异读词。一字多音现象反映了汉字在单字层面上复杂的形音义关系，它是汉语词汇发展、语音演变与汉字发展不完全同步的历史产物。分开来讲，字语发展的不平衡与汉语之音变构词的相互作用，是生成多义多音字的根本原因；语音演变中文白音的并存与方言音的并存等，则直接导致了多用多音字的产生。前者义变音亦变，突出地反映了新词的增生和异义的区别；后者音变义不变，更多地表现了古今音变与方音歧异。这就是汉字中一字多音现象的实质。值得注意的是，同义异读是历史音变进程中的一种过渡现象，信息化时代的到来正在加快同义异读单音化的统读趋势。

一、现行多音字的分类描写[1]

汉字一般是一字一音，也有少部分是一字多音，单字层面上的一字多音是方块汉字特有的现象。讨论现行多音字的宏观状况，可以从一字异读的音变方式与一字多音的音义关系两个方面来分类描写。前者重在归纳多音字各音项的语音差异，后者重在考察不同多音字的表词功能。

（一）一字异读的音变方式

成书于 1066 年的《类篇》，收“文 31319，重音 21846。”[2] 所谓“重音”，就是又音，即本音之外的异读音。据此计算，《类篇》中的异读音占本音数的 70%。《辞海》1979 年版所收字，除去被简化的繁体字、被淘汰的异体字和计量用字外，还有 11834 字，其中多音字 2641 个，占总字数的 22.3%；计有异读音 3312 个，占本音数的 28%。[3] 但是，《类篇》是北宋以前历代用字的汇集，《辞海》所收还有很多古僻字和古僻音，都不能反映同一个时代多音字的实际使用情况。

《现代汉语通用字表》收字 7000 个（内含 2500 常用字、1000 次常用字），其中多音字 625 个，占总字数的 8.9%；本音之外的异读音 705 个，占本音数的 10%。现代汉语常用字、次常用字中的多音字 417 个，占现行多音字总数的 67%；常用字、次常用字中的异读音项 479 个，占现行异读音总数的 68%。两个现行音项的多音字计 557 个，九成现行多音字是两个音项。据此可以认为：在现代汉语通用字中，多音字将近占 10%，三分之二的现行多音字是常用字，九成现行多音字只有两个现行音项。详见下表：

现行多音字基本数据统计

音项		二音	三音	四音	五音	六音	合计	
多音字	常用字	275	45	4	2		326	52%
	次常用字	88	3				91	15%
	其余通用字	194	12	1		1	208	33%
	合计	557	60	5	2	1	625	

① 本章未注出处的数据引自龚嘉镇《现行多音字分析》，香港中国语文学会《语文建设通讯》总第 45 期，1994 年。

② 宋·司马光等编《类篇·序》，《类篇》，第 2 页，中华书局影印本，1984 年。

③ 傅永和《汉字结构及其构成成分的分析统计》，《中国语文》1985 年第 4 期。

续表

<table>
<tr><th colspan="2">音项</th><th>二音</th><th>三音</th><th>四音</th><th>五音</th><th>六音</th><th colspan="2">合计</th></tr>
<tr><td rowspan="3">异读音</td><td>常用字</td><td>275</td><td>90</td><td>12</td><td>8</td><td></td><td rowspan="2">479　68%</td><td rowspan="3">705</td></tr>
<tr><td>次常用字</td><td>88</td><td>6</td><td></td><td></td><td></td></tr>
<tr><td>其余通用字</td><td>194</td><td>24</td><td>3</td><td></td><td>5</td><td>226　32%</td></tr>
</table>

现代汉语通用字有 625 个多音字。着眼于现行多音字各音项在语音上的差异，即一字异读的音变方式，可以把多音字分为四类：仅调有异、韵同声异、声同韵异、声韵全异。

现行多音字音变方式的分类统计

类别	仅调有异	韵同声异	声同韵异	声韵俱异
常用字	178	46	58	44
次常用字	37	26	10	18
其余通用字	58	57	26	67
合计	273　43%	129　21%	94　15%	129　21%

声调区别词性和意义，增加音节负荷力和信息量的重要作用，在多音字中得到了充分的反映。王力先生（1900—1986）指出："在声调转化的许多词当中，就有一部分词是为了区别词汇意义和语法意义而引起声调的分化的。"① 从宏观的统计来看，有 273 个占 43%的现行多音字的音项差异是声调不同。在这 273 个异调多音字中，有 251 个一字两调。详见下表：

调类	阳平	上声	去声	轻声
阴平	23	28	83	10
阳平		15	44	6
上声			36	4
去声				2

两调字中，"平/去"式最多，有 127 个，已达半数；有去声的两调字计 163 个，竟然占三分之二。这种现象并不是偶然的。一字多义仅别之以调，固然尤为经济；但变作何调有利，当然更要优选。去声是后起的声调，多用以标示后起的分化义。为了区别和强调分立之义，自然多选用在语音上易于加强的

① 王力《汉语史稿》上册，第 211 页，中华书局，1980 年。

声调。去声是个降调，发音顺口，易于重读，所以复合词中的重读音以去声为多。有去声的两调字在异调多音字中占压倒优势，这是变调别义上优化选择的结果。

现行多音字中音项差异在于声母不同者有 129 个，占 21%；其中很多声母不同是因为声调不同造成的。历史音变与发音方法或发音部位的改变有着直接的关系。中古以后，发音方法上的一个重大变化就是全浊声母的清音化：其平声字变成了发音部位相同的送气清音，其仄声字变成了发音部位相同的不送气清音。在这一规律的演变中，决定声母变化的条件就是声调的平仄。在异读音声母不同的现行多音字中，其声母分别为 b/p、d/t、g/k、z/c、zh/ch、j/q 的就有 65 个。它们不仅发音部位相同，而且在发音方法上也仅有送气与不送气之分。这种因调异造成声母不同的多音字和异调多音字两类计达 338 个，占现行多音字的 54%。这两类字的使用频率也高，其中常用字就有 257 个，占常用字、次常用字中多音字总数 417 个的 62%。就是说，现行多音字各音项在语音上的差异，多数是声调不同或调异所致。声调之于一字多音，可谓举足轻重。

（二）一字多音的音义关系

多音字各音项在语音上的差异，是音变方式的差异。其实质性的区别，是表现在音义关系与表词功能上的，所以还应由音及义由表及里地进行深层次的归纳分类。着眼于音义关系的不同，可以把多音字大分为多义和多用两大类。一字多义者，各音项所表意义不同，异词同形，为别义而变读，是谓多义多音字；一字多用者，各音项使用场合不同，同词异用，随分用而异读，是谓多用多音字。

一、异词同形的多义多音字

多义多音字的特点是异义异读以“随声分义”。从文以记言的角度讲，就是用同一个字的不同音项来分别记录几个异义的同形词。又可分为“音随义转”的同源裂变、“依声托事”的借字记词和“名从主人”的专名异读。各音项所记之词的区别主要表现在意义、词性和构词三个方面。

第一，“音随义转”的同源裂变。

难，有两个现行音项：nán、nàn。难 nán，“艰也”（《广韵·寒韵》），侧重于不易，单用时作形容词；难 nàn，“患也”（《广韵·翰韵》），侧重于不幸，单用时作名词。构词上，除了都能与近义语素构成并列式合成词之外，难 nán 多与别的语素构成偏正式合成词，难 nàn 多与别的语素构成动宾式合成词，其他的情况就比较少了。

难 nán：困难、艰难、碍难，难忘、难产、难关；畏难、为难。

难 nàn：灾难、患难、苦难，遭难、落难、发难；难民、大难。

丧，有三个现行音项：sāng、sàng、sang。《说文解字·哭部》："丧，亡也。"段玉裁注："亡，非死之谓。……凡丧失字本皆平声，俗读去声，以别于死丧平声，非古也。"丧 sāng，"亡也，死丧也"（《广韵·唐韵》）；丧 sàng，"亡也"（《广韵·宕韵》）。可见"丧"在上古仅读平声，《广韵》时代也尚未截然分读。后义项裂变渐趋独立。"存亡与生死分别言之"，遂变调别义，各记其词了。丧 sāng 表丧死义，多用作名词，如丧事、丧钟、哭丧、治丧；丧 sàng 表丧失义，多用作动词，如丧志、丧命、沦丧、沮丧。后"哭丧"义泛化扩大，常用于"哭丧着脸"，"丧"在现代汉语中便又有了 sang 这一音项。

"难""丧"二字以异音记异词，词虽各别而义实相因。不论是从不易义的"艰难"到不幸义的"患难"，还是从"丧失"到"丧死"再到灰心失望义的"哭丧着脸"的"丧"，其间的引伸线索都是颇为清晰的。这类多义多音字所记录的异义词，原本就是同一个词。只是因为词义运动才产生了多个引伸义项，或活用为他类词，或破读成别的音，一旦使用频繁到某义项约定用某音项表示的时候，便随声分义裂变而为音义相通的同源词了。

异义异读音具有随声分义区别同源词的功用，但有的异义异读音项也可以通过异体字的整理而转移。异体字与多音字都是汉字发展的历史产物，有的异体与异读是有纠缠的。一个多音字表示某义的音项有的又可以用另一个同音字来记录，而这另一个字又往往不只这一个义项。这类所谓的部分异体字与多义多音字虽有交叉，但并没有完全重合。单方面整理起来，无论是合并这个异体字，还是取消这个异读音，都不大可能。如果结合部分异体字、异形词的整理来转移异义异读音，将多音字的某一异义异读音转移到此字的部分异体字身上，通过多音字的减少音项来使异形词定形，那就可以一举两得了。

"脚"是有 jiǎo、jué 两个音项的多义多音字，但后一个音项仅用于"脚色"的"脚"，而且"脚色"又可写作"角色"。《第一批异形词整理表》将这组异形词的推荐词形定为"角色"，这就在整理异形词的同时减少了一个多音字。异形词的整理规范很有意义，还有不少异形词和多音字需要继续整理。例如 gē·da 这个词是一个有四种写法的异形词：疙瘩、疙疸、圪垯、圪塔，后两种除了疙瘩义之外还有小土丘义。前两种写法似可定形为从疒的"疙瘩"以专表疙瘩义，后两种写法似可定形为从土的"圪垯"而专表小土丘义。这样不仅可以归并几个部分异体字以规范异形词，还能使多音字"疸"省去 da 音而专用于"黄疸"的 dǎn。多音字和异体字还有进一步规范的空间和必要，应该把审订异读词与规范异形词结合起来，继续进行系统的整理。

第二，“依声托事”的借字记词。

在单音词为主的上古，有词无字的矛盾是很尖锐的，人们利用文字约定俗成的符号性质，发明了借音记词的假借，即借用一个现成同音字来记录“本无其字”的异义同音词。这种一字数用的手段十分经济，后来也成为音译外来词和简化繁体字的一种方法。

占，是一个从卜从口的会意字，本义占卜，并引伸出窥察、推测等义项；后来又借用这个字去记录一个占有义的同音词。什，是一个从十从人的会意字，古代户籍以十家为一“什”，军队以十人为一“什”，它义同于“十”，并引伸出品杂数多的意义，如什物、什锦；后来又借用它去记录一个疑问代词，如什么、为什么。占卜义的占 zhān、什锦义的什 shí 是会意字，占有义的占 zhàn、什么义的什 shén 是假借字。字虽同而词迥异，它们在意义上风马牛不相及。

娜，本读 nuó，如婀娜、袅娜，多用于形容女子姿态的柔美。茜，本读 qiàn，是一种草本植物，因其根可作红色染料，又引伸出红色义。但这两个字用作外国女人名的音译字时，“娜”就要读 nà，“茜”就要读 xī 了，如托尔斯泰的《安娜·卡列尼娜》、译制电视片《茜茜公主》。

现行多音字中有 26 个是由于简化合并而成为多音字的，都是常用字。这些被合并的字不仅原本音义有异，而且有的如舍－捨、辟－闢、卷－捲、蒙－矇等组中的加旁字，其“依类附声”而“随声分义”的目的就是为了分化古字的兼职。异义异音之字合并之后，当然便成了多义多音字。悉列于后：

别：别、彆　卜：卜、蔔　划：划、劃　几：几、幾　叶：叶、葉
斗：斗、鬥　柜：柜、櫃　发：發、髮　脏：臟、髒　仆：仆、僕
据：据、據　万：万、萬　辟：辟、闢　术：术、術　舍：舍、捨
卷：卷、捲　症：證、癥　纤：縴、纖　累：累、纍　吁：吁、籲
朴：朴、樸　蒙：蒙、矇、濛　系：系、係、繫　干：干、乾、幹
尽：尽、盡、儘　只：只、祇、隻

古字假借、外词音译和简化合并而成的多义多音字，是借字记词的产物，除了部分分化古字兼职的加旁字之外，它们所记录的同形词从来就不是同一个词，在意义上并没有内在的联系。

第三，“名从主人”的专名异读。

这类多音字大多是两个音项的字。一个是常用义音项，一个是专用义音项，后者专门用于姓名、地名、术语等特殊音。区，常用的区域义读 qū，而用于姓氏则要读 ōu 了。厦，常用的房屋义读 shà，但用于福建厦门市的“厦”则要读 xià 了。轧钢的“轧”读 zhá 而不统读作 yà，巷道的“巷”读 hàng 而

不统读作 xiàng，就因为工人们都那样读而不这样读。这类“名从主人”的专名异读一般视为异用。其实，它异读的作用仍是在于区别意义，而且其中异用音项所表示的意义还尤为特别专有。

按“从俗”原则整理这类异读音时，有两个问题值得重视：一是某姓人或某地人今天读某姓某地的实际音是否还保持着字书上的异读？二是方言中的这类特殊音在折合成北京音时应怎样审音？其实，这也是普通话如何吸收、规范方言词的问题。地名用字中的生僻字、多音字不少，或难认或难读，给人们带来不少麻烦。1955 年到 1964 年，经国务院批准，采取用同音的常用字代替的方法，更改了 35 个县级以上地名中的生僻字，很受群众欢迎。僮族的“僮”本是个异读音，1965 年易字为“壮”，既方便了认读，也减少了一个多音字。这种易字移音之法，可否酌情再用？其实，地名特殊音多是方言音，虽按一定的对应关系审订为普通话中的异读音，但这异读音未必就是当地的实际读音，而是一个即使在本地也没有口语基础的新音项。所以，普通话中这类异读音的趋同之势尤为明显。山东济南的“济”（Jǐ）、广西百色的“百”（Bó）等，在影视电台中就多统读为 Jì 或 Bǎi。因此，是按字典音去纠正这类趋同音呢，还是按趋同音去修订字典音，便成为今后审订异读词时需要考虑的一个问题。

二、同义异读的多用多音字

多用多音字的特点是随俗分用而同义异读。各音项所表示的意义基本相同，只是使用场合或使用习俗不同罢了。从文以记言的角度讲，就是用同一个字的不同音项来记录同一个词的几个异读音。这类多音字一般没有区别意义的作用，又可分为使用场合不同的文白异读和使用习俗不同的习惯异读两种。

第一，使用场合不同的文白异读。

使用场合不同的文白异读多系古今音变所致。文读音一般保留在文言词、书面词或复合词中，口语音一般出现在白话词、口语词或单音词里，其间的区别大致反映在与其他语言单位的结合上：文读音多在合成词中用作语素，结合紧密些；口语音多单用作词再组成短语，结合松散些。

名词如：血，文读为 xuè，例如血统、流血牺牲等；口语为 xiě，例如血印子、流血了等。爪，文读为 zhǎo，例如爪牙、张牙舞爪等；口语为 zhuǎ，例如猪爪子、鸡爪子等。

动词如：教，文读为 jiào，例如教育、教学相长等；口语为 jiāo，例如教书、教技术等。削，文读为 xuē，例如剥削、削足适履等；口语为 xiāo，例如削铅笔、削苹果等。

形容词如：熟，文读为 shú，例如成熟、深思熟虑等；口语为 shóu，例如饭煮熟了等。薄，文读为 bó，例如轻薄、妄自菲薄等；口语为 báo，例如很薄的一本书等。这种文白异读除了使用场合不同、结合能力有异外，在意义上是很难辨析出什么差别来的。

不少异读音是古音的遗留或方音的保存，并没有区别意义的作用。普通话审音委员会采取“约定俗成，承认现实”的态度，对异读词进行了多次审订，在 1985 年公布了《普通话异读词审音表》。这个表涉及的异读字计 849 个，其中审定的统读字就有 587 个。这不仅对现代汉语的语音规范和普通话的推广起了积极作用，而且也因势利导地减省了许多无别义作用的多音字。

文白异读的字主要来自于中古词书对这些字的注音。对于文白异读，《普通话异读词审音表》或舍文取白，或舍白取文，统读了许多。注明文白异读的只有 31 个：薄、剥、给、嚼、壳、勒、绿、落、泌、疟、色、塞、螫、熟、削、血、钥（以上 17 个是古入声字），差、澄、虹、荨、翘、杉、苔，厦、葚，逮、貉、馏、露、蔓。这些字虽然不多，但大多是常用的字。从理论上讲，二者的区别主要在构词上，文读音多存于合成词中的语素，口语音多用于单音词，但应用中有时仍无所适从。“虹”文读为 hóng，口语为 jiàng。小学一年级语文课本中有篇《虹》，其中的“虹”都单用作词，注音却是 hóng。“露马脚”与“露头角”在结构上很难说有什么区别，而且前者在元曲中就已多见了。但《现代汉语词典》将“露马脚”的“露”注为口语音 lòu，而将“露头角”中的“露”注为文读音 lù。辞书和教材尚且如此，一般人辨别起来就更难了。至于“血债要用血来偿”中的两个“血”，是该分读呢还是统读好？王力先生当年曾就《审音表》初稿指出：表中有许多“一律”和“不取”，“这些都很受群众欢迎，似乎还可多搞一些‘一律’和‘不取’，少迁就一些文白异读。”①

第二，使用习俗不同的习惯异读。

使用习俗不同的习惯异读多是方音混合或歧异的结果。如果说文白异读还有构词上的差别，那么这种习惯异读无论是意义、词性还是构词上，都说不出什么应该分读的道理。例如：

片：piān，如唱片儿、电影片子；piàn，如唱片、影片。

尿：niào，如撒尿、尿床；suī，如吓尿了。

扫：sǎo，如扫地、打扫；sào，如扫帚。

倔：jué，如倔强；juè，如倔头倔脑。

核：hé，如核桃、细胞核；hú，如桃核儿、煤核儿。

应该说这类多音字中的一个音项就是尚待规范的又音。《现代汉语词典》

① 王力《论审音原则》，《中国语文》1965 年第 6 期。

对下列几个字就作如是处理：上（上声），shǎng 是 shàng 的又音。转（转文），zhuǎi 是 zhuǎn 的又音。嘏，jiǎ 是 gǔ 的又音。阽，yán 是 diàn 的又音。焘，tāo 是 dào 的又音。持向前看的态度而论，这类多音字所记录的就是尚待规范的异读词。

习惯性异读在意义、词性、构词上都缺乏区别性的特征。碰见一个“片”该读阴平还是读去声，一个“场”该读上声还是读阳平，取舍不易，类推更难，要求规范的呼声就更强了。实际上，有的异读在群众口语中已经表现出了趋同的倾向。指，《普通话异读词审音表》初稿（1963 年）有 zhī、zhí、zhǐ 三读，1985 年定稿中统读为了上声。谁，在 1985 年修订的《普通话异读词审音表》中尚存 shéi、shuí 两读，现在人们一般都把它统读为了 shéi。国家语言文字工作委员会于 2011 年启动了第三次普通话审音工作，在修订原则中明确提出：“充分考虑北京语音发展趋势”，“尽量减少没有别义作用或语体差异的异读。”这次审订是对《普通话异读词审音表》（1985 年）的修订。在征求意见的《普通话异读词审音表（修订稿）》中，虹、血、螯、荨、杉、葚等 15 个同义异读词也被统读了。[①] 同义异读是普通话中的消极因素，这种古今南北音相持并存的现象，毕竟是历史音变进程中的一种过渡现象。

综上所述，立足于音义关系与表词功能，多音字可从文以记言的角度大分为多义和多用两大类。多义多音字记录的是异义同形词，多用多音字记录的是同义异读词。前者一字多词而随声分义，不失为经济的手段；后者一字一词却随俗异读，实在是徒增烦难。

归纳分类表示如下：

- 多音字
  - 多义（异词同形）
    - 同源裂变
    - 借字记词
      - 古字假借
      - 外词音译
      - 简化合并
    - 专名异读
  - 多用（同义异读）
    - 文白异读
    - 习惯异读

二、多音字现象的历史分析

在现状描写的基础上，对多音字形音义关系的形成进行历史分析，着重讨

① 《〈普通话异读词审音表（修订稿）〉征求意见公告》，教育部网，2016 年 6 月 6 日。

论三个问题：汉字汉语发展的不平衡，词汇的发展与随声分义，语音的演变与同义异读。

（一）形音义发展的不平衡

上古汉语以单音词为主，汉字是以单音词为单位据义构形的。一字记一词，一形一音一义，字词单位对应，词的音义也就是字的音义。汉语、汉字虽然都随着社会的发展而发展，但它们的发展是不平衡的。语言中的词汇最为活跃，旧义不断引伸，新词大批涌现。语音是语义的载体，汉字是汉语的载体，这种关系的性质决定了语音的发展必然落后于词汇的发展，汉字的发展必然落后于汉语的发展。字语之间、音义之间的不平衡发展，增加了载体的负荷而一体多用，这便出现了同形词和多义字。“凡字，有本义，有引申之义，有假借之义。”[①] 这种现象，就字而言是一字多义，它们都是同一个字的不同义项；就词而论则是异词同形，它们分属几个同形词：或是同根生事的新词，或是“依声托事”的另词。一字之有数义，多系一字而记数词，探其源，不外引伸、假借二途也。

乌，这个字的意义最初只是所记之名词的意义，用指一种叫乌鸦的鸟。由于词义的引伸，由乌鸦的习性引伸出了“乌合之众”的“乌”，由乌鸦的毛色引伸出了“乌黑”的“乌”，前者虽作状语仍是名词，后者则裂变而为形容词了。通过字形的假借，这个字又借去记录同音叹词“乌乎”的“乌”（后“以类附声”而为“呜”，将这一兼职分化出去了），记录同音代词“乌足道哉”的“乌”，还记录“乌托邦”“乌克兰”等译音词中的“乌”。显然，尽管形音仍然相同，但字义和词义已不再是对应的关系了。正是这种不平衡的发展，使汉字从一形一音一义走向了一形一音多义。

这种义变音不变的多义字，从文以记言的角度讲，就是用增加一个字的义项的方法去记录一个多义词或几个同音词。随着构词的复合化，同一个多义字所记的不同语素活跃在不同的合成词中，并凭借语素间相互制约相互补充的作用而使词义明确丰富起来。一字记多义既节制了文字数量，构词复合化又区别了同形语素，所以，记录基本语素的常用字一般多是这样同音同形的多义字。

累，原本为纍。《说文解字・糸部》：“纍，缀得理也。……从糸，畾声。”“畾”是“雷”的古字，后加旁为“靁”，再省声而成“雷”。“累”字是个从“糸”的形声字，其字本义当为连缀，并由连缀义引伸出了延及、累赘义。《广韵》注力追切，今读léi。如《礼记・乐记》：“（歌声）累累乎端如贯珠。”连

① 清・段玉裁《享飨二字释例》，段玉裁《经韵楼集》，第270页，凤凰出版社，2010年。

缀义又引伸出了积累、累计义，《广韵》注力委切，今读 lěi。如《老子》："九层之台，起于累土。"后来再用"累"这个现成同音字去记录劳累义的同音词，《广韵》注良伪切，今读 lèi，其所表示的劳累义则是"累"字的假借义了。如《清平山堂话本·快嘴李翠莲记》："受得辛苦吃得累。"

词汇发展、语音演变与汉字发展的不同步，即音义、字语发展的不平衡，不仅使常用字普遍成为多义字，而且产生了不少"随声分义"的多音字与同义异读的多音字。就现代汉语通用字而言，如"我""她"这样一形一音一义的字是很少的，如"乌" "花"这样的一形一音多义字是普遍的，而如"累""好"这样的一形多音多义字则将近一成。汉字在形音义关系上的这种基本格局，是在语言经济原则的支配下优化形成的。

（二）词汇发展与随声分义

面对新词的涌现词汇的发展，人们很早就注重从构词法上来调整字词关系。就历时的大势而言，汉语后来固然主要采用了合成构词法，通过复音合成来创造新词。但在以单音词为主的时代，还是较多地利用音变构词法来记录新词，即用转音变读来区别新词的词性和语义。

北宋贾昌朝（997—1065）的《群经音辨》，对经籍中的1100多组异音异义的同形词进行了分类辨析，在汉语史上第一次较为全面地讨论了古汉语常用异读词音变构词的问题，这也是我国古代的第一部多义多音字字典。他在该书的《序》中提出了"随声分义"说，指出由于"古字不繁，率多假借，故一字之文音诂殊别者众。"[①] 认为"一字之文"的"音诂殊别"，其实就是为了"随声分义"，即利用同一个字的别义异读来表示不同的义项。清代学者钱大昕（1728—1804）从音义关系的约定分工上进一步指出："古人音随义转，故一字数音。"[②] 贾昌朝的"随声分义"与钱大昕的"音随义转"，真是一语破的，堪称经典之论。汉语中转音变读的实质，就在于凭借"音随义转"的音义关系而发挥"随声分义"的表词功能。这就是今天所谓的通过改变语音从旧词中分化出新词的音变构词法。音变构词有声变，有韵变，有声韵俱变，但更多的还是声调之变，变调别义是随声分义的主要方式。汉字是记录汉语的符号，汉语的音变构词直接促成了多义多音字的产生。

一些学者深入探讨了"随声分义"的现象及其开始产生的年代。张世禄先

① 宋·贾昌朝《群经音辨》，第1—3页，中华书局影印本，1985年。

② 清·钱大昕《毛传多转音》，钱大昕《十驾斋养新录》，第19页，中华书局影印本，1985年。

生（1902—1991）说得好：“汉语里往往用音素或声调的转换从一个旧词里分化出一个新词来。……汉语里一字异读的现象，大抵是从这种交替作用上产生出来的。”① 一字两读以声调别义，清儒多谓肇自六朝，是中古以后的现象。周祖谟先生（1914—1995）用汉代学者的大量音训材料来考证四声别义，认为“一字两读，绝非起于葛洪、徐邈。推其本源，盖远自后汉始。”② 洪诚先生（1910—1980）认为：“如果以同字为训的事例看，一字两读的事实……当远起周末。”③

关于周秦时期一字异读现象的材料，虽然不多但确实是有，试举“伐”“正”二字以为说明。

《公羊传·庄公二十八年》：“《春秋》伐者为客，伐者为主。”何休（129—182）注：“伐人者为客，读伐长言之，齐人语也。……见伐者为主，读伐短言之，齐人语也。”④ 清初的顾炎武（1613—1682）进一步解释说：“长言则今之平上去声，短言则今之入声也。”⑤

《史记·秦始皇本纪》：秦始皇“以秦昭王四十八年正月生于邯郸，及生，名为政。”《正义》：“正，音政，周正建子之正也。……后以始皇讳，故音征。”《史记·秦楚之际月表》：“端月，正月也，秦讳正谓之端。”⑥

《春秋》的一个“伐”字何以有两读，何休、顾炎武先后从音义关系上进行了解读。秦因始皇生于正月取名为“政”而讳“正”：既易字把“正月”改称“端月”，又变调将“正月”改读“征月”。可见，“伐”“正”在当时就是一字两读而随声分义的多音字。这种利用声调的屈折变化从旧词里分化出一个新词来的手段，是汉语特有的一种形态构词法。

词义运动的主要方式是在旧词语义基核上的引伸，义项常用而渐趋独立，破读久用亦相沿成习；义的裂变导致了形态的变化，音的异读区别了派生的新词，这就是所谓的“音随义转”。词已分化而载体不变，异音同形自一字两读以“随声分义”。至于借音记词的字，无论是“依声托事”的假借字、记录外词的音译字，还是异字并形的简化字，它们所记录的从来就不是同一个词，其读音有的原本就有小别，有的后来亦生分歧，音义本异而字形相同，一字多音理在必然。

① 张世禄《语音和语音学》，《张世禄语言学论文集》，第408—409页，学林出版社，1984年。

② 周祖谟《四声别义释例》，周祖谟《问学集》上册，第81—119页，中华书局，1966年。

③ 洪诚选注《中国历代语言文字学文选》，第157页，江苏人民出版社，1982年。

④ 清·阮元校刻《十三经注疏》，第2241页，中华书局影印本，1980年。

⑤ 清·顾炎武《古人四声一贯》，顾炎武《音学五书（一）》，第60页，上海古籍出版社，2011年。

⑥ 汉·司马迁《史记》，第51页，第135页，中州古籍出版社影印本，1991年。

这种“随声分义”形态有别的同形词，不管是词义运动同源裂变所致，还是有词无字“依声托事”所致，都反映了汉字的发展落后于汉语的发展。正是字语发展的不平衡和汉语音变构词法的相互作用，形成了复杂的形音义配合关系，这就是产生多义多音字的根本原因。

需要指出的是，有的影视剧把一些随声分义的多音字读错了，实在是不应该的。例如大型电视连续剧《三国演义》把阿斗的“阿”读作 ē，大型电视连续剧《水浒传》把骂人的“鸟”读作 niǎo，就造成了很不好的影响。电视连续剧《雍正王朝》把骂人的“鸟”读作 diǎo，才是读对了的。其实只要查查普及了的《现代汉语词典》，就可找到答案的：

【阿斗】ādǒu　三国蜀汉后主刘禅的小名。

【鸟】diǎo　同“屌”，旧小说中用作骂人的话。

【屌】diǎo　男子阴茎的俗称。

（三）语音演变与同义异读

作为语言的要素，语音的发展虽然落后于词汇的发展，但古今的变化仍然是很大的，记录语音的字音自然也就古今有变了。汉字是一种以单音节为构形单位的方块字，并没有直接记录词的内部语音结构。同一个方块字的读音不仅在不同的方言区有差别，就是在同一个方言区里，也有“十里不同音”之说，这就是南北有变了。正如明代陈第（1541—1617）所论：“盖时有古今，地有南北，字有更革，音有转移，亦势所必至。”① 古今音的并存导致了文白异读，南北音的混杂造成了习惯异读。意义基本没变，读音却不相同，这种异读词的存在，就是产生多用多音字的根本原因。需要强调的是，普通话是“以北京语音为标准音”的，我们说习惯异读是南北音混杂的结果，这混杂固然包括外地方音的影响，但主要还是历史音变在北京方音内部造成的歧异。

语言的演变表现在时间和空间两个方面。历史比较法的方法论基础，就在于通过比较语言在空间上的南北差异，去探索语言在时间上的古今演变规律。方言调查之所以成为考证古音的一项重要手段，也是因为时间上的古今音变因各地演变的不同步，往往呈现出空间上的方言音异来。这一特点在文白异读上表现得尤为典型。。

张清常（1915—1998）、徐通锵（1931—2006）两位先生深刻地指出：

张清常：“古代入声字在现代北京音里比别类的字（原来古代平上去的字）更容易出现意义相同用法相同的一字异读的情况。”其“最主要的原因应该是

① 明·陈第《毛诗古音考》，第7页，中华书局，1988年。

由于入声在北京音中消失了，因此古入声字就在这一演变过程里产生了更多的一字异读现象。”①

徐通锵：通过文白异读的形式表现出来的两种方言系统的竞争，是语音演变的一种空间表现形式。②

《普通话异读词审音表》中注明文白异读的 31 个字中就有 17 个古入声字。其他同义异读中的雀、着、角、结、核、答、吓、说、骨、撮、倔等也是古入声字。共时地看，实在难以讲出之所以分读的道理，但它们的不同音项又确实并存在北京音里。而一旦运用历史分析的方法，就会认识到古今音变在北京方音内部造成的歧异，特别是古入声字念法的尚不稳定，才是产生同义异读现象的主要原因。对这类异读音的逐步规范，正是顺应和促进了普通话语音的规律发展。

诗律中粘连的“粘”，子书《论语》的“论”，声调上声的“上”，是字词典和一些语文工作者认为应该异读的。

《说文解字》有“黏”而无“粘”，《黍部》：“黏，相着也。”粘，是“黏”变易其义符的后出异体字；《玉篇》说它“与黏同”，《广韵》注为“黏”的俗字。到了《中原音韵》，二字成了声、调有别的叠韵字。“黏”与“鲇”“拈”同音而今读 nián（“拈”今为阴平），“粘”与“占”“沾”同音而今读 zhān。在现代辞书里，“粘”有 zhān、nián 二音，且多注明“粘 nián，同黏”，但两个音项并无意义上的区别。

《汉书·艺文志》：“《论语》者，孔子应答弟子，时人及弟子相与言而接闻于夫子之语也。当时弟子各有所记，夫子既卒，门人相与辑而论纂，故谓之《论语》。”③ 可见，《论语》之所以叫《论语》，就因为它是一部辑录孔子言论的书。论，《说文解字·言部》：“议也。”此字在《广韵》中有平、去两读：“说也、议也、思也”，今读作 lún；“议也”，今读作 lùn。音虽两读，义实一也：正是《论语》的“论”。

上，在《广韵》中是个异调的全浊禅母字：“登也，升也”，读上声；“君也，犹天子也”，读去声。全浊上声字通过清音化与中古的去声字一样，在今音中都应读作去声。如果说“上声”的“上”读作上声，是为了使术语字的声调符合所表示的调类，那么，“入声”的“入”在普通话中又该怎样读才能名副其实呢？

---

① 张清常《北京音里面的一字异读问题》，《南开大学学报》1956 年第 2 期。

② 徐通锵《“阴阳对转”新论》，徐通锵《汉语研究方法初探》，第 188 页，商务印书馆，2004 年。

③ 汉·班固《汉书》，第 869 页，中州古籍出版社影印本，1991 年。

吕叔湘先生（1904—1998）认为："现代的异读是活在人们口头的，尚且有一部分已经在逐渐被淘汰，古代的异读只存在于古书的注释中，自然更不容易维持。还有一说，文言里的字已经全用现代音来读，很多古代不同音的字都已经读成同音，唯独这些破读不予通融，是不是也有点儿过于拘泥呢？""一字一读是合乎文字功能的原则，因而也是深入人心的趋势。"①

在进入信息化时代的今天，汉语的同义异读呈现出单音化的统读趋势，无论是文白异读、习惯异读，还是姓氏地名异读、音译词异读，都在向着单音化的方向发展。大多数或此或彼的同义异读，通过深入的调查和慎重的审订，是应该也可能趋于统读的。我们应该顺应同义异读单音化的语文趋势，进一步加强异读词的整理规范。事实上，很多人是把"粘连"的"粘"统读作 zhān，把《论语》的"论"统读作 lùn，把"上声"的"上"统读作 shàng 的。

综上所述，多音字是方块汉字特有的现象，作为记录语词的符号，它是音义、字语发展不平衡的必然产物。正是这种不平衡的发展，历史地形成了各种错综复杂的形音义配合关系。义变音亦变，异词同形而为多义多音字；音变义不变，同词异读而为多用多音字。前者突出地反映了旧词的裂变和新词的增生，后者更多地表现了古今之音变与方音之歧异。这就是汉字中一字多音现象的实质。

三、随声分义与约定俗成

佛教用语"阿弥陀佛"的"阿"应该读什么音，是近些年佛教界及有关人群议论的一个话题。在香港凤凰卫视的一期《问道》节目中，主持人邱震海先生以《现代汉语词典》为据，说"阿弥陀佛"的"阿"应该读 ē；但在场的几位禅师则把这个"阿"读作 ā。② 有人认为《现代汉语词典》的这个注音是错误的。

世界三大宗教先后在汉唐传入中国，丰富和发展了中国的传统文化。最先传入中国的是佛教，最早的佛学北传发生在两汉之际，最早的正史记载当是以下三段文字：

昔汉哀帝元寿元年，博士弟子景卢受大月氏王使伊存口受《浮屠经》。（《三国志·魏书·乌丸鲜卑东夷传》裴松之注引《魏略·西戎传》）

世传明帝梦见真人，长大，顶有光明，以问群臣。或曰："西方有神，名曰佛。其形长丈六尺而黄金色。"帝于是遣使天竺，问佛道法，遂于中国图画形象焉。楚王英始信其术，中国因此颇有奉其道者。（《后汉书·西域传·天竺》）

---

① 吕叔湘《谈形、音、义》，《文字改革》1964年第3、4期。

② 香港凤凰卫视《问道》栏目，2011年6月5日。

（笮融）督广陵、彭城运漕，……乃大起浮屠寺，以铜为人，黄金涂身，衣以锦采，垂铜槃九重，下为重楼阁道，可容三千余人，悉课读佛经，令界内及旁郡人有好佛者听受道，复其他役以招致之，由此远近前后至者五千余人户。每浴佛，多设酒饭，布席于路，经数十里，民人来观及就食且万人，费以巨亿计。（《三国志·吴书·刘繇传》）

这三段史料说明，佛教传入中国已经整整两千年了。西汉哀帝元寿元年（公元前 2 年），大月氏王的使者伊存在长安向博士弟子景卢口授的《浮屠经》（“浮屠”为“佛陀”的异译），是传入中国内地的第一部佛经。东汉明帝刘庄派人去印度取经，随之在洛阳白马寺正式启动了汉译佛经的事业。明帝的遣使取经与楚王的信奉佛教，表明佛教在东汉初年已受到朝廷的认可和贵族的尊崇；而献帝时的笮融在辖地的大建佛寺大办法会，则说明了佛教在东汉末年已经逐步传播到了民间。“据唐代智升《开元释教录》所载，自后汉孝明皇帝（刘庄）永平十年（公元 67 年）至大唐神武皇帝（李隆基）开元十八年（730 年），凡 664 年，所译各类佛教典籍总计 2278 部、7046 卷。”①

在佛教传入中国两千年后的今天，佛学界对阿弥陀佛之“阿”的读音，有了一些异议。“阿”是个随声分义的多音字，“阿弥陀佛”是个约定俗成的音译词，现从语言学的角度试作讨论。

（一）多音字的随声分义

“阿”是个多音字，在现代汉语中有两个随声分义的常用音项：ē、ā。

一、“阿 ē”的音义

“阿”字始见于战国金文，《尔雅》与《说文解字》对此字的释义是一致的。《尔雅·释地》：“大陵曰阿。”《说文解字·阜部》：“阿，大陵也。一曰曲阜也。从阜，可声。”“阜”的甲文写作阝，像峭崖边的梯阶之形，作义符表有关山岳、台阶的类意义，如陵、障、陡、险、阶、陛等这些从阜的字，就有山岳或台阶义。

阿 ē，“大陵曰阿”，“阿”就是大的丘陵。如《诗经·小雅·菁菁者莪》：“菁菁者莪，在彼中阿。”毛传：“中阿，阿中也。大陵曰阿。”秦代修建的阿房宫之所以叫“阿房宫”，《史记·秦始皇本纪》是有所说明的：“阿房宫未成，成欲更择令名名之。作宫阿房，故天下谓之阿房宫。”至于其中的“房”，《汉书·贾山传》的“又为阿房之殿”后颜师古注：“房字或作旁。”② 阿房宫位于

① 郑贤章《佛经的翻译与传抄对汉字发展的影响》，《中国社会科学报》2017 年 8 月 23 日。
② 汉·班固《汉书》，第 967 页，中州古籍出版社影印本，1991 年。

终南山之北骊山之西，并没有完全建成也没有正式命名，仅因“作宫阿房”即筑宫于大陵之“旁”，“故天下谓之阿房宫”。可见，以“阜”为义符的“阿”，本义就是大陵、高山。

凡山多有山湾，“阿”由此亦指山陵弯曲处，如《诗经·卫风·考盘》：“考槃在阿，硕人之薖。”毛传：“曲陵曰阿。”山东东阿位于战国齐、赵两国边境处。境内有大清河流经入海，河曲在此地形成大陵，故而称之为“阿”；其在赵者曰“西阿”，在齐者曰“东阿”。三国时的曹植就曾被曹丕贬封为东阿王。[①]“引申之，凡曲处皆称阿。”（段玉裁《说文解字注》）进而虚化为曲从、迎合义，如《国语·周语上》：“大臣享其禄，弗谏而阿之。”韦昭注：“阿，随也。”这个义项的“阿”以语素的形式构成了一些合成词，至今仍存现代汉语中，如阿曲、阿谀、刚正不阿等。

至于佛教用语“阿弥陀佛”中的“阿”，则是一个记录音译词的假借字。两部权威的汉语词典《现代汉语词典》和《汉语大词典》都注音为 ē。[②] 但是，近些年有人认为这个“阿”应该读 ā。

二、“阿 ā”的音义

阿 ā，现多用于姓名称谓之前作词头，颇具亲昵意味，这种用法始见于汉魏。如汉代乐府《孔雀东南飞》中的“阿母谓阿女”，“举言谓阿妹”；南北朝乐府《木兰诗》中的“阿爷无大儿”，“阿姊闻妹来”等。也用在小字、大名前作词头，如《三国志·魏书·武帝纪》裴注：“太祖一名吉利，小字阿瞒。”《三国志·吴书·吕蒙传》裴注：“（鲁）肃拊蒙背曰：‘吾谓大弟但有武略耳，至于今者，学识英博，非复吴下阿蒙。’”甚而还可用在表人称的代词前作词头，如汉代乐府《十五从军征》：“十五从军征，八十始得归。道逢乡里人：家中有阿谁？”“阿”的这种用法在现代汉语中更为丰富，不仅用在小字、大名、亲属称谓之前，还可以用在姓氏、排行之前，如阿张、阿大等。至于阿公阿婆、阿爸阿妈、阿哥阿妹等，横成对称，纵有辈伦，既格外亲昵而口语化，又使用宽泛而成系列，从而在较大的地区内成为人们口头上难以替代的尊称或爱称了。

汪荣宝先生（1878—1933）在 1923 年发表了《歌戈鱼虞模古读考》，他取外语材料为旁证，用 66 例梵汉对音和 33 例其他译音材料来进行考证，认为中

---

① 见“中国·东阿”政府网“东阿概况”。

② 见《现代汉语词典（第六版）》，第 338 页，商务印书馆，2012 年；《汉语大词典》第十一卷，第 940 页，汉语大词典出版社，1993 年。

古歌戈韵的主元音应该读 ɑ。[1] 这篇文章引起了古音学上的第一次大讨论。“阿”是个影母歌韵字，根据汪先生的考证，结合“阿”作词头始见于东汉文献的事实，可以认为“阿”的随声分义大致始于东汉时期；“阿”作词头的昵称多见于南方，这种作词头的“阿 ā”很可能始于东汉时期的南方。

后来，随着基督教、伊斯兰教在唐代先后传入中国，“阿 ā”作为记音字，大量用于“阿门”“阿拉”“阿訇”“阿拉伯”等音译词。“阿门”等词中的“阿”与“阿弥陀佛”的“阿”，虽然都是用于音译词的同一个字，但这两类音译词并不是同一个时代的产物，它们产生的年代相差了几百年。“阿”字在今天的普通话中有两个随声分义的读音，其实这就是汉字的历时读音在共时平面上的并存。

“阿”字还有一些别的义项和音项，但都比较少见，这里就略而不提了。现将“阿”随声分义的一般关系表示如下：

- 阿
  - ē
    - 本　义：大的山陵
    - 引伸义：山陵弯曲处→弯曲→曲附
    - 假借义：“阿弥陀佛”的“阿”
  - ā
    - 假借义：带亲昵语气的称谓性词头
    - 假借义：后世音译词中的记音字

北宋贾昌朝的“随声分义”，[2] 清代段玉裁的“凡字，有本义，有引申之义，有假借之义”，[3] 是十分精辟的高明之论。前者揭示了汉语在单音词占优势的历史条件下音变构词的内在机制，后者总结了汉字在记录汉语时一字数义以少驭多的普遍现象，随声分义与一字多义具体体现了汉语汉字在语用交际中的经济原则。但是，一个字的多义多音并不是同时出现的，它们是在语用交际中历时产生的。汉字是表意文字，无论是共时的据义构形，还是历时的加旁别义，一个字的本义肯定是实词义，其引伸义、假借义无疑是后起义。“阿”字构形所据之义是大陵，大陵是“阿”字的本义。“阿”在语用中沿着山多有湾的特点延展，又生发出了弯曲、曲附等引伸义。

“阿”后来是多音字，但它很长时期都只有一个音项，《广韵》中就只有一个乌何切，影母歌部，其音为 ē。北宋韵书《集韵》收字 53525 个，保存了宋代以前的大量字音字义。北宋字书《类篇》收字 31319 个，收重音 21846 个。这两部书的“阿”字都只有两个音项：一为於河切，影母歌韵，其音为 ē；另

① 汪荣宝《歌戈鱼虞模古读考》，北京大学《国学季刊》第 1 卷第 2 号，1923 年。.

② 宋·贾昌朝《群经音辨》，第 1—3 页，中华书局影印本，1985 年。

③ 清·段玉裁《享飨二字释例》，段玉裁《经韵楼集》，第 270 页，凤凰出版社，2010 年。

增加民了一个变调的倚可切，影母苛韵，其音为 ě，用于柔美义的“阿傩”一词。[①] 至于“阿”的 ā 音项，大约始出于汉魏时代的南方，它是后出的分义之音；但直到北宋的《集韵》《类篇》，也没收入这个音。“阿”字从义的引伸与音的假借两个方面，典型地反映了多义多音字逐步形成的历史过程。

有意思的是，在现代汉语的语用频率上，后出的“阿 ā”竟然远高于“阿 ē”，而“阿 ē”则主要用于“刚正不阿”、“阿弥陀佛”等少数传承的古语词了。“东阿”春秋置邑东汉置县，历史悠久，作为地名而口耳相传，故而其“阿”相沿读 ē；“阿胶”产于东阿，其“阿”自然随之读 ē 了。

（二）音译词的约定俗成

一、外语词音译的原则

语言是人类为了进行思维用以交际而创造的符号系统，社会性是语言最本质的特点。一个词的音义结合是约定俗成的，否则就不能在社会上交流了。汉语中的音译词是用读音相近的汉字翻译外语而形成的单纯词。音译外语词的原则有二：发音近似，约定俗成。之所以音译词与原词的发音只能近似而绝对不可能对应相同，是因为它们不仅是两套根本不同的语音系统，而且是两种记词方式根本不同的文字。对于汉语音译词来说，约定俗成比读音近似更为重要。

汉译佛经一般是意译，音译的情况主要有三种：一是一些佛、菩萨及罗汉的名号，二是一些专用名词，三是佛经的咒语。由于佛号、咒语等是音译词，加之诵经是口耳相传，这就较多地保留了古音，佛经中有些音译词用字的字音因而与一般的现代读音有所不同。

二、“阿弥陀佛”的“阿”

印度的佛教在两汉之际传入中国后，经过南北朝时期的发展，逐步走上了中国化的道路，到唐代更加繁荣地进入了全盛时代。佛教以善为本的“慈悲”情怀，不为物役的“清净”修为，注重“觉悟”的思维方式，尤为契合我们民族的传统文化。汉传佛教不仅深深地融入了中国文化，而且还外传到了朝鲜、日本和越南。而在印度本土，公元 8 世纪以后，印度教逐步兴盛，加上外族的频繁入侵，特别是伊斯兰教的大规模传播，佛教竟日渐衰微并在 13 世纪初趋于消亡，直到 19 世纪后才稍有复兴。

汉传佛教在中国的长足发展，离不开汉译佛经事业的发展。东晋时后秦的鸠摩罗什（344—413）与唐代的玄奘（602—664）两位中国高僧，是汉译佛经

① 宋·丁度等编《宋刻集韵》，第 1 页，第 57 页，第 116 页，中华书局影印本，1989 年。宋·司马光等编《类篇》，第 2 页，第 539 页，中华书局影印本，1984 年。

的两大泰斗，他们为佛学北传，为中印两大文明的交流作出了重大的贡献。鸠摩罗什生于龟兹（今新疆库车），七岁随母出家，游学印度，巡访西域，雅好大乘，精通梵文和汉语。他第一次较为系统地汉译了印度佛教中的基本经典，其成就成为中国翻译史上的里程碑，被梁启超先生誉为“译界第一流宗匠”。

汉传佛教中影响最大的宗派，一是以念佛往生为主的净土宗，一是以顿悟法门为主的禅宗。东晋慧远大师（334—416）创立的净土宗，根源于大乘佛教净土信仰，奉《无量寿经》《观无量寿经》《阿弥陀经》为净土三经，虔诚地信仰阿弥陀佛而向往净土世界，其主要法门在于“持名念佛”，即虔诚地反复诵读“南无阿弥陀佛”。公元402年，时年58岁的鸠摩罗什在长安译出了《佛说阿弥陀经》；公元650年，唐玄奘重译了《阿弥陀经》，名为《称赞净土佛摄受经》。[①]《佛说阿弥陀经》是所有佛经中流传诵读最广的一部经，是多数寺院和居士早晚必修念诵的佛经。

“南无阿弥陀佛”是佛教用语。它源于佛经翻译，是古印度梵语（罗马化转写 Namas Amitābhā）的译音，由“南无”、“阿弥陀”、“佛”三语连结合成。《佛说阿弥陀经》：“从是西方，过十万亿佛土，有世界名曰极乐。其土有佛，号阿弥陀。”[②]“阿弥陀”意为无量的寿命与光明，“佛”指“觉悟者”，为梵语“佛陀”之略译；“阿弥陀佛”在汉传佛教中用指大乘教的无量寿光佛。而读作 nánwú 的“南无”，意为“皈依”。诵念“南无阿弥陀佛”，意即表示“发愿皈依阿弥陀佛”，“发愿皈依无量寿光觉”。这是佛教信徒一心向佛的用语，合掌稽首虔诚诵读“南无阿弥陀佛”，即为“持名念佛”。汉传佛教中的净土宗就是以持名念佛为主要修行方式的。

“阿弥陀佛”的“阿”读 ē 音是由来已久的。其据有三：国家1963年、1985年发布的两版《普通话异读词审音表》与2016年的《修订稿》，都明确把“阿弥陀佛”的“阿”审定为 ē；[③]《现代汉语词典》和《汉语大词典》也注的这个音，此为证据之一。1990年代以前大陆拍制的有关影视剧，如《少林寺》《西游记》《济公》，1990年代的电视剧《弘一大师》，进入21世纪后拍摄的电视剧《百年虚云》等，剧中人物凡念“阿弥陀佛”者，其“阿”都是读作 ē 音的，此为证据之二。现在六十岁以上的老人，一般是把“阿弥陀佛”的“阿”念作 ē 的，是证据之三。上述影视剧中人物的读音，反映了内地佛教界的主流意见，因为这些很有影响的影视剧都邀请了佛教界的高僧、专家作顾

① 朱亚仲《净土宗持名念佛的理论与修持探析》，中国佛教协会《法音》2015年第7期。
② 后秦·鸠摩罗什译《阿弥陀经》，第30—31页，中州古籍出版社，2010年。
③ 《〈普通话异读词审音表（修订稿）〉征求意见公告》，教育部网，2016年6月6日。

问。特别是大型佛教电视剧《百年虚云》，是由中国佛教协会监制、名誉会长本焕法师任总顾问、会长一诚法师任总监制的，是由十座名寺的高僧担任顾问的。至于老人们都念此音，说明此“阿”念 ē 有着久远深广的人文约定。《普通话异读词审音表》与两部权威汉语词典的注音，不仅代表了语言学界专家对这个“阿”字的审音意见，而且是现代汉语的规范音。需要强调的是，这个规范音是根据佛学界约定俗成的实际读音而确立的。

三、改读的由来与商榷

语言文字是文化的重要内容之一，它敏感而活跃地反映了社会的发展。改革开放以来，两岸四地在经贸、文化上的紧密联系和频繁交流，加快了内地汉语汉字与港台汉语汉字的交融。内地的简化字、普通话，在港澳台地区越来越为更多的人们所接受；港台话里如“作秀”“炒作”等时髦词也成了内地的流行语，“注资”“崩盘”等还进入了普通话的书面语言，的士的“的”、上班族的“族”等语素则构成了一批合成词。普通话是以北方方言为基础的民族共同语，但它从不排除把其他方言中有表现力有生命力的词语吸收进普通话。但毋庸讳言，港台语言对内地的普通话也产生了一定的冲击，这一点在语音方面亦有表现。“阿弥陀佛”之“阿”的改读，就是一例。

“阿弥陀佛”的“阿”改读为 ā，始于 1980 年代的台湾。但台湾地区也有很多的人，并不认同这种改读。笔者 1996 年曾在台湾发表过一篇谈多音字的文章，指出“阿弥陀佛”的“阿”应该念 ē。① 台湾的焦国宝先生读后深以为是，并接着写了一篇万余字的文章，进一步讨论了此“阿”念ㄜ的道理与改读的由来。他说：

在下河南登封郭店人，与嵩山少林寺为紧邻，自幼即跟寺僧称念“南无阿弥陀佛”。在台湾，更追随诸上善人，如上道下源等老法师、李公炳南等老居士，勤求儒佛之道，行宗净土，持名念佛。时国内国外、台湾南北，所念‘阿’字：悉一“ㄜ”音。……“阿弥陀佛”的“阿”之念为ㄜ音者，乃自古之译经大师，以至于各宗之历代祖师，祖祖相传，代代相承，相续不断而迄于今者。……阿之读ㄜ，千古所遵。②

随着两岸佛教界交流的频繁，一些台湾法师来内地讲法讲学，大批讲经录音带和光盘涌入大陆，由此出现此“阿”的改读之风。近些年，内地也有些寺院把此“阿”改读为 ā，新信佛的人们跟着诵经碟读 ā，新拍的影视剧有的也跟着读 ā 了。同一个佛号中的“阿”，有的念 ē 有的读 ā，这既不利于佛教文

① 龚嘉镇《“阿弥陀佛”怎么说》，台湾《国语日报·书和人》，1996 年 11 月 23 日。
② 焦国宝《亦说“阿弥陀佛”怎么说》，台中莲社《明伦月刊》，1997 年。

化的发展，也不利于普通话语音的规范。

“阿弥陀佛”的“阿”之所以改读，是因为有人根据古梵语的构拟音，认为念 ē 错误而读 ā 才正确。但是，认为佛号的古译音有错，这需要可靠的证据；而改变传承千年的佛号译音，更需要可行的论证和佛教界的共识。

第一，佛教在两汉之际传入中国。两千年来，来华传教的西土僧人与赴印取经的中国僧人是越来越多。佛教中的佛号、咒语具有极强的宗教性质，历史上的译经僧在音译时特别虔诚地坚持保真原则。《阿弥陀经》有三个译本，首译出自鸠摩罗什，三译出自唐玄奘，两位都曾游学印度数年，都是既精通古梵语又精通古汉语的译经泰斗。佛门对于用译音念诵真言是敬若神明的，如果鸠摩罗什译“阿”有误诵读有错，留学印度十七年的玄奘大师是不会不纠正的。正如台湾焦国宝先生所说：在 1980 年代之前，“时国内国外、台湾南北，所念‘阿’字：悉一‘ㄜ’音。……阿之读ㄜ，千古所遵。”

第二，梵语是印欧语系中最古老的语言之一，作为 19 世纪时重构印欧诸语言的关键语种，其学术研究是仅限于书面梵语的。其实历史语言学都是主要以书面语言为研究对象的。任何古音重建都是立足于假设性的理论研究，其描述古音的价值主要在于得到合理的解释。法国语言学家安杜恩·梅耶（1866—1936）指出，人们根据语音对应关系去构拟原始共同语，但“构拟并不能得出人们说过的那种真正的拉丁语，任何构拟都不能得出曾经说过的‘共同语’。……（历史）比较方法只能得出一种相近的系统，可以作为建立一个语系的历史基础，而不能得出一种真正的语言和它所包含的一切表达方式。”[①] 梅耶认为，构拟原始共同语的价值不是再现原始语的实际读音，而是可以将历史比较的成果用音系的方式展现出来，以得到简明合理的系统解释。徐通锵先生指出，这种认识“已成为历史比较法的一条基本原理”。[②]

俄国语言学家 C. A. 斯塔罗思京（1953—2005）认为：古汉语音系的构拟就是“古汉语文字符号的语音释读。”[③] 李开先生（1943—）纠正说：“但‘释读’并非‘音注’，并非真的那样照着读，而是语音系统存在状况的描述，带有一定程度的形上性。”[④] 今人构拟的古音“并非真的”就是古代的实际读

① 法·梅耶著、岑麒祥译《历史语言学中的比较方法》，第 16—17 页，世界图书出版公司，2008 年。

② 徐通锵 王洪君《〈历史语言学中的比较方法〉评介》，法·梅耶著、岑麒祥译《历史语言学中的比较方法》，第 26 页，世界图书出版公司，2008 年。

③ 俄·C. A. 斯塔罗思京著、张兴亚译《古汉语音系的构拟》，第 1 页，北京大学出版社，2012 年。

④ 李开、顾涛编著《汉语古音学史》，第 265 页，上海古籍出版社，2015 年。

音，这是音韵学家心中都明白的一条常识。根据这种性质的构拟音而认定佛号的古译音有错，其论据是难以成立的。

第三，汉译佛经中的音译词，是选用读音相近的汉字翻译古梵语而形成的单纯词。“阿弥陀佛”是佛家弟子不断念诵的佛号，其音义关系是佛教界约定俗成的，口耳相传两千年从未间断，师徒相承一直到今天。音译词的读音就是一个约定俗成的近似音，翻译时据音近选字，传诵中以约定为本。研究古梵语音译词的读音，无疑具有语音学上的意义；但据此去改变传承两千年的佛号译音，那就违背了音译词之音义关系的约定性。要言之，讨论佛号的改读，不能忽视千年传承的基本事实。

“南无阿弥陀佛”是佛经中至为重要的念语。相信两岸佛教界的高僧，在理清改读的来龙去脉之后，是会静心反思形成共识的：“阿弥陀佛”的“阿”，是应该改读为 ā，还是继续持守念 ē？

无论如何，“阿弥陀佛”应该有一个统一的读音。

第八章　汉字的形音关系（下）

——符同音或异的形声字

一、现行声符表音功能的测量

①正确标音的有效范围

②表音性质的嬗变程度

③表音功能的动态分布

④表音功能的量化方法

二、声符功能弱化的历史分析

①汉字声符的先天局限

②符字音变不完全同步

本章提要：现行形声字声符的表音功能，是汉字形音关系中最复杂最重要最为人关注的问题。对7000现代汉语通用字中形声字的计量描写表明，同符必同音的现行形声字仅占18%，但有50%的现行形声字能够根据声符正确地读出音节音，现行声符系统的表音隶属度为0.65，声符的表音功能与形声字的使用频度成反向分布。总之，现行声符系统的表音功能确实不强了，但还保持着表音的性质，它在大量低频字中的较强标音作用更具应用价值。汉字声符表音功能弱化的趋势，是与生俱来的，也是历时加剧的。先天之根在于汉字是表意文字而形音联系较弱，用同音字作“借音符”以直音式为形声字注音，具有表音的局限性；后天之因则主要是声符与其形声字在历史音变过程中未能完全同步，从而导致形音联系的部分脱节。但这种不平衡的发展毕竟是以系统的方式渐变进行的，即使那些分合了的语音也大多与字形有着内在的对应关系，现行声符系统因而仍然保持着表音的性质。字不尽谐符和符同音有异的现象，在形声字内部结构这个更深的层面上，历史地反映了汉字系统在数千年演变中逐步形成的复杂形音关系。

形声字是“形声相益”的合体字，它以义音合成的结构而具有义音兼表的功能，早在战国后期就发展成为汉字的主体。汉字的形声字是借用现成同音字充当声符的，造字之初的声符与形声字是同音关系，其所谐的形声字亦当是同符即同音的关系。但是在现行形声字中，声符相同的形声字则未必同音了。讨论现行形声字的形音关系，其实质就是讨论现行声符的表音功能。科学测量现行声符系统的表音功能并归纳其表音的特点，深入研究形声字系统的形音关系及其演变的原因与历史，不仅可以在理论上更深刻地认识汉字的特色和规律，而且可以在汉字教学、汉字规范等应用领域里，更有效地发挥汉字的工具作用。

一、现行声符表音功能的测量①

现行声符仍然具有表音功能，这是不争的事实。讨论这个问题的价值在于，现行声符系统在标示现行形声字读音上所发挥的有效作用究竟达到了什么样的程度，这就需要对现行声符系统的表音功能进行宏观的计量描写。我们将计量分析与系统方法结合起来，着重描写现行声符正确标音的有效范围和表音性质的嬗变程度，着重考察它在库存状况下的静态功能和在实际应用中的动态分布。

（一）正确标音的有效范围

现行声符正确标音的有效范围，是按照现行声符与它的现行形声字是否同音这一标准，依据非此即彼的排中律从两个视角来测定的。一是从形声字看声符，测量声符能标音的现行形声字有多少；二是从声符看形声字，测量同符必同音的现行声符有多少。此处所谓的标音，特指的是基本音节音。

7000现代汉语通用字中有625个多音字，以一音为一字计，有7705个现行汉字。其中有6252个现行形声字，现行通用汉字中有81%的字是现行形声字。6252个现行形声字有1226个现行声符，平均一个现行声符有5.1个现行形声字，但其中近四分之一即有295个现行声符只谐一个现行形声字。计量分析结果如下：

第一，能够根据声符正确读出音节音的现行形声字，即声符能标音的现行形声字刚好占50%。就单个形声字与它的声符之间的读音来看，与声符的声

① 本章未注出处的数据引自龚嘉镇《现行声符表音功能分析》，西南师范大学中文系汉语史研究室编《汉语史论文集》，西南师范大学出版社，1995年。

母韵母都不同的形声字有 1138 个，占现行形声字总数的 18%。与声符有双声或叠韵关系的计 1978 个，占现行形声字总数的 32%。与声符的声韵调完全相同的有 1975 个，仅声调不同的有 1152 个，合计有 3127 个现行形声字能够根据声符正确地读出音节音，声符能正确标示音节音的现行形声字刚好是 50%。

第二，能够正确标示其全部形声字读音的现行声符，即同符必同音的现行声符占 36%。就现行声符与它所谐的全部现行形声字之间的读音关系来看，与它的全部所谐字都不同音的声符有 165 个，占现行声符总数的 13%；其形声字有 418 个，占现行形声字总数的 7%。与所谐形声字有的同音有的不同音的声符最多，计 619 个，占现行声符总数的 51%；其形声字更多达 4741 个，占现行形声字总数的 76%。与全部所谐字都同音的声符有 442 个，占现行声符总数的 36%，它们能正确标示其全部现行形声字的读音；这 442 个声符所谐的形声字计 1093 个，只占现行形声字总数的 18%，平均 1 个声符才谐 2.5 个形声字。

着眼于据符能读音，测量的是声符在标示单个形声字读音上的作用；着眼于同符必同音，测量的是声符在标示其现行谐声系统读音上的作用。计量描写表明，有 50%的现行形声字能够根据声符正确地读出音节音，而同符必同音的现行形声字则仅占 18%。虽然在大部分现行形声字中存在着同符不同音的现象，但毕竟有一半的现行形声字能够根据声符读出正确的音节音。

（二）表音性质的嬗变程度

现行声符正确标音的有效范围，是采用非此即彼（同音者为 1，异音者为 0）的判定方式所得到的计量结果，这无疑是必要的。但仅此为止，则未必能够揭示整个现行声符系统在表音性质上的嬗变程度。因为，在以是否同音为据而取值为 0 的这 50%的现行形声字中，与声符的声母韵母都不同的有 1138 个，占现行形声字总数的 18%；与声符有双声或叠韵关系的计 1978 个，占现行形声字总数的 32%。它们的表音性质处在一种亦此亦彼（介于 0 和 1 之间的如 0.4、0.9 等）的模糊状态。采用非此即彼的标准，将这部分亦此亦彼之声符的表音度简单地判定为 0，不仅抹杀了声符在与形声字之关系上的历史传承性，而且也忽视了现行声符在发挥表音作用时的复杂性。这就有必要运用模糊集合论的方法，用隶属度的概念来描述现行声符系统的表音度，这便是现行声符的表音隶属度。

模糊性是人类认识的重要特性，也是语言文字的重要特性。所谓模糊性，就是对象的类属边界不清晰或性质状态不确定的一种特性，它是事物普遍联系和连续运动在人们思维活动中的一种客观反映。声符由表音到不表音是逐渐变化的，这种渐变不仅反映在符能标音的形声字和同符必同音的声符的减少上，而且也反映在各单个形声字内部声符表音作用的减弱上。前者的减少是明晰的，后者的减弱则是模糊的。内涵上的模糊变化较之外延上的明晰变化，更深刻地反映了声符表音性质的嬗变程度。

模糊集合论中的隶属度分析，就是对模糊变化进行数学分析的一种科学方法。我们把全部现行形声字中各声符的表音功能看作一个模糊集，每个字的声符都有一个在表音性质上介于0（不属于）到1（属于）之间的隶属度。我们把声母、韵部、介音和声调的比值确定为4∶4∶1∶1。即与现行形声字声韵调完全相同的声符的表音值为1，音节同而调有异者的为0.9，韵母同而声母异者为0.5，韵部同而声母、介音异者为0.4，声母同而韵部异者为0.4，声母韵部都不同者为0；其中多音声符的表音值则按以上取值的二分之一计算。据此求出全部现行形声字中声符在表音性质上的平均隶属度，这就是现行声符系统的表音隶属度。计量分析结果如下：

现行声符系统表音隶属度的分级统计

用字级别	合计	常用字	次常用字	其余通用字
现行形声字数	6252	1921	952	3379
声符表音隶属度	0.65	0.60	0.66	0.67

需要指出的是，即使是声符表音隶属度为0的形声字，也很难说这些声符一点表音作用也没有。例如：①

我 wǒ　　e　①鹅^{2}蛾^{2}饿^{4}②俄^{2}③哦^{2}莪^{2}峨^{2}娥^{2}锇^{2}

果 guǒ　　ke　①棵^{1}颗^{1}课^{4}③稞^{1}窠^{1}髁^{1}骒^{4}锞^{4}

鹅、棵等17个字今天与声符都不同音了。这类与声符连双声或叠韵的关系也没有了的形声字，在现代汉语通用字中多达1138个，占现行形声字总数的18%。要说“鹅”“棵”这样的字不是现行形声字，要说“我”“果”这样的声符毫无表音作用，无论是理论上还是应用上，恐怕都难以得到人们的认同。因为，这类字的声符虽不能直接标示字音了，但还能提示字的音类或音属关系以资类推。人们通过音变规律，采取同声符类推的方法，不仅能有体系地成串掌握形声字的读音，而且还可用以辨正方音来学习普通话。所谓现行形声字，其实就是久远的古代形声字演变发展到今天的现存状态。即使是那些用今

① 字前的①、②、③分别表示《现代汉语通用字表》中的常用字、次常用字和其余的通用字。字右上角的1、2、3、4分别表示阴平、阳平、上声、去声。

音的标准看已经符不标音了的形声字，其间也仍然蕴含着规律的音变信息，其声符仍然具有一定的表音作用。

对现行声符系统在表音性质上的内涵变化进行隶属度分析，既于量中见质，又能析质以量，展示了声符表音性质在量变中的相对稳定性，实现了对声符内涵模糊变化程度的计量描述。现行声符系统的表音隶属度为 0.65，但声符的实际表音功能无疑要大于这量化所得的表音隶属度。这说明现行声符就整个系统而音，仍然具有表音的性质，但表音的作用确实不强了。

（三）表音功能的动态分布

国家语言文字工作委员会 1988 年公布的《现代汉语通用字表》和《现代汉语常用字表》，是关于现行汉字分级定量的重要成果。这两个字表的可贵之处，不仅在于第一次将现代汉语通用字客观地定量为 7000 通用字；而且在于第一次将现代汉语通用字划分为常用字、次常用字、通用字三个用字级别。两个字表对现代汉语通用字的分级定量，本身就是动态分析的结果。

上文对声符能标音的现行形声字、对同符必同音的现行声符的计量分析，考察了现行声符正确标音的有效范围；对现行声符系统表音隶属度的计量分析，考察了现行声符表音性质的嬗变程度。这些计量分析都是静态考察，但这些考察都是以《现代汉语通用字表》作为计量样本的。为了进一步了解现行声符的表音作用在不同使用频度的形声字中，分别发挥到了什么样的程度，这就需要进行动态分析了。我们充分利用了现代汉语通用字分级定量的成果，把以上对现代汉语通用字的整体考察深入为分级考察，由此测量了现行声符的表音作用在不同用字级别上的动态分布。详见下表：

现行声符表音功能在不同用字级别上的动态分布

考察角度	现行形声字	现行形声字的动态分布		
		常用字	次常用字	其余通用字
现行形声字	81%	67%	87%	91%
声符能标音的形声字	50%	46%	56%	59%
同符必同音的形声字	18%	13%	19%	20%
声符表音隶属度	0.65	0.60	0.66	0.67

表中成套的四组数据，清楚地传达出了这样一个信息：现行形声字的多少，现行声符表音功能的强弱，与形声字的使用频度恰成反向分布。现代汉语通用字中的形声字多达 81%，但形声字的分布则随字频级别的降低而逐步增多：形声字在常用字中占 67%，在次常用字中占 87%，在其余通用字中竟高

达 91%。声符能正确标示音节音的形声字占现行形声字总数的 50%，它的分布亦随字频级别的降低而逐步增多：符能标音的形声字在常用级的形声字中占 46%，在次常用级的形声字中占 56%，在通用级的形声字中则高达 59%。现行声符系统的表音隶属度为 0.65，其分布则随字频级别的降低而逐步增高：常用级形声字的声符表音隶属度为 0.60，通用级形声字的声符表音隶属度则为 0.67。以上成套数据显示：使用频度越低的汉字，其中的形声字越多，其声符的表音度越高；反之，越是高频度的常用字，其中的形声字就越少，其声符的表音度就越低。这固然是“常用趋易”的规律在起作用（词即常用趋短，字则常用趋简），因为历代字形简化的对象多是常用的字，其受影响最大的部分又总是声符。但另一方面的原因也不能忽视：越常用的字人们越熟悉，声符的标音作用也就越无所谓；越少见的字越陌生，人们也就越需要声符能够提示字的读音。于是，常用字较多地简化字形，低频字较多地能够标音，况且现行形声字中的常用字远少于低频字，这就既方便了书写，又有利于认读。可见，现行声符的标音功能在熟悉的常用字中弱而在陌生的低频字中强，乃是汉字系统一种优化性演变的结果。

（四）表音功能的量化方法

现行声符表音功能的计量研究，是一个颇为复杂棘手的问题。笔者首先将全部现行形声字集合为一个系统，逐一弄清楚这个系统中每一个现行形声字与它的声符在以符标音上的实际状况；在充分占有事实的基础上，再综合运用各种有效的数学方法，对收集的全部有关信息进行多状态、多方位的定量分析。

第一，根据非此即彼的排中律，按照形声字与它的声符是否同音为取值标准，从两个不同的角度来测定现行声符系统正确标音的有效范围。先着眼于现行声符在标示单个形声字读音上的作用，从形声字看字符；再着眼于现行声符在标示其全部形声字读音上的作用，从声符看形声字。结果发现有 50%的现行形声字能够根据声符读出正确的音节音，但只有 18%的现行形声字保持了同符必同音。

第二，鉴于对象亦此亦彼的模糊性，按照现行声符与它的形声字有多少语音联系为取值标准，运用模糊集合论中的隶属度分析方法，来量化现行声符系统表音性质的嬗变程度。以是否同音为据而取值为 0 的这部分现行声符，与它的形声字虽不同音节音了，但大多还保持着叠韵或双声等语音联系，其表音性质实际上处于一种介于 0 和 1 之间的模糊状态。各单个形声字内部声符表音作用的模糊减弱，较之同音形声字和同音声符的明晰减少，更深刻地反映了声符表音性质的嬗变程度。我们把全部现行形声字中各个声符的表音值看作一个模糊集，以量析质地进行了隶属度分析，结果测得得现行声符系统在表音性质上的隶属度为0.65。

第三，在静态考察的基础上，我们对现行声符表音功能在现行用字中的实际发挥情况进行了动态分析，从中发现现行声符表音作用的大小，与形声字的使用频度恰成反比分布。我们没有另外直接进行概率统计，而是充分利用了关于现行汉字分级定量的研究成果。《现代汉语通用字表》和《现代汉语常用字表》将现行汉字客观地确定为7000通用字，并按其使用频度划分为三个级别。这种分级定量本身就是动态分析的结果，而动态分析的主要手段则是概率统计。

我们对现行声符系统表音功能的计量分析是逐步深入的。首先采用聚类分析去测定比率，在静态上把握现行声符正确标音的总体状况；继而运用以量析质的隶属度分析，从模糊状态中去认识声符表音性质的嬗变程度；最后通过概率统计，从随机现象中去发现现行声符的表音功能在不同用字级别上的动态分布规律。其方法扼要用表列示如下：

现行声符表音功能的计量分析方法

研究视角	计量方法	认知目的
非此即彼的静态个体	聚类分析	正确标音的有效范围
亦此亦彼的模糊性态	隶属度分析	表音性质的量变程度
或此或彼的随机现象	概率统计	表音功能的动态分布

这就从个别到整体，从外部到内容，从静态到动态，一步一步地接近了对象。把对象作为系统进行这样多视角多方法的计量分析，不仅丰富和发展了传统的归纳方法，而且在思维方式上变严格决定论为统计决定论。这样做既深化了对语言文字的研究，也顺应了现代信息社会对语言文字研究的要求。

需要指出的是，以上任何一个数据都不能全面而只是部分地反映了现行声符系统的表音功能。定量分析原本是自然科学的方法，由于社会科学研究对象的复杂性，借用时是有一定局限的。有人这样说："对于生产关系和生产力相适应的规律，是不可能像确定水转变为冰的温度那样找到它们转化的临界点的。"例如许多行业在运用齐普夫定律时，其参数的值域就是一个时常争论而没有结论的问题。究其所以然，就是因为人们寻找的是一个如同水转变为冰那样的切分点。同样如此，现行声符系统的表音功能不可能是一个比率或几个比率的平均值。

综上所述，汉字形音关系的复杂性最为集中地体现在声符的表音功能上，用一个比率或几个比率的平均值去量化其表音功能，是把复杂问题简单化了。通过对现行声符正确标音之有效范围、表音性质之嬗变程度和表音功能之动态分布的计量考察，发现现行形声字的形音关系有两个特点：一是声符相同的形声字未必同音，二是声符的表音功能与形声字的使用频度成反向分布。我们没有刻意追求形式化，就把结论表述为这样的文字：现行声符系统的表音功能确实不强了，但还保持着表音的性质，它在大量低频字中的较强标音作用更具应用价值。

二、声符功能弱化的历史分析

形声字是由义符和声符组成的合体字。义符提示了所记之词的意义，声符标示了所记之词的读音，这种意义和读音就是据词造字时的字义和字音。一些学者正是有鉴于此，这才利用《说文》的谐声偏旁去研究上古汉语的语音系统。傅东华先生（1893—1971）曾精辟地指出："凡假借、转注、谐声，方其始也，必二字之声纽与韵部皆大体相同，此文字学上万无可易之原则。"① 但是，汉字声符的表音功能已经弱化了，现行形声字中声符不标音者已经多达一半，"读字读半边"因此成为汉字误读中的常见现象。

汉字声符表音功能弱化的趋势，是与生俱来的，也是历时加剧的。先天之根在于汉字是表意文字而形音联系较弱，其声符的"借音符"性质，其标音的"直音"方式，具有表音的局限性；后天之因则主要是声符与其形声字在历史音变过程中未能完全同步，从而导致形音联系的部分脱节。符同音或异因此成为现行形声字形音关系的一个基本特点。

（一）汉字声符的先天局限

汉字是以象形字为基础、以形声字为主体的表意文字，形声字的声符虽有表音功能，但并不是独立的音标。所谓音标，是从语音中抽象出来的专职记音符号，具有一音一符的特点，即一个音素只用一个符号表示，一个符号只能代表一个固定的音素。如汉语拼音字母、英语的韦氏音标和国际音标（国际语音字母）等。上古的谐声完全本乎自然，其声符都是借用的现成同音字，这种"借音符"是在记词方式形声化的进程中历史形成的。大多数声符原本就是形声字的古字，它们是在"以类附声"分化兼职的机制中被倒逼而成为声符的；而"形声相益"直接合成的形声字，则是选取现成同音字来充当声符的。造字

① 傅东华《汉语声纽变转之定律》，开明书店《学林》第十辑，1941年。

出自众手，历时异地逐步积累而成，何况声符及其形声字还历经了数千年的演变发展。这种历史形成的声符不仅具有“借音符”的性质，而且是用“直音”的方式来标注形声字的音节音，所以汉字声符的表音功能具有先天的局限性。

汉字声符在表音功能上的局限性，具体表现有三：

第一，声符数量太多而构字率很低。8233 个小篆形声字有 1670 个声符，符均构字 4.9 个，其中只构一个形声字的声符有 593 个，占 36%。[①] 6252 个现行形声字有 1226 个现行声符，符均构字 5.1 个，其中只构一个现行形声字的声符有 295 个，占 24%。

第二，声符的分布以一音多符为主。上古汉语以单音节词为主，汉字系统是数百同音字群的集合，因此一个基本音节设置一个声符当最为理想。但汉字的声符都是借用的现成同音字，并没有以音节为单位特制专职的音符，其一音多符的现象相当普遍。详见下表：

现行单音项声符在各基本音节中的分布状况[②]

分布级别	1	2	3	4	5	6	7	8	9	10	11	12	14	15	16	18	19	24	合计
音节	92	78	62	33	22	13	8	7	3	2	2	1	6	2	1	1	1	1	335
所谐形声字	484	799	1037	623	487	446	304	250	105	107	111	60	425	141	83	102	68	106	5738

现行汉字有 405 个基本音节，有些音节没有现行声符，现行声符中也还有 88 个由现行多音字充当的声符。1138 个单音项声符分布在 335 个基本音节中，平均 1 个音节有 3.4 个单音项声符，但声符的分布很不均匀，大多数音节有多个声符。现行形声字中一音一符的基本音节只有 92 个，仅占现行声符总数的 8%；这种一音一符的声符计谐形声字 484 个，亦只占现行形声字总数的 8%。而拥有 10 个以上现行声符的基本音节就有 17 个，它们是：10 符的 shu、you，11 符的 qi、yin，12 符的 ju，14 符的 fu、jian、wei、wu、yan、zhi，15 符的 li、xi，16 符的 ji，18 符的 yu，19 符的 shi，24 符的 yi。音节音为 yi 的现行形声字竟然有 24 个现行声符。一音多符现象的普遍性，有力地说明了汉字的声符大多是在“以类附声”的形声化机制中倒逼为声符的，这些声符与它的形声字是相承分化的古今字关系。

第三，两成现行声符由古僻字、多音字充当。声符的基本功能是标注形声字的读音，理想的声符应该是由没有异读的单音字、人们熟识的常用字充当

---

① 李国英《小篆形声字研究》，第 60 页，第 146—166 页，北京师范大学出版社，19 年。

② 表中的“分布级别”是按一个基本音节有几个现行单音项声符来划分的。如分布级别为 5 一列表示，拥有 5 个现行单音项声符的基本音节有 22 个。

的。但是，现行汉字是古代汉字的继承和发展，在现行形声字中自然不可避免地保留了一些由多音字、古僻字（特指《现代汉语通用字表》之外的低频字，以及属于古字传承或字形省简的偏旁字）充当的声符。我们把只有一个现行音项的声符称作单音声符，把现行多音字充当的声符称作多音声符。在 1226 个现行声符中，由现行多音字充当的声符有 88 个，占 8%；由古僻字充当的声符有 146 个，占 12%。由现行多音字和古僻字充当的声符有 234 个，占现行声符总数的 20%。详见下表：

现行声符的音项与用字的分类统计

声符类型		现行声符的用字级别					所谐形声字
		常用字	次常用字	其余通用字	古僻字	小计	
单音声符		725	108	159	146	1138	5738
多音声符	二音	55	4	15		74	424
	三音	13				13	82
	四音	1				1	9
	小计	69	4	15		88	514
声符合计		906　74%		174　14%	146　12%	1226	
所谐形声字		4782　76%		731　12%	739　12%		6252

在现行声符中，单音声符有 1138 个，占 93%；其所谐字计 5738 个，占现行形声字总数的 92%。还有 88 个声符是由现行多音字充当的，其中两个音项的声符有 74 个，三个音项的声符有 13 个，四个音项的现行声符有一个“差”，从“差”得声的现行形声字有 9 个。由现代汉语通用字充当的声符有 1080 个，占现行声符总数的 88%，其所谐形声字亦占现行形声字总数的 88%。四分之三的现行声符是由常用字和次常用字充当的，有 906 个；其所谐形声字计 4782 个，亦占现行形声字总数的四分之三。

汉字形音结合的脆弱性，主要体现在借用同音字作声符以直音式来为形声字注音。声符多达千余个而构字率很低，一音多符现象普遍且突出，两成现行声符由古僻字、多音字充当，这是汉字声符的先天局限性。

（二）符字音变不完全同步

社会的发展推动了语言文字的发展，但语言文字内部各要素的发展是不平衡的。在这极其漫长的历史演变过程中，不仅语音的变化快于字形的变化，而且形声字与它的声符在音变中也不完全同步。加之汉字是借用声符的音节音来直接注出形声字的音节音，这种标音方式并没有记录语音的内部结构。历史音变的不完全同步造成了形声字形音联系的部分脱节，声符记音的“直音”方式又不能反映语音的历史演变，于是有的声符就逐步失去了表音的功能。时至今日，能根据声符正确读出音节音的现行形声字者仅占一半，其同符不同音的现象较为严重。

历史音变的不完全同步导致形声字形音联系之部分脱节的现象，是相当普遍而颇有规律的。在现行声符及其形声字中，那些因声母不同而字不谐符或同符异音的，其不同声母的发音部位或发音方法大多是类近的。就发音方法看，其声母分别是 b/p、d/t、z/c、g/k、j/q、zh/ch 的现象相当普遍。它们不仅发音部位相同，而且在发音方法上也仅有送气不送气之分，这显然是中古以来全浊声母清音化的结果。就发音部位看，轻唇音是从重唇音中分化出来的，所以 b、p/f 多混谐；翘舌音是从舌头音中分化出来的舌上音逐步演变而成的，所以 d、t/zh、ch、sh 多混谐。

与声符不同韵母的现行形声字有 1559 个，但其中差别仅在于介音的有无或不同的就有 301 个，近乎五分之一。详见下表：

现行形声字与声符同韵异呼情况统计

<table>
<tr><th colspan="2">现行声符</th><th>开口呼</th><th>齐齿呼</th><th>合口呼</th><th>撮口呼</th><th colspan="2">合计</th></tr>
<tr><td rowspan="4">现行
形声字</td><td>开口呼</td><td></td><td>108</td><td>23</td><td></td><td>131</td><td rowspan="4">301</td></tr>
<tr><td>齐齿呼</td><td>95</td><td></td><td>8</td><td>1</td><td>104</td></tr>
<tr><td>合口呼</td><td>22</td><td>5</td><td></td><td>29</td><td>56</td></tr>
<tr><td>撮口呼</td><td>9</td><td>1</td><td></td><td></td><td>10</td></tr>
</table>

其中声符有 i 介音而形声字无介音的形声字有 108 字，声符无介音而形声字有 i 介音的形声字计 95 字；其为开口呼者声母多是翘舌音而绝无舌面音，为齐齿呼者声母多是舌面音而绝无翘舌音。王力先生（1900—1986）指出：“四呼是近代汉语和现代汉语的特点，韵头的变化是具有普遍的规律的。”① 这种 i 介音的产生与失落，即开口呼与齐齿呼的转化，多受声母发音部位的影响。一方面，二等开口韵在前边喉音、舌根音声母的影响下，逐步产生 i 介音而成为齐齿呼，并随之将声母腭化为舌面音。另一方面，舌上音和正齿音合流而为翘舌音，其后的 i 介音因受声母排斥而失落成为了开口呼。现行形声字中开口呼与齐齿呼大量混谐而声母不同的现象，历史地反映了在产生舌面音声母和翘舌音声母的过程中，韵头所发生的相应变化。

汉字的谐声系统是历史形成的，其韵部声类是后人归纳古语材料的结果，

① 王力《汉语史稿》上册，第 136 页，中华书局，1980 年。

并不是先设计了什么顶层方案，再据此规则地炮制出一个一个的谐声系统。任何一个谐声系统都不是同时同地产生的，它们在逐步形成的过程中，不可能不受到异代方音的影响，有的字在造字时就未必与声符完全同音。据当时当地之音来选定的声符与它的形声字，在长时期大范围的使用过程中，自然要受到古今音变和异域音歧的影响。由于声符原本就是有独立读音的现成字，所以声符与形声字在音变中就未必完全同步了，有的如“非/辈”那样声符音变而字音不变（古无轻唇音），有的如“登/橙”那样字音变而声符不变（古无舌上音）。声符和形声字的字形虽也递有变化但结构多基本对应，并没有在字形上反映出语音的这种变化来。

在进行计量分析的基础上，历史地考察声符的表音功能，可以清楚地看到语言文字发展的不平衡性和渐变性。形音、字语发展演变的不同步，导致了字形与字音的部分脱节，使声符的表音功能出现弱化的趋势。但这种不平衡的发展毕竟是以系统的方式渐变进行的，即使那些分合了的语音也大多与字形有着内在的对应关系，所以，现行声符系统还仍然保持了表音的性质。字不尽谐符和符同音有异的现象，在形声字内部结构这个更深的层面上，历史地反映了汉字系统在数千年演变中逐步形成的复杂形音关系。

声符的表音功能从古至今呈减弱的趋势，但在弱化的同时也保持了较强的历史传承性。声符不标音与符同音或异的现象，共时地看，其读音确实有了差异；历时地看，其间却存在着一定的内在联系，它客观地反映了语言的演变及其规律，反映了语音的分合与字形之间的内在对应关系。现行声符在发挥表音功能时因而具有四个特点：一是具有传承性，共时地看较差而历时地看较强；二是具有系统性，单个地看较差而类推地看较强；三是具有互补性，割裂出来较差而结合义符较强；四是具有分布上的差异性，在常用字中较差而在低频字中较强。

现行声符在汉字教学和推广普通话中无疑具有重要价值。但要充分开发声符的功能，则要根据声符的上述特点而创造让其发挥作用的环境。这环境一是在现行汉字范围内编制声符的谐声谱，二是根据方言与普通话的古音关系编制辨音字表。

谐声谱反映了“以类附声”的构字规律和形音之间的对应关系。严格按照规范字形、标准字音分级编制出来的现行谐声谱，可以使现行声符的表音功能得到最充分的发挥。从现行声符入手成系列学习形声字的方法，其实质就是利用谐声谱以集中识字。试以声符“方”的现行谐声谱系为例予以说明：

方 fāng
- fang ①坊^{1} 芳^{1} 防^{2} 坟^{2} 妨^{2} 仿^{3} 纺^{3} 放^{4} ②肪^{2} ③邡^{1} 枋^{1} 钫^{1} 鲂^{2} 昉^{3} 舫^{3}
- pang
  - ①旁^{2}
    - pang ①膀^{1} 膀^{2} ②磅^{2} 磅^{2} ③滂^{1} 鳑^{2} 耪^{3}
    - bang ①榜^{3} 膀^{3} 傍^{4} ②谤^{4} 磅^{4} ③搒^{4} 蒡^{4} 镑^{4}
    - peng ③搒^{2}
  - ③彷^{2}

这个谐声谱中的 35 个现行形声字里，有常用字 16 个、次常用字 5 个、其余通用字 14 个；它们的声符或为“方”或为“旁”。读音上，“方”声字的两读显系唇音声母的轻重之分，“旁”声字的不同也仅在于声母的送气与不送气；至于形义上的差别，就全在义符的不同罢了。利用谐声谱以集中识字，形则有相同的声符，音多有对应的读音，加之义符的别义作用，如此对比类推，就可以变一个一个地记为一串一串地学了。需要指出的是，声符“方”的这个谐声谱颇为典型，大多数现行声符并没有形成如此的谱系。因为现行声符上千个，平均每个现行声符仅构四五个现行形声字。参见笔者所编的《现行形声字汇编》。①

普通话是中华民族的现代共同语，大力推广普通话是进行现代化建设的迫切需求。经过国家多年的大力推广，“目前全国有 70%以上的人口具备普通话应用能力”，但“全国现在还有 30%即 4 亿多人口不能用普通话交流。”② 在方言区推广普通话，一个重要的工作就是方音辨正。方言是一种语言的地方变体，现代汉语的各种方言同源于古代汉语，古今语音的演变规律在大势上制约着现代方言的语音对应规律。利用声符与形声字的古音关系来编制辨音字表以类推正音，就是在方言区推广普通话的一种行之有效的方法。

普通话中有两类鼻韵尾，其发音方法相同，而成阻部位有异，－n 在舌尖而－ng 在舌根，它们构成的 16 个鼻韵母亦前后成对而区别分明。方音中这两类鼻韵母多有混乱，特别是 en/eng 不分，“丰富”读作“吩咐”；in/ing 无别，“育龄”读作“鱼鳞”。这也可以利用同声符类推的方法来加以辨析。

粦 lín　lin　②磷^{2}鳞^{2}③粼^{2}嶙^{2}遴^{2}璘^{2}辚^{2}瞵^{2}麟^{2}膦^{4}

令 líng　ling　①伶^{2}铃^{2}零^{2}龄^{2}岭^{2}领^{3}②玲^{2}蛉^{2}翎^{2}③泠^{2}苓^{2}囹^{2}瓴^{2}柃^{2}鸰^{2}羚^{2}聆^{2}呤^{4}；leng①冷^{3}。

lin　①邻^{2}③拎^{1}；lian①怜^{3}。

声符相同，其字未必同音或同韵，但鼻韵尾是－n 还是－ng，大多一致而

① 龚嘉镇《现行汉字形音关系研究》，第 217—296 页，湖北人民出版社，1995 年。

② 《国家语委：中国尚有 4 亿多人不能用普通话交流》，新华网，2014 年 9 月 22 日。

较少例外。声符“粦”的韵母读 in，它的 10 个现行形声字的韵尾全是－n。声符“令”的韵母为 ing，它的 21 个现行形声字除 3 字外，其韵尾都是－ng。这 3 个“令”声字的韵尾之所以是－n，邻、怜二字盖因简化所致，其声符原本是读音为 lin 的“粦”。至于“拎”，《广韵》注为郎丁切，本也读 ling 的，《汉语大字典》就注的这个音；是《普通话异读词审音表》将“拎”改为前鼻音的。这些少数例外，只需特别指出即可，并不影响利用声符类推正音以推广普通话。

无论是编制谐声谱以集中识字，还是编制辨音字表以类推正音，都是为了创造一个能充分利用声符特点的环境，通过语音的演变分合规律去再现形音之间的对应关系，从而能动地开发现行声符在现实应用中的有效功能。

第九章　汉字的科学教学

本章提要：汉字教学的科学化，是汉字学中事关基础教育与对外汉语教学的一项重要应用研究。这一研究可大分为二：一是如何吸取汉字字频分布高度集中的研究成果，以加强教材分段定量的顶层设计；一是如何遵循汉字以少驭多合成有理的构字规律，以改进教法提高教学效率。多年来，各种小学《语文》教材都程度不同地存在着生字超量、字种超标、学字无序的问题，教学上则较为普遍地存在着重经验轻规律、重教字轻学法、重讲授轻训练等问题，这些问题直接影响了识字教学的效率。我们应该切实加强《课程标准》与教材编写的顶层设计，尽快为识字教学建立起一个分段定量循序渐进的教学内容体系。把覆盖现代语料95％的1500个最常用字有序地编进小学低段教材，让小学生在两年内形成初步的阅读能力。我们应该努力按汉字教学和母语学习的规律开展识字教学，着意培养学生独立识字的能力。汉字是形音义的结合体，要通过读用写以掌握形音义：分析结构认清形，依靠义符了解义，利用拼音读准音，通过组词学会用。汉字不是一盘散沙而是一套人文符号系统，应有序成串地教，可有理有趣地学。首先掌握核心义符，功夫多在以文组字，重点抓住形义联系。从掌握象形字（基础义符）入手去类推学习合体字，从掌握常用字

（基本语素）入手去类推学习合成词，是科学教/学汉字的有效方法。

加强汉字教学的科学性，是汉字学中事关基础教育与对外汉语教学的重要研究内容，是汉字应用研究中惠及广大小学生和外国留学生的应用研究，其中存在着一个基础理论如何指导应用实践的大问题。这一研究可大分为二：一是如何吸取汉字用字高度集中的研究成果，以加强教材分段定量的顶层设计；一是如何遵循汉字以少驭多合成有理的构字规律，以改进教学方法而提高教学效率。

中国的近代教育，是在列强入侵辛丑大辱的民族危机中起步的，是在创办新式学堂、鼓励出国留学和废除科举制度的进程中发展起来的。在《辛丑条约》签订后的第二年即 1902 年（光绪二十八年），清政府痛定思痛，颁布了由管学大臣张百熙（1847—1907）拟订的《钦定学堂章程》。此后张百熙会同张之洞（1837—1909）等，又进行了修订。修订后的《奏定学堂章程》在 1904 年 1 月 13 日颁布，包括京师大学堂暨省高等学堂、中学堂、小学堂、蒙养学院、师范学堂、农工商实业学堂等各级学堂的多个章程，由此统一了全国各地各级各类学堂的体制，从而开始形成了全国的教育系统。《章程》规定：初小 5 年，设“中国文字”科；高小 4 年，中学 5 年，设“中国文学”科，课文都是文言文。这就是教育史上所谓的“癸卯（1903）学制”。1905 年，清政府废除科举制度。“停科举以广学校”，各地相继兴办新式的小学堂（县）、中学堂（府）和高等学堂（省），初步建立起了中国的近代教育体制。① “癸卯学制”秉持“中体西用”的理念，是参考日本 1900 年的学制制定的。

1912 年 1 月 19 日，在教育总长蔡元培先生（1868－1940）的主持下，中华民国临时政府教育部颁布了《普通教育暂行办法及课程标准》，规定“从前各项学堂均改称为学校，监督、堂长应一律改称校长”，“小学读经科一律废止”，并将此前中小学的“中国文字”“中国文学”科统一改称“国文”。② 五四运动反对文言文，提倡白话文。北洋政府教育部在 1920 年将小学的“国文”科改称“国语”，并把小学各科教材一律改为白话文。1922 年 11 月 1 日，北洋政府颁布了由全国教育会联合会反复研讨后提出的《学校系统改革案》，规

① 参看《清史稿·卷一百七·志八十二·学校二》，二十五史卷十四《清史稿（上）》，第 867—871 页，中国文史出版社，2003 年。参看《奏定初等小学堂章程》、《奏定高等小学堂章程》、《奏定中学堂章程》，载璩鑫圭、唐良炎编《中国近代教育史资料汇编·学制演变》，第 302—337 页，上海教育出版社，2007 年。

② 参看《临时政府公报第 4 号》，载璩鑫圭、唐良炎编《中国近代教育史资料汇编·学制演变》，第 605—610 页，上海教育出版社，2007 年。

定小学学制6年，初小4年，高小2年；中学学制6年，初中、高中各3年。这就是教育史上所谓的“壬戌（1922）学制”。[①] 该学制借鉴了美国学制，首次规定了中小学的“六三三制”，这种学制一直沿用到今天。

早在民国初期，“语文”一词就开始用指我们的母语，但作为一门课程的专称，则始用于1949年。叶圣陶先生（1894—1988）当时在华北人民政府教育部门主持中小学语文科课程标准的起草工作，他提出将“国语”和“国文”合二为一，改称“语文”。他所主持编撰的《小学语文课程标准》与《中学语文课程标准》始用“语文”之名，“语文”从此成为这门课程通用的专称。叶老后来回忆说：

“语文”一名，始用于一九四九年华北人民政府教科书编审委员会选用中小学课本之时。前此中学称“国文”，小学称“国语”，至是乃统而一之。彼时同人之意，以为口头为“语”，书面为“文”，文本于语，不可偏指，故合言之。亦见此学科“听”“说”“读”“写”宜并重。[②]

现将“语文”科名称的由来，归纳为下表：

<table>
<tr><td>1904年</td><td>1912年</td><td>1920年</td><td>1949年</td></tr>
<tr><td>清朝光绪后期</td><td>民国政府</td><td>北洋政府</td><td>新中国</td></tr>
<tr><td>初　　小：中国文字</td><td rowspan="2">国　文</td><td>小学：国语</td><td rowspan="2">语　文</td></tr>
<tr><td>高小一中学：中国文学</td><td>中学：国文</td></tr>
</table>

从光绪后期的“中国文字”“中国文学”，到民国时期的“国文”“国语”，再到新中国的“语文”，这就是我国中小学母语课程通称“语文”的由来。“语文”的由来反映了人们对这门课程的性质、内容之认识的深化过程，也从一个侧面反映了中国教育近代化的发展进程。

一、课标的要求与现状分析

语言文字是人类用以进行思维与交际的重要工具。任何语言及其文字都是约定俗成的符号系统，任何语言文字都需要经过长期学习才能熟练运用以进行交际。培养学生理解和运用母语（汉语汉字）的能力，是中小学“语文”课程的根

① 参看《大总统颁布施行之学校系统改革案》，载璩鑫圭、唐良炎编《中国近代教育史资料汇编·学制演变》，第1008—1012页，上海教育出版社，2007年。

② 叶圣陶《语文教育书简》，《叶圣陶语文教育论集》，第730页，教育科学出版社，1980年。

本宗旨。汉字教学是小学语文的启蒙教学。培养学生认识一定量的常用字并学会独立识字，以尽早形成初步的阅读能力，应该是小学低段识字教学的基本任务。

从1950年到2011年的60多年间，教育部先后颁布了10个《小学语文教学大纲》和2个《义务教育语文课程标准》，规定了各学段的识字教学任务。其中1992年版要求低些，除此之外的其他版，都要求在1—2年级认识1500—1800个汉字，要求小学阶段累计认识2500—3000个汉字。《义务教育语文课程标准（2011年版）》在“总体目标与内容”中，对九年义务教育阶段语文教学提出了如下的要求：“培育热爱祖国语言文字的情感，增强学习语文的自信心，养成良好的语文学习习惯，初步掌握学习语文的基本方法。……学会汉语拼音。能说普通话。认识3500个左右常用汉字。能正确工整地书写汉字，并有一定的速度。”九年义务教育分四个学段：小学1—2年级为第一学段，小学3—4年级为第二学段，小学5—6年级为第三学段，初中1—3年级为第四学段。《课程标准》在各学段的“目标与内容”中，对汉字教学的要求进行了具体的分解。详见下表：①

学段	基本知识基本能力的要求	识字要求	写字要求
1—2年级	喜欢学习汉字，有主动识字、写字的愿望。掌握汉字的基本笔画、笔顺和常用偏旁部首，学会汉语拼音，学会查字典，学习独立识字。	认识常用汉字1600个左右	其中800个左右会写
3—4年级	对学习汉字有浓厚的兴趣，养成主动识字的习惯。有初步的独立识字能力，会使用字典、词典，能规范熟练地书写正楷字，有良好的书写习惯。	累计认识常用汉字2500个左右	其中1600个左右会写
5—6年级	有较强的独立识字能力。硬笔书写楷书，行款整齐，有一定的速度。	累计认识常用汉字3000个左右	其中2500个左右会写
7—9年级	能熟练地使用字典、词典独立识字，会用多种检字方法。	累计认识常用汉字3500个左右	

苏新春先生（1953—）主持完成的两项调查研究，使人们对小学《语文》字词教学的宏观状况开始有了量化性质的认识，这两项成果值得重视。

（一）小学阶段《语文》教材的用字状况

苏新春先生主持的一项调查，选取人民教育出版社、北京师范大学出版社、广东教育出版社、上海教育出版社、台湾康轩出版社和香港牛津大学出版

① 教育部《义务教育语文课程标准（2011年版）》，北京师范大学出版社，2012年。

社出版的8套教材为样本，对小学《语文》教材汉字使用的字量、字种、字序，进行了摸底调查与计量分析，最后形成《基础教育阶段小学语文教材汉字使用调查报告》。1980年代中期以来，我国中小学教材实行的是“一纲多本”，各地使用的教材存在着较大的差异。这8套教材影响较大而颇具代表性，其中前4套是内地大部分地区都使用过的课本。这次调查统计出了一套宏观面上的基本数据，很有价值。现将有关数据加工制成三个表，[①] 列示如下：

表一：8套小学《语文》课本所用汉字的比较分析

小学《语文》教材版本	统计版本	教材总字量	实用字种数	所列生字数	生字分布				
					常用字		次常用字	超标字	
人教社新课标版	2001—2004	191306	3485	2997	2373	86%	447	177	6%
北师大新课标版	2001—2003	158016	3444	2806	2223	79%	415	168	6%
人教社义教版	2000年版	141471	3228	2535	2249	89%	257	29	1%
北师大义教版	2000年版	99452	3107	2832	2226	79%	388	218	8%
广东义教版	2001年版	149254	3247	2781	2311	83%	334	136	5%
上海课标版	2003—2006	232235	3613	2503	2097	84%	311	95	4%
台湾·康轩版	2005年版	60504	2575	2328	1891	81%	278	159	7%
香港·启思版	1995年版	73883	2531	2438	2066	85%	271	101	4%
合　计		1106121	4372	3855	2488	65%	798	569	15%

注：北师大义教版、上海课标版的教材是10册，香港启思版是24册，其余5套教材是12册。“常用字”“次常用字”栏分别指《现代汉语常用字表》中的常用字、次常用字，“超标字”栏特指《现代汉语常用字表》外的字。

表二：8套小学《语文》所用字种对教材语料的累积覆盖状况

累积覆盖	50%	60%	70%	80%	90%	95%	99%	后1%	100%
所用字种	117	205	344	584	1069	1569	2632	1740	4372
最低字次	1579	1024	637	343	153	77	18	1	

表三：8套小学《语文》课本生字教学量的分期安排

课本册序	1	2	3	4	5	6	7	8	9	10	11	12	合计
人教社新课标版	400	550	449	401	200	199	201	200	198	199	—	—	2997
北师大新课标版	146	275	297	412	385	356	328	278	140	189	—	—	2806

① 苏新春撰稿《基础教育阶段小学语文教材汉字使用调查报告》，国家语言资源监测与研究中心编《中国语言生活状况报告（2009）下编》，第435—464页，商务印书馆，2010年。

续表

课本册序	1	2	3	4	5	6	7	8	9	10	11	12	合计
人教社义教版	160	280	380	359	280	280	199	200	124	119	93	61	2535
北师大义教版	374	358	323	316	282	241	269	240	227	202	—	—	2832
广东义教版	217	343	511	430	299	266	188	196	102	83	74	72	2781
上海课标版	458	540	507	483	228	287	—	—	—	—	—	—	2503
台湾·康轩版	104	181	216	224	257	225	231	207	205	184	178	116	2328
香港·启思版	368	218	239	211	257	225	176	206	146	155	132	105	2438

社会用字的分级定量始于1988年，当年发布的《现代汉语常用字表》收2500常用字和1000次常用字。义务教育语文课程标准（2011年版）》附录的两个字表，第一次从字种上明确了小学初中识字、写字教学的"目标与内容"。这就从字种、字量上，为小学识字教学的分段定量提供了科学的依据。教材的用字情况如下：

第一，教材所用字种的级别。8套小学《语文》教材总字量为110.6万字，计用字种4372个，其中1069个最常用字累计覆盖了全部语料的90%，前2632个常用字累计覆盖了语料的99%，另有占总字种40%的1740个字，仅累计覆盖了语料的后1%。8套教材计列生字3855个，其中2488个、798个分别是《现代汉语常用字表》中的常用字、次常用字。另有该字表未收的超标字569个，这些非常用字占到教材生字总量的15%。教材用字超标的现象是较为普遍的。

第二，教材的生字教学量。内地6套《语文》教材平均每套的总字量为16.2万字，每套实际使用字种平均3353个，每套平均生字教学量是2742个。两套港台教材的总字量平均6万多字，实际所用字种平均2500多个，平均生字教学量是2300多个。但内地6套教材之间各方面的差异也是相当大的。就教材总字量来看，最多的是上海课标版的23.2万字，最少的是北师大义教版的9.9万字。两套教材都是十册五年制，但后者的总字量还不到前者的一半。

第三，汉字的教学次序。历届的《教学大纲》《课程标准》对汉字的教学次序，一直避而未提。小学各年级所应掌握的常用字种及其学习次序，一直没有一个分段排序而逐段定量的依据或范本，这就导致了由教材编写者自主决定而各行其是的局面。这个学字无序的问题在第一学段的教材中尤为突出。

（二）义务教育阶段《语文》教材的用词状况

苏新春先生主持从事的《基础教育语文新课标教材用字用语调查》，选取人民教育出版社、江苏教育出版社、语文出版社、北京师范大学出版社出版的四套《语文》教材为样本，对九年制义务教育新课程标准《语文》教材的用字、用词、句子，进行了摸底调查与计量分析。这四套教材都是在 2001—2004 年期间的版本，使用范围较广，影响面较大。现将报告中“用词调查”部分中的有关数据加工制成四个表，[①] 列示如下：

表一：4 套义务教育《语文》课本的用词量与共用词比较分析

<table>
<tr><th rowspan="3">《语文》教材版本</th><th rowspan="3">教　材
总字量</th><th rowspan="3">教　材
词种数</th><th colspan="2" rowspan="2">小学—初中
共用词种</th><th colspan="3">小学 1—2 年级</th><th colspan="4">小学二三学段共用词种</th></tr>
<tr><th rowspan="2">用词</th><th colspan="2">共用词种</th><th colspan="2">3—4 年级</th><th colspan="2">5—6 年级</th></tr>
<tr><th>数</th><th>%</th><th>数</th><th>%</th><th>数</th><th>%</th><th>数</th><th>%</th></tr>
<tr><td>人教社版</td><td>430384</td><td>24852</td><td rowspan="4">10460</td><td>42.1</td><td>3425</td><td rowspan="4">757</td><td>26.8</td><td rowspan="4">1833</td><td>23.1</td><td rowspan="4">3029</td><td>30.3</td></tr>
<tr><td>苏教社版</td><td>325045</td><td>23180</td><td>45.1</td><td>2423</td><td>31.2</td><td>31.0</td><td>34.4</td></tr>
<tr><td>北师大版</td><td>390289</td><td>26895</td><td>38.9</td><td>3087</td><td>24.5</td><td>24.3</td><td>28.1</td></tr>
<tr><td>语文社版</td><td>456735</td><td>28400</td><td>36.8</td><td>3670</td><td>20.6</td><td>21.2</td><td>33.2</td></tr>
<tr><td>合　计</td><td>1592453</td><td>50670</td><td></td><td></td><td></td><td></td><td></td><td></td><td></td><td></td><td></td></tr>
</table>

表二：4 套义务教育《语文》课本各学段所用词种量及新词递增比较分析

教　材 版　本	第一学段 用词量	第二学段		第三学段		第四学段	
		用词	其中新词	用词	其中新词	用词	其中新词
人教社版	3425	7946	5659	9994	5320	18913	10449
苏教社版	2423	5918	4415	8804	5239	18343	11102
北师大版	3087	7528	5639	9478	5208	20919	12961
语文社版	3670	8640	6191	12327	6936	20678	11603

表三：各频段词种的语用分布及其对课本语料的累积覆盖状况

词用频次	≥100	99—21	20—11	10—6	5	4	3	2	1 次
该段词种	1198	4077	3731	5237	1975	2821	4233	7632	19766 个
词种累计		5275	9006	14243					50670 个
累积覆盖	50%	60%	70%	80%	90%	95%	99%	100%	
所用词种	220	540	1336	3320	9101	17505	39897	50670	
最低词次	542	223	89	35	10	4	1	1 次	

① 苏新春《基础教育语文新课标教材用字用语调查》，国家语言资源监测与研究中心编《中国语言生活状况报告（2007）下编》，第 437—474 页，商务印书馆，2008 年。

表四：4 套《语文》用词的词长类型及其词频的分布状况

词长类型		单字词	二字词	三字词	四字词	≥5 字词	合　计
词种	个	3670	33010	7707	5226	1057	50670
	%	7.2	65.1	15.2	10.3	2.1	100%
词频	次	626439	405386	30340	13381	1817	1077363
	%	58.2	37.6	2.8	1.2	0.2	100%

《义务教育语文课程标准（2011 年版）》，在小学三个学段的阅读要求中，分别提出："在阅读中积累词语"，借助工具书"理解生词的意义"，"辨别词语的感情色彩，体会其表达效果。"但是，历届的《教学大纲》和《课程标准》对各学段词汇学习的词种、词量及其教学次序，并没有明确具体的要求。4 套义务教育《语文》教材的词种量都在 2 万多个，最多的是语文社版 28400 个，最少的是苏教社版 23180 个，二者相差 5100 多个；四套教材共有的词种只有 10460 个，占比在 36.8%到 45.1%之间，平均大约 40%吧。这些数据说明，在义务教育各学段让学生学习多少词语、学习哪些词语，不同教材的差异也是比较大的。

从课程教学论的视角来看，小学的字词教学也是由相辅相成的两大块组成的：一块是教什么、学什么（内容），一块是怎么教、怎么学（方法）。这就是人们所说的教材与教法。2011 年之前的历届《教学大纲》和《课程标准》对识字教学的要求，可以说是字量要求明确，字种要求原则，教学次序则无要求。作为落实《课程标准》的教材，各种小学《语文》课本都程度不同地存在着字数超量、字种超标、字/词教学无序的问题。这些问题在小学第一学段表现得尤为严重。

8 套小学《语文》第一册计有生字 773 个，平均生字 278 个。其中为 8—6 套教材共用的生字只有 120 个，仅占该册平均生字量的 43%；而为某套教材独用的生字竟然多达 299 个。4 套义务教育《语文》教材的第一学段平均用词 3151 个，但 4 套共用的词种只有 757 个，仅占该学段平均用词量的 24%。这些数据说明，各种小学《语文》教材在启蒙的第一册、第一学段，到底应该教学哪些字词、教学多少字词、先教学哪些字词，是心中无数的。加强小学《语文》字词教学的科学性以提高教学效率，这是必须尽快补上的一块短板。

二、教材的编写与顶层设计

课本课本，一课之本。《课程标准》所要求的"目标与内容"，是主要由教材来落实和安排的，一线教师更是主要依据教材来进行教学的。需要指出的是，小学各学段应该教/学多少字（字量），各学段应该教/学什么字（字种），低段应该先教/学哪些字（字序），是应该有科学依据与教学要求的。但是，语文自独立设科以来，其课程内容及其教学序列一直缺乏明确的表述，其中的识字教字是随文（课文）学字而分散学习的。我们应该深入研究汉字教学和母语学习的规律，切实加强《课程标准》与教材编写的顶层设计，尽快为识字教学建立起一个分段定量循序渐进的教学内容体系。

（一）字词教学要分段定量循序渐进

语文教材具有很强的特殊性：语文科是学习母语的实践性课程，虽然语文教/学处处离不开知识，但语文科并不是一门知识性学科。其他教材，无论是理科的数、理、化，还是文科的史、地、思政课，都有自己明确的知识内容体系，都是按“课程”特有的知识结构及其逻辑序列来编写的，知识前后续接一般不重复，内容依次成序一股不改变。但“语文教材无非是例子，凭这个例子要使学生能够举一而反三，练成阅读和作文的熟练技能。”[①] 学生学习语文，是主要通过学习范文来逐步提高语文素养，通过听说读写训练来逐步形成语文能力的。

我们应该认识和重视语文教材的特殊性。语文教材主要由一篇篇范文组成，语文教学的内容及其教学序列不仅是隐性的，而且与课文（范文）内容没有必然的逻辑联系。各种语文知识不规则地重复出现在课文中，在一篇课文中教什么、教到什么程度、进行何种训练，具有很大的自由度或者说随意性。因此，“教什么”与“先教什么”，一直是困扰着一线语文教师的问题。2017 年秋期开始在全国统一使用的教育部编《语文》教材，在这方面作了一些探索。部编中小学《语文》教材总主编温儒敏先生（1946—）介绍说：

（教材）采取“语文素养”和“人文精神”双线组元的方式编排。以人文主题为线索统筹安排，有利于发挥语文学科进行思想教育和情感教育的优势；将语文素养作为另一条线索，精选典范文本，安排必要知识，优化学习策略，有利于促进学生语言文字运用能力的发展。……根据课程标准的提示，并结合教学实践经验，新教材编写梳理出中小学生必须习得和掌握的上百个知识点与

① 叶圣陶《大力研究语文教学尽快改进语文教学》，《叶圣陶语文教育论集》，第 152 页，教育科学出版社，1980 年。

读写能力训练环节，按照教学梯度安排到各年级各单元的教学中。[①]

就语文素养这方面来看，与听说读写教学的其他内容及其序列相比，识字教学的内容及其序列是相对较易把握较好排序的。我们应该在小学识字教学的分段定量循序渐进上下功夫，并把这种探索推及到语文教学的其他方面去。

《义务教育语文课程标准（2011 年版）》较之过去的“大纲”“课标”，在识字教学方面有一个很大的突破，就是附录的两个字表第一次从字种上明确了小学初中识字、写字教学的“目标与内容”。一个是《识字、写字教学基本字表》，收构形简单、重现率高、构字力强的 300 个基本字，“作为第一学段教科书中识字、写字教学的重要内容”。一个是《义务教育语文课程常用字表》，收常用汉字 3500 个。根据它们在当代各类语料中的出现频率和汉字教学的需要，又分成两个字表。《字表一》收 2500 字，“可作为第三学段识字、写字教学评价的依据”，这就明确圈定了小学识字、写字教学的“目标与内容”。《字表二》收 1000 字，这些字就是使用频率低于 2500 常用字的次常用字，主要放在初中阶段教/学。

在《义务教育语文课程常用字表一》所收 2500 个常用汉字的基础上，进一步科学地研制出分段定量的常用字表，应用价值特别大。因为只有这种分段定量的常用字表，才能从字量、字种、字序上具体落实《课程标准》在各个学段的要求，从而为汉字教学建立起一个科学合理而循序渐进的教学内容体系，为教材编写和教师教学提供可以参考的科学依据。其中“第一学段常用字表”尤为重要，其选字的标准应该有三条：一是构字能力最强的基本字，二是使用频率最高的常用字，三是儿童语言中的常用字。三条之要皆在高频常用。这三条标准并不矛盾，构字能力最强的基本字一般也是使用频率最高的常用字，儿童语言常用字大多也是使用频率最高的常用字。相信这种分段定量的字表是会尽快出台的。

在小学的各个学段，究竟应该教学哪些词，在宏观上一直是心中无数的。叶圣陶、吕叔湘、张志公等前辈学者，都认为应该研制一个学习性词表以适应一线教学的迫切需要。2019 年 5 月，教育部以《中国语言生活绿皮书》A 系列（引导语言文字应用的“软性”规范）的形式，发布了《义务教育常用词表（草案）》。[②] 苏新春先生主编的《义务教育常用词表（草案）》与此前颁布的

---

① 温儒敏执笔《统编语文教材怎么教？这里有份最详尽的说明！》，《中国教育报》2017 年 9 月 27 日。

② 教育部语言文字信息管理司组编、苏新春主编《义务教育常用词表（草案）》，商务印书馆，2019 年。

《义务教育语文课程常用字表》相配套，使我国义务教育阶段的汉语字词教学有了可以量化的标准。

《义务教育常用词表（草案）》是为中小学生学习母语而研制的基础教育词表。它的研制，是在对义务教育阶段语文教材用字用词状况进行摸底调查的基础上开展的，是基于几个大型语料库语料的词频统计归纳出来的。词表的主表为《音序表》，共收词15114条；辅表是《义类表》，收录义项17092个。《词表》将所有词分为四级，分别对应小学至初中的四个学段。一级词有2001条，二级词5503条，三级词5975条，四级词3613条。《词表》的分级，是根据中小学生的认知特点与词的语用频率来划分的，并努力与《义务教育语文课程常用字表》相衔接，较好地体现了由浅入深、以字带词的词汇学习规律。只是该表把第一学段应学习的常用词定为2001条，似乎值得商榷。这是因为，《课程标准》要求第一学段要认识1600个常用汉字，汉字教学的高峰是在这一学段的二、三、四学期；"以字带词"的学习规律，决定了这个时期也是儿童学习基本词的最佳时期。上述4套义务教育《语文》教材，在第一学段的平均用词量就是3151个，其中语文社版还高达3670个。

教育部教材局巡视员申继亮先生（1964—）认为：

《义务教育常用词表（草案）》是一项重要的、当前最需要加强的基础性工作，《词表》的词量、选词、分级都以客观的数据为依据，符合认识规律，是用科学的态度、科学的方法解决规律问题的一项实践，意义重大。……他表示将积极支持和推动《词表》与语文课标和教材编写的关联度，为进一步提升语文课标修订的科学性、规范性提供帮助。①

（二）低段启蒙应集中识字提早阅读

我国古代的识字教材，据《汉书·艺文志》记载，最早当推西周宣王时太史籀所编的《史籀篇》，是"周时史官教学童书也"。出土文献中最早的是秦代"书同文"时丞相李斯编的《仓颉篇》，其"文字多取《史籀篇》"而有所增删。传世文献中最早者是西汉元帝时黄门令史游编的《急就篇》，所用之字"皆《仓颉》中正字也"。② 失传的《苍颉篇》后出土于汉简，它上承《史籀篇》而下启《急就篇》，是目前所能见到的最早识字课本。《汉书·艺文志》："古者八

① 教育部语信司《〈义务教育常用词表（草案）〉出版并对外发布》，教育部网，2019年6月3日。

② 汉·班固《汉书·艺文志》，《汉书》，第287—288页，中州古籍出版社影印本，1991年。

岁入小学。”这个“小学”指的是朝庭为贵族子弟所办的太学之类的官学。孔子以“有教无类”的思想创办私学，据说有三千弟子七十二贤人，这就打破了“学在官府”的垄断局面，由此推动了古代文化教育的发展。此后民间的识字教育是主要在私塾、家馆中进行的，这种方式延续两千多年直到20世纪初新式学堂的兴办。

我国古代识字教学有两大特点：选取常用汉字编成课文以集中识字，立足识字着眼启蒙而注重文道结合。从《史籀篇》《苍颉篇》到《急就篇》，再到南北朝的《千字文》、宋代的《百家姓》《三字经》，都体现了这样的特点。都是先通过蒙学课本集中学习常用字，然后再读“四书”“五经”的。

汉元帝时的《急就篇》产生已经两千年了。所谓《急就篇》，其意当是学童的速成识字课本。陈黎民先生（1963—）对《急就篇》的用字进行了计量分析，《急就篇》原文31章计1953字，所用不同单字1649个：为后人续补的今本34章计2144字。在原文的1649个单字中，有1185字进入了《现代汉语常用字表》，占72%；1484字进入了《现代汉语通用字表》，占90%；1539字进入了《现代汉语词典》，占93%：没有收入两表一典的字只有110个，不到7%。[①] 可见古代编撰和流行的识字教材，所用之字一般就是当时的常用字。需要指出的是，社会用字虽代有变化，但古今的常用汉字是相当稳定的。宋版《三字经》计1059字，相传是南宋学者王应麟（1223—1296）所作。后来又递有续补，人民教育出版社2008年的修订版为1440字。《三字经》后来居上，三字成句琅琅上口，识字知理而文浅意长，人称“蒙学第一书”。古代启蒙教材都是先集中学习一千多个最常用字，都注重教材的文道结合，都是立足于识字教学以开展人本教育启蒙的，这是古代识字教材中值得继承的好传统。

清代著名文字学家王筠（1784—1854）在长期的文字学研究中，十分注重根据汉字的特点和儿童的认知规律来探讨识字教学和启蒙教育的方法。他从文字学的角度编撰了识字课本《文字蒙求》，收象形264字，指事129字，会意1254字，形声389字，另补阙14字，计收不同字种2050字。他在总结前人教学经验的基础上，撰写了著名的《教童子法》。这篇6千多字的专论，是我国古代教育史上最有影响的小学语文教学法专著。他在文中系统地论述了儿童教育的教学原则和传统的语文教学方法，总结了古代语文教学先集中识字再读书，识字从独体入手再学合体等可贵经验。他认为：

蒙养之时，识字为先，不必遽读书。先取象形指事之纯体教之。识“日”“月”字，即以天上日月告之；识“上”“下”字，即以在上在下之物告之：乃

① 陈黎明《〈急就篇〉用字初探》，《中国语文》1996年第6期。

为切实。纯体字既识，乃教以合体字，又须先易讲者，而后及难讲者。……能识二千字，乃可读书，读亦必讲。

人之不识字也，病于不能分。苟能分一字为数字，则点画必不可以增减，且易记而难忘矣。①

清末开办新式学堂，在初小设“中国文字”科。明确指出在初等小学开设“中国文字”科的“教育要义”：

在使识用常见之字，解日用浅近之文理，以为听讲能领悟、读书能自解之助，并当使之以俗语叙事，及日用之简短书信，以开他日自己作文之先路，供谋生应世之要需。②

古代识字教学对于今人的最大启示是：在小学低段先集中学习一定量的最常用字，使学生在两年内形成初步的阅读能力。古代识字教学的经验和大量现代识字教学实验证明，小学低年级的语文教学应该把重点放在识字上，只有先集中认识一定量的常用字，才有可能尽快形成初步的阅读能力。

汉语的用词用字具有高度集中的特点，少儿读物之类的浅易文章，用词用字就更为集中了。现根据苏新春先生以上两个调查报告所提供的数据，制成如下统计表。

小学/义教《语文》教材用字用词基本数据统计

统计样本	总字量	计用		覆盖教材 50%		覆盖教材95%所用字种	覆盖教材80%所用词种
		字种	词种	用字	用词		
8 套小学《语文》	111 万	4372	\	117	\	1569	\
4 套义教《语文》	159 万	\	50670	\	220	\	3320

8 套小学《语文》教材的总字量是 110.6 万字，计用字种 4372 个，其中最常用的 117 个字竟然覆盖了教材语料的 50%，1569 个常用字累积覆盖了教材语料的 95%。其实，多套大样本字频研究的结果早已表明，1500 最常用字对现代自然语料的累积覆盖率就是 95%，它们记录的就是汉语中构词能力最强的基本语素。4 套义务教育《语文》教材的总字量是 159.2 万字，计用词种 50670 个，其中最基本的 220 个词竟然覆盖了教材语料的 50%，3320 个常用词累积覆盖了教材语料的 80%。就大样本词频研究的结果来看，要累积覆盖

① 清·王筠《教童子法》，舒新城编《中国近代教育史资料上》，人民出版社，1981 年；清·王筠《文字蒙求·自序》，王筠著、沈薇薇等编《文字蒙求（外一种）》，第 8 页，黑龙江人民出版社，2009 年。

② 《奏定初等小学堂章程》，载璩鑫圭、唐良炎编《中国近代教育史资料汇编·学制演变》，第 304 页，上海教育出版社，2007 年。

80%的自然语料，需要4000多个最常用词；但小学《语文》是少儿读物，故而只用了3000多个。这两套数据十分重要，它告诉我们，学习并掌握1500个最常用字和3000个基本词，就能够基本形成初步的阅读能力。

字词教学的方法可大分为两种：一种是随文分散学习，一种是启蒙集中学习。小学的第二、第三学段，是以“随文学字词”为主的，但在启蒙的第一学段，确应坚持“集中学字词”。所谓“集中”，是指有的、有序地把最常用的字词编进课文中去。因为只有先集中学习掌握了一定量的最常用字与最基本的词，才能形成初步的阅读能力。所谓初步的阅读能力，特指独立阅读浅易文章的能力。须知着意让启蒙的学生尽早形成初步的阅读能力，是培养小学生学习能力最重要的基础工作。

小学字词教学的内容有三：各学段应该教/学多少字词（量），教/学什么字词（种），先教/学哪些字词（序），其中最重要的是教学字词的“序”。如果我们把覆盖整套小学《语文》课文50%的一百多个最常用的字、两百多个最基本的词，尽可能地编进小学《语文》第一册的课文中去，那该多好啊。要知道这些字词都是最平常最普通而并不深奥的字词。让小学生在第一学段认识1500个最常用的字，学习交际中最需要的3000个基本词，从而用两年时间形成初步的阅读能力，是我们通过努力可以实现的教学目标。

（三）小学识字需控制字量提高质量

现在的主要分歧在于，在小学阶段，尤其是小学低段，是否识字越多就越利于阅读能力的形成？有的教材把1—2年级的识字量安排为2000个，有的识字教学法让学生两年识字2500个甚至更多；有的小学语文教材所用字种多达3600多个。让学生在小学、在低段尽快多识字，已经成为这些年各种识字教学法争相比较的一个重要指标。

小学低段识字教学讨论最多的问题是“教什么”。其实要明白“教什么”，首先就要认识小学低段加强识字教学的目的。因为“教什么”“教多少”是由“为什么要教”所决定的。学习的基本方式是阅读，阅读是儿童开智成长的基本途径，是学习一切学科的重要基础。让学生从小养成阅读习惯，掌握阅读方法，加快阅读速度，从中不断提高感知语文的理解能力，是培养学生语文综合素养的重中之重。但是，读书须从识字始，不掌握一定数量的常用汉字，是无法整句整段地阅读的。在小学低段加强识字教学的目的，是为学童初步的阅读和写作打基础的。让学生认识一定量的最常用字以尽快开始独立阅读浅易读物，是小学低段语文教学的基本任务。

更重要的问题在于：哪些汉字是最常用字？要认识多少最常用字，才能形成初步的阅读能力？1980 年代以来开展的汉语字频词频研究，取得了突破性的重大成果。这些成果使人们透过汉字字种很多的表象，认识到了汉字的语用分布规律：数以万计的汉字在语用交际中的字频分布是很不平衡的，常用汉字高度集中而相当稳定。汉字字频分布的研究成果，早为中文信息处理和汉字规范研究所依重与运用。但遗憾的是，这一具有重大应用价值的规律，在小学《语文》教材编写中并没有得到足够的重视。

《通用规范汉字表》集中体现了现代汉字字频研究的成果。《通用规范汉字表》研制工作组发表的“汉字覆盖率示意图”，清楚地标示了各频段字种对 9100 万字现代汉语平衡语料的覆盖率。现引示如下：

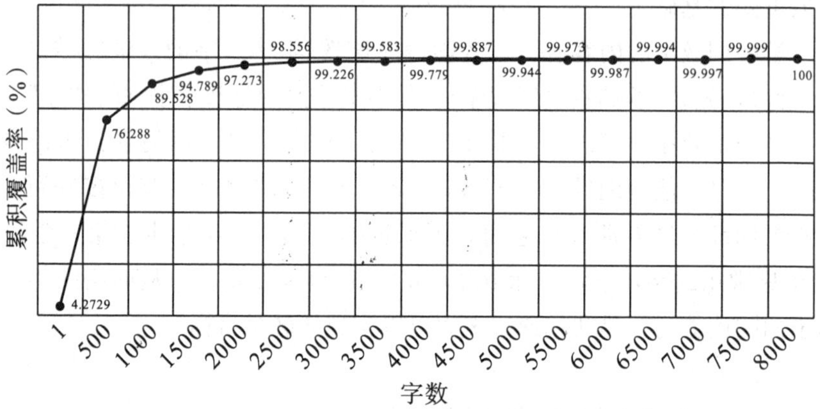

汉字覆盖率示意图

《通用规范汉字表》和多套现代汉语字频统计的大数据，为我们提供了一套现代汉语常用字在现代自然语料中的字频分布参数。现将有关参数与《义务教育语文课程标准（2011 年版）》的识字要求对应比较，其结果详见下表：

义务教育阶段的识字要求与常用字字频分布比较

《课程标准（2011 年）》的识字要求			现代汉语常用字覆盖率	
低段 2 年	认识常用字 1600 个	其中 800 个会写	前 1500 常用字	95%
小学 6 年	认识常用字 3000 个	其中 2500 个会写	前 2500 常用字	98%
义教 9 年	认识常用字 3500 个		3500 常用字	99.5%

大数据表明：前 100 高频字对现代汉语自然语料的覆盖率约为 50%，前 600 高频字的覆盖率约为 80%，前 1000 高频字的覆盖率约为 90%。而 3500 常用字之外的非常用字虽然多到数以万计，但只覆盖了全部自然语料的 0.5%。目前文科大学生的一般识字量在四千左右。活到老，学到老，查字典识字是一辈子的事。《义务教育语文课程标准（2011 年版）》要求小学 6 年累计认识常

用汉字3000个左右，其中2500个左右会写；低段的1—2年级认识常用汉字1600个左右，其中800个左右会写，这些要求是基本符合汉字的字频分布规律的。

小学语文教学和对外汉语教学，一定要接受和重视汉语字频词频研究的重大成果，一定要认识和遵循汉字语用分布的规律：汉字的用字很不平衡，常用字高度集中而相当稳定，2500个常用字对现代自然语料的覆盖率达到了98%，1500个最常用字的覆盖率达到了95%。字频研究成果宏观而具体地回答了小学识字教学应该“教多少（字量）”、“教什么（字种）”、“先教什么（字序）”三大根本问题。这对于教材编写与一线教学，具有重大的应用价值。遵循这一规律，无疑能够提高字词教学的科学性，从而大大提高字词教/学的效率。

在小学阶段尤其是小学低段的识字教学中，长期存在着因缺乏科学依据而超量超标的现象。识字是需要循序渐进的。花了不少时间，费了不少劲，学了一些非常用字。由于小学生的阅读量有限，而非常用字重现率很低，超前学习的这些非常用字很容易遗忘。这种超量超标超前的识字教学，看似热闹实则低效，它忽视了儿童的认知发展水平，不仅加重了学生的负担，而且直接影响了学生阅读能力的形成。我们应该立足学生初步阅读能力形成的需求，充分吸取汉字字频分布的研究成果，科学控制小学阶段尤其是低段教学的识字量。在小学语文教材尤其是低段教材中，要尽量少用超标字，特别是3500常用字外的超标字。把白话选文中的非常用字合情合理地改为常用字，是百年小学语文教材编写中的一条经验。社会对此应该理解，应该支持。

汉字是形音义三结合的文字符号，所谓识字，就是认识其形音义的约定关系而会认、会读、会用、会写。正如叶圣陶先生所说：“仅仅知道生字生语的读音与解释，还不能算充分认识；必须熟习它的用例，知道它在某一种场合才可以用，用在另一种场合就不对了。这才真个认识了。”① 汉字是表意文字，形义联系远强于形音联系。识字的基本要求是了解形义联系而明义会用，然后才是会写。提高小学识字教学的效率，要控制字量提高质量，在学以致用上下大功夫。把覆盖现代自然语料95%的1500常用字的基本义及其用法学到手，从而学以致用地提早独立阅读，应该成为小学低段识字教学的基本定位。

① 叶圣陶《〈精读指导举隅〉前言》，《叶圣陶语文教育论集》，第7页，教育科学出版社，1980年。

三、教法的改进与授人以渔

教育是以人为本面向未来的事业，教师是受国家和社会的委托以培养新生代的人，师生是教学相长的朋友。这种职业使命与师生关系，对教师提出了特定的职业要求：师德、学识、教法，是教师不可或缺的基本素质；建设和谐的师生关系与科学的教学关系，是教师永恒的专业修养；让学生看到希望并得到发展，是教师全部工作的终极价值。教师要热爱学生，努力用爱心去育人，用匠心去教书，坚持寓德于智地把教书育人贯彻到整个教学过程中去，善于由知及行地把培养学习能力与健全学生人格结合起来，着力践行既“授人以鱼”更“授人以渔”的教学思想。

教育的一个主要目的，就是培养学生的能力。努力加强汉字教学方法的科学性，就是为了让小学生尽早形成独立读写的学习能力。面对信息化智能化的大步发展，广大一线教师要自觉转变自己的教育理念，把教学的立足点由“授人以鱼”转移到“授人以渔”上来，由主要传授知识转变到着重培养能力上来。要自觉地学习和运用汉字的构字用字规律，自觉地掌握和运用母语学习的规律，根据学生智力发展的水平，科学地开展识字教学，努力为学生今后更好地运用母语更好地生存发展打下良好的基础。

根据学生智力发展的水平，科学地开展识字教学，是一项转变理念顺应规律的科学探索，意义重大而大有可为。这一探索大要有三：自觉转变教育理念，遵循汉字的构字规律，遵循母语学习的规律。

（一）转变理念：教会自学导向好学

叶圣陶先生有一句名言：“教是为了达到用不着教。”这句话集中表达了叶老的语文教学思想，具体体现了重在培养学生自学能力的教学原则。

叶圣陶：“‘讲’当然是必要的。问题可能在如何看待‘讲’和怎么‘讲’。……教师教任何功课（不限于语文），‘讲’都是为了达到用不着‘讲’，换个说法，‘教’都是为了达到用不着‘教’。”“故教师之为教，不在全盘授与，而在相机诱导……乃为善教者也。”①

吕叔湘：教学、教学，就是“教”学生“学”。主要不是把现成的知识交

① 叶圣陶《大力研究语文教学尽快改进语文教学》，《语文教育书简》，《叶圣陶语文教育论集》，第152页，第721页，教育科学出版社，1980年。

给学生，而是把学习的方法教给学生，学生就可以受用一辈子。①

叶老的这一观点，继承和发展了我国古代关于“授人以鱼不如授之以渔”的教学思想。教学不仅是为了给学生讲授知识，更重要地是教给学生自己学习知识的方法，培养学生的自学能力。学无止境，知识是不断发展而无限的，学生一旦掌握了求知的方法，形成了自学的能力，便如掌握了打开知识宝库的金钥匙而将受益终生。激发学生的学习兴趣，培养学生的学习能力，树立学生终生学习的观念，已经成为现代教育的发展趋势。

人生是一个在适应社会中生存，在服务社会中发展的过程。联合国教科文组织 1972 年在《学会生存》的报告中，从求生存求发展的高度来强调培养学生自学能力的重要性。报告尖锐地强调了教育理念的现代化改革：

“（人）的生存是一个无止境的完善过程和学习过程。……为了求生存和发展……每一个人都必须终身继续不断地学习。”“学校的使命不再是纯粹简单地传授一定数量的知识了（如过去它曾经做的那样）。”“学校必须把教育的对象变成自己教育自己的主体……把重点放在教育与学习过程的‘自学’原则上。”“教育应该较少地致力于传递和储存知识，而应该更努力地寻求获得知识的方法（学会如何学习）。”②

当今时代是一个全球化信息化的知识经济时代，学习能力已经成为人们最基本的生存能力。学会学习，就是掌握认知的过程和方法。“今后的文盲将不再是不识字的人，而是不会自学和学了知识不会应用的人。”教学的根本问题在于教师如何教、学生如何学。教学过程既是传授知识的过程，更是培养学习能力的过程。我们应该把着眼点从老师的“教”转向学生的“学”，着意发挥教师的主导作用，努力使学生成为自主学习的主体，使学生不仅“学会”，而且“会学”和“好学”，努力培养学生掌握“获得知识的方法（学会如何学习）”，从小养成自学的能力和好学的习惯，为终生学习打下良好的基础。

吕叔湘先生（1904—1998）在 1978 年曾尖锐地指出：“中小学语文教学问题是个老问题。……十年的时间，2700 多课时，用来学本国语文，却是大多数不过关。”③ 四十多年来，中小学语文教学有了很大的发展，但学生读写能

---

① 吕叔湘《〈叶圣陶语文教育论集〉序》，《叶圣陶语文教育论集》，第 4 页，教育科学出版社，1980 年。

② 联合国教科文组织国际教育发展委员会编著、华东师范大学比较教育研究所译《学会生存：教育世界的今天和明天》，第 214 页，第 240 页，第 46 页，第 218—219 页，第 14 页，职工教育出版社，1989 年。

③ 吕叔湘《当前语文教学中两个迫切问题》，《吕叔湘论语文教学》，第 67—69 页，山东教育出版社，1987 年。

力较差仍是一个相当普遍的问题。在信息化智能化大步发展的今天，培养学生的学习方法、学习能力和好学的习惯，比传授学生更多知识要重要得多，这是当代教育改革的根本理念。但是，不少人仍然把教学等同于并局限于传授知识。在识字教学阶段，只注重教学生学会一个个生字而忽视培养学生的独立识字能力，一直是识字教学中的主要问题。

邓小平主席（1904—1997）1983 年 10 月 1 日为北京景山学校题词：“教育要面向现代化，面向世界，面向未来。”① 这个题词深刻地阐明了教育在国家现代化建设中的重要地位，高瞻远瞩地指明了我国教育事业改革和发展的方向。华为技术有限公司的任正非先生（1944—）指出：“教育要瞄准未来。未来社会是一个智能社会……没有文化不能驾驭。”② 未来会有大量工作岗位被人工智能替代，那些能够标准化、程序化的工作尤其容易会被机器替代。社会是不断向前发展的，每一位语文教师都应该“面向未来”，“瞄准未来”，努力跟上时代的步伐，自觉更新自己的教育理念，努力培养学生理解和运用祖国语言文字的能力，着意提高学生运用母语进行思维与交际的语文能力。小学生记忆力好求知欲强，是培养阅读能力与养成阅读习惯的最佳时期。我们应该加强识字教学方法的科学性，努力改进语文教学的方法，努力提高语文教学的效率与质量，让低年级小学生尽早进入独立阅读而自主学习。

（二）认识汉字：字符有限合成有理

汉字教学应该按照汉字的规律进行教学。大要有二：一是汉字的用字分布规律，从字频的视角告诉人们应该教/学什么（字种、字量、字序）；一是汉字的构形表意机制，从构字的视角告诉人们应该如何教/学（方法）。

加强汉字教学方法的科学性，必须以汉字基础研究的理论成果为基础。从事汉字教学的教师，应该对汉字有一个科学而宏观的基本认识：第一，汉字并不是一盘散沙，而是一个以少驭多经济编码的符号系统。第二，汉字的表意性是主要依靠义符来实现的，义符在汉字系统中一直发挥着主导作用。第三，形声字是汉字的主体，现代汉语常用字中还有几百个会意字，二者的字式结构与表意方式是不同的。在改进汉字教学的探索中，我们应该自觉地遵循和运用这些规律性知识。

汉字的构字规律主要体现在字符有限与合成有理两个方面。

---

① 《邓小平文选》第三卷，第 35 页，人民出版社，1993 年。

② 任正非《以创新为核心竞争力为祖国百年科技振兴而奋斗》，2016 年 7 月 27 日在全国科技创新大会上的汇报发言。

第一，汉字的字符有限。汉字的基础字符集基本形成于甲金文时期，七八万汉字是由四五百个基础字符层级合成出来的，这四五百个基础字符的构字能力是很不平衡而高度集中的。充分认识和利用基础字符构字的不平衡性，在汉字教学上具有重要的应用价值。

现代汉字设 201 个部首。据笔者统计，在《通用规范汉字表》所收的 8105 字中，构字≥20 个的高能部首有 65 个，它们都是构字最多表意功能最强的核心义符。其参构的形声字、会意字计达 7312 个，占通用规范字总数的 89%。汉字的基础字符主要来源于甲金文中的象形字。原本按物绘形独立记词的象形字，在构形合成化构意语义化中演变成为寓义于形的义符。它们既独立成字也兼作构字的字符，构形逐步简化但构意递相传承，具有很强的历史传承性。另外，《现代汉语通用字表》所收的 7000 通用字中，有 5631 个现代形声字，其声符多达 1325 个（多为合体字符），符均构字 4.25 个。其中构字≥15 个的高能声符有 48 个，所构形声字计 838 个，仅占现代形声字总数的 15%。[①] 现将 8105 个通用规范字中的 65 个高能义符，7000 个现代汉语通用字中的 48 个高能声符，制表列示如下：

现代高能义符、声符构字能力分布状况

<table>
<tr><th>字符</th><th>构字能力</th><th colspan="2">字符数</th><th>构字</th><th>高能字符</th></tr>
<tr><td rowspan="3">义符</td><td>490—103</td><td>24</td><td rowspan="3">65</td><td rowspan="3">7312
89%</td><td>氵艹木口亻扌钅土忄王纟月（肉）讠女虫火日石山⺮鱼辶𧾷疒</td></tr>
<tr><td>97—51</td><td>20</td><td>鸟阝（邑）礻犭刂目马禾宀贝阝（阜）车西米衤页饣广门米</td></tr>
<tr><td>43—20</td><td>21</td><td>彳巾田力攵羽穴舟革戈雨羊囗（围）牛弓皿隹耳歹罒（网）欠</td></tr>
<tr><td>声符</td><td>23—15</td><td colspan="2">48</td><td>838
15%</td><td>各非古今肖干乍者圭青且台占交莫娄卑包分辟尧由夋方工
龙区皮吾召俞艮比其羊音扁白丁句加亥果合良票奇尚</td></tr>
</table>

注：表中义符、声符分别按构字量降序排列。

几十个核心义符是汉字构形表意系统得以形成和发展的基础构件。小学低段的识字教学，应该首先下功夫让学生掌握这些核心义符，特别是构字 50 个以上的那 44 个义符。核心义符主要来源于记录名词的象形字，教学这类字的最佳方法，是利用古文字字形让学生看图识字。这样的看图识字，形象直观有趣有理，视而可识难忘易记。看图识字教学既要让学生由形及义地认识某个单字的形义联系，更要注重培养学生举一反三的迁移能力。“鸟”字的甲骨文写作，它就是一个按鸟绘形的象形字。学生学习这个字，不仅要掌握这个字

① 李燕、康加深《现代汉语形声字声符研究》，陈原主编《现代汉语用字信息分析》，第 87—92 页，上海教育出版社，1993 年。

的基本义，而且还要懂得有“鸟”旁的字如鹊、鸭、鸣等，一般也具有与飞鸟有关的类意义。汉字是以象形字为基础以形声字为主体的表意文字，只有先下功夫一个一个地掌握好核心义符，才能以字符带字而成串学习合体字。从掌握核心义符（象形字）入手去成串学习合体字，应该成为识字教学的基本思路。

第二，汉字的合成有理。汉字的合成机制是一种经济的编码机制，它用有限的字符按有理的字式合成出“无限”的合体字，汉字因而具有字多文（字符）少以文组字而生字熟旁的特点。在掌握基本字符（多是象形字的变体）的基础上，如何根据字式的合成方式（形声、会意）与字符的表词功能（表意、表音）而有的施教成串学字，则是合体字教学中的根本问题。

要重视常用字的字式分布格局。小篆之后一般只造形声字，很少再造表意字了。古文字时期所造的象形字、指事字和会意字，因多是基本字而大多成为了历代的通用字。在中古以降的历代通用字中，约95%的字是合体字，约八成的字是形声字。但是，在小学阶段所教学的常用字中，各字式的分布格局则有异于通用字。据笔者统计，在《现代汉语常用字表》所收的2500常用字中，形声字占比六成多有1600多个，会意字占比两成有500多个，独体字（主要是象形字，还包括指事字和记号字）占比一成多有300多个。象形字是基础，形声字是主体，还有几百会意字：小学识字教学内容的这个基本格局，一定要心中有数。

要重视形声字会意字的不同特点。形声字与会意字都是合体字，都有表意字符，其义符一般都以字的本义参与构意，但它们的字式结构、表意方式是不同的。形声字是由一个义符和一个声符构成的合体字。它在据词构字上综合利用了形义与形音两方面的联系，以其义音合成而兼表义音的整体优势而成为汉字的主体。需要强调的是：形声字是用义符来提示整字的类意义的，形声字的字义一般就是义符义的引伸义。有些形声字产生于同源分化，其声符也兼有示源功能，但这类字在现行形声字中占比较小，大多数现行形声字的声符只有表音功能。

会意字是由意义相关的义符直接合成的合体字，有的义符或能表音纯系偶然。就如夫妇结合所生之子，会意字的字义并不是某个义符义的单方面引伸，而是所有义符义在整字层面上意合生成的一个关系义。例如二木为林，三人为众；日月为明（并列式），舌甘为甜（主谓式），分贝为贫（述宾式），心音为意（偏正式）等，这些会意字的意义都是参构义符按照某种关系意合生成出来的。要而言之，形声字主要用义符的类意义来提示字义，会意字则根据参构字符的关系来合成字义；要引导学生从掌握义符义入手去理解形声字的字义，从认识参构义符的关系入手去理解会意字的字义。不同的构意方式，决定了不同的教学方法。那种牵强附会地把声符当作义符解释的做法，即用教会意字的方法来教形声字的做法，是有害无益的，因为这不仅不符合汉字的构字事实，而且在学习方法上误导了学生。

要重视义符声符表词功能的有强有弱。形声字是义音合成的合体字，具有表意为本而标音渐弱的特点。义符不仅逐个提示词的类意义以区别同音语素，而且通过据形系联使汉字成为了形义对应的符号系统。义符的这种类联系是围绕着义符的名物义来推类扩展的。例如义符“水”的甲骨文写作，就是一个像流水之形的象形字。这个义符的本义就是流水的“水”，它既可提示液、江、源这样的相关名词义，可以提示流、涉、洗这样的相关动词义，还可以提示活、深、清这样的相关形容词义，这些义项都是“水”这个类意义的引伸义。在漫长的历史演变过程中，虽然有部分字因形体省简或异符混同而失去了造字理据，但整个汉字系统仍然在自我完善中保持了表意性质和表意功能。“现行汉字在整体上仍然保持着相当系统的形义联系：义属某类之字多从某符，形从某符之字多有某义（类意义）。”①

至于声符，无论构字能力还是表词功能，都远不如义符，因为汉字并没有表音文字那样的专职音符。形声字的声符是借用现成的同音字来充当的，借用之初确是能够标音的。但在漫长的历史音变过程中，这种直音式的“借音符”与形声字并不完全同步，于是形音联系就出现了部分脱节。声符“交”的音节音今读 jiao，它的形声字如“郊、姣、狡、饺、绞、较”等也读 jiao，但有的如“效、咬”以及学校的“校”等形声字，它们的声符就不表音了。所谓“读字读半边”，说的就是声符失去了注音功能的这部分形声字。现代声符系统在整体上仍然保持着表音性质，但它的表音功能确实不强了，只有 50%的现代形声字能够根据声符正确地读出音节音。在识字教学中，我们应该充分利用义符的类意义及其类联系来成串学习形声字，但在利用声符的表音功能时则不能贸然类推“读半边”，要引导学生勤查字典，利用拼音读准音。

（三）学习母语：一靠实践二靠积累

关于语文课的性质和特点，《义务教育语文课程标准（2011 年版）》是这样阐述的：

语文课程是一门学习语言文字运用的综合性、实践性课程。义务教育阶段的语文课程，应使学生初步学会运用祖国语言文字进行交流沟通，吸收古今中

---

① 龚嘉镇《汉字核心字根的构形表意及其历史演变》，华东师范大学《中国文字研究》第 18 辑，2013 年。

外优秀文化，提高思想文化修养，促进自身精神成长。工具性与人文性的统一，是语文课程的基本特点。[①]

母语教育是根的教育，语文课程是学习母语的综合性课程，语文教师是教学生学习母语的老师。语文教学要坚持教书育人，既应利用课文的人文内容，对学生进行“我是中国人”的教育，进行思想情感价值观的教育，也要以课文为范文，着力培养学生理解和运用祖国语言文字的能力。古代语文教学具有文道结合的好传统，今天的语文教学更应当坚持工具性与人文性的统一。各种人文课程都具有人文性，历史、地理、思想品德等人文课程的开设，都自有其独特的任务和科学的定位。语文课文具有很强的思想性和文学性，语文教学无疑需要注重思想教育和情感教育，但语文课又不能上成政治课上成文学课。因为“国文教学自有它独当其任的任，那就是阅读与写作的训练。”[②] 吕叔湘先生更是直接主张：“语文教学的首要任务是培养学生各方面的语感能力。”

教育部制定的《义务教育语文课程标准（2011 年）》，在“前言”中明确指出：“语文课程致力于培养学生的语言文字运用能力。”设置语文课的主要目的，就是通过语文教学培养学生理解和运用祖国语言文字的能力。其核心是培养学生的语感能力，即直接感悟母语的理解能力与自如运用母语的表达能力。这是语文课的本体内容与独当之任。

学习语文就是学习母语，学习的目的全在于运用，在于养成理解和运用母语的能力。所谓语文能力，就是运用母语（汉字汉语）进行听说读写的能力。听与读，是接纳信息学习知识的理解能力；说与写，是陈述思想进行交流的表达能力。语文能力归根到底是一种思维能力，它不仅是学好其他课程的基础能力，而且是一个人在社会上得以生存发展的基本能力。总之，语文教/学之要，要在语文能力的培养。语文能力大分为理解能力与表达能力。语文教师要在如何培养理解能力与表达能力上下大功夫，着意提高学生运用母语进行思维与交际的听说读写能力。

工具性与实践性是语文课程的两大基本属性。工具性强调的是学习语文的目的和作用，实践性强调的是学习语文的方法和途径。在母语环境中学习母语，要重视母语学习的规律。语文能力的养成，一靠在实践中的科学训练，二靠在学习中的逐步积累。《义务教育语文课程标准（2011 年版）》反复强调：

① 教育部《义务教育语文课程标准（2011 年版）》，第 2 页，北京师范大学出版社，2012 年。

② 叶圣陶《国文教学的两个基本观念》，《叶圣陶语文教育论集》，第 57 页，教育科学出版社，1980 年。

“语文课程是实践性课程，应着重培养学生的语文实线能力，而培养这种能力的主要途径也是语文实践。”所谓语文实践，就是听说读写的训练与运用。知识只有在运用中才能转化为能力，而各种能力无不是在实践中练出来的。就知行观而言，语文能力也是始于学（知）而会于用（行）的，它只能在听说读写的语文运用中逐步习得逐步提高。毋庸讳言，语文教学效率不高的一个根本原因，就是程度不同地忽视了语文能力的培养。主要表现有三：一是重讲授，轻训练；二是重经验，轻规律；三是重教字，轻学法。

近几十年来，各地一线教师创造了二三十种识字教学法，如分散识字、集中识字、注提识字、部件识字、字族文识字、字频识字等。这些识字法反映了一线教师很强的敬业精神与创新精神。他们的精神令人敬重，他们的探索给人启示。下边着重讨论汉字教学的两种基本模式。

“母语学习，一靠积累，二靠实践。”实践与积累是培养语文能力的两大基本途径。在遵循汉字用字、构字规律的基础上，加强科学训练与注重有序积累，则是小学识字教学的基本方法。我们把小学识字教学的基本模式大分为立足新课的基本式与着眼积累的开放式两种。

汉字教学法的两种基本模式

类型	教法要义
基本式 （立足新课）	分析结构认清“形”，依靠义符了解“义”，利用拼音读准“音”，通过组词学会“用”。
开放式 （着眼积累）	把象形字当核心义符教，通过类推构字以成串学习合体字。 例：目→眼、睛、泪、看、盼、睡、睁、瞎……
	把常用字当基本语素教，通过类推组词以成批学习合成词。 例：美→美丽、美观、美德、美食、美好、优美……

第一，立足新课的基本式。汉字是形音义的结合体，教生字的基本式可以归纳为一句话：通过读用写以掌握形音义。其法大要有四：分析结构认清形，依靠义符了解义，利用拼音读准音，通过组词学会用。教师一定要引导学生努力掌握识字的基本方法，努力掌握汉语拼音和查字典这两套工具，尽快形成独立识字的能力。

分析结构认清形。识字的第一步是认清形。汉字是具有表意功能的有理性符号，汉字的独体字主要来源于象形字，八成现行常用字是形声或会意字，这是汉字的基本实际。教学方法在很大程度上是由教学内容所决定的。独体字具有一体两用的特点，它独用就是字，构字则为旁（义符、声符）。利用看图识字学习独体，通过字式分析认识合体，就是切合汉字实际的好方法。因为这两种方法都是从形义联系入手，引导学生由形及义地认识汉字，直接抓住汉字的字理去掌握汉字的字义。启蒙阶段的识字教学，要注重形象直观。尽量运用图画、卡片、动画等教具，尽量运用现代信息技术手段，力求教得有理又有趣，着意激发和培养学生主动识字的学习兴趣。利用古文字的图形，看图识字学独体，拼图组字学合体，是这个阶段两种行之有效的识字方法。看图识字和拼图识字，巧妙地调动了学童已有的生活经验，用形象的图画生动地再现了汉字的构形构意。这样的学习，不仅兴趣盎然学得扎实，而且还在学生的心中播下了热爱汉字热爱中华文化的种子。

依靠义符了解义。汉字是据义构形的表意文字，汉字的表意性是主要依靠义符来实现的，义符在汉字的历史发展中一直处于主导地位。基础字符的构字能力是很不平衡而高度集中的，其中构字能力与表词功能皆强的义符、声符不过百十来个。学习合体字首先要分清它是形声字还是会意字。形声字要分清哪是义符哪是声符，义符提示了什么义，声符是否还表音。会意字要认识参构义符之间的意义关系，从中了解会意字的意合义。这样的分析只需分析到字符而不必到笔画了。形声字是汉字的主体，形声字的字义一般就是义符义的引伸义，从把握义符入手去理解字义以成串学习形声字，是识字教学中至为重要的一环。有的义符有变体，要让学生熟悉核心义符的正体与变体的对应关系，不要把义符当记号浪费了。至于失去理据不能分析字式的记号字，那就只分析外部的字形结构，如“春”字是上下结构，“归”字是左右结构，切不可画蛇添足强为之解。

利用拼音读准音。读准音与认清形、了解义是一样重要的。汉字的表音功能不强，虽然形声字有声符，但有的已经不表音了。这就需要依靠汉语拼音，汉语拼音就是为汉字注音的法定音标。利用拼音读准音，是识字教学中不可忽视的重要一环。至于写字教学，首先要让学生明白：汉字是方块字，大多数汉字是合体字。提笔讲笔顺，写字重方正，左右要靠拢，上下应对齐，是写字教学的基本要求。在电脑普及提笔忘字的今天，加强小学生的写字练习尤为重要。

通过组词学会用。识字的目的在于学以致用，义是字的内容，它表示的是所记之词的词义。会写可以后推一步，但明义会用则是识字的基本要求。不懂其义不会用的字，不能算是认识。汉字的形义联系远强于形音联系，会用的关键在于明确形义联系而掌握义。要学生明义会用，既需老师讲，更要学生练。练的方法有组词、造句、作文等，这些方法既需有书面的，也应有口头的。最适合低段学生的是组词，尤其是在课堂上、分组讨论中以及家庭中的口头组词。这种方法能激发学生积极思考主动参与，从而较快地掌握生字的字义及其用法。

第二，立足积累的开放式。汉字是以少驭多经济编码的表意文字，立足积累的开放式可以归纳为一句话：从象形字（核心义符）和常用字（基本语素）入手，有序推类地进行字词教学。其核心就在于从形义联系入手注重推类迁移。这种方法可大分为二：从掌握象形字入手，通过构字以成串学习合体字；从掌握语素字入手，通过组词以成批学习合成词。

汉字是为记录汉语而创制的人文符号系统，它们在合成与语用上不仅具有很强的协同性，而且表现出了很强的经济原则。汉语的构字构词都具有以少驭多层级合成的生成机制，汉语的用字用词都具有高度集中的分布规律，这种以少驭多的编码机制与分布集中的语用规律，为科学的字词教学提供了执简御繁经济高效的基本思路。教师应该注重汉字教学的课程文化建设，着意保护学生好奇的赤子之心，从小培养学生探究的求知习惯，努力把汉字教学课上得有理又有趣。

汉字具有基础字符集中以文组字有理的构字规律。“无限”的汉字是由“有限”的基础字符合成出来的，其中起主导作用的核心义符主要来源于象形字。面对大量的合体字，忽视结构不加分析地教整字，是不可取的；忽视字符拆开整字教笔画，更是办不到的。利用汉字字多文少以文组字而生字熟旁的构字特点，坚持把象形字当作基础字符来教，可以使学生从掌握象形字入手去成串学习合体字。例如懂得了义符“目”的基本义是眼睛，再学从“目”的眼、睛、泪、看、睡、睁等合体字，就容易多了。因为这些合体字虽是生字却有熟旁，形可类推而义有引伸，举一反三有理有趣。

汉语具有基本语素集中以字构词有理的构词规律。“无限”的语词是由“有限”的基本语素合成出来的，这些基本语素一般是由常用字来记录的，这就叫做“以字带词”。汉语构词之要，一在基本语素，一在构词模式。面对大量的合成词，忽视基本语素与构词模式而只顾逐词讲解，是费力不讨好的。利用汉语词多字少以字构词而生词熟字的构词特点，坚持把常用字当作基本语素教，就可以使学生从掌握语素字入手来成批学习合成词。例如懂得了常用字“美”的基本义是漂亮，好，善，再通过组词学习美丽、美观、美德、美食、美好、优美等合成词，就容易多了。因为这些合成词虽是生词却有熟字（语素），这样的迁移性学习既可立足已知由此及彼地学习新词，又能通过对新词的学习加强对已学语素的理解与运用。

总览汉字，“独体为文，合体为字。”[①] 汉字是符号系统，应有序成串地教；汉字是文化载体，可有理有趣地学。顺应规律循序渐进而执简驭繁，是汉

① 宋·郑樵《通志总序》，《通志略》，第3页，上海古籍出版社影印本，1990年。

字教学应该遵循的原则。首先掌握核心义符，功夫多在以文组字，重点就是形义联系。从掌握象形字（基础义符）入手去类推学习合体字，从掌握常用字（基本语素）入手去类推学习合成词，其效率就会因教与学的有理有序而大大提高。需要指出的是，相关理论虽不必就直接讲给学生，但教师是应该掌握的，否则很难运用这些理念与方法去开展教学。

让小学生扎扎实实地过好“识字关”，是培养新生代语文能力的基础。加强汉字教学方法的科学性，基本途径仍在教材教法：一是切实加强《课程标准》与教材编写的顶层设计，尽快为汉字教学建立起一个分段定量科学有序的教学内容体系，并认真落实到教材编写中去；一是扎实推进一线教师的继续教育与教学科研，努力按汉字的特点和母语学习的规律开展识字教学，着意培养学生独立识字的能力。在加强汉字教学方法的科学性的进程中，如何把有关汉字用字、构字规律的研究成果，有效地应用到小学语文的教材编写与汉字教学中去，是一项尤为紧迫很有价值的工作。把汉字学近几十年的相关重要成果，编进大学的《现代汉语》教材，编进中小学语文教师的继续教育教材，则是更为根本的重要举措。加强汉字教学的科学性，同样需要打通学术成果转化的“最后一公里”。

第十章　汉字的研究方法

本章提要：20世纪是中国现代学术发端、发展和取得重大成就的时期。在中西文化大交流与甲骨文等新材料大量发现的时代背景下，一批承前启后的大师学贯中西积极开拓，引领了用新方法新材料去研究新问题的学术新潮流。脱胎于小学的汉语言学，向古今拓展的汉字学，就是在这一潮流中，先后独立并迅速发展起来的。中西语言学的有效结合，有力地推动了当代汉语言文字学的发展，其中影响最大运用最多的是历史比较法、结构－功能法和计量分析法。1980年代以来，人们注重汉字传统研究与普通语言学的结合，开始围绕"汉字是如何记录汉语的"这个主题进行了深入探究。中国学者坚持主体意识，坚持从汉语汉字的实际出发，在继承传统与"洋为中用"的基础上，从三个方面开展了综合创新的探索：坚持在断代研究的基础上去进行历史比较，立足形义联系以开展结构－功能分析，注重计量描写基础上的深化认识，在汉字发展史、汉字的结构功能、汉字要素及其分布等研究上取得了重大成果。从而逐步形成了一套汉字学的现代研究方法：把共时描写与历史比较结合起来，把计量分析与定性分析结合起来，把字语研究与文化研究结合起来，以力求理论上的深化认知与实践中的有效应用。这种既有现代意义又有民族特色的研究方法，是中国学者对现代语言学的贡献。

一、现代学术潮流与文字学的独立

“观水有术，必观其澜。”（《孟子·尽心上》）观澜索源，鉴往知来。梁启超先生（1873—1929）就主张：“凡研究一个时代思潮，必须把前头的时代略为认清，才能知道那来龙去脉。”①

（一）现代学术的发展潮流

20世纪是中国现代学术发端、发展和取得重大成就的时期。其前期出现的一批承前启后的大师，他们生活在中西文化交流大规模开展起来的时代，生活在甲骨文、敦煌文书、汉简等重要新材料大量发现的时代。他们既具有深厚的国学根底，又多有留学外国研习西学的学术经历；既服膺乾嘉学派的考证方法并自觉地加以继承，同时又掌握了西方近代学者治学的新理念新方法。他们把二者结合以开展研究，因而具有很高的学术起点。其中，胡适、王国维、陈寅恪先生是博通古今学贯中西的大家，他们为建设和发展中国现代学术作出了重大的贡献。

一、胡适的《〈国学季刊〉发刊宣言》

中国近代的第一所国立大学，是1898年创立的京师大学堂。辛亥革命后的1912年，京师大学堂更名为北京大学。在1920年代，北京大学的学制分为预科、本科、研究科三级。蔡元培先生（1868—1940）在北京大学创建的研究所，最初“为（本科）毕业生继续研究专门学术之所。”北京大学研究所下原拟设自然科学、社会科学、国学和外国文学四大学门，但后来仅在1922年1月成立了国学门。1932年研究所升格为研究院，其下的国学门改为文史部，并增设了自然科学部和社会科学部。1935年改“部”为“所”，原设三部分别改名为文科研究所、理科研究所、法科研究所。②

1923年北京大学国学门创办《国学季刊》，拉开了“整理国故”运动的大幕。由胡适先生（1891—1962）执笔的《〈国学季刊〉发刊宣言》，被认为是这场运动兴起的标志，在中国现代学术史上具有重要的地位。正如顾颉刚先生（1893—1980）所说：“整理国故的呼声倡始于太炎先生，而上轨道的进行则发轫于适之先生的具体的计划。”③ 前者指章氏1910年在日本印行的《国故论

① 梁启超《中国近三百年学术史》，第2页，东方出版社，1996年。

② 左玉河《中国现代大学研究院制度的创建》，《北京大学教育评论》2010年第3期。

③ 顾颉刚《古史辨自序》，第74页，河北教育出版社，2003年。

衡》，后者说的就是胡氏的这篇《发刊宣言》。

20世纪之初，随着“西学”涌入形成热潮，如何用新的方法去认识、整理和研究中国传统文化的问题日渐紧迫而为人重视。胡适先生执笔的《〈国学季刊〉发刊宣言》，就是新成立的北京大学国学门迎接这场挑战的学术《宣言》。这篇《发刊宣言》以新视角、新宗旨前瞻地说明了国学研究的思路和方法，开启了传统学术的现代转型，由此引领了一代学术潮流，对以后的国学研究产生了很大的影响。

胡适先生说：“在这个青黄不接的时期……我们深信，国学的将来，定能远胜国学的过去；过去的成绩虽然未可厚非，但将来的成绩一定还要更好无数倍。”他在文中首先对清代三百年间的古学研究进行了总结。他不仅总结了其间在“整理古书”、“发现古书”、“发现古物”上的成绩；而且着重指出了存在的缺点：一是“研究的范围太狭窄了”，二是“太注意功力而忽视了理解”，三是“缺乏参考比较的材料”。在此基础上，他开创性地阐述了整理国故研究国学的原则、方法和发展方向。

第一，用历史的眼光来扩大国学研究的范围。第二，用系统的整理来部勒国学研究的材料。第三，用比较的研究来帮助国学的材料的整理和解释。

学问的进步有两个重要方面：一是材料的积聚与剖解；一是材料的组织与贯通。前者须靠精勤的功力，后者全靠综合的理解。……整治国故，必须……各还他一个本来面目，然后评判各代各家各人的义理的是非。不还他们的本来面目，则多诬古人。不评判他们的是非，则多误今人。但不先弄明白了他们的本来面目，我们决不配评判他们的是非。

学问的进步不单靠积聚材料，还须有系统的整理。……国学的使命是要使大家懂得中国的过去的文化史。国学的方法是要用历史的眼光来整理一切过去文化的历史。国学的目的是要做成中国文化史。国学的系统的研究，要以此为归宿。一切国学的研究，无论时代古今，无论问题大小，都要朝着这一个大方向走。①

“国学”，在古代原本指以国子监为首的官学，20世纪初以来则相对“西学”而言，特指中国传统文化之学，其核心是在学术上坚持中国传统文化的守正创新。在中国文化由传统走向近代的转型时期，胡适先生主张用“历史的眼光”、“评判的态度”、“比较”的方法，去“系统”整理和研究中国“一切过去的历史文化”，“各还他一个本来面目”；然后在评判各代各家是非的基础上，逐步构建起系统的“中国文化史”。胡适先生不仅提出了通过“整理国故”而

① 胡适《〈国学季刊〉发刊宣言》，北京大学《国学季刊》第1卷第1号，1923年。

“再造文明”的思想，而且设计了系统整理传统文化的学术范式。

胡适先生强调“综合的理解”与“系统的整理”。指出整理国故“就是从乱七八糟里面寻出一个条理脉络来，从无头无脑里面寻出一个前因后果来，从胡说谬解里面寻出一个真意义来，从武断迷信里面寻出一个真价值来。”① 他把系统整理分为三部：“索引式的整理”、“结帐式的整理”、“专史式的整理”。进而提出了系统整理的学术范式：“用现在力所能搜集考定的材料，因陋就简的先做成各种专史”，如民族史、语言文字史等各种专史，在此基础上逐步构建起系统的中国文化史。他指出，“这是一些大间架。”“治国学的人应该各就‘性之所近而力之所能勉者’，用历史的方法与眼光担任一部分的研究”，以逐步充实和完善中国文化史。胡适先生设计的这套整理国故研究国学的指导性方案，具有很强的前瞻性和针对性。他的主张顺应和推动了传统学术转型趋势的发展，各种大大小小的专题研究（系统整理式的专论、专著），很快取代注疏式、杂记式的研究而成为国学研究的主要内容。

胡适先生以提倡白话文而闻名于世；他一生的主要精力是用在研究中国传统文化上的，并为此作出了很大的贡献；其开创性的研究思路和方法，产生了更大的学术影响。刘又辛先生认为：“把胡适定位为20世纪用新方法研究中国传统文化的开创者，是比较妥当的。”②

二、王国维的二重证据法与新史学

王国维先生（1877—1927）最早重视运用新史料去考证上古史上的重大问题，是中国史学史上把历史学与考古学相结合的开创者。他而立之年即开始致力于甲骨学、简牍学、敦煌学的研究，是这些国际性新学科的开拓者奠基者之一。他与罗振玉先生（1866—1940）共同考释汉晋木简写作《流沙坠简》，其后又将此方法运用于甲骨文、简牍和敦煌文书的研究，“考释殷书”而“钩探商史”，在以字考史上取得了令人瞩目的成果。他在继承宋代金石学、清代乾嘉考据学的基础上，把金石文献的范围扩大到甲骨文、简牍、敦煌文书等地下出土材料，并将其与传世的历史文献相与互证，由此推陈出新创立了二重证据法。二重证据法作为一种重要的治史观念和治学方法，具有鲜明的时代性，它是20世纪初期中西学术交流与新材料大量发现而相与结合的产物。王先生的这一研究方法，是经过长期的探索和思考，在1925年正式提出来的。

吾辈生于今日，幸于纸上之材料外，更得地下之新材料。由此种材料，我辈固得据以补正纸上之材料，亦得证明古书之某部分全为实录，即百家不雅训

① 胡适《新思潮的意义》，《新青年》第7卷第1号，1919年。

② 刘又辛《忆胡适先生》，《刘又辛语言学论文集》，第456页，商务印书馆，2005年。

之言亦不无表示一面之事实。此二重证据法，惟在今日始得为之。[①]

王国维先生提出的二重证据法，是把地下出土的新材料与传世文献结合起来以考证古史的方法。这种方法在今天早已是治学的基本方法，但在百年前可是石破天惊之说。即使如章太炎先生这样的大家，也是在晚年才认识到甲骨文的史料价值。王氏的二重证据法与古代传统学术是有一定渊源关系的。整理考释金文资料的金石学实发端于宋代。王氏自己就说："考释文字，宋人也有凿空之功。"[②] 北宋吕大临（1040—1092）的《考古图释文》，是我国最早的一部金文字汇，它集录了85件有铭铜器上821字的考释成果。[③] 宋末元初的戴侗（1200—1284），则开启了用古文字材料来校证《说文》的工作。他提出以形求义要立足于"取象制文之本初"的观点，[④] 在《六书故》中引用的金石材料就多达50多处。但是，他们都没有达到自觉运用的阶段，所利用的材料和以之研究的领域也很有限。

二重证据法的方法论价值，在于不仅开拓了研究材料的来源，而且提供了核验传世文献的证据与方法。这就在尊重传统史学的同时，大大减少了传统史学的局限，因而成为传统史学走向近代史学的一项重大发展。二重证据法对20世纪的中国学术研究产生了巨大的影响，其后的不少专家学者，都在自己的研究中自觉地运用了二重证据法。后来还在传世文献、出土材料的基础上增加了如方言调查之类的社会调查等材料，从而发展为多重证据法。

王国维先生1911年在《〈国学丛刊〉序》中，以广阔的学术视野精辟地说明了学问的知行原则与方法，其中关于史学的论述尤为深刻更有价值。

求事物变迁之迹，而明其因果者，谓之史学。……各科学有各科学之沿革，而史学又有史学之科学。……凡事物必尽其真，而道理必求其是，此科学之所有事也。而欲求知识之真与道理之是者，不可不知事物道理之所以存在之由与其变迁之故，此史学之所有事也。……治科学者，必有待于史学上之材料；而治史学者，亦不可无科学上之知识。[⑤]

王国维先生强调，史学研究不仅要客观地考察"变迁之迹"，而且要"科学"地探究"变迁之故"；学术研究不仅要重视材料的真实，而且要注重方法

① 王国维《古史新证——王国维最后的讲义》，第2—3页，清华大学出版社，1994年。

② 王国维《〈宋代金文著录表〉序》，王国维《观堂集林（外二种）》，第146页，河北教育出版社，2001年。

③ 宋·吕大临、赵九成《考古图续考古图考古图释文》，中华书局影印本，1987年。

④ 宋·戴侗《六书故》，第9页，上海社会科学院出版社影印本，2006年。

⑤ 王国维《〈国学丛刊〉序》，王国维《观堂集林（外二种）》，第700—701页，河北教育出版社，2003年。

的“科学”。这显然是对“究天人之际，通古今之变”史学传统的继承和发扬。[①] 郭沫若先生高度评价说：“王国维的业绩，是新史学的开山。”王先生说的是史学研究，但包括汉字学在内的其他人文学科，在研究基本问题时都应该坚持这样的历史发展观，努力从复杂的现象中弄清楚事物的来龙去脉及其前因后果。如果在每一个基本问题上，都能既实事求是地考察古今之变的基本过程，又历史辩证地探究如此之变的因果关系，那就一定会更为客观地认识事物的整体状况与发展规律。这种历史的眼光与批判的态度，应该成为学术研究的科学精神与自觉要求。

三、陈寅恪的“史中求识”与学术新潮流

陈寅恪先生（1890—1969）的家学渊源极为深厚。他在欧美游学任教17年，精通多国的语言文字，潜心学问而不要学位。他不仅继承了乾嘉学者重证据重事实的朴学精神，吸收了宋代学者追求义理的治学理念，而且还吸取了西方的历史演进法和文化史学的方法。他运用中西结合的考证比较方法，注重对资料的穷本溯源，注重对史实的综合分析，坚持从事物的演化和联系中去考察历史，着力于“史中求识”以探求历史发展的规律。陈寅恪先生“史中求识”的研究主旨极为可贵，其“诗史互证”的研究方法很有特色，他在目盲腿疾的晚年仍专心著述，其在学术上对“独立之精神，自由之思想”的坚持，[②] 尤其令人景仰。

陈寅恪先生1934年在为《海宁王静安先生遗书》所作的《序》中，对王国维先生的学术成就和治学方法，对二重证据法的发展，作了这样精辟的概括：

（王静安）先生之学博矣，精矣……。然详绎遗书，其学术内容及治学方法，殆可举三目以概括之者。一曰取地下之实物与纸上之遗文互相释证。……二曰取异族之故书与吾国之旧籍互相补正。……三曰取外来之观念与固有之材料互相参证。……吾国他日文史考据之学范围纵广，途径纵多，恐亦无以远出三类之外。此先生之书所以为吾国近代学术界最重要之产物也。[③]

陈先生总结的这三种治学方法，其实也是他的自况。第一种是把出土文物与传世文献结合起来，进行新旧材料的互相释证。第二种是把国内文献与国外

---

① 汉·司马迁《报任安书》，汉·班固《汉书·司马迁传》，《汉书》，第1030页，中州古籍出版社影印本，1991年。

② 陈寅恪《清华大学王观堂先生纪念碑铭》，陈寅恪《金明馆丛稿二编》，第246页，三联书店，2005年。

③ 陈寅恪《〈王静安先生遗书〉序》，陈寅恪《金明馆丛稿二编》，第247—248页，三联书店，2015年。

文献结合起来，进行中外材料的互相补正。这两种主要是研究材料的开拓与互证互补。第三种则是中西学术观念与方法的取长补短与交流发展，其意义与价值尤为重大。这三种方法就是近代国学研究的基本方法。

陈寅恪先生特别重视新材料和发现新问题，特别重视兼采中西学术之长以运用新方法。1930 年在为陈垣《敦煌劫余录》所作的《序》中，陈先生一语破的地指出：一"时代学术之新潮流"，就在于用"新材料"去研求"新问题"。在对冯友兰《中国哲学史》下册的《审查报告》中，陈先生从中外思想交流史的高度，深刻地论述了吸收外来学说与坚持民族主体地位的辩证关系。

一时代之学术，必有其新材料与新问题。取用此材料以研求问题，则为此时代学术之新潮流。治学之士，得预此潮流者，谓之预流（借用佛教初果之名）。其未得预者，谓之不入流。此古今学术史之通义，非彼闭门造车之徒，所能同喻者也。

窃疑中国自今日以后……其真能于思想上自成系统有所创获者，必须一方面吸收输入外来之学说，一方面不忘本来民族之地位。此二种相反而适相成之态度，乃……两千年吾民族与他民族思想接触史之所昭示者也。[①]

胡适先生关于国学研究的原则、思路和方法的论述，王国维先生的史学观与二重证据法，陈寅恪先生用新方法新材料去研究新问题的新思路，代表了二十世纪初期中国现代学术发展的新潮流。他们坚持国学——中国传统文化之学的主体地位，并在此基础上去积极吸取西学之长，这种开放的态度与治学的方法，对包括语言文字学在内的现代学术研究，产生了巨大而深刻的影响。

（二）脱胎于小学的语言学

古代学者早在春秋战国时期就开始了对汉字的研究，东汉的许慎（约54—约 125）集大成地总结了先秦两汉有关汉字的研究成果，呕心沥血地创作了《说文解字》而创立了文字学。一千九百年来，历代学者对汉字进行了多方面的深入研究，取得了丰硕的成果，汉字学早已成为中华传统文化中的重要内容。但是，以《说文解字》为中心的传统文字学，是所谓"小学"的一个部分。清代的王念孙（1744—1832）指出："《说文》之为书，以文字而兼声音、训诂者也。……训诂、声音明而小学明，小学明而经学明。"[②] "小学"一向被

① 陈寅恪《陈垣〈敦煌劫余录〉序》，陈寅恪《冯友兰〈中国哲学史〉下册审查报告》，陈寅恪《金明馆丛稿二编》，第 266 页，第 284 页，三联书店，2015 年。

② 清·王念孙《〈说文解字注〉序》，段玉裁《说文解字注》，第 1 页，上海古籍出版社影印本，1988 年。

视为经学的附庸，被视为语文学的内容。文字学的独立经历了一个漫长的渐进过程

语文学是一门依附文献而尚未独立的学科，它主要研究文献中语言文字的个别现象，重在随文注释通经致用，以让人读懂古书。要言之，读书必先识字，语文学就是一门读书识字的工具之学。其注释的内容一般包括文字、训诂、音韵、校勘等。中国文化历史悠久，古代文献浩如烟海，加之汉字具有表意性，因而中国的语文学特别发达，语文学资料特别丰富。需要强调的是，中国的语文学资料中蕴藏着极为丰富的语言学内容。不仅在随文注释中有大量的规律性见解，在字书中有不少系统性归纳，而且还出现了一批经典的文字学论文。例如东汉许慎的《说文解字·叙》、宋代郑樵的《六书略·六书序》、宋末元初戴侗的《六书故·六书通释》、清代戴震的《答江慎修先生论小学书》、段玉裁《说文解字注·叙》、王筠《说文释例·分别文》、朱骏声《说文通训定声·自叙》等，都是值得认真研读的文字学论文。因此，人们又把“小学”称作传统语言文字学，把“小学”中的文字学内容称作传统文字学。

在二十世纪，有三件事极大地推动了汉语语言学和文字学的独立与发展。一是西方语言学理论和方法的传入与运用（新方法），二是甲骨文等古文字材料的大量发现与研究（新材料），三是信息化时代的迅速到来对现代汉字研究提出了紧迫的要求（新问题）。先讨论语言学的独立。

语言是伴随着人类一起出现的，人们很早就注意研究语言。但作为一门独立的学科，语言学则诞生于十九世纪初期。这门研究人类语言的性质、结构功能和发展规律的学科，是在对印欧语系语言的历史比较研究中建立的，是在对现代语言的共时研究中发展起来的。语言学是一门古老而年轻的学科，汉语言文字学更是一门古老而年轻的学科。

章太炎先生（1869—1936）在流亡日本期间，深受西方语言学的影响。他发展了清人治小学形音义互求的方法，注重把《说文》研究扩展为语言研究。他在1906年发表了《论语言文字之学》一文，最先宣称：语言文字学不应再作为“经学之附属品”，不应再称作“小学”。他指出：

语言文字之学，古称小学。盖古者八岁入小学，教之识字……故以小学为名。然自许叔重创作《说文解字》，专以字形为主，而音韵、训诂属焉。……合此三种，乃成语言文字之学。此固非儿童占毕所能尽者，然犹名为小学，则以袭用古称，便于指示。其实当名语言文字之学，方为确切。[①]

“语言文字学”这一名称的提出，标志着传统小学的终结和中国现代语言

① 章太炎《论语言文字之学》，章太炎《国故论衡》，第207页，商务印书馆，2010年。

学的发端。章太炎、黄侃（1886—1935）生活在新旧文化交替、中西文化交汇的大变革时代，他们一方面继承和发展了国学的传统，另一方面又吸取了西方语言学的思想和研究方法。作为清代朴学的殿军人物，章黄扎根于汉语实际，沿着“由音而义，由义而形，始则分而析之，终则综而合之”的思路，[①] 注重从语言的角度来研究《说文解字》和文献文字，为把依附于经学的传统“小学”发展成为独立的“语言文字学”，作出了大贡献。汉语言文字学就是在音韵学、训诂学、文字学等分支学科的先后分立中独立并发展起来的。

鸦片战争之后，随着西学东渐与向西方学习的步伐的加快，运用西方语言学的理论、观念、方法以研究汉语汉字的步伐也加快了。其中最早的重要标志，就是马建忠（1844—1900）的《马氏文通》在1898年的出版；而运用最好发展最快最早独立的分支学科，则数音韵学了。

现代音韵学的创建，起步于1920年代。当时有两件事推动了这一发展，一是瑞典学者高本汉的《中国音韵学研究》在1915—1926年间的陆续发表，一是关于古音学的三次大讨论在1923—1938年间的持续展开。

瑞典的高本汉（1889—1978），是第一位运用历史比较法来研究汉语的语言学家。他的主要贡献在两个方面：一是在中国学者深入研究的基础上，运用历史比较法进行古音构拟，第一次“重建”了汉语的古代音系；二是通过对汉语方言的调查，通过与表音文字的比较，最先认识并明确指出：汉字具有超时空记录汉语的功能，是“非常适合”汉语和中国文化的文字。[②] 1910年2月，21岁的高本汉飘洋过海来到中国，用两年时间调查了33个点的汉语方言，其中亲自调查了24个点，用音标记音法记录了3100多常用字的十万多个字音。从此以后，他就终生致力于汉语汉字和中国文化的研究，并为此作出了重大的学术贡献。高本汉是一位令人敬重的外国学者。

高本汉的汉语音韵学研究，是把中国的语文学和西方历史比较法结合起来进行研究的，他的研究思路具有方法论的意义。

第一，高本汉依靠中古的《切韵》文献和现代汉语方言，运用历史比较法“重建”了汉语的中古音系。历史比较法认为亲属语言或方言之间的共时差异，可以反映语言在不同阶段的历史演变。首先，他通过对《切韵》反切上下字的系联（据上字以定声类，据下字以定韵类）并参考相关韵图，归纳出中古汉语的声韵系统；然后通过对汉语方言以及相关译音材料在语音差异上的空间比

① 黄延祖重辑《黄侃国学讲义录》，第12—13页，中华书局，2006年。

② 瑞典·高本汉著、张世禄译《中国语与中国文字》，第45页，第50页，商务印书馆，1933年。

较，对应地“拟测”出《切韵》声母、韵母的音值；进而追溯它们从中古到现代方言的演变规律。

第二，高本汉依靠清人的古音分类和上古谐声材料，运用内部拟测法“重建”了汉语的上古音系。内部拟测法认为语言结构具有系统性，语言成分的演变具有不平衡性。首先，他在充分吸取清儒关于古音分类成果的基础上，设定了上古汉语的声韵系统；进而通过对汉字谐声与《诗经》用韵等上古材料的整理分析，归纳出古音构拟的谐声原则；然后以拟测出的《切韵》中古音为逻辑基础，通过比较同类上古音在中古音系中的差异，为上古音推测出可以解释的音值，以此梳理出上古音系到中古音系的历史演变。

高本汉的研究虽然还存在这样那样的疏漏，他把《切韵》看成代表中古长安方言的“单一音系”的认识，就受到了很多学者的批评。但是，高本汉最早运用历史比较法来进行汉语音韵学的研究，第一次对汉语的中古音系和上古音系进行了语音学的描写。他的研究思路及其成果，在中国语言学界产生了重大的影响。

古音学史上开展的三次大讨论，是围绕着古音构拟的材料、方法展开的。三次讨论的焦点分别是利用对音材料考证古音、尾辅音的构拟、主元音的构拟。辩论的核心人物是高本汉，中国学者们积极参与了这几场讨论。其中汪荣宝先生（1878—1933）的《歌戈鱼虞模古读考》，魏建功先生（1901—1980）的《古阴阳入三声考》，李方桂先生（1902—1987）的《切韵 â 的来源》,[①] 先后产生了较大的影响，为拓展语言材料与改进研究方法做出了贡献。正如徐通锵先生（1931—2006）所说：“古音研究的大辩论为西方历史语言学理论、方法的输入和汉语音韵研究方法的转折开辟了前进的道路。”[②]

（三）向古今拓展的文字学

裘锡圭先生（1935—）指出：“对汉字的研究，在我国开始得很早，但是具有现代意义的文字学则是在进入二十世纪以后才逐渐形成并发展起来的。”[③] 古文字学因新材料而率先建立，现代汉字学为信息化而应运诞生。现代意义的

① 汪荣宝《歌戈鱼虞模古读考》，北京大学《国学季刊》第 1 卷第 2 号，1923 年；魏建功《古阴阳入三声考》，北京大学《国学季刊》第 2 卷第 4 期，1929 年；李方桂《切韵 â 的来源》，《中央研究院历史语言研究所集刊》第 3 本第 1 分，1933 年。

② 徐通锵、陈保亚《二十世纪的中国历史语言学》，刘坚主编《二十世纪的中国语言学》，第 232 页，北京大学出版社，2004 年。

③ 裘锡圭、沈培《二十世纪的汉语文字学》，刘坚主编《二十世纪的中国语言学》，第 91 页，北京大学出版社，2004 年。

汉字学是随着古文字学的发展才独立起来的，是在向古今领域的拓展中发展起来的。

1899年殷墟甲骨文的发现，1900年莫高窟敦煌文书的发现，是中国文化史上的两件大事，更是汉语文字学史上的大事。前后出土的有字甲骨计约十五万片以上，敦煌发现的中古文书则有五万多件，另外还有大量金文和简帛文字的不断发现。大量原始古文字材料的出土，不仅为中国文化史研究，为汉语文字学研究，提供了极为丰富十分可靠的新材料，而且为汉语文字学的发展，提供了难得的机遇与拓展的领域。

古代学者很早就开始了对古文字的研究。经学大师孙诒让（1848—1908）指出："以金文证经"，"以经文说字"，是"秦汉经师之家法"。[①] 但这种研究长期包含在传统文字学和金石学之中。金石学起于北宋而盛于晚清，其研究内容大分为考器和释字两部分，后分道发展成为古器物学与古文字学。清代有的金石学家以精通小学而兼治金文，在考释文字、总结方法和汇编成集上多有发明多有建树，这些奠基性质的工作有力地推动了古文字学的创建。

殷墟甲骨文的发现，大批金文、简帛文字的出土，为更客观地认识汉字提供了宝贵的古文字材料。二重证据法的运用与甲金文字的大量考释成果，极大地开阔了人们的眼界，也冲击了传统文字学的观念；对《说文解字》与"六书说"的批判性继承，则有力地促进了文字学理论的发展。经过孙诒让（1848—1908）、罗振玉（1866—1940）、王国维（1877—1927）、郭沫若（1893—1978）、于省吾（1896—1984）、唐兰（1901—1979）等先生的持续努力，古文字学终于从金石学和传统文字学中脱胎而出。

古文字学产生于对古文字的考释，考字释字进而归纳出断代的古文字系统，是古文字学的基本内容。其中一项重要的理论建设，就是总结出汉字在不同发展阶段据词构形以记录汉语的基本方式，唐兰先生、陈梦家先生的"三书说"就是这样的探索。1934年唐兰先生33岁，这位北京大学的讲师出版了他发给学生的讲义《古文字学导论》。七十年之后，裘锡圭先生评论说："《古文字学导论》是第一部古文字学理论性著作。……此书标志着现代意义的古文字学的建立"，也"奠定了现代意义的文字学的基础。"[②] 正是古文字研究的深入发展，有力地推动了文字学的学科独立。

---

① 孙诒让《古籀拾遗·叙》，孙诒让《古籀拾遗古籀余论》，第1页，中华书局影印本，1989年。

② 裘锡圭、沈培《二十世纪的汉语文字学》，刘坚主编《二十世纪的中国语言学》，第112页，第94页，北京大学出版社，2004年。

随着音韵学、训诂学的先后分立，“所谓文字学，名义上虽兼包形音义三部分，其实早就只有形体是主要部分了。”[①] 唐兰先生力主文字学应该与音韵学、训诂学分开而成为独立的学科，力主根据古文字材料去修正传统认识以建立新的文字学理论。唐先生在 1949 年出版的《中国文字学》，是一部用新观点来研究汉字的理论性专著。“前论”部分主要讨论了汉字的特点、中国文字学的内容、材料、简史，其余四章分别论述了汉字的发生、构成、演化和变革。这部 12 万字的书份量很重，文字学终于成为一门独立发展的学科。

文字学重视汉字形体演变的传统由来已久。最早的有关文献，是东汉许慎关于秦书“八体”（大篆、小篆、刻符、虫书、摹印、署书、殳书、隶书）和古文“六书”（古文、奇字、篆书、佐书、缪篆、鸟虫书）的论述。[②] 现代著作则推容庚先生（1894—1983）的《中国文字学形篇》（1931 年出版）为最早。容著之后较长一段时期的文字学著作，一般主要讨论两大问题：一是沿着甲金篆隶楷的线索历时地讨论汉字的字体演变，一是以“六书”为纲共时地分析汉字的字型结构。这种现象，在当时的大学教材《古代汉语》《现代汉语》的“文字”部分，表现得尤为突出且持续了较长的时期。随着古文字研究和近代汉字研究的不断发展，人们对汉字形体演变的认识更加深入更加系统，随之也逐步出现了把字体演变史视为汉字发展史的现象。字体演变是汉字的重要演变，但不是本质性演变，因为字体演变史研究的立足点并不在文以记言的基本面上。

王力先生（1900—1986）把汉字的发展演变分为字体和字式两个方面。[③] 林序达先生（1925—1993）指出：字体结构“是字的外部结构”，字式结构“跟语言单位直接联系，是字的内部结构”。[④] 王凤阳先生（1929—）认为：“文字史就是改进记录语言的方法的历程。”[⑤] 汉字发展史不仅包括字体演变史与字式发展史，而且应当以字式发展史为主体。因为，汉字是记录汉语的符号系统，其字式是汉字记录汉语的方式。只有从汉字如何记录汉语入手，才能深入研究我们这个民族为什么要创造据义构形单音成字的方式来记录汉语，才能深入研究汉字以象形字为基础以形声字为主体的表意文字体制是如何形成的，才能深入研究汉字为什么能超时空地记录汉语而历久弥新。总之，汉字是如何

① 唐兰《中国文字学》，第 6 页，开明书店，1949 年。

② 东汉・许慎《说文解字・叙》，《说文解字》，第 313—314 页，中华书局影印本，1989 年。

③ 王力《汉语史稿》，第 18 页，中华书局，2004 年。

④ 林序达《论汉字结构的形成与发展》，《西南师范大学学报・古籍整理与研究》，1989 年。

⑤ 王凤阳《汉字学》，第 981 页，吉林文史出版社，1989 年。

记录汉语的及其如何演进，汉字为什么能延绵发展数千年至今为十几亿人所使用，是一部汉字发展史不能回避必须回答的主题性问题。

朱德熙先生（1920—1992）尖锐地指出：

过去研究文字学的人只讲字形，讲六书，对语言不感兴趣。这是传统文字学很大的弱点。我们现在研究汉字学，要突破这个框框。字形当然要研究，但尤其要研究汉字和汉语的关系。[①]

朱先生的强调十分重要。汉字是记录汉语的文字，是立足形义联系的表意文字。深入的汉字研究，一定要研究汉字与汉语的关系，要研究汉字与语境与文化的关系，这些关系集中体现为汉字如何用字形提示或区别所记之词的语义。王宁先生（1936—）后来反思说：

开始构建汉字构形学的体系时，我受前辈学者的启发，很想把训诂学与文字学截然分开，突出文字独立研究的价值；而一路走来，我才发现，汉字这种与意义有机联系在一起的文字系统，离开语义，它的规律几乎是没法阐释清楚的。[②]

1980 年代以来，相继出版了多部致力于学科建设的汉字学专著，如蒋善国的《汉字学》（1987）、王凤阳的《汉字学》（1989）、刘又辛、方有国的《汉字发展史纲要》（2000）、黄德宽等的《古汉字发展论》（2014）、王宁的《汉字构形学导论》（2015）、刘志基的《中国文字发展史·商周文字卷》（2015）等，这些论著把汉字学的理论建设不断推向深入。裘锡圭先生在 1988 年出版了《文字学概要》，“这部书是继唐兰《中国文字学》之后，文字学理论研究和体系建构方面最有成就的一部著作，它代表了当代文字学研究的水平。”[③]《文字学概要》深入总结了前人的研究成果，大量利用了古文字材料和文献资料，注重从语言的角度来研究汉字，有力地推动了汉字学的理论建设。

在二十世纪，汉语言学中最先发展而成就最大的分支学科当推音韵学，汉字学中最先发展而成就最大的分支学科则数古文字学了。这两门学科的应用功能并不强，都是重在认知的理论型学科。究其所以然，或曰：音韵学的发展得力于历史比较法的运用，得力于方言调查的活材料；古文字学的发展得力于大量甲骨文的出土，得力于二重证据法的运用。这些确实是促进这两个学科发展的重要因素，但不可忽视的是，这两门学科的发展是以厚实的汉语汉字研究为

---

① 朱德熙《在“汉字问题学术讨论会”开幕式上的讲话》，中国社会科学院语言文字应用研究所编《汉字问题学术讨论会论文集》，第 12 页，语文出版社，1988 年。

② 王宁《汉字构形学导论》，第 9 页，商务印书馆，2015 年。

③ 黄德宽、陈秉新《汉语文字学史》，第 253 页，安徽教育出版社，2006 年。

基础的。高本汉在运用历史比较法研究汉语音韵时，就说自己“碰到了两次好运气”（一是中古切韵系文献，一是上古音研究成果）。正如傅斯年先生（1896—1950）所说：“高本汉先生之成此大业固有其自得之方法，然其探讨接受吾国音韵学家之结论，实其成功主因之一。”[①②] 至于古文字学的发展，如果没有传统的说文学研究作基础，那出土的甲骨文就会如苏美尔的楔形文字、古埃及的圣书字一样，根本无法释读，也根本不可能提出所谓的二重证据法了。任何时候都不要忽视：汉语汉字的传统研究，是我们运用新方法、使用新材料的基础。

著名哲学家张岱年先生（1909—2004）在 1930 年代提出了“文化综合创新说”。他主张在坚持民族主体意识的基础上，融会中西之长，经过辩证的综合，去创造出既有民族特色又具时代精神的新文化。[③] 百年现代语言学发展史告诉我们，西方语言学具有较强的科学性和普适性，中西语言学的结合是汉语言文字学发展的必由之路。但是，西方语言学的理论、方法，是在对印欧语系语言的研究和总结中建立起来的，也存在着一些不适合汉语实际的局限性。在运用西方语言学的理论、方法研究汉语汉字时，我们一定要立足于汉语汉字的实际和特点，立足于汉语汉字的传统研究，下功夫学习和消化西方语言学的研究思路和方法。在继承传统和“洋为中用”的基础上去综合创新，努力提高汉语汉字研究方法的科学化水平。

二、古为今用：在温故知新中传承

在社会深刻变革科技迅猛发展的今天，社会科学的各个领域都更加重视对科学方法论的深入研究和自觉运用了。进入 20 世纪 80 年代以来，我国社会科学领域在方法论上的一个重大突破，就是在信息科学迅猛发展和电子计算机技术广泛应用的推动下，大大加快了自然科学方法向社会科学的扩散和渗透。这些方法更多地运用在现实生活迫切需要解决的复杂性问题上，不少学科因此而面目一新，出现了长足发展的势头，有的甚至迅速发展为独立的新兴学科。立足现代，面向世界，在方向上加强理论研究与实践应用的结合，去努力研究和

① 傅斯年《〈中国音韵学研究（中译本）〉序》，瑞典·高本汉著，赵元任、罗常培、李方桂译《中国音韵学研究》，第 2 页，清华大学出版社，2007 年。

② 傅斯年《〈中国音韵学研究（中译本）〉序》，瑞典·高本汉著，赵元任、罗常培、李方桂译《中国音韵学研究》，第 2 页，清华大学出版社，2007 年

③ 张岱年《论现在中国所需要的哲学》，《张岱年选集》，第 30—34 页，吉林人民出版社，2015 年。

解决发展中的新问题；继承传统，洋为中用，在方法上加强社会科学与自然科学的结合，去努力实现研究方法的现代化，这已经成为当今社会科学的发展趋势了。

任何一门人文学科的研究，其方法论中都应该包括研究的方向、方法和学风三个部分。汉字学是一门古老而充满活力的学科，汉字学的发展不能缺乏时代意义。汉字学是汉语言学中一个以汉字为研究对象的分支学科，汉字学研究当然也应该有自己的基本思路。方向上加强应用研究和理论建设，方法上坚持"洋为中用"综合创新，学风上坚持温故知新实事求是，努力把汉字学建设成为一门既具现代意义又有民族特色的人文学科，应该成为汉字学学科建设的基本思路。

下边先从"古为今用"的方面来讨论三个问题。

（一）温故知新地继承前贤成果

人类文化总是在传承中逐步积累向前发展的，任何一门人文学科都有它的历史传承性。孔子的"温故而知新"，辩证地总结了继承与创新的关系。温故知新不仅是传承文化的正确态度，而且是古为今用的科学方法，学术上的温故知新重在继承发展前贤的研究方法。

孔子：温故而知新，可以为师矣。（《论语·为政》）

杨树达：温故而不能知新，其病也庸；不温故而欲知新，其病也妄。①

顾炎武：今之学者能取其大而弃其小，择其是而违其非，乃可谓善学《说文》者与。②

许嘉璐：任何学术的发展史，其实都是该学科研究方法的演进史。前人的知识、精神当然是要继承的，但是更重要的是要把他们的方法学到手，并在此基础上吸收时代的其他学科的营养，改进、引进新的方法。③

杨树达先生（1885—1956）的阐释深刻地道出了温故知新的奥妙："故"与"新"为学问之两端，"庸"与"妄"乃治学之两病。做学问是探求知识追求真理的事，应该力避"庸"而切戒"妄"。做学问是学习前贤智慧的过程，在研究一些基本问题时，一定要下功夫去了解前贤的探索思路及其学术贡献，在前贤的基础上努力有所创新有所发展。杨先生说的是温故知新的态度，顾炎

---

① 杨树达《温故知新说》，杨树达《积微居小学述林》，第214—215页，中华书局，1983年。

② 清·顾炎武《日知录·卷二十一·〈说文〉》，顾炎武著、黄汝成集释《日知录集释》，第754页，岳麓书社，1994年。

③ 许嘉璐《对训诂学发展的思考》，《语文建设》1994年第12期。

武（1613—1682）讲的是温故知新的原则，许嘉璐先生（1937—）强调了温故知新的重点在于继承发展前贤的研究方法。许先生以学术发展史的视野，来强调研究方法演进之于学术发展的重要性，认为研究方法的“继承和创新”是“更重要”的温故知新。这一认识，极为深刻而尤有价值。顾炎武说的是如何学习《说文解字》，其实说的也是如何继承传统文化的原则。这就是：“择其是”而“取其大”地发扬好传统，“违其非”而“弃其小”地正视其局限。这一原则的可贵之处在于：辩证地分析前说，批判地继承传统，进而取其精华去其糟粕地发展学术。这种批判地继承前人成果的态度与方法，应该成为我们继承传统和汲纳西学的基本态度与方法。

下边首先从“古为今用”，从“择其是”而“取其大”的方面，讨论对传统汉字学研究的继承。这种继承，既包括发展前贤的宝贵认识和学术思想，也包括吸纳前贤研究中的科学思路和思维方式。

一、发掘传统研究中的丰富宝藏

自东汉许慎以来的一千九百年里，历代学者对汉字进行了多方面的研究，深入探讨了汉字的一些规律性系统性的基本问题，为我们积累了丰富宝贵的学术遗产。汉字是连绵使用数千年至今仍然为十几亿人所使用的自源文字，是在古今南北音有异的语境中，能够超时空记录汉语的通用文字。立足形义联系而一字记一语素，是汉字区别于表音文字的内在规定性。在运用西方语言学的理论方法研究汉字时，一定要重视汉字是据义构形单音成字的表意文字这个实际。

传统的汉字研究为我们留下了丰富的宝藏。例如关于归纳构字用字模式的“六书”研究，把据义构形与“依声托事”区别开来、把引伸与假借区别开来的体用研究，以“文”组“字”而析形求义的结构功能研究，“音以载义”而“因声求义”的语源研究，“以类附声”相承分化的“孳乳”研究，“据形系联”而“分部类从”的系统观，汉字“以义为本而音从之”的基本认识，等等，都是相当深入而极为可贵的汉字学理论研究。在这座丰富的宝藏中，许慎关于始于“依类象形”而备于“形声相益”的汉字发展史观，汉字以有限之“文”“孳乳”出无数之“字”的生成机制，立足形义联系以析形（结构）求义（功能）的分析方法等三大认识，尤为后来的学者所认同。人们沿着这三个方向进行了更为深入的不断研究，其学术认识成为传统汉字学中最具理论价值的基本内容。传统汉字研究对今人的研究有很多启示，其中一条至为重要：汉字研究要立足于汉字是表意文字的这个最大实际，努力发扬汉字研究重形义联系、重历史分析的好传统。深入研究可以发现，传统的汉字研究始终是沿着形义联系这条主线展开的，“表意性是汉字的命脉”，[①] 据义构形而析形求义是汉字研究的核心。我们应当虚心发掘先贤的真知灼见，继承和坚持汉字研究要立足形义联系的好传统。

二、吸纳先贤方法中的合理内核

文化的深层内涵是价值观念和思维方式，先哲们认识世界的智慧是特别珍贵的文化遗产。荀子说“天行有常”（《荀子·天论》），指出客观世界的演变有着自己的发展规律。庄子讲“道进乎技”（《庄子·养生主》），认为解决问题的最好途径是遵循事物的客观规律。前者说的是认识世界要客观，后者讲的是研究方法要科学。传统的汉学研究为我们留下了穷理致知与历史分析的好方法。清初王夫之（1619—1692）、南宋朱熹（1130—1200）的下述思维方式，具有认识论的意义，值得我们深思。

王夫之：理者，物之固然，事之所以然也。[②]

黄榦：其（朱熹）为学也，穷理以致其知，反躬以践其实，居敬者所以成始成终也。[③]

王夫之认为，“理”不仅在于“物之固然”，而且在于“事之所以然”。探求事物的客观规律，既需把握其“固然”的客观事实，亦应认识其“所以然”的历史必然性。现实是历史发展的结果，历史是形成现实的根源。历史演变的不平衡决定了共时现象的复杂性，共时平面上的差异性反映了历史进程中的阶段性。现实虽然表现为统计性规律，但它是按历史因果律来分布的。“天行有常”，事物的发展过程都是有规律的。现实不仅是历史的延续，而且在很大程度上是由历史来决定的。现代汉字是汉字历史发展至今的最高阶段，共时的研究可以使我们认识现代汉字“固然”的逻辑结构，但很难从中看到现行结构之“所由成”的过程与“所以然”的原因。我们应该把共时研究与历史方法结合起来，在研究现代汉字的结构-功能的基础上，也注重探究“固然”之现状的形成过程及其动力性原因，着意构建一种立体的认识结构。如果我们既坚持从现状入手去追溯历史，也注重用发展的眼光来理解现状，那么，就可以既历史地解释现状的逻辑联系，又能够逻辑地再现历史的演变进程，从而更为客观更

① 曹先擢《汉字的表意性和汉字简化》，中国社会科学院语言文字应用研究所编《汉字问题学术讨论会论文集》，第27页，语文出版社，1988年。

② 清·王夫之《张子正蒙注·卷五·至当篇》，王夫之《张子正蒙注》，第168页，中华书局，1975年。

③ 宋·黄榦《朱先生行状》，清·王懋竑撰《朱熹年谱》，第517页，中华书局，1998年。

为深刻地认识汉字系统的逻辑结构与历史演变了。[①]

知行关系是中国古代哲学中特别为人重视的一对关系，原本用指人格修养方面之认识与实践的关系。先贤重视“躬行践履”，强调“知行合一”，提倡“下学上达”，坚持认为实现理想人格要从自我修养做起。这种主要用于人格修养方面的知行观，后来经过改造，进而升华为泛指义的“理论与实践的关系”。“穷理以致其知，反躬以践其实”，是朱熹的高徒黄幹（1152—1121）对其治学方法的概括，这句话辩证地说明了知与行的关系。其中的“穷理以致其知”，出自《礼记·大学》八目中的“致知”与“格物”。格犹穷也，物犹理也，“格物”即穷理，“致知”即求知。据此，朱熹的这句话当可理解为：深入研究客观事实以探求其内在规律，并努力将认识到的理论运用到实践中去。

王夫之、朱熹的上述认识具有积极的现代意义，发掘其合理内核而加以现代解读，那显然就是一种思维方式，一种具有方法论意义的思维方式。这种思维方式在1980年代以来的汉语字频词频研究中，得到了广泛的应用，发挥了重大的作用，对中文信息处理、汉字规范和汉字教学都产生了积极的影响。人们通过对大样本自然语料的计量测定与分析，认识到汉语用字用词很不平衡而高度集中的分布规律。在此基础上，人们一方面据此进行有效应用，对现代汉字进行分级定量，先后研制出多种机用、人用的规范字表；一方面由此进而深化认识，去探究这“固然”的分布格局之“所由成”的过程与“所以然”的原因。这就是陈原先生（1918—2004）所总结出的循环模式：“定性分析—量的测定—深化认识或有效应用。”[②] 现代汉字的基础研究就是按照这种循环模式，螺旋式地发展起来的。这种研究方法值得提倡与发扬，因为它不仅在社会实践上具有积极有效的应用价值，而且为学科建设作出了深化认识的理论贡献。

（二）实事求是地正视古人局限

中西方的思维方式有所不同，其研究方法亦各有特点。西学多先提出假说，后演绎以求验证，侧重于理论的构建，以虚驭实而新说迭起；汉学多先考证事实，后归纳而集大成，侧重于资料的积累，寓虚于实而博大深厚。我国古代的语言文字研究有两个很好的传统，一是重事实证据，二是重历史分析，因其朴质求实而谓之为朴学。但传统文字学也存在着自己的局限，在研究内容

① 龚嘉镇《现代汉字学研究方法刍议》，1997年在中国语言学会第九届年会上交流；龚嘉镇《现行汉字形音关系研究》，第23—24页，湖北人民出版社，1995年。

② 陈原《现代汉语诸要素的定量分析》，陈原主编《现代汉语定量分析》，第5页，上海教育出版社，1989年。

上，重单字考释，轻理论建设；在研究方法上，重举例内省，轻计量分析；在学风上，则程度不同地存在着门户之见。我们应该正视这些问题，切实补上短板，努力提高汉字研究方法的科学化水平。

一、"右文说"的失误与以偏概全

作为人类进行交际的符号系统，语言、文字总是处在语用的开放状态之中，总是处在联系的网络和发展的过程之中，这在人们的认识上便反映为一种不确定性。这种不确定性或表现为性态类属上的模糊性，或表现为现象出现的随机性。我们很难用枚举归纳的方法来把握复杂关系的性质，也很难用决定性的规则来描述自然语言现象。那似此而彼的性态，那频频出现的例外，常常令人捉摸不定而烦恼不已，并不时恶作剧地把语言学家引向以偏概全。

"右文说"是桩千年的讼事了。形声字的声符有的兼表意义，许慎在《说文解字》中就有"亦声"之说，晋人杨泉较早注意这一现象，宋人王圣美始称之为"右文"。但随着利用声符进行语源研究的深入，也出现了因声求义扩大化的问题。清代的段玉裁（1735—1815）就有"凡同声多同义"（《说文解字注·言部·譬字》）的说法。[①] 黄承吉（1771—1842）走得更远而至极端，竟然推出了"凡同声皆同义"的观点。

六书之中，谐声之字为多。谐声之字，其右旁之声必兼有义，而义皆起于声。凡字之以某为声者，皆原起于右旁之声义以制字，是为诸字所起之纲。……蓋凡字之同声者，皆为同义。声在是，则义在是，是以义起于声。……盖明乎右旁声义之说，则凡同声之字多可通用。……且凡同一韵之字，其义皆不甚相远。[②]

黄承吉认为，形声字的声符"必兼有义，而义皆起于声"，不仅凡同声符的字"皆为同义"，"多可通用"，而且"凡同一韵之字，其义皆不甚相远。"这就把声符兼义视为普遍规律，把音义联系视为先天必然，完全抹煞了借音分化的事实，完全忽视了语词音义联系的约定俗成性。进而便有人试图将上古词义系统按语音上的韵部划分为若干类了。

针对清代以来"以音义相关为先天的必然性者"，沈兼士先生（1887—1047）讲了这样一段话：

余谓凡义之寓于音，其始也约定俗成，率由自然。继而声义相依，展转孳

① 清·段玉裁《说文解字注》，第101页，上海古籍出版社影印本，1988年。

② 清·黄承吉《字义起于右旁之声说》，清·黄生撰、黄承吉合按《字诂义府合按》，第75—83页，中华书局，1984年。

乳，先天后天，交错参互，殊未可一概而论。①

沈先生对声符（古字）或“即本义者”或“仅借音者”的事实进行了历史分析，他把“展转孳乳”的形声字归纳为两派：一为“音符即本义者”的本义分化式，一为“音符仅借音者”的借音分化式。一针见血地指出：“语根之分化语词，虽与形声有关，而不能谓即是一事。……音符不尽皆为语根”，“形声字不尽属右文”。②

真理再往前走一步便成了谬误。“凡某声者或兼某义”是事实，由此可以因声求义以深入开展同源字的研究；“凡某声者必兼某义”是错误，由此下去便走进了死胡同。问题在于，为什么会从形声字声符的研究中，推出音义之间存在必然联系的结论呢？就方法论而言，除了对声符的来源和形声字的产生缺乏历史分析之外，失误盖在于仅靠举例来进行推论，这就以偏概全地丧失了对整体的把握。人们往往是通过个例去认识事实的，也常常利用举例来说明事实，但并不能仅仅依靠枚举法去归纳基本事实。因为，从枚举归纳中所得到的全称肯定判断，其前提与结论之间的联系并不是必然的。如果我们抽取若干谐声系统或若干韵部的上古形声字，穷尽地进行一番计量分析，那么，还会在“同声必同义”的问题上纠缠那么久吗？

经验式举例式的论证方法，永远不会过时；但在论证一些涉及面较宽而较为复杂的问题时，仅靠举例说明而没有计量分析，那就很容易重蹈“右文说”以偏概全的误区。我们应该正视传统研究的这一缺陷。在对研究对象缺乏整体认识和历史分析时，应该尽量避免以偏概全地去讨论基本问题，更不要用举例的方式去轻率否定基本事实。

二、清人轻视宋学与门户之见

汉学、宋学和清代朴学是传统语言文字学的三座高峰。宋代是一个社会较为开放文化较为开明的时代，学术研究一改唐人的“疏不破注”而为“格物致知”，敢于疑古而不迷信前贤，注重思辨而不墨守经典。宋学的一大特点，就是不仅运用许慎的“六书说”来研究汉字，而且还用汉字实际去检验和发展“六书说”。清代是中国古代语言学全面发展的黄金时代。清人推崇许郑而以复兴汉学为己任，治学严谨重在考据，名家辈出前后师承。文字、音韵、训诂诸方面的研究，在深度和广度上都有了很大的发展。对《说文解字》的研究更是兴盛空前，段桂朱王递为大家，学者专著数以百计，至乾嘉时期而达到传统语

① 沈兼士《声训论》，《沈兼士学术论文集》，第259页，中华书局，1986年。

② 沈兼士《右文说在训诂学上之沿革及其推阐》，《沈兼士学术论文集》，第124页，第172页，中华书局，1986年。

言学的顶峰。

正如何九盈先生（1932—）所评："清代语言学的成就很突出，问题也很突出。……对汉以后的语言文字学没有采取分析的态度。"① 清代学者一方面继承和发展了宋明学者的研究，另一方面又对宋明学者不屑一顾而多有贬斥。钱穆先生（1895—1990）指出这是一种"门户之见"，认为清代学术实渊源于宋学，"不识宋学，即无以识近代也。"② 张舜徽先生（1911—1992）亦认为："有清一代学术无不赖宋贤开其先，乾嘉诸师特承其遗绪而恢宏之耳！"③ 李学勤先生（1933—2019）强调指出："在文献学方面，我觉得我们一定要扬弃清人的门户之见，因为清人的缺点就在这里。"④ 党怀兴先生（1962—）的《宋元明六书学研究》一书，深入发掘系统梳理了宋元明时期的汉字研究，他立足文献事实，着眼学术发展，着重讨论了这一时期的学术创新。⑤

在清儒取得成就的诸多方面，例如"六书"的分类研究，假借引伸的辨析区别，"因声求义"方法的运用，"母子相生"的合成构形研究等，都发端于宋代；而为乾嘉学者所推崇的古今音变观与"四体二用说"，则是明代学者提出来的。我们应当看到宋学或流于空疏或失之烦琐的局限，但更应肯定他们在学术上作出的贡献；我们应当肯定清儒对宋元明学术的传承与超越，同时也要看到他们忽视前人贡献的"门户之见"。轻视宋学的现象直到道咸时期才有所改变。张之洞（1837—1909）就明确主张："学术兼宗汉宋。……汉学师其翔实，而遗其细碎；宋学师其笃谨，而戒其矫妄空疏，故教士无偏倚之弊。"⑥

清儒何以如此，自有其历史原因。清儒以尊崇许慎复兴汉学为已任，或因宋人批评许氏而贬斥宋儒，或因晚明空谈误国而厌及明代学者，都是原因之一。但无论如何，这种不能历史对待前人的态度是不可取的，须知学术史归根到底是由后来人去写的。做学问应该处理好继承与创新的关系，要客观评价前贤的贡献，给予他们应有的历史地位。学者的天职在于探求真理，求真的基础在于实事求是。学术总是在温故知新实事求是中向前发展的，只有在"温故"之中明其源流辨其得失，方能取其精华而有所创新有所发展。

---

① 何九盈《中国古代语言学史》，第 203 页，河南人民出版社，1985 年。

② 钱穆《两汉经学今古文平议》，第 1 页，商务印书馆，2000 年；钱穆《中国近三百年学术史》，第 1 页，商务印书馆，1997 年。

③ 张舜徽《论两宋诸儒实为清代朴学之先驱》，张舜徽《广校雠略》，第 123 页，中华书局，1963 年。

④ 李学勤《走出"疑古时代"》，《中国文化》1992 年秋季号。

⑤ 党怀兴《宋元明六书学研究》，中国社会科学出版社，2003 年。

⑥ 清·张之洞《抱冰堂弟子记》，《张文襄公全集》第四册，第 1033 页，中国书店影印本，1990 年。

（三）与时俱进地推进汉字研究

中华民族的和平崛起与信息时代的迅速到来，向汉字学提出了新问题：一是面向现实加强应用研究，一是深化认知加强理论建设。继续深化理论认知以加强学科建设，继续注重现实需求以加强应用研究，是汉字学必须坚持的研究方向。在大力推进科技创新的今天，国家特别注重打通科技成果转化的“最后一公里”。在汉字学研究中，也存在着学术成果转化的问题。其中把汉字研究的有关成果有效地应用到国民通识教育中去，应用到小学汉字教学和对外汉语教学中去，就是亟待加强的工作。

下边着重讨论三个问题：普及古文字研究中的基础性成果，促进现行通用汉字的全球“书同文”，加强汉字学科的理论建设。

一、加快成果转化，精心研制一份普及性质的《常用汉字形变源流表》。

汉字是世界上唯一连绵使用数千年，至今仍然为十几亿人所使用的自源文字。它是探求人类文字发生发展的一座宝库，也是蕴涵着中华文化的人文符号系统。近几十年来，汉语古文字的考释及其源流谱系研究，商周甲金文与秦汉简帛文字材料的分类结集出版，现有古文字资料的数字化及其语料库的建设，都取得了令人瞩目的丰硕成果。遗憾的是，这些成果大多停留在专业认知层面上，很少有人注意到它们也有应用的需要和普及的可能。专业学术研究与国民通识教育之间，是一种提高与普及的关系。大力提高国民的汉字素养，积极向世界传播汉字文化，应该是中华民族文明复兴的一项重要内容。古文字研究中已经取得共识的部分基础性成果，是应该而且可以普及为国民常识的，这里也存在着学术成果转化的“最后一公里”。

汉字具有社会用字高度集中、常用字种相当稳定的特点。《现代汉语常用字表》和《通用规范汉字表》的研制成果表明，2500 常用字对现代汉语自然语料的覆盖率高达 98%，前 1500 常用字的覆盖率为 95%。这些常用字是汉字语用的主体字种，甲金篆隶楷是汉字形变的主要字体。只要把这 2500 常用字由甲金篆而隶楷的演变状况逐一梳理出来，就可以从主体上展现出汉字系统的形变源流。1980 年代出版的八卷本《汉语大字典》，是汉字字典史上的一个重大里程碑。该书十分重视历史地反映汉字形音义的发展，在楷书字头下就收列了甲骨文、金文、小篆和隶书的典型形体，精心梳理出了汉字形体的演变源流关系。我们应当立足于古文字研究中已经取得共识的基础性成果，精心研制一份简明的《常用汉字形变源流表》。

字表的研制要坚持以下四条原则：一是字表的研制需立足现代而溯流探源，致力于展示常用汉字的形变源流；二是字种的探源应实事求是而不要强求一律，能推到甲文是甲文，能推到小篆是小篆；三是要审慎做好每一个古文字的去重定形工作，认真优选最能体现造字理据最能反映演变源流的典型字形；四是表中的楷体字形应取《通用规范汉字表》中的规范字形，因为其中简化字的繁体都已表现在隶书字形上了。研制出来的《常用汉字形变源流表》，应无偿地提供给国内外用户使用，让每一部装有中文软件的电脑都具有汉字古今字体的对应转换功能。

商周秦汉时期的有字文物，原始地记录了我们民族悠久的历史与灿烂的文化，它们是国宝中的国宝。百年古文字研究取得了丰硕的成果，打通成果转化的“最后一公里”，研制一份普及性质的《常用汉字形变源流表》，具有重大而深远的文化意义。这不仅能够推动国民人文素质的提高，而且可以让汉字揭开神秘的面纱而更好地走向世界。一个小学生或一个学习汉语的外国人，如果能像查《新华字典》一样，如果能从学习机或电脑上，随心找到所学汉字的形变源流及其造字理据，那产生的决不只是学习汉字的兴趣，而且还有热爱中华文化的感情。把常用汉字形变源流的研究成果普及到全民族去，传播到全世界去，是当代中国汉字学家的一项文化使命。

二、加强应用研究，积极推动现行通用汉字的全球“书同文”。

现代意义的文字学是在向古今领域的拓展中独立发展起来的。向上古拓展的古文字学，是因古文字材料的大量出土及其深入研究而随之建立的；向现代发展的现代汉字学，则是因信息化时代的紧迫需求应运而生的。“现代汉字”是一个共时性概念，其主体就是记录现代汉语的通用汉字。对现代汉字的研究早在20世纪前期就开始了，但现代汉字学则是随着我国信息化事业的发展而在1980年代起步的。现代汉字学是主要研究现代汉字的基本状况与有效应用的应用型学科。

技术背后的道理是科学，科学规律的应用是技术。努力按照汉字的相关规律去有效开展汉字的应用研究，是1980年代以来汉字研究的一个重要方面。现代汉字的应用研究，前沿在信息处理，大头在汉字教学（包括中小学汉字教学和对外汉语教学），而制约两端使之健康发展的关键则是社会用字的规范化。1980年代以来，现代汉字研究在汉字信息处理与社会用字规范等领域，取得了大量研究成果，有力地推动了社会用字的现范化。现行通用汉字的全球“书同文”，过去一直认为是很遥远的事。但是，以新一代信息技术为代表的科技革命风起云涌，以前所未有的力量，改变着人类的思维、生产、生活和学习方式。汉语与英语、俄语、法语、阿拉伯语、西班牙语，是联合国确定的六大世界通用语言。全球化信息化进程的快速发展，语言智能的快速发展，中文机器翻译技术的快速发展，中国的文明复兴与中外交流的快速发展，以超出人们预料的速度，大大加快了中文数字化与汉字国际标准化的步伐。

国际标准化组织（IX－ISO）统筹研制了《信息技术通用多八位编码字符集（UCS）》，其中的表意文字部分就是中日韩朝越汉字的超大字符集，它简繁、正异、古今并存，其正式编码的汉字到 2011 年已有 7.5 万多个了。该标准在 1993 年颁布了第一部分，这部分收的是公认较为通用的汉字 20902 个，中国与这部分对应的国家标准是《GB13000.1 字符集》。编码的古今汉字多达七万多，但共时语用中的汉字是相当集中的。中国两岸四地的学者于 2002 年聚会商讨，向国际标准化组织提议制定选收现代常用汉字的基本子集。在中、日、韩、朝等国和中国港澳台地区的学者共同努力下，2004 年研制出了“CJK 国际基本子集（中日韩汉字统一编码）”。它简繁、正异兼收，计收字 9810 个。这个子集是“在当代社会生活中最基本、最常用的汉字的集合。”这就不仅可以“在较为经济的基础上满足国际信息交流的共同需要”，而且能够“推动各个国家和地区采用国际标准”的步伐。[①]

从研制出收 7.5 万多个古今汉字的国际编码字符集，到 1993 年颁布该集的第一部分（收较为通用的 20902 个汉字），再到 2004 年研制出 CJK 国际基本子集（收 9810 个常用汉字），这就在汉字国际标准化与异中求通而逐步趋同上不断迈出了新步伐。尽快实现现行通用汉字的全球“书同文”，是全体炎黄子孙的共同愿望，是中文数字化发展的历史必然。我们应该为推动这一进程的发展，积极开展相关的基础研究和应用研究。

三、注重基础理论建设，努力建设既具现代意义又有民族特色的汉字学。

任何一门学科产生的原因和发展的动力，都是因为理论认知与社会应用的需要；任何一门独立发展的学科，都有自己特定的研究目的和研究方向。自许慎创立说文学以来，中国的传统文字学已有一千九百年的历史了，积累了丰富的学术思想，形成了优秀的研究传统。进入 20 世纪以来的百余年间，西方语言学、信息科学等新理论新方法的输入，古文字、大数据等新材料的涌现，为汉字学的学科建设拓展了别开生面的新领域，提供了极为可贵的新方法、新材料。汉字学随之取得了长足的发展，逐步建立起具有现代意义的学科理论体系。

汉字是研究人类文字的发生和发展的一座宝库。汉字是如何记录汉语的？中华先民为什么选择这样的方式来记录汉语？它凭什么在古今南北音有异的语境中能超时空地记录汉语？它连绵使用数千年至今仍然生机勃勃的奥妙何在？

---

① 王晓明、王敏《国际基本子集的诞生及其构成概况》，《第四届全国语言文字应用学术研讨会论文集》，四川大学出版社，2007 年。

汉字如何用“有限”的数百字符层级合成出“无限”的合体字？汉字多到数以万计，为什么2500常用字就能覆盖98%的共时自然语料？汉字是在怎样的特定语境中历史地走向形声化的？形声化是怎样把义符的形义联系扩展为对字群的类联系的？汉字系统是怎样保持表意性质的？……这一系列汉字特有的问题，有的是可以运用普通语言学的理论进行解读的，但确实还有不少问题是无法用西方理论解释的。

在中华民族文明复兴的今天，我们应该立足汉字实际和汉字的传统研究，围绕“汉字如何记录汉语以及如何随之发展的”这个主题，深入开展汉字学的基础理论建设。一方面吸取和运用西方语言学的原理方法来研究汉字，另一方面又在深化研究的实践中去丰富和发展现代语言学。努力为现代语言学、为人类文字发展史，做出中国学者应有的贡献。

三、洋为中用：在综合创新中发展

21世纪是全球化信息化大步发展的时期，也是中西文化大交流、汉语言文字学大发展的时期。就语言学的研究方法而言，如果说19世纪是历史语言学的世纪，20世纪是共时语言学的世纪的话，那么，21世纪就正在走综合创新之路。把结构功能研究与历史演变研究结合起来，把共时描写法与历史比较法结合起来，把现代语言学与汉语言文字传统研究结合起来，已经成为当代汉语文字学研究的主要潮流。

德国的威廉·冯·洪堡特（1767—1835）、瑞士的费尔迪南·德·索绪尔（1857—1913）和美国的诺姆·乔姆斯基（1928—），是西方语言学发展史上灿若明星影响最大的三位大家。洪堡特的《论人类语言结构的差异及其对人类精神发展的影响》（1836），是普通语言学的奠基之作。他指出普通语言学的“主要任务”和“终极目标”，是研究“人类的语言能力”，研究语言“无限地运用有限的手段”的机制，[①] 即如何运用有限的要素和规则去生成无限语言的机制。索绪尔的《普通语言学教程》（1916），是共时语言学的奠基之作。他强调对语言结构整体的逻辑把握，其所提出的结构主义的原则和方法，把现代语言学导向了对语言内部结构的共时研究，从而大大地丰富和发展了普通语言学。乔姆斯基是转换-生成语法的创始人，主要致力于语言能力和语言运用的研究。他采用现代数理逻辑的形式化方法，去探求语言以有限的规则生成无限句

① 德·洪堡特著、姚小平译《论人类语言结构的差异及其对人类精神发展的影响》，第114页，商务印书馆，1997年。

子的机制，注重从人类认知的角度去解释人类的语言能力。索绪尔是主要用归纳法去描写语言的内部结构，乔姆斯基则主要用演绎法去解释语言的生成机制。三位大家为普通语言学的创立和发展作出了重大的理论贡献。

近百年来，对中国语言学影响最大的西方语言学著作，当推瑞典高本汉（1889—1978）的《中国音韵学研究》、瑞士索绪尔的《普通语言学教程》。前者为我们送来了历史语言学和历史比较法，后者向人们讲述了共时语言学和结构－功能法。1980年代以来，伴随着信息化浪潮而来的信息科学，则将汉语言文字学推向了一个新的发展阶段。就方法论来看，历史语言学重在比较同源语言之间的现时差异以推求语言的历史演变，共时语言学重在通过语言系统的共时研究以认识语言内部的结构功能，计量语言学重在通过对自然语料的计量分析以认识语言的结构与演变。要而言之，对于中国的汉语汉字研究来说，历史语言学、共时语言学和计量语言学，是影响最大的三个学术流派；历史比较法、结构－功能法和计量分析法，是运用最多的三种研究方法。

许嘉璐先生从传统学术发展的需要，来强调加强语言学理论修养的重要性。他指出：

在现在的语言学理论著作里，有很多是属于人类语言的共性的东西；即使那些针对印欧语的阐述，起码也能给我们以“人家是怎么想的”的启发。更为重要的是，理论的学习可以培养我们的宏观的、有关规律性的思维。另一方面，我们的具体研究成果，从具体语言现象中悟出的道理，极有可能会对语言学理论作出重要的补充。①

1980年代以来，中国学者立足于汉语汉字实际，立足于汉字传统研究，在字式演变的历史分析、结构功能的共时描写和系统要素的计量分析三个方面，进行了“洋为中用”综合创新的探索，逐步形成了一套汉字学的现代研究方法。下边分别对这三方面的探索展开讨论：坚持断代描写基础上的历史比较，立足形义联系的结构－功能分析，注重计量分析基础上的深化认知。

（一）坚持断代描写基础上的历史比较

汉字是一种形音义结合的视觉符号系统，它不仅是一个有着特定内在结构和外向功能的逻辑系统，而且是一个在特定文化语境中开放演变着的动态系统。要更为客观地接近对汉字的整体把握和历史认识，就必须把共时描写与历史比较结合起来。第一，共时描写首先是针对事物的现状的，因为现状是历史发展至今的最高阶段。第二，历史比较坚持从历史发展中去认识事物，因为事

① 许嘉璐《对训诂学发展的思考》，《语文建设》1994年第12期。

物总是作为过程出现的。对现代汉字结构功能的内部联系进行共时描写，对汉字记词方式辩证演变的发展进程进行历史比较，因而成为汉字学研究的两大基本内容。定格式的共时描写能够如 CT 拍片那样，截取出系统的横剖面结构；纵向的断代比较可以从系统要素在不同阶段的消长中，发现系统的演变进程。通过现代汉字的共时研究，可以认识汉字系统的结构功能及其运作机制；通过不同阶段汉字主体字式消长的历史比较，可以认识汉字记词方式的辩证演进及其历史必然性。只有把共时描写与历史比较结合起来，我们才能对汉字系统有一个更为客观的整体认识。

一、历史比较法的原理与应用

历史语言学是一门研究语言的发展历史及其规律的学科，它起源于 18 世纪后期的欧洲。历史语言学的开创者是英国的威廉·琼斯（1746—1794）。他于 1783 年被派往东印度，担任孟加拉最高法院的法官。在从事司法工作之余，他把几乎全部的时间用于语言学习和东方学研究，尤其是古梵语的研究和梵语文献的翻译。琼斯 1783 年来到印度之后再没有回过英国，他在印度工作了 11 年，病逝后就安葬在印度。这位为语言学为东方学作出了重大贡献的英国学者，被人们尊称为“东方琼斯”。

1786 年 2 月 2 日，琼斯在加尔各达举行的皇家亚洲学会第三周年年会上发表了《论印度人》的演讲，提出了著名的“印欧语假说”：

古老的梵语是一种构造精妙的语言，它比希腊语更完善，比拉丁语更丰富，比这两种语言都更为精练。而且梵语同这两种语言都有密切的亲缘关系，这种关系从动词词根和语法形式两个方面均可看出，因此几乎不可能是偶然发生的。这样的亲缘关系实在太明显了，任何一个语文学家在面对这三种语言时都会深信：它们是从某个可能已经消亡的共同根源生成的。出于类似的原因，虽然理由不那么充分，可以认为哥特语和凯尔特语也都同源于梵语，尽管这两种语言掺杂有差异很大的方言土语。至于古波斯语，也可以归入同一个语系。①

在琼斯以前已经有学者指出：欧洲语言与南亚语言有相似之处，可能有共同的来源。琼斯明确认为印度的梵语与欧洲语是同源于一个原始母语的亲属语言，“印欧语系”之说遂由此生。琼斯在 1786 年提出的“印欧语假说”，被视为是现代语言学发端的标志。“印欧语假说”是语言学史上影响最大的假说，具有划时代的意义。它把人们对语言的研究引向了印欧语系诸语言的同源比较研究，主要是在语音、语法方面的历史比较，并逐步发展成为历史语言学。历

① 转引自姚小平《西方语言学史》，第 218—220 页，外语教学与研究出版社，2011 年。

史语言学的诞生，标志着语言学成为了一门独立的学科。威廉·琼斯被人们称为“现代语言学之父”。[1] 应用历史语言学去研究印欧语系的语言，在19世纪取得了巨大的成就。其后瑞典的高本汉和中国学者运用这种方法，在汉语音韵学的研究上也取得了重大的突破。

历史语言学的基本研究方法，是把历史分析与比较推求结合起来的历史比较法。法国语言学家安杜恩·梅耶（1866—1936）的《历史语言学中的比较方法》一书，对历史比较语言学的理论、方法和原则，进行了一次科学的总结。请看徐通锵等先生对该书有关内容的概括：

任何方法都有自己的客观根据。历史比较法的客观根据，梅耶认为是语言符号音义结合的任意性和亲属语言符号之间的语音对应的规律性。如果以任意性为基础的语言符号之间表现出有规律的语音对应关系，那么就可以肯定，这决非偶然，而是同源成分的分化。

语音对应是历史比较法的基础……语音对应关系在历史比较研究中是一条普遍适用的原则。[2]

所谓比较，就是通过对应要素的辨异求同以探求规律，这是人类认识事物的一种基本方法。“时间”和“空间”是事物和运动存在的形式，语言的演变就表现在时间和空间两个方面。历史比较法坚持时空结合的原则，认为亲属语言或方言之间的共时差异，能够反映语言在不同阶段的历史演变。遂利用语言演变过程中的时空关系，从“已知”出发去推求“未知”，即主要通过对亲属语言或方言在空间差异上的语音对应比较，去推求语言在时间上的古今演变及其规律。这种历史比较无论在印欧语研究还是汉语研究中，都主要用于已无实证材料（实录的音档）的语音学研究。法国语言学家房德里耶斯（1875—1960）早在1920年代初，就认识到历史比较法的这个局限。他一针见血地指出：

比较法只是把历史法往过去延伸。它的主旨是要把我们应用历史时期的推理扩展到我们没有任何文献的时代。[3]

甲骨文以降三千多年的汉字发展史研究，无疑具有与之大不同的特殊性。汉字发展史研究的最大特殊性，或者说最大优势就在于，汉字是人类四大自源文字中，唯一连绵使用数千年至今仍然为十几亿人所使用的古老文字。从甲骨文至今的3300多年里，不仅汉字的使用从未中断从未突变，而且历代所用汉

① 参看陈满华《威廉·琼斯：生平、业绩和影响》，《中國语言学报》第十五期，2012年；陈满华《威廉·琼斯与历史比较语言学》，《当代语言学》2008年第4期。

② 徐通锵、王洪君《〈历史语言学中的比较方法〉评介》，法·梅耶著、岑麒祥译《历史语言学中的比较方法》，第25页，第33页，世界图书出版公司，2008年。

③ 法·房德里耶斯著，岑麒祥、叶蜚声译《语言》，第332页，商务印书馆，1992年。

字的原始材料亦大量保存。浩如烟海的历代传世文献，不断出土的大量有字文物，生动地展示了汉字在各个发展阶段的原始生态。正如吴振武先生（1957—）所说：

跟世界上其他古老文字不同，汉字是唯一的“活”文字。从古到今，汉字虽有字体、结构等变化，但一脉相传，从未消亡。而其他古文字，如楔形文字、古埃及文字等，则绝无“后代”，早已成死文字。①

要而言之，汉字的演变史研究从根本上讲就是一种实证研究。拥有最为丰富最为完整的原始材料，是汉字史研究的独特优势，这是其他文字史研究、语言史研究都无可比拟的独特优势。因此，汉字史研究最重要的工作不是推求和拟测，而是对原始材料的整理、描写、归纳与比较。其比较当然也包括不同文字之间的比较，如通过古汉字与苏美尔楔形文字、古埃及圣书字的比较，以研究人类文字的起源；通过甲骨文与纳西象形文字的比较，去推求甲骨文之前的汉字状况；通过汉字与拼音文字的比较，以认识汉字在人类文字发展史上的地位。但是，汉字发展史的研究主要还是汉字不同阶段之间的历史比较。这种历史比较必须立足于对汉字不同发展阶段原始材料的科学归纳，其比较应该力求实事求是的客观性，其结论应该具有接受事实检验的可证性。汉字发展史研究只有通过不断深入的实证研究，才能更加接近汉字的客观发展历史，进而揭示汉字的历史发展规律。

二、汉字史研究的优势与发展

两千多年来，中国的古今学者在尽量占有材料的基础上，对汉字如何记录汉语的发展历史进行了不断深入的探究，取得了不少重要的认识。其中尤应为人重视的当推以下两大假说：

许慎：仓颉之初作书，盖依类象形，故谓之文。其后形声相益，故谓之字。字者，言孳乳而浸多也。（《说文解字·叙》）

陈梦家：象形字→声假字→形声字是……代表文字演进的三个阶段，同时也是整个中国文字三个基本类型。②

东汉许慎关于汉字始于“依类象形”而备于“形声相益”的汉字发展史观，陈梦家先生（1911—1966）1943年关于“象形字→声假字→形声字”的文字演进“三书说”，是关于汉字发展史的两大假说。刘又辛先生（1913—2010）特别重视假借在汉字发展史上的重要地位，他把汉字发展史划分为表形

① 吴振武《谈出土文献与古文字研究》，《光明日报》2013年11月14日。

② 陈梦家《中国文字学》，第256—257页，中华书局，2006年。

字、假借字、形声字三个阶段，在 1957 年提出了“汉字发展三阶段说”。[①] 陈先生的“三书说”显然是对许说的重大发展，刘先生的“三阶段说”则是对陈说的完善。

假说是人们在认识客观世界的过程中，根据已知的科学原理与事实，对未知自然现象及其规律所作的一种推断性解释，这是人们在认识客观世界时常用的一种理论思维方法。一般的科学研究，就是一个对假说（理论）不断验证与完善的过程。从记录汉语的方式上为汉字的发展史划分阶段，最费考量处在于商周文字是如何记录汉语的。这是因为，汉字起源于记事图画的符号化，其初创阶段是创制和主要使用表形字的阶段；秦代“书同文”以来的汉字，是以形声字为主体的阶段：这两条是为学术界所基本认同的。至于汉字在商周甲金文时期的主要记词方式，陈梦家、刘又辛等先生基于定性分析所提出的假说，无疑还需要大样本的计量描写来进行验证。要而言之，对汉字进行实证研究的重要一环，就是验证汉字发展史上是否确曾有过一个大量使用假借字的阶段，然后才是探究那个时期的汉字为什么要大量使用假借字，后来又如何转身走上形声化的道路。

文字是记录语言的符号系统，文字体系的演进过程就是能动适应语言发展需要的过程，就是逐步改进与语言结合之方式的过程。汉字的历史发展在本质上体现为记词方式的逐步演进，而包含字体在内的字形演变则是从属性的演变。人们过去主要是从字体演变的视角来研究汉字的发展历史，而字式研究则多致力于共时平面上构字类型的归纳。这种状况在 1990 年代开始有了很大的改变。这一改变是从汉字的断代研究开始的。学者们先选取某一历史阶段足够量的原始写本为材料，通过穷尽性的逐字分析、归类计量到定性分析，由表及里地进行共时的断代描写。在此基础上，通过不同阶段断代汉字主体字式消长的历史比较，去认识汉字记词方式逐步演变的进程与趋势；再结合考察汉字所处的文化语境及其对社会需要的适应，进而认识汉字如此发展的历史必然性。

在这方面的研究中，北京师范大学和华东师范大学的学者作出了令人瞩目的贡献。北京师范大学王宁先生（1936—）致力于“各个历史层面上汉字构形系统的共时描写和不同历史层面上汉字构形系统之间的历史比较”，主持开展了“汉字构形史研究”。她选取从殷商到明代各阶段的十余种文献的原始写本为材料，组织指导博士生逐段进行汉字构形系统的断代定域研究。这项研究把汉字的构形模式归纳为十一种，后简化为七种，并明确列示了它们与“四书”

① 刘又辛《从汉字演变的历史看文字改革》，《中国语文》1957 年第 5 期。

的对应关系。[1] 华东师范大学臧克和先生（1956—）主持开展的“汉字的断代调查和汉字发展史”研究，对商周、秦汉、魏晋南北朝、隋唐五代的汉字发展史及中国的民族文字，进行了深入的断代研究。[2] 刘志基先生（1955—）主持开展的“基于标准数字化平台的古文字发展史定量研究”，立足于多年建设的古文字数字化平台，从单字与字频两个视角，对商周古文字的“四书”分布状况进行了计量分析及历时比较。现选取他们的有关成果统一制表列示如下：[3]

“四书”在汉字各发展阶段中的共时分布及其历史消长统计

断代样本	样本字量	单字	象形		指事		会意		形声	
			单字	%	单字	%	单字	%	单字	%
殷商甲骨文	43897	873	380	43.5	54	6.2	319	36.5	120	13.8
西周金文	55800	3527	334	9.9	42	1.2	1037	30.6	1981	58.5
战国楚简帛文	62560	4411	203	4.6	51	1.2	549	12.5	3608	81.8
《说文》小篆		10020	319	3.2	15	0.2	1128	11.3	8549	85.3
东汉碑隶字	2万多字	2125	156	7.3	17	0.8	394	18.5	1487	70.0
隋唐五代碑楷字	8万多字	3893	262	6.7	25	0.6	551	14.1	2985	76.7
宋代雕楷字	200471	4856	310	6.4	13	0.3	440	9.0	3939	81.1
现代汉语通用字表		7000							5631	80.5

注：表中8个断代样本，除《说文》小篆与《现代汉语通用字表》外，都选自于原始的自然语料。小篆至宋楷4项数据引自“汉字构形史研究”成果，该研究把语义化的象形字和纯指事字称作“全功能零合成字”，其中还包括隶变楷化后的独体字；“指事”一栏仅是加体指事字的数据。

汉字系统的本质性演进主要体现为不同记词方式的消长与主体字式的转

① 王宁《汉字构形学导论》，第138—139页，商务印书馆，2015年。

② 臧克和主编的《中国文字发展史》已出5卷：刘志基《商周文字卷》，朱葆华《秦汉文字卷》，王平、郭瑞《魏晋南北朝文字卷》，臧克和《隋唐五代文字卷》，王元鹿、朱建军、邓章应《民族文字卷》，华东师范大学出版社，2015年。

③ 表中前三项的数据引自刘志基《中国文字发展史·商周文字卷》，第300—312页，华东师范大学出版社，2015年；《说文》小篆字数据引自齐元涛《〈说文〉小篆构形系统相关数据的测查》，其小篆字数据包括说解中的重文，北京师范大学中文系编《京师论衡》，北京师范大学出版社，2002年；东汉碑隶字数据引自陈淑梅《东汉碑隶构形系统研究》，上海教育出版社，2005年；隋唐五代碑楷字数据引自齐元涛《隋唐五代碑志楷书构形系统研究》，上海教育出版社，2007年；宋代雕楷字数据引自王立军《宋代雕版楷书构形系统研究》，上海教育出版社，2003年；《现代汉语通用字表》数据引自李燕、康加深、魏励、张书岩《现代汉语形声字研究》，《语言文字应用》1992年第1期。

换。8个由古而今的断代数据，从静态单字的视角清楚地展示出汉字记词方式形声化的历史进程。另外，还有两套数据值得特别重视：一套是殷商卜辞中假借字的字频、单字数据：《殷契粹编》中假借字的使用频次，占全书卜辞总字量的61%；[①] 在1129个可识甲骨文单字中，有假借义的单字多达753个，占66%。[②] 一套是上表中前三项的动态字频数据："殷商甲骨文"一项中的380个象形字居然覆盖了4万多字卜辞语料的72%，到了"战国楚简帛文"中，象形字的使用频次则只占样本总字量的25%了。[③]

上述数据说明，殷商甲骨文时期确实是一个大量使用假借字的时期，不仅大部分已有的表形字被作为音符假借过，而且这样的假借字还以压倒的使用频率成为当时社会用字的主体。表中甲骨文、金文和楚简帛文三项数据中，象形字与形声字占比的此消彼长，实质上反映了假借字与形声字的此消彼长，因为"依声托事"是主要依托象形字来实现的。正是"以类附声"的形声化，有力地推动了假借字与形声字的此消彼长。兼表义音的形声字构字力强信息量大，既区分了异义的同音语素，又兼容了一个词的语音变体，有力地维护了汉语书面语的统一。

以上在断代描写基础上所进行的历史比较，用计量分析的成套数据进一步验证了"汉字发展三阶段说"。汉字是华夏民族为记录汉语而量身创制并独立发展起来的自源文字。汉字能够完整而准确地记录汉语，是随着记词方式的辩证演进而逐步实现的。第一，汉字初创时期的基本需求是创造一批记录名词的基础汉字。汉字脱胎于记事的图画，上古汉语以单音词为主，以单音词为单位而"依类象形"，遂成为汉字初创时期的历史选择。第二，汉字在甲金文时期的基本需求是能够较为完整地记录汉语。逐个据义构形的表形字造字能力实在太弱，有词无字的矛盾日渐尖锐，转而利用形音联系而"依声托事"遂成为当时的唯一选择。第三，在"言语异声文字异形"的战国时期（《说文解字·叙》），文化交流的快速发展需要汉字能够超时空地记录汉语。假借泛滥所造成的大批同形词严重地影响了文字的交际功能，面对国家趋于统一而古今南北音有异的矛盾，在假借字基础上的"以类附声"形声化就乘势发展起来了。

综上所述，汉字是以单音词为单位记录汉语的，它创始于"依类象形"而发展于"比类合谊"的合成化，拓展于"依声托事"而完善于"以类附声"的

① 李玉洁《假借字是汉字发展阶段的产物》，《吉林大学社会科学学报》1995年第6期。

② 邢华《甲骨文假借字分类研究》，西南大学硕士论文，2008年。

③ 刘志基《中国文字发展史·商周文字卷》，第300—312页，华东师范大学出版社，2015年。

形声化，经过“表形→表音→兼表义音”的辩证演进，历史地形成了以象形字为基础以形声字为主体的表意文字体制。汉字不仅能动地适应了汉语的需要，而且促进了汉语书面语的统一和发展，在古今南北音有异的语境中实现了超时空地记录汉语，因而延绵发展数千年至今仍然生机勃勃。汉字坚持表意化单音化的方向并辩证发展为记词方式形声化，具有历史的必然性。

汉字是研究人类文字的发生和发展的一座宝库，汉字研究是立足于丰富原始材料基础上的实证研究，汉字发展史研究必须以断代的描写性研究为基础。甲骨文以降的汉字发展史研究，应该而且必须接受历代原始材料的验证。我们应该坚持在断代研究的基础上去进行不同阶段的历史比较。既要从不同字式的消长与主体字式的转换中，去客观认识汉字记词方式辩证演进的历史进程；亦要从汉字对社会记录汉语之需求的能动适应上，去深入探究汉字坚持表意化发展的历史必然性。通过科学地总结汉字发生发展的历史进程及其规律，实事求是地阐述汉字在人类文字史上的历史地位。

（二） 立足形义联系的结构－功能分析

历史语言学主要研究语言在历史长河中的演变过程及其发展规律，共时语言学则主要研究语言系统内部要素在横剖面上的逻辑结构及其外向功能。

一、共时研究催生现代汉字学

索绪尔是共时语言学的奠基人，他把语言研究严格区分为共时研究与历时研究。他明确指出：

> 语言是一种表达观念的符号系统。……有关语言学的静态方面的一切都是共时的，有关演化的一切都是历时的。同样，共时态和历时态分别指语言的状态和演化的阶段。①

索绪尔之所以特别注重对系统的内部要素及其关系进行共时研究，是因为语言的共时静态更为客观地反映了语言的内部结构。他反复强调的“共时态”的“系统”，其实就是后来语言学家们所说的“结构”。索绪尔所提出的结构主义的原则和方法，开拓了现代语言学的新格局。他把语言当作一个共时的层级符号系统来研究的思想，为现代语言学建立起了一个开放性的理论体系。

共时语言学成为20世纪西方语言学的主流，现代语言学的各个流派，无不直接或间接地受到了索绪尔语言学说的影响。美国的描写语言学派注重运用“分布分析法”去描写语言的结构形式，分布分析法是一种为分布段位相同的

---

① 瑞士·索绪尔著、高名凯译《普通语言学教程》，第37页，第118—119页，商务印书馆，1999年。

语言单位归类的分析法，后来还总结出反映词频分布的齐普夫定律。欧洲的布拉格学派被视为功能语言学派，他们的研究注重语言的交际功能，注重从系统的角度去考察各种结构成分在语用中所发挥的不同功能。

索绪尔关于共时语言学的思想，以及用“分布分析法”和“结构－功能法”来进行共时描写的方法，对汉语汉字研究产生了重大的影响。信息化时代的迅速到来，极大地推动了现代汉字的共时研究，现代汉字研究迅速发展成为一门新兴的分支学科——现代汉字学。

世界上第一台电子计算机是1946年在美国宾夕法尼亚大学诞生的。它重达30多吨，占地170平方米，耗电功率约150千瓦每时，每秒钟可进行5000次运算。这台计算机的造价高达48万美元，原本是为美国国防部用来进行弹道计算的。第一代计算机是电子管计算机，1950年代中期发展为第二代的晶体管计算机。进入1960年代，随着集成电路技术的突破与互联网的诞生，计算机应用由数据处理迅速扩展为文字处理；进而研制出基于拉丁字母的信息交换标准码，随之迅速开启了电脑之间的信息交换，由此掀起了以办公自动化引领的信息技术革命。

日本率先开展了汉字信息化处理的研究，1973年，新华社的一个考察团去日本考察了相关技术的应用。1974年8月，四机部（电子工业部）、一机部（机械工业部）、中国科学院、国家出版局和新华社联名申请研制“汉字信息处理系统”，这就是著名的“748工程”。汉字信息处理的实质是通过汉字信息的数字化，从而实现计算机系统之间的信息交换。汉字多到七八万，没有必要当时也不可能全部数字化。这就需要通过对现代汉字使用频度的测查统计，筛选出现代汉语的常用字通用字。该工程组织两千多人经过两年多的努力，在1976年完成了对2163万字抽样语料的汉字查频工作。这次人工查频工作，为研制国家标准《信息交换用汉字编码字符集·基本集》提供了一个重要依据。由此开启了汉字输入技术“万码奔腾”的研发热潮。

1980年代，是我国中文信息处理的研究和应用快速发展的阶段，特别在汉字信息处理的基础研究上更是硕果累累。字频方面，继“748工程”之后，有基于1187万字抽样语料的《现代汉语字频统计表》（1985年完成），基于4063万字抽样语料的《1986年度新闻信息汉字流通频度》（1987年完成）。词频方面，有基于181万字抽样语料的《现代汉语频率词典》（1986年出版），基于2500万字抽样语料的《现代汉语词频统计》（1986年完成）。汉字结构方面，有基于《辞海》所收1.6万多字的《汉字结构及其构成成分的统计分析》（1985年发表），基于《信息交换用汉字编码字符集·基本集》所收6763字的《汉字属性字典》（1989年出版）。规范方面，有1981年发布的《信息交换用汉字编码字符集·基本集》，1988年发布的《现代汉语常用字表》和《现代汉语通用字表》。还有基于《现代汉语通用字表》中全部形声字的“现代汉语形声字研究”（1992、1993年发表），等等。

陈原先生主编的《现代汉语定量分析》、《现代汉语用字信息分析》两部论文集，“真实地记录了或者说扫描了近十年来（指1980年代）现代汉语诸要素定量分析的若干方面的成果。”书中20余篇文章的作者，大多就是上述基础研究项目的主研者。作为完成项目之后的学术总结，作者们立足大样本项目的研究，不仅为现代汉字的应用与研究提取出大量成套的基本数据，而且从信息科学的角度深入分析了汉字的基本特征。这批基础项目的研究及其学术总结，作为现代汉字学的奠基作，直接推动了现代汉字学的脱颖而出。

陈原先生为两书所作的两篇《导论》，值得认真研读，其中两段话具有方法论的意义。

从定性到定量，然后又从定量回到定性——即从量的测定结果，经过分析研究，深化对本质的理解。这也许是晚近某些学科的发展所经由之路。……对语言诸要素进行量的测定不是目的；分析这些测定数据，对语言理论提出新的观念或作出新的解释；对语言文字的实际应用作出新的设想，亦即深化定性分析，这才有利于学科的发展。……定性分析—量的测定—深化认识或有效应用：这就是上述循环的最简单的图式。

没有今日的基础研究，就没有明日的开拓和应用。……对一些语言现象或语言文字要素进行社会语言学的考察和分析，从而将分析的结果应用到语言规划上来……使我们民族习用的传播媒介（其中特别指文字），能够更加有效地适应信息社会的挑战和需要。①

自然语言处理（NLP）是研究如何实现人与计算机之间用自然语言进行信息交流的前沿学科。语言是人类智能的重要组成部分，自然语言处理为人工智能技术提供了语言学支撑，它是计算机科学、人工智能和语言学界所共同关注的一个重要方向。文字是记录语言的符号，文字处理技术是语言处理技术的基础，中文信息处理就起步于汉字信息的数字化处理。数字化是将一般文字转化为编码文字，编码汉字是汉字在计算机内的基本表达形式。有关的国家标准和国际标准的研制，为汉字的数字化与输入输出提供了统一的数据编码，中国的汉字信息处理技术在多方面取得了迅速的发展。

---

① 陈原《现代汉语诸要素的定量分析》，陈原主编《现代汉语定量分析》，第4—5页，上海教育出版社，1989年；陈原《没有今日的基础研究就没有明日的开拓和应用》，陈原主编《现代汉语用字信息分析》，第1—3页，上海教育出版社，1993年。

自1974年启动的“汉字信息处理系统”工程以来，我国对汉语（主要是现代汉语）字频、词频及其语用分布，对汉字字式、字符及其构字能力，展开了大规模的测查。这两方面的多项大规模自然语料测查项目，总结出了多种成套的基本数据，从而大大地深化了对汉字结构功能的宏观认识，不仅有力地推动了汉字规范、汉字教学与自然语言处理等方面的应用研究，而且大大发展了汉字的研究方法。冯志伟先生（1939—）指出，“今天，一个高度信息化的计算机汉字文化新时代已经到来，古老的汉字又重新焕发出蓬勃的青春活力。”①

二、结构分析重语义的好传统

系统的思想源远流长，但作为一门科学的“系统论”，则是美籍奥地利生物学家L. V. 贝塔朗菲（1901—1972）在前人研究的基础上建立起来的。他首先建立了关于生命组织的机体论，并由此发展成为一般系统论。任何系统，都是由若干要素按一定方式层级合成结构而具有特定功能的有机整体。凡系统都有结构和功能，结构是系统内部各要素相互联系的关系，功能是系统在与外部环境相互作用的过程中所产生的效能，结构与功能辩证统一地合成了系统。“任何系统都是一个有机的整体”，是系统论的核心理念。

汉字是记录汉语的重要交际工具这一性质，决定了汉字的功能就是完整而准确地记录汉语，就是在古今南北音有异的语境中能够超时空地准确记录汉语。汉字的功能是由汉字的结构来体现和表达的，正是各要素（义符、声符）的功能关系（合成方式）构建了汉字系统的层级结构，汉字的结构-功能就是在适应汉语不断发展的交际需要中协同完善的。所谓对汉字的整体把握，就是从整体出发对结构进行功能分析，从而抽象出汉字系统所特有的内在逻辑联系。

长期以来，人们对汉字的内部结构和语用分布虽多有研究，但一直是心中无“数”的。信息化时代的迅速到来，有力地推动了汉字的基础研究，很快改变了在汉字应用上心中无“数”的状况。现代汉语的字频、词频及其语用分布的测定与分析，现代汉字的结构、部件及其构字能力的测定与分析，是现代汉字学研究中最为重要的两大基础研究。语料库是经过科学取样与加工而生成的大规模电子文本库。语料库中的语料是在社会语用中真实出现过的自然语料，“大规模”与“真实”的自然语料经过加工（分析和处理），从而成为语言研究的重要基础资源。借助计算机利用语料库开展语言的理论与应用研究，已经成为当代语言学研究中一个最为活跃的重要方面。语料库的建设在汉语字频、词频的研究中，发挥了极其重要的作用。

国家语委的现代汉语平衡语料库，是1991年立项1998年建成的国家级语

① 冯志伟《从汉字信息处理到自然语言处理》，《语言战略研究》2019年第4期。

料库。这是一个基于大规模真实文本的语料库，是对现代汉语的社会应用及其发展变化进行动态追踪的语料库。这个语料库是开放的，迄今已收入1亿字的自然语料。内容分属人文与社会科学、自然科学、综合三大类下的55个学科；是从1919年以来的白话文语料中分期随机抽选出来的，以1980年代以来的语料为主。《通用规范汉字表》的研制，就是选用这个语料库作为基础语料库的。国家语委还建立了收有7000多万字语料的古代汉语语料库，内容包含自周至清各朝代的文本语料，不仅收录了四库全书中的主要古籍资料，而且还收录了明清的白话小说。

在两个语料库的基础上，还加工研制了两个语料库字频表。一个是基于2000万字语料的《现代汉语语料库字频表》，一个是基于1500万字语料的《古代汉语语料库字频表》。现将两表中的有关数据制表列示如下：

古今汉字常用字种对自然语料的累计覆盖率分布统计①

语料库字频表	语料库字量	常用字种对自然语料的累计覆盖率分布						
		50%	80%	90%	95%	98%	99.5%	99.98%
古代汉语语料库字频表	1500万	187	769	1355	1992	2878	4089	5625
现代汉语语料库字频表	2000万	149	586	1028	1535	2258	3375	5374

这两个大型语料库注重语料的通用性与平衡性，其字频统计成果较为客观地反映了古今汉字在宏观语用上的实际状况。古今数据比较发现：每一个频段所用的字种，古代汉语都要多于现代汉语。这是因为，现代汉语语料库的语料是共时的，而古代汉语语料库的语料是历时的。

两个规范字表中常用字种对现代自然语料的累计覆盖率②

字表	发布时间	前2500字	前3500字
现代汉语常用字表	1988年	97.97%	99.48%
通用规范汉字表	2013年	98.56%	99.58%

已有的数十种字频大数据与两次规范字表的研制成果，为我们提供了体现汉字用字规律的概括性数字度量。现从中归纳出一套常用汉字语用分布的基础参数，用表列示如下：

---

① 数据引自教育部语言文字信息管理司网站的现代汉语平衡语料库。

② 两个字表的数据分别引自：国家语言文字工作委员会汉字处编《现代汉语常用字表》，第7页，语文出版社，1988年；王宁主编《〈通用规范汉字表〉解读》，第15页，商务印书馆，2013年。

常用字种对共时自然语料的累积覆盖率分布

累积覆盖	50%	80%	90%	95%	98%	99.5%
常用字种	前 100 多字	前 600	前 1000	前 1500	前 2500	3500

在共时的自然语料中，不管样本大到 10 亿计，还是只有几十万字，100 多个核心字就覆盖了 50%的语料，600 个核心字覆盖了 80%的语料，2500 个常用字覆盖了 98%的语料，3500 个常用字对自然语料的覆盖率达到了 99.5%。覆盖自然语料 50%的高频词基本稳定在 600 个左右，覆盖语料 80%的高频词基本稳定在 4800 个左右；覆盖语料 90%的高频词所用的字种基本稳定在 2700 个左右。这些高频词一般就是所谓的语文词，具有很强的稳定性。这套基本数据客观地展示了高频字词在社会语用中的分布格局，不仅为现代汉语常用字词的分级定量提供了客观的标准，而且对小学汉字教学与对外汉语教学更有指导意义。

教育部、国家语言文字工作委员会 2009 年发布的《现代常用字部件及部件名称规范》，通过对 3500 现代汉语常用字的拆分，归纳出了 441 组（主形部件）514 个现代常用字部件。这些不再拆分的部件就是现代常用字的基础部件。该规范附录提供了每个部件的构字数和出现次数。[①] 现根据这些数据对部件进行分类并加工制成下表：

现代常用字基础部件的构字能力分布统计

部件分级	核心部件		高能部件		低能部件		合计
构字数	561—40		39—10		9—1（个）		
构字部件	56	11%	145	28%	313	61%	514
计构次数	3969	50%	2855	35%	1200	15%	8024
合计	201 个，39%；6824 次，85%						

表中数据表示，514 个基础部件的构字能力很不均衡。56 个核心部件累计参构次数占参构总次数的 50%，符均参构 71 次；而参构 1—9 个字的低能部件居然多达 313 个，其累计参构次数仅占参构总次数的 15%。值得注意的是，在 201 个构字≥10 个的基础部件中，有 149 个部件是汉字系统中的双料高能字符。它们既是处于底层的高能基础字符，又是参与层级构字的高能直接字符。在 8105 个通用规范汉字中，构字 15 个以上的义符有 71 个。这 71 个核心义符（除“彡”

① 《现代常用字部件及部件名称规范》，《语言文字规范手册》，商务印书馆，2014 年。

之外都是不再拆分的基础字符）的参构字，在《说文》小篆字中占到77%，在《汉语大字典》楷体字头中占到81%，在通用规范字中占到90%。

汉字的表词功能是由字式结构来表达的，汉字的结构功能是在对汉语的能动适应与协同互动中逐步完善的。字语系统的协同发展主要发生在两个方面：一是构字构词的合成化发展了汉字的层级结构，二是记词方式的形声化加强了汉字的表意功能。随着基础研究的深入开展，随着大批成套基础数据的测定，人们透过多达数万这一表象，逐步认识到了汉字系统的逻辑结构、表词功能与语用分布规律。

汉字的逻辑结构。汉字系统是一个“系统的系统”，数以万计的汉字是由四五百个基础字符层级合成出来的，其中约200个成字的高能字符直接或层级合成了八成多的常用汉字，它们就是汉字系统得以形成和发展的基础构件系统。这种以少驭多层级合成的原理，用有限的字符按有理的字式而以文组字的方式，就是汉字合成化的生成机制；这种经济的编码机制发展了汉字的层级结构。构字构词的合成化协同互动，不仅把记录语词的文字单位由独体上升为合体，而且把文字记录的语言单位由词下调为语素，字语的对应单位随之由以词字为主发展成为以语素字为主。这种字语对语的逻辑结构，不仅有效控制了基本字符、基本语素的数量，而且大大加强了构字、构词的系统性。

汉字的表词功能。汉字是立足于形义联系的表意文字，汉字的表意功能是主要依靠义符的类联系来实现的，汉字的系统形义联系是在“以类附声”的形声化中建立起来的。这种用逐层累加的合成结构以分级体现不同表词功能的原理，主要用义音合成的形声字去记录义音结合的单音节语素的记词方式，就是汉字表词功能的主要运作机制。汉字系统中71个表示类意义的核心义符，其推类系联的参构字是古今汉字的主体，是汉字系统保持表意性质的压舱石。“虽然有部分汉字在历史演变中失去了理据，但现行汉字在整体上仍然保持着相当系统的形义联系：义属某类之字多从某符，形从某符之字多有某义（类意义）。”①

汉字的语用分布规律。汉语的语文词种（不计专有名词）多达数十万，汉字字种多达数万计，但语用交际中的常用字词高度集中而相当稳定。1000个最常用字可以覆盖共时语料的90%，3500个常用字就覆盖了99.5%的自然语料。一个汉字的功能价值，在于所记之词的语用频率和所记语素的构词能力。汉字常用字种的集中和稳定，主要是由汉语基本语素的集中和稳定所决定的；至于常用语素字的更为稳定更为集中，则是因汉字的表意性与多义性所促成

① 龚嘉镇《汉字核心字根的构形表意及其历史演变》，《中国文字研究》第18辑，2013年。

的。汉语用词用字很不平衡而高度集中的分布规律，具有极高的应用价值。这一规律的认识和运用，直接推动了现代汉语用字的分级定量与规范字表的科学研制，不仅有力地促进了社会用字的规范化，而且也将大大提高汉字教学的效率。

1980 年代以来，共时汉字的基础研究取得了重大的成就，它具有这样几个特点。第一，汉字的共时研究主要是现代汉字的研究，这是社会应用的需要，也是历史发展的必然。因为现代汉字不仅是十几亿人正在使用的汉字，而且是汉字发展至今最为成熟的阶段，现代汉字的基础研究客观地揭示了汉字的实际状况，有效地支持了现代汉字的应用研究。第二，汉字的共时研究，坚持把系统方法与数学方法结合起来以进行计量分析，坚持在心中有“数”的基础上去深化认识并开展有效应用。第三，语义是语言的内容，语音是语言的形式。印欧语系所用的文字是立足形音联系的表音文字，其研究多注重语言的形式，其立论多以语音、语法研究为据，语义研究一直是西方语言学的薄弱环节。汉语是主要以单音节语素意合构词的词根语，汉字是立足形义联系的表意文字，以语义研究为核心一直是汉语言文字学的传统。汉字的结构 - 功能分析，始终注重探求字式结构对所记词义的可解释性，其析形（字式结构）求义（表词功能）的分析方法，在语义研究上具有独特的传统优势。

（三）注重计量描写与定性分析的结合

早在 19 世纪后期，西方学者就提出了用数学方法来研究语言的想法，就开始编写《词频词典》。随着计算机技术的发展，终于在 20 世纪中期产生了数理语言学，并在语言统计研究的基础上分化出了计量语言学。冯志伟先生指出，“计量语言学是以真实语料为基础，用计量的方法来研究语言的结构和发展规律的一门语言学科。”[①] 这是一个横跨语言学、数学和计算机科学的交叉学科。它运用数学的计量方法来分析动态的自然语料，或共时地量化描写语言内部诸要素及其关系的分布格局，或历时地量化比较语言诸要素的此消彼长以探究其演变进程。计量分析是一种研究语言文字的新方法，它的新不仅在于把系统论方法、数学方法与计算机技术结合起来进行语言文字研究，而且在于它把语言系统视为一个复杂的、动态的自组织系统。用计量方法来分析动态的自然语料，这是语言学研究方法科学化的一个重大发展。

一、字频词频分布的分级定量

词频分布规律被称作齐普夫定律。这个规律是美国的贡东在 1928 年发现

① 冯志伟《现代语言学流派（增订本）》，第 713 页，商务印书馆，2013 年。

并公开发表的。贡东是美国贝尔电话公司的物理学家，他在关于提高电话线路通信能力的研究中发现了这个分布规律。到了1935年，美国语言学家G. K. 齐普夫（1902—1950）用大量统计数据来验证这个规律，并进行了系统的研究，终于使这个规律得以正式确立为定律。这个定律后来被命名为齐普夫定律，成为计量语言学中提出最早影响最大的统计学规律。

研究发现，在按出现频次降序排列的自然语料样本中，一个词的出现频次与它的序号之间存在着反比关系，不同词的频次与其序号的乘积是趋于一致的常数（“常数”后被改为“参数”）。后来把词频在语用中的分布规律概括为这样的公式：

F·R=C（频次×序号=常数）

齐普夫认为形成这一规律分布的原因在于语言的“省力原则”，即经济原则。齐普夫定律的价值，就是在分布分析法的基础上运用聚类分析，归纳出了词频分布的基本规律。半个多世纪以来，齐普夫定律被广泛应用于多个领域，产生了重大的应用价值。①

需要特别指出的是，就在贡东发现词频分布规律的1928年，我国著名教育家陈鹤琴先生（1892—1982）出版了《语体文应用字汇》，开始了分类抽样的字频统计并按频次排列字种的研究。他指出：

在这些字之中，有的用的次数很多，有的用的次数很少。……次数愈小，字数愈多，次数与字数差不多成一个反比例。……凡次数很少的字，他的用处和价值可以说是很小。次数很多的字，他的用处和价值可以说是很大。②

陈鹤琴先生明确指出：字词在交际中的语用频率是不平衡的，具有“次数愈小”则“字数愈多”的反比分布特点，认为使用次数直接反映了一个字的语用价值。

1980年代以来，汉语词频字频的计量分析广泛地运用了这一方法，大大地发展了这一方法。中国学者在汉语字频词频的计量研究中，是这样认识和运用齐普夫定律的。在一个自然语料的统计样本/语料库中，如果按出现频次由高而低降序排列全部字/词，那么一个字/词的频次与它的序号是成反比的。高频字/词因此而集中在序号较小的高端，低频字/词则自然集中在序号较大的低端了。齐普夫提供的这种计量分析法，突出了高频字/词、低频字/词集中两端的分布特点。据此可以对分布段位相同，即语用频度同段的字/词进行科学归

① 参看冯志伟《现代语言学流派（增订本）》，第738 742页，商务印书馆，2013年；刘洪波《词频统计的发展》，《图书与情报》1991第2期。

② 陈鹤琴编《语体文应用字汇》，第12页，商务印书馆，1928年。

类，进而实现对现行用字的分级定量以研制规范字表。

齐普夫定律有两个基本点，一是通过按频次为词排序以展示词频的分布格局，二是根据定律参数的值域去寻找为词分级的切分点。这个定律的价值主要在前者，至于参数的值域则一直存在争议，何况在字词的降序排列中不可能出现判然不同的切分点。在运用齐普夫定律进行汉语词频字频研究时，中国学者还发现了两个问题：一是有些字词的学科分布很不均匀，例如常用代词“他”，在报刊政论和科普文章中却是一个很少出现的低频词，立足于词频的齐普夫定律并未考虑到词的学科分布。二是在降序排列的低端，同频次的低频字词随着频次的减少而越来越多，齐普夫定律并不适于对低频字词的分析。前者说明抽样语料应该具有足够量的规模和均衡性，才能保证据样本推测全体的可靠性；后者说明在运用齐普夫定律时，还需要辅以其他手段才能保证分级定量的客观性。

中国学者立足汉语汉字实际，对齐普夫定律进行了洋为中用的改进。一是避短扬长，淡化定律参数的作用，重视按频次为词排序的思路；二是实事求是，把按频次排序修正为按覆盖率为字词排序。需要指出的是，早在 1980 年代中期，常宝儒、孙建一、刘源、郭冶方、傅永和等先生，就注意到了齐普夫定律忽视词的学科分布这个缺陷，就在他们的项目中开始了对字词的“使用度”、“覆盖率”的研究和运用。[①] 覆盖率指的某字/词在样本中出现的频次占样本总字量的百分比。之所以要如此修正，是因为字词对语料的覆盖率，既能反映字词的使用频率，也能反映字词的语用分布。这种频率加分布的描写，更真实地反映了字词的语用状态。学者们逐步把注意力集中到了两个方面：一是所选语料的可靠性，二是分级定量的科学性，力求使它们符合现代汉字使用的实际情况。

《通用规范汉字表》的研制，就研究方法而言，是对 1980 年代以来字频研究、字表研制方法的总结和发展。它以国家语委现代汉语平衡语料库作为基础语料库，该语料库的 9100 万字符覆盖了 55 个学科，是从 1911—2002 年间的语料中随机抽选出来的。另外还选择和建立了新闻媒体、教育科普、儿童文学三个辅助语料库。这就从语料的年代、样本的规模和分布的均衡上，较好地保证了据样本推测全体的可靠性。《通用规范汉字表》收字 8105 个而分为三级。一、二级字表的分级，是依据“汉字效用递减率”的原理，主要根据字种对基础语料库的覆盖率来划分的。首先，在对基础语料库的覆盖率达到 99.5%处，

① 常宝儒《现代汉语频率词典的研制》、孙建一《现代汉语字频测定及分析》、刘源等《现代汉语词频测定及分析》、郭冶方《新闻信息汉字流通频度统计》、傅永和《现代汉语常用字表的研制》，陈原主编《现代汉语定量分析》，上海教育出版社，1989 年。

将此前的3237字初定为一级字（常用字）；在对基础语料库的累积覆盖率达到99.9%处，将此前的6495字初定为一、二级字（通用字）。然后，再运用辅助语料库的测查以及调研、问卷等手段，对两级字之间的“临界字”进行了人工调整，使之更加符合汉字的实际语用状况。最后将一级字定量为3500个，其对基础语料库的覆盖率达到99.58%；一、二级字定量为6500个，其对基础语料库的覆盖率达到99.99%。另外的1605个三级字，是在姓名、地名、科技术语和中小学文言文教材中较为通用的专用字，设置专用字表是对通用字表的必要补充。[①]《通用规范汉字表》大大地提高了汉字规范的科学性和实用性。

二、构字用字规律的深入认识

大数据大大改善了人们的思维模式。从错综复杂的海量数据中去发掘有价值的基本面信息，从中发现和归纳出研究对象的宏观状况和动态趋势，已经成为互联网时代各部门各研究机构最为关心的问题了。腾讯计算机系统有限公司的马化腾先生（1971—）指出，“未来的互联网，就是在云端用人工智能的方式处理大数据。”[②] 计量语言学方法的广泛应用，大大加强了汉字汉语研究方法的科学性，不仅从根本上改变了举例式论证可能带来的以偏概全，而且有力地促进了定性分析与计量分析的结合。从举例论证到对系统要素的计量分析，是汉语言文字学在研究方法现代化上迈出的重要一步。

人们很早就有常用汉字和常用偏旁的概念，很早就在研究以“文”组“字”的字原偏旁之学，对汉字构字、用字的规律有着较深的认识，但由于缺乏计量分析，故而一直心中无“数”。1980年代以来，在现代汉语的字频、词频及其语用分布的测量与分析，在现代汉字的结构、字符及其构字能力的测量与分析这两个方面，开展了大规模的计量语言学研究。通过这些基于自然语料的计量研究，取得了成套的基本数据，进而通过深入的定性分析，人们终于对汉字的语用状况和内部结构心中有“数”了。这种企盼已久的心中有“数”，表现在三个层面上。

第一，能够用简明的语言概括出汉字用字、构字的规律。汉字的语用频率很不平衡而高度集中相当稳定，常用字数量有限但使用率覆盖率极高。汉字字符的构字能力很不平衡而高度集中相当稳定，高能字符数量较少但构字能力极强。第二，能够用准确的数据说明上述规律的具体内涵。在共时的自然语料样本中，1000个前常用字覆盖了90%的语料，2500个前常用字覆盖了98%的语

---

① 王宁主编《〈通用规范汉字表〉解读》，第11 19页，商务印书馆，2013年。

② 许邵庭《马化腾：未来的互联网是在云端用人工智能方式处理大数据》，中国新闻网2017年5月27日。

料，3500常用字覆盖了99.5%以上的语料。四五百个基础字符层级合成了数以万计的全部汉字，其中约200个高能基础字符直接或层级合成了大部分汉字；71个核心义符的参构字在通用规范汉字中高达九成，它们是汉字系统保持表意性质的压舱石。第三，能够具体列出上述数据所指的具体汉字或字符。这些常用汉字、通用汉字和高频字符，在发布的有关规范中大多一查即得。这些使人心中有“数”的研究成果，无疑是汉字学发展史上最重大的研究成果之一，具有极大的应用价值和理论意义。

运用计量语言学的方法研究汉字汉语，取得了丰硕的应用成果，深化了对汉字汉语的理论认识，也大大地丰富和发展了计量语言学的研究方法。汉字是一字记一词/语素的单音节文字。单音词语用价值的不平衡，单音节语素构词能力的不平衡，决定了不平衡的字频分布才是汉字记录汉语的真实状态。汉语用词用字高度集中而很不平衡，这种经济的分布格局具有历史的必然性。汉字用字的不平衡，不仅表现为语用频率的不平衡，而且在不同语料中的分布也是不平衡的。因此，第一，动态的字频统计比静态的字种统计，更真实地反映了汉字的语用状况；第二，频率与分布相结合的计量分析比单纯的字频测量，更客观地反映了汉字记录汉语的分布格局；第三，把计量分析与定性分析结合起来的汉字研究，是一种既立足于现实应用又注重深化认知的研究，是一种把逻辑方法与历史方法结合起来的研究。通过这样的立体研究，可以更深刻地认识汉字系统的逻辑结构与历史规律。

四、余　论

源远流长博大精深的中华文化有着自己独特的民族性。这民族性不仅体现为优秀深厚的民族文化传统，而且还体现为在文化交流中的民族主体意识。文化传统其实就是一种文化认同，主体意识则强调的是文化根基、文化自觉。中华文化之所以能够源远流长，是因为其“自强不息”（《周易·乾卦·象传》）、“厚德载物”（《周易·坤卦·象传》）的基本精神具有植根于民族的强大生命力，是因为它的传承是一种不断赋予时代精神的再创造过程，中华文化就是因为既有优秀传统又能“与时偕行”（《周易·益卦·象传》）而历久弥新的。民族主体意识不仅表现为吸收外来文化时以我为主的主体选择性，而且表现为消化外来文化而为我所用的自觉整合能力，中华文化就是因为既有主体意识又能海纳百川而欣欣向荣的。

中国的古代文化史和当代的改革开放史雄辩地说明，中华民族不仅能够有选择地汲纳外来优秀文化，而且善于兼容和改造外来文化并使之中国化。历史传统与时代精神的古今之辩，民族特色与外来文化的中外之辩，永远是文化发展进程中事关全局与趋势的两对基本关系。毛泽东主席（1893—1976）以他特有的大气，从中辩证地总结出了“古为今用，洋为中用”两大原则。[①] 中华文化就是在“古为今用”地继承传统文化、“洋为中用”地汲纳外来文化的进程中，逐步海纳百川而走向博大精深的。“周虽旧邦，其命维新。”（《诗经·大雅·文王》）悠久深厚的中华文化是守正创新欣欣向荣的文化。

汉字既是中华文化的重要载体，也是中华文化的重要内容之一，汉字学研究方法的发展就从一个侧面反映了中华文化的发展。西方语言学具有较强的科学性和普适性，中西语言学的结合是中国语言学发展的必由之路。这种“结合”首先面临的原则性问题，就是结合的立足点、结合的基础，因为立足点和基础反映了结合的主体意识。

赵振铎（1928—）、徐通锵（1931—2006）两位先生的下列论述值得重视：

赵振铎：“在西方普通语言学传入我国之前，我国语言学基本上走的是一条独立发展的道路。”“中国语言学史是世界语言学史的一部分。我国的语言学史有不同于西方语言学共同发展趋势的地方，有自己发展的特点。”第一，“就是重视汉字。汉字的研究在语言学上占有重要的地位”，“我国古代的语言研究多少是围绕着汉字的研究进行的。”第二，“传统的语言研究是和实际需要密切联系的，它为解决实际问题服务。……直到今天这个重视解决实际问题的好传统还被保存了下来。”第三，“我国语言学在吸收外来影响时很注意它的‘民族化’，尽量把外来的东西与本民族的实际相结合，变成为本民族的东西。”[②]

徐通锵：立足汉语的研究，实现中西语言学的有效结合，是中国语言学的发展的必由之路。……汉语特点的研究是实现有效“结合”的基础，而汉语事实与印欧语理论的矛盾则是启示“结合”新思路的突破口。……随着研究的深化，“结合”的立足点应以汉语的研究为基础、实现中西语言学的结合和现代语言学与汉语传统研究的结合，这一方向将会越来越显示出它的生命力。[③]

1980年代以来，在改革开放的时代大背景下，中国学者积极采用普通语言学的理论和方法来研究汉语汉字，汉语言文字学的研究因而取得了长足的发展。但是，西方语言学是主要立足于印欧语实际建立起来的语言学理论，而“我国语言学基本上走的是一条独立发展的道路，……有自己发展的特点。”因此，两位先生在强调中西语言学结合的同时，都特别指出：吸收外来理论一定要结合汉语

---

① 毛泽东《致陆定一》，《毛泽东书信选集》，第510页，中央文献出版社，2003年。

② 赵振铎《中国语言学史》，第2—4页，第95页，第585页，河北教育出版社，2000年。

③ 徐通锵《汉语研究方法论初探》，第1页，第4页，商务印书馆，2004年。

的实际，中西语言学的结合一定要立足于汉语的传统研究。在“汉语事实与印欧语理论的矛盾”之处，我们尤其应当坚持“洋为中用”的主体意识而有所创新。

再看唐兰先生（1901—1979）和法国安杜恩·梅耶（1866—1936）的下述两段话。

唐兰：异国人的治学方法，可以钦佩的地方固然很多，但他们也有所短。即如语言和文字两方面，语言声韵是他们所能擅长的，文字训诂却就不然。[1]

梅耶：那些在印欧语领域里得到了成绩的办法，并不是随便在什么地方都一样可以应用的。[2]

汉字是在特定文化语境中独立发展起来的自源文字。汉字是研究人类文字的发生和发展的一座宝库，一座蕴藏着东方智慧的宝库。我们这个民族为什么要创造据义构形单音成字的方式来记录汉语？汉字在大量使用假借字的情况下，为什么要重建形义联系而转身走上形声化的道路？汉字如何主要通过“以类附声”的方式，逐步形成以象形字为基础以形声字为主体的基本格局？在记词方式形声化的进程中，汉字如何主要依靠七八十个核心义符建立起了系统的形义联系？在古今音变南北音异的语境中，汉字凭什么能够超时空地记录汉语以维护统一传承文化？语言的经济原则是如何支配汉字的语用交际与优化演变的？“有限”的四五百个基础字符，运用什么机制生成了“无限”的数万汉字？汉字多达七八万但常用字高度集中稳定，2500个最常用字为什么能够覆盖98%的现代自然语料？汉语汉字的结构功能在合成化中是如何协同完善的，为什么要把字语对应的单位由以词字为主发展为以语素字为主？汉字的形音联系远弱于形义联系，现行同音字、多音字、形声字三个不同层面上的形音关系到底如何？现行声符系统的表音功能究竟怎么样？如何把汉字构字用字的规律，普及运用到对内对外汉字教学中去，通过加强教材编写与教学方法的科学性以大力提高教学效率？古文字研究取得了丰硕的成果，如何把常用汉字的形变源流普及到全民族、介绍给全世界？在全球化信息化加速发展的今天，如何推动在21世纪实现现行通用汉字的全球“书同文”？……

以上这些汉字特有的问题，有些是可以借助西方语言学加以解释的，但是，要对汉字进行较为全面的描写与历史的解读，还是只能主要依靠我们自己。中国学者在汉字研究上，应该具有义不容辞的文化使命感。在中华民族文明复兴的今天，我们应该坚持问题导向，一个专题一个专题地去研究，深入开

---

① 唐兰《古文字学导论》，第35页，上海古籍出版社，2015年。

② 法·梅耶著、岑麒祥译《历史语言学中的比较方法》，第2页，世界图书出版公司，2008年。

展汉字学的理论建设，努力为现代语言学、为人类文字发展史，做出中国学者应有的贡献

每个学科都有自己特定的研究对象，都有自己特定的学科主题。人们不会忘记对象，但常常忽视了主题。汉字是记录汉语的书写符号系统，自源的汉字是如何记录汉语的，汉字为什么能够连绵使用数千年至今仍然为十几亿人所使用，汉字记词方式辩证演变的发展进程及其历史必然性，是汉字学研究中至为基础事关趋势的核心主题，是汉字发展史研究不能回避必须回答的基本问题。关于汉字的性质、结构、功能、发展规律等问题的研究，都只有置于汉字如何记录汉语这个大语境中才能深入开展下去。否则，就难以从根本上去认识和解释汉字的表意文字特色。做学问是温故知新有所发现的修为，温故要在学，知新成于思。“学而不思则罔，思而不学则殆。”（《论语·为政》）无论是着眼宏观还是立足微观，不管从哪个方面还是在哪个层面，只要是研究汉字，都不能忘记汉字学的主题，都不能忽视汉字如何记录汉语这个大语境，都应该尽量思考更基本一些的问题。

汉字学是一门古老而充满活力的学科，汉字学的发展不能缺乏时代意义。学术的发展总在于用新方法、新材料去研究新问题。中华民族的文明复兴与信息时代的迅速到来，向汉字学提出了两大新问题；一是面向现实加强现代汉字的应用研究，努力在信息化的21世纪实现全球现行通用汉字的“书同文”；一是深化认知加强汉字学科的理论建设，着意建设既有现代意义又有民族特色的汉字学。出土的古文字材料及其研究成果，计量语言学所得之相关成套“大数据”，则是当前汉字学研究中最有价值的两大新材料。至于研究方法，1980年代以来，如何把现代语言学与汉字传统研究结合起来，以提高汉字学研究方法的现代化水平，一直是汉字学界努力探索的核心课题。汉字研究是一个学科领域，历史比较、共时描写与计量分析则是有效的研究方法。把这些方法应用于汉字研究，尤其是应用于汉字的基础研究，极大地推动了汉字学的发展。

中华大地积淀着厚重的人文传统和创新精神。1980年代以来，中国学者坚持从汉语汉字的实际出发，在运用西方语言学的方法从事汉字学研究的道路上，不仅围绕如何“结合”进行了不断的探索，而且开始围绕“汉字是如何记录汉语的”这个主题，进行了更为深入的探究。清初大儒顾炎武提出，继承传统的原则是“取其大而弃其小，择其是而违其非。”学习西方语言学，也应该把功夫下在“择其是”而“取其大”上，着意吸取其立论的精神与研究的思路。学者们逐步形成了这样的共识：高度肯定西方语言学中相关理论和方法的科学性，充分重视汉字实际和汉字传统研究的特殊性，坚持“洋为中用”而使之中国化的创新性。这些共识主要体现在以下三个方面的探索上：

第一，坚持断代研究基础上的历史比较。在运用历史语言学的方法研究汉字发展史时，应高度重视通过对应要素的历时比较，以探究语言的历史发展这一思路的科学性，要充分发挥汉字史研究拥有丰富原始材料的独特优势，坚持把记词方式的辩证演进当作汉字历史发展的基本进程去研究，坚持在断代研究的基础上去进行不同阶段的历史比较，进而深入认识汉字在特定语境中坚持表意化的历史发展进程及其历史必然性。

历史语言学的方法为汉字发展史的研究，提供了历史比较的思路。中国学者在探索中逐步认识到：历史语言学的方法是主要基于语音史的比较总结出来的，其原理是通过比较亲属语言的空间异同去推求语言的历时演变；汉字史研究的独特优势是拥有丰富而完整的原始材料，甲骨文以降的汉字史研究主要是实证研究。汉字史研究首先需要的不是由今及古的推测，而是对各阶段汉字原始材料的科学归纳，实事求是的断代研究是汉字历史比较的基础。汉字是记录汉语的符号系统，汉字发展史研究应当围绕着汉字如何记录汉语这个主题来展开。汉字发展史研究要努力把共时描写与历史比较结合起来。要一个时代接着一个时代地进行客观的断代研究，着意透过字体去认识每个阶段记录汉语的基本方式。只有坚持在断代描写的基础上去进行不同阶段的历史比较，才能从不同字式的消长与主体字式的转换中，更为客观地认识汉字记词方式的辩证演进，从而探求汉字系统的历史发展规律。

第二，立足形义联系的结构一功能分析。在运用共时语言学的方法研究汉字的结构功能时，应高度重视立足共时研究以整体把握系统结构这一思路的科学性，要充分发挥汉语言文字学以语义研究为核心的传统优势，坚持立足形义联系去进行汉字的结构功能分析，深入认识汉字结构功能的协同完善，顺应和促进了汉语书面语的统一和发展这一历史事实。

运用共时语言学的方法来研究汉字的结构功能，有力地推动了现代汉字学的长足发展。中国学者在探索中逐步认识到：语义是语言结构的核心，语言结构的研究应该既有形式分析，更需有语义研究；印欧语使用的是立足于形音联系而重“形合”的表音文字，语义研究一直是西学的薄弱环节；汉字是立足于形义联系而重“意合”的表意文字，语义研究始终是汉学的传统优势。因此，在分析汉字以少驭多的层级结构和用字集中的分布格局时，要注重继承析形（字式结构）求义（表词功能）的传统方法，注重探求义符在汉字形义联系中的类化作用。“表意性是汉字的命脉。”[①] 71 个核心义符的参构字在小篆字中占

① 曹先擢《汉字的表意性和汉字的简化》，中国社会科学院语言文字应用研究所编《汉字问题学术讨论会论文集》，第 27 页，语文出版社，1988 年。

比近八成，在通用规范汉字中多达九成，它们就是汉字系统保持表意性质的压舱石。

第三，注重计量描写与定性分析的结合。在运用计量语言学的方法研究汉字系统的要素、分布及其关系时，应高度重视把数学方法、系统论方法与计算机技术结合起来研究语言这一方法的科学性，要注重从汉语汉字实际出发去完善计量分析的方法，坚持把计量分析与定性分析结合起来，深入认识汉语构字构词的编码机制与用字用词的分布规律，并把它们有效地应用到汉字规范和汉字教学中去。

运用计量语言学的方法来研究汉字系统的要素、分布及其关系，取得了成套的基本数据，汉字内部结构的整体状况、汉字语用分布的宏观状况，都因此而心中有“数”了。在大规模的字频、词频的测量实践中，人们根据汉语汉字的实际，把齐普夫定律的按频次为词排序，修改为按覆盖率为词/字排序，并从多个环节上进一步完善了词频字频的研究方法。沿着“定性分析—量的测定—深化认识或有效应用”的循环模式开展研究，深入地认识了汉语字词以少驭多层级合成的生成机制和经济原则，深入地认识了汉语用字用词高度集中相当稳定的语用分布现律，并在分级定量研制规范字表上取得了重大的应用成果。

科学的本质在于探求真理发现规律，基础研究的创新有力地推动了整个学科的发展，而学科研究成果的科学表述永远是理论。加快汉字学的理论建设是中国学者义不容辞的责任。以上这些具有创新性质的探索和认识，就是中国学者对普通语言学的贡献，对历史比较法、结构功能法、计量分析法的丰富和发展。

法国哲学家勒内·笛卡尔（1596—1650）说：“最有价值的知识是关于方法的知识。”在如何把现代语言学与汉字传统研究结合起来的长期探索中，中国学者坚持主体意识，坚持立足于汉语汉字实际，立足于汉字传统研究，在继承传统与“洋为中用”的基础上着意综合创新，逐步形成了一套汉字学的现代研究方法，一套既有现代意义又有民族特色的研究方法。这就是：

把共时描写与历史比较结合起来，把计量分析与定性分析结合起来，把字语研究与文化研究结合起来，以力求理论上的深化认知与实践中的有效应用。

外编

释说“中国”*

一、相对于“天下”而位居中央的京城

①产生时代

②初指对象

③特定范围

二、相对于四夷而地处中原的诸夏

①春秋变革

②华夷交融

③秦皇一统

三、相对于世界而屹立东亚的中华

①西域开通

②中外交流

③现代崛兴

四、延续发展长期统一的文明古国

①民族格局

②民族精神

③“中国”释义

提要：“中国是中华民族建立在亚洲东部并延续发展数千年的文明古国。”中华大地是中华民族与中华文明的发祥地，中华民族在这片辽阔的国土上共同创造了悠久灿烂的中华文化，中国的历史就是一部华夷交融共同繁荣而走向世界的中华文明史。“中国”是汉语词汇史上最具民族性最能说明词义扩大的词，它的词义演变轨迹化石般地反映了中国形成和发展的基本历史线索。文章把“中国”一词词义扩大的演变过程与历史原因，放到中华民族发展史的壮阔背

---

* 笔者曾在《中共四川省委党校学报》2000 年第 4 期上发表了《说“中国”》，二十年后再以此题为文，写成了这篇《释说“中国”》。

景中去认识，另辟蹊径地探讨了中华民族多元一体格局的形成与发展，探讨了中华文明生生不息延续发展的历史与动力。

中国，是世界上四大文明古国中惟一延绵不断历久弥新的伟大国家，是中华民族生于斯长于斯的亲爱祖国。中华民族起源于中华大地，中国的灿烂文明是中华民族在这片辽阔的大地上共同创造的，中国的历史就是一部华夷交融相互依存、共同繁荣走向世界的中华文明史。中华民族多元一体的民族格局具有极其鲜明的中国特色。她的无与伦比的民族内聚力与延绵不断的文化传承性，使中国文明很早就成为世界关注的“东方之谜”。

词汇是语言中最活跃的因素，词义是客观存在在人们意识中的反映。社会历史的发展和事物本身的变化，必然引起人们认识的变化，从而进行语言内部的调整，反映在词义上则是继承、充实、深化与扩大、缩小、转移。词的意义不仅具有鲜明的民族性，而且是一个动态的历史概念。“中国”一词是汉语词汇中最具民族性的词，是汉语词汇史上最能说明词义扩大的词，它在词义演变上的轨迹化石般地反映了中国的形成与发展的历史过程。从语言文字学和中国文化史的角度，来研究“中国”一词的产生及其词义扩大的历史过程与历史原因，对于探究我们这个多元一体民族的形成与发展的基本线索，对于探究中华文明延绵不断历久弥新的历史与动力，可谓另辟蹊径而颇有意义。

词义演变是渐变进行的，要认识历时的词义演变（义变系列），就得先明确共时的语义特征（各别义项）。有鉴于此，笔者在探求“中国”一词的指称范围因何而变与演变过程的同时，特别注重探求它在一定时期内的所指为何与相对什么。让我们从词义扩大这一语言问题入手，沿着“中国”一词的语义演变轨迹去探究中华文明的历史发展吧。

一、相对于“天下”而位居中央的京城

“中国”一词在我国最早的传世文献中就已出现。于省吾先生对此进行了深入的考证，认为“中国”这一名称起源于西周初年武王时期，“是我们国家自古以来的一个通称”。

“中国”这个伟大的名称，既是我们国家自古以来的一个通称，又是我们现在中华人民共和国的一个简称。……“中国”这一伟大的名称，以周初何尊

铭文和《书·梓材》相验，其起源于武王时期是没有疑问的。[①]

“中国”一词确实在西周初期就已出现了，但“中国”是不是“我们国家自古以来的一个通称”，则值得进一步讨论。

（一）产生时代

“中国”所指是一个历史范畴，其内涵随着时代的演进而发展，其指称范围随着时代的发展而拓展。笔者首先把系统方法与数学方法结合起来，采用计量分析的方式竭泽而渔地统计了22部上古文献，计得156见“中国”，在此基础上结合语境逐一进行了历史语义的分析。其结果见下表：

上古文献		易经	尚书	诗经	周礼	仪礼	春秋	老子	论语	左传	墨子	孟子	庄子	国语	管子	荀子	韩非子	吕氏春秋	尔雅	战国策	公羊传	穀梁传	礼记	小计	合计
小计		0	1	7	1	0	0	0	0	6	5	9	5	3	7	7	7	2	1	13	34	41	7	156	156
京城	京城			4						2		1			1	1								9	20 13%
	王畿			3	1																			4	
	天下		1									4					1						1	7	
中原	中原诸夏									4	3	4	2	3	5	2	1	1		8	31	33	4	101	136 87%
	中原之地										2		3		1	4	5	1	1	5	3	8	2	35	

从对“中国”一词在22部上古文献中的计量分析中可以看到，“中国”一词在上古并不是国名而是一个地名：最早是指相对于“天下”而地处中央的京城，亦因京城为王者所居而引伸指直辖的王畿或领有的天下；后来则用指相对于四夷而地处中原的诸夏，亦泛指中原、内地。22部上古文献中的156见“中国”，还没有一个用指相对于世界的中华；用指王所领有的天下者也仅有7见，不到5%。

“中国”一词在3000年前的西周初期就已出现了。其例证，传世文献以《尚书·梓材》最早，出土文物则推《何尊》。分别出现在下面两段文字中：

（1）皇天既付中国民，越厥疆土，于先王肆。（《尚书·梓材》）孔传：“大天已付周家治中国民矣，能远拓其界壤，则于先王之道遂大。”[②]

（2）唯王初迁宅于成周。……武王既克大邑商，则廷告于天，曰：“余其

---

① 于省吾《释中国》，中华书局编辑部编《中华学术论文集》，中华书局，第1—10页，1981年。

② 清·阮元校刻《十三经注疏》上册，第96页，中华书局影印本，1980年。

宅兹中或（国），自兹乂民。”（西周青铜器铭《何尊》）

据《史记·周本纪》可知，《梓材》是摄政的周公旦在东征平叛后把殷地封给康叔时，代年幼的周成王对康叔的告诫。例（1）中的“中国”指周王领有的“天下”，“皇天既付中国民”一句，意为：皇天把中国的臣民和土地交给周家治理。《梓材》关于周公教导弟弟康叔一事以及“中国”一词，在西周金文《何尊》中得到了有力的证实。

1963年在陕西宝鸡东北郊的贾村出土的何尊，高38.5厘米，口径28.6厘米，重14.6公斤，是一件圆口方体的饕餮纹青铜尊。它是西周初期所作的青铜重器，器内底12行122字的铭文，记录了周成王亲政五年初迁新都成周后的一次训诰，其中讲周武王灭商之后决定迁都洛邑（今河南洛阳）的铭文中，第一次出现了“中或（国）”二字。雄奇精美的何尊，因而被专家称作“镇国之宝”。例（2）中的“中国”指周王所居而位于天下中心的东都成周（洛邑）。周武王在灭商之后就祭告上天说：“余其宅兹中国，自兹乂民。”句意为：我要在这位于天下中心的成周建都，在这里去治理臣民。

传世文献《尚书·梓材》中的“中国”与西周金文《何尊》中的“中国”二重互证，有力地说明了“中国”一词在西周初期就已出现，其使用历史至少在3000年以上。然而，先秦文献言及商、夏、舜、尧时已在使用“中国”一词了，各2见。需要指出的是，这些言及前朝和周代先王时所用的“中国”，一般都如例（1）那样，指的是王者领有的“天下”。例如：

（3）文王曰咨，咨女殷商。女炰烋于中国，敛怨以为德。（《诗经·大雅·荡》）

（4）禹疏九河，瀹济、漯而注诸海，决汝、汉，排淮、泗而注之江，然后中国可得而食也。（《孟子·滕文公上》）

（5）（东夷之舜与西夷之文王）地之相去也，千有余里；世之相后也，千有余岁。得志行乎中国，若合符节，先圣后圣，其揆一也。（《孟子·离娄下》）赵岐注：“得志行政于中国，盖谓王也。”

（6）当尧之时，水逆行氾滥于中国。蛇龙居之，民无所定；下者为巢，上者为营窟。（《孟子·滕文公下》）

以上“中国”分别出现在言及商、禹、舜、尧四代的语境中。可见“中国”一词在传世文献中虽始见于周初，但产生的年代当远早于西周。由于上古论史言事是以王名、族称、国号来指称的，而“中国”当时不是国名而是一个地域性称呼，所以此词在上古文献中尚不多见。距今约2900年的遂公盨，是西周中期所作的青铜礼器。器内底98字的铭文记述了大禹治水为政以德的事迹，其“天命禹尃（敷）土，随山浚川，乃差地设征”的铭文，与传世文献

《尚书·禹贡》上的“禹敷土，随山刊木，奠高山大川”，《尚书·序》的“禹别九州，随山浚川，任土作贡”，竟然惊人地近似。遂公盨铭的发现，将大禹治水的可靠文字记录提早了六七百年，表明大禹治水和禹为夏王的事迹，早在西周时期就是为人熟知的历史。

（二）初指对象

“中国”一词最初所指是居于中央之地的京城。

中，是个象形字，甲骨文写作，像飘扬于高杆上的旗帜，金文字形略同，后经篆隶省变而为“中”。唐兰先生对此字有段精到的考释：

余谓“中”者最初为氏族社会中之徽帜。……此其徽帜，古时用以集众。……盖古者有大事，聚众于旷地。先建中焉，群众望见中而趋赴，群众来自四方，则建中之地为中央矣。①

“中”原本是古时部落首领为大事而用以集众的旗帜，四方族众见之即趋赴聚集在“中”的周围，这旗帜自然就产生了中心、中央等居中的意义。至于后来范围之内的中、两端之间的中等义项，则都由这建中集众的旗帜引伸而来。

國，始见于周代金文，此字在甲骨文中写作（或）。《说文解字·戈部》：“或，邦也。”段玉裁注：“盖或、國在周时为古今字，古文只有或字，既乃复制國字。”“或”是个从戈从口的会意字，其中的“口”像城形，其构形清楚地反映了它是以戈所卫之城。“或”后借去记录同音的代词、连词等，遂以类附声加“囗（围）”而造形声字“國”。城市的出现，国家的建立，是原始社会进入文明社会的重要标志。

关于城市的出现，古代文献亦有传说。《淮南子·原道训》：“鲧筑城以卫君，造郭以居人，此城郭之始也。”所说时代就与近年连续发现的龙山文化城址的年代相当接近。2011 年在陕西榆林神木县发掘出的石峁古城，是我国迄今发现的规模最大的史前时期城址。古城大致呈方形，是由皇城台、内城、外城三重城墙组成的一个王城型石城，总面积超过 400 万平方米。城墙外砌石块而内实夯土，石墙中发现了大量玉器、骨器和石雕人面像。围绕石峁古城周边数十平方公里范围内，还有十多个拱卫的小城，构成了一个城邦群体。C－14 探测距今已有 4000 余年，大约是在龙山文化时期到夏代早期，正是中华文明的起源和形成时期。② 2001 年开始的中华文明探源工程，已实施了 4 个阶段的

① 唐兰《释》，唐兰《殷墟文字记》，第 53—54 页，中华书局，1981 年。

② 参看齐泽垚《石峁遗址：走进五帝时代的新入口》，中国社会科学网 2020 年 6 月 28 日。

研究工作。研究团队由中国社会科学院考古研究所、北京大学考古文博学院牵头，联合国内近70家科研院所、高等院校和地方考古研究机构参与。研究人员在距今5500—3500年的几个重要都邑性遗址开展了大规模考古调查和发掘，以考古资料实证了中华大地的5000年文明。这些遗址分别是浙江余杭的良渚遗址、山西襄汾的陶寺遗址、陕西神木的石峁遗址和河南偃师的二里头遗址。这些都邑性的大型古城，不仅工程量巨大，而且具有很强的军事防御色彩。这样的社会显然不再是部落联盟，应该已经进入到国家阶段了。基于中国田野考古学成果的科学总结，探源工程研究团队从社会分工、阶级分化、中心城市和强制性权力等方面，提出了中国进入文明社会的突出特征。在2018年发布的最新成果中指出："在距今5000年前后，在黄河流域、长江流域，包括西辽河流域等一些文化和社会发展比较快的区域，已经率先进入到文明阶段"，"进入到王朝之前的古国文明的阶段。""探源工程成果证实中华文明始于5000余年前。"[①] 中国最早的王朝式的国家制度，则建立于已经进入青铜器时代的夏王朝（公元前21世纪—前17世纪）。

"天下之本在国，国之本在家。"（《孟子·离娄上》）天子、诸侯、大夫在自己领地的中心，都尊卑有制地修建了城。虽也通称为城，但更多地分别专称为京师、国都、家邑。"欲近四旁，莫如中央，故王者必居天下之中。"（《荀子·大略》）这位于"天下之中"的城就是天子所居的"京"了。"京"是个像高大建筑物之形的象形字，甲骨文写作。"京师者何？天子之居也。"（《公羊传·桓公九年》）1952年发现的郑州商城，正南北向而略呈正方形，版筑的夯土城垣周长达6960米。城墙的断面呈梯形。平均底宽约30米，顶宽约5米，高约10米，至今尚有高达9米的部分城墙屹立地面，C—14测定为3570±135年。[②] 这座只有商代后期的安阳殷墟才可与之比美的古城，无论是从所在的中心位置，还是从所具的恢宏规模来看，都无疑是王者所居的京城。

综上所述，"中"是建中集众之旗，引伸而表居中的中心、中央之义；"国"是以戈所卫之城，后发展而为地区的政治、军事、经济、文化的中心。由如此意义合成的"中国"，其所指就是王者所居而位于"天下"之中的京城。西周器铭《何尊》中的"中国"，指的就是周王所居而位于天下中心的东都。再如：

（7）惠此中国，以绥四方。……惠此京师，以绥四国。（《诗经·大雅·民劳》）毛传："中国，京师也；四方，诸夏也。"

---

① 《国新办举行中华文明起源与早期发展综合研究成果发布会》，国新网，2018年5月28日。

② 北京大学历史系商周考古教研组《商周考古》，第59页，文物出版社，1979年。

(8) 舜避尧之子于南河之南……夫然后之中国，践天子位焉。(《孟子·万章上》) 孙奭疏："刘熙云：帝王所都为中，故曰中国。"

(9) 尝试往之中国、诸夏、蛮夷之国，以及禽兽昆虫之地，皆待此（恭逊敬爱之道）而为治乱。(《管子·小称》)

例 (7) 中的"中国"与"京师"互文为训，"四方"与"诸夏"互文为训，"中国/京师"与"四方/诸夏"相对而言，"惠此中国，以绥四方"，意为惠泽京师臣民方可安抚四方诸夏；这与"诸夏"相对的"中国"就是周天子所居的京城。例 (9) 中与"中国"相对的不仅有"诸夏"，而且有"蛮夷"。可见京城义的"中国"，既可对四方的诸夏而言，亦可与远方的夷狄以对。换言之，无论是中原的诸夏，还是边远的四夷，其中央都在天子所居的"中国"，因为"中国"是中原也是四夷的中心。

（三）特定范围

中国古代由于受天文地理认识的局限，把臣属于王者的全部领域称之为"天下"，并认为这"天下"之外四面环海，其最典型的表述就是："溥天之下，莫非王土；率土之滨，莫非王臣。"(《诗经·小雅·北山》) 至于对这"天下"的具体范围最早予以界说的则是下面两段文字：

我自夏以后稷，魏、骀、芮、岐、毕，吾西土也；及武王克商，蒲姑、商奄，吾东土也；巴、濮、楚、邓，吾南土也；肃慎、燕、亳，吾北土也。(《左传·昭公九年》)

东渐于海，西被于流沙，朔南暨声教，讫于四海。(《尚书·禹贡》)

《左传》这段文字是鲁昭公九年（前 533）周景王派大夫责备晋国犯境时说的话。翦伯赞先主认为："现在证之考古发现，《左传》这段话比较接近于实际状况。"[①] 如此，西周"天下"的四至是西至今陕甘而东至大海，南至今長江流域而北至黑龙江。《禹贡》是我国最早的地理学著作，它从地理形势上指出，这"天下"的东边是滔滔的大海，西北是茫茫的沙漠。中华大地凭借如此天然屏障的围护，生就了既得天独厚又相对封闭的地理环境。历代所谓的"天下"，就是在这一特定范围基础上的伸缩；而所谓的"天下之中"，则是位于这特定范围之地理文化中心的中原地区。

人类是从古猿进化而来的，人猿分界的标志过去是以会否制造工具为断。自 1970 年代发现黑猩猩也会制造工具以后，现代人类学家遂改以能否直立行走作为人猿分界的主要标志。需要指出的是，中华先民很早就认识到了这一区别。

---

① 翦伯赞主编《中国史纲要》上册，第 52 页，人民出版社，1983 年。

《列子·黄帝》："有七尺之骸，手足之异，戴发含齿，倚而趣（趋）者，谓之人。"

是中国学者最早指出：人区别于其他动物的最大特点，莫过于这"手足之异"与"倚而趋"之。先民认识并抓住手脚分工而直立行走这一特点，用简洁的线条鲜明的形象完美地创造了甲骨文中的?（人）字。2000年在非洲发现了直立行走的"千禧人"的化石，人类的起源已有六百万年的演化历史，但解剖学意义上的"现代人"即晚期智人的起源，更有意义更为人们关注。

中华大地山高水长、广袤优厚、温润富饶，是中华民族和中华文明的发祥地。中国目前发现的旧石器时代文化遗址已上千处，已在七十多处地点发现了古人类化石。中国境内直立人的代表有云南元谋人（距今170万年）、陕西蓝田人（距今163万年）等。早期智人（20万—5万年前）的代表有广东马坝人、湖北长阳人、山西丁村人等。晚期智人（5万—1万年前）被视为解剖学意义上的"现代人"，其代表有北京山顶洞人、广西柳江人、四川资阳人、内蒙的河套人等。中国的古人类化石有着"共同和渐变并区别于西方化石人类"的体质特征：面部和鼻梁较扁平，眼眶近长方形，上门齿呈铲形等。吴新智院士把现代人起源"多地区进化说"中涉及中国材料的部分扩展开来，在1998年提出了中国现代人类本土"连续进化附带杂交"的新假说。这一假说立足于"东亚地区化石人类形态演化的连续性和旧石器文化发展的承继性"，认为中国古人类的发展是以本土上的连续进化为主，附带也有与外来人群的少量杂交。在经过了一百多万年相对独立的进化之后，中国人还能保有与其他人群易于识别的形态特征，说明中国现代人主要是由本土上的古人类演化而来的。"现代中国人主要繁衍自本土先祖"，中华大地就是中国"现代人"的起源之地。[①]

早在四千多年前的龙山文化时期，炎帝、黄帝、蚩尤等几个大的部落集团就先后进入黄河中下游流域，经过长期的兼并交融，共同开发了富饶的中原地区，共同开创了早期华夏文明。炎黄的开创，不仅奠定了尧、舜、禹及夏（始于公元前21世纪）、商、周三代文明的基础，而且孕育出华夏民族的最初血脉。黄河长江奔流不息，龙的传人生生不已。此后几千年来，定居农耕的中原诸夏与游牧游耕的周边四夷，虽时有冲突却不断交融，既辐射四方又内向汇聚，其地理环境、经济互补、文化交流等因素历史地形成了华夷之间唇齿相依休戚相关的共同命运，从而产生了强烈的民族认同意识，共同创造了灿烂的华夏文明。陈连开先生说得好："纵观整个中国古代，人们都相信先秦已产生的下面这一地理概念，

① 参看高星、张晓凌、杨东亚、沈辰、吴新智《现代中国人起源与人类演化的区域性多样化模式》，中国科学院、国家自然科学基金委员会《中国科学：地球科学》2010年第9期。

即认为中国四面环海，内部由诸夏和四夷共同构成‘天下’。……中华民族基本上表现为，在传统的‘四海’范围多民族的内向凝聚。”①

“天下”的共主是王者，由于住在京城的王者既直辖王畿又领有“天下”，所以“中国”又引伸而指王畿或“天下”。例如：

(10) 当尧之时，天下犹未平，洪水横流，氾滥于天下……兽蹄鸟迹之道交于中国。(《孟子·滕文公上》)

(11) 凡害人者，置之圜土而施职事焉，以明刑耻之。其能改过，反于中国。(《周礼·司寇》) 郑玄注：“反于中国，谓舍之还于故乡里也”。

例 (10) 中的“中国”与“天下”互文为训。22 部文献中表“天下”义的“中国”计 7 见，例 (1) (4) (5) (6) 皆属此类，都出现在对先王的议论之中。这是因为谈论历史总得交代时间地点，时代已由王名所兼，地域则用“中国”指称了。例 (11) 的“反于中国”，意为囚犯而能改过，则可释放让其回到王畿之内的家乡去。例 (3) (9) 中的“中国”都兼指了王畿之地。

《诗经》中的“惠此中国，以绥四方”，在 22 部文献中被引用者计 3 见，悉列于后：

(12) 君子谓文公其能刑矣，三罪而民服。《诗》云：“惠此中国，以绥四方。”不失赏刑之谓也。(《左传·僖公二十八年》)

(13) 宽以济猛，猛以济宽，政是以和。《诗》曰：“民亦劳止，汔可小康。惠此中国，以绥四方。”施之以宽也。(《左传·昭公二十年》)

(14) 故礼及身而行修，义及国而政明，能以礼挟而贵名白，天下愿，令行禁止，王者之事毕矣。《诗》曰：“惠此中国，以绥四方。”此之谓也。(《荀子·致世》)

例 (12) 是君子赞扬晋文公在城濮之战中治军严明，连杀三将以大服诸侯及军民时所引用的，其“中国”喻指文公所率之晋军。例 (13) 是孔子议论大叔继子产治郑时引用的，例 (14) 是论述“礼及身而行修，义及国而政明”方可王天下时引用的，其“中国”都喻指诸侯之国。本是周王所居之京城的“中国”，在引用中微妙地喻指诸侯之国；本为天子惠泽京师方可安抚四方诸侯的诗句，在引用中微妙地喻为欲王天下的诸侯应先治好自己的国家方可顺服其他诸侯了。这样的喻指在等级森严的西周是不可能出现的。

春秋以降，确指京城的“中国”仅 2 见：出于《孟子》的例 (8) 是说舜到京城即位，出于《管子》的例 (9) 是讲从中央到边夷都应以道治乱。京城义“中国”的消失，说明礼乐征伐不再自天子出，人们不再视京城为中心，发

① 阴法鲁、许树安主编《中国文化史》第一册，第 6 页，北京大学出版社，1989 年。

生的大事渐渐少与京城有关了。引用《诗经》的3见“中国”，其喻指义已扩大到王畿之外的四方诸侯。笔者虽按引诗原意将其归入“天子京城”一类统计，但“中国”一词之所指在《左传》中已经开始发生了变化。《左传》6见“中国”，有4见确指与四夷相对的中原诸夏，而2见引用《诗经》者，都从词义扩大的角度反映了“中国”一词由中央京城而扩展为中原诸夏的演变轨迹。

二、相对于四夷而地处中原的诸夏

（一）春秋变革

春秋战国时期是奴隶社会解体封建制度形成的大变革时期。王室中衰，四夷交侵，诸侯争霸，大夫专权，各国相继变法，新兴的地主阶级势力向奴隶主贵族的王权、公室发起了猛烈的夺权斗争。例（15）《孟子》中关于齐宣王的一段话，较之此前200多年《左传》的引用“惠此中国，以绥四方”，更显豁地反映了天下大乱礼崩乐坏的状况。

（15）然则王之所大欲可知已，欲辟土地，朝秦楚，莅中国而抚四夷也。（《孟子·梁惠王上》）

齐宣王“笑而不言”让孟子说出的“大欲”，就是“莅中国而抚四夷”。齐大夫田和继三家分晋后废掉齐康公而自立为君，其孙齐威王继魏惠王称王十年之后于徐州逼魏相互称王。曾祖可代齐为君，先父可易侯称王，至齐宣王则“莅中国而抚四夷”之欲更加强烈。随着“礼乐征伐自天子出”而为“自诸侯出”，原指京城的“中国”也很自然地扩大到环卫王畿的中原诸夏或中原之地了。例如：

（16）德以柔中国，刑以威四夷。（《左传·僖公二十五年》）

（17）越王勾践遇吴王之丑而尚摄中国之贤君。（《墨子·亲士》）

（18）夷狄也而亟病中国，南夷与北狄交，中国不绝若线。桓公救中国而攘夷狄，卒怗荆，以此为王者之事也。（《公羊传·僖公四年》）

（19）古之大夫，束修之问不出竟。……今之大夫，交政于中国。（《礼记·檀弓上》）郑玄注：“言时君弱臣强，政在大夫，专盟会以交接。”

以上例句中的“中国”，大则相对于“天下”，远则相对于“四夷”，所指不是中原诸夏就是中原之地。春秋大乱大夫夺权，鲁、晋、齐三国最为激烈：四分公室鲁昭出奔，韩赵魏则三家分晋，田氏代齐进而称王。例（19）说的就是君弱臣强，从而出现大夫专政而与中原各国盟会外交的事。

“中国”一词所指范围的扩大，是与中国社会的发展历史同步的，经历了一个逐步扩大的历时性过程。春秋时期的“中国”尚仅指环卫王畿的中原诸夏，到了战国后期，七雄之地则都进入“中国”的范围之中了。例如：

(20) 齐桓、晋文、楚庄、吴阖闾、越勾践，是皆僻陋之国也，威动天下，强殆中国，无它故焉，略信也。(《荀子·王霸》)

(21) 今韩、魏，中国之处而天下之枢也。王若欲霸，必亲中国而以为天下枢，以威楚、赵。(《战国策·秦三》)

(22) 故秦得齐，则权重于中国；赵、魏、楚得齐，则足以敌秦。(《战国策·齐三》)

“中原”即居中之原，最初仅指今河南地区，后词义扩大至黄河中下游流域。例(20)就说明了春秋时的“中国”仅指古中原，不要说南方的楚、吴、越，即使山东之齐与山西之晋，由于比邻夷狄而杂有夷狄之风，也被视为中原诸夏之外的“僻陋之国”了。后二例出自《战国策》，可知“中国”一词的所指范围在战国时期已扩大许多，不仅包括东方的齐国和由晋三分而出的韩、赵、魏，而且也涵及了西戎之秦与南蛮之楚。时势至此，分别兼并了各自周边大批小国的战国七雄都属“中国”之地了。

(二) 华夷交融

春秋战国时期是由奴隶社会向封建社会过渡的时期，社会的大变革和战争的大兼并强有力地促进了华夷大交融。需要强调的是，当时的“华/夷”、“夏/裔”主要是文化和地域的概念。正如唐代的皇甫湜所说；

所以为中国者，以礼义也；所以为夷狄者，无礼义也。岂系于地哉？杞用夷礼，杞即夷矣；子居九夷，夷不陋矣。[1]

童书业先生指出：

春秋时所谓“诸夏”及“蛮夷戎狄”等族之界限，实不甚清晰。有“诸夏”而即“夷狄”者，亦有“夷狄”而进为“诸夏”者，更有居于二者之间者。近人常以近代之民族观念观察之，使之现代化，遂致民族与部族之界限趋于混乱。其实西周春秋时所谓“诸夏”与“蛮夷”往往以经济文化之差异为别，未必净是血缘之名词。[2]

宋公微子启是商王帝乙的儿子，虽非姬姓但封在中原即为“华”为“夏”；吴太伯是文王之父的哥哥，“姬姓于周，吴为先老”(《吴越春秋·夫差内传》)，

---

① 唐·皇甫湜《东晋元魏帝正闰论》，皇甫湜《皇甫持正文集》，第33页，上海古籍出版社影印本，1994年。

② 童书业《春秋左传研究》，第252页，上海人民出版社，1980年。

然地在江南则称“夷”称“裔”了。这就是韩愈所谓的“孔子之作《春秋》也，诸侯用夷礼则夷之，进于中国则中国之。”①

夏、商、周三代继相立国于黄河流域。黄河流域广袤优厚，温润肥沃，为一个伟大民族的形成和发展提供了得天独厚的地理条件。这里是我国最早开发的地区，很早就出现了农业定居文明。至春秋战国，铁器牛耕广泛使用，“和而不同”百家争鸣，中原先进的生产技术和昌盛的礼仪文明，对游牧游耕的四方夷狄产生了积极的影响，地理位置上的中原更加成为“天下”的经济文化中心。其时四夷交侵以尊王攘夷，五霸争盟而七雄兼并，战争改变了西周时期小国林立的局面，实现了局部地区的统一，同时也打破了各部族之间的地域界限。一场以由夷进夏为主流的华夷大交融终于到来了。

从春秋开始的所谓“华夷之辩”，其实质就是对待中原文化与边夷文化，以及其后的汉族文化与少数民族文化之冲突交融的态度问题，而重视文化上的趋同与认同则始终是中华各民族自古而今的基本态度。例如：

(23) 中国者，聪明睿智之所居也，万物财用之所聚也，贤圣之所教也，仁义之所施也，诗书礼乐之所用也，异敏技艺之所试也，远方之所观赴也，蛮夷之所义行也。(《战国策·赵二》)

(24) (诗书礼乐) 数散于天下而设于中国者，百家之学时或称而道之。(《庄子·天下》)

(25) 吾闻用夏变夷者，未闻变于夷者也。陈良，楚产也，悦周公、仲尼之道，北学于中国。(《孟子·滕文公上》)

(26) 乡异而用变，事异而礼易。……而叔也顺中国之俗以逆简、襄之意，恶变服之名而忘国事之耻，非寡人所望于子。(《战国策·赵二》)

前二例说明中原的诗书礼乐文明与先进的生产方式，为天下仰慕为四方“义行”。例 (25) 中孟子所谓的“用夏变夷”固然是主流，然“未闻变于夷者”则纯系偏见。例 (26) 是赵武灵王与公子成关于胡服骑射的辩论。在这场华夷大交融中，“用夏变夷”而“进于中国”固然是主流，但夏亦师夷共创文明也不容忽视。前者典型莫过于卫鞅变法以使秦强的政治改革，后者突出当推胡服骑射而促赵盛的军事改革。“秦始小国僻远，诸夏宾之，比于戎翟”(《史记·卷十五·六国表》)，如此落后的秦国之所以后来“霸于西戎”进而“并诸侯，吞天下，称帝而治”(《战国策·秦一》)，那是大量吸纳中原人才，大力推行中原文化，“移风易俗”迎头赶上的结果。当事人李斯的一篇《谏逐客书》，对此作了再清楚不过的说明。中国的骑兵出现于春秋战国之交，它是从战车发

① 唐·韩愈《原道》,《韩愈文集汇校笺注》第一册，中华书局，2010年。

展而来的。赵武灵王“继襄主之业，启胡翟之乡”，为备边强国而力排众议“变服骑射”，弃传统之兵车而发展启后之骑兵。这不仅使赵国向北拓疆千里而跻身战国七雄之列，而且深远地影响了中国古代两千余年的军事制度、军事装备乃至军事思想。

地处四方的夷狄，开发了边远地区，统一了局部地区，其独特的文化也影响了中原地区，为华夏民族的形成和发展，为秦王朝的更大统一，做出了自己特殊的贡献。“变服骑射”夷为华用，是吸收边夷文化的精华；拓疆千里“用夏变夷”，则是扩大中原文化的影响。赵武灵王不仅敢于改革先王之制，而且勇于学习夷狄之长，其在华夷交融中的宽广胸怀和开放态度，使他成为中华民族史上一位垂范千古的历史人物。

（三）秦皇一统

上古的王者以为居天下之中，总以所居的京城为中心，把“天下”分成东南西北以与中央配成五方，从而成为东土、南土、西土、北土环卫“中国”的格局。如殷商卜辞《受年》：“己巳王卜贞：今岁商受年？王占曰：吉。东土受年？吉。南土受年？吉。西土受年？吉。北土受年？吉。”正如于省吾先生所说：“甲骨文之言四土和四方，皆以大邑商为中心言之，西周时代才进一步以中土与四外方国对称。”① 原本分属东西两大氏族部落集团的“夏、商、周三支不同来源，在西周已复合而成同一民族的雏形，并以中国最早的王朝夏作为族称。”② 环卫王畿的中原各夏族侯国遂称诸夏，边远的方国则称夷、戎、狄、蛮。

公元前771年西戎入京平王东迁而春秋开始，从此“南夷与北狄交，中国不绝若线”于战乱；五伯“尊王攘夷”，奉天子以令诸侯相继争霸。地则裔夏对举，人则夷华相称，本指中原诸夏的“四方”延指边远四夷，本指中央王畿的“中国”扩指中原诸夏。孔颖达在《诗经·大雅·民劳》疏中说得清楚：“中国之文与四方相对，故知中国谓京师，四方为诸夏。若以中国对四夷，则诸夏亦为中国。”春秋以降，“中国”一词即用指与四夷相对的中原，出现频率亦随之升高。《战国策》《公羊传》《穀梁传》三书有88见“中国”，不指中原诸夏即指中原之地，绝无例外而十分明确。

(27) 中国戎夷五方之民，皆有性也，不可推移。东方曰夷，被发文身，

---

① 于省吾《释中国》，中华书局编辑部编《中华学术论文集》，第3页，中华书局，1981年。

② 阴法鲁、许树安主编《中国文化史》第一册，第23页，北京大学出版社，1989年。

有不火食者矣；南方曰蛮，雕题交趾，有不火食者矣；西方曰戎，被发文身，有不粒食者矣；北方曰狄，衣羽毛穴居，有不粒食者矣。中国、夷、蛮、戎、狄皆有安居、和味、宜服、利用、备器。（《礼记·王制》）

（28）四海之内若一家。……北海则有走马吠犬焉，然而中国得而畜使之；南海则有羽翮、齿革、曾青、丹干焉，然而中国得而财之；东海则有紫紶鱼盐焉，然而中国得而衣食之；西海则有皮革、文旄焉，然而中国得而用之。（《荀子·王制》）

（29）兵一出而大功十二，故东夷、西戎、南蛮、北狄、中国诸侯，莫不宾服。……然后率天下定周室……以朝天子。（《管子·小匡》）

（30）自周衰，戎狄错居泾渭之北。及秦始皇攘却戎狄，筑长城界中国，然西不过临洮。（《汉书·西域传》）界中国，颜师古曰："为中国之境界也。"

例（27）说的是"中国戎夷五方之民"的不同习俗，例（28）讲的是四海夷狄之地的不同物产。《尔雅·释地》："九夷、八狄、七戎、六蛮，谓之四海。"荀子关于"四海之内若一家"的呼唤，深刻地反映了当时华夷交融国家统一的社会发展趋势。"大禹之时，诸侯万国。……及汤之时，诸侯三千。"（《战国策·齐四》）武王伐纣"不期而会盟津者，八百诸侯。"（《史记·周本纪》）到春秋战国，由攘夷而兼并而交融，天下统一已成为不可抗拒的历史趋势，中华大地上的第一次民族大交融终于到来了。

关于夷戎蛮狄配东西南北而统称四夷，中原诸夏与周边四夷合而总称"天下"的格局，在（27）（28）这样的语句中已有表现，而明确的表示则最早出现在《管子·小匡》之中。例（29）讲的是管仲辅佐齐桓公"九合诸侯一匡天下"而"朝天子"的事。这段颇具历史价值的文字，说明中夏四夷五方统合而成天下，内华外夷四方内聚以朝天子的"大一统"政治格局，在尊王攘夷的春秋时期已初见端倪。战国的七雄兼并加快了民族交融的步伐，在东齐西秦北燕南楚以内的广阔地域里，华夷之间的差异逐渐缩小乃至消失，经济文化的联系密不可分，出现了荀子所谓的"四海之内若一家"的局面。这场社会大变革、民族大交融的历史结果，就是华夏民族在中华大地上的进一步发展与封建大帝国秦王朝的统一天下。

秦始皇"扫平六合，统一中国"后，即北逐匈奴占领河套地区而修筑万里长城。其长城是在秦、赵、燕三国御胡长城的基础上修建起来的，远在今天所见的明长城之北。它西起临洮（今甘肃岷县），向东北经宁夏过陕西而至内蒙；在高阙（今内蒙杭锦后旗）与赵长城相接，再沿阴山、大青山横亘向东；在内蒙多伦与燕长城相接，进而穿过河北而达辽东，全长一万多里。正如例（30）所说，此时"中国"的范围已拓展至长城以南陇南以东的大半个现代中国了。

北狄之在长城以南者，西戎之在陇南以东者，南蛮之在长江流域者以及东夷，逐步融入了中原的华夏民族。华夏民族的形成、发展过程，就是东夷、西戎、南蛮、北狄与中夏同化、交融、混血的过程。华夏民族后称汉族，正如毛泽东主席所说："汉族人口多，也是长时期内许多民族混血形成的。"[①] "中国"一词所指范围由京城、王畿而为中原诸夏而为战国七雄的逐步扩大，尤其是东西南北以配夷戎蛮狄而与中夏合成"五方"之对称的出现，从语言文字学的角度历史地反映了春秋战国时期民族大交融的那段恢宏过程。

再一次民族大融合发生在南北朝时期。北方游牧民族南下中原进入农耕文化圈，先后建立了五胡十六国，从而在更为广阔的领域里加强了汉胡互化民族交融。经过激烈的碰撞与长期的比较，"进中国则中国之"的意识逐步成为适应先进社会环境的历史选择。在这场民族大融合中，年轻的北魏孝文帝拓拔宏（467—499 年）作出了重大的历史贡献。他在北方各民族陆续进入中原已有汉化的基础上，实行了全面汉化的改革，并将都城从塞北的平城（今山西大同）迁到中原的洛阳。魏孝文帝的汉化改革与迁都中原的信念，是基于他对汉文化先进性的认识和对鲜卑族长远利益的考虑。他成功地把游牧部族组织改革为封建的政权组织，实现了由游牧生产方式向农耕生产方式的转变，带头移风易俗全面接受了先进的礼乐文化。魏孝文帝以改革家的气魄和度量，自觉顺应社会发展，积极推动民族融合，使北方各少数民族大踏步地融入中华文明之中，中华文明也因游牧民族强劲生命力的加入而增添了马背上的雄风。这就为中国从分裂走向统一、从动乱走向繁荣奠定了坚实的基础，并由此打开了通向隋唐盛世的大门。每当我们走近大同云冈石窟、洛阳龙门石窟，在为那种雄健开放、顶天立地的大气所震憾的同时，也对魏孝文帝为中华民族所作的贡献而肃然起敬。

章太炎先生说得好：

"中华"之名词，不仅非一地域之国名，亦且非一血统之种名，乃为一文化之族名。故《春秋》之义，无论同姓之鲁卫，异姓之齐宋，非种之楚越，中国可以退为夷狄，夷狄可以进为中国，专以礼教为标准，而无有亲疏之别。其后经数千年，混杂数千百人种，而其称中华如故。以此推之，华之所以为华，以文化言之可决也。[②]

---

① 毛泽东《论十大关系》，《毛泽东选集》第五卷，第 278 页，人民出版社，1977 年。

② 章太炎《中华民国解》，《太炎文录初编》，第 257—267 页，上海人民出版社，2014 年。

三、相对于世界而屹立东亚的中华

（一）西域开通

古代中国很早就与世界许多国家建立了联系，其文化交流源远流长高潮迭起，既促进了他国的繁荣，也丰富了自己的文化，为创造和发展世界文明作出了重大的贡献。古代中国的国际交通要道主要有两条。一条是西北内陆的“丝绸之路”。这条全长七千多公里的欧亚大通道，从洛阳、长安出发，其东段经凉州（今武威）沿河西走廊到沙州（今敦煌）而出玉门关，其中段的中道经楼兰（今罗布泊）、高昌（今吐鲁番）沿天山南麓向西，经姑墨（今阿克苏）过疏勒（今喀什）而出葱岭（今帕米尔），其西段则分道到中亚、西亚、南亚以及地中海沿岸的欧洲各国。另一条是东南海上的“海上丝绸之路”，也叫“陶瓷之路”。这条路形成于秦汉而繁荣在唐宋，至明代前期到达鼎盛。它始自华南大港，出南海经东南亚、南亚次大陆而达波斯湾、红海，并横渡印度洋到达非洲。汉武帝时张骞的两通西域，明成祖时郑和的七下西洋，中国古代对外交往史上这至为璀璨的盛举，就分别发生在丝绸之路和陶瓷之路上。

“西域”一词始见《汉书》，“凿空”西域首载《史记》。西域所指有广狭之分，狭指汉代西域都护府的辖区，即葱岭以东的今新疆地区；广则包括了葱岭以外的中亚、西亚、南亚乃至地中海沿岸的欧洲地区。张骞所通之西域是广义的西域，这里民族复杂，是黄种人与白种人的交合部，也是东西文化的交融处。据中外考古报告，在新疆、欧洲出土的一些2500年前的墓葬中，发现了来自中国中原地区所产的丝绸。[①] 可见丝绸之路早在春秋战国时期就已开通，只不过未载于史或仅用于民间交流罢了。

雄才大略的汉武帝和艰苦开拓的张骞，是名垂青史的杰出人物。张骞于前139—前126年、前119—前115年的两使西域，在中国历史上具有非常深远的意义，它不仅促成了其后西域都护府的建置，使新疆地区第一次与内地联成一体，而且使中国第一次开通了与西方各国之间的国际交往。两千多年来，丝绸之路一直是亚欧大陆上的交通大动脉，它使中国与波斯、印度、罗马乃至埃及等国家得以沟通交流而相互影响，中华文明沿着丝绸之路不断向西传播扩散，同时中国也因此而引进吸收了西方文明。丝绸之路有力地促进了中国和欧亚各国的经贸往来和东西文化的友好交流，为亚欧大陆的发展和人类文明的进

① 田继周《秦汉民族史》，第173—174页，四川民族出版社，1996年。

步作出了重大的贡献，中国也因此以东方文明古国的形象而屹立于世界民族之林。

古梵文有Cina一词，古佛经汉译为“支那”“至那”等，意为“文物之国”“文教之邦”，原本是“当时印度人慕我文化”而对中国的一种尊称。后来欧洲人也用China称呼中国，并以之兼指来自中国的瓷器。[①]“支那”这个词后来渐变成为中性词，20世纪前期被日本用以辱华才成为贬义词的。古希腊、古罗马著作中还有Serice一词，汉译为“赛里丝”，意为“丝绸之国”，这是当时欧洲人因珍视中国丝绸而对中国的另一种称呼。伴随着“赛里丝”“支那”等称语的出现，“中国”一词由相对于四夷的中原之地很自然地扩大为相对于世界的中华文明古国了。这样的“中国”始见于《史记》关于张骞通西域的文字，计2见：

(35) 天子既闻大宛及大夏、安息之属，皆大国，多奇物，土著颇与中国同业，而兵弱，贵汉财物。其北有大月氏、康居之属，兵强，可以赂遗设利朝也。……乃令骞因蜀犍为发间使，四道并出。……骞因分遣副使使大宛、康居、大月氏、大夏、安息、身毒、于窴、扜罙及诸旁国。……其后岁余，骞所遣使通大夏之属者，皆颇与其人俱来，于是西北国始通于汉矣，然张骞凿空。(《史记·大宛列传》)《集解》：“凿空，开通也。”

(36) 骞因盛言大夏在汉西南，慕中国，患匈奴隔其道。诚通蜀身毒国，道便近，有利无害。于是天子乃令王然于、柏始昌、吕越人等使，间出西夷西，指求身毒国。(《史记·西南夷列传》)

张骞两使西域长达十八年，历尽艰险不辱使命，终于使“西北国始通于汉矣”。从句子的语言环境来看，与“中国”对称者除了今新疆和田境内的于窴、扜罙之外，分别是南亚的身毒（今印度）、西亚的安息（今伊朗）和中亚的大宛（今乌兹别克斯坦东部）、康居（今土库曼斯坦）、大夏（今阿富汗北部）、大月氏（今阿富汗东北部）。显然，句中的“中国”一词已开始用于国际关系了。张骞开通西域促进中西交流这一重大历史变化在语言学上的一个客观反映，就是使“中国”一词的指称范围开始由相对四夷的中原扩大而为相对世界的中华了。

（二）中外交流

中国是世界上的文明古国，早在汉武帝时代就开始了国际之间的友好交流，而民间交往则在春秋战国时期即已相当频繁。

---

① 陈启智《“支那”的本义》,《古代礼制风俗漫谈（二）》，中华书局，1986年。

(37) 倭人在带方东南大海之中，依山岛为国邑。……男子无大小皆黥面文身。自古以来，其使诣中国，皆自称大夫。(《三国志·乌丸鲜卑东夷传》)

(38) 大秦国一号犁靬，在安息、条支西大海之西。……其国无常主，国中有灾异，辄更立贤人以为王，而生放其故王，王亦不敢怨。其俗，人长大正平，似中国人而胡服。(《三国志·乌丸鲜卑东夷传》裴松之注引《魏略·西戎传》)

(39) 武帝始遣使至安息，王令将将二万骑，迎于东界。……因发使随汉使者来观汉地，以大鸟卵及犁靬眩人献于汉，天子大悦。(《汉书·西域列传》)

(40) (郑) 和经事三朝，先后七奉使，所历……凡三十余国。……三保太监下西洋，为明初盛事云。(《明史·郑和传》)

例句中与“中国”对称的“倭”“大秦”“安息”，分别指日本、罗马、波斯。中国与欧洲最早正式往来的国家是大秦，公元97年甘英出使大秦从陆路来到波斯湾头，166年罗马皇帝遣使经海路进谒汉桓帝，从此两国“始乃一通焉”。三国时的《魏略》不仅记录了大秦的历史地理物产习俗，而且还知道罗马“国无常主”，可辄废故王而更立贤人。这说明当时两国的交往相当活跃。张骞通西域时安息即派使者随汉使往朝汉武帝，其后的大食建国不久就在651年遣使进见唐高宗。阿拉伯地区是中西文明交流的中转地，中国的丝绸、陶瓷、四大发明等都是通过这里转运或传播到西方去的。

中国古代文化对日本的影响更是巨大深远。中日是一衣帶水的邻邦，正史所记中日两国的正式交往始于公元57年，“倭奴国奉贡朝贺，……光武赐以印绶。”(《后汉书·东夷列传》)汉光武帝所赐的这颗刻有“汉委奴国王”的蛇钮金印，已于1784年在日本福冈出土，被日本作为国宝收藏在福冈市美术馆。[①] 日本仰慕向往中国文化，从630年（唐贞观四年）到895年的二百六十多年间，先后派来十多个遣唐使团，每次几百人，每批几个月。通过广泛深入地学习，不仅移植了唐朝的典章律令体制，而且汲取了唐代的文化艺术习俗，还分别借用汉字的楷书偏旁和草书，创造出日本的两种假名文字。日本的大化革新就是一种“唐化”性质的社会革新。中国文化的大规模输入，有力地推动了日本文明的长足发展。

明初郑和的七下西洋（1405年6月—1433年7月），是人类航海史上的伟大壮举，是传播中华文明、开展中外交流的和平发展之旅。郑和船队27800余人，大小船只一百多艘，其指挥船长44丈宽18丈（即长138米宽56米）。由江苏太仓出发，乘太平洋西北季风，浩浩荡荡驶过南海，穿过马六甲海峡，经

① 折敷濑兴、何群雄《神秘的汉字》，《语文建设》2000年第8期。

东南亚来到南亚次大陆，并横渡印度洋到达非洲。前后七次，历时二十八年，“云帆高张，昼夜星驰”，遍访沿途 30 多个国家和地区，最远到达赤道线上的肯尼亚，到达红海岸边的伊斯兰教圣地麦加，从而开辟了亚非洲际航线，大大发展了中国与亚非国家的友好往来。郑和航海规模之大水平之高，都是后来的哥伦布、麦哲伦所不能相比的。深为遗憾的是，这一壮举竟无以后继。正如冯天瑜先生所说：“中国人终于失去加入十五六世纪之交的世界性地理大发现行列的机会，落后于西方的历史也由此埋下伏笔。”① 但是，郑和在汪洋大海中挺立船头乘风破浪而七下西洋的壮举，不仅充分展示了我们民族开拓进取的非凡勇气和伟大智慧，而且将永远激励着中华儿女坚持走对外开放友好交流的和平发展道路。

中国灿烂的古代文明，为世界文化的发展做出了举世公认的贡献。“中国三大发明”的提法最初来自于西方学者，是他们就这几项发明对人类文明尤其是对西方近代文明的影响所作的评价。意大利数学家杰罗姆·卡丹早在 1550 年就指出：中国的三大发明磁罗盘、印刷术和火药，是“整个古代没有能与之相匹敌的发明”。② 英国哲学家培根在 1620 年指出，中国的印刷术、火药、指南针“这三种发明已经在世界范围内把事物的全部面貌和情况都改变了：第一种是在学术方面，第二种是在战事方面，第三种是在航行方面，并由此又引起难以数计的变化来。”③ 马克思深刻地写道：“这是预告资产阶级社会到来的三大发明。火药把骑士阶层炸得粉碎，指南针打开了世界市场并建立了殖民地，而印刷术变成新教的工具，总的来说变成科学复兴的手段，变成对精神发展创造必要前提的最强大的杠杆。”④ 后来的科学史家又加上造纸术而称之为中国古代四大发明。指南针的西传推动了世界航海事业的发展，火药的西传引起了欧洲的兵器革命，造纸术与印刷术的西传加快了欧洲近代文明的进程，中国古典经籍在明清之际的西传，其东方式的智慧则对欧洲的启蒙运动产生了重大影响。

中国封建社会的长期性和特殊性，中国地理环境的相对封闭性，使古代中国的对外关系未能得到更为充分的发展。但总的来看，古代的中外交往是历史悠久地域广阔，尤以两汉、隋唐、元代和明初更为开放繁荣。以“贡—赐”为主要形式的经济贸易，基本上是对等互利，很多时候还是赐大于贡。至于对邻

① 冯天瑜《中国文化史纲》，第 150 页，北京语言学院出版社，1994 年。

② 转引自仓孝和主编《自然科学史简编》，第 267 页，北京出版社，1988 年。

③ 英·培根《新工具》，第 103 页，商务印书馆，1997 年。

④ 德·马克思《机器、自然力和科学的应用》，《马克思恩格斯全集》第 47 卷，第 427 页，人民出版社，1979 年。

国的征战，几千年间更是屈指可计。虽以“天朝上国”自居，但一直保持睦邻友好。文化交流相互影响，经济贸易平等互利，亲善邻邦和睦相处，始终是古代中国对外关系的主流。

中国文化也深受外来文化的影响，尤其是佛学北传和“西学东渐”。世界三大宗教在强大开放的汉唐两代传入中国，丰富和发展了中国的传统文化。明末以来的“西学东渐”，向中国传播了欧洲近代的科技文化，由此开启了晚明士大夫学习西学的风气。中华民族不仅能够接受和汲纳外来文化，而且善于兼容和改造外来文化。

(41)（汉明）帝于是遣使天竺，问佛道法，遂于中国图画形象焉。楚王英始信其术，中国因此颇有奉其道者。(《后汉书·西域列传》)

(42) 白马寺，汉明帝所立也。佛教入中国之始。(《洛阳伽蓝记·卷四》)

(43) 大食，本波斯地。男子鼻高，黑而髯。女子白皙，出辄障面。……永徽二年，大食王瞰密末腻始遣使朝贡，自言王大食氏，有国三十四年，传二世。(《新唐书·西域列传》)

(44) 大秦国有上德曰阿罗本。……贞观九祀至长安。……远将经像来献上京。(现藏西安碑林的“大秦景教流行中国碑”的碑文)

(45) 天宝四载九月诏曰：“波斯经教，出自大秦，传习而来，久行中国。”(《唐会要·大秦寺》)

(46) 利先生讳玛窦，号西泰，大西洋意大利亚国人。自幼入会真修，明万历壬辛年航海首入中华衍教，万历庚子年来都，万历庚戌年卒。在世五十九年，在会四十二年。(位于北京阜成门外的利玛窦墓的碑文)

释迦牟尼（前565—前485年）创立的佛教，在两汉之际传入中国。最早的有关记载当是“汉哀帝元寿元年（公元前2年），博士弟子景卢受大月氏王使伊存口受《浮屠经》。”(《三国志·乌丸鲜卑东夷传》裴松之注引《魏略·西戎传》）大月氏王的使者伊存在长安口授的这部《浮屠经》，是传入中国内地的第一部佛经。汉明帝在永平十年（67年）派人去印度取经并用白马驮回，有印僧二人同来译经，次年在洛阳修建的白马寺，就是中国的第一座佛教寺院，是中国佛教的“祖庭”。

穆罕默德（约570—632年）创立了伊斯兰教，并随之建立了政教合一的阿拉伯帝国（唐称大食），他“对中国文化有兴趣，曾说‘学问虽远在中国，亦当求之。’”[①] 永徽二年（651年），大食向中国派出了第一个使节团，向唐高宗介绍了大食帝国的情况和伊斯兰教的教义。一般认为这就是伊斯兰教传入中

① 转引自白寿彝主编《中国通史纲要》，第195—196页，上海人民出版社，1980年。

国的开始。从此，中阿友好往来日趋频繁。据史书记载，在此后的一百四十多年间，大食国先后三十九次派遣使者到中国通好，波斯派来中国的使节达20多次。著名的穆斯林学者马坚先生指出：“伊斯兰自唐传入中国，至宋朝而渐盛，至元朝而极盛。”从明代开始，颇得其神韵的“清真”二字，逐步成为伊斯兰教的汉译专名。

中国所谓的景教，属于早期基督教的聂斯脱利派。建于唐德宗建中二年（781年）的“大秦景教流行中国碑”，被外国学者称作“四大世界名碑之首”。其1780个汉字的碑文作为原始史料说明，基督教是在唐太宗贞观九年（635年）由传教士阿罗本从波斯传入中国的。贞观十二年在长安修建了波斯寺，后于唐玄宗天宝四年（745年）改名为大秦寺。十五世纪末，欧洲因地理大发现而进入大航海时代，全球化由此初露端倪。传教士们随着欧洲商人的步伐亦来华传教，由此拉开了西学东渐的序幕，其中被称为“科学家传教士”的利玛窦（1552—1610）贡献最大。利玛窦在华28年，他绘制印行了中国历史上的第一张世界地图《山海舆地全图》，与徐光启合译了欧几里德《几何原本》的前六卷，带头把西方的地理、数学、天文、人文等近代科学知识介绍到中国，同时又积极把中国文化传到欧洲。利玛窦是西学东渐的先行者，也是中学西传的带头人。

闻一多先生把唐代称为“诗唐”，认为唐代“是中国诗歌的黄金时代”。[①]诗的唐代是中国古代文明的鼎盛时期，七八世纪的中国是充满活力的世界性帝国，万国衣冠会长安，都城长安成为东西方文明的交汇中心。盛唐所呈现的雄健大气、开放清新、欣欣向荣的恢宏气象，是在汉胡大交融中外大交流的基础上产生的，是海纳百川为我所用的博大胸怀创造出来的。正如鲁迅先生所说：

> 唐代的文化观念，很可以做我们现代的参考。那时我们的祖先们，对于自己的文化抱有极坚强的把握，决不轻易动摇他们的自信力；同时对于别系的文化抱有极恢廓的胸襟与极精严的抉择，决不轻易地崇拜或轻易地唾弃。[②]

文化传统是一个民族世世代代积累而成的精神财富，是民族发展源源不断的动力源泉，是整个民族共有的精神家园。中国文化的民族性不仅体现在对本民族优秀文化传统的自觉传承，而且还体现在文化交流中的民族主体意识；民族主体性不仅表现为吸收外来文化时的主体选择性，而且还表现为消化外来文化中的综合创新能力。在自信与开放的基础上坚持综合创新，是汉唐文化留给我们的最为宝贵的精神财富。

---

① 郑临川《闻一多论古典文学》，第82页，第6页，重庆出版社，1984年。

② 孙伏园《鲁迅先生二三事》，第23页，湖南人民出版社，1980年。

（三）现代崛兴

中华文明曾长期居于世界领先地位。中国于公元前3世纪率先进入封建社会，从勃兴的秦汉，经繁荣的唐宋，到15世纪前期的郑和下西洋，此后就渐现衰势了。而中世纪的欧洲此时终于发起了反封建反神权的文艺复兴运动。从此之后，中西的发展即呈此消彼长之势：明代的中后期正是欧洲的航海大发现和文艺复兴时期，康乾盛世时的西方爆发了启蒙运动和资产阶级革命，而在乾隆中期至慈禧听政的这一百多年里，西方就基本完成了工业革命。率先进入近代社会的欧洲，科学技术突飞猛进，资本主义生产高速发展，殖民主义势力恶性扩张，工业化的西方列强采用最野蛮的方式向东方展开了咄咄逼人的攻势。中国当时的封建统治者在汹涌澎湃的第一次全球化潮流面前，表现出惊人的封闭与麻木，竟然采取了拒夷于国门之外的保守对策。明代开始时断时续地禁止海上民间贸易，乾隆二十二年（1757），清朝下令实行闭关锁国政策，仅保留广州一地作为对外通商港口。其结果事与愿违，反而拉大了中国与西方的差距，加速了西方列强打开中国大门的进程。

1820—1840年的20年间，鸦片的大量走私输入，导致中国的白银外流达1亿两左右，相当于其间银币流通量的五分之一，其害民掠财的结果是使中国几无“御敌之兵”与“充饷之粮”了。蒸汽机让欧洲勃兴，鸦片烟使中国衰弱。葡萄牙窃据澳门于前，英国佬割据香港继后，鸦片和大炮终于轰开了古老中国紧闭的国门。从鸦片战争到甲午战争，从《南京条约》到《辛丑条约》，从火烧圆明园到血洗海兰泡，一场紧接着一场的侵华战争，一个紧迫着一个的不平等条约，一步紧逼着一步地把中国人民推进苦难的深渊。封闭导致落后，落后遭致挨打，“主权失矣，利权去矣”，帝国主义的侵略和封建专制的腐朽使中国沦为半殖民地半封建的国家。

从1842年起，外国侵略者强迫旧中国历届政府签订的不平等条约多达数百个。① 仅1842年《南京条约》后65年间的八次战争赔款，就被列强实际勒索了13.75亿银元，折合10.45亿两库平银，相当于1901年清政府全年财政收入的11倍多。② 其中被日本实际勒索的战争赔款竟多达7.65亿银元。③ 在1858—1895年的37年里，沙俄采用武装侵略和外交讹诈等手段，穷凶极恶地霸

① 王铁崖先生编纂的三册《中外旧约章汇编》计收1182个文件，侯中军先生对此逐一梳理，认为其中的343个是不平等条约。参看侯中军《近代中国不平等条约及评判标准的初步探讨》，中国社会科学院《历史研究》2009年第1期。

② 王年泳《近代中国的战争赔款总值》，中国社会科学院《历史研究》1994年第5期。

③ 袁成毅《中国近代对日战争赔款述论》，中国第一历史档案馆《历史档案》2000年第1期。

占了中国东北、西北地区150多万平方公里的领土。面对数千年未有之灾难的民族危机，一批以天下为己任的爱国志士率先发出“救亡图存”的悲壮呼喊：

(47) 林则徐：尔等感恩即须畏法，利己不可害人，何得将尔国不食之鸦片烟带来内地，骗人财而害人命乎！查尔等以此物蛊惑华民，已历数十年，所得不义之财不可胜计，此人心所共愤，亦天理所难容。①

(48) 左宗棠：东则海防，西则塞防，二者并重。……自撤藩篱，则我退寸，而寇进尺。②

(49) 谭嗣同：各国变法，无不从流血而成。今中国未闻有因变法而流血者，此国之所以不昌也。有之，请自嗣同始！③

(50) 孙中山：中国积弱，至今极矣！……方今强邻环列，虎视鹰瞵，久垂涎我中华五金之富、物产之繁。蚕食鲸吞，已效尤于踵接；瓜分豆剖，实堪虑于目前。呜呼危哉！④

(51) 陈天华：须知这瓜分之祸，不但是亡国罢了，一定还要灭种。……醒来！醒来！快快醒来！……我敢为同胞祝曰：汉种万岁！中国万岁！⑤

(52) 邹容：中国者，中国人之中国也。……中华共和国万岁！中华共和国四万万同胞的自由万岁！⑥

抗英销烟的民族英雄林则徐（1785—1850），从西方列强的坚船利炮与掠财害命中痛定思痛，首倡“开眼看世界”，主持编译了第一部系统介绍世界各国情况的《四洲志》。魏源（1794—1857）提出的“师夷长技以制夷”（《海国图志·序》），启动了认识西方学习西方赶超西方的艰苦探索。林、魏等先进人物在思想上的深刻觉醒，拉开了中国近代化历程的序幕。力御列强的民族功臣左宗棠（1812—1885），以65岁高龄抬棺西征，血战两年驱逐了窃据新疆十余年的外国势力，为国家保住了一片一百多万平方公里的大好河山。中国民主革命的伟大先行者孙中山（1866—1925），在1894年创立兴中会时最先发出“振兴中华”的呼喊，并为之努力奋斗终生。蹈海殉国的陈天华（1875—1905），先觉先悟地尖锐指出卖国的清政府是“洋人的朝廷”，用自己年轻的生命撞响了反帝反清的警世钟。被孙中山追赠为大将军的邹容（1885—1905），以“革

---

① 林则徐《谕各国夷人呈缴烟土稿》，中国史学会主编《鸦片战争》第二册，第243页，上海人民出版社，1962年。

② 左宗棠《复陈海防塞防及关外剿抚粮运情形折》，《左宗棠全集》第六册，第191页，岳麓书社，1992年。

③ 梁启超《谭嗣同传》，《戊戌政变记》，第109页，中华书局，1954年。

④ 孙中山《香港兴中会章程》，《孙中山全集》第一卷，第21页，中华书局，1981年。

⑤ 陈天华《警世钟》，《猛回头——陈天华邹容集》，第56、82页，辽宁人民出版社，1994年。

⑥ 邹容《革命军》，《猛回头——陈天华邹容集》，第204、220页，辽宁人民出版社，1994年。

命军中马前卒”的气势揭起革命与共和的旗帜，石破天惊地喊出了推翻封建帝制建立“中华共和国”。

中国的近代化过程是一个“救亡图存”的过程。鸦片战争以后的80年里，中国人在迭遭挨打的痛苦中开始觉醒，从“师夷长技”到“中体西用”，从洋务自救到变法维新，从天国风云到辛亥革命，在西风欧雨中步履艰难地走在近代化的路上。

毛泽东主席（1893—1976）在1939年尖锐地指出：

帝国主义和中国封建主义相结合，把中国变为半殖民地和殖民地的过程，也就是中国人民反抗帝国主义及其走狗的过程。[①]

1919年爆发的“五·四”运动，有力地推动了马克思主义与中国革命实践的结合。1921年7月1日中国共产党成立。中国共产党领导团结中国人民闹革命，经过28年的艰苦奋斗，终于取得了反帝反封建建立新中国的伟大胜利。“占人类总数四分之一的中国人从此站立起来了！”[②] 社会主义使古老的中国重又屹立在世界的东方。

中国自夏而清都以朝代作为国名，但早在《尚书》中就用“中国”来指称周王所领有的天下了。自汉武帝开始了中外之间的国际交往以来，此后的历朝历代都以“中国”作为我们这个国家对外的通称。中国与外国签订的第一个条约是1689年（康熙二十八年）的“中俄尼布楚界约”，该约起始即云：“中国大皇帝钦差分界大臣领侍卫内大臣议政大臣索额图”，这是“中国”作为主权国家的国名第一次出现在国际条约上。孙中山先生在1906年的一次演讲中，第一次提出了“中华民国”这个名称。[③] 1911年10月10日辛亥革命爆发，湖北军政府一成立就宣布废除清朝年号，改国名为中华民国。在孙中山的主持下，中华民国于1912年1月1日正式成立。红军长征到达陕北不久，毛泽东主席即在1935年12月提出了关于“人民共和国”的理想。[④] 这个理想首先实现于各抗日民主根据地及其后的人民解放区，随着解放战争的胜利，终于在1949年10月1日成立了中华人民共和国。

---

① 毛泽东《中国革命和中国共产党》，《毛泽东选集》第二卷，第632页，人民出版社，1991年。

② 毛泽东《在中国人民政协第一届会议上的开幕词》，《毛泽东选集》第五卷，第5页，人民出版社，1977年。

③ 孙中山《在东京〈民报〉创刊周年庆祝大会上的演说》，《孙中山全集》第一卷，第329页，中华书局，1981年。

④ 毛泽东《论反对日本帝国主义的策略》，《毛泽东选集》第一卷，第156—161页，人民出版社，1991年。

从被轰开国门，痛苦屈辱地被裹挟进世界漩涡，到站立起来，昂首挺胸地走上世界舞台，中国在这一百多年里发生了翻天覆地的变化，终于重新成为世界上举足轻重的国家。正是在这个由衰落而崛兴、由封闭而开放的伟大历史进程中，“中国”一词之所指也由两千多年来历朝历代的通称，随着封建帝制的结束而成为我们伟大祖国对内对外的专称了。

四、延续发展长期统一的文明古国

汉语中最具民族性的两个词是“中国”和“中华”，中国是我们亲爱的祖国，中华是我们伟大的民族。“中国－中华”之所以在世界上成为“东方之谜”，就在于我们这个多民族国家长期保持统一而不容分裂，就在于我们这个古老民族的灿烂文明五千年延续不断而历久弥新。

（一） 民族格局

早在公元前200多年的秦王朝，中国就是一个完成了统一的多民族国家。此后有分裂有统一，但中国历史发展的主流一直是民族团结和国家统一，而且自元代以来的七百年里就再没有出现过大的分裂了。在与欧洲等西方国家的比较中，中国各民族长期生活在一个统一的国家之中的文化传统，尤其具有中国特色。中华民族无与伦比的民族凝聚力，产生于中华民族共同创造的悠久历史和灿烂文明；多民族中国长期保持统一的传统格局，根源于中华民族唇齿相依的根本利益和共同命运。这是中华民族共同培育的，是在民族发展进程中历史形成而不断发展起来的。

在中华民族的历史发展过程中，各个少数民族对中国的历史和文化都做出了自己特殊的贡献，而汉族汉文化则历史地成为中华民族的主体民族与主体文化。这是因为华夏－汉民族形成最早，人口最多，文化最发达，其所居住的中原－内地一直是中国的地理、文化、经济、政治的中心地区。至春秋战国时期（前770—前221年），终于创造出了一个在当时唯有古希腊文化可与之比美的灿烂时代。奴隶社会全面崩溃，封建制度基本建立；《易》《书》《诗》《礼》《春秋》等民族元典应运而出，孔、老、墨、孙、韩等文化巨人相继产生；中夏四夷碰撞交融，四海之内日趋一统。那不仅是一个社会大变革历史大进步的时代，是一个思想大解放文化大繁荣的时代，而且是一个民族大融合日趋大一统的时代。公元前221年，秦始皇顺应时代潮流统一了中国，建立起中央集权的封建王朝。至汉武帝时，国家更加稳定繁荣，不仅开通西域，开发西南，统一匈奴，而且在“汉承秦制”的基础上“尊儒更化”，在辽阔的领域里更进一步地增强了人们在社会生活和文化习俗上的趋同性，从而形成了共同的文化传统。从此，国家的统一成为中华民族深入人心的民族大义，顺应民族团结国家统一者昌盛，逆民族团结国家统一而动者败亡，自古而今概莫能外。

费孝通先生在1988年提出了“中华民族多元一体格局”说。他认为：

中华民族是“指中国疆域里具有民族认同的十一亿人民。它所包括的五十多个民族单位是多元，中华民族是一体，它们虽则都称‘民族’，但层次不同。……中华民族作为一个自觉的民族实体，是近百年来中国和西方列强对抗中出现的，但作为一个自在的民族实体则是几千年的历史过程所形成的。”①

这一认识深刻地分析了我国多民族构成的基本国情及其本质特征，在海内外学术界产生了热烈的反响。中国境内的五十六个兄弟民族是“多元”，五十六个民族组成的大家庭即中华民族是“一体”；各兄弟民族的独特文化是“多元”，融合了各民族文化优秀因素的博大精深的中华文化是“一体”；遍布中华大地的古人类起源是“多元”，各地不平衡发展后内向汇聚而成的中华文明古国是“一体”。中华民族和中华文明起源于中华大地，中华大地是中华民族共同开发的，中华文化是中华民族共同创建的，统一的多民族中国是中华民族共同缔造共同建设的。这种与生俱来唇齿相依荣辱与共的历史关系，孕育、产生和发展了全国各族人民对中华民族整体利益的强烈认同。

回顾历史是为了更好地认识现在和前瞻未来：加强民族团结而不容分裂，维护国家统一而不许分割，是中华民族的根本利益。海峡两岸同属一个中国，两岸同胞同属中华民族，两岸统一阖家团圆，是整个中华民族的共同心愿，也是不可阻挡的历史潮流。在香港、澳门都已回到祖国怀抱的今天，在中华民族走向伟大复兴的新时代，积极推动两岸关系和平发展、早日实现祖国统一大业，更是大势所趋大义所在。一个统一富强的中国，在21世纪一定会更加意气风发地走向世界。

（二）民族精神

世界四大文明古国是人类最早告别原始社会而跨入文明时代的地区，但在此后的数千年里，有的消亡了，有的衰败了，有的中断了，惟有东亚大地上的中国文明和中华民族延绵不断而更加繁荣昌盛。中华文明为人类文明的进步作出了重大贡献。这个在世界上绝无仅有的文化奇迹，不仅是西方人心目中的难

---

① 费孝通《中华民族多元一体格局》，费孝通等《中华民族多元一体格局》，第1页，中央民族学院出版社，1989年。

解之谜，而且也是中国学者努力探索的核心课题：是什么力量维系了多民族中国的长期统一，着重探讨中华民族强大的凝聚力；是什么力量推动了中华民族的不断发展历久弥新，着重探讨中华民族强大的生命力。

“国有与立。”（《左传·昭公元年》）一个历史悠久的国家必定有足以立国与延续发展的精神基础，一个伟大的民族必定拥有自已的优秀文化传统。优秀的传统文化一定是传承而生动的，它具有植根于民族的生命力，并在与时俱进中不断焕发出时代精神，以此激励人心凝聚人民推动社会向前发展。

张岱年先生在 1986 年指出：

一个延续了五千余年的大民族，必定有一个在历史上起主导作用的基本精神，这个基本精神就是这个民族延续发展的思想基础和内在动力。……“中华精神”集中表现于《易传》中的两个命题。……“天行健，君子以自强不息。”“地势坤，君子以厚德载物。”一个是奋斗精神，一个是兼容精神。“自强不息”、“厚德载物”这两点可以看作是中华民族精神的主要表现。[①]

1980 年代是改革开放思想解放的年代，张岱年先生和费孝通先生先后提出了中华民族的民族精神与民族格局两大根本性命题，并立即引起了热烈深入的讨论。后者侧重于探讨多民族中国的长期统一，前者侧重于探讨中华民族的延续发展，这实在是中国思想文化史研究上的双珠合璧。

所谓“天行健，君子以自强不息”（《周易·乾卦·象传》），就是以天体那样昼夜运行的刚健来永不停步地发愤图强；所谓“地势坤，君子以厚德载物”（《周易·坤卦·象传》），就是以大地那样宽广厚实的胸怀来兼容万物博采众长。“自强不息”是一种奋发向上的生气，“厚德载物”是一种博大开放的胸怀，二者在互根相生中逐步升华而成为我们民族的基本精神。正是这种在先秦时期就已初步形成的民族精神，强劲地促进了中华民族的延续和昌盛，深远地影响了中华文化的发展和繁荣，成为推动中华民族不断前进与维系多民族国家长期统一的深厚基础和不竭动力。

“刚健而文明”（《周易·大有·彖传》），一直是中华民族五千年发展史上的主旋律。“顺乎天而应乎人”（《周易·革卦·彖传》），“凡益之道，与时偕行”（《周易·益卦·彖传》），深刻地道出了“周虽旧邦，其命维新”（《诗经·大雅·文王》）的历史必然性。中华民族自强不息的精神主要体现在以下几个方面：刚健有为积极进取、勇于开拓富于创造、坚持文明崇尚气节、忠爱祖国捍卫独立。从作为中国象征的万里长城，到纵横全国的 3.5 万公里高速铁路；

① 张岱年《中国文化的历史传统及其更新》，张岱年《文化与哲学》，第 66—67 页，教育科学出版社，1988 年。

从促进人类文明的古代四大发明，到两弹一星、飞天探月、北斗导航、量子卫星；从抗日战争打败侵略者的彻底胜利，到抗美援朝保家卫国，新中国从此屹立在世界的东方；从郑成功收复台湾左宗棠收复新疆，到香港澳门的相继回归祖国；从张骞通西域郑和下西洋，到共建共享互联互通的“一带一路”建设；从2001年加入世界贸易组织积极融入全球化，到2020年与14国合作建立全球最大的自由贸易区，大步开启了东亚经济一体化的历史进程；从汉唐盛世的繁荣富强大气恢宏，到改革开放的和平崛起波澜壮阔，无不闪耀着中华民族刚健有为自强不息精神的灼灼光辉。

厚德载物不仅是兼容万物海纳百川的胸怀，而且是博采众长有容乃大的精神。中华民族崇尚和谐，其厚德载物的精神主要体现在以下几个方面：在社会治理上追求“天下为公”（《礼记·礼运》），在人与自然的关系上主张“天人合一”，在对外关系上秉持“协和万邦”（《尚书·尧典》），在文化建构上注重“和而不同”（《论语·子路》）。从古代的“老吾老以及人之老，幼吾幼以及人之幼”（《孟子·梁惠王上》），“先天下之忧而忧，后天下之乐而乐”（范仲淹《岳阳楼记》），到今天持续大规模的扶贫开发工程，先后使8亿多人脱贫走上了共同富裕的道路。从古代的“协和万邦”“亲仁善邻”，到今天的独立自主和平共处，中华民族决不屈服外敌，也不对外称霸，始终以爱好和平而著称于世。春秋战国时期，百家争鸣而殊途同归，从而建构了中国古代思想文化体系的基本框架。从古代的儒道互补与汉胡交融，到今天的文化繁荣与民族团结，从古代万里驼铃万里波的丝路长歌，到今天的改革开放与综合创新，都有力地说明了正是厚德载物的胸怀，才使中华文明得以在华夷交融与中外交流中不断丰富发展而走向辉煌。

习近平主席深刻地指出：

正是这种“天行健，君子以自强不息”、“地势坤，君子以厚德载物”的变革和开放精神，使中华文明成为人类历史上唯一一个绵延5000多年至今未曾中断的灿烂文明。以数千年大历史观之，变革和开放总体上是中国的历史常态。中华民族以改革开放的姿态继续走向未来，有着深远的历史渊源、深厚的文化根基。①

中国的近代史，是在英国炮舰轰开国门强占香港的奇耻大辱中开始的，到新中国的七十大庆，已经整整一百八十年（1840—2019）了。这是中华五千年文明史上天翻地覆的一百八十年，是中华民族从屈辱、抗争到崛起的一百八十年。从十四年抗战同仇敌忾打败日本侵略者，到五星红旗迎风飘扬中国人民站

① 习近平《在庆祝改革开放40周年大会上的讲话》，新华网2018年12月18日。

起来，再到改革开放科学发展迈步走进新时代，中国共产党历史地成为全国各族人民的坚强领导和核心力量。

邓小平主席（1904—1997）高瞻远瞩地指出："走自己的道路，建设有中国特色的社会主义。"① 1978年开启的改革开放，是中华民族发展史上的一场伟大革命，中国由此迈上了奋起直追赶上时代的强国富民之路。改革开放四十多年来，中国抓住和平发展的机遇，上下同心发愤图强地搞建设，集中力量办好自己的事。经过全国人民的艰苦奋斗，我国国内生产总值年均增长9.5%，逐步建立起了全世界最完备的现代工业体系，成为世界第二大经济体、第一制造业大国和第一贸易大国，外汇储备连续多年位居世界第一。中国不仅用几十年的时间实现了发达国家几百年才完成的工业化，而且用占世界7%的耕地和8%的淡水资源，养活了占世界22%的人口，人均预期寿命从建国初期的35岁提高到2018年的77岁，并在十四亿人口的大国建成了世界上最大的社会保障体系。中国逐步走近世界舞台的中央，对推动构建人类命运共同体以促进全球共同发展，正在做出越来越大的重要贡献。波澜壮阔的改革开放，使中华民族迎来了从站起来、富起来到强起来的伟大飞跃。

勤劳智慧的中华民族是刚健有为守正创新的民族，悠久灿烂的中华文明是开放兼容欣欣向荣的文明，中华民族崇尚家国情怀，倡扬浩然正气，坚持"与时偕行"，是最清楚自己从哪里来要到哪里去的伟大民族。我们的民族自古就推崇大禹治水、愚公移山那样的人生态度，自古就倡扬"以天下为已任"的家国情怀。每遇危难，无论地震、洪水、瘟疫，还是外部的侵略、封锁、打压，总有大批志士挺身而出前赴后继地奋勇向前，总能万众一心地转危为机而多难兴邦。正如华为的任正非先生所说："除了胜利，我们别无选择！"在国庆七十周年的日子里，阳光灿烂鲜花盛开，到处都有人群挥舞着五星红旗，共同歌唱《我和我的祖国》，深情地唱出了人民与祖国同命运的共同心声。这种刚健自强的人生态度与爱我中华的人文情怀，就是我们民族世代相传的文化基因；中华民族强大的生命力与凝聚力，就是我们民族延绵发展五千年的基本动力。今天的中国，是在五千年悠久文明的基础上，和平崛起成功融入全球化的现代国家。"天戴其苍，地履其黄；纵有千古，横有八荒；前途似海，来日方长。"②在实现中华民族伟大复兴的事业中，自强不息厚德载物的民族精神必将会有不断丰富的发展，更为辉煌的发扬。

---

① 邓小平《中国共产党第十二次全国代表大会开幕词》，《邓小平文选》第三卷，第3页，人民出版社，1993年。

② 梁启超《少年中国说》，《饮冰室合集》第一册，中华书局，1989年。

（三）“中国”释义

《汉语大词典》是集大成的权威性辞书，但它关于“中国”一词的释义则值得商榷。该书的释义是这样的（例句略）：①

〔中国〕①上古时代，我国华夏族建国于黄河流域一带，以为居天下之中，故称中国，而把周围其它地区称为四方。后泛指中原地区。②犹国家，朝廷。③京师。④我国的专称。

这个释义似乎有两点不足：在各个义项的表述上，注意了语义所指而忽视了相对的语义场；在词义系列的安排上，注意了指称范围而忽视了义变的源流。另外，所立义项亦有欠妥之处，所举例句多不是始出句。

要给指称范围逐步扩大的词下定义，尤需兼顾共时和历时两个方面。共时而论，一个词的意义只有通过联系与它相关、相对的词的意义才能确定下来，即只有把它放在特定的语义场里才能从相对中确定其所指。正如上引孔颖达疏指出的那样，相对诸夏则“中国”就是京师，相对四夷则诸夏亦为“中国”；进而相对世界则“中国”即指中华了。显然，扩大后的范围包括了原义所指的地区，中原义的“中国”包括了京城、王畿，中华义的“中国”包括了中原、内地。历时以议，词义的范围扩大是一个历史范畴。“中国”无疑是一个历时的多义词，有着一个联系清楚的演变系列。虽一变再变，但义源义核始终不离一个“中”。天子所居的“中国”是位居中央的京城，内华外夷的“中国”是地处中原的诸夏，相对世界的“中国”就是屹立东亚的中华。词义演变的主要方式就是义的引伸，引伸的结果则是一词多义。“中国”一词指称范围不断扩大的过程，就是由一个有历史联系的引伸系列反映出来的。

综上所述，“中国”一词已见于《尚书》和周初的金文，但产生的年代当远早于西周。它最初是一个地点性名称，主要指相对于“天下”而位居中央的京城，并因京城为王者所居而引伸为直辖的王畿或领有的“天下”。春秋变革王室中衰，四夷交侵而争霸攘夷，本指京城的“中国”渐渐扩大到相对四夷的中原诸夏，并随着华夷交融诸侯兼并，进一步扩大到战国七雄所领有的内地。“中国”所指范围由京城而诸夏而内地的这一扩大性演变，始现于《左传》引用《诗经》“惠此中国”时语义的微妙变化，明确于东西南北以配夷戎蛮狄而与“中国”合成五方之对称在《管子》中的出现。秦皇统一中国，汉武开通西域，在长期民间交往的基础上开始了中外国际交流，“中国”一词亦由相对四夷的内地，很自然地扩大到相对于世界的中华。从汉唐到明清，历朝历代都以

① 《汉语大词典》第一卷，第606页，上海辞书出版社，1986年。

"中国"作为对外的通称。辛亥革命推翻封建帝制，废除朝代国名，"中国"才正式成为我们这个主权国家对内对外的专称。"中国"一词实在是汉语词汇史上词义扩大的典型，它的演变轨迹从语言学的角度，折射出了中国形成和发展的基本历史线索。

在开放的现代社会中，各国的国名已经成为普通词语而高频地出现在人们的语文生活之中。但目前的各种语文词典，一般不收指称国家的这类名词作词条。即使如《现代汉语词典》这样有影响的语文词典，也连"中国"一词都没有收入。当然，要用一句话来给一个国名下个简明的定义，确非易事。是否可以从民族、地理位置、文化特色三个方面来予以界定，并精心选取有关的始见句作例句。有鉴于此，笔者2002年在《说"中国"》的修改稿中，试将"中国"定义为"中华民族建立在亚洲东部的文明古国"。① 为了强调中国历久弥新的文化特色，这次增加了一个定语，改为"中华民族建立在亚洲东部并延续发展数千年的文明古国"，并由总而分、由源而流地对"中国"一词作出如下释义：

〔中国〕

①中华民族建立在亚洲东部并延续发展数千年的文明古国。《尚书·梓材》："皇天既付中国民越厥疆于先王。"《孟子·滕文公下》："当尧之时，水逆行氾滥于中国。"

②相对于诸夏而位居中央的京城，亦指直辖的王畿、领有的天下。西周青铜器铭《何尊》："武王既克大邑商，则廷告于天，曰：'余其宅兹中或（国），自兹乂民。'"《诗经·大雅·民劳》："惠此中国，以绥四方。"毛传："中国，京师也；四方，诸夏也。"

③相对于四夷而地处中原的诸夏，亦泛指中原、内地。《管子·小匡》："兵一出而大功十二，故东夷、西戎、南蛮、北狄、中国诸侯，莫不宾服。"《公羊传·哀公十四年》："西狩获麟，何以书？记异耳。何异耳？非中国之兽也。"

④相对于世界而屹立东亚的中华，汉代以降历朝的对外通称。《史记·西南夷列传》："（张）骞因盛言大夏在汉西南，慕中国，患匈奴隔其道。"《中俄尼布楚界约》："中国大皇帝钦差分界大臣领侍卫内大臣议政大臣索额图……。"

⑤我国对内对外的专称。《中华民国大总统孙文宣言书》："与我友邦益增睦谊，持和平主义，将使中国见重于国际社会。"毛泽东《在中国人民政协第一届会议上的开幕词》："占人类总数四分之一的中国人从此站立起来了！"

① 龚嘉镇《说"中国"》，龚嘉镇《汉字汉语汉文化论集》，第391页，巴蜀书社，2002年。

华夏民族的姓氏文化*

一、明血缘的“姓”与母系氏族

二、别贵贱的“氏”与父系氏族

三、华夏姓氏文化的深远影响

提要：姓氏是人类文化中标志人群血缘系统的“遗传”性符号。作为社会成员的主要标志，姓氏醒目地表示了一个人的家族系统和血缘关系。最早的姓来源于母系氏族的族称，这族称一般就是本氏族所崇拜的图腾或居住地；姓是用来“明血缘”的，表示同姓的人有着同祖同根的血缘家族关系。氏是姓所衍生的氏族分支，后来成为父系氏族首领的专称；再后来也成为贵族男子用以“别贵贱”的专称，这标志宗法身份的氏主要来源于封国、世系及先人的官职、采邑等。姓氏与民族文化的渊源很深。东周以后姓氏合一，其作用主要转为“明血缘”与“别婚姻”，姓氏对家族、婚姻制度及相关道德规范、社会文化的形成和发展，产生了深远的影响。华夏姓氏文化早已成为中华民族的一种文化基因。尊老爱幼重团圆的骨肉情与认祖归宗爱祖国的家国情，正在产生越来越大的内聚力，其中海外同胞的姓氏寻根就是一种至洁至真的文化认同和精神归宿。华夏姓氏文化中蕴涵着血浓于水的民族情结。

姓氏是人类文化中标志人群血缘系统的“遗传”性符号，每一个人都有自己与生俱来而一般不再选择的姓氏。姓氏是代表和识别社会成员的主要标志，醒目地表示了一个人的家族系统和血缘关系。“姓”起源于母系氏族社会，“氏”则是姓所衍生的分支，姓氏与民族文化的渊源很深。华夏姓氏文化的深入研究，使我们不仅可以进一步了解民族的起源史、婚姻制度的发展史和先秦

---

* 笔者2004年曾在台湾《国文天地》第20卷第7期上发表了《华夏民族的姓氏及其文化影响》，十多年后再以此题为文，写成了这篇《华夏民族的姓氏文化》。

宗法礼制等上古社会生态，而且还能够从中认识到姓氏文化对民族道德规范和民族凝聚力的深远影响。

一、明血缘的“姓”与母系氏族

“姓”的概念产生于远古的母系氏族社会，原本是代表母系氏族的族称。每个氏族都有自己的族名，这个族名就是后来的姓。姓的主要作用在于“明血缘”，是全体氏族成员与生俱来终生使用的，表示同姓的人就是同一位祖先的子孙。顾颉刚先生指出：“母系社会就是一切以母性为主”，而“母系社会的形成，主要原因是孩子不知道父亲是谁人。只知道生他和哺育他们长大的母亲。”① 原始社会的基本单位不是家庭而是氏族。不知其父而按母系来确定出生的血缘世袭关系，是母系氏族社会的基本特点。

最早的氏族是伴随着母系社会的开始而形成的。所谓母系氏族，就是主要以同一位女祖宗的女性后代为纽带所组成的血缘亲属集团。母系氏族是原始社会后期的基本社会单位，是实行族外群婚的血缘亲属群体。群体中的成员都是同一位女祖宗的后代，他们只知其母不知其父，共同生活集体劳动而财产公有，这样的人群就是母系氏族。

在云南丽江市宁蒗县与四川凉山州盐源县交界处的泸沽湖畔，居住着摩梭族人。他们就至今还有人保留着男不娶女不嫁，只有舅舅没有爸爸的走访婚生活（当地人称“阿夏婚”，“阿夏”即朋友），保持着以女为尊奉母为大，按母系计世系，子女从母居的母系氏族习俗，这里因而被誉为人类的最后一块母系氏族领地。

其实，保持这种母系氏族习俗的还有扎巴人。四川甘孜藏族自治州的道孚县和雅江县，位于雅砻江支流鲜水河的峡谷地带。居住在这里的扎巴人，至今也延续着当地人称“爬房子”的走婚习俗。扎巴人的房子是由石块砌成的碉楼，男子在白天与相中的“呷依”（“呷依”即情人）相悦相约，就可以在夜里攀墙爬入女子的闺房，天亮前再从窗口爬出去。男子取得了女方及其家庭的认可之后，就可从大门进入了。但即使结婚后，男子也大多仍然住在自己母亲的家庭中，以舅舅的身份帮助姐妹抚养子女。“扎巴、摩梭母系文化的核心与根基是母系大家庭。”其男走女居、暮聚晨离的走婚都严禁血缘婚，而他们的子女则隶属母亲的家庭主要由女方抚养。②

---

① 顾颉刚《中国史学入门》，第101—107页，中国青年出版社，1986年。

② 《奇特的走婚习俗》，中国甘孜网。赵心愚《中国西南扎巴人、摩梭人“走婚”的范围与界限》，西南民族大学《民族学刊》2018年第1期。

母系氏族社会这段史前文化，因考古发现、上古文献中的传说、古文字分析及一些民族的现实习俗而得以证实。古人视死为生，墓葬制度其实就是活人世界的影子。因此，墓葬的排列布局与随葬品的多少往往反映了死者生前的身份地位。约6千年前的仰韶文化墓葬较为清楚地反映了当时妇女在氏族中的地位。在陕西华县元君庙和华阴县横阵村发现的几十座迁移合葬墓，有的只有仰卧在中心的一个妇女是一次葬，而其余埋在她两侧的男女死者则是迁来的二次葬，是从别处迁来与她合葬在一起的。即使在生产力低下贫富差别不大的情况下，有些女性墓的随葬品也明显多于男性墓。这种以女性为中心的墓葬制度，表明了女性在母系氏族中的社会地位之高。①

"姓"原本是母系氏族的族称。各个氏族为了保持全体氏族成员的共同世系，起先都以自己所崇拜的图腾或居住地作为本氏族的标志或称号。这种来源于图腾和居住地的氏族称号，就是最早的姓。颇为神秘的是感生而得姓。其实就是所谓始祖母为图腾所感而孕育，后人就以这图腾作为氏族的姓。《论衡·奇怪篇》就有一段关于夏、商、周三代感生得姓的传说：

> 儒者称圣人之生，不因人气，更禀精于天。禹母吞薏苡而生禹，故夏姓曰姒；契母吞燕卵而生契，故殷姓曰子；后稷母履大人迹而生后稷，故周姓曰姬。②

这段话说的是，夏之所以姓姒，是因为夏的祖先大禹是他母亲（女嬉）吞食薏苡仁后怀孕而生的。"苡""姒"皆从"以"，仅改草头为女旁。商之所以姓子，是因为商的祖先契是他母亲（简狄）吞食燕子蛋后怀孕而生的。蛋就是卵就是子，今天仍有人称鸡蛋为鸡子儿。周之所以姓姬，是因为周的祖先后稷是他母亲（姜嫄）踩了巨人足迹有感而孕生下的。"姬，基也"（《广雅·释言》）；"基，墙始也"（《说文解字·土部》）。"墙始"就是墙脚，所以"姬"有足迹义。

夏祖大禹的出生有两种不同的传说。屈原的《天问》和《山海经·海内经》等，说鲧被天帝处死在羽山，尸体却不腐烂，三年后竟剖腹生下了大禹。《世本·帝系篇》和《吴越春秋·越王无余外传》等则说是女嬉吞食薏苡后，"意若为人所感"而孕，后剖胁生下了大禹。至于商、周二代祖先的传说就大同小异了。《诗经》中的《玄鸟》和《长发》、《吕氏春秋·音初篇》、《春秋繁露·三代改制》等都有关于商代祖先的传说。《诗经》中的《生民》和《閟宫》、屈原的《天问》、《吴越春秋·吴太伯传》等则谈到了周代祖先的出生。

---

① 林耀华主编《原始社会史》，第250页，中华书局，1984年；王玉哲《中华远古史》，第62页，上海人民出版社，2000年。

② 汉·王充《论衡》，第50页，上海人民出版社，1974年。

《史记·三代世表》说得更为清楚：

汤之先为契，无父而生。契母与姊妹浴于玄丘水，有燕含卵堕之，契母得，故含之，误吞之，即生契。……文王之先为后稷，后稷亦无父而生。后稷母为姜嫄，出见大人迹而履践之，知于身，则生后稷。

综合以上传说大概是这样，有娀氏有两个美丽的女儿在玄丘河中洗浴，天帝派玄鸟（即燕子）衔着卵飞来，姐姐简狄抢来吞吃了，于是就怀孕生下了商汤的祖先契。这就是《诗经·商颂·玄鸟》所唱的："天命玄鸟，降而生商。"邰氏之女姜嫄有一次去郊野游玩，看见很大的巨人足迹，就好奇地用脚去踩，不料刚一踏上就身有所感而孕，从而生下了周的祖先后稷。这就是《诗经·鲁颂·閟宫》所唱的："赫赫姜嫄……是生后稷。"

上古文献为我们留下了许多美丽的神话传说，这些神话传说具有很高的美学价值和认识价值。因为原始社会原本就是传说时代，而神话终究就是"人话"。它不仅形象地展示了远古的社会生活，而且也客观地反映了先民对世界的认识，上述神话传说就曲折地表达了先民对氏族起源的认识。女嬉食薏苡而产禹故夏姓姒，简狄吞燕卵以生契故商姓子，姜嫄践足迹则孕稷故周姓姬，这种"无父而生"感生得姓故子从母姓的传说，曲折而客观地反映了母系社会只知有母而呵天问父的那段极为漫长的历史。

汉字是一种连绵数千年不断的自源文字，最初的汉字都是据义构形造出来的。分析古文字字形，可以发掘出许多宝贵的古史材料，从而了解上古的有关社会情况和文化史实。"姓"字在甲骨文中就同现代汉字一样，是由"女""生"这两个字符构成的会意字。

《说文解字·女部》："姓，人所生也。古之神圣，母感天而生子，故称天子。从女，从生，生亦声。《春秋传》曰：'天子因生以赐姓。'"

许慎的这段释义，有人认为是仅作备考的唯心之说，这种看法其实是一种偏见。"人所生也"，明确地说明了姓的来源；"母感天而生子"，客观地记录了先民对氏族起源的认识；"天子因生以赐姓"，则介绍了周代封侯赐姓的宗法礼制。许慎的这段释义言简意赅，具有很高的文化史价值。清代徐灏的《说文解字注笺》亦确："姓之本义谓生，故古通作生。其后因生以赐姓，遂为姓氏字耳。"女生为姓而子从母姓，姓就是生，就是氏族的所生之源。后人则以姓作为母系氏族的族称而"明血缘"，姓也因此成为全体氏族成员及其子孙的公称了。汉字多达七八万，但最能令华夏女士引以为自豪的汉字，当莫过于这个女生为姓的"姓"字了。

许慎的《说文解字》成书于公元 121 年，是我国语言文字学史上第一部分析字形、说解字义、辨识声读的字典，计收小篆字近万个。其释义中明确指出是姓的字只有13个，内中的姜、姬、姞、嬴、姚、㚤、妘、嬿、㚔、娸11姓的字，就都从“女”旁。联系夏、商、周三代之祖那些所谓的古之神圣都由其母“感天而生”的传说，女生为姓这一古文字构形以及远古之姓字多从“女”的事实，说明了母系氏族社会确实是以女性为中心。

二、别贵贱的“氏”与父系氏族

“姓”和“氏”在现代汉语中是同义词，张氏就是姓张的，姓刘的就是刘氏。但是，上古的“姓”与“氏”虽有联系，却并不是一个概念。“姓”的概念产生于母系氏族社会，原本就是氏族的族称，其主要作用在于“明血缘”，是全体氏族成员与生俱来终生使用的。“氏”是姓所衍生的氏族分支，并在后来的奴隶社会中成为贵族男子用以标志宗法身份的专称，其主要作用在于“别贵贱”，并随着一个人社会地位的升沉而变化。“姓”与“氏”的这种区别，从一个侧面反映出了远古的社会发展和婚姻发展的历史。

人类社会是伴随着生产方式的进步而发展的。生产方式的发展不仅促进了社会组织形式的发展（原始群→氏族→国家），而且推动了婚姻家庭形式的进步（血缘婚→族外婚→专偶婚），而一定的婚姻形式则是一定社会形态的反映。自美国著名人类学家摩尔根（1808—1881）的《古代社会》一书问世以来，人们开始注重从社会生产方式入手来研究史前文化，开始注重利用现有土著部落的亲属制度来研究远古的婚姻、家庭状况了。人们运用历史比较法，通过大量远古文化现象的考察和民族学的调查研究，从而对人类的婚姻发展史有了较为清楚的认识。

最古老的原始人过着天然觅食的群居生活，保持着动物性质的杂乱性交，长期处于松散的原始群状态。随着社会生产力的缓慢发展与不同辈份之间乱婚关系的排除，这才逐步形成了具有同辈群婚关系而较为固定的血缘群体。而血缘婚的淘汰与族外婚的确立，则直接促成了氏族的产生，相互通婚的不同群体因此而进化为了氏族。所谓氏族，就是起源于同一个祖宗而实行族外婚的血缘亲属集团。由于族外婚毕竟还是群婚而子女不知其父，所以氏族的形成当然是从母系氏族开始的。中国境内处于旧石器时代晚期的山顶洞人，其体质特征就已与现代人基本一致，并已从松散的原始群进入母系氏族阶段了。

进入母系氏族社会之后，氏族之间的族外婚再进化为尚不固定的对偶婚，最后终于发展成为一夫一妻的专偶婚而进入父系氏族社会。随着社会生产方式的不断发展，社会财富不断增加，开始出现了男女的社会分工。男子在农牧业生产中逐渐居于主导地位，在氏族之间的争斗中往往发挥出更大的作用，而妇女则转而较多地从事非社会性的家务劳动。男女的社会地位逐步变换，终于由母系氏族社会发展而为父系氏族社会了。促成这一发展的重要原因是财富私有现象的普遍化，男子要把自己的财产传给自己的亲生子女。白寿彝先生指出："父系社会的重要标志，是在婚姻关系上更为牢固持久的一夫一妻制的出现，从而确定男子系统的延续。"①

随着生产力的发展与男子社会地位的提高，随着一夫一妻专偶婚的形成，人们开始按父亲的血统来确定亲属关系，以前按母系确认世系继承财产，逐渐变成了按父系确定世系继承财产。从此，男性成员的子女都改从父亲的氏族而从父生活了，父系氏族社会逐渐代替了母系氏族社会。一夫一妻制的确立使家庭开始成为社会的经济单位。私有财产的传承孕育了部落权力的世袭，终于在4千多年前的龙山文化晚期，建立了我国历史上第一个奴隶主王朝——夏。原始社会到此结束。

"同姓不婚"的禁忌源于母系氏族社会的族外婚时期，到了西周则成为当时婚姻制度中的一条严格规定，这也是女子称谓中一定要标姓的根本原因。《礼记·曲礼上》："取妻不取同姓，故买妾不知其姓则卜之。"不仅不能娶同姓女子作妻，就连买妾无法了解姓什么时，也要用占卜的方法来确定她是否与自己不同姓。"同姓不婚"固然是周代宗法礼制的需要，同时也因为古人很早就认识到了近亲婚配会产生不良后代的道理。"男女同姓，其生不蕃。"（《左传·僖公二十三年》）"同姓不婚，恶不殖也。"（《国语·晋语四》）这些极为可贵的认识说明，废止直系血亲婚姻，不仅是上古社会一个巨大的历史进步，而且是人类为了优生图存而迫不得已的选择。用美国人类学家摩尔根的话来说："没有血缘亲属关系的氏族之间的婚姻，创造出在体质上和智力上都更强健的人种。"

周王朝虽然建立在文王、武王时代，但周部族的历史却可以追溯到有夏时期的后稷。《诗经·大雅》中的《生民》，是一篇极富文化史价值的史诗，它记写了周部族兴起的历史，歌颂了周始祖后稷诞生的神圣及其发展农业的功德。《生民》全诗八章，现引其前三章如下：

厥初生民，时维姜嫄。生民如何？克禋克祀，以弗无子。履帝武敏歆，攸介攸止。载震载夙，载生载育，时维后稷。

诞弥厥月，先生如达。不坼不副，无灾无害，以赫厥灵。上帝不宁，不康禋祀，居然生子。

诞寘之隘巷，牛羊腓字之；诞寘之平林，会伐平林；诞寘之寒冰，鸟覆翼之。鸟乃去矣，后稷呱矣。实覃实吁，厥声载路。

姜嫄因踩了天帝的足迹而怀孕生下了后稷。她把生下的后稷扔到小路上，

---

① 白寿彝主编《中国通史纲要》，第43页，上海人民出版社，1980年。

就有牛羊庇护来喂奶；扔到树林里，又逢樵夫砍柴来照护；扔到寒冰上，鸟儿立即飞来展翅温暖他。显然，姜嫄的感天而孕，曲折地反映了母系氏族社会只知有母不知其父的那段历史；而屡“弃”不死的后稷，则成为了父系氏族社会代替母系氏族社会的一个象征。后稷之所以被周人奉为始祖奉为农神，大概因为周人就是从农业已经相当发达的后稷时代才开始进入父系氏族社会的。

一夫一妻专偶婚是建立在父权制确立和私有制出现这一基础之上的。为了确保男子血统的延续和亲子继承财产，这种专偶婚一开始就单方面要求妻子绝对忠贞而对男子则并无约束。所谓的一夫一妻专偶婚，实质上就是一夫一妻多妾制。相传尧就把他的两个女儿同时嫁给了舜。事见《烈女传·卷一》：

有虞二妃者，帝尧之二女也，长娥皇，次女英。……舜既嗣位，升为天子，娥皇为后，女英为妃。……舜陟方，死于苍梧，号曰重华。二妃死于江湘之间，俗谓之湘君。[①]

屈原的《湘君》《湘夫人》就是以此为题材写成的优美诗篇。郭沫若先生1920年创作的诗剧《湘累》，也部分取自这一题材。《湘累》中娥皇、女英为舜所唱的下列诗歌，写得尤为凄美深情，是现代爱情诗的经典。此诗的意境及其核心句，显然借鉴了古代第一情诗《候人歌》的手法。[②] 娥皇、女英的“还不回来呀”，与涂山之女呼唤大禹的“候人兮猗”，都是望眼欲穿撕心裂肺的呼喊。

泪珠儿要流尽了，爱人呀，还不回来呀？我们从春望到秋，从秋望到夏，望到水枯石烂了！爱人呀，回不回来呀？

我们为了他——泪珠儿要流尽了，我们为了他——寸心儿早破碎了。层层锁着的九嶷山上的白云哟，微微波着的洞庭湖中的流水哟，你们知不知道他？知不知道他的所在哟？

九嶷山上的白云有聚有消，洞庭湖中的流水有汐有潮。我们心中的愁云呀，啊！我们眼中的泪涛呀，啊！永远不能消，永远只是潮！（郭沫若《女神·湘累》）

据说尧嫁二女给舜，就是周代盛行的媵制的起源。这种制度规定，贵族女子出嫁，须有同姓的妹妹和侄女随同出嫁。随嫁的女子就叫“媵”，媵与妻的关系是主从关系。自此之后，一夫一妻多妾的婚姻制度居然就合法地持续了数千年之久。可见男尊女卑的一夫一妻专偶婚与今天男女平等的一夫一妻制并不

① 汉·刘向《烈女传·母仪传·有虞二妃》，刘向《烈女传》，第1页，上海会文堂书局，1910年。

② 战国·吕不韦编著《吕氏春秋·音初》：“禹行功，见涂山之女。禹未之遇而巡省南土。涂山氏之女乃令其妾候禹于涂山之阳。女乃作歌，歌曰：‘候人兮猗。’实始作为南音。周公及召公取风焉，以为‘周南’、‘召南’。”

就是一回事。

各个氏族为了保持全体氏族成员的共同世系，都以自己所崇拜的图腾或居住地作为本氏族的标志或称号。中华民族自古以来就敬奉炎帝、黄帝为自己的祖先。传说炎帝、黄帝发祥于西北的黄土高原，先后迁徙到黄河中下游流域，逐步发展成为两个大部落。他们和其他部落一起，通过不断地交融繁衍，共同缔造了华夏民族，共同开创了华夏文明。黄帝是有熊氏族的首领，而炎帝则属姜姓部落，这两个部落在母系氏族社会时所崇拜的图腾，就分别是熊和羊。“羌/姜”二字古通用，“羌”从羊从人，意指“西戎牧羊人也”。“羌”下边的“人”，后改作“女”而字遂为“姜”。“图腾”一词出自北美的印第安语，本意就是“他的亲族”，原始社会的人们是把图腾视为氏族之源和保护神的。另一种传说是，“昔少典娶于有蟜氏，生黄帝、炎帝。黄帝以姬水成，炎帝以姜水成，成而异德，故黄帝为姬，炎帝为姜。”（《国语·晋语四》）这种来源于图腾和居住地的氏族称号，就是最早的姓。姓的主要作用在于“明血缘”，表示同姓的人就是同一位祖先的子孙。

社会生产的发展与人口繁衍，使氏族的活动区域逐步扩展，原来的氏族不断分化出新的支系。一个姓分化出来的“旁支别属，则各自立氏”。氏者，姓之分也。当时的父系氏族都称之为“氏”，“氏”也就成了氏族首领的专称。所谓“三皇五帝”中的五帝，就是父系社会中五个部落联盟的首领：黄帝号称轩辕氏，颛顼号称高阳氏，帝喾号称高辛氏，尧号称陶唐氏，舜号称有虞氏。（“五帝”有三种说法，此从《史记·五帝本纪》）在夏、商、周三代，“氏”则成为贵族男子的专称。

宋代的郑樵在《通志·氏族略》中指出：“三代之前，姓氏分而为二：男子称氏，妇人称姓。氏所以别贵贱，贵者有氏，贱者有名无氏。”① 王国维先生认为：“男女之别，周亦较前代为严。男子称氏，女子称姓，此周之通制也。”② 在以男子为中心的周代，女子只称姓而不称氏，这是因为姓是表示自己生于某氏族的标志，起着“明血缘”而“别婚姻”的作用。贵族女子在婚前婚后、生前死后虽有不同的称法，但都必须带上姓。待嫁的女子一般在姓前冠以孟（伯）、仲、叔、少（季）等排行，民间传说中哭倒长城的孟姜女，其原型本是齐庄公时大夫杞梁的妻子，系姜姓长女故称孟姜女。出嫁后有的在姓前冠以出生国的国名，周幽王烽火戏诸侯以博一笑的宠妃褒姒，就是姓姒的褒国

---

① 宋·郑樵《氏族略》，郑樵《通志略》，第1页，上海古籍出版在，1990年。

② 王国维《殷周制度论》，王国维《观堂集林（外二种）》，第241页，河北教育出版社，2003年。

人；有的则在姓前冠以丈夫受封国的国名，天生丽质的息夫人被楚文王灭国强占，直到为文王生了两个儿子之后也一直郁闷“未言”，她本是妫姓的陈国人，初嫁息君故称之为息妫。女人死后就在姓前冠以自己或丈夫的谥号，鲁桓公的夫人是齐襄公之妹，死后称文姜，“文”是她的谥号“姜”是她的姓；郑庄公的母亲死后称武姜，“武”是她丈夫郑武公的谥号，而她是姜姓的申国人。

“男子称氏”并非没有姓，而是因为单称祖宗之姓已经不能表示自己现有的宗法身份和社会地位了。卫、晋、鲁、燕、蔡、曹、郑等国诸侯都是周天子的子弟，这些国家的公族都与周天子同姓“姬”，这是人所共知的，而氏才是一个贵族男子现有宗法身份的标志。总之，“氏”是由“姓”衍生出来的氏族分支，也用作氏族首领的专称，并在后来的奴隶社会中相沿成为标榜贵族男子宗法身份的特有标志。

周代的姓氏制度十分严密，它是当时宗法封建世族制度的重要组成部分。《左传·隐公八年》有段文字对此作了说明：

天子建德，因生以赐姓，胙之土而命之氏。诸侯以字为谥，因以为族；官有世功，则有官族；邑亦如之。

这段话说的是周天子如何封诸侯、诸侯如何封大夫及其赐姓命氏的规定。西周的贵族包括天子、诸侯、大夫和士四个等级。大夫的采邑叫“家”，诸侯的封地叫“国”，而“溥天之下，莫非王土”（《诗经·小雅·北山》）。“天下之本在国，国之本在家。”（《孟子·离娄上》）封建的根本在于宗法，故“天子建国，诸侯立家”。（《左传·桓公二年》）正是通过天子封诸侯、诸侯封大夫这样层层分封建国立家，从而建立起一个等级森严嫡长世袭的庞大宗法系统。如上文所述，远古之姓主要有两个来源：或因其祖感生之源（即图腾）而得姓，或因其祖居住之地而得姓。在周代，则由天子分封诸侯因生赐姓胙土命氏了。“胙土”就是分封土地，“命氏”就是以封国之名作为他的氏。如被封为鲁侯的伯禽是周公旦的长子，即从父姓姬，并据封国命为鲁氏；被封为宋公的微子启是商王帝乙的儿子，即从父姓子，并据封国命为宋氏；姜太公吕尚出自姜族，则姓姜而据封国命为齐氏了。至于周王别子则以“王子”为氏，王子之子则以“王孙”为氏了。

诸侯的子孙一般以世系或封国为氏。子孙在封国之内时，“诸侯之子称公子，公子之子称公孙，公孙之子不得祖诸侯，乃以王父（即祖父）之字为氏。”（《左传·隐公五年》孔疏）如郑国为姬姓，郑穆公有个儿子叫公子去疾字子良，公子去疾的儿子叫公孙辄字子耳，公孙辄的儿子则以祖父公子去疾的字为氏叫良霄了。《左传·昭公七年》：“良霄，我先君穆公之胄，子良之孙，子耳之子。”三辈人分别以“公子”、“公孙”、祖父的字为氏，这就分明地表示了各自在封国中的宗法地位。如果子孙离开封国，则以封国为氏。战国著名法家商君，原本姓姬名鞅，是卫国公族的庶孙，故以世系为氏叫公孙鞅；离卫赴秦后，则以故国为氏叫卫鞅；后被秦孝公封之于商，又以采邑为氏叫商鞅。

卿大夫的子孙一般以先人的采邑、官职或自己的居住地为氏。如三分晋国的韩、赵、魏三家，就是以先祖受封的采邑为氏的：造父受封于赵城，他的后代就以赵为氏；武子受封于韩原，他的后代就以韩为氏；毕万受封于魏，他的后代就以魏为氏了。以先人所任官职为氏的，则典型莫过于司马氏、司徒氏、中行氏了。至于以居住地为氏的，如秦国大夫百里奚祖居于百里，就以百里为氏；郑国大夫颍考叔曾在颍谷任封人（掌管封疆的官），就以颍为氏了。氏是用来表示地位身份的，但某种身份并非某一个人所独有，而一个人的地位也很难不发生变化。这就是顾炎武所说的："男子称氏，女子称姓。氏一再传而可变，姓千万年而不变。"① 明乎此，就会知道先秦文献中为什么不仅父子不同氏，而且一人可以有多氏的原因了。

《左传·隐公八年》这段话，指出"明血缘"的姓是根据出生而赐的，而"别贵贱"的氏则来源于封国、世系、祖父的字以及先人的官爵、采邑、居住地。其实，这虽然是当时姓氏的主要来源但还远不是全部。宋代郑樵在《通志·氏族略》中就总结了 32 种之多。如有以百工技艺为氏的，巫氏、卜氏、陶氏、屠氏就分别因从事巫祝、占卜、陶冶、屠宰业而得氏。更有大量氏来自少数民族姓氏的汉化，早期的有狄氏、翟氏、戎氏等，两汉以后则有出于鲜卑族的慕容氏、宇文氏，出于匈奴的单氏、呼延氏等等。

战国时期社会发生大变革，到秦始皇统一中国，封建制度已经确立，反映奴隶主贵族宗法统治的那一套姓氏制度也随之衰落。氏不再作为标榜贵族身份的标志，姓与氏之间的区别逐渐消失，一般平民开始有了自己的姓氏。正因为如此，西汉中期的司马迁也常常忽视了先秦时代姓与氏的区别。孔子曾说自己是"殷人也"（《礼记·檀弓上》），他的先祖在周初被封于宋，本姓子。至孔子的六世祖孔父嘉之后，因"五世亲尽，别为公族"，就援例用孔父嘉的字"孔"来作为后世子孙的氏。（《史记·孔子世家》索隐）可见孔子姓子，孔不过是他的氏罢了。这就如屈原姓芈，屈是他的氏一样；因为楚国的屈、景、昭三大族皆"楚之同姓也。"（《史记·屈原贾生列传》）但《史记》却说孔子"字仲尼，姓孔氏"。顾炎武认为："姓、氏之称，自太史公始混而为一。"② 其实，姓氏

① 清·顾炎武《日知录·卷二十三·氏族》，顾炎武著、黄汝成集释《日知录集释》，第 798 页，岳麓书社，1994 年。

② 清·顾炎武《日知录·卷二十三·氏族》，顾炎武著、黄汝成集释《日知录集释》，第 798 页，岳麓书社，1994 年。

合一是历史发展的必然。经过春秋战国的社会巨变，尤其在秦灭六国之后，从周王子、诸侯公子到庶姓贵族及其后裔，都失去了贵族身份而成为了秦的臣民，“氏别贵贱”的社会基础早已荡然无存。司马迁的这一疏忽，正好说明了姓与氏在汉代已完全融为一体了。先秦时代由同一个姓派生出来的不同氏，逐步演变成为后来的异姓。如孔子本子姓孔氏，其后人就据氏而姓孔；屈原本芈姓屈氏，其后人亦据氏而姓屈了。

随着社会的发展，共同生活共同生产的基本社会单位，已不再是氏族而是家庭了。但是，以血统关系为纽带的父系氏族制，却以宗族、家族的形式而长期保留。《尔雅·释亲》：“父之党为宗族。”宗族就是父系血缘亲属系统。商周二代所实行的宗法分封制度，《红楼梦》所展示的贾氏封建家族，就说明了父系氏族制不仅保留在奴隶社会的国家组织形式中，而且还顽固地保留在封建社会的家族关系上。

三、华夏姓氏文化的深远影响

姓氏与民族文化的渊源很深。东周以后姓氏合一，其作用主要在于“明血缘”和“别婚姻”，所以姓氏对家族、婚姻制度及相关道德规范、社会文化的形成和发展，影响特别深远。

今天的现实是历史的发展，当我们一分为二地扬弃了“父纲至上”“男尊女卑”等封建糟粕之后，就会发现现实生活中竟有那么多社会现象与姓氏文化有着一脉相承的内在联系。古代的“同姓不婚”中显然就内涵着某种优生优育的认识，家族中的“尊尊亲亲”已从积极方面弘扬为尊老爱幼的社会风尚，孝敬父母、忠爱祖国这种血浓于水的感情产生了越来越大的内聚力，而海外赤子的“寻根认祖”热无疑就是一种至洁至纯的民族情结。寻根认祖是人类共同的天性，姓氏寻根是一种由衷的文化认同和精神归宿。五千年悠久灿烂的中华文明，使我们的民族有着比其他民族更为强烈的寻根意识。全世界的华人都认同自己是炎黄子孙，中华姓氏文化是中华文明的文化基因。

“明血缘”的“姓”起源于只知其母不知有父的母系氏族社会，但是，传世文献中的姓氏一般已是立足父系遗传的“基因”，其所反映的就是父系血统。中国的姓氏历史悠久，古今姓氏多达 23000 多种，汉族中的大姓大多源自春秋战国时期形成的“氏”。中国的姓氏人口具有两大特点。一是人口多集中在少数大姓之中，二是姓氏的地区分布具有显著的统计性规律。

袁义达先生长期从事中国姓氏群体遗传学研究，长期从事中国姓氏基本状况的摸底调查研究。他的调查研究表明：中国历史上大约有一半的人一直集中在十八九个大姓人群中。中国北方地区以王姓为第一大姓，其次是李、张、刘；南方地区以陈姓为第一大姓，其次是李、黄、林、张；处于南北过渡型的长江流域，则以李姓为第一大姓，其次是王、张、陈、刘。①

公安部户政管理研究中心依托覆盖全国近14亿人口的人口信息系统，采用大数据技术，对2018年公安机关登记的全国姓氏等情况进行了统计分析。该中心于2019年1月30日权威发布了《二0一八年全国姓名报告》。统计显示，目前全国在用姓氏共计6150个。人数最多的前“百家姓”，占全国户籍人口总量的近85%。其中有23个姓的户籍人口数量超过了一千万，王、李二姓人口则超过一亿，合计7.97亿，占全国户籍人口总量的57%。② 报告中的有关数据详见下列两表：

表一：2018年的“百家姓”

1王	2李	3张	4刘	5陈	6杨	7黄	8赵	9吴	10周
11徐	12孙	13马	14朱	15胡	16郭	17何	18林	19高	20罗
21郑	22梁	23谢	24宋	25唐	26许	27邓	28韩	29冯	30曹
31彭	32曾	33肖	34田	35董	36潘	37袁	38蔡	39蒋	40余
41于	42杜	43叶	44程	45魏	46苏	47吕	48丁	49任	50卢
51姚	52沈	53钟	54姜	55崔	56谭	57陆	58汪	59范	60廖
61石	62金	63韦	64贾	65夏	66傅	67方	68邹	69熊	70白
71孟	72秦	73邱	74侯	75江	76尹	77薛	78阎	79雷	80龙
81黎	82史	83陶	84贺	85毛	86段	87郝	88顾	89龚	90邵
91覃	92武	93钱	94戴	95严	96莫	97孔	98向	99常	100汤

表二：人数上千万的23个大姓 人数单位：万

1王	2李	3张	4刘	5陈	6杨	7黄	8赵	9吴	10周	11徐	12孙
10150	10090	9540	7210	6330	4620	3370	2860	2780	2680	2020	1940
13马	14朱	15胡	16郭	17何	18林	19高	20罗	21郑	22梁	23谢	合计
1910	1810	1650	1580	1480	1420	1410	1400	1280	1100	1050	7.97亿

中国早在甲骨文中就有关于家族世系的记载，但真正的谱牒起于周代。谱

① 袁义达、张诚《中国姓氏：群体遗传和人口分布》，第49—57页，华东师范大学出版社，2002年。

② 《〈二〇一八年全国姓名报告〉权威发布》，中国警察网2019年1月30日。

牒是专门记载各个姓氏家族子孙世系传承的文献，最初多写在木简上而称“牒”，后来则一般称“谱”。隋代以降的皇室家谱相沿称“玉牒”，民间家谱则多称“族谱”“宗谱”。

太史公曰：五帝、三代之记，尚矣。自殷以前诸侯不可得而谱，周以来乃颇可著。①

《汉书·艺文志》：《世本》十五篇。古史官记黄帝以来迄春秋时诸侯大夫。②

“谱起周代”，已知最古者当推成书于周代的《世本》。它是先秦史官续修的一部记载“黄帝以来迄春秋”时期帝王及诸侯大夫世系的官修文献。此书在宋代已经散佚，今天所见的《世本》是后人的辑录本。随着历史的发展，谱牒由官修变为私修。战国时期的《春秋公子血脉谱》，开启了我国家族史籍以“谱”为名的先河，其“血脉”二字形象地揭示了家谱作为血缘系谱的特点。

我国历代编修的家谱多达数以万计，一直散藏在海内外的众多图书馆与私人手中，其中以上海、北京、台湾及美国犹他州的图书馆收藏最多。上海图书馆经过长达八年的多方搜集与精心编纂，在2008年出版了《中国家谱总目》。这部提要式的家谱目录，是一项备受海内外关注的浩大文化工程，得到了海内外614家中国家谱收藏单位、数以千计的私人家谱收藏者的大力支持。全书10册计1200万字，共收录了608个姓氏的52401种中国各民族的家谱，首次将全世界范围内保存的中国家谱（收至2003年）汇编成目，为全球华人寻根问祖提供了一份较为完整的“路线图”。③

清代著名史学家章学诚认为：“夫家有谱，州县有志，国有史，其义一也。”④ 家谱与方志、正史虽然处于不同的史料层面，但都具有宝贵的文化史价值和历史学价值。家谱具体地记载了各姓氏及其支系血亲系统的姓氏源流、宗族世系、家族迁徙及其有关人文历史。一部家谱就是一个家族的文化发展史。历代编修的众多家谱，是中国特有的文化遗产，是中华民族历史文化的重要组成部分。家谱不仅是研究人群血缘关系、人群融合与人口迁移等群体遗传学课题的重要材料，而且是研究异地文化交融发展的宝贵材料。崔荣昌先生利用大量方志史料和多年收集的177份家谱，从四川移民史入手来研究四川方言与巴蜀文化，进而探讨了巴蜀语言文化与中原语言文化的融合发展过程。⑤ 目前，姓氏文化研究

① 汉·司马迁《史记·三代世表》，《史记》，第86页，中州古籍出版社影印本，1991年。

② 汉·班固《汉书·艺文志》，《汉书》，第287页，中州古籍出版社影印本，1991年。

③ 上海图书馆编、王鹤鸣主编《中国家谱总目1》，第1—13页，上海古籍出版社，2008年。

④ 清·章学诚《为张吉甫司马撰大名县志序》，《章氏遗书》第10册，文物出版社影印本。

⑤ 崔荣昌《四川方言与巴蜀文化》，四川大学出版社，1996年。

正在不断深入，尤其是在姓氏群体遗传学和中国文化史的研究领域中发展更快。

“姓”原本表示的是母系血统关系，后转而表示父系血统关系。所谓“同姓即同祖”的内涵，也由同姓即同老祖母转为同姓即同老祖父了。但是，夏商周三代以降已经两千多年，中国的人口已达十四亿之多。由于年代久远辗转迁徙，加之姓氏的来源复杂屡有变易，所以同姓未必同祖，异姓未必异源。北魏孝文帝迁都洛阳实行改革全面汉化，其中一条就是带头把皇族的姓由“拓跋”改为“元”，把自已的姓名由“拓跋宏”改为“元宏”，计有118个鲜卑复姓改为音近的单音汉姓。

明代七下西洋的三保太监郑和，本是姓马的回族人，因随明成祖起兵有功而赐姓“郑”。红巾军将领明玉珍在元代末年据蜀而称“大夏”帝，后世子孙为避祸就改姓为了“甘”。满族的塔拉切氏据译音改为姓“唐”，倭赫氏则据译义而改姓“石”。在现代社会，子女可随父姓也可随母姓。可见，姓氏也是可以因人因事因时因地而改变的。恐怕正是基于这种认识，现在的字典、词典在解释“姓”时，才避而不谈血缘关系，而用“标志家族系统的称号”来定义“姓”了。其实，“家族系统”何尝不是血缘系统。中国人特别讲究“行不更名，坐不改姓”，没有特别的原因是既不改姓，也不随母姓的。历史地看，宏观地讲，改作他姓或跟从母姓的情况所占的比例很小，中国人的姓一般是依从父系血统一代一代往下传的。就大多数人来说，同姓仍然意味着同祖同源。尽管这“祖”并非就是所谓的始祖，其“源”也已经十分久远，但其间到底还存在着生生不息的血缘联系。

家庭是由共同生活的血亲成员和姻亲成员构成的社会单位，这种血亲、姻亲关系延续扩展成为亲族系统。华夏民族很早以来就形成了一套完整的亲族称谓，这套称谓有着深厚的文化内涵，它从父系母系、直系旁系、辈伦长幼三个方面，把各种亲族关系区分得清楚明白一目了然。称作“姑”的人就是父系、旁系、父辈的女性，称作“舅”的人则是母系、旁系、母辈的男性。从遗传学的角度讲，血亲就是具有血缘关系的亲属，他不仅包括同姓的父系亲属，而且包括异姓的母系亲属；近亲则是血缘关系比较近的旁系血亲，他不仅包括同姓的叔伯堂亲，而且包括异姓的姑舅姨表亲。我们当然不能用今天的认识去苛求古人，对于古代的“同姓不婚”，只要扬弃了它的封建宗法糟粕，人们仍可从中得到极为有益的启示：为了提高民族的人口素质，确实应该杜绝近亲婚姻，实行优生优育。这不仅成为现代社会的共识，而且严肃地写进了国家的《婚姻法》：禁止“直系血亲和三代以内的旁系血亲”结婚。

爱情，是世界文化中共同的永恒主题，但中华民族文化中还有一个永恒的主题，这就是团圆。人们由衷地希望民族昌盛阖家团聚，“花好月圆人长寿”

因而成为中华民族最美好的愿望。“每逢佳节倍思亲。”（唐·王维《九月九日忆山东兄弟》）中国的传统节日具有极大的内聚力，逢年过节特别注重团圆。八月十五的月亮最明亮最圆满，阖家赏月过中秋，过的就是一个“但愿人长久，千里共婵娟”。（宋·苏轼《水调歌头》）一元复始的春节最祥和最红火，四方游子赶回家，赶的就是一个辞旧的团年饭，迎新的全家福。即使是“一年将尽夜，万里未归人”（唐·戴叔伦《除夜宿石头驿》），也要写一封家书，打一个电话：叫一声爹娘，报一句平安。

中国传统文化中最具凝聚力的盛大节日是春节，这红红火火过大年的“年”，源于上古岁末报谢众神的蜡（音 zhà）祭。几千年来，过年的活动内容与欢庆形式递有发展，但祈年祝福团圆迎新的主题却亘古不变而表现得更为热烈。中央电视台从 1983 年开始接连举办了 30 多年的春节联欢晚会。在辞旧迎新的除夕夜，晚会利用现代电讯手段以跨越时空，把喜气洋洋闹新春、亲情浓浓全家福的民族人文氛围传送到了天南海北，使一年一度的春节联欢晚会成为了全国各族人民和全世界华人同欢同庆的大聚会。

血缘关系是人类社会中最原始最基本的系联纽带，骨肉亲情是人类文化中最天然最深厚的美好感情。中国人姓氏的传承具有悠久的连续性与超强的稳定性，独特的姓氏文化对中华民族的凝聚力发挥了不可估量的促进作用。君不见大年初一开锅煮的就是“团团”的汤圆，八月十五家家吃的都是“圆圆”的月饼，无论何时何地，无论于国于家，中国老百姓最珍贵的就是这个“团团圆圆”！在鸦片战争以降列强入侵的近百年间，面对亡国亡种的民族危机，“全体中国人皆为炎黄子孙”逐步成为中华民族的共识，“炎黄子孙”随之成为中国人增强民族凝聚力的一面旗帜。

中华民族自古以来就推崇大禹治水、愚公移山那样一种自强不息刚健有为的人生态度，自古以来就推崇厚德载物和而不同的人文精神，特别强调人在家庭与社会中应尽的义务。孟子提倡“老吾老以及人之老，幼吾幼以及人之幼”（《孟子·梁惠王上》）；范仲淹呼吁“先天下之忧而忧，后天下之乐而乐”（《岳阳楼记》）。前者说的是尊老爱幼的美德和爱心，后者讲的是忧国忧民的担当与正气。生于斯长于斯的炎黄子孙，在五千年的文明进程中，很早就孕育了这种与生俱来的情结，培养了这种与日俱增的责任感，并从中升华为无与伦比的民族凝聚力。

1962 年 1 月 24 日，国民党元老于右任先生（1879—1964）在台湾写了一首《望故乡》。他在日记中特别说明：“我之故乡是中国大陆。”

葬我于高山之上兮，望我故乡；故乡不可见兮，永不能忘。
葬我于高山之上兮，望我大陆；大陆不可见兮，只有痛哭。
天苍苍，野茫茫，山之上，国有殇！

于右任先生在83岁时写的这首诗，强烈地表达了在有生之年不能见到两岸统一的极度失望，深沉地诉说了飘泊海岛的老人们对故乡对大陆的无尽眷恋。生前未能叶落归根，死后也要遥望故乡，这真是一首椎心泣血的怀乡绝唱。

离开大陆二十多年的余光中先生，1971年在台北泪流满面地写出了《乡愁》。

小时候，乡愁是一枚小小的邮票。我在这头，母亲在那头。

长大后，乡愁是一张窄窄的船票。我在这头，新娘在那头。

后来啊，乡愁是一方矮矮的坟墓。我在外头，母亲在里头。

而现在，乡愁是一湾浅浅的海峡。我在这头，大陆在那头。

余光中先生“用最单纯的语言写最单纯的意念”，由亲情、爱情一步一步地写到家国情，由衷地抒发了万千海外游子绵长的思乡之情。《乡愁》在全球华人中引发了强烈的共鸣，经典地成为全体炎黄子孙共有的思乡曲。

在香港即将回归祖国的1983年，香港的黄沾先生创作了《我的中国心》。他为祖国的强大而无比自豪，直抒胸臆地表达了海外游子对祖国的强烈认同与无限热爱。

……洋装虽然穿在身，我心依然是中国心，我的祖先早已把我的一切烙上中国印。长江，长城，黄山，黄河，在我胸中重千斤。不论何时，不论何地，心中一样亲。流在心里的血，澎湃着中华的声音，就算生在他乡也改变不了我的中国心。……

在中央电视台1984年的春节联欢晚会上，张明敏演唱的《我的中国心》，深情、激昂、壮阔，现场观众和电视机前的全球华人无不为之心潮澎湃热血沸腾。“一寸丹心图报国，两行清泪为思亲。”（明·于谦《立春日感怀》）“几度乘风问起居”（宋凌云《忆父》），“每依北斗望京华”（杜甫《秋兴》）。中国心，家国情，永远是我们民族最为厚重的人文情怀。

“参天之木，必有其根；怀山之水，必有其源。人之有祖，亦犹是焉。”（清·张澍《姓氏寻源》）“明血缘”的姓与民族文化的渊源十分深厚，很早就从中孕育出了与生俱来的民族认同感。寻根认祖是人类共同的天性，姓氏寻根祖先崇拜是一种至为由衷的文化认同和精神归宿。五千年悠久灿烂的中华文明，使我们的民族有着比其他民族更为强烈的寻根意识。近代的百年苦难与当代的和平崛起，使今天的中华民族有着比过去更强的民族凝聚力。越是远在天边异国，越是久居海外他乡，那种思源寻根认祖的赤子亲情就越是深沉，越是厚重。而这“根”这“祖”的遗传性标志之一就是“姓”：中国姓氏文化中蕴涵着血浓于水的民族情结。

龚嘉镇论著目录

一、 专著与论文集

《现行汉字形音关系研究》，24 万字，国家社会科学基金项目成果，湖北人民出版社，1995 年。

《汉字的记词方式与结构功能》，56 万字，巴蜀书社，2018 年。

《汉字的记词方式与结构功能（增订本）》，70 万字，巴蜀书社，2021 年。

《古汉语散论》，19 万字，陕西人民教育出版社，1992 年。

《汉字汉语汉文化论集》，32 万字，巴蜀书社，2002 年。

《龚嘉镇文字文化论文选》，44 万字，巴蜀书社，2008 年。

《汉字演变文化源流》，参加撰写，广东教育出版社，2012 年。

二、 汉字学论文

《部首“彡”的类意义》，上海辞书出版社《辞书研究》1992 年第 1 期。

《论假借、通假及假借在汉字发展史上的地位》，《古汉语散论》，陕西人民教育出版社，1992 年。

《汉字形音关系概说》，香港中国语文学会《语文建设通讯》第 46 期，1994 年。

《现行同音字分析》，华中理工大学《语言研究》1994 年增刊。

《现行多音字分析》，香港中国语文学会《语文建设通讯》第 45 期，1994 年。

《现行声符表音功能分析》，西南师大汉语史研究室编《汉语史论文集》，西南师大出版社，1995 年。

《现代汉字学研究方法刍论》，　《汉字汉语汉文化论集》，巴蜀书社，2002 年。

《现代汉字特点论》，香港中国语文学会《语文建设通讯》第 53 期，1997 年。

《古今字说》，新加坡国立大学中文系学报《学丛》第五期，2000 年。

《〈现代汉语·文字〉内容浅议》，《汉字汉语汉文化论集》，巴蜀书社，2002 年。

《论汉字的性质、功能与规律》，南开大学《文字学论丛》第二辑，崇文书局，2004 年。

《汉字的性质与汉字的缺点》，香港中国语文学会《语文建设通讯》第 75 期，2003 年。

《论汉字的功能》，香港中文大学《中国语文通讯》第 70 期，2004 年。

《论汉字的规律》，香港中文大学《中国语文通讯》第 75 期，2005 年。

《关于新时期汉字规范问题的思考》，中国社会科学院语言研究所《中国语文》2005 年第 6 期。

《汉字规范与“规范汉字”》，李宇明、费锦昌主编《汉字规范百家谈》，商务印书馆，2004 年。

《海峡两岸用字的异同与 21 世纪的“书同文”》，华东师大《中国文字研究》第五辑，2004 年。

《人民币所用汉字的规范化进程》，《龚嘉镇文字文化论文选》，巴蜀书社，2008 年。

《刘又辛先生的语言文字研究》，华东师大《中国文字研究》第十辑，2008 年。

《汉字研究的历史探索》，南开大学《说文学研究》第三辑，江西教育出版社，2008 年。

《形声字“楊”不能拆分为“木一易”》，上海辞书出版社《辞书研究》2009 年第 6 期。

《也说假借的性质与历史作用》，向光忠主编《说文学研究》第四辑，线装书局，2010 年。

《也说通假的性质、外延与判释原则》，向光忠主编《文字学论丛》第五辑，线装书局，2010 年。

《试论汉字起源的探索》，华东师大《中国文字研究》第十五辑，2011 年。

《论指事字的构形表意及“兼书说”》，四川大学《汉语史研究集刊》总第十五辑，巴蜀书社，2012 年。

《〈文字学刍论〉龚序》，向光忠《文字学刍论》，商务印书馆，2012 年。

《〈文字学刍论〉——汉字研究的治学路径》，中国社会科学院《中国社会科学报》2013 年 4 月 15 日。

《汉字核心字根的构形表意及其历史演变》，华东师大《中国文字研究》总第十八辑，2013 年。

《论会意字的构形表意与历史进步》，《中国训诂学研究会 2014 年学术年会论文集》，中国训诂学研究会，2014 年。

《论汉语字词的语用频率及其分布规律》，华东师大《中国文字研究》第二十六辑，2017 年

《论汉字部首法的发展源流与现代规范》，《〈康熙字典〉学术研讨会论文集》，即将出版。

三、语法·音韵·训诂论文

《互训·互文·变文》，杭州大学《语文战线》1983 年第 10 期。

《从〈出师表〉看古汉语中介宾词组的位置》，山西师大《中文自学考试辅导》1985 年第 4—5 期。

《古汉语中的定语后置》，山西师大《语文教学通讯》1986 年第 11 期。

《古汉语中的省略》，云南《思茅师专学报》1986 年第 1 期。

《古汉语中的三种特殊动宾关系》，云南《思茅师专学报》1986 年第 2 期。

《古汉语中的名词作状语》，西南师大《语文》1988 年第 6 期。

《〈论语〉中的“以”》，云南《思茅师专学报》1989 年第 2 期。

《“难道”的多义性与“难道”句的歧义性》，上海辞书出版社《辞书研究》1995 年第 2 期

《从“台”谐声系统的古今音变》，云南《思茅师专学报》1991 年第 2 期。

《“阿弥陀佛”怎么说》，台湾《国语日报·书和人》，1996 年 11 月 23 日。

《“阿斗”的“阿”不该读 ē》，国家语委《语文建设》，1996 年第 1 期。

《骂人的“鸟”不该读 niǎo》，《汉字汉语汉文化论集》，巴蜀书社，2002 年。

《〈左传〉中的“一”》，新加坡国立大学中文系学报《学丛》第三期，1991 年。

《从“廛、亿、囷”看古文的注释》，《古汉语散论》，陕西人民教育出版社，1992 年。

《也说“风马牛不相及”》，中华书局《文史知识》1997 年第 3 期。

《“共商国是”与“实事求是”中的“是”》，上海辞书出版社《辞书研究》1998 年第 4 期

《从“不毛之地”说语文词典的释义》，四川大学《汉语史研究集刊》第四辑，2001 年。

四、 教育·文化·历史论文

《大力提高文言文的教学效率》，《西南师范学院学报》1983 年第 4 期。

《板书设计浅说》，《西南师范大学学报》1987 年第 2 期。

《家庭教育应该主要是人生观的教育》，中央教育科学研究所《中国德育》2008 年第 1 期。

《说“中国”》，《中共四川省委党校学报》2000 年第 4 期。

《华夏民族的姓氏及其文化影响》，台湾《国文天地》第 20 卷第 7 期，2004 年。

汉字文化漫谈二十多篇，应中央电视台约请所写，于 2002 年夏秋在央视国际频道《语林趣话》栏目播出；后收入时学祥主编《语林趣话②》，四川辞书出版社，2003 年。

《说“姓”》，中华书局《中华活页文选》2004 年第 6 辑。

《说“悟”》，中华书局《中华活页文选》2005 年第 2 辑。

《明贵贱的“氏”与宗法世族》，中华书局《中华活页文选》2005 年第 3 辑。

《说“谦”》，中华书局《中华活页文选》2005 年第 7 辑。

《说“达”》，中华书局《中华活页文选》2005 年第 10 辑。

《说“嘉”》，中华书局《中华活页文选》2006 年第 10 辑。

《释说“中国”》，《汉字的记词方式与结构功能（增订本）》，巴蜀书社，2021 年。

《华夏民族的姓氏文化》，《汉字的记词方式与结构功能（增订本）》，巴蜀书社，2021 年。

《康熙皇帝与古代嫡长继位制的结束》，台湾《国语日报·书和人》，1999 年 4 月 24 日。

《论周爵五等制及其在东周的紊乱》，向光忠主编《文字学论丛》第四辑，江西教育出版社，2008 年。

《汉字汉语汉文化论集》 序

刘又辛

嘉镇同志的《汉字汉语汉文化论集》就要出版了。[①] 我读了书稿，有几点想法，写出来向读者推荐，算是这部著作的序言。

第一，论集中的这二十几篇论文，分属于汉字、汉语和中国文化三个部分。这三个部分其实是关系密切的几门学问。汉字是记录汉语的书写符号体系；汉语、汉字是中国文化的载体，又是中国传统文化的一个组成部分。研究汉字、汉语的一套学问，过去叫做小学。王念孙有一段话说得很好；"训诂声音明而小学明，小学明而经学明。"（见段玉裁《说文解字注·序》）清代小学家所说的"经学"，就是中国传统文化的儒家典籍。但实际上他们在研讨古代典籍时，并不限于儒家典籍，而是涵盖中国古代典籍的全部。可见王念孙研究小学，是把小学当作研究古代文化的工具，而不是一个孤立的学科。这个观点很值得我们仔细思考。回顾20世纪的中国语言文字研究，比起清代的小学家，在许多微观研究方面，有许多重大研究成果，小学由经学附庸而"蔚为大国"，这是人所共知的。但是，一些语言文字专家，习惯于在自己经营的小天地里从事窄面深的研究，却对于研究这套学问的目的避而不谈，或脱离中国传统文化，或避开当代的中国文化，这不能不说是一个缺陷。

嘉镇同志的这部论文集，把汉字汉语研究同中国文化研究相结合，这在当今是一条新路子，我非常赞成这个研究思路。我们今天研究古文字、古汉语，最终目的还是为了研究中国古代文化；研究现代汉字、现代汉语和古文字、古汉语、古文化，根本目的还是为了创建当代中国的新文化。这个立足点要站稳，不然，便会使自己的研究游离于社会实际之外。

第二，我以为《论汉字的性质、功能与规律》是谈论汉字的一篇好文章。嘉镇同志曾经申报完成了国家社会科学基金项目《现行汉字形音关系研究》。他在研究现代汉字的基础上，进而深入探讨汉字的发展史，对这项研究有新的

---

① 龚嘉镇《汉字汉语汉文化论集》，巴蜀书社，2002年。

突破。他的这篇文章从分析汉字的造字法入手，深入探讨表意字、假借字和形声字的性能，用历史比较的方法系统总结出汉字发展的内部规律，从符号学的角度详细论述了汉字体系的优越性能，从汉字与汉语汉文化的关系上深入讨论了汉字的性质。这样的研究，可以使人们对汉字有个客观的认识，比那些空洞地议论汉字落后或优越的文章，当然更有说服力。不但如此，作者还把这些论点用在汉字教学上，努力探讨汉字教学的科学方法，使汉字难学变为易学。这个问题，已经引起许多中小学优秀语文教师和对外汉语教学教师的关注，并且在实践中积累了不少经验。如果把这些经验加以提炼、提高，相信在一二十年内，可以设计出一套科学的汉字教学方法。

第三，在汉语研究方面，我很喜欢《从“不毛之地”说语文词典的释义》一文。这篇文章是讲训诂的，属于词汇学、词典学的领域。作者在充分占有材料和借鉴前贤成果的基础上，对“不毛之地”一语进行了全面的历史考释，客观地概括出了它的语义。以此为例，提出了词典释词的一些原则，这对于古语词的训诂方法和汉语字词典的编纂，都是重要的意见。

我曾参加过《汉语大字典》的编辑工作，深切感到当今出版的汉语字词典，有加以修订的必要。就以古汉语中的词语而言，有许多还没有弄清楚起源，有些词语的引申用法还有待清理。像“不毛之地”这个使用了一两千年的熟语，至今还偶然使用，但使用者和读者对这个词语的理解都有点模糊，读古代典籍时遇到这个词语也是如此，如果略加追究，便会瞠目不知所对。嘉镇同志这篇文章的做法，是把古今所有的用例，一一罗列出来加以系统比较，仔细观察其引申变化的情况，然后根据语境来研究其义项。从清代训诂学家到今天，运用这种方法已经对大量词语进行了程度不同的考证。近 20 多年来，由于《汉语大字典》《汉语大词典》的编纂，造就了一批在这一领域颇有成就的专家。各高等学校和研究机构，也有不少有关这方面的课题。一些学术刊物，近年也不断登载这方面的文章。如果有关部门能够及早设置专门的编纂机构，如“汉语大字典（大词典）修订组”这类机构，广泛联系有关专家，广泛搜集有关考证成果，那么，到编纂时就可得心应手博采众说，可以避免临渴掘井的困窘。

我在这里顺便记述一段关于丁声树先生牵头编纂《现代汉语词典》的故事。丁先生有好多年把主要精力放在这部词典的编纂上。他为了搜集各地方言的词语，几乎随时随地都向各地人士询问、调查，每有所得，便喜不自胜。现在我们在这部名扬国内外的词典中，看到不少词条下注有“〈方〉”字符号的地方，多半就是这样来的。我们今天修订古汉语字词典，难度要更大。我们既需要有博学多识的专家牵头，更需要把许多卓越的考证和见解搜集起来。

第四，嘉镇同志颇为重视研究方法的完善。他所叙述的几种方法，我看可以总括为历史比较的方法。历史比较法的创始者是人类社会学家莫尔根，他在《古代社会》一书中应用的研究方法，在19世纪到20世纪时被广泛应用于语言文字学和其他人文社会科学领域。欧洲的语言学家用这种方法研究印欧语系和其他语言的族属关系，取得了巨大的成就。高本汉、赵元任、罗常培、李方桂，用这种方法研究汉语方音，从而划分出汉语方言的区划和历史演变的框架。乾嘉时期的小学家，也在古今语音对比、文字对比中摸索出接近历史比较法的研究方法。王国维、郭沫若等人又使这套方法在汉字研究方面得到应用。

我个人体会，这套方法是研究汉语、汉字和中国文化历史的很重要的方法。嘉镇同志研究汉字、汉语的文章所使用的方法，大都贯穿了这种方法。当然，这种方法并不是一套现成的公式。要想取得理想的成果，必须下大力气掌握资料，并能善于从古今对比中发现其历史演变的规律，这样才能使这套方法更加适用于中国的实际。

中国有个古语叫“老马识途”。我今年88岁，自1934年考入北京大学就找到了自己做人做学问的位置；60多年来，虽历经坎坷但从未改变初衷。因此，“老马”我是当之无愧的，“途”也走过了很长很远，但至今不敢自诩为“识途”。以上几点想法，只是我在这个田园上耕耘了一生的心得，借此机会写出来供学林同好者评说。

是为序。

刘又辛

2001年8月31日

于重庆·西南师范大学

《现行汉字形音关系研究》序

经本植

嘉镇君的《现行汉字形音关系研究》一书，是他独力承担的国家社会科学基金研究项目。① 经过他多年的努力，这部书终于面世了，这是值得庆幸的。

汉字研究是我国的一个传统学科，但这个传统学科（旧称“小学”）过去只停留在传统文字学的研究范围和研究方法上。内容大多着眼于汉字的“六书”系统和形体演变，虽说也间及形音义之间的关系，但这种研究却是孤立的、零碎的。从宋代开始的金石学发展到近几十年，形成了文字学中的又一分支——古文字学，这一学科的主要成果目前也还只大多表现为古文字的考释和字汇的编纂。近几年来兴盛起来的“文化文字学”，侧重于从人文社会的角度探索汉字的内蕴，这不失为一种新的观察角度和方法，但目前还未形成一种体系，有待继续努力。近十余年逐渐形成的以研究现代汉字为中心的现代汉字学，不但是国家重视的科研课题，而且由于信息社会的需要，有越来越多的学者和科技工作者在这方面做了富有成效的工作。

但是，要建立一门科学的完善的现代汉字学，还须许多文字工作者和专家学者作出更大的努力。嘉镇君的这部《现行汉字形音关系研究》，可以说为现代汉字学的发展起到了良好的推动作用。汉字有形有音有义，现代汉字在这几方面的关系到底如何？这是一个摆在我们面前“熟视无睹”而又长期悬而未决的问题。这个问题不解决，对现代汉字性质的认识，对汉字的规范工作及相应的语文政策，以至汉字教学、字书编写、中文信息处理等都难以对症下药。因此，嘉镇君的研究，无疑是有重要的理论价值和实践意义的。记得 1992 年秋中国训诂学研究会在湘西召开学术年会，嘉镇君报告的这一课题引起了许多同行的兴趣和关注，会议期间不少学者与之晤谈。嘉镇的研究不仅得到了国家的支持，也为同行所瞩目。

在研究方法上，嘉镇君能突破传统“小学”的局限，广泛引进了辩证法、

---

① 龚嘉镇《现行汉字形音关系研究》，湖北人民出版社，1995 年。

系统论、逻辑学和数学方面的一些可资借鉴的方法，坚持从汉字现状的计量描写、历史的性质探析和具体的应用设想三个方面来展开研究，并且始终注意从汉字与汉语的关系上来探讨汉字的形音关系。为此，嘉镇君在繁忙的教学工作之余，耗费了大量精力研读传统字学以外的辩证法、系统论、逻辑学、数学诸著作。在治学的勤奋和严谨上，我认为像嘉镇君这种精神在当前是尤为可贵的。在治学方法的广辟蹊径上，嘉镇君的实践和研究成果可以表明，他不是那种生吞活剥地把自然科学或西方科学生栽硬套到社会科学特别是传统学科上去的人，他所得出的大量数据和辛勤的归纳、排比工作，其价值远远胜过一些空谈，胜过那些令人摸不着头脑、落不到实处的“理论”文章。嘉镇君多年来还从事古代汉语的研究，曾著有《古汉语散论》一书，这也为他对现代汉字的历史分析奠定了坚实的基础。

尤可佩叹者，嘉镇君身居大巴山麓的达县，学术研究条件是很困难的。今日的达县，虽早已不存在唐代著名诗人元稹任职该地时“人稀地僻医巫少，夏旱秋霖瘴疟多”的荒凉景象，但毕竟不能与大城市的高等学府的研究条件相比拟。在图书设备缺乏、信息不灵、教学任务甚剧的情况下，嘉镇君仍能孜孜矻矻，苦读苦攻，认定一个目标，摒弃一切不务实的幻想，一心一意地走下去。这种毅力，在当前学术界是尤需提倡的。

这部书稿付梓前，承嘉镇雅意，嘱缀短言于篇端。我虽说也研究汉字，但对于现代汉字却乏深入了解；不揣浅陋，聊志数语如上，且乐而为之介。

经本植

1994年于四川大学

后　记

这部《汉字的记词方式与结构功能》，是对自已多年汉字研究的学术总结。这是我六十岁时就立意要做的一件事，六十五岁退休后一直潜心在做，孜孜不懈历时八年，终于在 2018 年秋出版了。此后的两年里，又增写了十几万字，现在出版的就是这部书的增订本。

中国学者研究汉字，是有文化使命感的。这是因为，汉字是我们民族为记录汉语而量身创制的表意文字，是世界上唯一连绵使用数千年至今仍然为十几亿人所使用的自源文字，它不仅是中华文明史上一个伟大的创造，而且是研究人类文字发生发展的一座宝库。汉字学是一门古老而充满活力的学科，我的研究是在温故知新的基础上，围绕汉字记词方式的辩证演进、汉字结构功能的协同完善两大基本问题，采用系列专题的方式环环相扣逐步展开的。

人生虽然很长，但能够完全由自己支配的时间并不多。退休后不再上下班，也无所谓周末节假日，正好可以做点自己想做的事。我们这一辈退休后，赶上了一生中最好的时代。我起步很晚，对退休后思维还算活跃的身体条件，对全国图书馆联网所改善的科研条件，特别珍惜。于是便坐在家中的电脑前，认真研读着古今中外的有关文献。每天读写六七个小时，园林行走三五千步，看锦江静静流，白鹭上青天，一些问题就是在散步之中理出头绪的。日复一日又年复一年，我一个专题接着一个专题地研究着。临窗独坐为志趣，寂寞深处有悟悦。对汉字的来龙去脉及其前因后果的探索，令人痴迷而专心致志，常常忘记了自己早已年逾七十退休多年。

《汉字的记词方式与结构功能》出版后，得到了一些先生的热情勉励，许嘉璐先生来函的鞭策尤其语重心长，令人感激。我原准备先另写一本书的，后来考虑到刚出的这部书中还有很多遗憾，加之年龄不饶人，于是在该书出版不久就开始了对此书的琢磨充实。增订的十几万字，一是增写了《“同词异形”的异体字》《“分部类从”的部首法》两章，增写了《经济原则与汉字的优化机制》等三节；二是增改几百字到千多字的地方有四十多处。回顾六十五岁退休后，能够一直从事自己的学术总结，八年初版，两年增订，潜心十年写一部书，我总是额手庆幸，心怀感激。感激我一路走来所遇到的人、经历的事与读过的书。

每一代人都生活在特定的时代与社会之中，都有自己独特的沧桑与感悟。我的青春是在大巴山区度过的。我在那里插队当了十年知青，以后就留在山区教小学教中学，直到年过四十调回城市，到高校去教"古代汉语"。1990 年我申报承担了一项国家社会科学基金项目，有两所大学先后发来调函。在市委和学院的热情挽留下，我平静地留在故乡达州，一直工作到六十五岁退休。

我感谢农民，是山区农友教我懂得了春种秋收的道理；我感恩艰难，是那段山区生活为我的人生打下了自强与求实的底色。那样的经历使我不仅较早感受到人生的甘苦，而且更深地认识了生命的张力，省悟到人生是能动的，是可以超越的。于是便发愤自学被耽误了的学业，在认准了的路上努力往前走。自从当了教师，就恋上了这教书育人的恬淡生活，并从中找到了宁静问学的志趣与安身立命的所在。

在以文拜师的问学路上，我有幸得到了刘又辛、赵振铎、经本植、向光忠、何必等先生的宝贵指导和热情鼓励。他们高洁的操守、渊博的学识和治学的思路，深深地影响了我的为人为学。每当念及，便肃然起敬而心怀感激。巴蜀书社何锐编审也是知青出身，他学养深厚编审严谨，先后精心为我编辑出版了三部书，真是重情又重义。程志强教授与我相知颇深，他为我写了一首《赠嘉镇》："缘结汉字学，悟在清净中。人有书卷气，文存学者风。"志强兄还欣然为我书写了扉页后的"自励"。谨向两位老朋友致以感谢。

四川达州职业技术学院对我的研究给予了热情的支持，谨在此表示感谢。

每个人的内心深处都珍藏着一份对根的执守。记得十五六岁时的一天，我去农村看望父亲龚文达，他在 1958 年底被"拔白旗"下放劳动。老人用他种的黄秧白菜为我煮了稀饭。半个多世纪过去了，那嫩黄的色那甘甜的味，让我思念到现在。1991 年我住进了一套 85 平方米的新房。只要我出去上课，母亲余馨梧就估摸着时间倚门而"望"。每次回来刚上完楼梯，老人就慈祥地为我拉开了家门。……后来，退休了有时间，趁身体还行，高铁也快，前六七年我每年都要回去为老人扫墓。"父兮生我，母兮鞠我。"年纪越大越思亲，就想去那里叫一声爹娘，默默地说说心底那份悠悠的思念。"几度乘风问起居"（宋凌云《忆父》），"每依北斗望京华"（杜甫《秋兴》）。家国情啊，永远是一个人最厚重的人文情怀。

家中亲人对我的支持和帮助，让我特别欣慰。彭耀芬四十多年来一直尽心地内助着我，她伴我度过了那段艰难，我带她走出了那座山村。结婚后我们一直带着老人住，她贤惠、坚韧、开朗，细心照护我的父母整整二十年，下班后操持家务撑起了半边天。没有她的成全和陪伴，我的研究是难以走到今天的。儿子龚伯谦为我做了很多查找资料与编校书稿的细致工作。书中的五六百个古文字和大量图表，都是他一个一个精心扫描，做成图片再嵌进去的。为了让我少坐多动，伯谦很早就为我买了计步器。后来的手机都有了计步功能，但我仍然常常揣着这块计步器，揣着这块红玉般晶莹的计步器。

学者的天职在于实事求是地研究学术，并把研究的成果奉献给社会。做学向是一种仰望星空独立思考的志趣，是一种安贫乐道温故知新的修养。问学需要执着勤奋，问学使人充实自在。一个人的学问总是与他的生命一道走向成熟的，这便是“渐老渐熟，趋于平淡”。《汉字的记词方式与结构功能》这部书凝聚了我大半生的心血，它记写了我几十年问学的探索与认识，也留下了我的局限与失误。希望得到学界师友的指正。

龚嘉镇

2020 年 9 月写于成都，时近七十六岁。